史念海佚稿

史念海 著

王双怀 整理

山西出版传媒集团
山西人民出版社

图书在版编目（CIP）数据

史念海佚稿 / 史念海著；王双怀整理. — 太原：山西人民出版社，2023.3
ISBN 978-7-203-12261-6

Ⅰ.①史… Ⅱ.①史…②王… Ⅲ.①中国历史—文集 Ⅳ.①K207-53

中国版本图书馆CIP数据核字（2022）第068475号

史念海佚稿

著　　者：史念海
整 理 者：王双怀
责任编辑：张志杰　崔人杰
复　　审：刘小玲
终　　审：梁晋华
装帧设计：陈　婷

出 版 者：山西出版传媒集团·山西人民出版社
地　　址：太原市建设南路21号
邮　　编：030012
发行营销：0351-4922220　4955996　4956039　4922127（传真）
天猫官网：https://sxrmcbs.tmall.com　电话：0351-4922159
E － mail：sxskcb@163.com 发行部
　　　　　sxskcb@126.com 总编室
网　　址：www.sxskcb.com

经 销 者：山西出版传媒集团·山西人民出版社
承 印 厂：山西出版传媒集团·山西人民印刷有限责任公司
开　　本：720mm×1020mm　1/16
印　　张：47
字　　数：620千字
版　　次：2023年3月　第1版
印　　次：2023年3月　第1次印刷
书　　号：ISBN 978-7-203-12261-6
定　　价：188.00元

如有印装质量问题请与本社联系调换

前 言

史念海先生是我国杰出的历史地理学家。他在将近70年的学术生涯中，努力从事中国历史地理学研究，并取得了辉煌的成就。史先生逝世后，我曾参与《史念海先生著述目录》的编制工作，搜集到先生专著文集21种，主编书刊8种，学术论文225篇，学术散文29篇，序跋书评79篇，未刊文稿18种。在纪念史先生一百周年诞辰的时候，人民出版社出版了《史念海全集》。全集煌煌七册，看上去相当壮观。编者称："本书是史念海先生的全部书稿的汇编。"事实上，史先生的论著还不止这些。因为史先生在1994年曾亲口对我讲，他在新中国成立前后二十年间写过不少文章，可惜有些文章在动荡中佚散，有些在"文化大革命"中被从家中抄走。我想《史念海全集》中肯定没有包括这些内容。

2001年秋天，我在《史学史研究》上发表《史念海教授对中国历史地理学的杰出贡献》一文，从十七个方面总结了史先生的学术成就，认为史先生"对中国历史地理学史进行了深入研究；发掘了中国历史地理学的社会功能；提出了文献记载与实地考察相结合的研究方法；促进了沿革地理学的发展；树立了黄河流域环境变迁研究的丰碑；开辟了历史农业地理研究的新领域；揭示了人口稠密地区形成和演变的内在机制；奠定了历史军事地理研究的基础；提高了历史文化地理研究的层次；对历史民族地理进行了独到的研究；对历史上的交通问题进行了系统探索；对陕西历史地理的研究取得了丰硕的成果；创立了中国古都学；阐明了地方志的价值；丰富了历史地图学的内容；创办了中国历史地理学的定期刊物；培养了历史地理学的研究队伍。"这一结论是在通读史先生的学术论著、系统考察中国历史地理学发展历程的基础上得出的。当时未能看到史先生的佚稿，感到十分遗憾。

2015年3月下旬，我在陕西师大校园的一个废品车上意外看到一捆破旧的"废纸"，其外侧是油印的"中国历史地理"字样，我马上意识到这捆废纸可能是史念海先生的"历史地理"讲义。便以高价买回，放在工作间里。过了几天，我打开纸捆一看，发现《中国历史地理》讲义有多种版本。讲义下面是几叠用毛笔或钢笔书写的稿件。再往下看，是半页1960年的《光明日报》和几本历史教案，上面有"史念海自用"字样。我忽然想起史先生当年讲课时说到的情况，简直不敢相信自己的眼睛：这捆"废纸"就是"文化大革命"中从史先生家中抄走的东西！自从被抄之后，史先生再也没有见过这些东西。经过近五十年的岁月，这些即将进入废品回收站的东西竟意外落到了我的手中！看着这些历经沧桑的稿件，我心中有一种莫名的感动和忧伤。不知道这是一种机缘巧合，还是冥冥之中有所安排。清明时节，陕西电视台制作"清明雨·思故人"节目，我以"缅怀恩师史念海"为题接受采访，首次展示了史先生的部分佚稿，并将这一消息告诉了史先生的家人。此后，每当我看到这些佚稿，都会想起在史先生身边求学的日子，都会再次感受到史先生的大家风范和人格魅力。我觉得整理这些佚稿是我的义务，也是我的责任。既然史先生的佚稿到了我的手里，我就应该将它整理出版，让它发挥应有的作用。

2016年6月，我在教书之余开始整理史先生佚稿。起初，我以为整理这些稿件是件比较容易的事，但实际情况并非如此。因为这些稿件在五十多年的岁月中不知放在何处，经过多次搬迁和扰动，有的已经相当凌乱，很难拼接；有的页面受到污损，已不能窥其原貌。我用了差不多两个月时间，才将这些稿件理出头绪。在崔人杰、吕志学、孙志虎、张志杰、杜志鹏、王成龙诸先生和我的研究生卜天舒、周梓翔、尚宝珠、肖琰、刘琪、吴小龙、谢守华、杜阳阳等人的帮助下，用了一年多时间，将稿件录入电脑，并完成了核对史料等工作。史先生的长婿王景阳先生和学生刘景纯教授、介永强教授也积极参与了本书的校对。山西人民出版社也将此书列入重点项目。责任编辑张志杰、崔人杰为此书的编辑付出了大量心血。应当说，这本书得以出版，是集体努力的结果。

现在展现在大家面前的这部著作，共收学术论文42篇，其中绝大部分都是史先生的学术佚稿。只有《秦汉时代关西人民的尚武精神》《豆瓣酱和烊峒江》《保卫大西北的外围的地理形势》《国难中地理教材的商榷》《现阶段西北游资之形成及其利用》及《敌寇套取法币之检讨》曾发表于《东方杂志》《西北资源》等刊物，《上古时代的交通、道路和都会》曾收入白寿彝总主编的《中国通史》第三卷。这7篇文章虽曾经发表，但或因年代久远，或因散见他书，亦未收入《史念海全集》，故一并编入书中。这些论文多写于1937年至1966年之间，或从宏观上论述中国自然地理和人文地理，或从微观上探讨秦汉以来社会演进与环境变迁，或关注当时的国家安全和社会问题，往往持之有故，言之成理，是史念海先生早年学术成果的重要组成部分。过去，我们只知道史先生在"文化大革命"前出版过三部专著，发表过45篇学术论文。现在，我们又知道他在"文化大革命"前还有数十篇未曾发表的学术论文。如果我们把这些论文与过去已经发表的论文和著作结合起来考察，就可以更好地了解史念海先生对中国历史地理学的杰出贡献，也可以更好地认识中国历史地理学形成和发展的历程。

通读本书，结合史先生的其他著述，我们可以清楚地看到，早在二十世纪三十年代，史念海先生即在陈垣先生和顾颉刚先生的引导下进入史学殿堂，开始了中国历史地理的研究。面对日本侵华的危局，他著书立说，大声疾呼，表现出浓厚的家国情怀。中华人民共和国成立之初，经济凋敝，百废待兴。他又从"有用于世"的角度出发，率先走出沿革地理学的范畴，努力开拓中国历史地理学的新领域，与谭其骧、侯仁之二先生一起，开创了中国历史地理学的新局面，使历史地理学从"绝学"成为"显学"。因此，本书的学术价值是显而易见的。

需要说明的是，本书是史先生早年的作品，那时的学术规范与当今略有不同。特别是引文注释较为简略，没有出版社、出版年代及页码等信息。此外，《佚稿》中的某些篇章原系先生拟为某书所写讲义，有"第×章"或"第×节"字样。为使本书风格大体一致，我删去了此类文字，并对个别标题进行了修改。修改的部分亦在页下注出，敬请读者留意。由于稿件久经佚散，命运多舛，导致部分内容出现错乱。编者虽尽力复原，并谋求优化，但其中错误在所难免。请专家学者指出，以便将来更正。

谨以此书献给史念海先生！献给热爱中国历史地理的广大读者！

王双怀
2018年6月7日识于觅道斋

目 录

上编　历史地理研究

历史地理学的作用和范围 …………………………………… 三
我国古今气候的同异 …………………………………………… 一七
我国高原丘陵地区环境的变迁 ………………………………… 四七
我国沿海陆地的成长和海岸的变迁 …………………………… 六五
历史时期我国水文的变化 ……………………………………… 八〇
历史时期太行山上的森林 ……………………………………… 一〇三
古人对黄河中下游自然环境的利用及改造 …………………… 一〇六
我国北方种稻地区的变迁 ……………………………………… 一四七
中国的古都和大古都 …………………………………………… 一七一
上古时代的交通、道路和都会 ………………………………… 一七八
汾涑流域都会的盛衰演变 ……………………………………… 二四八
中国历代对东北地区的经营 …………………………………… 二七一
秦汉至南北朝黄河流域人口的变迁 …………………………… 三〇四
豆瓣酱和牂牁江 ………………………………………………… 三四四
汉唐两朝的受降城 ……………………………………………… 三五一
河套中的统万城 ………………………………………………… 三五三
裴秀和魏晋时期的历史地理学 ………………………………… 三五六
唐长安城的设置及其对生态环境的适应 ……………………… 三六二

天可汗和参天可汗道 …………………………………… 三八九
唐代交通研究 …………………………………………… 三九一
元明清三代的运河及国家的财富区域 ………………… 四三六
清代学者对于西北史地的研究及其著述 ……………… 四四〇
鸦片战后半封建半殖民地国家的地理与疆域 ………… 四六九
保卫大西北的外围的地理形势 ………………………… 四八七

下编　历史文化述论

清代以前政治制度演变之回顾 ………………………… 四九五
秦汉时代关西人民的尚武精神 ………………………… 五一三
西汉帝国国力的巩固与扩张 …………………………… 五二二
傅介子刺楼兰王事略 …………………………………… 五五四
儒家学说的复兴及其影响 ……………………………… 五五六
汉帝国的再建 …………………………………………… 五六九
东汉的士族在政治与社会上的地位 …………………… 五九三
永嘉乱后江左人士之恢复事业 ………………………… 六〇八
中古时期民族之迁徙与五胡乱华 ……………………… 六一〇
南北朝时期的华化与胡化 ……………………………… 六二一
李白的诞生之地 ………………………………………… 六三〇
行省制度的成立与演变 ………………………………… 六三二
西南少数民族区域的地理及明清的土司制度 ………… 六四〇
清代的中央政府和地方行政体系 ……………………… 六四八
康熙时期治理黄河及其对社会经济的影响 …………… 六六九
现阶段西北游资之形成及其利用 ……………………… 七〇一
国难中地理教材的商榷 ………………………………… 七一八
敌寇套取法币之检讨 …………………………………… 七二六

上 编

历史地理研究

历史地理学的作用和范围[①]

历史地理学这门学科是用来说明历史发展过程中和地理有关的各种自然现象及政治经济现象的演变的科学。研究这门学科不仅要求解释以上所说的历史时期有关地理的各种演变的现象，指出它在社会发展过程中所起的一定的作用；尤其重要的是应该通过对于这一门学科的研究，吸收前人的经验为当前的社会主义建设服务。因此它是具有一定的现实意义的科学。当然也还可以根据对于这门学科的研究所获得的一定规律的认识，推测将来，为日后的发展指出方向。

人类的历史是一部阶级斗争和生产斗争的记载。人类从事生产斗争正是要克服自然和利用自然，再进一步更要改造自然。地理环境是自然中的一部分，当然也应该受到注意。地理环境并不是一成不变的，它的本身就是时刻在演变之中，而且各个时期也还不尽相同。虽然这些演变有时显得相当缓慢，不是一时所能观察出来的，可是仍然会起着一定的影响。人类既要利用自然和改造自然，对于这些并非一成不变的地理环境当然应该要随时考虑其利用和改造的方法，因时制宜，得到预期的效果。这样说来，各个时期地理环境的不同面貌是不应该轻易忽视的。问题都是辩证的、互相联系的。

[①] 此文有手抄稿和油印稿两种，个别字句略有差别，从手抄稿纸质来看，可能写于中华人民共和国成立后，"文化大革命"前。收入本书时，以手抄稿为底本，用油印稿进行了校对，改正了手抄稿中的某些字词。整理者注。

地理环境诚然重要，人为的作用却更有它的意义。地理环境对于人们的生活和活动是有若干影响的，可是人为的作用更会使地理环境受到影响，因为人们不断地利用和改造自然的结果，使地理环境有了若干变化，人们的活动有时候还会对地理环境带来一些破坏的作用，因而也促使它的演变。人们和自然斗争过程中，既是要利用自然和改造自然，则利用的方式和改造的标准当然是要符合他们的生活和活动的社会条件以及他们的理想习惯等。因此，不同的生活和活动的习惯的人们在不同的地区所起的作用应该是不会完全一样的。就是不同的人们先后在同一地区所起的作用也应该是有所区别的。既然如此，各个时期人为的作用同样是值得重视的。正因为这样，各个时期的人们在不尽相同的地理环境之中所引起的经济现象和政治现象也可能是各异其趣的，至少也可以说会有地区的差异。这样自然会使各个时期的历史有了新的不同内容。明了它的演变过程和它所以演变的因素，对于了解整个历史不能说是没有裨益的。

　　既然说到这些演变和整个的历史有了一定的关系，那么，它对于社会发展有没有影响？地理环境是能影响到社会发展的，尤其是在远古的时代，其影响是要大一些。随着社会生产力的发展，人们在实践过程中对于自然认识和控制力量的增强，它的作用也就不像以前那样明显了。它虽有一定的影响，但充其量也不过表现为加速或延缓社会发展的进程上的某些因素，但绝不可能成为社会发展的主要因素。因为地理环境不是社会物质生活唯一的条件，而仅仅是其中一个条件而已。这样一个条件，是不可能决定社会的面貌和决定社会形态的性质的，所以应该适当地估计地理环境在社会的发展过程中所起的一定的影响，当然不能过低，可是也不能过高，是要根据一定的历史阶段，给予恰如其分的估计的。

　　这些在历史发展过程中和地理有关的各种现象的演变情况，就祖国版图上看来是习见不鲜的。而我们的先民对于利用自然和改造自然所取得的成就也是十分优异卓越的。这里不妨结合具体的情况加以说明。

首先就自然地理来说，它的演变的情况就是至为明显的。我们的祖国幅员广大，包罗万象，到处有名山大川，也夹杂着不少的丘陵沟壑，既有广漠平原，又有湖泊沼泽。我们的先民正是在这里操作和栖迟。在悠久的历史过程中，他们活动的处所是会有所变化的，我们是不能以现在的情况去悬想古人的。古代的人们经常称道中原，古代的中原就和现在不尽相同。当时是湖泊罗列、河流纵横，仿佛一片水乡的景致。如果勉强求得比拟，则与现在湖北中部约略相似。可是也还只能说现在的湖北中部的湖泊比之古代中原是要具体而微的。古人每言大川，必称四渎，四渎自指江、淮、河、济四条水道而言。这虽不能尽目前祖国河流的面貌，但在古代确实也再没有与此相并列的巨流了。随着岁月的不断消逝，四渎的面貌也不断在变化，直到现在，已经与古不同。其中的济水也早已湮塞。如果卒然问人们济水的所在，也许会瞠目莫对，所幸济源、济宁、济南、济阳与原来济水有关的诸县市还是东西并列，使人们依稀想见它的遗迹。黄河素以善淤善决见称，所以如此，由于其中夹杂泥沙甚多，平原旷野，无所遮拦，仅恃一线长堤作为屏障，一旦溃决，则突奔灌泻难于收拾。正因为它的善淤善决，古今的变迁也是最为剧烈的。现在的黄河下游不仅与远古的时期不同，就是由古迄今的若干时期中亦各有其独特的河道。其间的差异仍是相当巨大的。黄河每次溃决，黄水到处漫流，泥沙随地淤积，使原来宜于农耕的土壤也有了显著的改变，肥沃的田园转眼成为硗确的荒滩。黄河的主流即令安澜畅流，水中泥沙却又顺流而下，相继堆积于入海之处。年复一年，海岸也为之向前推移。黄河入海的地方虽随着河道的移徙而时有不同，所到之处总是都有陆续淤出的陆地。它的广袤深远目前还是难以计算的。河济以南的淮水，所涉及的范围不广，变迁也不甚悬殊，只是由于黄水的干扰，也不是平静无波的。洪泽湖的潴积和扩大，就不是古代的人们可以想象得到的。四渎之中以长江的问题最为稀少，却也不是毫无变迁的。古代的人们说到长江经常容易涉及云梦和九江。云梦在湘鄂两省之间，兼及长江南北，萦回曲折，悠远辽廓，为古代的大泽。现在江南洞庭已经逐渐缩小，江北的故迹也已不断淤塞，分成若干小的湖泊，虽然有所变迁，原来的规模还仿佛可见。九江就不是这样的了。九江与云梦同为人们所重视，也不是一个小的去处，可是早在数百年前，一些专治地理之学的人们已经从事考证，探求它的故地所在。而且考证结果，人各其说，莫衷一是。这不是那些学者有意穿凿附会，创立新说，可能是变化过大，使人们迷惘不清。长江与黄河分别为南北巨流，各有它的特殊地方。黄河以黄浊见称，溃决频仍；长江较为清澈，偶然也有决口事情。和黄河相比较，还可以说是不甚严重。可是并不能因此就说，长江水流中就没有夹杂着泥沙了。实际它所挟带的还是不少。由于泥沙堆积，长江三角洲也日在扩大之中。远的不必说起，隋唐时期扬州为通商大埠，海舶可以直抵城下，这在今日看来，似属奇突。其实那时黄浦江边上的上海，尚有若干部分未露出水面。更不必说吸引海舶来临了。如果这一点还不足以说明问题，则崇明岛的形成，依然可以作为另外一个例子。

当然，以祖国幅员的辽阔，版图的广大，地理的变迁不能仅是这么一些。目前党和政府领导全国人民正在利用自然、改造自然，做前人未曾做过的工作，不仅治水、治山，而且还进一步要治沙。许多有关的地区已经遍植防沙森林，以与这些难以驯服的黄龙作斗争。由于人们的努力，从长城西端到它的东头，从大兴安岭下到辽东半岛，蜿蜒数千里的林带已先后长成，发挥出预期的作用。这是前无古人的巨业。但是古代情况究竟如何，也是值得注意的。在建设防沙林带以前，合黎山下，河套南北，以及西喇木伦河源头，都是风沙飞扬，农耕与放牧皆甚艰辛。那些地方有的甚至寸草不生，人畜绝迹。然秦始皇北逐匈奴，在阴山以南、河套附近就一下设立了三四十个县。汉武帝通西域，开河西四郡。武威郡的治所乃在现在甘肃的民勤县，也是目前防沙战中最有成效的地方。由秦汉以后过了十多个世纪，契丹的领袖阿保机又在西喇木伦河的上源建立了他的上京临潢府。从现在的情况来看，这些事情都好像十分奇突。这些统治者若非是荒诞不经，也当是别有嗜欲，不然奈何故意建筑城池于荒漠沙碛之上？秦皇汉武他们自己是不会居住在那里的，可以不管人民的疾苦。可是阿保机就不同了，他既以临潢为京，是没有不在那里居住的理由的，好像他真的对这漫天的黄尘有偏好的感情。其实当时情况和现在不尽相同，自不能以今日的所见苛责古人。秦汉时阴山曾被匈奴目为苑囿，而合黎、祁连诸山的松柏郁郁葱葱，也蔚为奇观。就是西喇木伦河上源更有平地松林，蜿蜒数百千里。森林茂密，风沙自少，或农或牧，各有所宜，在那里建立城郭并不是什么奇特的事情。后世森林砍伐罄尽，自难怪风沙为虐了。

  由此可见，祖国版图的面貌古今是有很多不同的地方的；不仅不同，而且还是随时有所变迁的。如前所说，造成这些变迁的原因应该是各有不同的。有的当然是由于自然的因素，有的却由于人为的原因，人们固可促使地理环境向有利方面演变，可是一些地理环境的面貌却因人为的破坏而和以前有了不同，尤其后一点更是显著，古代中原湖泊的湮塞，黄河的改道，以及若干地区森林的摧毁，其中许多都是受了人为的影响的。不论其原因如何，这些变迁的情况都是值得注意的。也只有搞清楚这些变迁，才可以了解古代、解释古代。如果不是这样，对于古人所处的环境都不能完全清楚，如何能够尚论古人？又如何能够接受古人的经验从事当前的建设？

  其次，在人为作用的影响方面，古代的人们也并没有稍事放松。以黄河和长江两个流域为例，就可以看出其中的线索。在这两个流域之中，古代人们的生活居住的情况就不完全是一样的。它们范围广大，有肥沃的地区，也有贫瘠的所在，人们当然会聚集到肥沃的地区。而硗确的所在也就显得人口稀少了。可以看出，人口的疏密是与地理环境息息相关的。不过人们并不是单纯地在那里适应自然，听从自然的摆布，而是在那里采取若干措施使地理环境符合于人们的要求。古代黄河流域的中下游曾经是人口稠密的地区，那里的土地本来就很肥沃，适宜于农业的发展，人们又复讲求灌溉，某些地区甚至还形成了灌溉网，这样更会使当地人口数目增加。长江流域的人口本来不如黄河流域稠密，但当黄河流域人口大批向南迁徙之后，人们利用当地的自然条件，大力发展农业，使当地的粮食生产可以供给增多的人口的需要。由此可见，由地理环境的不同是可以看出人们活动地区的轮廓的，同样由人们活动地区的变化也是可以看出地理环境的改易的。当然人们活动地区的变化不只是由于地理环境的影响，还有若干社会的原因，自不能撇开这些不同的因素，而把问题简单化了。

我们的祖国是一个多民族的国家，这是值得注意的一个问题。因为各兄弟民族都有他们自己的生活方式和活动习惯，他们都在那里根据他们的生活习惯和理想利用自然和改造自然。各地的情况本来不尽相同，他们各自进行利用自然和改造自然的结果，更会显出地域之间的差异。不过这也用不着担心，因为各兄弟民族素来就是擅长互相学习的，他们彼此取长补短，也会使地域之间的差异有逐渐减少的可能。即令如此，当地的地理环境也是会有一定程度的改变的。在悠长的历史过程中，各民族力量的消长，经常会促使有关民族之间若干地区有了更多的变化，显出地域之间的差异。譬如河套地区是一个农牧皆宜的地方，究竟是农耕抑或是游牧，却要因居住在当地人们的生活方式而异。在历史上由于汉族和匈奴、突厥以及后来若干游牧民族势力的消长，这里的改变是不止一次的。就整个黄河流域来说，农业地区和游牧地区的界线也因相同的原因而有数度的辗转推移。不仅这样，像西晋以后的十六国时期、北宋末年金人侵入黄河流域时期以及后来蒙古族入主中原时期，先后都发生过人口大举流徙的事情。人们既是改造自然的主宰，人口大举流徙当然会削弱改造自然的动力，甚而某些情况会使人们改造自然所已经取得的成就都有逐渐消失的可能。十六国时期，黄河流域的农耕地区不仅有了显著的缩小，而且农业经营都显出过分的萧条。洛阳为魏晋故都，它的繁荣富庶也曾经名著一时，但在十六国的动荡过程中，由于残破不堪，几乎不成为各国争夺的对象。金元以后，黄河泛滥的次数较前增加，泛滥所及的范围也较前扩大，这与当时的混乱局面不能说就没有关系。山东西南的巨野泽为黄河流域有数的大湖，它的湮塞正是女真族统治中原时黄河泛滥的结果，当然一个地区的能否充分利用不能以一个湖泊的湮塞得到说明，事实上，金元以后很长时期黄河流域的人口再没有像以前那样的稠密，这说明了黄河流域一度的萧条。

如果深入地分析，更可以看到适当的地理条件加上人们合理有效的利用，就可以相得益彰，而有突出的表现。历史上一些有经济价值的地区的变化，也可以由此得到说明。从历史的发展过程中看来，我国的盛产粮食的地区是曾经有所改变的，在一个农业国家中，盛产粮食的地区也就是一个富庶的地区，同时也是一个文化较为发达的地区。古代黄河流域的文化最为发达，正是这样情况的反映。黄河流域盛产粮食的地区还可分为关中和黄河下游两个部分，而下游却更为富实。秦汉时期，由于国都建在关中，关中所需的粮食还要仰给于黄河下游，秦汉以后历经变化，直到唐代初期，还是如此。唐宋以下，迄于明清，都城时有迁徙，粮食的转输要皆仰给于东南长江三角洲一隅。黄河流域也就不再为人们所提及了。和粮食产地的变化相似的，还有桑蚕丝的产地。秦汉时期黄河流域的富庶不惟见之于粮食的生产，丝织业也是相当有名的。齐纨、鲁缟、阿绢、宋缯都是名重当世，其他亢父的缣，巨鹿的绫，清河的缩，房子的绨也都为人们所称道。由此可见，当时重要的丝织品的产地都是在黄河流域，当时长江上游的成都丝织品也还稍有名声，长江下游却是默默无闻的。三国初年，魏文帝对于西川的蜀锦不仅称之于口，并且还不时派人前去购买，可是对于江东的绫罗却一直在那里肆口诋訾，说它不如中原的佳妙。此后又经历了几个世纪，黄河流域的丝织业已经销声匿迹，而为江东所代替。湖绉、杭纺无人不知，齐纨、鲁缟已成为历史的陈迹了。在农业、手工业地区变迁之外，经济都会的繁荣与萧条也同样有频繁的改易。春秋战国之际，济、菏两水相连处的定陶，曾被称为"天下之中"，它的富庶繁荣竟使陶朱公为之流连久住，老于此乡，唐代邗沟入江之处的扬州也曾以"扬一益二"的说法被列为全国最繁华的城市，至令诗家写出"人生只合扬州死"[①]的句子。后来菏水阻塞，定陶失去它的优越地位。汴河不通，扬州也就逐渐萧条。一般说来，黄河长江流域一些地区是有它的富庶的基础的。定陶与扬州都是邻近于富庶的粮食产区，还有相当的手工业条件，在菏水与汴河凿通之后，它们就迅速繁荣起来。在人民的时代里，人为的作用所取得的成就当更为巨大。东北地区的物产在清朝时，仅有人参、东珠、貂皮等较为著名，茫茫大地尚多沉埋于蔓草蒿莱之中。时至今日，却已面目一新，人们固然还谈到人参与貂皮，但人们却更多地谈到鞍山的铁与抚顺的煤。煤铁两项又带动其他事业，使东北成为重工业区域。又如柴达木盆地，十数年前还是人迹罕至的所在。盆地中若干地方竟然没有人给它具体命名。由于石油的采掘，那里已成为人烟较密的地区，当一些探矿人员在那里随心所欲给若干行将成为新居民点命名时，可以想见他们豪迈的气概。煤、铁、石油诚然是这些地区的地下蕴藏，但在尚未为人们发掘利用时，当地实无由改变它们的寒伧面目。这样的变迁在西藏高原还可以得到新的例证。远在弃宗弄赞时，拉萨附近即已种植小麦、青稞、荞麦和豌豆等，其后若干世纪，西藏农民却仍世世如此，没有增益，直至西藏和平解放以来，始由内地种植栽培新的农作物，丰富了那里田园的景观。天山南北由于交通的便利，农事经营自非雅鲁藏布江畔所可比拟，不过小国寡民的生产方式在

---

① 张祜《纵游淮南》。

当地居民看起来也成为理所当然，不足奇怪。在党和政府的领导下，数百千亩的大面积操作已使原来不相连接的地方成为一起。由此可见，自然条件虽极为优越，必须待人们的利用，始可发掘它的效率。经济地区的改变不能与它的自然环境的变迁没有关系，可是人为的因素到底是占有相当重要的地位，人为的因素能够得到合理而有效的运用，一向被视为荒凉凄凉人烟稀少的所在，一样可以转变为富庶繁荣的地区。

地理环境的变迁是多样的，人为的作用会促成这些变迁，但由于其目的的不同也会形成一些独特的表现。从政治方面着眼是和从经济方面着眼不完全相同的，因此在政治地理方面的表现是应该和经济地理有所区别的。前面说过，古代的黄河流域盛产粮食的地区，关中平原应该算是其中一部分。不过关中是有一定的局限性的，泾渭河谷不十分广大，人口增多，也同样会使它感到粮食不足。这样情形无论秦、汉和隋、唐都曾经显明地表现出来过。秦、汉、隋、唐先后都以关中为都城，而都城中所需要的粮食就是当地不能完全负担得了的。后来关中失去都城的地位，粮食问题未始不是其中一个重要原因。既然如此，他们选择都城时是不是知道这样的问题？如果知道，为什么还做这样的决定？秦人的建都自有他们的历史渊源，不必具论，这里就以汉朝为例，加以说明。汉朝以长安为都城时，粮食问题是曾经考虑过的，由于政治的因素比较经济因素更为重要，所以他们宁肯忍受粮食缺乏的困难，而不愿舍弃这个适于他们建都的所在，原来统治阶级的想法是与人民不相同的。统治阶级总是要从事剥削人民的，所以他们就不能不考虑到人民的反抗。汉朝政府以关中为都城就是从这里出发的。关中地势险要，如果人民真的反抗起来，他们打算闭关自守，苟延喘息。在此以外，当时国际的问题也促使他们做出这样的决定。匈奴不断地向南侵略，同样威胁这个新建的王朝的基础，匈奴的骚扰以西北为最严重，把国都接近前方，更能够面对现实，抗拒侵略。这不是一个单纯的经济问题，若是专从粮食供应着眼，是不能全面理解的。这也不是说汉朝政府就不重视经济问题了。为了转运粮食，他们在镌凿底柱、修治漕渠方面确实也费过一些功夫。后来宋朝以开封为都，和秦汉隋唐都不一样。后来它是迁就了长江下游的漕粮。宋朝对人民的顾虑不会比汉朝更小，开封平原是不如关中的险要，为了补罅这个所谓的漏洞，它在开封驻了重兵，以人力填充地形的缺陷。正因为如此，转漕东南粮食的汴河就更显得重要。

统治阶级的打算总是和人民的愿望背道而驰的，他们用尽心机，巩固他们的统治基础，就连划分地方区划也不肯放松。现在的河北省在明朝为北直隶，也就是清朝的直隶，这是当时的畿辅所在地，对于这样地方他们自然要慎重布置，以免疏虑。直隶西背太行，东濒渤海，山海之间大致已经规定了这个省区的范围，只有南部平原所辖独广。直隶的南界和河南省会开封几乎仅是一河之隔。这个畸形的规划可能不是没有用意的，至少它可以由此控制住河南，这样就种下了冀、鲁、豫三省之交人民的痛苦根源。因为黄河北流之后，正由直隶南角穿过，在一个很短的距离之间，一条河流分属三省，而那里又是黄河容易溃决的地方。治河官吏互相牵掣，怎能够说不贻误事机？可以想见，每当夏秋霖雨，黄河水涨的时候，当地的人民是怎样提心吊胆熬过一个个的黎明和黄昏。

这样的情况还可以由清朝的盛京看到，辽河两岸和山海关西的自然形势本来不尽相同，自成一个区域也是理所当然的事情。从清朝初年起，却把这个地方看成他们"龙兴"的圣地，禁止内地人民前往开垦和种植，甚至采寻人参、猎捕貂獭，也在禁止之列。有了具体的区划还以为未足，又在它的西、北、东三面筑了柳条边墙，防止人们的偷越。竟使大好河山，无由开发利用，后来日本和沙俄南北窥伺，甚至演变成他们斗争的疆场，令人痛心。

从历史的发展过程来看，地理区划的变迁是十分频繁的。每个王朝都会有他们自己的布局，而且这样的布局也是不断有所改变的。

其中有些甚至是奇突的。据说王莽时候，由于频繁地改变地方区划，东裁西并，往往把一个地区原来的县邑都划到邻近的区划中去，只剩下空的名目，竟使当地官吏也无处着身。与此遥遥相对的，是东晋南北朝的侨州郡县制度，一个地方设了许多州县，使人们罔知所措。这自然是些极端的例子，但也可以说明其间变迁的幅度是相当大的。为了明了当时的具体情况，对于这些变迁也是不应该放过的。

解释和说明以往的现象诚然是必要的，但更重要的，还是如何吸取前人的经验，服务于当前的建设。在悠长的岁月中，人们曾经积累了许多和自然斗争的经验。这些智慧的结晶是值得珍视的。譬如改良盐碱土壤，就是一个重要的经验。盐碱土质对于农作物的生长危害最大，人们引水冲洗，取得很大的成效。这种办法从西门豹和郑国以来就在各地不断地运用。又如邻近黄河的人们，过去受了许多灾害，却也摸索出一些经验，他们知道洪水所挟带的砂砾固然会使土地硗瘠，但也发现在一年之中每个月份随河水俱来的不一定是砂砾，而且还有肥沃的泥土，至迟在北宋时期的人们，就按着具体时节利用洪水放淤，成为改良土壤的另一种方法。当然过去人们的经验并非完全都能够成套地保存下来，也有竟至失传的。譬如黄河流域的种稻见于古代记载，班班可考，栽种的痕迹也历历可寻。经过了一些时期，有的地方不仅不再栽种，有些人甚至认为根本不宜栽种。虽也有若干有心之人从事提倡，都未能扭转习气。直至最近党和政府的号召，才逐渐扩大它的种植面积。与稻相似的还有桑。前面说过古代丝织业十分发达，可见种桑的普遍。其后蚕桑事业都萧条零落，迄今尚未挽回。丝米关乎人们的衣食，同样应该重视。现在北方种稻的问题实际已经解决，种桑养蚕也应早日提到日程上来。前人的经验有的不仅传于人口，而且还有遗迹可寻的，按图索骥，追踪探求，当然更易为力。当前工业建设，煤铁最为重要，探矿人员遍于各地，靠着他们的努力，已经获得了有价值的矿脉，镜铁山与攀枝花的蕴藏能够发现，是与他们的辛勤分不开的。但如果步武前人的遗迹，成就也许更多一些。我国开始用铁为时很早，产铁的地方往往见于史册。《汉书·地理志》中就备载着当时的铁官，后来一些载籍也都循着它的成例，值得人们的稽考。过去产铁的地方，有的蕴藏不多，采掘日久，矿脉已告罄绝，有的却还可以继续致力。现在湖北大冶为有名的铁矿所在地，也是武钢所需的原料主要供给区。其实大冶产铁并不是近年才发现的，《晋书·地理志》中已载有鄂县的铁官，当是指大冶铁矿而言。其后《新唐书·地理志》及《宋史·食货志》也都有相似的记载。可见当地的铁矿不仅发现很早，采掘的时期也是相当长久的。虽然如此，现在大冶铁矿的蕴藏仍极丰富，值得大规模的兴工。古代发现的铁矿无虑数百千处，未必再没有和大冶相似的情况。似乎应该继续探索，尽量使它们发挥作用。过去人们的经验不必都有遗迹，其实若干条的记载也是对当前的事业有所帮助的。建国初期，大规模进行基本建设，西安地区的设计人员也和全国其他各处一样，详细查询地震的记录。这种精细慎重的精神是值得称道的。西安地区的地震本来是不多见的，但也并不是绝对没有的。西安城外荐福寺的小雁塔顶部裂成并峙的双峰，西安城内碑林的开成石经间有破为零碎的片段，都是前代地震破坏的残痕。探求先民的记录，以为今后趋避的参考，是有其重要的意义的。

当然，前人的经验也并非都是成功可法的。即令是失败的陈迹，如果能充分吸取教训，也是一项宝贵的财富。就以黄河来说，这一条泛滥不常的河流，已经不知道它究竟冲淹了多少人民生命，摧毁了若干土地财产，人们为了防河，也不知已经流了多少血汗，付出多少精力，不管无数的治河人员的策略如何，大致只得出这么一个经验，就是堵塞决口，修堤防溢。这是一个痛苦的经验，其中不知夹杂着多少的血泪。因为堵口还会重决，堤防难免再毁，人们就在这样循环往复之中，度过了无数的艰难岁月。这条经验告诉人们这只是一个治标的办法，不是一个根本的善策。在党和政府领导之下，注意了治标，也更考虑了治本。如果不注意治标，马上就有溃决的可能。若是不考虑治本，那是没有吸取过去的教训。为了治本，目前不仅完全动员了社会的力量，而且也充分利用了自然的条件。从普遍造林、防止风沙、保持水土到兴建水库、引水灌溉、择地溢洪，已使沿河各地都得到合理的利用。这种伟大的设施，既吸取前人的经验，也超迈前人的旧绩，它是一定会得到成功的。

当前的建设不是简单地恢复过去的陈迹，而是在创造前无古人的鸿图。这当然不是以跟着先民的步骤，取得仿佛的成就为满足。过去长期是农业的社会，富庶的粮食收获就显示出社会上无限的财富。人们也注意到手工业，但它是以农业为转移的。今后农业的经营固然仍居于重要的地位，但工业却已可以与农业相媲美。农业是基础，工业是主导，其间的关系是很密切的。正因为如此，今后的富庶地区已经不是单纯的盛产粮食的地区，也不是再加上若干手工业发达的地区所可能得其全貌的。一定要加上工业区域，尤其是重工业区域，才有可能说明问题。从农业发展看来，长江下游三角洲是有其历史的基础和较为适宜的自然条件的。这里将会像过去一样，仍然是一个重要的盛产粮食地区。黄河流域虽不如长江流域条件的优越。但今后人为的努力将会使当地的地理环境逐渐朝着有利的方面变化。不仅黄河流域会得到恢复，就是其他地区也将有迅速的发展。从整个经济布局看来，新的变化已经显示眼前。当前三大钢铁基地已经相继建立，像酒泉和西昌的钢铁企业也会接踵而起。这里只有武汉是过去人们所熟悉的地方，其他各处虽也曾为人们所提到，但一向是在无足轻重之列。新的趋向会使有经济意义的地区发生若干转移和变化。

从这些事例看来，历史地理学是一门有现实意义的学科。虽然它所探讨的范围涉及各个历史时期，这应该不是在发思古的幽情，而是为了古为今用。不是单纯追求它的来踪去迹，而是为了更好地吸取前人的经验，进一步利用自然、改造自然，使它更符合于人们的要求。如果不是从古为今用方面着想，它将成为没有什么意义的陈迹堆积，而减低了它的作用。

这样说来，自然会引起一个有关的问题，就是对于过去学人在这方面所获得的成就的估价问题。当然历史地理学作为一门学科而被提出来并不是很早的事情。但是以前的学者们在相当的范围里面确实付出了很大的精力，也获得了一定的成就，班固和司马彪的撰述两汉《地志》，郭璞和郦道元的注疏《山》《水》二经，李泰和乐史的《括地》《寰宇》诸书，王应麟和胡三省的解释《通鉴》地理，以及其他学者的著作，都有很大的价值。他们从事钻研的时候是不会知道历史地理学的内容的，自然也不能用历史地理学的目的去要求他们。不过应该指出，他们的工作对于历史地理学是有巨大裨益的。若没有他们的导夫先路，则从事当前的研究工作必然会感到无限艰辛。前贤的努力多集中于地名的考核和制度的校订，如果没有这些工作，将难以解释每个时期地理的演变过程。因为祖国历史这样地悠久，地名改易的频繁，区划变迁的复杂，若是不取得清晰明确的概念和详细充实的材料，则必然会如俗谚所说的"失之毫厘，谬之千里"。今天固然不必追求那些过去学人所设想的目的，但应该利用前贤已经获得的基础，以达到这门学科的要求。

我国古今气候的同异[①]

一年四季，寒暑易节。古往今来，气候多变。历史时期我国气候经历了怎样的变化过程？古今气候有何异同？这些问题都很重要，值得探究。

一、古今气候寒燠的变迁

古代气候的情形怎样？在悠久的岁月中有没有显著的变迁？古今的气候是不是互相仿佛的？这些现象对于往昔人们的生活和经济、文化的发展都有密切的关系，是值得注意的问题。

探求这些演变的情况在目前还是比较困难的课题。气候的变迁既是一种自然的现象，则对于有关的自然环境会发生一定的影响，也许还留下若干的痕迹。不过时易岁迁，历年久远，这样的痕迹不是早已逐渐泯没，就是难于蒐罗稽考，固然历代的传说和文字的记载还不乏有关的材料，然详略不同，繁简各异。况且我国幅员广大，

[①] 本文系史先生为《中国历史地理》撰写的稿件，封面上有"中国历史地理""第二章""第六节"字样。据史念海档案，史先生1946年至1947年在复旦大学和兰州大学任教期间，曾讲授过"中国沿革地理"课。中华人民共和国成立后史先生开始着手撰写《中国历史地理》。文中引用竺可桢、涂长望1961年发表在《光明日报》上的文章，可知此文写于1961年之后。整理者注。

极南和极北迥然不同，而前代记载又往往限于某些地区，即令完备无缺，也是有一定的局限性的。当代学者们的撰著虽不时有所发表，其间也不无同异之处。这里所论述的，也只是参酌时贤的看法，略事钩玄提要而已。

由于古代的黄河流域曾经成为经济和文化发展的地区，也是若干王朝政治中心的所在，有关气候的记载较为丰富，可资稽考。长江流域继起，也逐渐成为人口较为稠密的地区，若干天象的变易同样能引起人们的注意，而其经过也常见之于文籍的记录。论述往昔的气候者多偏重于这些区域，也是合乎常理的。其他各地材料较少，就难免有些逊色。

据当代学者们的研究，殷周时期的气候容或和现在有所不同。甲骨文为我国最古的文字，其中有些卜辞多记载求雨祈晴的情况，当时农业的发展和若干兽类骨骼的发现，也皆与现在的情况不尽相同，有些学者就以此证明在三千年前河南北部安阳附近的气候较现在为和暖。① 也有人认为春秋战国时期黄河流域种稻很多，植竹也不少，现在竹林破坏，稻田减少，因而得出了古代黄河流域的温暖程度与现在长江流域差相仿佛的结论。② 再往后来就是秦汉王朝。这一时期的记载较之前代已稍为丰富，有的学者就根据这样的记载，指出"秦汉时代黄河流域中下游大区域的常年气候和汉代中下游大区域的气候……无论是常态或者变态，虽然与现今有一定的差异，但这种差异并不很显著"。③ 而竺可桢先生更根据历史上有关风雪大寒或陨霜杀稼等记载，指出自唐代以后各世纪的奇冷年份的多寡，并

---

① 见胡厚宣《甲骨学商史论丛》二集《卜辞中所见之殷代农业》。
② 见蒙文通《中国古代北方气候考略》（刊1920年《史学杂志》第二卷第三、四期合刊），又见《由禹贡至职方时代之地理知识所见古今之变》（刊1937年《图书集刊》第四期），又见《古代河域气候有如今江域说》（刊1934年《禹贡》第一卷第二期）。
③ 文焕然：《秦汉时代黄河中下游气候研究》，商务印书馆，1959年，第78页。

依此而断定当时气候寒暖的变迁。据竺氏的研究，则自第九世纪至于十一世纪，虽不乏冬季奇冷的年数，其间差异还不显得巨大。十二世纪冬天奇冷的年数达到了二十四次，十三世纪多了一年，达到了二十五次，到十四世纪达到了更高的记录，竟有三十五年之多，足证当时十分寒冷。到了十五世纪，冬天奇冷的年数却只有十次，为自第九世纪以来的少见的一个世纪。显然可见，当时的气候已是趋于相当温暖。不过十六世纪奇冷的年数却又达到了十四年，虽仍较十四世纪为温暖，较之十五世纪却显得寒冷①，而十七世纪，尤其是十七世纪的后半期，还是一个寒冷的时期。② 十九世纪中叶，寓居于北京的俄国人曾对于北京的气候应用仪器测量并有记录，虽所记只有二十余年，却也弥足珍贵。如以之与二十世纪初年相比较，两期间的年平均温度，有所差别，而所差实极为有限。不过根据这样差别所显示的情况，则二十世纪初期实较十九世纪中叶的一段时期稍为温暖。③ 在此以后，记录的材料日臻完备翔实，根据这些记录，可以看到二十世纪的最初四十年代中，气候是在逐渐变暖的，而且是在十九世纪的末叶已有变暖的现象。四十年代以后，又在逐渐地变冷，最近三四年却又有了变暖的现象。④ 当然像我国幅员的广大，各地并未能完全一样，但黄河和长江流域及其附近的情况大体可以看得出来。

诸家立论的根据不尽一致，有的是由文字记载从事探讨，有的还兼采对于自然现象观察的结果，时至晚近，更假借于仪器的记录。

---

① 竺可桢：《中国历史时代的气候变迁》，《东方杂志》第二十二卷第三号，1925年。

② 竺可桢：《历史时代世界气候的波动》，刊1961年4月27日、28日《光明日报》。

③ 竺可桢著，朱炳海译：《中国历史时代的气候变迁》，《国风半月刊》第二卷第四期，1933年。

④ 涂长望：《关于二十世纪气候变暖的问题》，《人民日报》1961年1月26日。

如果各家所论皆能翔实可靠，则有史以来各时期的气候显然是不完全一样的。有的时期较为温暖，有的时期却不免较为寒冷。这里应该就这些论点再作些必要的探究，而对有关较早时期的一些说法更应该如此。如上所述，根据仪器所得的记录自易接近于客观的标准，在这样标准的基础上立论也较易获得实现，而历史上有关对于这些有异于常态的现象的注意，自亦有它的一定的确实的程度。竺可桢先生应用了这样的材料，并以之与欧洲同时期的相似现象互相比照，其间的变迁如出一辙，这是值得深思的问题。竺氏又以日中黑子出现的多寡和这些现象参对，更显示这样记载的不尽虚妄。自第九世纪起，正是唐宋元明诸王朝，公私记载皆称丰富。其中即令偶有讹误，也可互相参证，不至差错过甚。再往以前，像商、周、春秋、战国时期，虽然也有一些资料，还应待多方考核，始可得其结果。

关于商朝都城及其附近的气候问题，如前所说，一些学者认为是较现在为和暖，其和暖的程度甚至有如现在的长江流域或更南的地区。不过却还有人抱有不同的意见，认为当时黄河流域的气候和现在并没有什么差异的地方。[①] 持前一种意见的根据，是由于甲骨文中有不少关于卜雨的记载，认为当时一年之中无月不可以降雨，所以气候显得温暖。再证以当时的农业的栽培和收获，森林和草原的分布，以及在安阳殷墟所发现的一些为现在当地所无的哺乳类动物的化石，皆可以确定当时的气候和现在不尽相同。持后一种意见的则认为卜辞之中虽有不少的卜雨求雨的记录，并不能认为就可以证明当时确是阴雨不少。因为如果当时真的就是无月不可以降雨，则人们将不会再乞求龟甲预示降雨的日期，而是将盼望雨止天晴的时间。据甲骨文的记录，卜雨求雨的条文确是不少，而卜延雨和卜启的却不是太多。延雨就是指的连阴雨，而卜启则是希望得到晴天的

[①] 董作宾：《再谈殷代气候》，《华西协和大学中国文化研究所集刊》第五卷，1946年。

朕兆。这样的占卜记录并非全年皆有，只是限于四月至九月的夏秋季中。这也证明了春冬两季和夏秋两季是不完全一样的。以前后两种不同的说法相比较，后一种意见是容易取得人们的同意的。

不过气候的变迁不仅从雨旸方面可以显示出来，其他一些有关现象也会受到影响，而显出不同的面貌。动植物的生存和发展就和气候的变迁有极密切的关系。殷墟的发掘曾发现不少的哺乳类动物的骨骼，值得注意。这些动物有的还可以在现在安阳附近看到，它们原来就是当地的产物，这是没有问题的。有的现在在安阳附近却已无踪迹可寻，如竹鼠、象、貘、犀牛等现在只见于南方热带地方，如熊等又只见于北方寒带地方。这样寒热不同产地的动物同见于殷墟，似难于解释当地的气候。有些学者认为它们能够在安阳同时出现，可能是人力从外处搬运来的。① 殷代的统治阶级素好田猎，如果这些动物皆为殷墟附近的产物，它们常有被猎获的可能。而卜辞中除象以外，殆未见猎获这些动物的记载。可见外来的说法是有可能的。

这里应该稍稍探究象的问题。殷墟中发现象骨，自然也有外来的可能。但外来的动物绝不能纵之田野，再设法猎获。卜辞田猎既有获象的记载，似为当地所自有，不仅殷人田猎获象，殷人还曾服过象。② 在文字的构造中也有这样的迹象，"为"字的最早的形式就是从手牵象。可见象为当时寻常服御的动物。③ 这样说来，殷代都城附近曾经有过象的踪迹也是可能的，如果真的如此，这大致可以反映出当时的气候是较现在为温暖的。

适于动物生存的条件，相应的温度只是其中重要的一端，别的因素也是应该有的。殷代黄河中下游各地森林遍地，湖泊罗列，比

---

① 杨钟健、德日进：《安阳殷虚之哺乳动物群》，《中国古生物志》丙种第十二号第一册，1936 年。
② 《吕氏春秋》卷五《仲夏纪·古乐》。
③ 罗振玉：《殷虚书契考释》中。

较潮湿。森林之中，湖泊旁边，潮湿当更显著。象在这样环境里，生殖繁衍，也许是有可能的。后来森林逐渐砍伐罄尽，湖泊也逐渐干涸，气温也有所变迁，再加上人为的迫害，可能逐渐向南迁徙，遂使黄河两旁竟尔绝迹。据说北宋时期，在现在河南西南部的山地还曾经发现过象的踪迹①，如前所说，北宋时黄河流域的气温并不较现在为温暖，可是现在河南西部山地在当时却是山林翳日，使残存的象只能够徜徉于其间。

春秋战国时期上距殷商还不算是过远，气温变迁也许还不致过分悬殊。说当时黄河流域的气候较为温暖不是没有可能的。说是温暖的程度有如现在的长江流域，而且以当时黄河流域栽竹种稻为证，则是还可以商榷的事情。黄河流域在春秋战国时期有些地方固然曾经有过猗猗的绿竹，也曾经看到油油的稻田，但并不能说自那以后，黄河流域就没有了竹林和稻畦。

其实北方栽培的竹后世也并不是十分稀见之物。就以淇水流域来说，产竹一直都是有名的。汉武帝堵塞黄河的瓠子决口，堵口的材料就是用的淇园之竹。② 东汉初年，寇恂为河内太守，也曾伐淇园之竹，制成百余万支箭，抵制自南而来的攻击③，光武帝能够在河北立住脚，和这宗事情很有关系。晋代优游清谈的竹林七贤，据说他们的游踪，就在现在河南辉县。④ 辉县正在淇水的附近。现在河南的沁阳，在清代是怀庆府治。也就是以前的河内郡治。直至清朝末年怀庆府的竹林还是到处丛生，与其他灌木和柏林相交错，风景优美，为过往者所称道。产竹既多，竹器的制造自然也发达起来。近来报载，政府对于这一区域人民制作竹器的副业还曾经加以提倡。

前若干年，有人曾经说过竹不过秦岭，这种说法显然是不合乎

---

① 《宋史》卷六十六《五行志》。
② 《汉书》卷二十九《沟洫志》。
③ 《后汉书》卷十六《寇恂传》。
④ 《明一统志》卷二十八《河南卫辉府》"七贤堂"条。

实际情形的。司马迁在《史记·货殖列传》中已经提过渭川的竹林，并且说如果人家在这里能够有千亩的竹园，他的收入可以和千户侯等。班固在《汉书·地理志》中也提过鄠、杜两县的竹林，并且说它和终南山的林木相媲美。这一带的竹林从汉代起就已经由政府派人管理。① 那时的竹林相当广大，若干次人民起义的力量还曾一再以之作为根据地和封建统治者进行英勇的斗争。据宋朝人的记载，终南山下的竹林还是很多，甚至渭北的凤翔也都有竹的生长。② 元时又规定河南怀、孟，陕西京兆（今西安）、凤翔所产的竹可以发卖。当时给引竟至一万道之多。③ 就是到现在，西安城中作竹器的手工业仍然聚在一条街道，这条街道就称为竹笆市。竹器的材料乃是产自盩厔、鄠县和华阴、华县。

当然，黄河流域产竹的地方并不限于这几处。就以陕西来说，泾水流域的邠县，根据明朝的记载，就曾有过茂林修竹的胜迹。④ 陇山以西比渭水下游自然要早寒些日子，可是陇山以西的竹树并没有因此而绝迹。唐时杜甫曾旅居天水附近，他所作的《秦州杂诗》，就曾三次提到竹树。唐朝末年有一次灾荒，陕西的人民靠着竹实果腹，救活了若干性命。⑤ 甚至在洮水沿岸，人们对于竹树实也不认为是什么生疏的东西。⑥ 直到现在，宁夏回族自治区固原专区境内六盘山中还有竹林三十五万亩。不过，再北到现在陕西延安附近，在古时就

---

① 《太平寰宇记》卷三十"司竹监"条。
② 苏轼《苏文忠公诗集》四《李氏园》：二十七日自阳平至斜谷，宿于南山中蟠龙寺；五《大老寺竹间阁子》：南溪之南竹林中新构一茅堂，予以其所处最为深邃，故名之曰避世堂，九月中曾题二小诗于南溪竹上，既而忘之，昨日再游，见而录之。
③ 《元史》卷九十三《食货志》。
④ 《明一统志》卷三十二《陕西西安府》"山川"条。
⑤ 《太平广记》卷四一二引范质《玉堂闲话·竹实条》。
⑥ 《太平广记》卷四三四引《玉堂闲话·仲小小条》。

不是产竹的地区了。①

《后汉书》中曾记载有这么一宗事情：说是并州牧郭伋行部到西河美稷，有儿童数百，各骑竹马于道次迎拜。② 汉时并州治今太原西南，西河治今山西离石。这是说现在山西在古时是产竹的地方。这宗记载，到唐朝初年很受到刘知几的刺讥，说是太原无竹，儿童怎能有竹马可骑？③ 因为当时太原居民办丧事时所制的方相，就用荆条，而不用竹材。这样做法就是当地无竹的缘故。④ 其实太原并不是无竹，不过所产的不多而已。以前有些人喜用典故，称家书为竹报，这个典故出自唐末段成式著的《酉阳杂俎》，据说太原童子寺中有竹一窠，寺中纲维每日报竹平安。⑤ 可见太原是有竹的。太原所产的竹有时多有时少，这可能是人们种植的数量有所变更。元朝初年太原附近所产的竹还受政府的控制，作为一种税源。⑥ 如果当时那里所产的竹没有一定的数量，如何会引起统治阶级的注目？

黄河流域种稻的情形也是和竹相仿佛的，稻在春秋战国时期的种植是不少的，它成为北方一种重要农作物。后来农家学派对于它的种植也就不厌其详地加以记载。西汉的氾胜之、东汉的崔寔和后魏的贾思勰，在他们的著作中，都予稻以适当的篇幅。⑦ 贾思勰的

---

① 《梦溪笔谈》卷二十一《异事》："近岁延州永宁关大河岸崩，入地数十尺，土下得竹笋一林，凡数百茎，根干相连，悉化为石。……延郡素无竹，此入在数十尺土下，不知其何代物。无乃旷古以前，地卑气湿宜竹邪？"又邵博《邵氏闻见后录》卷四也说："章子厚在丞相府，顾坐客曰：'延安帅章质夫因板筑发地，得大竹根，半已变石。'西边自昔无竹，亦一异也。"
② 《后汉书》卷三十一《郭伋传》。
③ 《史通》卷二十《暗惑》。
④ 见《太平广记》卷三七一引牛肃《纪闻·窦不疑条》。
⑤ 《酉阳杂俎》续集十《支植下》。
⑥ 《元史》卷九十四《食货志》："明年（至元二十三年），又用郭畋言，于卫州复立竹课提举司，凡辉、怀、嵩、洛、京襄、益都、宿、并等处竹货皆隶焉。在官者办课，在民者输税。"
⑦ 《氾胜之书》及崔寔《四民月令》皆见贾思勰《齐民要术》中引。

《齐民要术》中所说的尤为详尽。氾胜之所记的是关中的情况①，可知泾渭流域在西汉末年稻的种植还是相当普遍。甚至在氾胜之之后的东汉初年，高亢如陇上各地也是可以种稻的。马援曾在洮水附近种稻，并且获得丰收。②崔寔虽然几代都住在洛阳，但他的祖籍却是涿郡安平，也就是现在河北旧安平县。他本人又先后在五原、辽东做过太守，这些都是黄河流域以北的地区③，他的著作当然反映了这些地区的情况。贾思勰所记载的应该是后魏末年黄河流域的事实。

黄河流域平原地区只要有水灌溉的处所，都是能够种稻的。隋唐时期泾、渭二水流域下游的关中就是一个种稻最盛的地区。西起陇山以东的汧阳（今陕西汧阳县）④，东至洛水下游的黄河西岸⑤，北边到泾水以北的郑、白二渠⑥和渭水以北的栎阳附近（今陕西临潼县东北）⑦，都应该包括在这个地区之内。而都城长安的周围⑧及其附近的鄠、杜诸县更是产米的中心。⑨直到北宋时，终南山北麓还是一片油绿的稻田。⑩甚至远在祁连山下的河西也有稻米的出产。⑪至于北宋何承矩在雄（今河北雄县）、莫（今河北任邱县）、霸（今河北霸县）三州及平戎（今河北旧新镇县）、顺安（今河北高阳县）诸军推广稻的种植，更为史册所称美。⑫就在这太行山东和渤海之

---

① 《汉书》卷三十《艺文志》注。并参见石声汉《氾胜之书今译》（初稿），科学出版社，1956年。
② 《水经注·河水注》。
③ 《后汉书》卷五十二《崔骃传》附《崔寔传》。
④ 韦庄《题汧阳县马跑泉李学士别业》。
⑤ 《旧唐书》卷一八五下《姜师度传》。
⑥ 《唐会要》卷八十九"疏凿利人"条。
⑦ 《唐大诏令集》卷七十三《开元二十六年正月亲祀东郊德音》。
⑧ 《旧唐书》卷九《玄宗纪》，及《唐会要》卷八十九"疏凿利人"条。
⑨ 韦庄《鄠杜旧居二首》。
⑩ 《苏文忠公诗集》卷四《是日自磻溪将往阳平憩于麻田青峰寺之下院翠麓亭》。
⑪ 《旧唐书》卷九十七《郭元振传》，及《新唐书》卷一二二《郭震传》。
⑫ 《宋史》卷一七六《食货志》，及卷二七三《何承矩传》。

滨，元代的郭守敬①、虞集②，明代的徐贞明③、汪应蛟④、左光斗⑤和董应举⑥诸人都曾经为推广种稻而作过努力，徐贞明自己还著过一部《潞水客谈》阐明在北方兴修水利、种植水稻的道理。这几位热心的人士虽未能都完全满足他们自己的心愿，但现在北京东面的玉田、丰润诸县从那时起就一直是以产稻见称，现在唐山市南面陡河沿岸有称为上稻地、下稻地的村庄，就都是原来种稻的所在。⑦ 其他如卢沟河、易水、唐河、滏阳河诸水沿岸平旷的处所，稻就已成为主要的农作物了。⑧

不仅黄河流域如此，再往北去，像黑龙江省牡丹江流域⑨、辽宁的沈阳⑩，新疆的焉耆⑪、库车⑫、疏勒、于阗⑬、库尔勒和叶城⑭等处在北魏、隋、唐以及清代都有不同范围的种稻地区。近年来由于劳动人民的不断努力，稻的种植区域不仅在黄河流域有了更多，而且不断向北扩大。东北的图们江北、牡丹江西岸⑮和新疆天山南麓各

---

① 《元史》卷一六四《郭守敬传》。
② 《元史》卷一八一《虞集传》。
③ 《明史》卷二二三《徐贞明传》。
④ 《明史》卷二四一《汪应蛟传》。
⑤ 《明史》卷二四四《左光斗传》。
⑥ 《明史》卷二四二《董应举传》。
⑦ 《皇朝（清）经世文编》卷一〇八朱轼《京东水利情形疏》。
⑧ 《皇朝（清）经世文编》卷一〇八朱轼《京西水利情形疏》。
⑨ 《新唐书》卷二一九《北狄·渤海传》。
⑩ 《龙沙纪略·东三省舆图说·建州女真考》。
⑪ 《魏书》卷一〇二《西域·焉耆传》。
⑫ 《魏书》卷一〇二《西域·龟兹传》；《隋书》卷八十三《西域·龟兹传》；《新唐书》卷二二一上《西域·龟兹传》。
⑬ 《隋书》卷八十三《西域·疏勒于阗传》。
⑭ 郑光祖：《西域旧闻》。
⑮ 延边水稻丰产经验考察组《延边朝鲜族自治州水稻丰产经验》，《中国农报》第十四期，1956年。

处①有了更多的种植，就是更北的黑龙江南岸②和玛纳斯河流域③也都有了油绿的稻田了。

这样看来，稻的种植不仅是黄河流域自来都有的事情，而且还远及于天山北麓和黑龙江畔。如果说，春秋战国时期黄河流域种了稻，就可以证明那时当地的气候的温暖程度有如现在的长江流域，那末现在的天山以北和黑龙江南的气候是否也会和长江流域相似？这自然是不符实际情形的推测了。其实黄河流域的种稻自春秋战国以后也时有盛衰，前后也不尽是一样的，那是水利兴废的结果，和气候变迁的关系是不大的。

话又要说回来了，稻和竹的种植既不能证明黄河流域当春秋战国时期的气候温暖程度，那末，当时黄河流域的气候究竟是怎样的情形还值得注意。竺可桢先生以物候学的观点，对《汲冢周书》所记七十二候有关的鸟兽虫鱼的来去活动以及草木花卉的萌芽开放作了研究。《汲冢周书》所根据的时令日期，悉以阳历为准，易与现在相对照。在此七十二候有关的事物中，竺氏择其可资参证者三种以之和现在相比较，就是桃花初放、杜鹃初鸣和家燕初到的日期。据竺氏的考察，《汲冢周书》所记载的日期比诸现代记录，似有一星期至一月的提早。《汲冢周书》自是反映中原的情况，故知黄河流域当时的气候较现在为温暖。这样的对比自较以稻、竹的种植作立论的根据为合乎事理。④

这种气候寒燠的变迁，各时期不尽相同，也无足深怪，盖自然环境的变迁也各有其规律，不可以人力强制的。这样变迁也不仅我国如此，征之于欧洲各地，也有相似的情况。根据竺可桢先生的说

---

① 昝维廉：《从历史上看我国北方水稻的发展》，《中国农报》第十八期，1956年。
② 康伟中：《我国最北方的水稻》，《人民日报》1957年12月9日。
③ 昝维廉：《从历史上看我国北方水稻的发展》。
④ 竺可桢：《中国历史时代的气候变迁》。

法，北欧斯堪的纳维亚半岛的气候在过去两千五百年中有三个轮回，即相当于我国的春秋战国时期、六朝至唐中叶、清初至道光年间这三个时期，气候要比现在冷，而两汉、中唐到北宋、明代三个时期的气候，则和现在相仿，而在春秋以前，则较现在更热。就西欧来说，在相当于我国的战国时期、六朝、南宋、元及清初时期温度均较现时为低，两汉、唐宋与现时相仿。而在春秋以前则温度较现时为高。[①] 欧洲距我国遥远，而气候的变迁竟然如此相似，是值得注意的事情。

二、气候的干燥和湿润

近若干年来，一些学者多倡言我国北方的气候有日渐转变干燥的说法，而主要的注意点集中在新疆沙漠的变迁。新疆沙漠西距中亚细亚的荒漠地区不远，其间有关气候的变迁也可能互有影响。就新疆来说，作此种主张的学者指出了在沙漠边缘若干古代城邑曾经为黄沙所掩埋覆盖，而终归于荒芜，楼兰古城和尼雅废墟都是显明的例证。而若干河流的流量也有减少的趋势，甚至河道也在缩短之中，昆仑山北麓的克里雅河、尼雅河以及安碟列河，以前曾经流到沙漠内部，而现在却在距山麓不远的地方逐渐消失。相应而起的还有森林枯萎和田园废弃等现象。至于沙漠范围的扩大，则是随之而来的事情。这些学者更进而推论出：这样的变迁往往促成民族的迁

[①] 竺可桢：《历史时代世界气候的波动》。

徙和对外的侵略。①

这种气候变干的现象，据说是在整个第四纪期间发展着的，直到现在还在继续着。形成这种现象的原因，是"由于近期造山运动的发生，造成了昆仑山、喜马拉雅山、秦岭、吕梁山和大兴安岭等山脉。这些山脉成了阻止湿润季风进入亚洲中部的障碍，同时又是阻止干燥气团的反气旋气流向南移动的屏障，迫使反气旋气流流入塔里木、阿拉善和鄂尔多斯等盆地，以致在那些地方产生了荒漠"②。

这个问题追究得很远了，造山运动时期若干山脉的隆起阻碍湿润季风的吹入，使塔里木盆地等处形成变干的情况，这是可以理解的。若干山地还在不断地隆起，使当地的气候依然受到影响，这也许是有可能的。这样的变迁是极为缓慢的，在数十年甚至千百年中不易看出它有极为显著的差异。但从有史以来的情形观察，这些沙漠附近一些有关的变迁，还可能有其他的原因，未可一概而论。沙漠附近的一些城市曾经遭受到黄沙的掩没，但究竟是先有沙漠的侵袭使当地居人不能继续生活下去因而他徙的？还是有人为的因素掺杂在内，使居民迁徙，风沙才掩没了当地的田园？据考古学者的实地考察，后者应是主要的原因，譬如战争、流行病以及经商路线的改易，都会促成某些城市的荒芜，人烟稀少，或者复无居人时，自无从阻止风沙的侵袭。楼兰和尼雅的没落，就是具体的例证。③ 在楼兰古城和尼雅废墟之中，皆有若干丝织品或书写在纸上的文件为考古学者所发现。这些东西皆赖干燥的气候才得保存至今，若在当时气候比较湿润，这些遗存的物品可能早已腐朽，何待现在人们的发

---

① 持这种意见的曾经有不少的学者。近来 B. M. 西尼村曾归纳了其中一部分学者的意见，撰写《亚洲中部气候变迁中的大地构造因素》一文，刊于《莫斯科自然科学研究者协会会报·地质学部分》1949 年第二十四卷第五期。此文经杨郁华译出，刊于 1956 年《地理译报》第四期。

② B. M. 西尼村撰，杨郁华译：《亚洲中部气候变迁中的大地构造因素》，《地理译报》，1956 年第四期，第 260—267 页。

③ 向达译：《斯坦因西域考古记》。

现？楼兰古城的废弃为第一世纪时事，尼雅废墟的荒芜为第三世纪时事。由此可见，这些地方在那时就已经相当干燥。这样的结论不仅为考古学者所提出①，而且为一些地理学家所承认②。根据具体的历史事实看来，也应该是这样的。

不过像天山南麓大戈壁周围的一些河流比较以前已经有所缩短，确也是事实。如果不是当地的气候干燥，怎能发生这样的现象？不过河流流量的变迁，原因也是多方面的。新疆各处固然干燥，长年雨量也不会很多，沙漠周围的河流率多源于附近山上冰川融解后的流水。冰川的规模也是有所变迁的，据说西藏高原上的冰川有逐年萎缩的现象，尤其接近新疆方面更显得突出，所以由昆仑山和阿尔金山北麓流下的河流逐年缩短，这就影响了沙漠的扩张和当地居民的生活。好在和田河和叶尔羌河的上源由于雨量较丰，河水畅流无阻，河旁居民较为稠密，不至像楼兰和尼雅等处容易沦为废墟。③

塔里木盆地的沙漠是否有所扩大，一些学者尚有不同的意见。不论扩大与缩小，也都可能对当地的气候起着一定的影响。即令是扩大或者缩小，原因都应该是不只一端的。天山南麓虽处在群山环抱之中，然东北方面实较为开敞，东北风经常吹来，使沙漠向西南移动，这也是一种自然的现象，亘古如是。尼雅废墟虽受黄沙的掩覆，显示出沙漠移动的力量，然叶尔羌河上游接近沙漠的地区却因人力的灌溉和开垦，反过来会改易原来荒漠的面目。④ 叶尔羌河上游和尼雅河下游相距并不甚远，其间干湿的变迁可能不是过分地迥异。

这样的变迁，如果由阿拉善和鄂尔多斯的沙漠看来也许是更易了然。阿拉善和鄂尔多斯诸地区和塔里木盆地东西遥遥相对，塔里

---

① 向达译：《斯坦因西域考古记》。
② 吕炯：《华北变旱说》，刊1941年《地理学报》第一卷第二期；及 л. с. 贝尔格：《论草原和荒漠的干旱问题》，刊1956年《地理译报》第一期。
③ 吕炯：《华北变旱说》，《地理学报》第二卷第一期，1941年。
④ 向达译：《斯坦因西域考古记》。

木盆地沙漠经常受东北风的侵袭，阿拉善和鄂尔多斯的沙漠也经常受到西北风的侵袭。所以一些学者认为这里和塔里木盆地相似，皆像亚洲中部其他地区一样，气候有了变干的现象，从而使当地产生了荒漠，甚至使粉砂黄土经过这些地区再向东南迁移。正如塔里木盆地的沙漠一样，这些学者仍然认为像这样的变迁在地质时期已经有所发展，直至现在还在继续着。①其实不仅阿拉善和鄂尔多斯的沙漠如此，内蒙古的沙漠，从额济纳过阿拉善和鄂尔多斯，一直到内蒙古的东部，都有分布，东西蜿蜒如带，而且都有扩大的情形。这样的地区和塔里木盆地不尽相同，塔里木盆地南阻于昆仑山脉和阿尔金山脉，这些山脉固然阻碍东南湿润季风的吹来，当地干燥的气候也不易越过崇山峻岭而影响到以南的地区。内蒙古的沙漠的南部虽然也有一些山脉，如合黎山、贺兰山、狼山、阴山等起着一定的阻隔作用，但这些山脉并非都连接在一起，其间空旷平坦之处还是不少。鄂尔多斯沙漠就已在贺兰山之东和阴山之南。像这样的沙漠分布和扩大的情况是否对于当地及其更南的地区的气候有所影响？有些学者和上述的若干看法相类似，对这样的问题的答覆是肯定的。他们认为沙漠的不断扩大，会促使气候日趋于干燥，至少黄河流域各省就已经有了明显的变迁。②

　　内蒙古各地的沙漠诚然有扩大的现象，而且有些地区扩大的现象还是相当显著的。这些情况前文已经论述，这里不必再事敷陈。不过这里还应该约略提及，北方沙漠的扩大在若干地区并不都是一律的，就是在一个地区之内，前后也不都是一律的。就以鄂尔多斯来说，现在当地的广大沙漠使农牧生产都受到影响。可是在历史的记载中，当地的农牧生产却是曾经有过一定程度的繁荣的。游牧生涯还须逐水草而迁徙，农业耕种就不能不有定居的处所。秦汉隋唐

---

① 《亚洲中部气候变迁中的大地构造因素》，第260—267页。
② 程伯群：《中国北方沙漠的扩张》，《科学》第十八卷第六期，1934年。

诸王朝在河套从事农耕的人们不仅有住所，而且当地县邑星罗棋布，和内地也相仿佛，非如现在一片黄沙、满目萧条的情况所可比拟。由此可见，当地黄沙的弥漫，应远在那些时期以后，甚至在更后的时期。鄂尔多斯的沙漠如此，其他各地也就难免参差不齐，只是愈到后来也就愈为显著而已。如果说北方沙漠这样的扩大，影响到气候日趋于干燥，那只是较后来的事情，并不是自古以来就是如此。

那么离沙漠较远的以南地区气候的干燥和湿润就没有显著的变化了？这也未必。就古代黄河中下游来说，本是一个湖泊繁多的地区，而且也是一个水灾频仍的地区，为了避免水患，早期的人们是喜欢住在较高的地方的，古代一些地方往往用丘、京、陵等作为名称，就是具体的例证。远在商朝的卜辞中，也有以山、麓、京、自、阜、丘等字作为地名，其道理也是一样的。① 可见这种习俗的久远。甲骨文中的地名所在地有的还要再事斟酌，不能肯定相当于现在的地方，不过，其他一些记载有关这方面的地名却还是可以覆按的。春秋时代各国地名称丘者都凡数十，具见《春秋经》及《左氏传》，鲁、齐、晋、郑、卫、楚、宋、陈、曹、邾、莒诸国皆有分布，其中以齐国为最多，计有十二处，鲁国次之，也有十一处，其他各国多少不等，最小的邾国也有三处，远居于东海之滨的莒国也有一处。当时以陵称的地名也不少，分布在齐、郑、卫、楚、宋、陈诸国，其中郑国有六处，为诸国中的最多者。《春秋经》和《左氏传》中还有些地方是以阜、墟、州、台、陉、阪等为名的，也是绝大部分在上述这些封国之内，一样可以作为丘和陵的含义的佐证。丘不仅较高，而且近水，《说文》以四方高中央下为丘，正是指出丘陵虽高于平地，但仍须在四周加筑堤防，以防水患。水患减少或者消逝之后，人们是会从丘上下来，扩大他们活动的范围的。《禹贡》记兖州，就有过这样的话语，说是："九河既道，雷夏既泽，……桑土既

---

① 胡厚宣：《甲骨学商史论丛》初集。

蚕，是降丘宅土。"虽然有不少的人住到平地上，但丘陵上面还是为人们所重视。就以春秋时代来说，人们的活动范围是比较以前更为广大了，陆陆续续兴建了不少的城市，许多城市仍都建在丘陵之上，并且用原来的丘的名称作为城名，像鲁国的中丘、祝丘都是这样的建筑。根据当时情况，以丘、陵等字为名的地方虽散布于多湖泊的地区，但其中一些已经并非就在水边，或是涨水所及的地方。为什么那些地方还继续成为城市的所在地？当然，成为居民点或者城市是有若干条件的。防御外来的攻击和适于生产的环境都应该在考虑之列。不过他们既然位于水滨或者距水滨不远，是否因为那里高敞干燥，更适于人们的居住？如果是这样的，那就可以反映出当时这一些地区的气候是较为湿润的。一般说来，湖泊众多的地方是比较潮湿的。那时期黄河中下游既然到处是湖泊沼泽，水面广阔了，气候显得湿润也是可能的。

近年学人们论证到这样的问题，通常总是征引《左传》所载的两个例证，而这两个例证也正可以说明当时黄河流域的潮湿程度。其一是成公六年晋国对于迁都问题的讨论。晋国本来是都于绛的（绛在今山西侯马市东北），他们打算迁都，有人就主张迁到郇瑕氏的故地（在今山西解虞县的东北），因为那里肥饶而近盐，但是韩献子提出了不同的意见，说是那里土薄水浅，容易使人有沉溺重腿的毛病。另一个例证是昭公三年齐景公替晏子建筑住宅的经过。据说齐景公因为晏子的住宅湫隘，想在爽垲的地方另造新宅。这两个例证一在晋国，一在齐国，都是黄河流域。这两处地方显得潮湿，也许与局部地势有关，也许就表现出黄河流域一般情况。但是一些学者们却由此而得出了推论，说是古代黄河流域的气候和现在差别很大，甚至说那时的黄河流域温暖湿润，和现在的长江流域差不多。[①]

---

① 蒙文通：《中国古代北方气候考略》及《中国古代河域气候有如今江域说》。

这也是一个引人注意的问题。

春秋时代长江流域气候的湿润程度如何，不可具知。不过，不妨稍稍往后推论一些，看一看战国秦汉时代的情形。经过春秋战国时代的发展，长江流域的经济文化都已有长足的进步，可是黄河流域的人们对那里却另有一种看法。这里姑且举出两个有关西汉王室的例子作为说明。现在安徽中部江淮之间，汉初称为淮南国，为高帝儿子刘长的封国。刘长死后，汉朝把他的国土分成三国，分封给他的三个儿子。其中刘勃被封为衡山王。衡山国治六县，就是现在的六安县。吴楚七国之乱，衡山王未曾参预，汉朝就对他特加慰劳，说是南方卑湿，把他迁到北方去。① 这在当时是特殊的待遇了。可是衡山国的本土还在长江以北，不能说是太南的。现在湖南湘水上游宁远县在汉朝是舂陵侯国，元帝时候，舂陵侯刘仁上书说，他的封国地势下湿，山林毒气，难以居住，请求减邑内徙。② 这些事例都出于统治阶级，不能以通常的情况来看，不过总还可以当作黄河流域的人们对于长江流域的一种看法。这种看法不仅是统治阶级一些人们有的，也不仅是迟至西汉时才有的。《史记·货殖列传》记战国秦汉的经济的发展，就曾经特别指出："江南卑湿，丈夫早夭。"看起来长江流域气候的湿润是由来已久了，而且自来就比黄河流域为潮湿的。

秦汉时代黄河流域气候的湿润程度如何，也未见确实记载。不过它没有长江流域那样湿润是可以肯定的。如果说，黄河流域的气候在春秋时代比较湿润是受了当地湖泊繁多、水面广阔的影响，那么，秦汉时代这样的因素还是存在的。因为春秋时代黄河流域中下游的湖泊除过一些较小的以外，一般说来都还没有干涸。可见其间的变化不是很大的。

---

① 《史记》卷一百一十八《衡山王传》。
② 《后汉书》卷四十四《城阳恭王祉传》。

黄河中下游的湖泊为什么后来都干涸了？这在前面已经提到过。黄河经常泛滥，洪水横流，泥沙随水俱下，泛滥所及的湖泊自然难免堙塞而逐渐成为平地。可是还有些湖泊不在泛滥所及的地区之中，也先后干涸，这和气候的转变干燥就不能没有关系了。

北魏郦道元所撰的《水经注》为记述前代和当世水道的重要著作，其中所载黄河流域的湖泊也还有相当的数目，若以郦氏的时代与春秋战国时代相比较，其间差别是显然可见的。有些湖泊的水面已经有所缩小，甚至还有堙塞干涸的。这样的变迁若非受黄河泛滥的影响，当是在较为干旱的年月里逐渐消失的。后来到了唐代中叶，李吉甫撰《元和郡县图志》，其中所记的黄河流域的湖泊已经寥寥可数，其间变迁的痕迹更是显明。两汉之间黄河不时泛滥，若干湖泊的消逝还可委之于受了黄水的淤塞。自王景治河以后，迄于唐代末叶，河患长期不再见于记载。黄河既未泛滥，湖泊却继续在干涸之中，这其中的缘故是可以想见的。当然，某些湖泊的干涸也不能完全都追溯到这样一个原因，因为即令在最干旱的岁月中，也不能就说是没有任何降水的可能的。不过由于雨水稀少，难以填补因为蒸发而失去的水分，积之日久，干涸也还是免不了的。

应该指出，古代黄河流域湖泊的众多和它们水面的广大，是会影响到当地气候干湿的变迁的，但这不是绝对的原因。后来湖泊逐渐干涸自是气候干燥的显著象征，但也不过是一种象征。影响黄河流域气候的干燥与湿润的变迁应该是有各种原因的。东南风和西北风的交互吹来，雨旸的多寡久暂，都有它的一定的作用。黄河流域固然干旱的年份偏多，但雨涝的年份也不是完全没有的。正是因为有这些缘故，所以黄河流域的气候有湿润的时期，也有干燥的时期，其间的变迁是随着影响气候变迁的因素的不同而有所转化的。

黄河流域如此，其他地区也可能是有相似的情形的。

三、干旱和水涝

　　气候的湿润与干燥的变迁是和当地地形的高低和雨量的多寡有密切的关系的。雨量的多寡经常会影响牧草滋生的荣枯和作物收获的丰歉，自来为人们所注意，尤其从事农业操作的人们更加重视，甚至以前的史册和各地的方志也都随时采录，用备稽考。根据这样的记载，是可以追踪前代雨旸变迁的痕迹的。

　　近数十年来这样的问题早已引起学人们的注意，尤其近几年中由于天气反常，旱灾频仍，更引起学人们对于这方面的探讨。他们不仅分析当前气候的变迁，而且还追溯到历史时期的演变。据竺可桢先生的研究，在关内十八省中，从三国到唐初，也就是由第四世纪到第七世纪，是比较干旱的；其后由南宋到元朝，也就是十二世纪到十四世纪，则是比较潮湿的；更后到了十五世纪的明代，却又显得干旱。① 这样的论证是根据历史的记载进行统计的结论，应该是可信的。前面曾经提到郦道元的《水经注》和李吉甫的《元和郡县图志》关于黄河流域湖泊的记载，正可以作为这样论证的史例。因为若干湖泊已经涸竭，或者已不见于记载，所以如此，除过受到其他原因的影响之外，当与这样长时期的干旱有关。根据这样的论证，可以看出，随着旱涝的变迁，气候的湿润和干燥也不是一成不变的，而是时有波动的。

　　历史时期有关雨旸的记载是有其重要的价值的，可是却也如一些学人所指出的，它们本身是还有若干局限性的，未可一例对待。因为时易岁逝，往事易阙，雨旸更替的材料，自会渐就消失。若遇

---

① 《历史时代世界气候的波动》。

气候反常，旱涝灾甚，故老相传，易世难忘的情况，自然是有的，那些成灾不甚严重的旱涝，时间稍久，就难免为人们所忽略。还有一些地区，因为位置偏僻，虽遇灾异，消息无由外传，不为人们所齿及，也就难以列入史册。当然不免也有过分的夸张，动辄失实的地方。至于旱涝地区的大小，成灾严重的程度，皆难得有一律的记载。不过以前王朝建都的所在，众目睽睽，也许不会有所遗漏。况且那时的一些统治者为了迷惑人们，每遇灾异，还要减膳辍朝，统治者如此，史官秉笔，当不至过分失实。这里不妨列举几处以前王朝都城的情况，以作先后比较的根据。

古代建都较早而又历世最久的当数到关中的长安。长安成为都城虽始于汉代，然周都丰镐、秦都咸阳固在长安的左近。汉代以后，西魏、北周以及隋、唐也依然以此为都城。合计起来，已千有余年。历时既久，正好作为前后对比的地方。西周初年，丰、镐附近是否一直风调雨顺，不可具知，然及其末造，自厉王起，历幽、宣而至平王，前后一百五十余年，旱灾频仍，不仅见于史书的记载，而且也为《诗》三百篇所提及。[①] 自平王东迁，丰、镐故地才渐不为人们所注意。秦都咸阳虽远在孝公的时候，然水旱灾情，直至始皇十二年（公元前235）始见于记载，或者秦史疏略，至无遗文可采。自那时以后，至于王莽崩溃，长安内外，干旱率多于水涝。以干旱来说，在这一段时期内，共发生了二十九次[②]，其中大旱二十四次。最旱的一次江河水少，溪谷也为之绝流。此外至少还有三次，旱灾地区相当广大，有的竟达到东西数千里的地步。如果从秦孝公始迁于咸阳时算起，则这二十九次旱灾，平均几乎每十三年就发生一次。如果从秦始皇初年算起，竟平均九年一次。在这二十九次旱灾之中，灾害连年相继的一次，相隔二年和三年的各为三次，相隔四年的五

---

① 蒙文通：《周秦少数民族研究》。
② 参见《史记》和《汉书》秦汉各帝纪及《汉书·五行志》。

次,五年的二次,七年的一次,九年的二次,十年及十二年的各为三次,十四年的二次,相隔年代最长的为秦始皇十二年到汉惠帝二年(公元前193)的那一次,达到了四十一年之久。

长安在东汉末年和西晋末年也还作过都城,都是属于暂时的性质,只有几年的光景,不值得一提。就是十六国时期几个霸主建立的政权,也都是十分短促,无多少水旱天灾可资记述。值得称道的当然是西魏迁都以后,历周、隋以至于唐末的一个较长时期了。在这段时期中,一共发生了旱灾一百二十三次。① 其中大旱十六次,像隋炀帝大业八年(612)那一次灾情遍及全国和唐德宗贞元元年(785)那一次浐、灞将竭,井皆无水的情况也确是少见。唐代末年国都曾迁往洛阳,如果除过这几年,则这一百二十三次旱灾,恰正平均每三年一次。核实来说,在这段较长时期中,灾害连年相继者竟达五十五次之多,相隔一年的也有十三次,二年的还有二十二次,其余三年的十二次,四年的九次,五年的四次,六年和七年的各二次,九年和十年的也各一次。灾情相隔时期最长的为十一年,在这一阶段中也只有唐玄宗开元七年至十九年(719—731)那一次。

至于关中的霖雨成灾,不论是秦汉时期,或者是西魏、北周和隋、唐时期,都远比旱灾为稀少。秦汉时期只有七次,西魏至唐代,时间稍为长些,所发生的水灾,也只有四十八次。秦汉时期的七次水灾中相隔时间短的固然有一年的,远的还有四十六年或五十八年的。由西魏到唐代的四十八次水灾之中,连续两年成灾的有九次,相距最远的有二十九年和四十八年的记录[前者为由唐高宗永淳元年(682)至唐玄宗先天元年(712),后者为由北周武帝建德三年(574)至唐高祖武德六年(623)]。

---

① 《周书》及《隋书》帝纪和《五行志》,又见《旧唐书》及《新唐书》的帝纪和《天文志》《五行志》,《资治通鉴》的《隋纪》《唐纪》,《册府元龟·帝王部·感兴》。

以西周、秦汉和西魏北周隋唐三个阶段比较起来，长安地区所发生的水旱灾情是不一致的，当然也显示出当地的气候在前后不同时期的差异。西周末年连续发生的大旱促使丰、镐附近人口迁徙，自是十分严重的问题。秦汉和魏周隋唐时，长安附近虽然都是偏旱，却也不尽相同，正如前面所举的数字所显示的，秦汉时期平均十年上下发生一次旱灾，而西魏至隋唐，平均三年就发生一次。秦汉时期两次旱灾相隔最久的达到四十一年，西魏至隋唐不过十一年。这说明了同是长安地区，西魏至唐代这一阶段，远比秦汉时期为亢旱。

就秦汉时期来说，以西汉中叶的旱灾最为频繁。西魏隋唐时期旱灾的周期，一般说是比秦汉时期为短促。其中隋朝的初期和唐朝的中叶以后都是比较频繁的阶段，尤其是第八世纪的开头几十年中，旱灾的发生可以说是相继不断的。不过还应该指出，这些旱灾和水灾的发生都不一定在每年的固定季节，它们的成灾程度也就难得一概而论，甚至还有像唐玄宗开元十四年（726）那一年，水旱相继，同一年发生了两种不同的灾难的。

长安之外，建都历史较为长久的要数到洛阳。东周之后，东汉、魏、晋和拓跋魏以及五代中的后唐都是以洛阳为都的，五代之中除后唐外，其他诸朝皆都于开封，北宋继之，也有一百多年的历史。开封和洛阳历来降雨的情形，虽不尽相同①，究竟都还是在中原地带，所差或者不算很多。以之相提并论，也未尝不可。东周以洛阳为都，历年数百。在这数百载之中，自不能没有水旱天灾发生，然书阙有间，已经难知备细。《春秋》虽注意灾异，有闻必书，可是主要记鲁国之事，与洛阳无与。所以追究洛阳水旱灾荒、气候变迁，只可从东汉开始。东汉、魏、晋，本是上下相承，不过东汉季年，献帝居许，洛阳已沦为草莱荒地，所以论东汉洛阳故事，献帝在位

---

① 肖廷奎等：《河南省历史时期干旱规律的初步探讨》，刊1961年《中国农报》第九期。

的三十年，是应该删除的。这样从东汉初年算到永嘉乱离，一共是二百五十八年。西晋以后，还应有元魏的四十年。最后一段则应从唐昭宗东迁起，到北宋靖康二年（1127）金人入汴，共二百二十三年。

东汉魏晋时期，洛阳共发生了旱灾六十七次。① 平均几乎每四年发生一次。其中大旱五次。像晋怀帝永嘉三年（309）那一次，江、汉、河、洛皆竭，可以徒涉，简直是未有的巨变。在这些旱灾中，灾害连年相继的共二十五次，相隔一年的十次，二年的八次，三年的九次，四年的二次，五年的一次，六年的二次，七年的三次，八年、九年和十二年的各一次，最长的一次是相隔了十四年，那是由晋惠帝元康四年（294）到怀帝永嘉三年之间的事情。元魏在洛阳建都的时期虽短，所遇到的旱灾却不算很少。三十九年中共有十四次，② 平均只有二年多一次。灾害连年相继的共有七次，相隔时间最长的也只是八年。

至于由唐末历五代直至北宋末年，在洛阳或者开封，一共发生了旱灾一百零八次，平均还不到二年就遇见一次。③ 其中大旱三次，灾害连年相继的七十一次，相隔一年的十四次，二年的十一次，三年的五次，四年的三次，六年和十年的各一次，而相隔十年的算是最长久了。

这两个地区霖雨成灾的记录比起旱灾来，都显得少些。东汉魏晋这个阶段雨水成灾的只有二十三次，元魏那几年也只有三次，唐末到北宋季年更显得少了，不过是二十八次。这些水灾固然也有连

---

① 《后汉书》及《三国志·魏志》《晋书》各帝纪，又《续汉书·五行志》及《晋书·五行志》。
② 《魏书》孝文、宣武、孝明三帝纪。
③ 《旧唐书》及《新唐书》各帝纪及《五行志》，《旧五代史》及《新五代史》各帝纪，又《册府元龟·帝王部·感应》，《宋史》各帝纪及《五行志》和《礼志》。

年相继的，不过还不算频繁，相隔最长久的，在东汉是三十七年，魏晋是三十九年，唐末至北宋季年稍短些，也还有三十年的记录。看起来在这几个阶段中，洛阳或者开封地方还是偏旱的年份多些。

和长安相仿佛，洛阳或开封的前后阶段也有所不同。前一阶段几乎快到四年才遭遇旱灾一次，后一阶段二年多些就已遇到一次。显然后一阶段为亢旱。这样说来，好像自秦汉以其迄唐宋，以长安、洛阳和开封东西一线为主的黄河流域一直是连续着干旱下去的。因为按各时期平均遇旱的年代计算，东汉是要比秦和西汉频繁些，而隋唐又较东汉为频繁，北宋和前几个时期相较，自然是更频繁了。其实问题还不在此。北魏在洛阳建都虽只有短促的四十年的历史，所遇到的旱灾次数确是不少。它虽没有北宋那样频繁，却是远超于隋唐之上。仅这一点已可以说明旱灾的遭遇也是起伏变迁，并非一直干旱下去的。再就每个阶段说来，也是如此。东汉魏晋时洛阳的旱灾，虽平均不到四年就发生一次，但在东汉后期安、顺诸帝时，旱灾几乎是连年不断的。北宋初年，情况比这还要严重。因为在北宋建国后的四十年中，除过不相连贯的六年无灾外，其他各年都未能免过。那四十年以后，显得稍好一点，但也好不了很多。因为整个北宋一代，旱灾之间相隔最长的年代只有四年和六年的记录，合起来也不过是三次。

在开封以北的北京，也长期作过都城。契丹始以此地为其五京之一，不过仅是偶尔来往，不常厥居。金承辽制，最初也是陪都，其作为首都，只有海陵王至宣宗时的六十二年。其后元明清各代亦皆以此为都。自元世祖至元四年（1267）算起，除去明初建都金陵的一段时期，止于清代末年，前后共得六百一十年。在金国建都的六十二年中共遭遇旱灾十八次；①元、明、清三代则为一百零六次。② 至于霖雨成灾，金国时只有六次③，元、明、清三代则有七十次。④ 水旱灾情比较，不论金国或元、明、清三代，北京附近也都和长安、洛阳、开封一样，是偏于干旱的。

在金国六十二年所遭遇的十八次旱灾中，史书虽没记载清楚受旱的程度，但灾害还是相当频繁的。连年遭受旱灾的竟有十一次之多。灾害相隔最远的也只是五年或六年，根据记载，相隔五年的一次，相隔六年的二次。金国的中都（即今北京）距北宋的开封还有较长的路程，金国都于中都，上距北宋在开封覆亡也已经过了一段时期，可是金国遭灾之多，竟和北宋相仿佛，也是值得注意的事情。

元、明、清三代却略有不同。如果总的计算，则所遭到的一百零六次旱灾，平均将近六年才有一次。如果分别计算，却又是一种情况。元代的八十几年中只遭到七次。这七次相隔的年代都不一样，有连年遇到的，也有隔一年的、二年的、五年的和六年的。最远的到十五年，这和金国那时就迥不相同。固然在《元史》的《本纪》和《五行志》中还有许多关于饥馑的记载。饥馑的发生可能是旱灾的结果，也可能与水涝有关。元代统治阶级惨重剥削，就是不遇水旱天灾，也一样会遭到饥馑的，所以不能把它作为旱灾的记录。

到明代，问题更显得突出。明代在北京建都只有二百四十一年，竟遭遇到八十三次旱灾，平均不到三年一次。这会使人想到唐代的长安和宋代的开封，就是这样也还遇到十二次大旱，不能说不是严重了。在这八十三次旱灾中，灾害连年相继和相隔一年的各有二十

---

① 《金史》世宗、章宗、卫绍王诸纪及《五行志》。
② 《元史》诸帝纪及《五行志》，《明史》诸帝本纪及《五行志》，《皇明大政纪》，《明会典》，《清史稿》诸帝本纪及《灾异志》，《清史纪事本末》。
③ 《金史》世宗、章宗、卫绍王诸纪及《五行志》。
④ 《元史》诸帝纪及《五行志》，《明史》诸帝本纪及《五行志》，《皇明大政纪》，《明会典》，《清史稿》诸帝本纪及《灾异志》，《清史纪事本末》。

六次，其他隔二年的六次，三年的十一次，四年的六次，五年的二次，六年的一次，七年的二次，十年的一次，十年是相隔较久的记载，还有更久的五十八年一次的。那是从明太祖洪武七年到宣宗宣德八年（1374—1433）之间的事情。虽然在洪武四年也还发生过一次旱灾，但五十八年的记载，不能说不是相当悠久的。在元代，北京本是旱灾较少的地方，明初离元代不算很远，应该还是相仿佛的。

清代又和明代不同，清代的二百六十七年中，北京仅遇到旱灾十六次，可是霪雨过甚的记录也有十六次，两者是相当的，平均是十八年一次。以旱灾来说，灾害连年相继的情况是没有的，相隔一年的也仅一次，相隔二年和四、八年的各两次，其他五年、六年、十一年、十四年、十八年、廿三年、廿六年、四十二年的各一次，最长的还有六十三年的一次。可以看到，由金到清，北京前后的旱灾也是很不一致的。

关于北京地区的水旱灾害的问题，近来很受一些学人的注意。根据近百年来材料的统计的结果，自公元1841年（清宣宗道光二十一年）至1952年，旱灾的年数有十三次，水灾的年数也有十三次。[①] 论起水旱成灾的年份的比例，是和上述的清代一代相当的。就是说，不是偏旱，也不是偏涝。不过就这一时期平均成灾的年份来说，则显然是稍频繁些，因为在上述的清代一代的平均成灾年份是十八年一次，而这一时期则是不到八年就要遇到一次。

在这几个地方以外，长江流域的南京也曾作过都城，同样应该注意。以南京为都的要数到东晋南朝一段时期最为长久，三国时的吴国和明朝初年虽也以南京为都，时间短促，可以不必计及。东晋南朝二百七十二年间，南京共遭遇旱灾六十四次，同一时期中，还

[①] 孙寿荫：《河北的降水特点与旱涝问题》，刊《地理学资料》1958年第三期。

有过四十七次霖雨过多因而成灾的记录。① 比较起来，仍是旱灾超过了水灾。在这六十四次旱灾之中，灾害连年相继的有二十六次，相隔一年的十二次，二年和三年的各为七次，五年和七年的各为二次，六年、八年、九年、十年、十一年的各为一次，较长的为廿年一次和三十七年一次。前者为由陈武帝永定三年到陈宣帝太建十二年（559—580），后者为由梁武帝天监十一年到梁简文帝大宝元年（512—550），都已在南朝的后期。长江流域的情况不可能和黄河流域相比较。第一，东晋南朝偏安时，北方黄河流域还相当混乱，割据政权起伏不一，难得有确切的记录；第二，南京距离长安和洛阳悬远，各地气候的影响也未尽能一致。虽然如此，大体上还可略见一斑。南京距东海较近，易受海洋影响，雨水可能稍多。就上列数字看来，则仍然旱多涝少。而其初年的旱灾频繁的程度，几与西晋相仿佛。西晋中叶后，黄河流域旱灾时起，下至十六国时期，这样的现象仍时见于记载。东晋南北朝初期南京的不断发生旱灾，当不是一个地区的偶然现象。南北朝后期黄河流域的旱灾较前稍有减少，南京周围却是大量减少，显出两者之间的差异。

南京东南的杭州，南宋时也曾作过一百五十二年的国都。在那时，当地曾经遭遇旱灾五十四次，平均三年一次，这仿佛和北方金国的中都相似了。不过还应该注意，当时也还遭遇到五十六次水灾。这显然可以看到它与北方的黄河流域不同。也说明了杭州距东海更近，所受到海洋的影响自然也是更多些。

这几个曾经作为都城的地方各不相同，水旱灾情也不一致。就黄河流域来说，除过常年以外，旱灾一般是比较水灾为多。所以许多时期总是显得干燥。不过应该指出，这里所说的只是以旱涝，并非那些时期就没有常年的景况。正因为不都是风调雨顺的年月，所

---

① 《晋书》《宋书》及《南齐书》的各帝纪及《五行志》，《梁书》和《隋书》的帝纪，《隋书·五行志》。

以要向自然作不断的斗争。

四、小结

在悠久的岁月中，气候是不可能没有若何的变迁的。有些时期它显得相当温暖，有些时期却不免寒冷。古代的气候究竟怎样？其间变迁的幅度大小如何？在当前学者们的论述中还难得有一致的结论，不同的意见反映在对于商代和春秋战国时期黄河流域气候变迁方面。那些时期的黄河流域，特别是黄河流域的中下游及其附近的地区，由于森林畅茂、湖泊繁多，也许还有其他原因，气候是要比较现在稍为温暖一些，若干动植物的生存变化，是可能说明其中的问题的。但若认为和现在长江以南的情况一样，似乎是过了一点。那些时期以后，气候也不断有所变迁，秦汉时期黄河流域就和现在相仿佛。再后由唐代中叶到北宋时期，气温的变迁还不算很大。可是到了南宋，冬季就显得比以前寒冷，一直到元代，寒冷的程度还不断在加剧。明代前期稍为和暖些，但明代的后期和清代的前期仍不免再显得寒冷。清代中叶以后，又有转暖的现象，一直到二十世纪初期，还是如此。这样看来，其间的变迁还是不小的。当然这对于人们的生活和生产也是会有影响的。

不仅气温有所变迁，就是各地的湿度也都不会前后一致。新疆和内蒙古沙漠地区扩大，引起人们的揣测，说这是气候渐趋干旱的一种表现，而若干城市变为废墟和河流逐渐干涸，就成为这样说法的佐证。这里面的原因本是相当复杂的，未可执一而论。但沙漠的扩大危及农田和牧场，也是应该重视的。沙漠地区以外，黄河中下游及其附近的地区的变迁，好像也比较显著。还因为那里古代本是湖泊地区，后来所有湖泊却先后干涸了。造成这种现象的原因，除过黄河的泛滥使一些湖泊淤塞外，应该说是受到当地气候的影响，可能当地气候有由湿润转到干燥的现象。不过即令有这样的现象，也是一些时期所特有，并非一直都是如此的。

当然气候的干燥和湿润是和当地雨量的多寡有关的，前面曾对过去一些都城所在地的水旱变迁作了检查，由长安、洛阳、开封、北京几个城市看来，黄河流域较长时期是显出了偏旱的情况。黄河流域许多湖泊的消逝可能从这一点能找出一些线索。但黄河流域有些时期是偏旱一点，却并非一直干旱下去，不仅不是一直干旱下去，水涝的记载也还是有的。在长江流域也许会受到黄河流域若干影响，但长江流域的干旱岁月是不会像黄河流域那样多的，因为当地的自然条件还是和黄河流域有差别的。

我国高原丘陵地区环境的变迁[①]

一、黄河流域黄土高原的变迁

由于河流的泛滥改道，它们所流经的平原地区的面貌因之也就有了很大的变迁。而这些平原又往往为古代的人们经常活动的处所，自然环境既然前后有了差异，所以很难用当前所显示的情况来解释前人的经历。但这并不是说，在此以外的山岳、高原、丘陵的地区就没有任何的变迁，相反，那里的自然环境也还是有许多的改变的。同样也需要探究它们的本来面貌，才能够谈论那些地区的古代人们的活动情况。

从历史的记载看来，这些平原以外的地区是和现在不尽相同的。这里姑举一例以见一斑。东汉时虞诩曾称北地、安定、上郡的山川险隘，沃野千里，是一片谷稼殷积、水草丰美的好地方。[②] 北地郡治富平县，在今甘肃庆阳县境。安定郡治高平县，今甘肃镇原县境。上郡治肤施县，今陕西绥德县境。就是说当时这三个郡的辖境包括现在的陇东和陕北广大的地区。虞诩的说法显示出这一地区富庶的面貌。多年以来，陇东的父老世代相传说是："八百里秦川，不及董

[①] 此篇封面有"中国历史地理稿"七字。正文标题前有"第三节"字样。整理者注。

[②] 《后汉书》卷八十七《西羌传》。

志原一边。"秦川本来富饶，人们曾经以它比之为陆海，而这陆海的所在竟不如董志原的一边，则董志原应为宜农宜稼平畴沃野的地方，是不言可喻的事情了。董志原在今甘肃庆阳县附近，于汉时正是在北地、安定二郡之间。由当地父老累世的传言，当可证明虞诩所说的并非虚妄。但如果有人亲临其境实地观察，也需要惊叹今古的差异，甚或质疑前人所说的不实。因为现在的董志原的东西两面已经形成很多大沟，分别通到马莲河和蒲河。这马莲河和蒲河也就是泾河的支流。现在整个董志原的形状已经像蚕食剩余的桑叶，残缺不全，只有中心的叶脉还勉强地联系着。其中西峰镇附近的南小河沟更是显著，那里已经成为万壑林立状态，据说要填平这个沟，就需要十亿立方米的土壤。① 如果就董志原的整个面积来说，沟壑已达到百分之五十了。② 这样的情形如何还能与八百里秦川相比拟？至于汉时上郡治所所在地的现在绥德县，更是千沟万壑，纵横排列，不只无平地，却也无山梁，只是有若干沟与沟间的丘陵。这样的地方怎能够说它是沃野千里呢？

　　为什么会如此？这是悠长时期土壤侵蚀的结果。土壤侵蚀有水蚀、风蚀等类型，而水蚀尤为普遍，河流的冲刷往往使地形都为之改变。河流所经行的地方上游高于下游，这是自然的形势。源远流长的河流，上游和下游之间的地势差异，自然更大，坡度也就更陡。河流由高处流往低处，随着地势高低的差异，流速就有了不同。水流湍急的地方对于河床及两岸的冲刷力也就强大起来。这种情形就黄河上游看来更是明显。黄河发源处的高度暂且不说，就以现在沿河的城市来说，青海贵德高出于海面已达 2400 米，皋兰仍有 1550 米，银川逐渐降低，可是还高出于海面达 1115 米，潼关更低一些，

---

　　① 张含英：《对于西北水土保持工作的认识》，《科学通报》，1953 年 3 月。
　　② 竺可桢：《晋西北地区水土保持工作视察报告》，《科学通报》，1955 年 12 月。

依然有358米。在这样高低差异很大的情况下，黄河所造成的侵蚀实为不可避免的事情。当然这样的现象不只限于黄河的干流，它的各支流以及有关的沟壑细流，大小不等地都在起着同样的作用。也就是说整个黄河流域都没有例外。年复一年，自然和早先的地面有所不同。黄河如此，其他各河流也应该是一样的。

黄河和其他河流不同的地方乃是河水中所含的泥沙量过大。据近年统计，每年平均经过三门峡市随黄河输送到下游去的土壤为12.6亿吨。数目之大实堪惊人。古代黄河的含沙量当不至如现在这样多，不过也应该有相当数量。因为黄河的水流所以成为黄色，主要是由于河流流经黄土地带的缘故。黄土的形成为时甚早，远在有史以前即已堆积于黄河中上游各地，是黄河对于黄土地带的冲刷现象实早已存在。人们习用的"黄河"这个名称虽不是自古以来就是如此[①]，但是古时的人们却称黄河为"浊河"[②]，就已经说明了这样的道理。古时和浊河相提并论的是清济，清济就是济水。济水而称为清济，显然是因为它里面含沙量少，和黄河不同。济水虽由黄河中分出，但黄水流出之后，经过荥泽的沉淀作用，还容纳了嵩山东北一些小水，这些水流流经的地方都是在平原地区，即令也有侵蚀的现象，自然不会太大，流沙泥土地也就不会很多，因而比较清澈一些。另外还有一条清水也可以作为证明。清水是一条古代的水道，至迟在战国时期已经有了这河道的名称。清水位于齐、赵两国之间，所以当时的策士都经常提到它。[③] 现在不仅河道堙塞，就是清水这个名称也早已没有人再提起了。不过现在河北省东南有个清河县，追溯它原来建置的来由，还是和清水有关。远在汉时，现在清河县及

[①] 张含英：《黄河释名》，《禹贡半月刊》第六卷第十一期，1937年2月；郑鹤声：《黄河释名补》，《禹贡半月刊》第七卷第一至三期，1937年。

[②] 《战国策·燕策一》。

[③] 《战国策·齐策一》，《赵策二》。

其附近的地方，是称为清河郡的①，清河郡当然是因清水而得名的。这个名称一直沿用了很久，可见清水在当时人们眼中看来是相当重要了。古代清水的发源地是在现在河南获嘉县②，在这里还可以看到原来的水源，不过已成为现在卫河的一个源头。清河虽已堙塞，它的故道还是可追溯出来的，大致是经过今河北省的东南部至渤海湾头入海。③ 清水所以清澈应该和它流经的地区有关，太行山东虽也有黄土地带，但水流平缓，自然不会像黄河那样漳浊。这样说来，黄河中的泥沙显然大部分是由上游各地夹带下来的。

黄河上中游既是著名的黄土地带，而这个黄土地带又是十分广大，不仅黄河主流要受到它的影响，就是各支流也都没有脱离这样的范围。黄河主流已经漳浊，各支流也一样挟带着相当数量的泥沙，其中泾水尤为著名。《诗经·邶风·谷风》说"泾以渭浊"，《毛传》解释这句诗，说是："泾渭相入而清浊异。"这是说，泾水本来虽然是浊的，因为渭水较清，所以二水合流，更显得它的浑浊。后来到了西汉，就有"泾水一石，其泥数斗"的说法。④ 其实泾浊渭清也不过是比较的说法，泾水固然不清，渭水也是相当浑浊的。正因为这些支流都因侵蚀地面夹带了许多泥沙，所以黄河主流中的泥沙众多也是必然的事情。王莽时就有人说过"河水重浊，号为一石水而六斗泥"⑤。所说不无过实之处，但也可以具体显示出河流对于地形的侵蚀自来就是显著的。

由于黄土组织疏松，黏性不强，容易为水冲失。而这种冲失的情形又是斜坡地方远较平坦地区为严重。在黄土地带中有许多地方形成许多沟壑，沟壑下端即通于附近的河道。这种沟壑的形成，就

---

① 《汉书》卷二十八《地理志》。
② 《水经注》卷九《清水》。
③ 《水经注》卷九《淇水》。
④ 《汉书》卷二十九《沟洫志》。
⑤ 《汉书》卷二十九《沟洫志》。

是雨后土壤冲失的结果。所以河流的冲刷不仅限于它的河床及河岸，而是普遍涉及它的各个支流，以及支流有关的各个沟壑，沟壑两旁的坡地平地。换句话说，黄河流域中上游各处都是水力可以冲刷的地方。

土壤组织疏松和地貌陡峭，自是促使侵蚀趋于严重的因素，而植被破坏和集中的暴雨以及耕作方法的不合理也都有一定的影响。它们不仅可以单独发生作用，并且也还能互为影响。就以上面所提到的绥德地区作为例子，据当地的农民说，三年或五年就把一犁土冲去了。这自然是经验之谈。就当地的地理条件看来，这也几乎是必然的。当地土质疏松，自不必说起，在坡度稍大的地方种植，上面没有植被覆盖，而又未能采梯田办法耕种，又怎能不使侵蚀的现象日趋于显著呢？绥德地区如此，黄河的上游和中游在各种不同程度上也有这些不利的条件，所以地面的侵蚀情况是相当严重的，这种水力冲刷的速度在古代的文献中很难有确切的记载。根据近年的估计，在黄土高原中每平方公里平均每年要流失土壤 3700 万吨。①这自然难以完全以今例古，但这样的侵蚀作用并不是近年才有的，所以由古迄今的变迁自是难于避免的。

黄河上游有许多"原"，这里所说的董志原就是其中的一个。"原"是黄土高原被侵蚀切割而还在幼年的地形。一般说来，原的表面是有广大面积的平坦地方，形成平台的规模，在它的周围或者某几方面都为深沟所围绕。②这些"原"的形成和变迁就可以说明一部分问题。黄河上游和中游有些"原"是在很久以前就已存在的。周人兴起地的周原，由来就已很久。③西安南边的少陵原在汉时就已

---

① 竺可桢：《晋西北地区水土保持工作视察报告》，《科学通报》，1955 年 12 月。

② 冯景兰：《黄河流域地形分区的特点》，《光明日报·科学双周刊》，1955 年 8 月 1 日。

③ 《诗经·大雅·绵》。

称为鸿固原。① 周原和鸿固原都在关中，关中的原当然不止这两个，据说这个地区泾渭流域及洛水下游的原就不下五十个②，这些原和那些沟壑正是地形被侵蚀的结果。当然这样的原不仅限于关中地区，自孟津、垣曲而上，黄河附近的原就是连绵不断的。就是再远的其他地区也是一样有的。根据《禹贡》所记，远在长江的下游还有一个敷浅原，就是明显的例证。

《禹贡》论雍州，曾说过："原隰砥绩，至于豬野。"郑玄解释原隰，说是豳地。豳在今陕西邠县。说豳地有原有隰，这是不错的，但以原隰是豳的地名，却未免有点胶柱鼓瑟了。郑玄所以作这样的解释，是因为《诗三百篇》说过"度其隰原"。原隰可以说成隰原，显然不是固定的地名，其实原隰本是两种不同的地形。原为高平的地方，隰则为低下的地方。③ 这两种不同的地形在黄河的中上游流域是很多的。《禹贡》所说的豬野，释者多以为是在现在甘肃民勤县北。④《禹贡》所说的雍州西界是否就已达到甘肃与内蒙古的西北部，尚未敢必。豬野的豬是水的聚集的意义。今宁夏回族自治区黄河以西确有若干湖泊，为一些内陆河流汇豬的所在，论其位置是可以当豬野的名称的⑤，由《禹贡》所说，可以知道原和隰的地形是相当广远的，由黄河流域更远而到了以西的内陆河流的附近。

虽然原是高平的地方，隰是低下的地方，但并不是说所有河流两旁的地形都是限于高低两层而无所变化。现在关中渭北各处有头、二、三道原，甘肃境内渭水西岸，限于山势，河谷率较窄狭，原的面积往往不如关中的广大，只是成为较小的台地，然台地最多者竟

---

① 《读史方舆纪要》卷五十三《陕西二》。
② 《禹贡锥指》卷十。
③ 《史记》卷二《夏本纪》正义。
④ 《汉书》卷二十八《地理志》说："武威郡武威、休屠泽在东北，古文以为豬野泽。"汉武威县在今甘肃民勤县境。
⑤ 见顾颉刚先生《禹贡注释》，刊《中国古代地理名著选读》第一辑中。

有五层。这里面当然有为《诗三百》和《禹贡》的作者所不及见的情况，而为以后演变形成的结果。

原与隰的演变情况是不尽相同的。随着时间的推移原来的隰逐渐失去了低下地方的位置，而另有更低下的隰出现。至于原来的原，也有的已经失去了原的形状，而变成"梁"了。原虽为高平的地方，它的本身并不是完全没有倾斜面的。一般说来，任何斜坡的冲刷都是用向原侵蚀的方式来实现的。原边的沟壑都是逐渐向原的内部伸长它的起点的。久而久之，高平的原就会为这样的侵蚀而逐渐狭小，沟壑与沟壑之间的原自然难以保持原来的原的面目，而成为狭长的梁了。"梁"和"原"相较，它已经没有了广大的平坦的面积，看起来好像是一条山岭，但究竟和山岭不同，因为它的上部大致保持同一的高度，或者保持一些狭小的平地。"梁"既是由"原"变成的，所以它两旁被侵蚀而形成的沟，也就愈显得深起来了。① 前面提到的虞诩所说的安定等郡的沃野千里，就是这样演变才成为现在董志原和绥德附近的情况。

隰为低下的地方，自然距河流较近，或者就在河流的旁边。由于河流不断下蚀和旁蚀，河床日形加深，河谷愈益宽广。河谷既深且广，新冲积的地区就代替原来的隰地，而原来的隰地则相对升高，而被称为原了。在悠长的石器时代里虽还没有原和隰的名称，当时的人们却已经体会出这样的变迁，而且对于它作了适当的适应。新石器时代人们选择居地的规律，是喜欢居住在近河之处的，这样是为了取水的方便。但洪水的泛滥也要加以防止，所以他们居住的地方虽也近于河流，却还是选择在原的边缘。这自然是一般的情况，不过也有一些变化。西安附近若干新石器时代遗址的分布，就可以作为说明。西安附近的遗址随着人们居住时期的先后，而有三种不

---

① 冯景兰：《黄河流域地形分区的特点》，刊《光明日报》1955年8月1日《科学双周刊》。

同的类型。三种类型的居住遗址分别在沿河流的高下不同的三种台地之上。早期的居住遗址是在中间的一层台地，稍后，就移到最下的一层，再后才是移到上层。① 这最下一层所以能够成为居住的地址，可能是由于河床冲深，已不至于有洪水淹没的危险。再如甘肃天水的三阳川也是一个可以作为例证的地方。那里的台地共有五层，新石器时代的遗址发现于第二台地与第三台地之上。第二台地之下却有了秦汉时代的遗址。② 这显然是因为新石器时代第一台地还不适于人们的居住，过了若干年月，水位已深，原来不能住人的地方也有了遗址可寻。

当然这样的情况还会继续地发展。战国末年的郑国渠是一条巨大的水利工程，它引用泾水，灌溉渭北的广大舄卤的地区，后来郑国渠不通了，又在那里开凿了白渠。但是白渠的引水口就已经和郑国渠有所不同，就显然是由于泾水河床的加深，原来渠口不能再进水了。就在兴修白渠之前，人们还在洛水的下游开凿过一条龙首渠，龙首渠要经过商颜山，人们穿凿了山洞，渠水才得流过。③ 前几年，又在龙首渠故道附近兴修洛惠渠。说也奇怪，新的渠道仍然要从以前那座山下穿凿山洞。人们在凿洞之时，发现新洞恰正就在以前旧洞底下，而且在底下十一米深处。通过这个山洞的开凿，可以具体看出两千年来洛水河床冲刷的深度了。就是西安城东的浐水也是如此。在西安城东浐水西岸人们也曾修过一条龙首渠，它始凿是在隋唐时代，当时由浐水岸上的马头空（马登空）引浐水入城。到明朝再度修渠时，渠首已由马头空上移至留公，现在马头空岸上与水面的距离已有数丈之高，这就说明明朝恢复这条龙首渠时，不能不将渠口南移至浐水上游的缘故。

---

① 苏秉琦、吴汝祚：《西安附近古文化遗存的类型和分布》，《考古通讯》第二期，1956年。
② 裴文中：《史前时期之西北》。
③ 《汉书》卷二十九《沟洫志》。

不过自来的侵蚀情形并不都是完全一律的。影响侵蚀的因素既然不是一端，所以就有了不同的情形。黄河中上游的降水诚然是促使侵蚀发展的一个因素，但因古今的气候有所变化，各个时期的降水量就难得一致。此外，植被的覆盖和生产方式也不尽相同，同样会有不同的影响。现在陕西北部的黄河支流以无定河为大，河以无定河为名，则它的河床容易左右摆动是可以想见的，无定河中含沙量是相当多的，可见在它的流域之中侵蚀是十分严重的。上面所说的绥德就在它的岸旁。但是这条河流在秦汉以讫魏晋南北朝时并不是称为无定河，而是称为奢延水或朔方水的。到唐朝李吉甫撰《元和郡县图志》才说夏州城南无奢延水，只有无定河，是无定河就是奢延水。名称已经改易，前后情形也不尽相同。唐夏州故城在今陕西横山县北长城外无定河畔。那里本是十六国时期夏赫连勃勃的统万城旧地。赫连勃勃既以那里为都城，附近的水草自然丰富。据说勃勃曾北游契吴山，对于山下的大泽和清流甚为欣赏。① 契吴山在统万城北，所谓清流当指奢延水的重要支流的黑水而言。重要支流是清水，则干流虽有泥沙，当也不会过于浑浊。唐朝的无定河有多少泥沙，未能具知。北宋时，沈括曾经说过这样一段事情：他走过无定河时，河沙皆动，有时下陷，人马车驼往往不能复出。② 为什么前后如此不同，当由于魏晋以后，那里为游牧部落活动地区，牧草丰茂，侵蚀现象能够得到防止，所以水流也较清澈。唐宋时期农垦渐盛，植被破坏，所以泥沙充塞，行人也都感到困难。像这样情况当不仅是无定河一条水流，其他相似的地区也还应该是不少的。

河流对于土壤的侵蚀，就黄河上游看来，自然是一个最典型的区域了。发源于太行山西的漳水、滹沱河和桑干河（永定河的上游）虽不在黄河流域以内，它们的侵蚀作用也是很剧烈的。太行山西也

---

① 《元和郡县图志》卷四《关内道四·契吴山》引《十六国春秋》。

② 《梦溪笔谈》卷三《辩证一》。

属于黄土地带，它的情形也和黄河上游相仿佛。漳水有两个上源，出于今山西旧榆社县的一源，就是称为浊漳水，这和黄河称为浊河应该具有相同的意义。滹沱河的水力本是可以胜舟楫的，东汉初年还曾一度利用它来运转太行山东的粮食，至汾水上游的羊肠仓，由于水流湍急，后来还是改用驴辇转运。① 桑干河下游称为永定河，这是清康熙时候所改的新名。② 这段以前称为浑河，或者干脆称为小黄河③，这样的称呼就是因为它的流浊易淤的缘故。以桑干河来说，它的上游横贯山西北部雁北地区的全境，由于侵蚀的剧烈，现在全区每年输往下游的泥沙就达6000万立方米之多，洪水时期这条河的含沙量高达36%左右，在祖国诸河流中，它的含沙量仅次于黄河。④ 就以它的支流洋河所经过的万全县来说，那个县里马连滩村的马连登沟，在四十年前还是人们随意可以跨过去的一条小沟，现在沟的宽度已经达到二十米，而且沟头每年还向前推进半米到一米的模样⑤，这就无怪乎它的下游常淤塞决口了。滹沱河和漳水下游的改道更是频繁，这里不必详细列举它们改道的情形，仅就汉代的记载和现在比较，已可以看出其中变化之大了。汉代的滹沱河是在现在河北沧县附近和黄河汇合，漳水是在现在河北交河县附近也和黄河汇合。可是现在滹沱河却是在河北献县和滏阳河汇合，漳水则在大名以南流入卫河了。当然造成这样的原因是不少的，但是河流中泥沙淤塞也是促成这样现象的一个因素，它正说明了太行山西土壤侵蚀的剧烈。

---

　　① 《后汉书》卷十六《邓禹传附邓训传》。

　　② 《皇朝经世文编》卷一百八，王善櫧《畿辅治水策》及陈黄中《京东水利议》。

　　③ 《元史》卷六十四《河渠志一》。

　　④ 水利部编：《水利是农业的命脉》第一集，水利出版社，1958年，第314页。

　　⑤ 《水利是农业的命脉》第一集，第95页。

二、江淮流域丘陵山地的变迁

至于江淮流域及其以南的地区，却和黄河中上游以及太行山以西各地不尽相同。江淮流域及其以南各地自来就是富于森林，这一点到后面再为详说。森林遍地，高山丘陵往往受着覆被，即令是容易受到侵蚀的地方，也会因植被而减低它的速度。况且那些地区暴雨集中的情况也不如黄河流域严重，损害的程度也自然会轻些。江淮以南，自来是水乡泽国、种稻佳地，平原各处自不必说起，就是丘陵山坡，人们也会作成层层梯田，储蓄水流，灌溉田亩。这样情况也就不易发生几年流失一犁土的现象。

话虽如此，但这并不等于说那些地区就没有侵蚀的现象了。因为就一般情况来说，河流对于土壤的侵蚀总会有一定的作用的，就以长江来说，也是不能例外。长江水流中所含的泥沙和黄河比较起来，自然显得稀少，不过也是十分可观的。据近年统计，长江由上中游每年所挟带的泥沙量竟达六万万吨之多。① 长江各支流的情形也是相当严重的，据湖南水文站的统计，湘、资、沅、澧四水仅1954年的总输沙量即达57000多万立方米。② 这些泥沙有一部分冲入到沿江各湖泊之中，据历年含沙量的测验，长江由松滋、太平、藕池、调弦四口进入洞庭湖的泥沙，平均每年约一亿四千万立方米。洞庭湖中淤滩由北逐渐向东南湖中发展，就是因为这样的缘故。③ 当然还有一部分泥沙是随着中下游水流的平缓而沉积到江流的弯曲地方，

---

① 李承三、崔可石、陈泗桥：《扬子江水系发展史》，《地理》第四卷第三、四合期。

② 尤芳洲：《全国水土保持工作会议》，《科学通报》，1955年12月号。

③ 尤芳洲：《全国水土保持工作会议》，《科学通报》，1955年12月号。

而成为冲积地及沙洲。长江中下游的沙洲是很多的，它们的形成有的已经有悠久的岁月，湖北枝江到江陵一段的江水中，远在南北朝时代就已有了九十九个沙洲，其中一个沙洲名为百里洲，顾名思义，想见这个沙洲面积的广大了。就是这个百里洲，当时还是枝江的治所。不仅如此，这些沙洲的数目有时也还有所变化。① 这一个地区是在西陵峡东，长江流出山区到了平地，所挟带的泥沙自然会沉积下来，由沙洲的众多，就可以证明江水里面所含的泥沙是不少的，而且随时有沉积成为沙洲的可能。前面说的九江是古代江流的重要所在，九江的浩淼无涯引起了人们的重视，而江水能够有这么多的分支，应该是和泥沙的淤积有关。云梦泽的变化也就是长江中泥沙沉淀的具体说明。

长江中的泥沙自然是有许多是从西陵峡以西流下的，这说明三峡上流的侵蚀也还是并不较轻微的。三峡以上其他的地方暂时不必说起，就以巴蜀而论，就可看出一斑。巴蜀自古称为富饶之区，然除过成都平原而外，其余各处，丘陵实居多数，这就难免有了侵蚀的现象发生。就在距成都平原不远的简阳、乐至、安岳一带地方，就是如此。② 遂宁、资阳的丘陵地区也是同样的严重。③ 那里正是古代的巴与蜀接壤的所在，应该不至于过于荒芜，然以水流冲刷未能防止，讫至现在，当地竟因土层瘠薄，不能保持水土，而影响了农业的生产。

长江支流湘、资、沅、澧所含泥沙之多，已如上述。汉水也是长江一条重要支流，其所含的泥沙不见得就比湖南四水为少。说起汉水流域，尤其是汉水的上游，在古代也是一个较为富庶的地区。

---

① 《水经注》卷三十三《江水》。
② 安固：《川中丘陵地区的水土保持方法》，《土壤》，1960年第7期。
③ 刘瑞龙：《进一步开展水土保持工作，保证山区、丘陵区农牧业的发展》，《黄河建设》，1958年1月号。

西汉中叶，为了转致汉中之谷以接济关中，还曾经开凿褒斜道。① 汉魏之际，法正也曾说服刘备取汉中，广农积谷以观时变。② 就在南北分裂的年代，汉水上游仍不时成为争夺的所在，固然秦岭的险阻，增加了汉水上游的防守价值，汉水两岸的农田收益，使军糈民仓不致告竭，也是其中一个原因。现在的汉水上游还有它的富庶因素，不过不断的土壤侵蚀，使当前的情况不能不有些逊色。据1957年的调查，单是安康一个专区，每年输入汉口的泥沙就有3040万吨。而紫阳属的洪前梁，在1957年，三次暴雨就把表土刮走了五六寸，耕作层被水冲了个净光③，严重的程度可以想见。自明朝中叶以后，一些人们更常慨叹商、洛、汝、邓、汉、凤、襄、沔的山深谷邃、绵邈辽旷。④ 这里所说的地方，主要是在汉水流域，汉水两岸自秦岭巴山以东，讫于桐柏、荆山，高山低岭连绵不断，山深谷邃是有由来的。不过像这样的土壤侵蚀，也会促进它的深邃的现象的。

就是长江中下游之间，淮水以南诸地也一样有相似的情况。江淮之间的东部，地势平坦，湖泊众多，自不必再追究其间的侵蚀变迁，西部却不尽然。西部于两汉时为九江、庐江、六安诸郡国地，曹操打算经营江东，曾在庐江大开稻田。⑤ 九江郡濒淮水南岸，而长淮南北土广田良，久已脍炙人口。⑥ 至于六安，则更以沃野千里见称。州郡邻迩，正是一片好地方。不过这些地方也由于土壤侵蚀，而遭受了若干破坏。因为这些地区杂着不少丘陵地形，河流切割得以发展，土壤侵蚀也就加剧起来。⑦ 淮南的凤阳为朱元璋的故里，明

---

① 《史记》卷二十九《河渠书》。
② 《三国志》卷三十七《蜀志七·法正传》。
③ 张相麟、赵庚申：《陕西安康专区的土壤侵蚀及其防治》，《土壤通报》1960年第五期。
④ 《皇明职方两京十三省地图表》上，京省四三（背）。
⑤ 《三国志》卷五十四《吴志九·吕蒙传》。
⑥ 《读史方舆纪要》卷二十六《南直八·六安州》条引《六安旧志》。
⑦ 陈清硕：《江淮丘陵地区土壤利用改良的途径》，《土壤》，1961年第二期。

朝曾建为中都，然自明初就不断向那里徙民，而被徙的人们甚至视为畏途。据《凤阳府志》所载，则当地山冈硗确，土石盘错，既无溪谷流水，也无山林泽薮，高原燥坂①，已和往昔的沃壤不同。而大别山下的舒城、六安、霍山、岳西、太湖、潜山诸县，迄今犹为土壤侵蚀严重的地区。有的县境侵蚀面积几达到十分之四，有的县境竟凭空添了三四百条大小沟壑。②

至于长江上游的云贵等省以及长江流域以南的地区，植被是较江淮以北各处畅茂繁多，可是一些地区的土壤侵蚀却也相当严重，甚至在广东、云南等省境内某些地区，竟也和陕西、甘肃的情况相仿佛，在那里每平方公里面积上，支、干沟的数目也往往达到三五十条或者更多。③ 而云南省遭受水土流失的面积也竟达到了145300平方公里。④ 不可说是不严重了。再就一些具体地区来说，更是明显。广东德庆县的数万亩稻田每年从附近坡地冲来的泥沙，经常有很厚的堆积，需要清除，而泥沙的来源，自然是坡地受到土壤侵蚀的结果。云南玉溪县的情况也不见得就比德庆县为优越。⑤ 其他为广东的五华县⑥、福建的惠安县⑦也都是大致仿佛。这些虽是现代的现象，应该不是在现在才开始的。德庆县一地的演变就是明显的证据。德庆县位于西江北岸，原来也是林木苍翠、细水长流的地方，可是当地一些乡村竟因乱伐森林、乱垦土地，不到一百年的工夫，土壤

---

① 《天下郡国利病书》卷三十三引《凤阳府志》。
② 陈清硕：《大别山区土壤的利用和改良》，《土壤》，1960年第六期。
③ 扎斯拉夫斯基：《中国的土壤侵蚀及其防治》，《黄河建设》，1958年1月号。
④ 刘瑞龙：《进一步开展水土保持工作，保证山区、丘陵区农牧业的发展》，《黄河建设》，1958年1月号。
⑤ 扎斯拉夫斯基：《中国的土壤侵蚀及其防治》，《黄河建设》，1958年1月号。
⑥ 陈正人：《大规模地开展水土保持运动，为发展山区生产建设而奋斗》，《黄河建设》，1958年1月号。
⑦ 连横：《叫荒山化绿，要黄水变清》，《福建日报》，1957年12月14日。

侵蚀达到了十分严重的程度。① 其他土壤侵蚀严重的地区所经历的过程也都是差不多的。

由于祖国幅员的广大，各地区的情况难得彼此相同。东北辽河和松花江流域就和黄河和长江流域有所差异。东北各处窝集众多，往往无漫无垠，复不见人。此种景观不仅黄河流域所未有，长江流域也是不易看到的。衡诸情理，在这样的自然环境之中，土壤侵蚀应该不是太显著的。可是实际情况却也不是无所变化的。因为东北窝集虽多，究非遍地都是，而且人们采伐开垦，也改变了一些植被的面貌。东北地区西邻蒙古草原，接近沙漠。也就难免不受到影响。辽河二源，东辽河较短，而西辽河却悬远绵长，直达克什克腾旗西南，和滦河上源分水。西辽河在古代异名很多，有一些时期曾经称为潢水。② 潢水命名的含义不可备知，不过有些记载却直称为黄水。③ 可见西辽河在以前就是含有大量泥沙，和黄河一样的浑浊。现在西辽河的蒙古名字还是西喇木伦，依然是黄河的意思。由这些情形看来，这支辽河的上源及其附近地区，土壤侵蚀也是由来已久了。东辽河是比较短些，距蒙古沙漠也比较远些。可是河床的变化一样显出侵蚀的严重。远的不必说起，近一二十年来，它的上中游河段的河床已经抬高三、五米，河面也由八至十米，扩展成为八十到一百五十米。④ 前后相差很大。辽河的两源如此，也就不能不影响到它的中下游的河道。辽河的中下游在古代是否通行舟楫，在文献上已不易得到确证。宋时女真族人崛起于松花江上，他们和宋人的交往相当频繁，宋朝的人们衔命使金，往往记载其沿途经历，当时驿路

---

① 侯棣：《密切结合生产，开展水土保持工作》，《水利是农业生产的命脉》第二集。

② 潢水的名称散见于《新唐书》中，卷四十三下《地理志》及卷二一九《契丹传》皆有提及。后来有关这方面的记载也都沿用这个名称。

③ 《旧唐书》卷一九九《契丹传》及卷二百《安禄山传》。

④ 扎斯拉夫斯基：《中国的土壤侵蚀及其防治》，《黄河建设》，1958年1月号。

经过辽河沿岸各地时，似皆取陆道，并非乘船沿流上下。似当时尚不知利用这一段水道交通。① 然而明朝初年，海运船只却还可上溯到开原、铁岭附近。这宗事情见于明人的奏疏，当非虚语。清朝初年，与沙俄订立《尼布楚条约》以前，备战的军需尚由辽河运输，也还可以上溯到开原、铁岭之间②。和明朝初年的情形大致仿佛。不过以后，河床淤沙渐多，航路也就逐渐缩短。到了清朝末年，距辽河入海处不远的牛庄，行船也都感到困难。③

当然畜牧地区是要比农耕地区好得多了，那里遍地草原，保护着地面，就可以减少土壤侵蚀的可能。畜牧地区在我国各处占有广大的面积，那里古今的变迁应该不是很大的。不过这也并不是说那里就一些也没有土壤侵蚀的现象了，就像黄河的上源也不是完全清澈的。

上面的叙述，自然不能说是全面。当前研究土壤侵蚀的学者们所举出的轮廓说明，是值得触目惊心的，他们说："根据现有资料，在不同水土流失地区，由于面蚀的发生，每年流失土层的厚度常达0.5—2.0公分，而个别地方也可能达到5—7公分。如果假定流失土层的平均厚度仅为0.5—1.0公分，那么每平方公里面积上年土壤流失量即为6000至12000公吨。这也就是说，在一万平方公里水土流失面积上年土壤流失量将为60亿至120亿公吨。因此，在发生这个看来不太显眼的，年流失土层厚度仅为0.5—1.0公分的面蚀时，在

---

① 《三朝北盟会编》二十引许亢宗《行程录》，又同书二四四引张棣《金掳图经》和洪皓《松漠纪闻》，《说郛》四十二引赵彦卫《御寨行程》。

② 《柳边纪略》卷一。

③ 鸦片战争后，英国对中国的侵略得寸进尺，公元1858年（清文宗咸丰八年）英国又利用《中英天津条约》强迫清朝政府开放牛庄为商埠。牛庄固处于辽东湾顶，却在辽河入海之处，英国的目的并不是只以这一个海滨的城市为限，实欲溯辽河而上，伸其支配之力于整个辽河流域。不过当英国人初至牛庄开埠的时候，就已经发现了牛庄的河身狭窄，不适于行船，所以后来这里的商埠就改设在牛庄下游的营口。

全国山区和丘陵区每年将失去数十亿吨最肥沃的表层土壤。如果按照这样的强度发展下去，那么再过二三十年，目前所有土地的耕作层可能全被冲走了。"[①] 各个时期的自然条件和人为的作用是不同的，我们尚论历史时期的演变，当然不可能用同样的数字作机械的推算。但当前这样的演变是不能不引起人们的注意的。也就是说，在论述历史时期各个阶段和各个地区的生产情况时应该把这样演变的条件估计在内。

三、小结

在祖国的土地上有广袤的平原，也有辽阔的高原，还有无尽的丘陵和不少的崇山峻岭，在地久天长的岁月中，同样显出了若干程度不等的变迁。土壤的侵蚀在它们的变迁过程中起了一定的作用，而水蚀正是这样侵蚀的一个重要方式。各地的情况不尽一律，土壤的侵蚀自然也就随之有了差异。其中要以太行山西和黄河中上游的黄土高原地区特为显著。黄土的组织疏松，容易为水流冲失，自是导致发生这种现象的重要因素。其他如地貌、气候等的变迁也有一定的影响。尤其植被的破坏更会引起明显的后果。

黄河以外，其他流经高原、丘陵、山间的河流也都有程度不等的侵蚀作用。也由于有关的自然条件的差异，一般说来都比较黄河中上游为轻微，但这并不是说就幸免了这样的现象。长江为国内大川，它所含的泥沙也不能算是很少。就是云贵、两广等地树木遍野的所在，一旦滥伐滥垦，也难免有水土流失现象的发生。

---

① 扎斯拉夫斯基：《中国的土壤侵蚀及其防治》，《黄河建设》，1958年1月号。

这样的现象不断发生，年复一年，使一些地区的地形有了不同的变迁。对于各个时期的人们的经济活动也就有了不同的影响。太行山西和黄河中上游的黄土高原地区既然是土壤侵蚀的严重地方，这样的变迁也就更为明显，对于人们的影响也就更为深刻。如果再加上一些人为的因素，情况就更加严重。有些本来是肥沃的地区也因此而逐渐贫瘠，引起了人们的注意。现在陕北和陇东一带的沟壑遍地、原面蹙缩的现象，正是具体的证明。就是那些土壤侵蚀较轻的地区，也一样有相似的情况。汉水上游和淮南丘陵地区的变迁不就是明显的说明？

正是因为有这样一些曲折，所以要论述以前各个时期各个地区人们的生活和活动时，就必须估计到这样的变迁，以便于切合当时当地情况，作出具体的说明。不能以现在的环境尚论古人。

还应该指出，在游牧地区的一望无垠的草原中，植被的保护一向良好，那里是不会像农耕地区有这样明显的变迁的。

我国沿海陆地的成长和海岸的变迁[①]

一、渤海西部海岸的变迁

  河流上游土壤被侵蚀后，随水冲下的泥沙除过一部分沉积到中下游的河床外，其他一部分却一直被挟带到海口，年复一年，由于河水冲刷、海潮起伏的缘故，这些泥沙就在河流入海处附近沉积下来，变成新的陆地，海岸也因之向前伸长。就以黄河来说，这是含泥沙量最大的一条河流。前面曾根据现代的计算，指出平均每年经过三门峡市随黄河输送到下游去的土壤为12.6亿吨。当然这样多的泥沙不是都被冲刷到海中，可是根据1949年以后五年的统计，黄河入海口每年向海里推进2.5公里。[②] 黄河在古代所挟带的泥沙量虽不可确知，也不能说对于海口没有影响。在黄河以外流入渤海的还有其他河流，所含的泥沙虽然多寡不同，但如永定河、滹沱河和漳水等的含泥沙量也不在少数。它们所挟带的泥沙也自必堆积在入海的地方，因而协同黄河都起了促进海岸向外推移的作用。黄河在历史上还曾经南夺淮、泗，东入黄海，因之它不仅在渤海沿岸发生过影响，这种影响同样也见之于淮水入海处的附近。至于长江中所含的

  [①] 此文为史先生20世纪60年代初为其《中国历史地理》一书撰写的文稿。为油印本。整理者注。

  [②] 张含英：《对于西北水土保持工作的认识》，《科学通报》，1953年第九期。

泥沙比起黄河来自然是很少了，但它的入海口附近也不是完全没有淤积的现象的。

这样的情形当然会引起海岸带的变化，不过海岸的变化原因也很复杂，江河泥沙在入海口的淤积只是其中一部分的原因。就整个问题来说，学者间也有若干不同的意见。最早对这一问题提出具体说明的当推德国人李希霍芬（F. V. Richthofen），他认为我国海岸自浙江宁波以南的一段是属于下沉的，以北的一段则属于上升的。宁波以南的海岸属于岩岸，和以北的海岸的多数沙岸情形不同，因而李氏就有南降北升的说法。但是宁波以北的海岸并非像李氏所指的尽属于上升的海岸，如山东半岛和辽东半岛也是岩岸，和闽浙诸省沿海的情形相仿佛。于是也有若干学者又认为，不论南北海岸皆在沉降之中。不过经近年的研究，我国海岸的变化实际是在大体沉降之中各处又有较小的隆起情况。而这种隆起的现象在南北各处皆有发现。[①] 当然这种现象并非短期所形成的，实各有其悠久的过程。如山东半岛上的烟台与之罘间的情况即系如此，烟台与之罘之间，借一连岛沙栏相连结，并且构成了之罘湾。而此连岛沙栏就是由于海岸隆起所形成的。[②] 由文献中考察，之罘的名称始见于《史记·秦始皇本纪》，秦始皇曾经三至之罘，皆未见乘船的记载。后来汉武帝也尝登过之罘，《汉书·武帝本纪》及《郊祀志》中皆有记载。汉武帝一行当时虽曾经乘船，但乘船实在既登之罘之后，是之罘和烟台陆地相连结，当远在地质时代，已非史文记载所可及。话虽如此，海岸隆起的情形直至近代尚可发现若干迹象。河北旧滦县、乐亭两县本濒于渤海之滨，当地父老根据他们自己的经验，感到海水已渐远去。而当地距海数十里处，农民掘地还曾发现过一只沉船，沉船之中仿佛可见有粮的痕迹，是这一沉船原为运米之船。运米的沉船

---

① 陈国达：《中国海岸线问题》，刊《中国科学》第一卷第二期至第四期。
② 陈国达：《中国海岸线问题》，刊《中国科学》第一卷第二期至第四期。

发现于距海数十里的地下，则沉船之处必为原来海中，至少也是近岸之处。当地既无河流入海，则海岸的变化自然不是由于河流挟带的泥沙的淤积，若非受地质变化影响而形成隆起的现象，殆无由加以适当的解释。①

　　这样看来，海岸的变化是有若干不同的原因的。当然前面所说的河流所挟带的泥沙发生的沉积作用也可促使海岸向前推进。不过如果能综合各种作用所引起的现象，当可稍得全貌。这样问题的解决似还有待于各方的研讨，但目前已有的成就还是值得人们的参考。就黄河与长江两大河流来说，黄河所挟带的泥沙远较长江为多，黄河入海口附近海岸的变化也应该比长江入海口更为显著。前面曾经举出，黄河入海口每年向外推进2.5公里。不过这是近年的统计，自古以来的情形，不一定都是如此。那末，古代黄河入海口附近海岸的情形如何，是应该研究的。近来有人指出，由秦代到现在渤海湾的海岸总共延伸的面积达3万多平方公里，延伸最远的达150公里。② 照这样说来，那时的渤海湾最西边几乎达到现在河北文安洼以东的地方。就以河北省境来说，北戴河以及唐山旧宁河各地都还应该在海中。可是据近年考古发掘的结果证明，这样的说法和实际情况是有很大出入的。因为近年在北戴河、滦县、唐山、旧宁河、天津各地都先后发现了先秦时代的遗址和遗物，具体显示出这些地方当时不仅不在海中，而且是人们活动的所在。这几个遗址中北戴河、滦县的遗址和遗物还早于战国时代，可见当时那里的海岸是和现在相仿佛的。至于唐山，由当地所发现的战国时代墓葬来说，应该是当时一个人口稠密地区。更显明的是旧宁河和天津的遗址，在这两个遗址中都发现了贝丘，可见原来距海岸不会过远。旧宁河遗址发

---

　　① 关于河北省乐亭县和旧滦县附近海岸变迁的情形是听侯仁之教授说的，他曾亲自到那里调查过。
　　② 丁骕:《华北平原的生成》，刊1947年《水利》第十五卷第一期。

现的地方是在宁河镇东北二里，当地现在距海岸五十余里。天津遗址发现的地方是在东郊张贵庄，距大沽海口约四十公里。就这一点说来，这一带的海岸从先秦以来变化是不很大的。①

应该注意的是黄河入海口附近的情形。黄河河道经过多次的改变，当然入海口也就有了不同的所在。最初对于黄河作有系统的记载要数到《禹贡》。但《禹贡》在导河一段的后尾却只说了一句"同为逆河入于海"，这算不得明确的说法。后来一些人们对这一点作了若干说明，大致都同意在碣石入海。② 碣石在海边应该是没有问题的③，究竟在海边什么地方却有了很多的争论。有的说在现在朝鲜北部④，有的说在现在山东北部。⑤ 朝鲜北部隔海，黄河如何能流到那里？山东北部也非古河经流之处，当然都难当《禹贡》的意思了。

---

① 安志敏：《河北宁河县先秦遗址调查记》，刊《文物参考资料》1954年第四期。又见云希正：《天津东部发现战国墓简讯》，刊《文物参考资料》1957年第三期及《文物参考资料》1956年第八期文物工作报导"滦县发现新石器时代石斧"条。近年在张贵庄南北还陆续发现了几处先秦的遗址，见李世瑜《天津一带古代海岸线遗迹的调查》，刊《河北日报》1962年3月31日。

② 《史记》卷二十九《河渠书》及《汉书》卷二十九《沟洫志》皆引《禹贡》，于河入海处皆说渤海，同样不算具体。《汉书》注臣瓒以为《禹贡》"夹右碣石入于河"，则河入海乃在碣石。《水经注·河水注》也说："河入海处旧在碣石。今川流所导，非禹渎也。"

③ 《禹贡》里面有两处提到碣石，一在叙冀州一段，即臣瓒所引的一句。另外，在导山一段还提到"太行恒山至于碣石，入于海"。看来碣石在海边是无疑义的。《尚书正义》引郑玄说，《战国策》碣石山在九门县。九门县在今河北藁城县境。《史记》卷七十四《孟子荀卿列传》正义说，幽州蓟县有碣石。藁城、蓟县距海皆远，不合《禹贡》的意思。

④ 《史记·夏本纪》索隐引《太康地理志》。

⑤ 《山海经·海内东经》郭注："今济水自荥阳卷县东经陈留至济阴北，东北至高平，东北经济南，至乐安博昌县入海。今碣石也。"郝懿行《笺疏》说："《水经注》……又引郭注云：济自荥阳至乐安博昌入海，今河竭，案郦氏以济水仍流不绝，故议郭说为非。然则此注'今碣石也'，当从《水经注》作'今河竭也'。盖传写之讹耳。"然《水经注》仅言济水，不言黄河，何以忽然有河竭的记载？郭注原文似以不应轻改为是。

一般的说法是在河北省东北部海边①，可是问题还是没有澄清。河北省东北部以南就是渤海，黄河如何能够流到那里？有人说，原来渤海没有那样广阔，只缘西汉末年有一次大风雨，渤海水溢，海岸因而有了崩塌，河道也就沦陷。② 这个传说不必问它的真实与否，如果真的把黄河水道大段沦陷，在地文上没有得到证明，看来那是渺茫

---

① 关于碣石在现在河北省东北部海边的说法有不同的记载。《汉书》卷二十八《地理志》："右北平郡，骊成，大揭石山在县西南。"（大揭石山当从王先谦《汉书补注》说改为碣石山。）又《地理志》辽西郡絫县，有揭石水。骊成，依胡渭《禹贡锥指》说，当在今河北乐亭县境，絫县在今河北昌黎县境。按《地理志》仅说絫县有揭石水，并没有说有碣石山。《汉书·武帝纪》注引文颖说：碣石"在辽西絫县，絫县今罢，属临渝。"《水经注》卷四十《禹贡山水泽地所在》篇也说："碣石山在辽西临渝县南水中。"杨守敬《前汉地理图》绘临渝于今辽宁义县。义县距昌黎过远，如果临渝在义县，则絫县废省之后，如何能够把旧地并入临渝？《水经注·濡水注》引文颖的话，并说："今枕海有石如甬道数十里，当山顶有大石如柱形，往往而见。立于巨海之中，潮水大至，则隐，及潮波退，不动不没，不知深浅，世名之天桥柱也。状若人造，要亦非人力所就。韦昭亦指此以为碣石也"。濡水即今滦河，则所谓碣石，和辽宁义县是无关的。在此之外，还有说碣石山在今河北省旧卢龙县的。《魏书》卷一〇六《地形志》，《隋书》卷三十《地理志》，《括地志》，《通典》卷一七八《州郡》，《通志》卷四十《地理略》皆从此说。然旧卢龙县实无此山，难成定论。《水经注》虽引文颖的说法，定碣石山在昌黎南，不过却把碣石山说在海中。碣石山怎样又到了海中，郦道元在《水经注》中还曾一再作了说明。他在《禹贡山水泽地所在》篇说："海水西侵，岁月逾甚，而苞其山，故言水中。"在《濡水注》中他又说："昔在汉世，海水波襄，吞食地广，当同碣石，苞沦洪波。"在《河水注》中他更说："汉司空掾王璜言曰，往者天尝连雨，东北风，海水溢，西南出侵数百里。故张晏云碣石在海中，盖沦于海水也。昔燕、齐辽旷，分置营州。今城届海滨，海水北侵，城垂沦者半。王璜之言信而有征。碣石入海，非无证矣。"如果真如郦道元的说法，碣石山本身存在与否，就关系着当地海岸的变化。不过一座山的消失应该有它的地理地质上的原因，断不至因为一场大雨，一场大风，就沦没到海中。况且在《汉书》卷二十九《沟洫志》里面所载王横（即上文的王璜）的说法，乃是"往者天尝连雨，东北风，海水溢，西南出，浸数百里，九河之地已为海水所渐矣"。王横只说九河，并没有提到碣石。郦道元所引的证据分明是有出入的。这可能是由于对于古代黄河入海处不甚清楚，又因《禹贡》有碣石山而穿凿附会起来。如前所说，《禹贡》并没有确实指出黄河入海的所在，碣石成为黄河入海口，以及碣石的所在，乃是汉朝及其以后的人们才混乱起来。

② 《汉书》卷二十九《沟洫志》，即上面注文中所引的王横的说法。

难稽了。有人说，可能是由渤海北岸流过去的。① 但是渤海北岸像滦河、浭河、沟河各水都是由北向南流的，黄河怎样会越过这些河流而由西向东流去？如果不是那一带的地形有所改变，和现在有很大的不同，则这样的说法显然是由于对当地的情况模糊不清才和事实不相符合。

其实根据西汉时期的记载，也还可以推知《禹贡》中所说的黄河入海的处所。西汉时期黄河是在当时的章武县境入海的。② 西汉的章武故城在现在河北省沧县东北，由现在沧县东北章武故城起直至海河南北，在当时皆未再设县治。原来章武县的辖境北边究竟至于什么地方，也还有待于稽考。不过当时黄河入海之处总是在这一区域之内。汉以前的黄河的下游虽和汉时不同，但它所经行的路线到汉时却仍为其他河流所资用，因此还可以推知。据说那时的黄河入海处应该是在现在河北静海县境。③ 这样说来，古代的黄河入海的处所虽和两汉时有所不同，但都是在渤海湾的西部入海，和河北省东

---

① 《尚书正义》。
② 《汉书》卷二十八《地理志》金城郡河关县条。
③ 《禹贡》导河记古代黄河的下游说："播为九河，同为逆河，入于海。"胡渭《禹贡锥指》解释这段话说："所谓海乃东海，在碣石之东。而说者以为渤海，由不知渤海故逆河，后为海所渐耳。"胡渭虽如此说，但他解释流入渤海的那一段河道，仍说是在现在天津附近流入渤海的。谭其骧先生在《海河水系的形成与发展》一文附考一"古大河与西汉大河入海处不在今天津"条中说："汉以前古大河入海之道可知者二：其一，循汉世滱河入海，汉滱河入海处在文安县境，约当在今静海北境之杨柳青附近，古大河入海处当在镇西不远。其二，循汉世滹池河入海。《禹贡》又北播为九河。《尔雅》释九河，首以徒骇。《锥指》据《汉书·沟洫志》许商之言考定徒骇为九河最北的一支。亦即古大河主流，其言可信。许商言徒骇见在其时成平（《清统志》故城今交河县东）界中。《汉志》成平下亦云，滹池河，民曰徒骇河。用知古大河曾由汉滹池河入海。《汉志》滹池河东至参户（《清统志》故城在今青县西南三十里木门镇）入滹池别河，别河又至东平舒入海，其地约当在今静海南境唐官屯一带。古大河入海处亦当距此不远。外乎此二者，则汉滹池河之北，滱河之南，又有泒河，其水亦称河，疑古代亦曾为河水所经行。其入海处亦在汉文安县东北境，约当今静海北境独流镇附近。"

北部所谓的碣石山是没有关系的。黄河在两汉之际改道后,有一段较长时期再没有流经此间,不过到了宋朝,它还曾在这一带入海过。除过黄河以外,在这一带入海的还有组成现在海河的各条河流。

　　黄河和组成海河的各条河流都夹杂着很多的泥沙,这对当地海岸的变迁是会起一定的作用的。当然海中的风波和潮流所带来的沉积物,以及其他的作用,都会促使沿海的陆地有所扩张。近来李世瑜先生对于天津一带古海岸线的遗迹曾经作过实地调查,而且提出一些新的说法。根据调查,他发现了在距离现在海岸的一些地方有远近不同的三道蛤蜊堤。距离现在海岸最近的一道蛤蜊堤北起宁河县芦台镇北的闸口,中经天津东郊的泥沽,南迄天津南郊的上林沽。上林沽以南的蛤蜊堤还一直延伸到黄骅县的歧口,和现在海岸上的蛤蜊堤相连接。第二道蛤蜊堤,北起宁河县的赵学庄,中经天津东郊的张贵庄,南迄于黄骅县的苗庄子。第三道蛤蜊堤,北起天津市的育婴堂,南迄于静海县的团泊庄。他认为第一道蛤蜊堤是宋代以前的渤海湾西部海岸线,第二道蛤蜊堤是战国以前的渤海湾西部海岸线,第三道蛤蜊堤是夏代以前的渤海湾西部海岸线。[①]

　　蛤蜊堤不论它的成因如何,它的堆积有相当的长度和高度,是可以认作某些时期的海岸线的。李世瑜先生曾经征引了若干史料,以证明他的说法。如第一道堤所经过的芦台和军粮城都是在唐朝末年始见于记载,而宋人也曾以泥沽海口为天险的地方。这样的说法是可以相信的。侯仁之教授也曾根据《太平寰宇记》所载御河在独流口入海的记载,指出这个独流口就在现在军粮城的西南沿河一带。又根据同书所载沧州东北至海口的距离为二百五十里,沧州东至海一百八十里的记载,推出宋朝这一带海岸线的轮廓。[②] 这个轮廓是和

　　[①] 李世瑜:《天津一带古代海岸线遗迹的调查》,《河北日报》1962年3月31日和4月3日。

　　[②] 侯仁之:《历史时期渤海湾西部海岸线的变迁》,《地理学资料》1957年第一期。

海河以南的第一道蛤蜊堤相仿佛的。

李世瑜先生在论述第二道蛤蜊堤时还特别指出在这道堤的近旁曾经发现过古代人们居住的遗址和墓葬。除前面曾提过的宁河县和张贵庄外，还有巨葛庄、商岑子等十三处。和张贵庄一样，其中大部分是属于战国时代，也还有下及秦汉时代的。遗址和墓葬的众多，说明这道堤上当时人们活动的频繁。尤其是张贵庄和巨葛庄的夹处海河两岸，显然可以证明已经有了雏形。但是根据文献的记载却不是如此。现在的海河本是汇集河北平原若干河道而成的，其中有滹沱河、沙河、唐河、永定河及白河等。这些河流在汉时还是各自入海。大致到了三国之前才汇合在一起，成为海河。这说明当地已经成陆，所以众流聚为一个河道。① 以文献的记载和当前实地的情况看来，海河的起点远在以张贵庄为中心向南北伸展的蛤蜊堤以西。这就有了问题了。如果张贵庄南北的蛤蜊堤为战国以前的海岸线，则汇成海河的诸水至迟也应该在战国以前合流，才合乎事理。如果汇成海河的诸水合流的地方在三国以前才成为陆地，为什么张贵庄附近在战国以前就已经形成了一道蛤蜊堤？这还是值得思索的事情。这里尚且如此，再往西去也就更难说了。

天津附近的成陆虽不算很晚，但附近城市的设置却不算很早。秦汉以后很长时期这一带的县治没有大的变迁，直至唐朝末年始于今沧县东北八十里处设置乾符县。② 北宋又于今旧青县设置乾宁军。③ 金时又于今静海县地设置靖海县。④ 元人于现在天津地方置海滨镇，明朝在这里设卫。⑤ 清朝又在这里设州置府。⑥ 自此以后，天

---

① 侯仁之：《历史时期渤海湾西部海岸线的变迁》。
② 《新唐书》卷三十九《地理志》。
③ 《宋史》卷八十六《地理志》。
④ 《金史》卷二十五《地理志》。
⑤ 《读史方舆纪要》卷十三《天津卫》条。
⑥ 见《清世宗实录》卷三十六及卷一〇三。

津日渐重要，和北宋以前一片荒凉的景况迥异。天津的发展自有它的客观原因和本身的地理条件，不过这一带设置县邑一再增多，也显示出当地的海岸有向外伸张的情形。

黄河入海处在两汉之际由现在的河北东部移至山东东北部，后来虽还不断有改变的情况，但总起来说在现在山东东北部入海的岁月还是比较多的。当然这里的海岸线也就不可能没有变化。从这一带城市设置的时代看来，显然可以看出宋朝以后的情况和以前有了不同。现在山东东北部的县邑有许多都是在秦汉时代设立起来的。从秦汉到隋唐很少有新建置的情形。可是由宋时起就有了改变，宋时始于今沾化县置招安县。① 至金时又设置利津县。② 招安、利津两县的设置显示出这一带的海岸已向外伸出。至于利津以东旧垦利县的设置则是近代的事情。据清初的记载，利津县至海，仅三十里。③ 现在旧垦利县离海大约已在百里上下。就这一带黄河入海处来说，现在是作扇形突入海中的。

二、江苏北部的海岸　长江三角洲向海中的伸张

还应该注意到的是淮水入海处的附近，这里虽然没有渤海湾西部那样变迁的明显，但是入海地方，当然也受到它的影响。不过这也不能一概而论。由现在江苏省北部沿海向南，新海连市东面的连云港就显得向海中突出。陇海铁路自西而来，直达于海滨，这本来并没有引人注意的地方。不过如果追顾这里的历史，就可知道当地

---

① 《宋史》卷八十六《地理志》。
② 《金史》卷二十五《地理志》。
③ 《读史方舆纪要》卷三十一《利津县·海》条。

的变迁还是不小的。现在的连云港和它西面的云台山周围的地方，在从前就是孤处海中一个大洲，称为郁洲，也有称为郁州的。南北朝时还曾经迭为南朝的青、冀二州侨置的所在。① 这个靠近海岸的孤岛在清朝后期所绘制的地图中和大陆还不相连接②，可是近年的地图中却已看不见岛屿的痕迹了。这里和淤黄河口尚有一段距离，大致不会受到它的影响。这里自来是沭河入海的地方，沭河源流虽不很远，但在距今不远的旧社会里，也成了土壤侵蚀的严重地区③，也许是上游的水土流失，促成了海口的变化。

当然，由连云港再往南，到淤黄河口的附近，变迁的情况也比较更显著了。远的时期暂不必说起，据北宋时的记载，由涟水县城东至海岸大约有一百四里。④ 现在的海岸显然比那时为远。涟水县东南的盐城县原来是汉朝的盐渎县。就县名来看，分明是一个晒盐的地方。直到北宋时代，这里还有九所盐场分布在海边。⑤ 为了防止海水冲刷农田，远在唐代中叶，李承为淮南节度判官，就在这里修筑捍海堰。北起现在的淮阴，南达南通泰州县。到宋时范仲淹又加修葺，所以也称范公堤。盐城县东门外二里多地就是范公堤经过的处所。⑥ 现在看来这条堤道离海已相当的辽远。这样的变化情形如果用较近的事实证明，当更为明显。现在淮安县东北二百多里处的云梯关本在旧黄河的北岸。以前这个关原不为人们所重视，清初靳辅治河时，才有关内和关外的分别。当时筑堤也只是到十套而止。后来到道光时，前后相去仅一百四十多年，可是十套以下，新滩新社的

---

① 《宋书》卷三十六《州郡志》及《南齐书》卷十四《州郡志》上。
② 蒋友仁：《大清一统舆图》。
③ 《水利是农业的命脉》第一集，水利出版社，1958年。
④ 《太平寰宇记》卷十七《涟水军》条。
⑤ 《太平寰宇记》卷一百二十四《盐城监》条。
⑥ 《读史方舆纪要》卷二十二《盐城县》条。

名称就接踵起来，淤出来的新地已有二百多里。① 这一带的城市两汉以后很久都没有新置，可是在清朝就在涟水县东盐城县界增设了一个阜宁县。近来在阜宁县东北又增设了一个滨海县。另外在盐城县东北还新设了一个射阳县，盐城县东南设立了一个大丰县。

　　至于更南的长江入海的地方却也有相似的情况。如前所说，长江所挟带的泥沙虽较少于黄河，但长江入海口的泥沙沉积现象却也是十分显著的。崇明岛的形成就是一个例证。唐初这一带江中才涌出两个沙洲，称为东西二沙。当然面积不会很大。到五代吴时，杨溥始在西沙设崇明镇。北宋时又两次涨出两个沙洲，和以前合计，总共是三次涨出，所以称为三沙。到元时就在这里设置崇明州。② 这样看来，长江入海处的海岸向外伸长是很显然的。

　　就以长江入海处附近县邑的建置也可以看出这样的情形。远在周时，吴国建国于东南海隅，其都城先设于梅里，后移于阖闾城。③ 梅里在今江苏无锡，阖闾城即现在的苏州。汉朝又在东部设置娄县④，就是现在的昆山。现在的松江以前是华亭县。华亭这个名称在三国吴时就已经有了。⑤ 晋时又在今常熟县设海虞县，在今江阴设暨阳县。⑥ 上海设县虽迟至元时，然东晋虞潭、袁山松等人已先后在今上海市区以西青浦县附近建筑过沪渎垒。⑦ 至于长江入海口以北的地方，汉时仅于现在泰州县设一海陵县。⑧ 东晋时始设如皋县于今如皋

---

① 武同举、赵世暹：《再续行水金鉴》卷一百五十一，全国经济委员会水利处组织修编，1946年修订稿。
② 《读史方舆纪要》卷二十四《崇明旧城》条。
③ 《史记》卷三十一《吴太伯世家》正义。
④ 《汉书》卷二十八《地理志》。
⑤ 《三国志》卷五十八《吴书·陆逊传》；《晋书》卷五十四《陆机传》。
⑥ 《晋书》卷十五《地理志》。
⑦ 《晋书》卷七十六《虞潭传》，又卷八十三《袁瓌传》附《袁山松传》。并见谭其骧先生《关于上海地区的成陆年代》，上海《文汇报》1960年11月15日；又《再论关于上海地区的成陆年代》，上海《文汇报》1961年3月10日。
⑧ 《汉书》卷二十八《地理志》。

县境，设临江县于靖江县境。①南通和海门两县都是到五代后周时才设立的。南通县在初设立时还称为静海县。②直到1928年，还在海门县东增设了一个启东县。

　　正因为有这样的情形，所以就有人因此立论，来说明长江入海处的变迁。以前丁文江曾经就沿海城市建置先后的年代推算，得出一个结论，说是长江三角洲每六十九年向海方伸长一哩。接着海定斯坦姆（V·Heidenstam）就长江所挟带的泥沙量加以算计，也说长江入海处的海岸每六十年伸长一哩。泥沙沉积诚然可引起海岸的变化，但若委之为唯一原因，却也未妥。他们更说，如果由江苏北部东台县向南画一南北线，东南延长经太仓、嘉善，再南到海边，并且指出在这条线以东的所有城市，都建立在五世纪以后，因而说，城市设立的年份是跟着它的去海远近而异的。海滨城市的建置可说明当地陆地已经十分巩固，但并不一定即可肯定海岸线的所在。据近年考古发掘，则上海市属的青浦县淀山湖里曾经发现过新石器时代遗址③，上海县马桥镇的俞塘村也发现了青铜器时代的遗址。④除此以外，还有青浦县的崧泽村、松江县的广富林村、机山、戚家墩、钟贾山、山阳港、北干山等处。⑤这些遗址虽间有晚至春秋战国时代，但大部分却都是新石器时代的遗物。这都说明这些地方设县以前已经成为陆地，而且很早已经有人们在这里居住了。尤其值得注意的是上海市南边海滨的金山卫也曾经发现过新石器时代的遗址。⑥则远在数千年前，这里的海岸已大致和现在相仿佛了。

---

①《晋书》卷十五《地理志》。
②《宋史》卷八十八《地理志》。
③ 康捷：《上海淀山湖发现新石器时代遗物》，《考古》1959年10月号。
④ 上海市文物保管委员会：《江苏上海县马桥俞塘新石器时代遗址调查》，《考古》1960年3月号。
⑤《上海郊区发现九处远古时代文化遗址》，《人民日报》1962年1月29日；黄宣佩《考古发现与上海成陆年代》，上海《文汇报》1962年2月18日。
⑥《文物参考资料》，《文物工作报导》1954年1月号。

长江入海处的海岸，一般来说，究竟是向前伸长了，不过伸长的情形却并不能完全一样。即以长江入海口以南各地而论，就是如此。不论这一地区的县城建设次第如何，海边都是一样的。由这几处发现古代遗址的地方到现在上海以东的海岸，相距并非甚远，就是这一隅之地，也有若干差别。据谭其骧先生的研究，现在上海市全境各地区的成陆年代，由西到东，先后相差至少在三千年以上。在三千多年前就已出现的第一条海岸线，是冈身中的最西一条，亦即太仓漕泾一线。所谓冈身乃是当地人们对于绵亘的沙冈的称呼。由这第一条海岸线直到公元第四世纪，二三千年中，上海地区的海岸线伸展甚缓，一直还停留在宽度不超过二十里的冈身地带。直至四世纪以后，海岸线才迅速伸展，七八世纪之间市区西边一部分开始成陆，到十一世纪中叶即全部成陆，七百年间就涨出了五十多里。① 上海市区的西部在新石器时代既已成陆，则在更西的地区当然也不会太迟的。由于长江入海口不断向外伸长，陆地固然发生变化，就是交通港湾也因之而有盛衰。唐时扬州为中外通商口岸，诸国海舶可以随潮水的涨落而至于扬州城下，曾几何时，上海就代替了扬州的地位，而成为沿海有数的商埠。

不过还应该指出，河流所含的泥沙固可使海岸向前伸长，河流或海潮的冲击却又可使沿岸的陆地形成崩塌的现象。海门县境沿江地方的变迁就是一个例证。海门县的建立远在五代之时，但元朝末年沿江地方就有了崩塌的情形，由那时起，直至清康熙中叶，还不断发生这种现象，不仅县境全部沦陷，就是县西的通州境内也塌下了几十里。后来逐渐伸长，才又恢复县境。崇明岛的形成显明地是由于泥沙的堆积，但江水的冲击却也曾使崇明县城一再

---

① 谭其骧先生《关于上海地区的成陆年代》及《再论关于上海地区的成陆年代》。

地迁徙。① 这样的崩塌现象在江浙两省间的海岸也不是少有的。远在汉世，浙江海口就有过防海大塘的修筑。② 唐宋以来，仍累次在两省之间兴建海塘，工程相当艰巨。③ 虽然如此，但在宋时，还发生了盐官县（今浙江海宁县）境陆沉的惨事。原来当时盐官县南距海岸还有四十多里，当地本有一条捍海古塘防御海水的冲击，由于潮水的奔冲，遂使县南四十余里尽沦于海。④ 这固然由于人谋的不臧，对于海塘未能随时检修，致肇此奇祸，海潮冲击力的巨大，也可以由此看到一斑。

不过就整个江浙两省间的沿海变迁看来，虽偶有崩塌情事，但海岸的向前伸长还是显然可见的。

三、小结

由于土壤的侵蚀，泥沙是会随河流冲下的。除过在平原地区沿流沉淀而外，往往会被冲到海口，受到海潮的反冲，逐渐堆积，遂使河流入海的附近的岸也向前伸长。正因为如此，黄河及其他一些含沙较多的河流的入海处，海岸就难免有所变迁。就是长江口外，也有同样的情况。

海岸的变迁本来是一个复杂的问题。沿海陆地的伸长和河流挟带的泥沙不无关系，但并非唯一的原因。这里不打算就这些原因作详细的探求。不过从上文的叙述可以看到，在历史时期中，沿海陆

---

① 《读史方舆纪要》卷二十四《崇明旧城》条。
② 《水经注》卷四十《浙江水》。
③ 《新唐书》卷四十一《地理志》杭州盐官县下，及《宋史》卷九十七《河渠志·东南诸水》。
④ 《宋史》卷九十七《河渠志·东南诸水》。

地固然不乏崩塌的记载,但新的陆地的形成实远较沉沦的为宽广,增加了人们活动的处所,这是应该重视的事情。

如上所说,沿海陆地的伸长主要是在长江和黄河等几条大河的入海地方。而这些地方又皆往往和交通的发展有密切的关系。当地的城市或者成为经济的要区,或者成为国防的重镇。天津和上海的历史正说明了这样的演变。当然海岸的变迁和这些城市及其附近地区的盛衰是会有显著的关系,这是值得注意的所在。像扬州和上海两处前后都曾经成为最繁荣的都会,更是和海岸的变迁有关,这是人们不能忽略的演变。

历史时期我国水文的变化[①]

地理环境的变化虽然没有社会发展来得迅速，但在悠久的岁月中变化的痕迹一样可以显示出来。其中水文的变化更是明显。黄河水道的频繁改易就是一个具体的证明。关于黄河的最早的有系统的记载当然要数到《尚书》的《禹贡》篇。不过这篇《尚书》据近代学者们的研究，显然是出于战国时代人士的手笔，和夏禹并无若何关系。所谓禹治洪水的事情仅是神话式的传说。黄河的改道最初见于记载的是在公元前602年，也就是周定王五年。这已是春秋时代。周朝有两个定王，有人说，黄河改道乃是在后定王五年，与前定王无关。后定王五年为公元前464年，也是在战国初年，《禹贡》既作于战国时代，又未提到改道，则所记载的应该就是战国初期或其以前黄河经流的情形。

在周定王五年以前，黄河是不是还有过改道的情形？史书上没有明确的记载。商朝虽有河患，甲骨文中却没有提黄河的改道。班固的《汉书》中还说过"商竭周移"[②]的话，看来黄河在周定王五年以前好久没有改道了。但这并不等于说黄河在此以前就没有改道事情发生了。因为黄河流至孟津以下，已经出峡谷而达到平原。孟津以东的平原，广漠无垠，北起渤海湾头，南迄淮水下游。仅泰山及其附近的山地，阻于东方。因为地势平坦，黄河一有冲决，任何

[①] 此文亦为《中国历史地理》的组成部分，当写于1966年以前。整理者注。
[②] 《汉书》卷一百下《叙传下》。

处皆可作为河道。千万年以来黄河即已经往来漫流于这一平原。这种情形乃是按照自然规律而发展的必然趋势。更进一步来说，这一广漠的平原所以能够形成，黄河水流中所挟带的泥沙不断淤积，实为其主要的原因。

黄河所以容易决口，当然和这一地区的地形有关。河水流到这样的广漠无垠的平原中，流速自然缓慢。河水中所挟带的泥沙也自然容易沉积，增加河床的高度，因而就不免有泛滥的事情发生。根据史料的记载，黄河的决口和溢水，前后一共有一千五百多次，其中大徙改道，就有六次。而周定王时候那一次的改道应该是有史以来的第一次。本来黄河东流，出孟津后，循太行山东麓东北流，入于渤海。周定王时候那一次改道是由宿胥口（在今河南浚县西）东行。这里本来有一条漯水，由黄河分出，至现在山东旧高宛县北入海。据说这条漯水是大禹治水时凿引的。这次河决，流入漯水后，并不是一直顺着漯水入海，而是在长寿津（在今河南滑县东北）从漯水分出，往东北流去，直到现在河北沧县南，和漳水合流，一同入海。① 公元11年（新莽始建国三年），黄河又在魏郡（汉魏郡治邺县，在今河北磁县）决口，泛滥清河（汉清河郡治清阳，在今河北南宫县东南）以东各郡。直至公元69年（东汉明帝永平十二年），始在新河道两旁近筑河堤，固定了新的河道。这个新河道是由现在河南濮阳附近向东北流去。由于黄河改道，又截断了漯水。新河道入海的地方，就在原来漯水的附近。公元1048年（宋仁宗庆历八年）黄河又大徙改道。这一次改道是由澶州商胡（在今河南濮阳县东北）决口，河水泛滥后分为两派，一派北流合永济渠至乾宁军（在今河北静海县南）附近入海。另外一派在无棣（在今山东无棣县）入海。这两派河流迭为开闭，到公元1099年（宋哲宗元符二

---

① 漳水本是流入黄河的。黄河决口后，漳水仍由它的故道流下。黄河在今沧县和漳水合流，也就是在这里又流入故道了。

年），东流断绝，全河都向北边流去。黄河的第四次大徙改道是在公元1194年，这一年是金章宗明昌五年，也是宋光宗的绍熙五年。这一次在阳武（在今河南原阳县）决口，东流灌到梁山泊内。又由梁山泊分为两派流出：一派由北清河入海，一派由南清河入淮。从金到元，黄河的问题更是不断增多。元世祖至元年间（约为至元二十三年，即公元1286年），黄河又在阳武决口，东南至清河县南（在今江苏淮阴县）入淮。当黄河大溜南流时，原来由北清河入海一派的水流就逐渐微弱。到公元1494年（明孝宗弘治七年），因为保护运河，就在山东旧东阿县西南堵塞河水东流的道路，于是黄河全流都完全假道淮水入海了。公元1855年（清文宗咸丰五年），黄河又在河南铜瓦厢（在今兰考县）决口，东北流至山东利津（今山东沾化县）入海，这就是现在的河道。

当然这里所说的只是重大的迁徙和改道，至于那些小一点的改道还是不少的。譬如公元893年（唐昭宗景福二年）黄河入海处就由渤海县（今山东惠民县）移至无棣县（今山东无棣县）。公元1391年（明太祖洪武二十四年），黄河在原武（今河南原阳县）决口，大溜经开封东南行，直至安徽寿县入淮。这一些决口和改道或者是小规模的改道，或者历时未久，决口就已经合拢。虽然如此，对于地形的影响依然是不小的。

由上面所说的黄河改道看来，宋代以后的变化最为频繁。大致不到四五百年就已经有改道的事情发生，决口更是很多的。这是值得注意的事情。黄河所以不能安流，基本上是由于河身的泥沙过多，逐渐沉积，河水容纳不下的原故。黄河流经黄土高原，泥沙随水而下，也是事理之常，并非宋代以后的特殊情形。宋代以后河患所以增多，泥沙沉积依然是一个重要因素，这是因为植被不断摧残破坏，使河水的侵蚀一再增强，挟带的泥沙自然更多。这一点到后面当另作详细解释。黄河本来是有若干支津，黄河流域也有不少的湖泊。宣泄储积，是可以减少黄河的洪峰的。正由于黄河挟带的泥沙很多，这些支津和湖泊受到泥沙沉淀的影响，渐次淤塞，失去其本来的作用，黄河本身也就成为独流，全力负荷所有水量。这一点在下面也就要另行说明。还应该指出，统治阶级漠视人民的疾苦，未能尽力治理也还是一个主要的原因。

历朝的人们对于治理黄河提不出一套良好的办法。但是问题还不在这里。宋朝至熙宁（1068—1077）时起，党争已经剧烈，一些人们就借着修治黄河作为攻击对方的口实，大家以黄河为儿戏。在这样的情况之下，治河的事情自然就难得有若何的成就。

根据历史的记载，黄河除本流而外，还是有若干支津的。本流不断地改道，支津也就逐渐壅塞。这些事情是值得人们注意的。《尚书·禹贡》早已指出，黄河流到下游曾经分成九河。所谓九河都是些什么名称？分布在成平、东光、鬲三县界中，以现在地理来说，是由河北交河到山东德州。如果按照这样的说法，则当时黄河下游的支津已经遍布于现在山东北部和河北的东南部。《禹贡》所记载的黄河既然是汉人所不能确指的，后来的人们却一一说出实地，穿凿附会是难免的。其实这里所说的九河的"九"字，并不是恰正指的九条河水，而只是说河水分支很多的意思。古时的人们常用"三""九"来表示多数，九河的说法就是其中的一端。河流到快入海的地方经常会有许多港汊，这是一种自然现象。渤海湾头，黄河入海之处，地势卑下，河水分流也是一种正常情形。黄河水流中含有大量泥沙，所以这种分支也就容易湮塞，后来的人们要替他们具体找出名称地点，看来是徒劳无功的。

其实不仅黄河下游有支津，就是在中游也有这样的情况。上面所说的漯水就是一个具体的例证。这条漯水不仅见于《禹贡》，就是《孟子》书中也曾经提及，当然不是一条小的河流。根据汉时的记载，漯水始流的地方应该是在当时的东武阳和高唐两县，也就是分别在现在的山东旧朝城和旧禹城。一条河流不应有上下两个源头。其实这两个地方都不应算作漯水的源头，因为黄河改道的关系，漯水部分河道为黄河所占有，好像漯水是由这两个地方流出。如果说流出也是由黄河里面流出。漯水源头的旧地还应该由现在朝城上溯到河南浚县，就是由上文所说的宿胥口附近分河东行的地方。这条水流因为经常和黄河纠缠在一起，有时候就没有水流。郦道元注《水经》，就曾说它"河盛则通津委海，水耗则微涓绝流"[1]，所以后来就终于湮塞无闻。

和漯水情况相同的要算济水。济水较漯水为大，也更易引起人们的注意。古代的人们以江、淮、河、济为全国四大川，可知济水的重要性。可是这样重要的水流也因黄河的泛滥和改道的关系，不仅断流，而且河道也被黄河所夺去。现在济水是没有了，仅仅留下和它有关的一些地名，如河南的济源县，山东的济宁市、济南市、旧济阳县，还显出一些济水的踪迹。这样说来，济水较之漯水是稍胜一筹的，因为漯水完全成了历史上的名称，没有一点遗址可寻了。

济水这条水道从名称上看来可说是一条奇怪的水道。据古代的传说，济水发源于今河南济源县，本来是应该称为沇水的，所以称为济水的缘故，是它流入了黄河以后，又从黄河里面分出，在黄河以南向东流去。古代的一些地理学家对这样的解释说得十分奇离，甚而说济水是清的，河水是浑的，济水由黄水中越过，清者还是清的，浑者依然是浑的，不相混杂。这种出乎自然情形的说明，当然是不近情理的。济水实际是由黄河中分流出来的，济水分河之处的黄河北岸正有一条水流流入，所以古人就把它说成济水的水源。再说现在河南荥阳县附近古代有一个荥泽，说不定它也和济水的源头有关。因为在《尚书·禹贡》中就已经说过："导沇水，东流为济，入于河，溢为荥。"河水降落后，荥泽中所积之水是自会流出入于济水的。事实上济水的源头还接受了嵩山东北的一些水流。所以古代的人们称济水为清济，而称黄河为浊河。

---

[1] 《水经注》卷五《河水》。

济水的河道，据古代的记载，自荥阳以东分为南济和北济两派：北济从现今河南封丘和山东菏泽县以北，流入当时的大野泽中；南济从封丘菏泽县以南流去，在现在山东旧定陶县附近流入菏泽，又由菏泽流出，亦归到大野泽中。大野泽和菏泽到后面另外提及，这里暂不必细说。济水由大野泽向东北流去，绕现在济南之北，再东北入于海。现在山东东平以东的黄河，就是古代济水的故道。也有人说现在济南以东一段的黄河是古代漯水的故道，济水的故道却是现在的小清河。

济水是怎样被堵塞的？自然还是和黄河脱离不开关系的。最严重的一次是西汉末年的河决，这次河决影响了济水，也影响到汴渠。汴渠为当时东西各地主要的运道，是由黄河里分出，最初一段就是利用济水的水道。汴渠的原委，以后当另作说明，这里暂且按下不表。这次决河之后又接着王莽时的河徙，到东汉初年才修理了汴渠，巩固河道。经过这次变化，荥泽就被湮为平地，在济水中所流的实际已经完全是黄河的水流。直到南北朝末年，济水才无有所受。由东汉至南北朝，济水还不至于有什么变化。在郦道元注《水经》时还没有湮塞。郦道元在《水经注》中仍然称济水而没有称作济水故迹，就可以作为证明。济水绝流大概是南北朝的末年，因为出于南北朝人之手的《国都城记》一书中，曾经有过"自复通汴渠，旧济遂绝"[①]的话。有人说，唐朝天宝以后，济水才无所受，那是不妥当的。由于济水上游无所承受，所以在唐朝初年，菏泽以西已经没有水流，仅是在东平以下，还可以畅通。当时人们解释这样的道理，认为地面上的水流虽然断绝，地面下还有伏流相通。这种伏流的说法自然是十分荒谬的。东平以下济水故道里的水当然不是黄河的水流，而是汶水和菏水的合流。当时称这以下的济水为清河，正指出不是来自黄河的水流。后来汶水改流，清河的上源也就难有指望了。

---

① 《太平寰宇记》卷十三《河南道》。

好在清河左近还有若干泉水，使济水下游不致干枯。到清朝咸丰时黄河改道，这一点遗迹也难以存在了。

九河、漯水和济水的湮塞，自然是受了黄河的影响。它们由黄河分出，起了支津的作用，自然也难免泥沙的淤积。九河是在黄河的尾闾，尾闾是容易阻塞的。漯水曾为黄河所切断，而且河身还曾为黄河所攘夺，也就难于永久畅通。济水在这些水流中湮塞独晚，应该说是和它的上源接受一些较清的水流有关。它被称为清河，正是说明其中泥沙较少。不过也是终究不能避免厄运。济水左近从先秦起就陆续开凿过若干人工水道，它们也起了黄河支津的作用，这点到后面再说。这些人工水道的深广程度有限，不能和济水相提并论，因而它们不断被开凿，也不断受湮塞。由它们的湮塞也可以说明济水不通的道理。人工水道固然是要平地开凿，也要不时地修浚。过远的且不要说起，即以唐宋时代的汴河来说，就是如此。唐朝对于汴河曾经有过这样规定：每年正月发丁夫疏浚。[①] 清明桃花以后，远水就可安流。后来到宋初，也规定要三五年一浚。这样的规定可以约略看出泥沙沉积的速度。北宋亡后，汴河就失于修浚。公元1169年（宋孝宗乾道五年），楼钥使金，北行途中，曾循汴而行，看到河身湮塞，几与岸平，车马皆由其中，亦有作屋其上的，也有种麦于河底的。楼钥北行之时，上距北宋灭亡还不到五十年，变化就已如此之大。由汴河情况推论济水，则济水的湮塞也并非偶然。不过在封建王朝统治时期，他们不会注意到这些地方，甚而还有意摧毁，这样也就加速湮塞的过程。黄河支津都湮塞了，自然也就促使黄河有了更多的危机。

黄河的改道和泛滥不仅促使漯水和济水两条水道湮塞，就是附近其余的河流也多受到影响。黄河若是向北流徙，则由太行山流下的河流都会受到波及，尤其是漳水和卫水更是经常会和黄河纠缠在

---

① 《旧唐书》卷一百二十三《刘晏传》。

一起。有一些时期黄河下游所行的就是漳水的河道。如果黄河南流，就要灌注到淮水。南流的黄水或者直接入淮，或者夺泗入淮，也或者是由颍水入淮。于是淮水以北，泗水以西，颍水以东的诸河道都会受到黄水的侵扰。所以古代在这一地区中的水流有的已经无从知道它的流经的地方，甚而若干河道的名称早已为人们所忘却，而无闻于世了。

黄河中游以下南北各处河流的改道，黄河的骚扰固然是主要的原因，不过太行山以东地区的河流却还有其他原因。周定王以前的黄河是傍太行山下向东北流去，横截了由太行山西流来的诸水流，对它们是有直接的影响。周定王以后直至西汉末年的黄河虽仍至渤海湾头入海，然已远离太行山麓，而偏于河北平原的东部，与附近各水流相纠缠。如果说当时黄河的决口泛滥仍难免影响各水的安流，则金元以迄明清的黄河却是远离河北平原，可说是与太行山东各水流毫无关系，然而它们却也不时有改道的情事。譬如漳水在明朝中叶就曾北徙合于滏阳河，而原来在馆陶（今山东冠县）入卫之流遂绝。到清朝末年，漳水还是在广平（今河北曲周）分为二道，其一由馆陶入卫，其一又分为二支，一北入宁晋泊，一至青县（今河北静海）合于运河。而现在的漳水则是在大名以南入于卫河。这样的频繁变化应该是不下于黄河的。漳水如此，由太行山西流至河北平原诸水流殆皆不能例外。这就不能说是完全受了黄河的影响。虽然与黄河无关，但形成这样的现象可以说是和黄河完全相似。太行山西的黄土高原正是各水流所挟带的泥沙的主要来源。再以漳水来说，它的上源就有清漳和浊漳两水。浊漳水所以得名，分明是由于所含的泥沙过多，水流浑浊的缘故。流过河北平原北部的永定河，在元朝不是也曾称为浑河么？这个浑河的浑字含义和浊漳水的浊字应该是相仿佛的。

其实这也不只是太行山东诸河流的特色，从黄土高原流至平原地区的河流也是相同的。黄河的若干支流也正是这样的。在现在陕西境内的洛水在快要流入渭水的时候就曾有过若干的变迁。洛水的名称始见于《周礼·职方》，但记载它的原委的则始于《汉书·地理志》，《汉志》记洛水既说它是入渭，又说它是入河，一些考据学者还为它发生争执。按照现在情形，洛水是流入渭水的，可是以前也确有入河的情形。明朝中叶和清朝时期，洛水都是流入黄河的。现在大荔之南，渭水和洛水之间有一块称为沙苑的地区，还可以看到以前渭洛两水改道的痕迹。而沙苑所以得名，就是由于当地积沙很多的缘故。显然可见，沙苑的形成就是因为洛水的改道，淤沙堆积的结果。

按下黄河支流不说，再回到黄河干流的主题。黄河的决口改道，不仅淤塞了它的附近若干较小的河流，而且还淤塞了它的中下游及其附近地区的许多湖泊，使古今的地理有了显著的改变。远在古代这一地区的湖泊是很多的，那种星罗棋布的情况显然不是现在中原地方孤零零几条河流所可比拟。这些湖泊在古代的记载里一般是被称为泽薮的，泽是众流所归的大湖泊，薮是卑垫的地方。薮虽和泽不同，但在每年水涨的时候，也盛满了水，和泽没有分别。其实这样的说法到了具体的名称，却也有变通的地方。现在的洞庭湖和太湖是全国有数的大湖泊了，可是在古代的记载中竟有把他们算薮的，而一些比较小的湖泊却有被称为泽的，如在现在的河南中牟县附近，以前就曾有过一个萑苻之泽，现在河南商丘县附近，古代也曾经有过一个逢泽，当时的情况远比不上现在的洞庭湖和太湖，却都以泽来称呼了。

说起黄河中下游及其附近的湖泊，这里难于备举，仅就大的来说，已经是可观了。在现在山东省境内，古代就有貕养、大野、雷夏、菏泽等四个。貕养泽在东部，其余三个偏在西南部。在现在河南省境内，古代也有荥泽、圃田、孟诸等三个，大致是在荥阳和商丘之间。太行山东河北南部，古代还有一个大陆泽。另外在今山西中部，古代有一个昭余祁薮。陕西中部又有弦蒲、扬纡和焦获等泽薮。貕养泽所在地据说是在现在山东莱阳县东，这里本是一个丘陵地带，情形另当别论。昭余祁在汾水流域，弦蒲、扬纡和焦获在泾渭流域，已经是平原地区。当然这些地方除过这几个大的湖泊以外，其余小的就已不少。至于泰山以西，嵩山太行以东广漠无垠的大平原，湖泊更多，当然不限于大野、大陆等较大的几个了。

这些湖泊在悠长的岁月中是不断有所变化的。不过在郦道元作《水经注》的时候，黄河附近的湖泊还是有相当数目的。汾水流域就有五六个。涑水很短，沿流也有四个。渭水和洛水流域各有十余个。太行山东不下四五十个。黄河以南，嵩山汝颍以东，泗水以西，直至长淮以北，较大的湖泊就有一百四十个。像古代那些大泽当然还都是存在的。

根据流传到现在的记载，可以知道这些大的湖泊确实是相当巨大的。这里仅就大野和圃田、大陆三泽加以说明。大野泽在古代的情况已经不能细知，不过直到唐代，它的湖面南北还有三百里，东西也有百余里。古人以大野和洞庭并称，不是没有原因的。说起大野泽，人们或者还感到生疏，如果说成梁山泊，也许会更熟悉一些。梁山泊是《水浒传》中主要的地方，宋江就凭借着它的浩淼的水面和宋朝统治阶级相斗争。当然梁山泊的名称远比大野泽为后起了。在黄河以南的圃田泽也是不小的。据说在北魏的时候，南北还有二百多里，东西短一点，也有四十里。至于太行山东的大陆泽，应该也是不小的。秦汉时代在这里附近设了一个巨鹿郡，巨鹿应该就是大陆了。秦汉时代设郡很多，有的郡因山为名，有的因水为名。因湖泊为名的却只有这一个巨鹿郡，可见大陆泽在当时是一个巨大的湖泊了。现在中原别的湖泊都湮塞了，只有大陆泊依稀犹存，按这些情形说来，大陆泽可能比大野泽还要大了。

为什么这些湖泊都相继干枯了？应该和黄河有关系。黄河里面挟杂着大量的泥沙，又经常决口和改道，每次决口和改道，它所挟杂的泥沙自必随泛滥的洪水漫流各地。中原各地主要的湖泊，如前所说，是群集在泰山以西和嵩山太行以东的地区，而这个地区正是黄河容易决口和改道的地区。泛滥的洪水挟杂着泥沙冲入湖泊之中，自然会使湖泊逐渐湮塞。由这些湖泊湮塞的过程，可以知道这些变化还是相当快的。春秋战国时代好一些小的湖泊，秦汉时代就不再看到，想来是已经湮塞了。再以几个大的湖泊来看，更是显然。圃田泽在北魏时还是相当广大，以后就逐渐缩小，不过在明清之际，泽中还可以行船，再以后就不大听说。大野泽在小说中还被写成险要之区，到元朝末年已经成为陆地了。主要湖泊都湮塞了，那些不在黄水泛滥地区的湖泊，没有充足的水流来源，由于气候逐渐干燥，在悠久的年代中也会干枯下去。

其实不要说是湖泊，就是平原旷野在黄水泛滥的时候也会改变其原来的形状的。公元1919年，河北巨鹿县曾发现一座古城，它的遗址在现在县城底下二丈多的地方。这本是宋代巨鹿县城，在公元1108（宋徽宗大观二年）为黄河泛滥所湮没的。平地尚且如此，无怪乎被冲侵的泽薮先后都湮塞无闻了。

黄河的决口和改道所影响的范围是相当广大的，在它的南边，淮水也难免受到它的干扰。好在淮水到现在依然畅流，不似济水的完全阻塞。河水对于淮水的干扰应该是很久以来的事情了。就自然地理的情况说，淮水和黄河的关系是相当的密切的。前面已经说过，由渤海湾头以迄淮水下游平原本为黄河冲积而成，自然也是黄河泛滥漫流的地方。这种情形千万年来已经是如此，有文字记载以后，更是明显。汉武帝时候的一次黄河决口所造成的灾患就是一个例证。当时黄河在瓠子（在今河南濮阳）决口，就向东南流注于大野泽中，又由大野泽溢出，流到泗水及淮水里面。[①] 不过最严重的还是黄河的改道，黄河南流，由淮水入海，淮水河床骤然增加这样大的水流，必然要发生变化。淮水流域洪泽湖的扩大，就是这样变化的结果。

---

① 《汉书》卷二十九《沟洫志》。

洪泽湖本来是一个普通的水塘，以前还曾利用它来灌田。洪泽湖的得名是在隋炀帝的时候，因为炀帝过此，适逢久旱遇雨，遂改称洪泽。北宋神宗以前曾经一再在这里修理过运道，可见当时的湖水还不是十分广大。黄河南徙后，淮水不能畅流，这里的低凹地方自然就积起水来。按说现在江苏高邮宝应一带，地势更为低下，淮水为什么不流积在那里？这是由于高家堰起了堵塞的作用。高家堰据说是东汉末年陈登所筑的，是在洪泽湖东，高邮宝应以西。当时修筑的目的仅是为了防御洪水。明清时代为了利用淮水冲刷黄河里的淤沙，更增筑高家堰，也就是更使洪泽湖扩大起来。洪泽湖不断扩大的结果，使湖滨的泗州也受到湮没的惨祸。

可是淮水流域有些湖泊反而湮塞不存了。在现在河南汝南正阳以东本来有一个鸿郤陂，在现在安徽寿县以南也有一个芍陂。鸿郤陂旁的塘堤长四百余里，芍陂周围一百余里，面积都不算小。鸿郤陂于汉以后即已不存在，芍陂直到元时还被利用灌田，后来也就逐渐缩小。为什么会缩小消失？这却不是由于黄水的干扰，而是淮水本身的问题。淮水虽位于黄河之南，却也含有泥沙，堆积既久，自然会促使湖泊的消失。而水旁农田不断侵占湖地，大量排水的结果，也会使湖泊干枯下去。淮水下游还有一个射阳湖，在现在江苏盐城、阜宁、宝应等县之间，春秋末年吴王夫差所开凿的邗沟，就曾经由这个湖中通过。这自然不是一个小湖泊了。现在这个湖已经湮塞了。据说是因为海潮冲沙的淤积的缘故。

淮水所受的灾难还不仅如此而已。由金到元，下迄明清，黄河南流时期都是经过徐州附近，再东南夺淮入海，淮水下游自然会受到影响。有时黄河决口处稍上一点，淮水中游也就难免浩劫。譬如元至元年间河决阳武（在今河南原阳县），就南夺涡水河道，由怀远（今安徽怀远）入淮；又如明洪武年间河决原武（亦在今河南原阳），又夺颍水河道，由寿州（今安徽寿县）入淮。另外还有夺睢水河道入淮的时候。由于泥沙的沉淀堆积，也使淮水的河床有所升高，水流有时也改变了常态。

清朝咸丰时，河决铜瓦，由利津入海，似可以减少它和淮水间的纠缠情形。不过黄河北徙之后，在淮水故道中留下的泥沙，早已堆成了一条高岗，也就是一般所说的淤黄河。淮水也难于通流。淮水失去自己的入海口，就由洪泽湖溢出，向南出三河，流入宝应湖、高邮湖，再横过运河，由扬州以南的三江营入江。这样的改流固然可以使淮水暂时有了归宿，但这解决得并不彻底。因为这样的河道是不如原来淮水下游的宽阔，不易容纳淮水全流，洪水暴发时水流的承受依然是有问题的。

淮水所经历的严重灾难，实际要数到1938年蒋匪帮在花园口掘毁黄河堤所造成的黄水大泛滥。黄河全河水流由此流出，经豫东十几个县，循着贾鲁河、颍水等河道灌入淮水。三江营的淮水入江口本不甚宽广，加上大量黄水，宣泄更成问题。汗漫的黄水使淮水及其支流都受到严重的破坏。首先是泥沙的沉淀堆积，它们的河底都显然是淤高了，若干小的支流显然已近于淤平，就是淮水下游的洪泽湖和淮水入江所假道的宝应湖和高邮湖也都无例外地淤高起来。洪泽湖中部甚至形成了一个新洲，把它分成东西两部分，水小时竟然会完全隔断。洪泽湖底的淤高，正说明淮水中游的水位也必然趋向于高涨。淮水水位高涨，不免形成对各支流的倒灌情形。水流倒灌所及，泥沙随之沉积，使各支流发生了淤塞的现象。前面说过，在以前由于泥沙的堆积使若干湖的湮塞，经过了黄泛、淮水支流的淤塞，却形成了若干新的湖泊。东淝河的瓦埠湖就是具体的例证。正阳关和颍上霍邱之间也因此而成为一个湖泊地区。霍邱城的东西储汇了城东湖和城西湖，另外还有邱家湖、姜家湖、唐垛湖、孟家湖等湖泊。这些湖泊的形成，河流的变化，都是蒋匪帮罪恶的见证。

解放后，党和政府决定根治淮水，毛主席发出宏伟的号召："一定要把淮河修好！"治理淮水不仅要治好干流，而且要治好支流，不仅要注意宣泄，而且要讲究蓄洪，不仅要疏浚筑堤，而且要兴修水库。淮水固然还通过三河入江，但也可以由苏北灌溉总渠泄洪入海。沿淮的若干湖泊洼地也正好利用蓄洪灌溉。而山谷水库的兴修使安徽河南两省淮水主流和支流都可以适当地控制水位，使它们可以永庆安澜，不再泛滥。而皖北各处利用淮水及其支流，形成了河网化，不仅使河流就范，而且使河流更多地为人民所支配。这样变水害为水利，真是亘古以来所没有的事情。

在淮水以南的长江当然是受不到黄河的干扰了。不过古代长江流域的情况也和现在不大一样。最显著的是在长江的中游。从现在地图上看来，湖北的中部和湖南的北部是一个湖泊区域，在古代也应该是如此。江以北的湖泊现在是分成许多小湖，古代可能是连在一起的。古时的人们通称这个湖泊区域为云梦泽。也有人把江以北的称为云，江以南的称为梦。根据古代的记载，这个湖泊地区显然比现在为广阔。汉朝时候曾有人说过：云梦方八九百里。看来是一个概括的说法。如果要得到比较确实的轮廓，还应该找出当时的范围。《汉书·地理志》提到云梦的地方有华容、编县和西陵。这是现在的监利、荆门和黄冈。《水经注》提到云梦的有云杜、州陵、监利、沌阳、枝江和安陆，以及江南的巴丘湖。这是现在的沔阳、监利、汉阳、旧枝江和安陆。班固和郦道元虽不是同时人物，由他们的记载还是可以看出一个大概。这样说来，云梦泽的范围是东起现在的黄冈以西，西至荆门和旧枝江，北起安陆，东南至汉阳以西，并且兼有湖南的洞庭湖，因为洞庭湖正是上面所说的巴丘湖。

这个湖泊区域的古今情形不同正说明其间的变化是相当巨大的。主要的原因也是由于泥沙的沉淀和堆积。长江和黄河不同，所挟带的泥沙显然比较少些，可是也有一定的数量。根据南北朝的记载，江陵附近的江中一共有九十九沙洲，后来还淤出一个，满了整百的数目。一直到清朝，枝江县还是设在江中的一个大洲上。现在枝江县早已省并，沙洲南面的江面的江流也有了显著的变化，失去其原来的情况。江南洞庭湖的水患本来还不算很多，但自1852年（清咸丰二年）和1870年（同治九年）长江先后在藕池和松滋两口溃决后，南流入于洞庭湖，百余年来，由于江水挟带的泥沙不断沉积，湖床日高，湖面亦日蹙，甚至分裂为若干零乱的湖泊。往日由岳阳至华容非船舶不行，现在也可以穿湖陆行了。据长江水利委员会报告，经过松滋、太平、藕池、调弦等四口的长江水流挟带入湖的泥沙即有139251800立方米，确实是一个很大的数目。长江如此，入洞庭湖的沅、资、湘、澧四水也带来不少的泥沙。据长江水利委员会的调查，随四水而来的泥沙也有16122900立方米，但随湖水流出的却只有26570300立方米。就是说每年要有128804400立方米沉入湖底，平均算起来湖底每年要淤高五厘米。

和这个地区有关的河流还有汉水。汉水主流既已挟有泥沙，其支流唐河、白河所含的泥沙尤多。因为泥沙沉积，汉水中游的老河口、襄阳、樊城、宜城等城市的位置都曾因河流的改道而迁徙过数次。下游一段在明代中叶还曾有过改道的情形。在那时以前，汉水主流是从牛蹄支河经汈汊湖、东西湖、谌家矶入江，现在的主流在那时只是一个支流。那时以后，汉江才从现在河道流入长江。河流改道只是汉江本身的事情，而溃决泛滥，更促使附近湖泊的湮塞。这里不妨举汉川县西北赤壁街南的旧黄金湖为例，作为说明。在百年以前黄金湖还相当深广，鱼艇贾舶经常在湖中往来，但自清朝咸丰初年汉水溃决后，湖泊尽为泥沙所淤，到现在已经看不出原湖的轮廓了。当然也还有湖水因为部分淤塞，而分几个小湖的。也有一些小的水流由于壅塞而成为新的湖泊的。这样就使古代的一个较大的湖泊分成若干互不连接的小湖泊。

随着湖泊的淤塞，湖滨新淤的土地可以用来开垦种植。《尚书·禹贡》就已经说过："云土梦作乂。"既然说到作乂，当是指这里有了可以耕治的地方。这种情形应该不断有所发展，以前的湖面后来成为农田。这些新垦的农田都建筑堤垸。这个地区有许多以垸为名的地方，正说明以前是湖泊的所在。据说在天门县的一个三角洲上，从1375年起，到距今三十多年前，一共建立了十一个垸，由近及远共长九公里，说明湖泊淤塞的速度。这虽是一种自然的发展，但以前若干官僚地主却认为这是谋利的捷径，因而竞相围垦，造成更多的水患。洞庭湖滨的情形尤其严重。解放以后，党和政府大力推进治湖疏浚，使洞庭湖脱离了险境，湖周围的居民才不致感受到水灾的威胁。在汉水和入洞庭湖各水上游都进行水库的兴修，汉水中游丹江口的水利枢纽工程就是一个雄伟的建设。水库的兴修是有很多的利益的，它们对于湖泊水面的控制也是有所裨益的，这些湖泊的变化已可由自然的发展改成随人们的意志为转移了。

由云梦泽再往东，长江就流到九江地区。关于九江的说法很多，所指的也并不限一个地区。两汉时代都有九江郡，郡治乃在现在的安徽寿县，所辖的县邑也都是在淮水以南，和长江没有什么关系。汉朝的九江郡实际是沿袭秦时的旧名称，秦时的九江郡，北边到淮水，南边到现在的江西。汉时九江郡缩小，因为原来郡治在淮水沿岸，所以那里就保持九江郡的名称，推本溯源还是和长江有关系的。现在江西九江的名称起来很晚，是隋时的事情。名称虽晚，却正在古代九江区域的附近。九江的含义和九河一样，自来也有若干不同的说法。有人认为大江于此分为九道，有的却认为是入江的九条水道。因此有许多人都在替九江找出确实的名称。这显然都是徒劳的。甚而还有人以洞庭为九江，更是与实际的地理不相符合的。前面说过，古人使用"三""九"等字本来含有"多"的意义。

这个地区的长江两岸是不如古代云梦泽地的广大，就现在说来，也比较湖北中部湖泊地区为狭小，这是由于自然条件的限制。大别山向东南伸延，使江水在此也不能不形成大的弯曲，因而附近湖泊区域不能有过大的发展。虽然如此，江水到此还是有许多的分歧的，但是这种分歧逐渐在消失。这固然与江水挟带的泥沙有关，也和江南的鄱阳湖以及江北大别山上流下的诸小水有关。鄱阳湖也承受了若干水流，和洞庭湖相似，但其所含的泥沙似较洞庭湖为少。不过仍有若干泥沙随湖水流入江中。江以北的大别山麓也仍有泥沙随水冲下，共同增加长江水道淤积的程度。现在安徽西部有太湖县，始建于南北朝刘宋时期。县名太湖是因为县西南有一个太湖的缘故，可是现在这个县中已经没有这样的湖水，原来早已湮塞了。湖北黄梅县临江处有地名太子洑，显然是江水淤出来的土地，它在南北朝刘宋时已经有了。这些虽是个别的例证，已经可以看到浩渺的九江是如何逐渐缩小它的范围的。

和九江名称相似的，还有一个三江。三江指的是什么？自来说法有许多不同。有的人从长江方面来解释，有的人从太湖方面来解释。太湖是长江下游一个大的湖泊，它汇纳了一些小的水流，当然要有入海的道路。太湖距海本来不远，又都是平原地带，湖海之间渠道交错，以这些小水来解释三江，也是有道理的。从长江下游的水道来解释三江，不是不可以，不过一定要确定"三"的数字，未免胶柱鼓瑟了。《汉书·地理志》曾记载了一条中江水，说是由芜湖流至阳羡入海。人们就说这是三江中的中江。这里有两个问题。汉时的芜湖固然也就是现在的芜湖，濒于长江南岸，由长江分出一股水来，是有可能的。但是阳羡只是现在江苏的宜兴，它是在太湖的西岸。如果真的有中江水，那只是流入太湖，不是入海。自来也没有人以太湖为海的。杨守敬画《前汉地理图》，自是根据班固的成说，大概也认为这样难于解释，所以就把中江引伸长些，经吴县、娄县入至海。吴县即今苏州，娄县为苏州以东的昆山。这是达到海了，可是和班固的说法是不相符合的。其实这还不算这个问题的核心，关系最大的是由芜湖到宜兴这一段。这段地区湖泊很多，西有固城、石臼、丹阳、南湖等湖，东有三塔、长荡、荆溪和太湖，东西诸湖分别各自相连。其中间在现在高淳县境有地名东坝，地势较高，由东坝东边的邓步到东坝西边的银林，相隔十有八里，商旅往来，势须舍舟登陆。这里虽是高阜，但水盛时却还可以流过。这样的水流其实是人工开凿过的。传说伍子胥为吴伐楚，在此穿渠运粮，所以至今这里还称为胥江。吴国曾经凿渠于三江五湖之间，这样的传说还是可以相信的。有人说，长江在现在安徽贵池县也还分出一派水流，向东流到太湖，再南流入浙江，据说这是称为分江水的。这样的说法在以前看来，仿佛还可以说通，如果用现在地形图来看，则不攻自破，因为皖南各地山岭重叠，从山间流下的河水都是向北流入长江的，长江中的水流怎么还能分出一部分来，再驾山越岭，横过其他河流而向东流去？

这种河流改道的情形，在五岭以南的诸水，也一样有所发现。岭南河流以北江、东江和西江为最大，它们的河床古今之间就有过差异。飞来峡以下的北江，羚羊峡以下的西江以及惠阳以下的东江，都已流至珠江三角洲。三角洲地平原旷野，一望无垠，水流至此已无山谷的束缚，容易形成分支，主流同样有所改易。就北江来说，它的主要的河道，现在是由清远西南流，绕三水县西南，由顺德而下。但是在明清时代，北江在绕经三水县后，再经佛山镇而到广州。当时佛山镇的工商业相当发达，就是由于这条水道的通过，交通便利的缘故。再往上推，从晋朝一直到唐宋，佛山镇并没有这样良好的形势，因为当时北江的主流是由三水以北的芦苞就折向东南流，经官窑流到广州城下。如果再往上推究，北江主流还不是由芦苞经过的。北江在清远以下的石角就已经折向南流，直过广州城下。现在这条主流早已壅塞，仅有石角以下的白泥河和广州西郊的小北江还可仿佛见其遗迹。小北江河床相当宽广，若非昔日北江曾由此流过，似不能有这样的情况。至于西江的末流，现在是由三水西南偏向东南方向流去，但以前西江的主流却是由三水北面流入现在北江河道，经广州城下入海。现在的东江在石龙以下是以新塘南面的河道为主流，但是以前的东江河道却是在它的东岸寒溪水洼地。今日珠江三角洲的形成自然是和这些河流的改道有密切的关系的。

至于内陆的河流有的也是经过若干的变化的，最显明的例子要算甘肃西部的疏勒河和党河以及新疆塔里木河的下游了。根据古代文献的记载，疏勒河本来称为籍端水，党河称为氐置水。据说籍端水向西流入于一个湖泊里面，氐置水却是向东北流入同一湖泊之中。如果以现在的舆图看来，这个湖泊就是哈拉湖了。可是现在的党河乃是向北流入哈拉湖中，不是向东北流的。有的人用后代的情况指出以前的文献是错误的。不过这个地方和别的地方不同，这个地方是古代中外交通的孔道，来往的人们很多，在许多人关注之下，记载错误的可能是不会很大的。不仅当地的河流如此，就是这个湖泊也是相当大的。据说到唐朝时还是东西二百六十里、南北六十里的大泽。经过现代的考察和研究，古代的记载实在是正确的。所以和现在的情况有了不同，乃是后世水文变化的结果。现在的哈拉湖在甘肃敦煌北部偏西，古代的哈拉湖如果以现在的敦煌位置来看，应在东北方面。古代的哈拉湖在现在湖的东方，按经度来说，其间相差在一度以上。为什么能有这样的差别？应该和当地的地势以及风沙有关，不过后来人工的疏导应是一个重要原因。

在新疆的塔里木河也有这样的情形。塔里木河不仅河道本身曾经有过变化，就是塔里木河所流入的罗布泊也曾经有过移动。现在塔里木河在叶尔羌河、喀什噶尔河和和阗河会流之后，河身虽间有分汊，彼此相距并不甚远，实际只有一条干流。但在以前却并不完全如此。郦道元撰《水经注》，于《河水注》中就曾记载有南北二河，皆流入蒲昌海中。北河大致就是现在的塔里木河，南河早已湮失，有人说它是由现在的莎车分出，约由北纬40°南北向东流去，也有人以为还要在更南一些，近于现在的和阗及克里推等地。不论是稍南稍北，都是在塔里木盆地沙漠之中，遗迹已无从考察，聊备一说而已。

至于罗布泊，也是很早就见于文献的记载。它有许多异名，如盐泽、蒲昌海、泑泽、牢兰海等。它的方位应该在古代楼兰国之东。到了清朝末年，罗布泊的所在地却引起了一些争论。因为俄国的普尔热瓦尔斯基曾经前去勘察，发现罗布泊并不在传说的地方，而是在现在的婼羌附近。德国的李希霍芬对此提出异议，说是还应该以《大清一统图》为正，也就是说罗布泊仍应在楼兰以东。这个问题经过以后若干次的调查，才证明两种说法都对。普尔热瓦尔斯基所看到的事实是正确的，但只限于他亲自前去那个时期。李希霍芬所根据的《大清一统图》也是不错的，但也有时间的限制。这是说由于塔里木河下游水流的改变，因而使罗布泊的方位也有了差异。这虽是清朝的事情，但也可说明在以前罗布泊的方位也不是就一直是一定的，不过由于没有注意，记载缺落，难于详究了。就以近年来说，罗布泊的变化还是不断地发生。1921年，塔里木河下游又改道向东，流到楼兰废城以东原来的罗布泊所在地。到了1942年，这里却又变了样子。因为塔里木河和孔雀河在铁干里克城附近的河床有了变动，水流都消失在沙漠之中，因而罗布泊成了一个无水之湖。1952年，罗布泊中才又有了水流，不过还未恢复旧观。也就在这个时期，党和政府在尉犁县开垦田亩，兴修水利，在附近的塔里木河中建筑大坝，引水灌田，余水流入台特马湖中，也就是后来在婼羌县北的罗布泊，原来的罗布泊自然跟着干枯了。

像罗布泊这样奇特的游移湖，确实是自然界极其罕有的现象。它的位置的改易，是与塔里木河下游的改道有密切关系的。不论是塔里木河或者罗布泊都是离开沙漠不远，泥沙的夹杂就使河道受到影响。特别是在夏天里，昆仑山上积雪融消，河水容量增大，自易冲毁河岸，漫流各地。原来的湖水一旦失去源头，必会迅速干枯，而河水所储积的另一洼地，也就形成另一湖泊。由于河道不时改变，湖泊的移徙也就显得频繁了。

水道的变迁正如上面所举的事实，是有各种不同的原因的。那些变迁虽不乏人为的因素，但究以自然的方面为多。人们对于水道的利用固可以逐流上下，随着它本来的形势，发展舟楫之利，可是也经常以人力改变水道的方向，满足人们的需要。这样的努力在古代已经有了若干成就。古代的人们以江、淮、河、济为四渎。这四条大川构成了不同的水系。其中黄河和济水应该合为一个，因为济水是从黄河里面分出来的水流，舟楫的往来本来是可以互通的。如果由泰山和嵩山之南各取一点，作一直线，则这条线之北为河、济流域，其南为淮水流域，再南自为长江流域。古代的人们曾经为了沟通这几个不同的流域，费了很多心思和努力。春秋末年吴王夫差时候吴国的人民在这方面开始有了建树。他们首先沟通了江、淮两个流域，接着又沟通淮水和河、济流域，这一下江、淮、河、济都能够联络起来。对于前者，他们开凿了邗沟，用现在的地理说来，邗沟南起江苏的扬州，北至淮安。对于后者，他们曾经凿沟于商、鲁之间，这个沟就是所谓菏水，它连接了泗水和济水。泗水下游入淮水，济水上游承黄河，所以黄河和淮水也就沟通起来。再后到了战国时代，人们在这方面更是注意。有名的鸿沟的开凿使河、济、淮、泗更密切地连系在一起。鸿沟是一些水道的总名，这当中包括汳水、狼汤渠、睢水、涣水、鲁沟水、涡水几条水道。汳水在下游又改称获水。这几条水道的上源和济水一块由黄河里分出，逐渐分流，就成为几个不同的水道。鸿沟固然是这些水道的总名，如果具体地说来，应该指狼汤渠而言。狼汤渠一直向南在今河南淮阳县南流入颖水。汳水是在现在河南开封县北分狼汤渠东流，中间改称获水后，在现在江苏徐州流入泗水。睢水由狼汤渠分出的地方是在现在河南旧陈留县西北，向东南流到今江苏宿迁，也入于泗水。涣水是在今旧陈留县北由狼汤渠分出，流到现在安徽五河县入于淮水。鲁沟水是在旧陈留县南由狼汤渠中分出，流到现在河南太康县入于涡水。至于涡水由狼汤渠分出的地方就在太康县的西面，它向东南流到今安徽怀远县入于淮水。菏水和鸿沟系统诸水都在济水以南。济水以北当时还有一条濮渠水，顾名思义，当也是一条人工开凿的水道。濮渠水是在现在河南封丘县西北由济水分出，东北流，在现在山东菏泽县东北入于瓠子河。瓠子河是在现在河南濮阳县南由黄河分出，流入到济水中的。

由于鸿沟的开凿，几条水道与济、汝、淮、泗诸水都连贯起来。据说在当时凭着这样的水道使宋、郑、陈、蔡、曹、卫各地都能有了联系。以现在地理来说，则河南东半部、安徽北部、江苏北部和山东西部都网罗在内，也可以说是"河网化"了。

在战国时代像这样的开凿河道，可说是已为各国人民所普遍重视。当时不仅开凿了鸿沟系统诸水道，就在汉水下游云梦地区，三江五湖之间也都有所施工。齐国以临淄为都城，也就是现在山东的益都，那里以临淄为名，自是濒于淄水。淄水下游离济水不远，人们就在淄、济之间开凿了新的水道。就是岷江流域的成都平原，人们也还开凿了离碓，下引成两股江流，经过了成都附近。

这些新的水道的开凿，地区虽有所不同，但却有共同的特点。这正说明了当时人们地理知识的丰富和水利技术的进步。当时施工的所在都在平原的地区，这与当时生产工具有关。当时的生产工具虽已有显著的改进，如铁器使用的逐渐增多，究竟还有一定的限度，所以在平原地区的施工自较山区为易于致力。从当时的工程看来，人们不仅是善于利用较大的河流，而且更善于利用大河之间的小河及湖泊。汉水下游云梦地区和三江五湖之间湖泊众多，堪作新的运河的水道。就是江、淮之间的邗沟，也是绕道往东，假途于射阳湖中的。鸿沟系统诸水道虽皆引自黄河，然就其分布的局势观察，似其时当地本有若干小河，人们因势利导，施工疏凿，故能为时未久，即已就功。如鸿沟系统中的睢水早在春秋时代即已见于记载，即其一例。现在鸿沟早已湮塞，而黄河与淮水之间尚有若干小水，作西北至东南的流向，直注淮水。就是睢水、涡水也都还有一些踪迹。根据地形探索，古代的情况或者也可以仿佛想到一些。

由于人们的地理知识逐渐扩大，生产工具也逐渐改进，新的河道的开凿已经不限于平原地区，而注意到较高的山地。秦时所开凿的灵渠就是人们智慧的又一次表现。灵渠施工地段的范围并不是十分广大，却是一条重要的运河。因为它沟通了长江和珠江两大流域。

长江支流的湘水和珠江上游西江支流的漓水本是同由广西兴安县海阳山发源，这里是两大流域水流最近的地方。远在秦始皇的时候人们就已在湘、漓二水的源头开凿了一条灵渠，使湘、漓二水能够连接起来，并且使它在交通上发挥了作用。灵渠虽然很短，它的意义却很重大，长江和珠江两大流域就是凭借这条短促的水道沟通起来的。从那时起一直到现在，人们不断地修浚，使它畅流无阻，实际上已经和一条自然水道差不多了。

秦时开凿灵渠是怎样施工的？由于记载的简略已经无从知晓。到东汉初年马援又在这里重新开凿过一次，详细的施工情形，也未见于记载。不过灵渠的开凿应该和鸿沟等渠是不相同的。鸿沟等渠在平原施工，渠道开凿成功，水流自然无阻。湘、漓二水的源头，不仅流经山（下缺）。

历史时期太行山上的森林[1]

太行山为华北名山，蜿蜒于河北、山西两省之间，延袤二千余里。层峦叠嶂，峰高岭峻，其中自多为森木。旧史暨前人著述亦多所载及，堪资佐证。《晋书·石勒载记》谓勒以襄国（今河北邢台市）为都时，会"大雨霖，中山、常山尤甚，滹沱泛溢，冲陷山谷，巨松僵拔，浮于滹沱，东至渤海，原隰之间，皆如山积"。中山、常山为太行山下两郡，中山郡治于今河北定县，常山郡治于今河北正定。滹沱河由太行山西穿山东流，经常山郡入于渤海。这些僵拔的巨松自应是生长在太行山上，为洪水冲刷，漂流而下。《水经·滱水注》也有一条相似的记载。《水经》在这里首先说："（滱水）东过安喜县南。"《注》文接着就说："秦氏建元中，唐水泛涨，高岸崩颓，城角之下有大积木，交横如梁柱焉。后燕之初，此木尚在，未知所从。余考记稽疑，盖城地当初，山水潦荡，漂沦巨櫠，阜积于斯，沙息壤加，渐以成地，板筑既兴，物固能久耳。"安喜县在今河北定县东南，濒于唐河，唐河就是以前的滱水了，当时也称唐水，所以郦道元在叙述滱水时，也就提到唐水。安喜城下的积木，是由唐水冲来的。郦道元在这里的论断，是完全正确的。滱水发源于今山西灵丘县，也是穿太行山东南流，因而这些积木就是从太行山上

---

[1] 文中有"安喜县在今河北定县东南"的句子，定县于1986年撤县设定州市。据此则本文当作于1986年之前。王景阳先生认为，此文或与史先生1980年代前期撰写黄河流域森林变迁的文章有关。整理者注。

冲下来的。这里所说的秦建元中是指十六国时期苻坚所建立的前秦而言，建元为苻坚的年号，由公元365年至385年，已在石勒所建立的赵国之后。

滹沱河和唐河之间还有一条磁水，磁水也发源于山西灵丘县，穿过太行山东南流，合于滹沱河。磁水，古时称为兹水。《元和郡县图志》于蔚州灵丘县下叙述兹水说："悬河五丈，湍激之声，响动山谷，樵枒之士，咸由此度，巨木沦湑，久乃方出。或落崖石，无不粉碎。"《元和郡县图志》这一段叙述，本是征引自《水经注》的。兹水不是一条小水，不过从发源处起就能冲漂巨木，恐怕和事实不大相符。当是李吉甫于征引郦道元著作时，以意置之。兹水发源处实是一座小山。小山能有巨木，则所流经的太行山上更应该是多有巨木的。

唐代后期，日本僧人圆仁入唐求法。撰有《入唐求法巡礼行记》一书。据其所言，曾经经过太行山，至于五台山。所行的路程是由镇州北行达到行唐县，再向西北行去。镇州治所在今河北正定县，行唐县今仍为行唐县。圆仁到行唐县再向西北行，经过龙泉，就到了五台山。今阜平县西有龙泉关，于五台山为东南方，当系其地。据圆仁所说，未到龙泉之先，已经进入山谷，"山风渐凉，青松连岭"。迄至大复岭，为最高的峰岭。"岭东溪水向东流，岭西溪水向西流"。"峰上松林，谷里树木，巨而且长，竹林麻园，不足为喻。水岩崎峻，欲接天汉，松翠碧玉，青天相映"。龙泉关在兹水和泒水（今为大沙河）之间。这里的森林当和兹水附近山上的森林相衔接。

由兹水和泒水穿太行山处东北行，越过滱水就是拒马水流域。这里于明清时为易州，州治就在今易县。明代为了供应皇室及宫廷中薪炭，曾在易州设立柴厂，经常聚集山东、山西及北直隶（即今河北省）数州民夫几千人采薪烧炭。这是见于丘濬《大学衍义补》的记载，当非虚妄。易州于清时为西陵所在地，自不会再有如此狂砍乱伐的现象，因而附近一些山上还能保存一些树木。据嘉庆重修的《大清一统志》所载，易州西北的白杨岭，就以岭上多白杨树而得名。涞水县西北的檀山，"峰峦秀丽，中多檀木"。檀山附近的紫凉山，"山深谷空，树木荫翳"。而广昌县（今涞源县）的香山，"松柏郁葱"。香山附近的登梯山，更是"上有幽林、瀑布，为一县之胜"。

这里所说的乃是滹沱河以北的太行山北半段。它的南半段似尚阙如。其实远在上古之时，即已有所记载。《诗·商颂·殷武》就曾经说过"陟彼景山，松柏丸丸"。《殷武》为殷人祀高宗的诗篇。其时商已都于洹水之南，就是现在河南安阳市。景山当在安阳市附近。安阳市西倚太行，其他方面皆平畴沃野，则此景山当系太行的一个支峰。支峰上的松柏已引人注意，更何论太行的主脉。西周初年，灭商之后，以殷纣的朝歌附近，分封邶、鄘、卫三国，淇水流贯其中。淇水源于太行山上。由淇水上溯，就可略觇太行山上的一斑。《诗·邶风·柏舟》说："泛彼柏舟，亦泛其流。"《鄘风》中也有一篇《柏舟》，说是"泛彼柏舟，在彼中河"。《卫风·竹竿》也说："淇水滺滺，桧楫松舟。"这些桧柏，固然可以采伐在邶、鄘、卫三国的平原旷野之中，也不能否认是由太行山上采伐的。

在此以后，有关太行山上的森林的文献记载是不易经常见到的。可是在北宋时沈括所撰的《梦溪笔谈》中却说得相当具体。世人书写文字，多用松墨。由于制墨用松，所以山上松树多被砍伐。沈括为此颇为感慨。他在《梦溪笔谈》的《杂志》中说："今齐鲁间松林尽矣，渐至太行、京西、江南，松山太半皆童矣。"由沈括的言辞，足证太行山上不仅多树木，而且是以松林为主的。北宋时都于开封，沈括所言当是偏于太行山的南半段。其时太行山的北端已入于辽国，就是北半段也近于敌境，大量在那里采伐松树，恐怕也是不易用力的。

古人对黄河中下游自然环境的利用及改造①

一、古代黄河中下游及其附近地区的地理情况

  从现在地图上看来，黄河中下游及其附近的地区，西起太行、崤山，东至泰山，是一片广漠无垠的平原。就是这片平原，古往今来，也经过了若干的变化。黄河本身的变化就已相当频繁，附近的地区也因此而受到相应的影响。黄河自古以来就是一条淤决不常的河流，北边的渤海湾头，南边的淮水河口，都曾经成为黄河入海的地方。传说禹曾治理过黄河，那时的黄河下游河道就和现在不同。现在的黄河是由河南武陟以下向东北流至山东北部入海的，那时却是更向东北流去，顺着太行山东麓，直到渤海湾头入海。就这一点说来，古今的情况是有很大的不同的。本文的目的是想探索一下从石器时代起直到春秋战国时代这个比较悠长的时期里黄河中下游及其附近地区的地理情况的变化，进而研究那时的人们是怎样克服自然环境的困难，怎样利用自然环境的条件，并且改造自然环境，使它更适应人们生活的要求的。

  就以黄河的改道来说，在古代就已经发现过，据一般说法，黄

---

  ① 原题为《古代黄河中下游及其附近地区的地理情况和当时人们对于自然环境的利用及改造》。油印在软麻纸上。收入本书时对题目进行了压缩。文中注释引用1961年1月《人民日报》内容，又提到其1961年所撰《中国历史上种稻地区的变迁》，可知此文当撰于1962年前后。编者注。

河的第一次改道见于文献记载的是在周定王五年，也就是公元前602年，那已是春秋时代了。这次改道是由现在河南浚县以西当时称为宿胥口的地方开始的，那里本是黄河支流漯水由黄河分出的地方，也就是说黄河在那时候全流灌入漯水了。可是黄河却并没有挟着漯水一直流去，和漯水一起在现在山东北部入海，它只和漯水合流了一段路程，在不远的地方又由漯水分出，趋向东北，在现在河北沧县附近和漳水合流，到现在天津附近入海。这里的漳水实际还是黄河的故道，因为漳水本是在现在河南、河北之间流入黄河的，黄河现已改道，所以漳水在这一段中就成主流了。

因为黄河的河道和现在不同，所以有关的河流也和现在有很大的区别。就以黄河以北的一些河流来说，就充分显示了这样的情形。漳水就是其中的一条。漳水是由太行山上流下来的。由太行山上流下的大大小小河流，还是不少，当时都是汇集到黄河里面，实际成为黄河的支流。周定王时黄河的改道，入海的地方还是在渤海湾头，太行山上流下的各条河流仍然是黄河的支流，只不过是它们的河道各延长了一段，和黄河汇合的地方略有变迁而已。问题比较多一点的，是在黄河以南的地区。黄河以南，古今的最大区别处是济水的存在和湮没的问题。在古代济水是一条径流宽广的河流，是与黄河、淮水和长江并称为四渎的。这条济水现在是早就不存在了，它的故道据说发源于河南北部济源县，东南流到现在的温县、荥阳之间过了黄河。黄河以南的故道大致说来就是现在河南中部以东一直到山东境内的黄河河道。这条济水虽是四渎之一，有它自己的源头，实际黄河南北两部分不应该当作一条水道，所以如此乃是古代人们的一种不恰当的解释，至于黄河以南的一段，本来就是由黄河分流出来的一条河流，独流入海。既然是由黄河分流出来的，所以就不能和黄河脱离关系。黄河是以善淤善决著称，后来终于就夺淮入海，济水的河道大部分也就成了黄河的河道。虽然如此，现在还保留了若干与济水有关的地名，如山东省的济宁、济南等，正说明了济水故道的痕迹。

然而变迁最为剧烈的还要数济水以南原来流入淮水的许多河道。由现在的地图上看来，这里还有许多河道，作由西北向东南的流向流入淮水。不必以古代的情形相比较，就以《水经注》所记载的相对照，其间的差别已经是很大的。一些较小的河道到现在就是名称也失传了，更不必说原来河道流经的地方。当然还有一些较大的河道现在依然存在，不过和古代的情形也已经有了很大的不同。睢水就是一个例子。现在的睢水所流经的地区不出安徽省境，其上源可以溯到砀山县。但在古代却不是如此。至迟在春秋时代睢水已经见于记载，它的上游直到了宋国的腹地。当时有一个次睢之社①，顾名思义，当与睢水有关。说者谓它在今安徽萧县附近②，和现在的睢水还相仿佛。春秋的记载还提到了睢濊③，这指睢水的河滨而言，按记载所说的地方应该在商丘附近。这就可以理解商丘在后来一段较长时期中称作睢阳的缘故。为什么有这些变化？最主要的原因还是由于黄河的决口泛滥。上面已指出，渤海湾头和淮河河口都曾经成为黄河入海的地方。黄河北流由渤海湾头入海，自然影响到太行山东的各河流。黄河若是南流夺淮入海，则淮水以北的各河流也必然受到影响。事实上淮水北岸各支流的变化都是由于黄河历次决口泛滥造成的结果。

河流水道径流的改变当然会影响到有关地区居人的生活，不过古代的地理情况和现在差别的还不仅只此而已。对于古代黄河中下游及其附近地区的居人的影响最大的，要算当地的若干大大小小的湖泊沼泽。从现在地图看来，太行、崤山之东，泰山之西，广漠的平原之中只有若干条河流，并无若何的湖泊沼泽，但在古代却不是

---

① 《左传》僖公十九年。
② 杨守敬：《春秋列国图》。
③ 《左传》成公十五年。

如此。据出于战国时代人们之手的《尚书·禹贡篇》和《周礼·职方篇》的记载，这个地区当时是有若干大湖的。在现在河南省中部和东部有荥泽、圃田和孟诸三个，在现在山东南部的有大野、雷夏和菏泽三个，而在现在河北中部的还有一个大陆泽。这些湖泊现在都早已湮塞了，不过由大陆泽的遗迹看来，还可使人仿佛想到古代的梗概。现在河北巨鹿附近比较低凹，常有积水，三四十年前的旧地图中在那里标有一块乳白色的湖泊标志，称作宁晋泊，那应该是古代大陆泽的遗迹，经过数千年的变化还有若干遗迹可循，足证原来湖的面积是十分广大的。

当然这里所说的还不过是几个最大的湖泊，若干较小的湖泊自然都没有提及。春秋时代各国往来日渐频繁，《左传》的记载亦应较为细致，字里行间也有涉及各处地理的情况。据其所记，则晋国的太行山东除大陆泽而外，另有一个鸡泽①，郑国陆荥泽、圃田（即原圃）而外，还有柯泽、狼渊、修泽、棘泽、洧渊、萑苻之泽②，卫国又有荥泽、阿泽、澶渊、豚泽③，宋国也有蒙泽、汋陂、逢泽、空泽，地处较南的许国还有一个展陂④，见于《战国策》的，也还有魏国的沙海和韩国的浊泽⑤，仅就这两书的记载看来，这一地区湖泊沼泽已有二十余处了。《左传》和《战国策》都不是专记地理的书，这些湖泊名称只是由于有关的事情而留传下来，算不得当时的全貌。如果由以后的材料来观察，也许更能够看到这个地区原来的面目。地理书中以郦道元的《水经注》记载的古代水道最为详尽，值得一提。郦氏在《水经·河水注》中所记的湖泊在今河南、山东两省之

---

① 《左传》襄公三年。
② 依次见《左传》僖公二十一年、文公九年、成公十年、襄公二十四年、昭公十九年及二十年。
③ 依次见《左传》闵公二年、襄公十四年及二十年、定公六年及八年。
④ 《左传》成公四年。
⑤ 分别见《战国策·周策》及《魏策》。

间以及河北省中部的只有澶渊、沙丘堰、大陆泽和柯泽几处，另外虽然还有几处，已近于海滨，可以置之不论了。《河水注》中所提到的是不算很多，这是有原因的。黄河附近经常溢淤，可能原有的湖泊早已湮没无闻，以郦氏的博雅，也无从加以记述。再则黄河南岸紧邻济水，而北岸距清水、浊漳也不很远，有若干湖泊郦氏当已叙入有关水流部分。即以济水流域而论，在今河南省境内的就有李陂等十一处，在今山东省境内的也有巨野泽等六处。巨野泽不仅是一个大湖，它的附近还分布着若干小泊，如雷泽和茂都淀就是分列在它的西方和东岸。在太行山东南，除传说的济水上游而外，还有由太行山上流来的沁水和发源于当地的清水，而清水也就是现在卫河的上源。沁水下游附近的湖泊有白马湖等三处，清水左近也有吴泽等四处。自清水往北，在太行山麓或其以西东流的水流有淇水、洹水、漳水等，每一河流附近也都有若干湖泊，淇水流域有白祀陂等六处，洹水流域有鸬鹚陂等二处，漳水流域也有广博池等八处。淇水和洹水流域的湖泊大部是在今河南省境内，间有在今河北省境内的，至漳水流域的湖泊则完全在今河北省境内。不过总的说起，黄河以北的湖泊是不如以南为多。黄河南岸紧接济水，济水再南则是鸿沟系统诸水，这是指浪荡渠、阴沟水、获水和睢水等而言。浪荡渠的附近湖泊最多，计有荥泽等二十二处，获水附近有蒙泽等七处，睢水附近也有白羊陂等七处，阴沟水比较短促，却也还有二处。鸿沟系统诸水间的湖泊主要在今河南省境内，其余也有分布到安徽省境内的。鸿沟诸水以南的大水当数颍水与汝水。颍水流域主要在今河南境内，而下游及于安徽。在它的河南省一段的流域中就有钧台陂等六处湖泊，而在安徽省境内也有泽渚等四处。汝水流域全在今河南省境内，它附近的湖泊也较多，计有广成泽等三十处。在今河南省中部还有一些较小的河流，如入颍的洧水、溱水和隐水，入汝的灈水和瀙水，它们流域虽不甚广大，却也有若干湖泊，甚至像洧水和溱水就各有五处。这样分布着湖泊的地区，直到淮水沿岸。淮水以南的湖泊为数更多，但已不在本文的范围之内。即以淮水以北来说，为数亦复不少。河南省东南部的鸿郤陂就是当地有名的湖泊之一，较小的也还有十余处。① 由这些具体的湖泊名称和数字看来，在黄河流域和它的附近地区，古代的情形是和现代有很大的不同。在这些地区中间，当于现在河南省的中部和东部以及山东省的西南，湖泊尤其稠密，如果把这些地方称为古代的湖泊区域，想来也不至于算是十分过分。

由于当地湖泊沼泽的众多，使人们可以联想到和这有关的平原地带究竟是怎样的情况。直到现代，这个平原依然是广漠无垠，当然也还有若干丘陵高阜点缀其间。可以设想，现代的情况应该是数千年来黄河累次溢决改道之后，泥沙冲积的结果。由此推想古代，这里当不至如现代的平坦，湖泊沼泽所在已是低洼之地自不必说起，湖泊沼泽以外的地方在黄河溢决改道尚不甚频繁之时，丘陵想必在所不少。近年胡厚宣同志撰《卜辞地名与古人居丘说》，认为古代地名往往用丘、京、虚、陵的名称，和卜辞地名的作山、泉、麓、鹿、京、阜、丘、土、单者相合，而推论古人所居多在高地。所言与当时的自然环境甚相吻合。胡氏援引的例证甚夥，不必再为费辞。然由商代下推，直至春秋，这种情形尚历历在目，可以复按。春秋时代各国地名称丘者都凡数十，具见《春秋经》及《左氏传》，今并列于下：

鲁国：中丘、祝丘、咸丘、乘丘、梁丘、戾丘、巢丘、丘犹、泉丘、清丘之社、丘舆。

齐国：营丘、蔡丘、贝丘、牡丘、郱丘、丘舆、勾渎之丘、重丘、廪丘、渠丘、丰丘、犁丘。

晋国：邢丘、茗丘、瓠丘、英丘。

郑国：桐丘、丘舆、顷丘。

---

① 关于这些河流附近的湖泊名称以及数字，参《水经注》有关各篇的记载。

卫国：楚丘、帝丘、犬丘、桃丘、清丘、丘宫、平丘。

楚国：涉丘、宗丘、丘皇。

宋国：商丘、谷丘、梁丘、葵丘、长丘、幽丘、犬丘、赭丘、老丘、雍丘。

陈国：宛丘、壶丘。

曹国：陶丘、楚丘、重丘、黍丘、揖丘。

邾国：虚丘、间丘、於余丘。

莒国：渠丘。

春秋时代称陵的地名也不少，也并列于下：

齐国：穆陵、艾陵。

郑国：大陵、鄢陵、函陵、柯陵、阳陵、鱼陵。

卫国：马陵。

楚国：召陵。

宋国：汋陵。

陈国：辰陵。①

这些为数繁多的称丘称陵的地名大可给予人们一点消息。因为这些地方主要是在鲁、齐、郑、卫、宋、陈、曹、楚诸国。这些国家正都是湖泊沼泽稠密的地区。上面虽没有提到泰山东北的齐国，然齐国实际和泰山西南诸国有相似的地方。那里是济水的下游，淄水、时水贯穿其中，所以也是有若干湖泊的。这里还应该指出的是晋国的以丘为名的四个地方。晋国的邢丘是在现在河南的温县，正是在传说中济水上源的地区。瓠丘据杜预的注释是在河东东垣县东南，杜预时的东垣县就是现在山西垣曲县。垣曲县与河南济源县隔省相邻，既说是东垣的东南，应该是靠近济源而在平原的地区。苕丘和英丘杜氏无说。然苕丘之见于《春秋经》是由于晋人执鲁行人季孙行父而将他安置在这里的缘故，想来是会在晋国的东南方的。

---

① 这些地名的现代所在地方参见杨守敬《春秋列国图》。

英丘之见于《左氏传》是由于它曾为齐国所夺取的缘故，这样说来，它也是会在晋国的东南方向邻近于齐国的边境的。晋国在文公之时及其以后，逐渐向东南发展，达到了南阳及东阳，也就是说越过了太行山而达到了它的东南和以东的地方。如果没有其他的反证，则晋国以丘为名的四处地方也应该是在平原多湖泊的地区。以丘为名的地方既然没有例外的都在太行山以东，也就可以说明所以用丘作为地名，正是由于当地河流纵横，湖泊众多，地势卑下，而在这样卑下的平原中，分布着若干较高的丘陵，人们就利用它们作活动的场所。在上文所举出的春秋时代以陵为名的，也是以齐、宋、郑、卫、陈、楚诸国为多，恰是同样的例证。《春秋经》和《左传》中还有些地名，是以阜、墟、州、台、陉、陂等为名，也是绝大部分在上述这些封国之内，一样可以作为丘和陵的含义的佐证。当然春秋时代人们活动的范围是比以前更为广大了，陆陆续续兴建了不少的城市，许多城市仍都建立在丘陵之上，并且用原来的丘的名称作为城名，像鲁国的中丘、祝丘都是这样的建筑。丘不仅较高，而且近水。《说文》以四方高中央下为丘，正是指出丘虽高于平地，但仍须在四边加筑堤防，以防水患。前面已经指出，在这些湖泊地区之中，当于现在河南中部和东部以及山东西南部一带尤其突出显著，由《春秋》经传的以丘和以陵的地名的多寡，也可以看出同样的情形。上面所举的地名像宋、曹、郑、卫诸小国都不能算少，因为这几个封国疆土本来很小，不能和其他大国作一样的比例，像曹那样的小国，就有以丘为名的地名六处，应该是很多的了。那里本来就是在巨野、菏泽、雷泽几个大的湖泊附近，以丘为名的地方的众多是可以理解的。

由远古到春秋时代历时已相当悠久，各种情况是会有若干变化的。就以以丘和以陵为名的地方而论，有些看来和水流的关系已经似乎不甚显著了，这也应该是一些变化的结果。《禹贡》兖州章中有这样一段话，说是："九河既道，雷夏既泽。……桑土既蚕，是降丘宅土。"暂时不必说起九河是怎样导法，雷夏如何既泽，就以降丘宅土一句来说，它正说明了当时人们活动的范围不断在扩大，人们不断克服自然环境的困难，利用自然地理的形势，不必再像以前那样高高地蹲在丘陵之上。他们逐渐走下丘陵，在较低的平原再次显示克服自然、利用自然的身手。

《禹贡篇》是以九州的情形分别叙述的，而在兖州章中特别叙述了降丘宅土是有一定的意义的。根据《禹贡》的说法，兖州是在黄河和济水之间，也就是在河南省的东北部和山东省的北部，这里也正如上文所说的是一个湖泊区域，当时人们为了在这样地方安居下来是付出了相当的精力的。

从上面一系列的证明，太行、崤山和泰山之间的一片平原是和现在有所不同，湖泊的繁多成了突出的现象。当然这对于其他自然条件也是会有影响的。气候的变化就是例子。到处是湖泊沼泽，水面广阔了，自然使人们感到潮湿。近年学人论到这样的问题，通常总是征引《左传》所载的两个例证，而这两个例证也正可以说明当时黄河流域的潮湿程度。其一是成公六年晋国对于迁都问题的讨论。晋国本来是都于绛的，他们打算迁都，有人就主张最好是迁到郇瑕氏的故地，因为那里沃饶而近盐。但是韩献子提出了不同的意见，说是那里土薄水浅，容易使人有沉溺重腿的毛病。另一个例子是昭公三年齐景公替晏子建筑住宅的经过。据说齐景公因为晏子的住宅湫溢，想在爽垲的地方另造新宅。这两个例证一在晋国，一在齐国，都是黄河流域。黄河流域现在看起来是比较干燥的，春秋时代人们却感到潮湿，显然和现在不同，但是一些学者们却由此而得出了推论，说是古代黄河流域的气候和现代差别很大，甚至说那时的黄河流域温暖湿润，和现代长江流域差不多，并且推论出来古代黄河流域文化所以发达是与这样温暖湿润的气候有关。根据这样的推论当然也可以说，现代黄河流域的气候不是那样温暖湿润，文化也就不是那样发达的了。① 这个问题牵涉稍广，有暇再专文论述。不过在这里也还可以略提一点。

在长达几千年的过程中，气候可能有所变异，事实上雨旸的失时或调和在历史记载中是不乏例证的，不过若是要说古今气候的差异，影响到文化的发展和落后，那是不符合事实的说法。在封建社会里黄河流域在后来是显得不如以前了，这是封建统治阶级长期摧残的结果，和气候的变化了无关系。如果说古代黄河流域文化的发达由于当时当地的气候温暖湿润和现代长江流域相仿佛，那么就可以得出这样的结论：在黄河流域的气候没有进一步转暖再像现代长江流域那样的时候，文化的发展实际成为比较困难，甚至成为不可能的事情。建国十多年来，黄河流域的建设，文化的发展，其成就的卓著，已经超越过以前的任何时代，有谁能够说这是黄河流域的气候已经转暖的结果？如果没有党和政府的领导，这样的发展才是实际成为不可能的，可见文化的落后和发展与气候的古今差异是没有关系的。这种认为古今气候的差异，决定文化的面貌，是要人们放弃主观的努力，静待自然的变化，而自然的变化又是难以期望的事情，这样的说法即令立论充实，也是对当前的建设事业浇泼冷水，何况他的论据还有若干可以商榷的地方。

持古代黄河流域的气候有如现代长江流域的人们是这样立论的：他们认为当时黄河流域种稻甚多，蚕桑亦盛，而茅竹猗猗，又为人民资用之所取需，可是现在黄河流域的稻桑甚少，茅竹亦稀，这是当地气候转冷的象征。北方种稻在近代看来，诚然是较之古代大为减少，但这种减少的原因与气候的变化并无若何关系。这一点我在《中国历史上种稻地区的变迁》一文中已有详细的论证，这里不再赘

---

① 蒙文通：《中国古代北方气候考略》，转载于缪凤林《中国通史纲要》第一册，南京钟山书局，1932年；又蒙文通：《中国古代河域气候有如今江域气候说》，《禹贡半月刊》第一卷第二期。

述。近年党和政府不断在北方推广种稻，各地农民努力经营，稻的种植不仅见于黄河流域，而且西北及于天山之下，抑更遍布于黑龙江各地，这样怎能说是近代的黄河流域较前为寒冷？近代北方蚕桑的减少也同于种稻，与气候的变化无关。当北方种桑养蚕最为盛行的时期，人们说在祁连山下的河西走廊是没有这样的习俗的。① 可是解放以后新疆的于阗经过党和政府的支持和培养，已成为西北著名的盛产丝织品的城市。而东北黑龙江省经过近三年来的连续试验，蚕桑已告丰收②，难道说新疆和黑龙江因为能够养蚕种稻，它的气候就已和长江流域相同了？至于黄河流域的产竹，说者多引《诗三百篇》中《卫风》涉及淇水之竹诸篇作证，《卫风》曾提到当地产竹，固系事实。但太行山东南一带直到现在竹的种植却也未曾绝迹，司马迁在《史记·货殖列传》中还特别提到渭川的竹林，这也是黄河流域的地区。现在看来，渭川竹林也一样没有绝迹，而且在西安市中还特有竹笆市为名的街道。这就不能说是黄河流域已经无竹，因而推论当地的气候已较古代为寒冷了。

论证古代较为温暖湿润的人们还曾经提出了当时黄河流域有过广大森林的事实，这是不错的。甲骨文中许多林、麓的刻辞即证明了当时森林的情况。到战国时代，孟子还特别提出了："当尧之时，天下犹未平，洪水横流，泛滥于天下，草木畅茂，禽兽繁殖。"③ 这段话正说明古代一般的情形，不过孟子是把它当作尧的时代的特征提出而已。出之于战国时代的《禹贡》也曾经指出河济之间的兖州的厥木惟条，就是说当地的森林十分繁密。战国时代当于现在河北省中部有地名巨鹿，为赵国的要地④，后来秦汉相继以巨鹿为郡。所

---

① 《太平御览》卷六百九十五《章服部一二·袴褶》引晋喻归《西河记》。
② 《黑龙江养蚕成功》，《人民日报》1961 年 1 月 4 日。
③ 《孟子·滕文公上》。
④ 《战国策·赵策一》。

以称为巨鹿，就是因为当地有广大的森林的缘故。① 这只是几个突出的地区，其实古代森林之多，面积之广，应当不仅这些而已。根据古代一些记载可以知道，那时候山林泽薮，都设有专官征赋，与农牧相提并论，森林之多显然可见。

但是古代黄河流域森林地区后来逐渐缩小和消失，这是一个值得注意的问题。前面曾经征引过孟子的言辞，说是古代的草木畅茂，其实孟子接着就说明了畅茂的草木如何为人们铲除。他指出，由于"草木畅茂，禽兽繁殖"，因之"五谷不登，禽兽偪人"，尧举舜治国，"舜使益掌火，益烈山泽而焚之"。古代帝王名号尚有称烈山氏的，想来也是和孟子的话有同样的含义的。这虽然是远古的传说，也反映了一定真实情况。就是根据文字的记载，这样的事情也并不是完全稀有的。商代诸王往往好田猎，焚田驱兽成为田猎的要务。焚田据说是焚草②，但所欲猎的兽类也常潜藏森林之中，所以焚田也就难免焚及山林。《韩非子》书中就明白地说："焚林而田，偷取多兽。"③ 和孟子所说的如出一辙。一直到后来在西汉时成书的《淮南子》，也还在那里指责焚林而猎的人们。④

古代人口不多，农业还有待于发展，农田和林地还没有什么矛盾。到了后来这样的情况已经逐渐在变化。这里不妨先举较南方一些例子作为说明，楚人的南迁曾经"筚路蓝缕，以启山林"。黄河流域这样的记载虽还不很多，但像春秋时代的伊洛之间和虢、郐等地，都还不是十分偏僻的地方，当陆浑之戎东来的时候，还要剪除荆棘⑤；郑国始迁的时候，同样要斩之蓬蒿藜藋。⑥ 这些虽还不能说就

---

① 《汉书》卷二十八上《地理志》注引应劭说。
② 胡厚宣：《甲骨学商史论丛初集·殷代焚田说》。
③ 《韩非子·难一》。
④ 《淮南子·本经训》。
⑤ 《左传》襄公十四年。
⑥ 《左传》昭公十六年。

是森林，但由于当时黄河流域仍有相当数目的森林，在人口逐渐增多的时候，自会开辟林地成为农田的。这种林地和农田的更迭说明了这些地区更适宜农业的发展，它是人们和自然斗争的结果。

当然，古代森林的破坏也不仅就是这样的原因，其他滥伐滥垦的情形也是有的。这样说来，黄河流域森林的消失并不能说明当地气候已经变为寒冷的道理，现在黄河流域若干地区是还有残余森林的存在的，不过面积已经十分狭小，不能和古代相比拟。如果说现代黄河流域已经转寒，则对于这样情形将如何解释？就在现在这样气候之中，党和政府正在号召人民大量造林，而且卓有成效，看来从气候方面的解释是不能说明古今差异的原因的。

其实森林消失正是黄河流域水道和湖泊变迁的原因，由于森林的滥被采伐和焚毁，植被破坏，水土也就难于保持。到了冲刷日甚的地步，河流和湖泊自然受到影响，也就有了改道和湮淤的情形。就在那个时候，人们也是会感到这一点的。春秋时代洛邑（今河南洛阳）附近谷、洛两水斗，几乎要把周王宫室都要冲毁，周王的太子姬晋提出防治的办法，说是要注意到不堕山、不崇薮、不防川、不窦泽。① 后边两点是治，前边两点是防，堕山也就崇泽。洛邑是东周的都城，人口比较稠密，当地森林自然会遭受到砍伐破坏，山地表土受到冲蚀，因此发生了谷、洛二水的水灾，也起了堕山的作用，泥沙顺流而下，自然会使泽薮淤高，难以积着很多的水流。姬晋的意见虽仅指洛邑一地，但古代若干泊泽逐渐淤平，这未始不是其中的一个原因。

人们在论证古代的气候时也曾涉及黄河流域一些兽类的问题。那时的黄河流域曾经有过象、貘、犀牛等兽类，有的见于文字的记载，有的见于考古的发掘。这些兽类在现在黄河流域早已绝迹。人们因此认为这是今日黄河流域气候转寒的证据。如果认为这些兽类

---

① 《国语·周语下》。

的绝迹是由于气候的寒冷，可是现在的长江流域也是没有它们的踪迹的。现在这样的兽类是生活于印度、锡兰等热带的地方。这样说来，古代黄河流域的气候不是应该像现在长江流域，而是应该像印度和锡兰了。古代黄河流域怎样有这样的兽类，又是怎样绝迹的，还是一个问题。但由此而证明古代黄河流域的气候有如现在长江流域却是不恰当的。

黄河流域古今的差异还表现在土壤的方面，这本是很显明的事情，因为黄河的不断泛滥和改道，水流所及的地区都冲积了许多新的泥土。黄河的泛滥冲积的确曾经使有关地区改变了其本来的面目。上面所提到的许多湖泊沼泽都已湮为平地，就是具体的明证。它们的遗址有的已与其旁的陆地无异，甚至使当地之人亦不敢相信。清初山东寿张修志竟说梁山泊仅可十里，其虚言八百里，不过是小说家的惑人手段。① 其实不仅湖泊淤为平地，若干城池也都因之而深埋地下。据宋代记载，现在河北省的巨鹿县在当时迁徙县城一次，就是因为黄河决口陷没的缘故。② 这座城池近年曾经发现，但原址距现在地面已经二丈有余了。③ 由此可知，由古代迄今，在黄河中下游河水泛滥所经过的地方，冲积的泥沙都已经有程度不等的厚度。当然古代人们所能利用的土壤和现在已不相同了。

古代的人们对于土壤是相当的注意的，先秦一些著作，如《管子》及《吕氏春秋》都有关于土壤的记载。《管子·地员篇》曾详论九州土壤之宜，条列等第，作一般的论述。《吕氏春秋》的《任地》和《辩土》诸篇还具体讲到使用土壤和改良土壤等方面。其他各种古籍之中也不乏零星提到土壤的地方。但是最重要的著作还应该推到《尚书·禹贡》篇。这篇书虽不是专门论述土壤的著作，但

---

① 《日知录》卷十二《河渠》。
② 《宋史》卷九十三《河渠志三》。
③ 梁启超：《中国历史研究法》。

在所述的九州之中都提到当地的土壤。《禹贡》以全国为九州，每州的幅员都是相当广阔的，它的土壤也应该是复杂的，不过《禹贡》是针对了各州土壤的特点作了中肯扼要的记载，在现在看来，它的记载是符合于实际情况的。《禹贡》各州后来都各有程度不等的变化，不过有的差别还不很大，如雍州原是黄壤，这与现在还是一样的。雍州是现在陕西及其以西的一些地方，直到现在这里还是黄土地带，正是《禹贡》所说的黄壤。又如荆、扬两州是现在的长江中下游各省，这里的土壤当时是称为涂泥，现在也是一片水田，古今情况差相仿佛。雍州和荆、扬两州如此，其他各地也应该有一定程度的确切。黄河中下游及其附近地区于《禹贡》是属于兖州、冀州和豫州，根据《禹贡》所指的土壤，豫州是壤和坟垆，冀州是白壤，兖州是黑坟。据《禹贡》作者的评价，这些土壤于全国只算中等，三州之中，豫州最好，冀州次之，兖州又次之。关于这些地方土壤的性质和它的富庶能力，在拙作《春秋战国时代农工业的发展及其地区的分布》一文中曾有过解释，这里不再赘述，不过还应该指出，《禹贡》是战国时代的作品，它所说的只能代表当时人们的看法，还应该再向以前追溯。这几州土壤的变化可能是较大的，因为它容易受到黄河泛滥的影响，尤其是兖州更应该是如此。西汉末年有关并其人者论治理黄河事宜，曾经说过，平原、东郡左右，地形下，土疏恶。并且说，闻禹治河时，本空此地，以为水猥，盛则放溢，少稍自索。[①] 汉朝的平原郡在今山东省北部，东郡在今河南省北部，正是《禹贡》所说的兖州地区之内。这里地形低下倒是事实，从禹以来就是土质疏恶，这种说法却是以前没有人提过的。其实地形低下，土壤不一定就是疏恶。关并的主张是要以此地作为放溢的区域，所以就作如此说法。在关并稍早的一些时候，还有一位贾让也论治理黄河的事宜，他征引了战国时代赵、魏两国和齐国互相在黄河两岸

---

① 《汉书》卷二十九《沟洫志》。

作堤防的故事，指出当时三国的堤防距水流都有二十五里，洪水冲积之后，堤内土地填淤肥美，很适宜于耕种。① 这话是有一定的道理的。后来的人们还总结了在一定季节之中放淤的好处，按时推行。②古时的人们也许无此经验。但水淹过的土壤不一定就变坏了，也应该是事实。这样说来，在战国时代以前，黄河中下游两岸地区的土壤大致应如《禹贡》所说的，不会相差很远。近年胡厚宣同志撰《卜辞中所见的殷代农业》一文，曾指出殷代的重要农产品为黍、稻、麦、秠（小米）四种，而黍与稻为最普通的农产物。他又具体指出殷代的农业区域。他所说的农业区域比较宽泛，实际所论证的有关地名，大半是在河济之间及其附近地方，也就是大致当于《禹贡》所说的兖州区域。这里既是宜农地区，可见当地土壤很早以来就是相当肥沃的。兖州如此，冀、豫两州也应该是相仿佛的。正是由这里的土壤肥沃，古代的人们又善于利用，农业不断有显著的进步，因而更促进当地文化的发展。

二、古代人们对于自然环境的利用和改造

由上面的论述，可以想见古代黄河中下游及其附近地区的地理条件是和现在有所不同。古代的人们是怎样适应当时的环境，又是怎样克服自然和利用自然？这是应该注意的问题。

不论根据古代传说的记载，还是现代考古的发掘，都可以证明人们居住在黄河中下游及其附近的地区也正和在全国其他各地一样，

---

① 《汉书》卷二十九《沟洫志》。
② 《宋史》卷九十一《河渠志一》。

是有悠久的历史的。从石器时代起人们就已经善于利用自然环境，在这里经营了许多的居住点。关于这种情形，在拙著《石器时代人们的居地及其聚落分布》一文已经有所论列，这里无须再事赘述。不过还应该指出，当时人们的生活虽然还是简陋，但是他们对于居住点的选择，却都费了一番心机。尽管地址不同，可是选择的条件却非常相似，他们注意到居住点应该与他们从事的生产工作相适应，他们也注意到彼此往来交通的便利。他们尤其特别注意到对于水源的利用，因此许多居住点都是靠近河流或湖泊，除非对于水源的问题有所解决，是不会距离过远的。古代黄河中下游及其附近的地区既是河流纵横、湖泊罗列，人们的居住点是容易利用水源的，石器时代聚落遗址的分布绝大部分都是在河流两岸或者是湖泊旁边就可以作为证明。水固然对人们的生活是不可缺少的东西，但往往也会使人们的生活受到困难甚至成为不可能的事情，河流泛流和湖泊溢涨就都会使人们遭遇到危险。黄河中下游及其附近地区的西部多仰韶文化遗址，东部多龙山文化遗址，不论其为仰韶文化遗址或龙山文化遗址，当时人们的居住地方多位于河谷台地或山麓附近，以及台形高阜之上，就是藉以避免水患。前面说过，这个地区在古代曾有过若干以丘、京、虚、陵等为名以及其他含意相似的地名，看起来它们的来源应该是很早的，也许可以上溯到石器时代。虽然那时还无文字的记载可以作为证明，按道理说，这是可能的。也就是说古代人们这样选择居住地方的规律并不因石器时代的结束而有所改变。

　　石器时代的人们是否在一个居住点长期居住下去，目前似乎还无可靠的材料足资证明，若干遗址曾经发现过墓葬，以墓葬的规模和人骨架的数目看来，最多也不过是几位而已。另外在一些遗址中发现的陶片数目之多竟达到了数万片，由遗址的大小和可能居住人数的多少来推断，这数万陶片的积累也的确需要相当长的时间，从而也足以说明古代人们在当地居住时期似乎比较悠久，但这样的悠久也是有一定的限度的。据说河南安阳后岗石器时代遗址的发掘，一地而有三种不同文化层，最上为小屯文化，中间为龙山文化，仰韶文化乃在下层，其他遗址中也往往有不同的文化层次上下相叠，虽同在一处，而迥然各异。足证明在同一地点曾经有使用不同器物的人们先后居住过。因为上下的层次井然不乱，当不至是后一部落驱逐前一部落而据有其地，可能是前一部落离去若干年后，后一部落始来居住的，他们为什么迁徙？已无从得知，但迁徙总是事实。考古发掘以外，古代的传说也有很多同样的事例。那时的帝王名号既多且杂，而所居的地方不尽相同，他们的迁徙好像都是频繁的。

就是夏商代也是不常厥居，累次迁徙都邑的，夏朝诸王居地大致是徘徊于崤山东西和其附近的黄河南北。其中也曾经不止一次迁到山东的平原，如帝相先居于帝丘①，后居于斟灌②，帝丘在今河南濮阳，斟灌在今山东旧观城，皆已在这平原的中部。又如帝宁曾居于老丘③，也在今河南旧陈留县。以夏与商相较，商代诸王的居地率皆在太行崤山以东。商代自其先王至于亡国迁都既极频繁，而后世史家解释又不一其说，转使问题趋于复杂。其说大致有如下述：

商　　契所居地。有的说在汉之濮阳④，即今河南濮阳；有的说在晋的睢阳⑤，即今河南商丘。

蕃　　亦契所居地。有的说在峦都城⑥，今陕西旧华县；有的说在

---

① 《左传》僖公三十一年。《太平御览》卷八十二引《竹书纪年》说，后相居商丘。然居商丘者乃商王相土，非夏后相，《左传》襄公九年。

② 《水经·巨洋水注》引薛瓒《汉书集注》说："汲郡古文，相居斟灌，东郡观是也。"汉观县今为山东旧观城县，《左传·襄公四年》杜注：乐安寿光县东南有灌亭，即今山东寿光县地。这和他所释的斟寻在北海平寿相近，斟寻如《汉书·地理志》注引臣瓒所说，在河南。则斟灌当也不在山东东部。

③ 《太平御览》卷八十二引《竹书纪年》。

④ 《水经注》。

⑤ 《左传》襄公九年《正义》引杜预《释例》。

⑥ 《水经注》卷十九《渭水》。

汉的蕃县①，今山东滕县；有的说在战国的番吾②，今河北平山。

砥石　昭明所居。说者谓在今河北旧降平、柏乡、宁晋诸县间③。

商丘　相土所居。当与商丘为一地。

相土之东都　有的说在泰山之下④。有的说就是商丘⑤。

上司马　太甲所居。在邺西南，邺今属河北磁县境，或说在汤阴⑥。

亳　汤居所。其说颇杂，有的说在汉山阳郡薄县⑦，今山东曹县境；有的说在东汉的谷熟县⑧，今河南商丘县南；有的说在西汉的偃师县⑨，今河南偃师；有的说在关中，约当西汉的杜县⑩，在今陕西北长安县；有的则说在现在的内黄县⑪。

嚣　（或作隞）仲丁所居。有的说为敖山⑫，在今河南荥阳县；有的说在陈留浚仪⑬，在今河南开封县。

---

① 王国维：《观堂集林》十二《说自契至于成汤八迁》。
② 丁山：《由三代都邑论其民族文化》，刊《历史语言研究所集刊》第五本第一分。
③ 前引丁山文。
④ 前引王国维书。
⑤ 岑仲勉：《黄河变迁史》。
⑥ 《太平御览》卷一五五引《帝王世纪》及《路史·国名纪》。
⑦ 《尚书正义》引《汉书音义》臣瓒说（按臣瓒说见《汉书·地理志》注），《史记·货殖列传》集解引徐广说，王国维《观堂集林》十二《说亳》。
⑧ 《尚书正义》引《帝王世纪》，《史记·殷本纪》正义引《括地志》，《元和郡县图志》七谷熟县条。
⑨ 《尚书正义》引郑玄及皇甫谧说。
⑩ 《史记》卷十五《六国表》，及集解引徐广说。
⑪ 岑仲勉：《黄河变迁史》。
⑫ 《水经注》卷七《济水》。
⑬ 《尚书正义》引李颙说。

相　河亶甲所居。有的说在唐相州内黄县①，即今河南内黄县；有的说在唐的相州②，即今河南安阳县；有的说在唐宿州符离县③，在今安徽宿县。

耿　祖乙所居。据说是在晋河东郡皮氏县④，在今山西稷山县的旧河津城。

邢　祖乙所居。有的说在唐邢州⑤，为今河北邢台县；有的以为邢的邢丘⑥，在今河南温县，有的则以为在温县西北的清化镇⑦。

庇　祖乙所居。据说是春秋时代的黄⑧，在今山东金乡县的旧鱼台县城。

奄　南庚所居。奄即春秋的鲁国，在今山东曲阜县。

殷　盘庚所居。在今河南安阳。

自盘庚以后再无迁都的事情，这不仅见于古本《竹书纪年》的记载⑨，而且当前的考古发掘也可以作为证明。一些古籍中虽也还提到盘庚以后迁都的事实⑩，自可置之不论了。

从上面一些还没有得出一致结论的商代都邑名称中可以看出：商代都邑虽一再迁徙，都没有越出太行、崤山和泰山之间的平原以外。固然在上面所列的地名中，契所居的蕃、汤所居的亳和祖乙所居耿，有人解释是在崤山以西的。这些解释与实际情况不相符合。

---

① 《史记·殷本纪》正义引《括地志》。
② 《通典》卷一百七十八《相州》。
③ 《元和郡县图志》卷九宿州符离县条。
④ 《尚书正义》引皇甫谧说。
⑤ 见《通典》卷一七八邢州条。
⑥ 王国维：《观堂集林》十二《说耿》。
⑦ 陈梦家：《殷墟卜辞综述》第八章《方国地理》。
⑧ 丁山前引文。
⑨ 《史记·殷本纪》正义引。
⑩ 见《史记·殷本纪》《周本纪》及《三代世表》，《国语·楚语》，《水经·淇水注》。

《史记·六国表》中虽涉及到亳，但与同书《货殖列传》所说迥然不同，显然自乱其例。后来的注者也依违其间，难成定论。祖乙所居的耿，《史记·殷本纪》作邢，二说已自不同，而河东耿乡乃春秋初年为晋所灭的耿国故地，与商王并无牵连，此说也难成立。商代各帝都邑既都在黄河中下游及其附近地区，则契所居的蕃也不应孤处渭水下游。当与其他都邑一样，应在崤山以东的平原求之。

商代诸王为什么这样频繁地迁徙都邑？人们也曾经作过各种解释，胡渭在他所著的《禹贡锥指》中阐述过这一问题，他说："殷人屡迁，大抵为河圮。"商代不见黄河有大规模改道事，这里所说的河当然是指传说中禹所治的河了。禹河的故道据说是由位于现在河南浚县的大伾山下，向北引去，过降水以至于大陆。① 降水据说即漳水，黄河北流合漳水，再北入于大陆泽。这是汉代人们的说法。据说汉代邺县以东还有一条故大河②，也就是禹河的故道。邺县在今河北省最南部，隶于磁县境，与河南安阳县相毗邻。现在不妨看看上面所举的商代都邑或疑似的地名究竟有多少是在这条河道的两旁。在这许多地名之中只有上司马、殷、亳（指在偃师和内黄）、嚣（荥阳）、相（指在内黄和安阳）、邢（指在温县和邢台）几处，而这几处地名有些是否确为商代都邑，还属疑问。即令皆为商代都邑，也仅是其中的一部分，其他各地距离黄河皆相当遥远，谈不上受到黄河的威胁。因此说殷人屡迁大抵为河圮，是难成为全面理由的。

就是上面所举的邻近于黄河的地方也并不是都受到它的影响。今偃师虽近河，实际还是在洛水流域，即令当时的亳在偃师，也不至有河患可言，其国当在大河之北，或在易水左右。③ 按之甲骨文刻辞，太行山西陲方国甚多，其中与商不谐者亦不少④，后来到春秋时

---

① 《史记》卷二十九《河渠书》。
② 《汉书》卷二十八上《地理志上》。
③ 王国维：《观堂集林》卷九《殷卜辞中所见先公先王考》。
④ 《殷墟卜辞综述》第八章《方国地理》。

代这里仍是狄人出没的区域，因此与王亥相争的有狄，固不必求之于易水流域。王亥虽为有狄所杀，上甲微终于败有狄而报此仇怨。王亥的都城据说在殷，其说出于今本《纪年》。今本《纪年》为明人伪托之书，不可尽信。然罗泌《路史》亦称上甲微居邺，邺与殷相距甚近，而离太行山上的有狄也不甚远，所以容易引起纠纷。虽然如此，在商代历史因受外部压迫而引起迁都的事情，实非多见。商代诸王也曾有过衰弱的时候，但与都邑无关。其时都邑迁徙的原因，当别有说。

由前面夏代的迁都可以作为比照。夏代初期迁都虽甚频繁，帝杼以后，胤甲以前，其间还有五王，却未见有迁都的记载。胤甲以后，虽有迁都记载，已不是每个帝王必迁。商代先王由契至成汤，其间传世王数和历年数虽和由汤至盘庚之间不尽相当，然由成汤前后的迁都次数看来，似成汤以前的迁徙都较其后至盘庚的时期为多，即所谓前八后五，当然这里举出前八后五的数字，也并不意味平均数字的算法。成汤以前的八次迁徙，应属于何王，徙于何地，在学者之中还未能取得统一的意见，然昭明、相土的几次迁徙看来是没有什么问题的，而他们的年世似至迟不应在夏代中叶以后。这样比照起来，则夏商两代迁都的频繁时期大致相当。直到盘庚以后就稳定下去，未再迁徙。

为什么他们初期的迁徙比较频繁，而后来不断有了较长时期的间隔，逐渐稳定下来？如果由当时农业生产的情形着眼，也许容易解释其中的原因。古代人们对于农业的经营是相当早的，远在石器时代人们已经从事种植。考古发掘的石器时代遗址中不仅发现了许多农业生产工具，而且还发现当时谷类的踪迹，半坡石器时代遗址中发现的一罐谷粒，就是绝好的说明。为了经营农业，他们想出若干方法来克服自然界的困难。传说禹的时期已经发明了原始灌溉方法，这一伟大的发明一直被后人所称道。孔子就曾说过，禹"尽力乎沟洫"。这一伟大的发明说明了农业经营的进展。不过农业经营所受到的自然环境的限制还是很多的。事实上原始农业生产工具早已决定了当时的农业经营的方式，一时还不易有很快的提高。另一方面，土地经过相当长时期的使用，如何可以恢复其对于农作物的生长的力量，也是当时难于解决的问题。在旧史料里面，还没有发现有关夏人使用肥料的记载，大概夏时的人们还不知道使用肥料的方法。到了商代显然有了进展，由甲骨卜辞中可知，殷人对于耕作，不但知道肥田，而且知道以厕储粪。据近代肥料学的研究，粪便必须经过相当时间的储藏才好使用，储藏的粪便，加上别的废物，又必须经过翻肥。由甲骨卜辞看来，殷人似乎已经初步晓得这种方法①，但施肥方法的应用，究竟普遍到什么程度，却还是难以估计。再说目前所见到的记载商代农作施肥的甲骨卜辞，皆为武丁时期的东西。②武丁已为商代中叶以后的帝王，究竟施肥的方法是武丁时期才有的，还是武丁以前的旧方法，却也难以肯定。即令是以前已经知道这种方法，可能还不是十分普遍，因为甲骨出土很多，而有关这方面的记载却并不是很多的。所以在商代初期农业虽不断较前有所进展，在原始农业生产工具影响下，既不能深耕，又无由补充地力，在时期稍微长久之后，必然会感到难以继续种植和获得相当的收获物。解决困难的办法是要另换一块新的地方从事种植，当时一再迁都当是与这样的情形有关。

有的同志认为商代所谓迁都不过是游牧民族的牧地转移，因为游牧民族为要随逐水草，避寒就暖，一年之内，屡移其地，商族初期还是半畜牧社会，不应把行国的迁居和住国的定都等量齐观。③这样说来与农业没有什么关系了。其实商代畜牧生活在卜辞里面记载很少，商王祭祀之时虽用牲多至数百个，实不足作为畜牧乃主要产

---

① 胡厚宣：《殷代农作施肥说》，载《历史研究》1955年第一期。
② 胡厚宣：《殷代农作施肥说》，载《历史研究》1955年第一期。
③ 岑仲勉：《黄河变迁史》。

业的证据。① 即令说甲骨卜辞为盘庚及其以后的刻品，不足以说明商代初期的生产情形，初期畜牧业还应有相当大的比重，亦不能因此就认为是属于游牧的习俗。因为商代人们活动的地区是在黄河和济水之间及其附近地区。如上文所述，这里实为一广大的湖泊沼泽地区，湖泊沼泽地区的水草当然是处处丰茂，固不必像塞外的游牧地区的牧民要随逐水草而在一年之内屡易其地。可是商代的迁都虽说是频繁，合成汤前后的数字计算，也不过只有十三次。固然有像昭明的迁过两次，相土的都邑在原来的一所之外还有一个东都，其余诸王在位之时最多只是迁徙过一次，当然还有的根本就没有迁过。这种情形如何能以之和一年之内屡易其地的游牧民族相比拟？从商代的迁都情形看来，当时实早已成为定居生活，而此种定居的生涯也不自商代开始，远在石器时代人们居住之地已形成无数聚落，显然不是一年之内屡易其地的情况。甲骨文中有不少的邑名，仅武丁卜辞所记的邑数有多至四十者。② 邑固有像天邑商的大邑，也可能有"十室之邑"的小邑，邑的大小虽各有不同，总是人们聚居之所。它的来源可能与石器时代的聚落有关，不是经常移转住地的人们所可以经营的。由此可见，以商代的迁都比作游牧部落的行国是不恰当的。

由盘庚迁都的过程中也可以看出当时情形的变化。《尚书》中三篇《盘庚》篇就有相关的记载。在《盘庚下》篇中曾经有这么两句话，说是"今我民用荡析离居，罔有定极"。孔传解释荡析离居，说是由于水泉沉溺，这样解释或者还是河患的说法。按盘庚未迁徙以前的旧都，根据《史记·殷本纪》和《尚书·序》的排列次序，应该是祖乙所迁的邢，根据古本《竹书纪年》的排列次序，应该是南庚所迁的奄。若是南庚所迁的奄，则在今山东的曲阜，离黄河过远，

---

① 胡厚宣：《卜辞中所见之殷代农业》，《甲骨学商史论丛二集》。
② 《殷虚卜辞综述》第九章《政治区域》。

实与河患无关。且奄距离泰山及其附近各山甚近,已非河济之间平原可比,当不至有若何水泉沉溺。若说盘庚所由迁的都邑是邢,而邢又是在今河南温县东南,据《书·序》所说在祖乙时邢曾圮过,由祖乙及于盘庚中间还有祖辛等五王,为什么祖乙时河圮,到盘庚时始迁?郑玄对于这一点曾做过解释,不过也是自相矛盾的。他一则说祖乙之都为水毁后,修德以御之,不复再徙。可是他又说,祖乙居耿,土地迫近山川,尝圮焉,所以盘庚才设法徙居①,这是不能自圆的说法,同样是祖乙时的河圮,祖乙已经决定不迁都,为什么在五世之后,才忽然又旧话重提呢?在《盘庚中》篇中还提到"殷降大虐,先王不怀,厥攸作,视民利用迁"。也就是说盘庚的迁都是根据了先王的成例。虽然如此,盘庚却遭到了人们的反对,这些情形也应该与农业的经营有关。商代的农业到盘庚时已经有了发展,盘庚以后尤其显著,这在卜辞里有过明确的记载。因为农业已经有了发展,不至于像以前那种会感到难以继续种植和不易获得相当的收获物的情形,所以一般人们就安土重迁,想在旧都定居下去。不过盘庚时期农业的发展还是有限度的,盘庚沿着它的先王经验,认为应当及时迁都,以免遇到更大的困难。在盘庚的诰训里面,一再提到先王,不是没有道理的。话又说回来,盘庚为了迁都,一共发表了三篇文告,在这里他和其余的人们反复在讲道理,如果不是由于农业问题,而是由于水患,哪还能像这样从容不迫地反复向人们开导呢?盘庚以后,商代不再迁都,正说明当时农业有了更大的发展。从卜辞中看来,那里面记载了许多关于"受年"的卜问,实际各地的受年正是不少。商代末年,统治阶级酗酒成了一时风气,而酿酒是要用谷物的,这也说明当时收获的谷物是不少的。由于农业的发展,不至顾虑到收获落空,所以迁都成为不必要的事情,尤其应该提到的是商代中叶以后手工业已经相当发达,手工业日益成为

---

① 参见胡厚宣:《卜辞中所见之殷代农业》,《甲骨学商史论丛二集》。

城市生产的重点，城市对于农业的依赖因而不如以前的显著，这也是促成商代后期不再迁都的一个因素，商代末年，在若干地方建筑了许多离宫别馆，那只是帝王的游幸的地方，与都邑的选择是没有很大的关系的。

如上所述，黄河中下游及其附近地区的农业在商代是不断有所发展的，而发展的结果对于商代都邑的迁徙也起了一定的延缓作用。盘庚以后，农业的发展尤其显著，所以商代末期的都邑就长期固定于殷，而没有再度的迁徙。商代农业怎样能够取得这样的发展，是值得注意的问题。首先从生产工具来看。商代的青铜器制造业十分发达，已经到全盛时期，但当时的青铜器主要是礼器、食器和兵器，出土的青铜器农具尚未遇到，当时农业生产工具还应该是石器。当然也可能有些青铜器的农具的制作，那也不是主要的方面。商代石器农具的制作是比较以前为精致些，种类也比较以前多些，但石器总还是石器，作用不一定有很大的改变。据说商代已经发明使用农耕[①]，同时也已有了马车[②]，这可以节省较多的劳动力以从事更多的开垦和种植。而使用牛耕也意味深耕已经有了可能。据甲骨文所载，当时对于从事农作的方法和技术也有所注意，除上文已经提到的农田施用肥料以外，还可以看到他们对于具体种植和收获的情形，当时已经有耦耕的办法，收获谷物不仅割取谷穗，而且兼收茎干，为的是可以取得饲料[③]，这些对于农业的发展都有促进的作用。

然而最重要的还应该提到当时人们对于自然条件的善为利用。这里面包括天时和地利。商代人们已经发明历法，历法的产生和使用是适应农业的发展，使天时的变化能够更好地配合农事的要求。关于商代的历法，近人治甲骨学者已经有深入的探讨，明了当时人

---

① 郭沫若：《奴隶制时代》，人民出版社，1954年。
② 陈梦家：《殷墟卜辞综述》第十六章《农业及其他》。
③ 陈梦家：《殷墟卜辞综述》。

们对于天空奥秘观察的情况。对于这一点，这里不再作若何论述，而只注意他们如何为了发展农业而在更好地利用当地的地理环境。

上文已经论述过，黄河中下游及其附近的土地，由于是冲积层的土壤，所以是相当肥沃的，加以商代人们已经知道施用肥料，当更能够充分发挥地力。施肥方法的运用固然是当时的重要发现，然而还不能完全解决问题。在这个地区促进农业发展最重要的措施应该是如何排水的问题。这个地区由于河流纵横和湖泊罗列，不仅土地潮湿，而且容易受到水的冲淹。古代的人们所以喜欢居住于丘、京、虚、陵之上，也就是为了这样的意思，不仅居住高地，而且还在高地的周围修筑堤堰，以防止水患。古代有洪水的传说，由于治理洪水，禹成为人们景仰的人物。这样的传说不论其真实与否，但对于这个地区来说，多少反映出当时的一些自然现象，因为河流纵横和湖泊罗列的情况加上泛滥冲淹的危害，对于农业的发展确实是有很大的影响。关于禹的治水，传说中往往是过甚其词，像《尚书·禹贡》和《孟子》书中的记载显然扩大了应有的范围。① 禹虽不可能进行那么大规模的治水工程，但像尽力乎沟洫那样的事情总应该是有的。甲骨文中虽没有关于灌溉的记载，但由"田"字的书写方式推测，当时人们是已经能够知道利用水利以灌溉田地的。② 不过从当时的情况看来，他们可能是利用水利灌溉田地，也可能是要从田地排出积水的。而且后一方面也可能还是主要的作用。

这种情况从井田制度中也可以略知一些概况。商代的人们是在用井田方式从事农业生产的，这在现在已经是不容置疑的事情。③ 商人虽行井田，其详细措施和规划已不可具知，周人同样也行井田，可以互相比照。周代井田制度很注意沟洫制度，这在《周礼·考工

---

① 《孟子·滕文公上》。
② 胡厚宣：《卜辞中所见之殷代农业》，载《甲骨学商史论丛初集》。
③ 郭沫若：《奴隶制时代》。

记》里面曾有详细的记载。《考工记》对于沟洫制度是这样的记载着："匠人为沟洫，耜广五寸，二耜为耦，一耦之伐，广尺、深尺，谓之甽；田首倍之，广二尺，深二尺，谓之遂；九夫为井，井间广四尺，深四尺，谓之沟；方十里为成，成间广八尺，深八尺，谓之洫；方百里为同，同间广二寻，深二仞，谓之浍；专达于川。"不仅如此，在《秋官》中还有雍氏一职，专掌沟渎浍池之禁。像这样规划整齐，绝非向壁虚构，必是长期经验积累的结果。这是应该肯定的事情，在《左传》还可以得到不少的证明。《左传》有两宗关于郑国沟洫的记载，一宗是襄公十年，那时郑国子驷为田洫，司氏、堵氏、侯氏、子师氏皆丧田，所以他们群起作乱。这是说田洫的职掌是在于治沟洫、正封疆，因此触动了这些占有土地的人们而引起乱事。虽然引起乱事，郑国却并没有因此而放松对于沟洫的治理，所以在襄公三十年记载子产为政时的措施中，就有一条，说是田有封洫。郑国地处黄河和济水分流之处，当溱、洧二水的上源，正是在河济附近广漠的平原之中，它注意到沟洫乃是必然的事情。《左传》虽记载了这两条有关的事情，但由这两条中可以看到这是郑国一贯的经营农业的政策，并不因少数人的阻碍而中间停止或改变。《左传》成公二年还记载齐晋鞌之战，由战后齐晋两国的交涉可以看出齐国对沟洫的重视。当时晋国是战胜国，它所要求的条件中有一条是要齐国的土地尽东其亩。齐国反对晋国的要求，说是晋国这样的要求只是想便利它自己的兵车的行驶，作控制齐国的打算，完全不考虑齐国的农田土地的情况。这里面是有这样的问题的：按照沟洫的规划，农田中的水道有纵有横，为的是引水和排水的方便，正是由于沟洫的纵横，兵车的进行是要受到一定的阻碍的。晋国要求齐国尽东其亩，就是要使沟洫都是由西向东流去，以便兵车的畅通无阻。由于齐国的理正辞严，虽是战败之国，晋国也未能使它屈服。由这一点看来，沟洫的重要是得到人们的一致承认的。

由这些情况看来，在当时的黄河中下游及其附近地区沟洫是农田中普遍的设施。这就无怪乎《考工记》里面把它当作一个制度而加以详细叙述。《考工记》所记载的虽比较简单，而沟洫的作用却显示得十分明白。据《考工记》所载则沟洫工程的开始是起于田亩的内部，开始的那一段谓之畎，那是比较窄浅的渠道，由畎到遂和沟，逐渐加深加宽，直到洫和浍，已经是很深了。畎只是广尺深尺，而浍却已是广二寻和深二仞了。尤其明显的是这广二寻和深二仞的浍专达于川。这显然不是灌溉的渠道，而是排水的渠道，因为它是用来把田间的积水节节引出，最后通到大川里面去。如果是用来灌溉，怎能是这样凿渠的方法？① 这是一种减少水患的办法，而不是兴修水利的办法。当然减少水患就是水利了。从当时的自然条件看来，《考工记》所载的沟洫制度是符合实际情形的。那时候由于黄河中下游及其附近地区河流和湖泊的众多，人们的居地还需选择高敞的地方，春秋战国时代情况也许有所变化，农田种植还是容易伤潦，所以排水措施成为各国共同注意的问题。由春秋战国时代往上，一直上溯到商代和西周，那时农田水利的经验还待摸索，沟洫的工程也还在草创，当然谈不上像《考工记》所说的那样详细和具体。正由于当时有了一定沟洫措施，因而促使井田制度逐渐具体化起来。井田制度虽是有关于生产关系的制度，但是实际形成这种制度，就形式方面说，应该是黄河中下游及其附近平原多水地区的人们为了利用当地的地理形势在进行农耕时所采取的措施的结果。

人们通常认为在井田里面的一块块方格式划法是把这样的一片田地区分成相当的面积，以便分配耕种，而块与块之间就成为道路。在这相当大的面积的田地里是应该有道路的，而且到后来这种方格式的划法成了大小齐一，甚至如孟子所说的要整整齐齐地每块都有一百亩的大小，这样的说法如果不是过分其辞，也应该是以后发展

---

① 徐中舒：《试论周代田制及其社会性质》，《四川大学学报》1955年第二期。

的结果，推溯到最初，所谓井田里面一块块的方格式应该是以排水为目的的沟洫所形成的。井田里面是有道路的，而这样的道路也应该是随着沟洫的分布才形成的。《周礼·地官·遂人》有这么一段话，可以作为比照，它说："凡治野，夫间有遂，遂上有径；十夫有沟，沟上有畛；百夫有洫，洫上有涂；千夫有浍，浍上有道；万夫有川，川上有路；以达于畿。"这里所说的沟洫制度和《考工记》所说的不尽相同，基本上应该是一样的。不过《遂人》里提到了道路，可以和沟洫互相比较。由《遂人》这段记载看来，这不是沟洫的开凿随着道路，而是道路的修筑随着沟洫。不仅是随着沟洫，实际道路的修筑就是用的由沟洫中掘起来的土，所以沟洫之旁一定是要有道路的。如果把道路和沟洫分起来说，道路的修筑固然要利用自然的地势，其间有时也要随着人们的需要改变自然的地势。但是沟洫的开凿却是比较要困难些，它同样要利用自然的地势，由于水流的关系，不能像修筑道路那样容易改变自然的地势，甚或还要迁就于自然的地势，由这样看来，最初的井田制度分成一块块方格式的土地，应该是随着排水的沟渠的分布而形成的，它是人们利用自然的结果，不是原来为了收租税或者为了其他的方式有意识划分成功的。最初开凿的渠道由于迁就了自然的地势并不是那么整整齐齐的样子。但到后来，井田制度成了有关于生产关系的制度，沟洫道路都应该趋于一定的规划，《考工记》和《遂人》所记载就是比较正式的标准，一些地方因此也把整齐的田间的封洫作为政府的要事。由于土地不断的垦殖，若干贵族对于田亩的控制，要整齐封洫不仅要克服自然环境的困难，还要却除人为的阻碍，上面叙述郑国子驷的事情，正是由于人为的阻碍使他殉身于这样的工作。

由于人们不断揭开天时的奥秘，克服地理环境的困难，也由于人们对于生产工具的改进，和对于农业技术的熟谙，所以从商代中叶起黄河中下游及其附近地区的农业是有了一定的发展的。就在商代中叶农业已经成了生产的主流。虽然如此，商代的人们并不是充分地利用这种平原所有的土地从事农业的种植。尽管甲骨卜辞有各地各方受年的记载，农业地区在这里并不是都连一块，而是中间还有若干间隔。这样的间隔有的在很长的年代后才逐渐消失。

前面曾经指出，商代诸王喜欢田猎，而在田猎的时候往往从事焚田，以期多获兽类。焚田是焚烧游猎地区的草地或森林，不论怎样都可以说明那些游猎的地区是没有经营过农业的。就是有了农事的经营，也会因他们的游猎而受到影响。太行山之东，黄河以北。也就是以前河内地方，在商代末年成为帝王游猎的区域。① 这里固然是在山麓河滨，也有若干湖泊沼泽，诚然是一个适于游猎的地区，但这里也是在商代王都的附近，同样有条件成为农耕地区。由于当时诸王游猎的频繁，足证这里的农业不如其他地区的发达。而河济附近这样的游猎地区又是相当普遍，所以当时的农业受到一定的影响应该是肯定的事情。

这种情形由周武王灭商之后对于商人的指责可以得到证明：周武王曾经指出当时商人的统治区域是"麋鹿在牧，蜚鸿满野"。② 也许周人有敌对的情绪，指斥过火了一点。就是到了战国时代，孟子在追溯周人伐纣灭奄的情形时，还指出周人当时曾经致力于驱逐中原的虎豹犀象的工作，因而获得人们的称道。③ 可见在商代末年黄河中下游及其附近地区还有相当多的森林和草地，足以为虎豹犀象藏身之所。同样可见商周之际河济流域的肥沃土地并未能完全开垦。这种情形还可由西周初年封国的分布看得出来。当时诸侯封国的所在地实际就是商代末年农业已经有所发展的地区。周人以征服者的身份在那些地区建立城郭以统治附近的农村。当然也可能有例外的情形。譬如太公所封的齐国，在他初受封的时候，还要特费一番精

---

① 《殷墟卜辞综述》第八章《方国地理》。
② 《史记》卷四《周本纪》。
③ 《孟子·滕文公下》。

力开辟草莱。① 齐国原是薄姑氏的故地，于商代为东鄙，也不是在泰山以西的平原地区，可能当地的农业还不十分发达，不能和中原其他各地相比拟。而周人所以封太公于齐，还有他们另外的目的，因为泰山以东在那时还有若干部落，其中一些部落也还有相当势力，周人不能不为之防备，当太公初到齐国时，莱人和他争国，就是一个证明。

西周的封国诸侯在指定的地方建立城市以统治被征服的商人及其有关的部落。征服者是住在城中，而被统治者住于城外。城内即所谓国，而城外为野。国野之间的区别是很严格的。这固然是城市与农村的分离，但由此也可以看到当时农业区域的发展。根据一些古籍的记载，野也有一些不同的区分，有的还分为郊遂等名目，那里也有若干居民点，称为邑或县。邑固然有很大的，但还有十室的小邑。县和后来的县不同，当时的县一般都是很小的。《子仲姜宝镈铭》记齐侯赐釐叔二百九十九个邑，《齐侯钟铭》也记齐灵公以釐邑的三百个县赐叔夷，可知邑和县的大小了。这些铭文所记载都还是春秋时代的情况，春秋以前，人口更少，能够有多少居民点还是问题。野是农业地区，在人口稀少，居民点不多的时候，从事经营农业的野也应该是有限度的。居住不到、种植不及的地方只好不管了，那里也就成为弃地了。当时的诸侯封国有的是彼此连在一块，有的可能就彼此不相连接了。可以这样说：西周初年的诸侯封国只是对于被征服的商人土地作"点"的占领，还谈不上"面"的控制。后来农业不断发展，耕地面积不断扩大，弃地自然逐渐减少，可是一直到春秋末年还有残存的痕迹，在宋郑两国之间，有一大片闲田隙地，名称是弥作、顷丘、玉畅、嵒、戈、锡，两国都不去占有。② 这一大片地方是在现在河南杞县、太康、扶沟诸县之间，是一

---

① 《史记》卷三十二《齐太公世家》。
② 《左传》哀公十二年。

块好地方。春秋时代宋郑两国的兵争不只一次，但是这一大片地方终未发生过纠纷，互相维持到春秋末年，这其间的缘故是值得考虑的。

当然各诸侯封国之间也不是没有往来的，正因为许多土地没有开垦，山林泽薮遍地都是，所以彼此之间的交通成了困难的问题。春秋时晋国的魏绛曾有一段言辞，透露出当时的情形。他征引虞人之箴说："芒芒禹迹，画为九州，经启九道，民有寝庙，兽有茂草，各有攸处，德用不扰。"① 西周时代自然不会比这还好。像这样在未曾开垦过的地区规划道路确实是有一定困难的，而虞人之箴这样的描述，足证还不是个别的情形。另外还有一宗事情，可以和虞人之箴互相比照。周定王时，周室的使臣单襄公由宋过陈，前往楚国。由于陈国的道路没有仔细修整，引起他的一番议论和批评，他引用了周室的制度作为他的评论的根据，按照周室的制度要修整好道路，应该采取各种措施，其中有两项可以在这里提到，一项是道路两旁必须植树，为的是远来的人们可以知道道路的所在和去向，不至于迷途；另一项是要在边境上经常安置有寄寓之舍和候望之人，以便远来的人们可以得到安置和招待。② 道路两旁植树不是为了保护路基，而是为了使人们能够识别道路的所在和去向，如果不是当时人口稀少和农田未垦，当不至有这样的措施。边疆候望的人的设置，正说明了在两国之间的隙地中通行的困难。

其实就是到了西周末年，也并未有很大的转变。前面曾经征引过郑国东迁的事情，这样的过程就足以作为说明。郑国的故地是在今陕西渭南县的旧华县，他们所迁徙的新居则在今河南新郑县。新郑在嵩山以东，正在古代河济流域附近平原地区的边缘处，那里一样有湖泊沼泽，而溱、洧二水流贯其间。商代这里是什么地方已经

---

① 《左传》襄公四年。
② 《国语·周语中》。

不能知道，前几年考古发掘在郑州发现掘出一座具有相当规模的商代古城遗址，足以证明郑州在那时还是一个较为重要的地区。郑州距新郑不远，现在的新郑在那时应该不是过于偏僻的地区。西周时，它的附近还有虢、邻两个封国，也应该不是什么荒凉的所在。但是当西周末年郑国东迁的时候，他们还是要"以艾杀此地，斩之蓬蒿藜藋"①。当时开垦的宽广，农业的发达，竟至于此。所以形成这种农业不发达地区的原因之一，也许是与当时人口稀少有关。因为人口不多，劳动力缺乏，所以就有垦殖不到的地方。人们有的认为，郑国东迁之时正是西周末年东周行将开始之际，那时黄河流域恰逢长期大旱，因而就这样遍地荒芜②，这样说来，那只是暂时特殊现象，不能一概而论，西周后期诚然有较长时期的旱灾，然引用这样的原因来说明像郑国的新都，却是不十分恰当的。因为郑国的故都和新居都在黄河流域，其中的距离也不是过于悬远，既然西周末年黄河流域发生长期而严重的旱灾，则两地的情况应该是相仿佛的。这样郑国由一个严重旱灾的地方迁到另一个同样是受到相当灾情甚至只能生长蓬蒿藜藋的地方，殆成了不可理解的事情。

就在春秋初年，河济流域附近没有开垦的地方也不仅溱、洧上游一个地区。春秋时代华戎之争最烈。《左氏传》所描述的戎狄，率皆往来飘忽，都不像专门从事农业种植的部落。当时的戎狄名目至多，分布的地区也是至为广泛。太行山东、黄河以北就有他们的踪迹存在，灭邢、伐卫、取温、侵郑，都是他们骚扰的事迹。说者谓这些部落为由太行山以西陆续向东转徙，而邢、卫诸国首受其冲。后来他们受到齐晋的阻挡与打击，先后熄灭，不再见于记载。当他们东窜西扰时，所及之地的农业固然受到影响，然只是一时的问题，固无关乎整个的局势，不是这里所欲论列的。这里要提的乃是鲁国

---

① 《左传》昭公十六年。
② 蒙文通：《周秦少数民族研究》，龙门联合书局，1958年。

西陲和曹国附近的戎人，以现在地理来说，正是山东省西南一隅的地方。这里的戎人见于《春秋》经传是在隐、桓、庄三公的时期，也就是春秋的初期，这里的戎人是和黄河以北由太行山西辗转而来的狄人不同，他们在这一地区的活动是有长期的历史的。夏时东方有有仍之国，商时也有有娀之国，有仍和有娀本是一国，而有仍也就是有戎，有戎当即春秋初期鲁西的戎人。① 他们所以能够久居于这一地区，正是由于当地有适当的条件。鲁西曹国附近乃是济水流域湖泊最多的地区，其中最大的湖泊就有巨野泽、雷泽和菏泽等几处，稍小的还是不少。土地卑湿，泽薮众多，是可以便利他们的存身，诸侯封国有时也奈何他们不得。论情形和郑国萑苻之泽有点仿佛。郑国的人民不满意于他们的执政，往往藏匿到萑苻之泽，以求得暂时的存身。② 鲁西曹国附近的戎人利用这样自然的屏障，历夏商两代以至于春秋初期，甚至在春秋初期他们还能够与诸侯之国用兵和会盟。这里的戎人后来不见于记载，可能由于诸侯封国农耕区域逐渐扩大，他们习染之余也改了他们固有的风俗习惯，而从事农耕生涯。春秋末年，卫国有戎州，戎州也就是戎人之邑。③ 戎人而有邑居已经是农耕社会的习俗了。卫国戎州之人不知其来历若何，如为由太行山西迁徙而来的，则历百余年的变化而改易其原来的生活方式也是可能的。如为鲁西曹国附近戎人的孑遗，更有改易其原来的生活方式的可能。这也就是说，他们和当地其他人们一样，为了利用自然环境和进行开垦种植尽了相当的力量。正是由于人们共同的努力，黄河中下游附近的平原地区逐渐出现了新的面貌。

人们不断讲求利用自然并进而改造自然，所以成就日益显著。春秋战国时代，铁器的发明和使用，使生产工具有了很大的改变，

---

① 顾颉刚：《有仍国考》，《禹贡半月刊》第五卷第十期，1936年。
② 《左传》昭公二十一年。
③ 《左传》哀公十七年。

奴隶社会的崩溃和封建社会的兴起，生产关系也有了根本的改变。这固然是当时整个的形势，对于黄河中下游附近的平原也有巨大的影响。这里平原的土质因于长期冲积的积累，肥沃疏松，不仅适宜于农作物的生长，而且易于耕耘。人们以前用石器或木器从事生产，较之其他地区虽容易施工，然这种原始的工具仍有很多难以克服的困难。铁制农具的使用，使农业生产有了新的利器，对于耕耘疏松的冲积土壤，起了事半功倍的作用。《管子》书中谓当时的耕者至少都有一耜一耨一銚。可知当时人们是普遍使用铁器的。当然生产工具改进之后，还应该有新的生产关系与之相适应。实际上在春秋时代的晚期，新的生产关系不仅已在萌芽，而且逐渐全面形成。土地开垦日渐增多，农业地区不断扩大，这情形在当时是普遍于各诸侯国家，不过在这个平原地区的各国中尤其显得突出，比较其他各国先走了一步。

这里平原地区的特点，是河流湖泊的众多。人们对于这样的自然地理的条件不断设法利用，而在春秋战国时代成就应该更大。上文曾经一再征引过《周礼》关于沟洫的记载，沟洫的开凿由来已久，然《周礼》一书能够如此详细精确地记载，正反映出当时人们在这方面努力的结晶。人们对于河流湖泊的利用是各方面的，农田水利很早就已和交通水利相结合起来。黄河以南鸿沟系统的开凿，正显示出其间的关系，也说明当时人民的气魄是如何的宏伟，战国时代河济流域出现了许多水利专家，他们不仅在当时兴修水利，而且像郑国在关中修渠，瑕阳人在蜀中导江，使受益者不限于中原一地。在长期和自然的斗争中，他们是会锻炼出来这样的绝技的。

人们对于水的利用，不仅使它灌溉田亩，不仅使它便利交通，而且还使它改良土壤。西门豹在邺引漳水灌田，就是一宗显著事例。当然灌溉的普遍会增加农作物的收成。在多水之地，灌溉的水源是不会成为问题的，问题是地下水位过高容易引起土壤的碱化。在黄河以南的平原地区还没有见到有关这方面的记载。黄河以北却与河南有所不同。《禹贡》的记载说是冀州的土壤是白壤，《禹贡》冀州指的是现在山西和河北，以及河南的北部。白壤的确实性质还有待深入的探求，但若干地方的碱化现象可能是有的，因为碱化之后，地面定会呈现白色的。邺的地方据说是终古舄卤的土地，这是说那里自来都是碱化土壤，未曾有所改变。西门豹引漳水灌田，实际起了洗掉田中碱质的作用，使土壤有了进一步的改良。①

在自然面貌的不断改变下，这个平原地区的农业必然会有更多的发展，相应而出现的是人民居住点的增多。战国时代苏秦曾向魏王提过魏国的富庶情况。说是魏国的庐田庑舍到处都是，以致再难找到刍牧牛马的地方。②后来朱巳也向魏王指出：魏国的河外河内也就是黄河的南北，大县数百，名都数十。③这样叙述虽是说的魏国的情形，实际应该看作这个地区普遍的现象，而这种现象和以前已经是迥乎不同，因为这时的人们不必再留恋丘陵之上，也不必过一段时间就要考虑到迁徙居地。人们不会为这里的河流湖泊众多而顾虑到对于生活的影响，这里不仅没有麋鹿在牧，而且也没有隙地闲田。所有这一些的变化都是人们长期和自然斗争改造自然的结果。

结　　论

地理环境的变迁一般说来是比较迟缓的。但在数千年的演变过程中，今古的差异终于会显露出来。这在黄河中下游及其附近地区表现更为明显。太行、崤山和泰山之间本是一片广漠平原，似乎是

---

① 春秋战国时代的一些情况，这里说得比较简单，参看拙作《春秋战国时代农工业的发展及其地区的分布》。
② 《战国策·魏策一》。
③ 《战国策·魏策三》。

变迁不多，其实若干变迁就是在这一平原上面进行的。在今天的这片平原之上充分体现了大陆性的特点，但在古代却是湖泊区域，河流的纵横交错，湖泊的星罗棋布，较之现在的长江流域殆无不及之处。

由于河流和湖泊的繁多，其他自然条件也随之而有变化。湖泊区域的特点是气候潮湿，雨量较多。古代的黄河中下游正是如此。这自然宜于农作物的生长，使农业的经营具有了方便的条件，可是森林植被却也是到处茂盛，使农业的发展受到一定的影响。湖泊地区不仅气候潮湿，而且土壤也比较肥沃，尤其是冲积的土壤，疏松柔软，更适宜于古代原始的生产工具的作业。当时这片平原之上，虽然属于湖泊区域，到处是浩淼的水面，但在水流不及的地方，还散布着若干丘陵，地势比较高敞，为古代人们最好的栖息之所。古代的人们就以这样的地方作为他们最初居住的所在，再从而扩大他们活动的范围。这样的生活远从石器时代人们即已开始。在凿井技术尚未发明的时期，人们是既要防备河溢水涨的水患，而又不能远离水源，丘陵高地就成为他们理想的住所，而且丘陵周围还有适当的堤防，以防止洪水的冲淹。由于丘陵的分布是这片平原的特色，而以丘陵为居地又是适应这里多水的环境，所以这样的习惯就长期保持下去。至春秋时代人们建筑城池，某些丘陵还被选作建筑的基地。至于以丘或陵或其他意义相近的名称作为地名，还保持到很久的岁月。就是在现在，这片平原地区依然有以丘名的地名，循名求实，可以想见它们在远古时期的情况。

在远古时期生活条件还不十分方便，人们为了找寻足够的食物，难免还要不时地迁徙。就是到农业已有相当基础的时候，这种迁徙的情形仍然会要遇到。平原地区的冲积层土壤虽然适宜于原始的农业生产工具的耕作，但工具的迟钝，技术的低下，使农业的收成难于满足生活的需要，而连续种植，土地肥力又一时无可补充，使人们不能不离开他们原来的住所而另觅新地，这种迁徙往往不是一人一家所能实行，经常成为一个氏族一个部落的共同行动。甚至像商代的频繁迁都也反映了这样的情形。商代迁都在其先王时期最为频繁，成汤以后也不是少数，直至盘庚以后才在殷久居下来。由甲骨文所记载当时农业发展的情形，可以看出他们以前一再迁都的线索。

从总的发展过程看来，商代的农业毕竟还是相当幼稚。原始农业生产工具的继续使用，就决定了农业发展的一定限度。然而商代的农业毕竟有所发展，当然形成这样的发展是有很多的原因的，他们尽了人事，他们了解了天象，他们更充分地利用了地理环境。他们使用了肥料，补充地力。他们也运用了沟洫，讲求水利。据传说，沟洫的发明和使用远在商代以前的大禹时期已经开始，这样传说应该是可信的。沟洫的开凿是为了灌溉，但是在黄河中下游湖泊地区广大平原之上，排水的要求当较灌溉尤为迫切。商代人们在这方面应具有一定的建设。人们说，井田制度在商代已经有了，井田制度的推行，沟洫开凿仍然是很重要的措施。由当时的地理条件看来，人们在湖泊区域发展农业，排水应该是首要的任务。排水工程的讲求使农田易于耕种，也使耕种地区不断得以推广。由战国时代记载里面所记的沟洫制度的精细详确，可以想到这样的设施是有其悠久的渊源的。人们为了排水或灌溉，在田间开凿了大大小小的沟洫，纵横排列，将农田分成若干区划。井田制度可能是以这样的基础建立起来的。井田制度虽然是一种有关生产关系的制度，如果要探究其渊源，井田的形式应该是古代人们利用自然，进而改造自然的一种结果。

商代晚期的农业是有一定的发展的，但是发展还是有限度的。河济流域的平原是适于经营农业的，商代的人们并没有使这片平原都尽量成为农业地区。因此当时的农业地区还是一块一块地互不连接，这情形直至周初依然没有改变。周初的诸侯封国是在商人的故土上建立起来的，由封国分布的局面看来，显然可以看出，周人对于商人的故土只是点的占领，谈不上面的控制。这不是商人残余力量的阻碍，而是自然环境的困难还未得到克服。周代每一封国都是一个农业地区，农业地区的范围在最远的郊区以外就达不到了。封国与封国之间还存在大量的闲田隙地，正说明农业经营的不及。

闲田隙地之中自然是没有居民点的，那里甚而还长着遍地的荆棘或者茂盛的森林，一些较落后的部落在这些闲田隙地的泽畔湖旁深林茂草中维持其原始的生活，使若干农业地区之间呈现有一种特异的景色。

封国互相之间来往的密切，人口的不断增加，闲田隙地也就逐渐开垦起来，而若干森林草地也陆续被人们所破坏，森林草地的消失，说明农业地区的不断扩大，终于使若干互不连接的农业地区连接起来，使这片平原都成为农业地区，这说明人们利用自然改造自然成就的巨大。不过相反却也有若干副作用因之发生，森林草地的存在固然是妨碍农业地区的扩大，但过分的滥伐滥垦的结果，也会使植被破坏，水土难以保持，而引起冲刷的作用。黄河在春秋时代的改道，其原因固然还有待于追求，不过植被破坏，水土流失，也应该是其中的一个原因。这里平原地区在古代诚然是一个湖泊区域，可是这里无数的湖泊后来陆续被湮塞了。它们的湮塞当然是附近或其他有关地区水土流失的必然结果。

时代的发展到了春秋战国之际，人们对于利用自然改造自然所获得的成果显然有了更多的积累。铁器的发明和使用，人们有了利用自然改造自然的有力的武器。奴隶社会的崩溃和封建社会的形成，生产关系的改变推动生产力的发展，也使人们更有力量利用自然改造自然。人们不仅在继续扩大农业地区，而且使已经成为经营农业的地区能够有更多的收获。人们不仅使用土地，而且在改良土地。人们不仅在发展农田水利，而且在发展交通水利，又在进一步使交通水利和农田水利互相结合起来。这里平原既是一个湖泊地区，农田水利和交通水利的结合，正显示当时人们对于这样的地理环境的精心利用和改造。

如果以春秋战国时代黄河中下游及其附近地区的情形和商代、西周相比，必然会发现其间是有显著的不同处，而这样的不同处正是先民努力奋斗利用自然和改造自然的成果。当然，以后的人们继续不断地努力，这样的成果是会逐渐扩大起来的。

我国北方种稻地区的变迁①

一、所谓种稻地区的分界线的说法

我国种稻是有十分悠久历史的，远在石器时代人们已经开始种植稻了。据考古的发掘，在河南渑池仰韶村彩陶的遗址里就曾经发现过稻的痕迹。②山西太原郊区发掘的古代文化灰层中也曾经显示出它的中间夹着成弧线形的两道白灰泥，而这样的白灰泥是抹在一层掺有稻糠的黄色泥皮上。③尤其是安徽肥东县大陈墩的发掘更为明显，在当地发掘所得的石器时代的稻粒虽因历年久远，变成黑色，但若干稻粒结在一起，形状尚可分辨。④在此以外，湖北京山县屈家岭、天门县石家河和武昌洪山放鹰台等处新石器时代遗址的红烧土中也发现稻壳很多。⑤这些情形都可以说明在远古的时期人们对于稻

---

① 此文约写于 1961 年 10 月以后。手稿中夹有半张 1961 年 10 月 14 日的《人民日报》，内容是徐旭生《对我国封建社会长期迟滞问题的看法》。文中提到山东旧峄县，此县是 1960 年 1 月撤销的。整理者注。

② （日）中尾佐助著，王仲殊译：《河南省洛阳汉墓出土的稻米》，《考古学报》，1957 年第四期。

③ 文物工作报导：《山西太原郊区发现古代文化灰层条》，《文物参考资料》1954 年第六期。

④ 安徽省博物馆：《安徽省新石器时代遗址的调查》，《考古学报》1959 年第一期。

⑤ 丁颖：《江汉平原新石器时代红烧土中的稻谷壳考查》，《考古学报》1959 年第四期。

的种植已是十分重视。种稻的地区也已分布到黄河南北和江淮之间。从那时起,稻已成为我国的重要农作物而逐渐播种到较多地区。

由以后历史的发展看来,江淮之间及长江以南的种稻地区是没有什么变化的,但在黄河流域及其附近地区却不是一直就固定下来。由于时代的不同,黄河流域稻的种植区域有时候十分宽广,有时候就比较狭小。有些人就认为北方稻的种植地区不仅有若干变化,而且有一条最北的界线作为范围的。这样的界线随着时代而有所转移,并且逐渐向南退缩。德人赫尔曼就是这样主张的①,他指出在古代稻的种植地区和非种植地区之间至少有两条不同的界线:一条是由燕山山脉以南起,向西南方面引伸,经由太行山东麓南下,再折向西南,经过崤山以东,又再向西南,一直达到长江中游巫山的东南;另一条界线,是由现在的江苏和山东之间起,向西经过河南的淮阳和南阳,再往西南达到长江中游巫山的东南。这两条界线的东南自然是种稻的地区,它的西北是不适于种稻了。后一条界线比前一条的时代较晚,显然是后来有所变迁。前一条界线是根据《周礼》的材料得出来的,后一条界线是根据《史记·河渠书》和《货殖列传》的记载画成的。虽然如此,两条界线却是都有问题。《周礼·职方》篇中虽指出了扬州、荆州、豫州、青州、兖州、幽州、并州等七州都适宜于种稻,但这并不就等于说,西北的冀州和雍州就没有种稻的可能了。可是赫尔曼就在冀州、雍州和其他七州之间画了一条稻的种植分界线。《周礼》著作的时代在学者中间是曾经有过许多不同意见的,一般说来是可以把它摆在战国时代。关于种稻的记载不仅战国时代很多,而且在此以前也已经不少。《诗》三百篇中有些篇章都曾经提到稻。《唐风·鸨羽》说:"王事靡盬,不能蓺稻粱。"《小雅·白华》也说:"滮池北流,浸彼稻田。"《豳风·七月》更

---

① 赫尔曼(A. Hermann):《中国历史和贸易地图集》(Historical and Commercial Atlas of China)。

说："十月获稻。"《唐风》所描写的地区是指的河汾之东，是现在的山西西南部，这已是太行山以西的地区，《小雅·白华》所指的滮池在现在西安的西南。《豳风》所描写的地区更远一点，是在现在陕西的邠县，这些地方都在《周礼》所举的冀州和雍州的范围之中，而且在其他七个州的西北。可见根据《周礼》的材料，要定出一条稻的种植地区的界线是不能完全包括当时的全貌的。司马迁在《史记·货殖列传》里并没有具体指出种稻的地区。他仅是提到，"楚越之地，地广人稀，饭稻羹鱼"。赫尔曼大概是根据这几句话得出了他的结论。因为司马迁在说到楚的地区时，曾指出了楚有西楚、东楚和南楚。其中西楚是指的淮北、沛、陈、汝南和南郡，也就是现在的江苏、安徽的北部和河南的东南部、湖北的中部。东楚和南楚以及越，当然是在这些地方以南。赫尔曼所画的这一条产稻地区的界线，就是在西楚的北边。但是司马迁并没有说在这些地区的西北就没有种稻的事情了，就在《货殖列传》里，司马迁就曾经指出，关中的人们好稼穑，殖五谷；也还说过沂泗水以北宜五谷桑麻六畜。沂泗水以北是指的齐和鲁，也就是现在的山东。五谷所包括的种类是有不同的解释的。有的解释是包括了稻，有的并不把稻包括在内。不过《周礼》在说豫州物产的时候，并没有具体提出稻，而是说其谷宜五种。所以说那里产稻，是郑玄的解释。郑玄解释这五种谷时是指的黍、稷、菽、麦、稻。既然都是说五谷，则《周礼》和《货殖列传》应该是同一的含义的。即令说《货殖列传》所说的五谷是比较含糊一些，不便作为根据。赫尔曼在引用《货殖列传》以外还根据了《河渠书》的材料，不妨再看一看《河渠书》的说法。《河渠书》中记载有这么一段事情，据说，西汉中叶漕运困难，关中粮食不足，在皮氏、汾阴、蒲坂等地兴修水利，引汾水和黄河灌溉。当时共兴修了水田五千顷。后来西汉政府因为这些水利不符合原来的要求，就把它拨给越人，让他们耕种。越人是由东南越地迁来的人民，是擅长经营水田和种稻的。这是说，这些新开的水田是能够种稻的。皮氏、汾阴就是现在山西的稷山和万荣，蒲坂是现在山西旧永济，皆在山西的西南部。根据这样情形看来，就是按照司马迁自己的话来说，稻的种植也不能够限制在楚越的地区。和司马迁同时的东方朔也曾说过关中地区有秔稻、梨、栗、桑、麻、竹箭之饶。① 看来赫尔曼画的第二条界线也是不要的。

赫尔曼之外，德人瓦格勒也谈到我国种稻地区的北界，他在所著的《中国农书》一书中提出他自己的一种说法。他说："人们可以一般地确定，在三十二度纬度圈以北地方，稻和其他谷物的种植比较，是完全退居于不足轻重之列了。它仅在江苏向北进展至纬度圈三十四度——在华北气候最优良的地方，如山西的汾河、陕西的渭河、黄河上游的宁夏府和兰州府，甘州极西北隅的肃州，虽也种有小量的稻，但仅具有地方上的意义，所种的短期的稻种，品质相差甚远，谈不到主要的营养料。"② 瓦格勒是在清末德国占领胶州湾以后到中国来的，他所说的当然是指的近代的情形。他的界线是比赫尔曼还要偏在南边。如果把他们的说法结合起来看，那么种稻的地区是一再向南收缩。在瓦格勒的笔下，它不仅不再包括黄河流域，而且也不包括淮水的中上游了。瓦格勒指出了黄河流域一些地区虽也还种有小量的稻，但他却说它不过仅具地方上的意义。按照清朝末年的情况，这样的说法是不错的。但是瓦格勒却由此引申说，黄河流域所种的短期的稻种，品质相差甚远，谈不到作为主要的营养料。他的意思是说黄河流域即令能够种稻，品质也是很差的。话说得明白一点，就是黄河流域不算是适合的种稻地区。其实当时天津的小站米在市场上也还有一定的声誉，不能就肯定说它的品质相差很远。北京以东的玉田，也是一个种稻地区，那里所产的米从清朝初年以来，即为王朝的皇室所重视，而列为他们自己食品之一种。

---

① 《汉书》卷六十五《东方朔传》。
② （德）瓦格勒著，王建新译：《中国农书》，商务印书馆，1936年。

这说明那里所产的稻的品质并不是很差。

诚然，黄河流域所种的稻在后来有些时候有减少的情形，甚至不能居于主要的农作物地位，和长江以南相媲美。为什么会如此？以前的人们也曾做过种种的解释。其中一些不切实际的论断都已为人们所驳斥，而未能成立。譬如风土不宜的说法就是一种①，它同样受到非议。② 不过近年来却又有人从气候方面立论，认为北方种稻的减少是由于古今气候不同的缘故。他们认为古代北方气候温和适宜，不像现在这样荒凉干亢，是和现在长江流域差不多的，所以古代黄河流域种稻很多，以后这里气候逐渐变化，种稻地区也就逐渐缩小了。③ 所谓古代气候温和适宜的说法，大概是指春秋战国时代而言。他们这种说法也只是从当时黄河流域能够种竹种稻的情形来推测出来的。春秋战国时代距现在诚然是历时已久，其中可能有所变化，但是当时具体气候已无确知，难以互相比较。春秋战国时代之后，紧接着就是秦汉时代，其间应该不至于有若何较大的差别。据近人研究，则"秦汉时代黄河流域中下游大区域的常年气候，和汉代中下游大区域的气候变迁来看，可知当时的气候，无论是常态或变态，虽然与现今有一定的差异，但是这种差异并不很显著"。④ 进一步来说，种稻的要求的气候有一定的具体条件，一般说来，它的成长期大约是要八十天到一百天，只要这期间无霜就不至于受到若何影响。秦汉时代的霜期是与现代略有不同，那时常年的初霜期较现代还要早些，而常年的终霜期又要比现代为迟。⑤ 是常年的无霜期比较现在为短促。虽然短促，还是要比稻所要求的成长期为长，这就无妨于

---

① 王祯《农书》之《农桑通诀集之一·地利篇第二》。
② 王祯《农书》卷十《百谷谱》。徐光启《农政全书》（中），卷二十五《谷部上》。
③ 蒙文通：《古代河域气候有如今江域说》，《禹贡半月刊》，1934年第一卷第二期。
④ 文焕然：《秦汉时代黄河中下游气候研究》，商务印书馆，1959年。
⑤ 《秦汉时代黄河中下游气候研究》。

当时稻的种植。既然如此，就不能以当时黄河流域能够种稻，而认为古代的气候要比现代为温和适宜，也不能因此而得出结论，说是现代北方的气候对于种稻有若何的不利。从事实来观察，春秋战国时代以及秦汉时代，北方固然能够种稻，就是以后若干年代，北方还依然能够种稻。种稻的地区在一些时代里是不完全一致，这更不能以气候的变化来解释了。为了更具体地探讨这个问题，不妨把古代迄于现代北方各地种稻的事实列举出来，使问题能够更为明确。

二、历史上种稻地区的变化

在悠久的历史过程中，北方的种稻地区是曾经有过若干变化的，这在文献的记载中还可以看出一些痕迹，前面说过，赫尔曼根据《周礼》的记载得出了他所谓种稻的界线。固然这条界线是靠不住的，但《周礼》的记载却可以说明在战国时代北方种稻已是相当的普遍。《周礼》中不仅举出了种稻的各州名称，而且还举出了当时有关司种稻的官职，此官中的"稻人"一职就是专门掌管稼下地来种稻麦的。固然《周礼》中所载的官职并不是当时各国通行的制度，但是像稻人中所说的疏通沟渠的方法在当时是黄河流域人们习见的事情，看起来是反映了一定的真实情况。

其实两周时代黄河流域种稻的记载，《周礼》不过是其中的一种。当时人们对于主要的农作物，往往称为九谷、六谷或者称五谷。不论怎样称法都应该包括了稻。① 如果稻不是普遍的种植，人们是不

---

① 九谷见《周礼·太宰》郑注。六谷见《周礼·膳夫》郑注。五谷的说法虽然略有所不同，但《周礼·职方》郑注及《管子·地员》篇皆以稻并列，可见一斑。

会以它和其他的谷物并列。当地的人们不仅以稻为重要的农作物，而且还认为是最好的食粮。先秦诸子书中有许多地方都是以稻粱并举。以《荀子》为例，在《荣辱》《富国》《礼论》诸篇中，就不止一次提到稻粱的字样。若干统治阶级也在他们所铸的仪器上刻出有关稻粱的文辞。出之于宗周的史免簠、鄀国的曾伯霎簠、陈国的陈公子叔遼父甗、戴国的叔朕簠，都有相似的记载。同样的情形在《诗》篇里面也可以看到。《小雅·甫田》说"黍稷稻粱，农夫之庆"；《鲁颂·閟宫》也说"有稷有黍，有稻有秬"；而《周颂·丰年》更说"丰年多稌"，稌就是稻。像这样刻诸金石，诵之诗篇，正说明了它的重要性。也正因为这样，所以稻的种植一直是受到人们的重视的。春秋时，鄅国人因为全国人都去种稻，竟然为敌国所乘，几乎亡国。① 而战国时东周因为要种稻，发生了与西周关于用水的争执，引起了国际的交涉。② 至于西门豹和史起在邺（今河北旧临漳）引漳水灌田种稻，更是一直脍炙人口的事情。

这里所说的鄀国是现在山东的旧峄县，也就是枣庄市的辖境，鄅国是现在山东临沂县，陈周在现在河南淮阳县，戴国是现在河南的兰考县，再加上鲁国的曲阜，都属于黄河流域以南的地区，也都还在《周礼》所说的种稻地区的范围之中。《周礼》的雍州和冀州，也就是现在的陕西和山西的南部，没有种稻的记载。这一点在前面已经根据《诗》篇作了补充和说明。这里还应该提到战国末年作成的《吕氏春秋》，这部书出自吕不韦门客之手，所以也多记载关中的情形。其中《审时》篇陈述了禾、黍、稻、麻、菽、麦六种农作物的种植时节，每种农作物都指出得时的好处，也指出了先时和后时的不好处。六种农作物中有稻，可见稻在当地的重要性了。

到了两汉，北方各地种稻的情况并没有减色。这一时期几部著

---

① 《左传》昭公十八年。
② 《战国策·东周策》。

名的农书，实际作了确切的说明。西汉末年氾胜之的著作和东汉崔寔的《四民月令》、蔡邕的《月令章句》对于种稻都有详细的记载。尤其是《氾胜之书》的叙述更为详细，这部书虽已久佚，但由贾思勰《齐民要术》中所征引的还可以看到一斑。正如《吕氏春秋》一样，它主要记载关中农事的情形，而详尽则又过之。

就两汉的种稻来说，关中仍是一个主要地区。这在《氾胜之书》中可以看出整个的状况。不过还应该再作具体的说明。西汉中叶，关中的人们称道郑国渠和白渠的灌溉好处，说是："泾水一石，其泥数斗。且溉且粪，长我禾黍。"① 黍字是没有问题的，禾字的含义倒是值得研究一下。孔颖达解释《诗·豳风·七月》篇的"十月纳禾稼"的禾字，说是农作物的大名。如果是这样，这里面是应包括稻的。但是《吕氏春秋·审时》篇所说的禾，分明是指现在谷子，与稻无关。不过根据汉武帝时东方朔所称道的关中的富庶，说是灞浐之西，泾渭之南，盛产秔稻梨栗等物产。郑国渠和白渠都是由泾水引出的，所以也应该是种稻的地区。②

由关中往东，正是伊洛流域。在战国时代，东西二周曾以种稻问题发生过纠纷。到了两汉魏晋，这里不仅种稻，而且所种的稻还是相当有名，尤其是伊水沿岸的新城（在今河南洛阳南）所产的稻更是名重一时，曹丕《与朝臣书》就一再称道，说是："上风炊之，五里闻香。"③ 直到晋初，还在这里特设田兵，专意种稻。④

两汉时另一个产稻地区为黄河下游以北太行山东各地。西汉末年，黄河一再泛滥，贾让提出治河的策略，其中一个措施是在河旁开凿渠道，引水灌田。这样一方面可以改良河旁的盐卤下湿地，另一方面可以种植秔稻。据他估计，如果改种秔稻，较种麦可以增加

---

① 《汉书》卷二十九《沟洫志》。
② 《汉书》卷六十五《东方朔传》。
③ 《艺文类聚》卷八十五《百谷部·秔》。
④ 《晋书》卷二十六《食货志》。

收成五倍到十倍。① 他的整个计划未见实行，他的种植秔稻的主张却并不是不切实际的说法。前面说过，战国时代西门豹和史起引漳水灌田的地方也是离此不远，情况应该是相仿佛的。后来到东汉时，崔瑗在汲县开辟过稻田数百顷。② 而太行山东南的河内郡引沁水灌田所种的稻③，更是有名一时。曹魏时卢毓所作的《冀州论》④ 和袁殊所作的《观殊俗》⑤，对这样的情况都一再地称道，可见是名不虚传的。就是到了西晋初年，邺的附近还有种稻的记载。⑥ 可是这里不仅是一个种稻地区，而且它的范围还是相当的庞大。由这里顺黄河而下，到了渤海湾头，那里同样是适于种稻的。东汉初年，张堪为渔阳太守，就曾在狐奴（今河北顺义）开过八千余顷稻田⑦，按照《职方》的记载这里正是幽州的最北部地方。

应该指出，在汉朝的兖、豫诸州，也就是现在的河南东南部、山东西南部和安徽北部的地区，当时是有许多湖泊陂塘的。这些湖泊陂塘的附近正是种稻的地区。东汉初年，秦彭在山阳郡（今山东西南部）兴起稻田数千顷。⑧ 邓晨也修复了汝南的鸿隙陂（在现在河南的汝南、正阳等县东、新蔡县西），灌溉了陂旁数千顷的土地。据说当地的"鱼稻之饶，流衍它郡"。⑨ 这个鸿隙陂在西汉时是相当有名的。西汉末年翟方进为了侵占土地，毁掉鸿隙陂，受到当地人民的憎恨，因为毁掉鸿隙陂就不能再进行种稻，只好改种豆和芋魁

---

① 《汉书》卷二十九《沟洫志》。
② 《后汉书》卷五十二《崔骃传附崔瑗传》。
③ 《水经注》卷九《沁水注》。
④ 《太平御览》卷八百一十九《布帛部六》。
⑤ 《艺文类聚》卷八十五《百谷部》。
⑥ 《晋书》卷二十六《食货志》。
⑦ 《后汉书》卷三十一《张堪传》。
⑧ 《后汉书》卷七十六《循吏·秦彭传》。
⑨ 《后汉书》卷十五《邓晨传》。

了①。正由于这一带湖泊陂塘很多，所以是盛产稻的地区。当地的乡间还特设有稻田守丛草吏的小吏，顾名思义，它所管理的应是一种劝农的工作。邓艾微时，就担任过这样的职位。②当时在修理已有的湖泊陂塘之外，还不时断绝一些河流增筑新陂。夏侯惇在陈留，曾断太寿水作陂。③贾达在豫州，也曾遏鄢、汝诸水，兴造新陂。④郑浑在沛郡，同样在萧、相二县之间（今安徽萧县和宿县）有过新的措施⑤。这种兴修陂塘的工作，实际并不限于豫、兖诸州，杜预在南阳也曾用滍、淯（今河南沙河和白河）诸水灌溉田地。⑥尤其应当指出的是东汉末年曹操所推行的屯田政策。当时屯田地区就是在河南，而许昌（今河南许昌）实为它的中心。这种大规模的屯田有的就是引用了附近河流灌溉稻田的，甚至使流入淮水的河流都受到影响。后来邓艾经营伐吴，屯田的地区改移到淮水以北，停止了许昌附近的重镇，放水流下灌溉下游的新稻田。⑦

　　《周礼·职方》说各州种稻，已经舍关西的雍州不加论述了，再往西去，就超出了当时的版图，自然也不在论述的范围。秦汉时代，版图向西延伸，人们就推行经验，在更西的地方种稻。东汉初年，马援在洮河流域的成就就是一例⑧。马援种稻的规模不能算是很大，但陇山以西的种稻事业应该是从他的时候才开始的。

　　魏晋以后北方有了很大的变化，民族斗争十分激烈，黄河流域的农田由于不断的战争都荒芜起来。北魏统一了北方，使萧条的农业能够得到复苏。鲜卑族本是以畜牧为业，于是黄河南北往往成为

---

① 《汉书》卷八十四《翟方进传》；《后汉书》卷八十二上《方术·许杨传》。
② 《三国志》卷二十八《魏书·邓艾传》。
③ 《三国志》卷九《魏书·夏侯惇传》。
④ 《三国志》卷十五《魏书·贾达传》。
⑤ 《三国志》卷十六《魏书·郑浑传》。
⑥ 《晋书》卷三十四《杜预传》。
⑦ 《三国志》卷二十八《魏书·邓艾传》。
⑧ 《水经注》卷二《河水注》。

牧场。即以河阳一处牧马区域而论，广袤竟有千里，经常养马都在十万匹左右。① 像这样的情况，不要说是种稻，就是麦、黍、稷的种植，也是会受到影响的。

话虽如此，黄河南北的种稻事业并不是就此绝迹。北魏时贾思勰所撰的《齐民要术》，为一代有名的农书。这部书中总结了前人及当时的农业经验，直至现在犹为言农书的人们所珍视。其中叙述了稻的种植方法，原原本本，绝非率尔操觚者所写出。根据他的叙述，可以看出当时人们所种植的，不仅有水稻，而且还有旱稻，这显然是一种很大的进步，因为这样可以在水田之外，兼能利用陆地了。当时南北分裂，贾思勰记载不容易兼及长江流域，当然仅是限于黄河流域的情况，由此可以看出当时黄河流域的人们并不是不再种水稻了。其中在太行山东南淇水上源百门陂附近所产的稻米，明白香洁特点显然突出。② 在黄河以南，北魏时薛虎子在徐州经营稻田③，北齐时李愍在南荆州开渠种稻④，都是难得的事情。徐州即今江苏徐州，南荆州当在今河南信阳附近，当与南朝的农业有关。至于北齐开督亢旧域，岁收稻谷数十万石⑤，真是空谷足音了。

南北朝悠久的分裂局面之后，接着是隋唐长期的统一。不过隋唐时期对北方稻的种植并没有积极的建树，隋初仅有在幽州附近引卢沟河水（今永定河）⑥ 和在蒲州（今山西旧永济县）引涑水两次开稻田的事情⑦。其他再未见有记载。

---

① 《魏书》卷四十四《宇文福传》，及卷一一〇《食货志》。
② 《元和郡县图志》卷十六《卫州百门陂》。
③ 《魏书》卷四十四《薛虎子传》。
④ 《北齐书》卷二十二《李元忠传附李愍传》。
⑤ 《隋书》卷二十四《食货志》。
⑥ 《册府元龟》卷四九七《邦计部·河渠二》。
⑦ 《隋书》卷四十六《杨尚希传》。又按《水经·河水注》，"涑水出汾阴县南四十里，西去河三里……古人壅其流以为陂水种稻。东西二百步，南北百余步。"则蒲州种稻是有相当悠久的历史。杨尚希大概是踵旧迹开辟的。

隋朝历年短促，种稻不多，无足深怪。唐朝三百年间，比之隋朝却也多不了很多。唐时北方种稻最盛的地区是在关中。西起陇山以东的汧阳（今陕西汧阳县）①，东至洛水下游黄河西岸②，北边到了泾水以北的郑白二渠③和渭水北岸的栎阳附近（今陕西临潼东北）④以及长安⑤和鄠杜等地⑥，都为当时关中种稻的中心地区。唐朝赋税制度北方各地例不征米，说明北方种稻地区是有一定的限度的，但京兆府绛州和淄州却都征米⑦，正说明这些地方产米的优良。京兆府即是长安，正是关中地区的中心，绛州为现在山西侯马，淄州则在现在山东的旧淄川县。由关中往东潼关之外，夹黄河两岸，中条、崤山隔河相对如屏障一样。虽然如此，这里的农村还依然有"满畦秋水稻苗平"的景象⑧。"开元末年，张九龄曾为河南开稻田使"⑨，这样事情说明至少在隋和唐初，河南种稻不盛才引起统治阶级的关心。好像当时对此有一番措施，其实也并没有很多的成就。唐时河南一道有数十州之多，张九龄只在其中几州内推广种稻。后来因为费功无利，连屯田也一并作为罢论⑩。稍后几年，河南陕（今河南三门峡市）、许（今河南许昌）、豫（今河南汝南）、寿（今安徽寿县）等四州，还曾经开垦过稻田⑪，那和张九龄无关，因为张九龄已经离开相位。这四州中的许、豫、寿诸州是在今河南东南和安徽西北，那里河流纵横，本是适宜种植稻的地区。中唐以后孟元阳

---

① 韦庄《浣花集》卷八《题汧阳县马跑泉李学士别业》。
② 《旧唐书》卷一八五下《姜师度传》。
③ 《唐会要》卷八十九《疏凿利人》。
④ 《唐大诏令集》卷七十三《开元二十六年正月亲祀东郊德音》。
⑤ 《旧唐书》卷九《玄宗下》；《唐会要》卷八十九《疏凿利人》。
⑥ 《浣花集》卷八《鄠杜旧居二首》。
⑦ 《新唐书》卷三十九《地理志》；《元和郡县图志》卷十一《河南道淄州》。
⑧ 《浣花集》卷一《虢州涧东居作》。
⑨ 《旧唐书》卷八《玄宗上》；《新唐书》卷六十二《宰相表》。
⑩ 《旧唐书》卷九十九《张九龄传》。
⑪ 《旧唐书》卷九《玄宗下》。

还曾在那里种稻，解决了当地驻军的给养问题。① 就是和许、豫两州接壤的陈州（今河南淮阳）也一样有稻粱的种植，人民得到它的利益。陈州种稻是恢复了三国时期邓艾兴修水利的故迹，是有它的渊源的。② 唐时黄河以南种稻的地区还有可以称道的，现在山东安丘县南有一条浯水，在唐时浯水南岸稻田相望，竟有数万顷之多③，那一带本来是有种稻的基础的，远至汉代，那里还设有一个稻县④。稻县的遗址在现在高密县的西南，而高密县和安丘县正是东南的邻县。那个县改称稻县，不用说是以产稻得名的了。和张九龄的事情相仿佛的，也是在开元的时候，宇文融曾经策划在黄河以北开王莽河，溉田种稻。不久，宇文融得罪，计划也就停顿了。⑤ 见于记载的，还有唐朝末年，河北沧州（今河北沧县）野稻二千余顷的成熟，救济一方饥馑的事情。⑥ 唐朝在河北新修水利很多，却没有见到那些水田种稻的记载，想来大概在这方面没有致力。唐时制度，各地驻军设有营田，营田是水陆兼作⑦，可能一部分是种稻的。不过营田分布在全国各地，说不上就是在北方地区。不过像郭元振令凉州驻军在当地种稻，却是有很大收获的⑧。凉州在河西，郭元振所致力的，比较东汉的马援在洮水流域的经营，又向西进了一步。

还应当指出，在东北的渤海国⑨，和在西域的焉耆⑩、龟兹⑪、

――――――――――

① 《旧唐书》卷一五一《孟元阳传》。
② 《旧五代史》卷一四《赵珝传》。
③ 《元和郡县图志》卷十一《密州辅唐县浯水堰》条。
④ 《汉书》卷二十八《地理志》。
⑤ 《旧唐书》卷四十八《食货志》。
⑥ 《新唐书》卷三十九《地理志》。
⑦ 《新唐书》卷五十三《食货志》。
⑧ 《旧唐书》卷九十七《郭元振传》；《新唐书》卷一二二《郭震传》。
⑨ 《新唐书》卷二一九《北狄·渤海传》。
⑩ 《魏书》卷一〇二《西域·焉耆传》。
⑪ 《魏书》卷一〇二《西域·龟兹传》；《隋书》卷八十三《西域·龟兹传》；《新唐书》卷二二一上《西域·龟兹传》。

疏勒、于阗①等国的人民也都在种稻。渤海国在现在吉林省和黑龙江省的东南部，焉耆、龟兹、疏勒、于阗四国，也就是现在新疆天山以南的焉耆、库车、疏勒、于阗等四县。以黄河流域来比较，这些地方是更在北方了。西域诸地在古代是东西交通的孔道，当地稻种的传布，是否即与内地有关？尚待考究。渤海国的文化受唐朝的影响很大，渤海种稻的技术，毫无疑问是由唐朝传过来的。

到了北宋，种稻地区有了新的变化。这时关中已经不再听到种稻的事情，而河北白沟以南的雄（今河北涿县）、莫（今河北任丘）、霸（今河北霸县）、保（今河北保定）、定（今河北定县）诸州和平戎（今河北旧新镇县）、顺安（今河北高阳）驻军以及边吴淀（今河北高阳）、长城口（今河北徐水）等地都相继种起稻来②，这些地方所以种稻，并不是沿袭着唐朝的旧规模，而是何承矩等人努力提倡的结果③。黄河以北也还有种稻的地区，这是在太行山的东南，黄河的北岸④，至于黄河以南，当时种稻的地区反而不太多，见于记载的，只有洛阳⑤和汝州⑥等处。由于北宋的种稻，也引起契丹的种稻。北宋在白沟以南的种稻，其目的是利用沿边的塘泺，一面充实军粮，一面广开水田，企图阻碍契丹人南侵的马足。契丹方面曾经禁止沿边的人民种稻，其目的与北宋相反。后来契丹允许人民在白沟附近行军道路以外的地方种稻，这说明契丹虽是游牧民族，在受到宋人的影响后，也知道了种稻的好处⑦。

北宋和契丹崩溃后，女真及蒙古相继统治了北方各地。这些游

---

① 《隋书》卷八十三《西域·疏勒于阗传》。
② 《宋史》卷九十五《仁宗纪》；卷一百七十六《食货志》；卷二百七十三《何承矩传》。
③ 《宋史》卷一百七十六《食货上四》；卷二百七十三《何承矩传》。
④ 《宋史》卷三百二十一《陈襄传》。
⑤ （南宋）朱牟：《曲洧旧闻》卷三。
⑥ 《宋史》卷一百七十六《食货上四》。
⑦ 《辽史》卷二十二《道宗纪二》。

牧民族同样不擅长经营农业，北方在兵荒马乱的骚扰下，农业也是十分萧条。女真统治下的黄河以北，仅太行山东黄河流域偶有种稻的事情①。女真统治的后期，黄河以南的唐、鄂、裕、蔡、息、归德（今河南泌阳、鄂县、方城、汝南、息县、商丘）、颍、亳（今安徽阜阳、亳县）诸州及砀山（今安徽砀山县）等处，也都还有稻田②。不过已近于淮水和长江流域了。

到了元朝，大都（北京）附近的蓟州、渔阳（今蓟县）有了稻的种植，而且卓有成效③。后来又在这样的基础上向附近地区扩大，于是西至西山，南至保定、河间，北抵檀、顺（今河北密云、顺义）东至迁民镇（今河北旧临榆县）都成了种稻的区域了④。郭守敬为元朝水利名家，经过他的提倡和规划，漳滏二水流域的磁州、滏阳、邯郸、永年等处都成了种稻的良田。这些地方都在现在河北的南部。郭守敬的办法还实行到黄河以北的武陟和孟县⑤。到了元朝末年，章德、卫辉等府也都种起稻来了⑥，当时虞集还提倡在渤海之滨，北起辽河，南及青徐，都经营稻田⑦，如果他的主张能够实现，太行山东，直至海滨，都成了种稻的地区了。

到了明朝，提倡在北京附近种稻的人们更多了。徐贞明⑧、汪应蛟⑨、左光斗⑩、董应举⑪都有很多努力。徐贞明为了提倡种稻，还

---

① 《林文忠公政书·畿辅水利议·历代开治水田成效考》。
② 《金史》卷四十七《食货志二》；卷五十《食货志五》。
③ 《天下郡国利病书》六《永平府志》。
④ 《元史》卷四十二、四十三，《顺帝纪五》《顺帝纪六》。
⑤ 《元史》卷一百六十四《郭守敬传》；《林文忠公政书·畿辅水利议·直隶土性宜稻有水皆可成田议》。
⑥ 《元史》卷五十《五行志一》。
⑦ 《元史》卷一百八十一《虞集传》。
⑧ 徐贞明《潞水客谈》；《明史》卷二百二十三《徐贞明传》。
⑨ 《明史》卷二百四十一《汪应蛟传》。
⑩ 《明史》卷二百四十四《左光斗传》。
⑪ 《明史》卷二百四十二《董应举传》。

特意著了一部《潞水客谈》的书，说明在北方种稻并不是没有条件的。他在北京以东永平（今河北昌黎）一带推广种稻，获得了卓越的成就。现在唐山市附近尚有以上稻地、下稻地为名的村庄，就是当时种稻的所在。汪应蛟也在天津以南开垦了许多稻田。正由于他们的提倡，北京附近除永平、天津而外，种稻的地区还有房山、宝坻①、易县以及其以南的河间、定州、正定、邢台②，再往南去，还有河南的卫辉府等地③。当时在黄河以南也还有若干种稻的地区，为陕西的长安④、河南的确山以及山东的沂州等地⑤。

到了清代前期，北方种稻也没有减色。北京附近和直隶（即现在的河北省）种稻的县份显然有所增多。北京以东的玉田、丰润⑥，本是产稻之乡，这时自然是和以前一样，没有什么减色。其余宝坻、宁河（今并入天津）、涿州（今涿州）、房山、霸州（今霸县）、文安（今并入任丘）、蓟州（今蓟县）、平谷、满城（今并入保定）、安肃（今徐水县）、唐县、望都（今并入唐县）、安州（今并入徐水）、迁安、滦州（今滦县）、任丘、天津、正定、行唐（今并入新乐县）、平山、新乐、邢台、沙河（今并入邢台）、南和、平乡、任县（此三县今并入巨鹿县）、磁州（今磁县）、宣化（今旧宣化）、定州（今定县）⑦、香河（今并入宝坻县）、昌平、遵化⑧等，实际河北各地河流纵横，可以种稻的地方还不止此。

清朝初年，李光地、朱轼等一再建议广开水田，认为平原旷野

---

① 《授时通考》卷十《土宜》引（明）袁黄《宝坻劝农书》。
② 《明史》卷八十八《河渠志六》直省水利条。
③ 《明一统志》卷二十八河南卫辉府山川条。
④ 张瀚《松窗梦语》卷二《西游记》。
⑤ 《农政全书》卷二十五《谷部上》。
⑥ 《皇朝经世文编》卷一〇八朱轼《京东水利清形疏》，程瑶田《九谷考》，广百宋斋校印。
⑦ 《畿辅通志》卷九十《水利营田》。
⑧ 吴邦庆《泽农要录》卷三《辨种第三》。

几乎都可种稻①。他们的建议有的多未实现，那只是由于封建统治者不重视人民的利益，一直漠视的缘故，不能就认为他们所说都是空言。

清朝的人们对于北方其他各省的种稻，并不是像对直隶那样注意的，但各地的人民是不断地努力的，如山西的太原和寿阳②，陕西的三原③和华县（今并入渭南）④、河南的嵩县⑤，都有种稻的记载。又如西北甘肃的宁夏⑥和高台、抚（今甘肃旧临泽县）⑦以及东北的沈阳⑧一样开辟有稻田。甚至新疆的库尔勒和叶尔羌（今叶城县）等地也可以看到这样的嘉禾⑨。

鸦片战争以后，帝国主义的侵略无孔不入，它不仅表现在都市方面，就是农村也都受到摧残。在普遍的凋敝情况下，农业生产一般都有低落的现象，北部稻的种植区域不仅是不容易扩大起来，反而逐渐在缩小。

三、种稻地区变化的解释

上面都说各时代种稻的地区多不能就已是当时的全貌，至少也

---

① 《畿辅通志》卷九一《水利营田》。
② 祁寯藻《马首农言》。
③ 杨屾《知本提纲》。
④ 朱书《游历记存》。
⑤ 《嵩县志》卷十五《食货》。
⑥ 赵翼《簷曝杂记》卷四。
⑦ 祁韵士《万里行程记》。
⑧ 方式济《龙沙记略》。
⑨ 郑光祖：《西域旧闻》。关于稻的若干记载参见万国鼎的《中国农学遗产选集》。

可以看出大致的轮廓。这样的轮廓显示出在悠久的历史发展过程中，种稻的地区是曾经有过若干的变化的。是否可以由这些变化之中得出一条种稻地区的界线？那自然是不可能的，同时也是不必要的。一些地方曾经是重要的种稻地区，后来那里种稻少了，甚至于不再听说那里种稻了。这能不能认为那里就不适于种稻了？当然也是不可能的。唐朝中叶以后，河北地区除过唐末在沧州发生过一次自生野稻事情外，不再见有种稻的记载，这种情形一直到北宋初年何承矩在白沟附近各州军推广种稻的时候，一般人竟认为那里是不可能种稻的。何承矩甚至还因此受到批评和攻击，直到他在收获稻谷以后，用车辆载运至开封，才使谤言平息下去①。北京附近固然是一个适于种稻地区，但种稻的事业并不是一直顺利下去。就在明朝徐贞明、左光斗诸人推行种稻时，还受到若干阻碍。左光斗大兴水利之后，邹亢楞才说："三十年前都人不知稻草为何物，今所在皆种稻，水田利也。"② 历史上尽管种稻地区有些缩小，那只是唐中叶至北宋初年的河北地区相仿佛，这是人谋的不臧，是不能由此而得出一条界线，即认为那里已不再适于种稻了。

由上面所说的各时代的种稻地区的轮廓还可以看到，种稻地区多有若干变化，但总的说起来，种稻的地区并不是就此缩减下去，如赫尔曼、瓦格勒等人所说的，是在黄河流域以南，甚至淮水流域也不可完全包括在内。汉唐时代关中种稻相当普遍，这且不要说起，两汉时豫、兖等处，陂塘罗布，种稻之多，甚至使旁郡都受到好处，这就不能说不是主要的产稻地区了。《周礼》所说的种稻地区是不包括关中在内，这还可以说是记载的疏略。东汉时期洮水流域新辟稻田，唐时河西地区也有了种稻的事情，可见种稻地区不是愈往后来愈缩小，相反倒是由于经验的推广，种稻地区反而较前更愈扩大了。

---

① 《宋会要辑稿》卷一百二十二《食货四·屯田》。
② 《明史》卷二百四十四《左光斗传》。

既然种稻地区不存在逐渐缩小的问题，那么用气候的变化来推测古代温暖适宜，而后来荒凉干亢，使北方种稻减少的说法，因而也就没有着落了。事实与此恰恰相反，北方的种稻区域并不是在缩小，反而是向北推移。上面所说的西汉时期西北种稻地区最远到关中，东汉初年已发展到洮河流域，到了唐朝中叶，更向西北发展到了河西，从清人记载看出稻在西北的种植地区并不以河西为限，而是达到了天山南北。由东北来说，从春秋战国时起，种稻地区已达到渤海湾头，唐朝中叶种稻的技术又传播到渤海国，这是说现在东北地区，早在唐朝已开始种稻了。也许是后来东北种稻的方法失传了，不过到清朝末年，在现在宁古塔又有人在那里试种稻，而且也获得相当满意的结果①。解放后东北种稻地区不断扩大，不仅小兴安岭和完达山脉的偏僻山麓已经有了稻田，而且在松花江和嫩江两岸也都相当普遍，就是在中苏边界的黑龙江畔的黑河和呼玛县也都成为种稻地区。据最近报道，种稻地区已向北达到了漠河。在祖国的版图上，漠河已是最北地方。情形既然如此，怎能说稻的区域逐渐向南退却，而得出古代北方气候比现在温暖的结论？

从历史的记载看来也没有发现近现代的北方气候有转暖的象征，因此也就不节外生枝说稻的种植区域向北扩移是北方气候的转暖。事实上北方的气候是完全适合于稻的生长的，就以黑龙江省来说，那里尽管气候寒冷，每年无霜期，仍然有100—140天的光量，而水稻的成长期只是要80—100天就可以了，最北的黑龙江正是如此，那么黄河流域附近不能说由于古今气候差异而有那样悬殊的变化。由此可见，用古今气候的不同来说明北方产稻地区的变化，不仅是不必要的，而且也与事实是不相符合的。

北方种稻地区所以不断有所变化，在某些时候有了缩小种植范围的情形，这并不是由于古今气候的差异，而是由于水利的兴修和

---

① 康伟忠：《我国最北的水稻》，《人民日报》，1957年12月9日。

废弛的缘故。固然在北方曾有过旱稻的种植①，但水稻实居于主要的地位。由北方种稻地区来看，凡是适宜种稻的地区，都是能够兴修水利的处所。关中平原由于泾渭两河的灌溉，使种稻的事业持续很久。黄河以北，太行山以东的河北平原，也是个适宜种稻地区，这里由太行山山脉上和燕山山脉上流下许多河流，引水灌溉比较方便。黄河以南各地，所以有广大的种稻事业，不仅由于那里在古代是湖泊区域，而且像汝、颖等水也都适宜于灌溉，泰山南北的泗水和淄水，使齐鲁等地的种稻也有了相当的基础。太行山西的汾河流域也是一个适宜种稻的地区。汉唐两代所以能推广种稻到陇西、河西，正是那里有洮河和祁连山流下的水来灌溉田地。

虽然有这些有利的自然条件可以发展稻的种植，可是原来的种稻地区并未能完全巩固下来。这既不是气候的原因，也更不是其他各种的自然原因，主要是社会制度的问题。就以封建社会来说，土地所有权掌握在封建地主手里，他们控制了水流，人们不能自己引用水流灌溉田地，不要说稻田用水不易，就是其他的农作物也一样感到困难，这种情形在过去兴修过水利的地方都不难看见。情形既然如此，所以推广稻田的种植时，也就不能不受到影响，甚至本来就是种稻的地方，也逐渐不再种稻了。关中泾水等渠的变迁和废弛而影响到当地的种稻事业就是一个具体的说明。唐朝的达官贵人在泾水等渠旁盛修碾硙，使渠旁农田由于缺水相继荒芜起来。

在封建社会里，豪门贵族为了攫取更多的土地，除了侵占和夺取之外，甚至毁坏和填塞已有水利效果的湖泊陂塘使它成为田地，然后据为己有，前面说过，西汉末年翟方进在汝南毁坏鸿隙陂，也是具体的例证。鸿隙陂既毁，陂旁种稻的田地只好改种其他作物了。西晋初年，杜预还曾经一再建议，主张毁坏兖、豫两州的陂塘改水田为旱地。杜预所以提出这种主张，据说稻田的耕作是火耕水耨，

---

① 《齐民要术》卷二《旱稻》；《农政全书》卷二十五《谷部上》。

不如旱地的能够精耕细作①。从耕作方法看来，好像他们的主张也能言之有理，实际的目的却是另有所在。这种毁坏湖泊、侵占土地的方法，想系当时豪门贵族所熟知习用，所以在东晋南渡之后，由北方南迁的大族们，还经常利用这种办法来饱他们自己的私想。同样的情形，开凿渠道是要用去若干土地的，豪门贵族既然对现有的湖泊还要毁坏，新开的渠道占用了他们的土地，也要受到他们的阻碍的。明朝徐贞明在京东永平等处倡议种稻时，就因为这种原因受到非议而中途失败。

当然从总的方面说来，古代的人民兴修水利是有相当的成就的。不过由于时代的限制，还未能充分使可以利用的河流发挥它的功效。前面说过，东汉末年，黄河南地区以许昌为中心的屯田种稻，曾经获得很大的成效。但是由于不能建设较大的水库储蓄水流，所以后来屯田地区移到淮河附近，要引用水流灌溉那里的稻田，许昌附近的稻田只好废去。明清时期，河北各地种稻所以受到阻碍，灌溉水源的困难也是其中一个原因。当时王朝建都北京，而北方粮食全仰给于东南各地，由东南各地运输粮食全仗一线运河。为了运道畅通，就得保持运河中的一定水位，尽量利用附近有关的水，因而使附近的稻田失去灌溉的水源。东南各地固然盛产粮食，但是荒芜了北方若干稻田而仰给运道的运输，自然不算是一种上策。

正由于北方水利的破坏，原来的水田也逐渐成了旱地，以前种稻地方，只好改种二麦及其他杂粮，历时稍久，人们就会忘记种稻的技术，因为也不习惯种稻了。

由上面的叙述看来，明清时代北方各地种稻的地区以河北较为广大，这并不能解释为其他各地就不如河北，而不适于种稻的。当然河北种稻是有一定的有利条件的。太行山脉和燕山山脉流下来的一些河流，使稻田的灌溉有较多的水源。但应该注意到这是由于一

---

① 《晋书》卷二十六《食货志》。

些人们的提倡和推广，能够有那些成就是与徐贞明、汪应蛟等人的努力分不开的。其他各地水利失修之后，人们只好废去稻田，改种其他作物，历年既久，若是无人再提倡和推广，于是原来的种稻地区也就逐渐消失了。

当然，北方稻田所以减少的原因，也与统治阶级所引起的战争以及若干少数民族上层统治集团发动的侵入有关。隋唐时期，关中长安附近本是一片种稻的地区，唐朝中叶以后，不断的战争，使长安城最后大半毁成瓦砾，农田水利事业也就随之毁坏，著名的郑国渠经过唐末五代可以灌溉田地的数目已经到了无足称道的程度。水田既已无水，农民只好改种麦黍等作物了。又如隋唐时期的河北地区，也有同样的遭遇。唐代中叶以前，那里并不是没有种稻的事情，安史之乱及其以后的藩镇割据，也经常发生战争，而且继续了若干年代，原有的水利基础几乎完全破坏。契丹势力南渐，北宋为了阻止他们的入侵，在北边普遍修掘塘泺，改变了附近河流水道的形势。这就影响了当地农作物的种植，人们不能不以麦黍等作物代替稻的种植。因为历年久了，人们对于种稻的知识和种稻的技术也不免生疏和遗忘，甚而还认为那里根本不适于种稻了。前面说过，北宋时，何承矩在那里种稻时，还受到若干人的阻碍，可见其影响之深了。

还应该指出，鸦片战争之后，帝国主义的经济侵略也促使北方各地种稻地区的缩小。帝国主义的侵略使我国降至殖民地和半殖民地的地位。殖民地和半殖民地的经济是受到帝国主义控制和支配的。他们不仅把殖民地和半殖民地看成货物销售的场所，而且视为原料供给的地区。他们可以任意抬高和压低物价的办法或者以其他的手段，使人们生产和种植他们所需要的物品。即以南方各省而论，那里本是富庶的种稻地区，可是清朝末年以后，那里稻的种植也有减少的情形了，甚至若干都市的仓粮还须仰给于进口的大米。当然，那里稻产量的减少也有若干原因，不能一概而论，至少帝国主义的侵略是不能辞其责的。北方种稻地区自来没有南方的广大，但也不能避免帝国主义无孔不入的侵蚀。这里不妨举出一例作为说明，北方本来是不种供应制纸烟需要的烟叶，自帝国主义在华设厂制造纸烟之后，需要内地供给廉价的原料，于是山东潍坊，河南许昌、襄城等地都盛种烟叶了。其他经济价值较高而且适合帝国主义需要的农作物也有相同的情形。稻麦等粮食作物受了这样的影响也就不能不减产。种稻的技术条件和人工的需要比种麦的要求为高，它所受的影响也就更大了。

解放以后，在党和政府的英明领导下，摧毁了封建束缚，清除了帝国主义的经济侵略，也改变了人为习惯，大力扭转北方各地不能种稻的风气，并且已经取得了很大的成绩，使北方种稻的地区一再向北扩展。如前所说，北方种稻的地区达到黑龙江的漠河，那里已是我国的北界了。十余年来，水利建设积极发展，不仅平原地方兴修了水利，而且高原丘陵地区也有了灌溉。稻的种植区域不仅向北发展，而且也向高原山地发展。陕西宜君县的成效，就是一个显著的例子。以前宜君县因为是山区就一直不能种稻，现在不仅种上了稻，而且也获得很大的丰收。根据《全国农业发展纲要》的规定，我国水稻种植面积从1956年起，在十二年内要求再增加两亿五千万亩。我国南方已经是种稻地区，固然还可以调整土地，增加种植面积，不过这两亿五千万亩将要增加的水稻大部分是应该向北方各地扩展的。

党和政府领导的正确和十年来的具体事实证明，《全国农业发展纲要》规定的数目肯定是能够实现的。在不久的时候，北方若干地区都是可以变成鱼米之乡的。

四、结 论

稻在北方各处的种植地区曾经是相当广大的，而且还曾经为北方主要农作物之一。在悠久的历史过程中，这样的区域不时发生变化。有些时期种植范围曾经一再缩小而为产麦地区所代替。为什么会如此？是不是还可以恢复或超过？有些人们曾作过不同解释，大体说来是归因于自然条件的变化。如果真是这样，在北方发展种稻确是没有希望的。帝国主义分子甚至划出一条具体界线，想企图证明北方的种稻是不可能的。事实的发展并不是这样简单。北方种稻地区虽然有过缩小，但并不能委之于自然条件的变化。因为在悠久历史时代里，北方种稻区域有时是缩减，有时却是在扩大。这种情况也还不止一次。如果仅在自然条件上求原因，像这样情形又怎样来解释？其实这种变化的原因完全是人为的。在阶级社会里是会有这种变化的，再加上帝国主义的经济侵略，情形就日趋严重。只有毁掉了这些反动的枷锁，才能扭转这种形势。这是问题的核心。不从这方面解释，一切都是徒劳的。因此在历史上，也不必强求划出一条种稻的界线，实际也是没有这条界线的。

十多年来，在党和政府的领导下，农业和水利的发展，已经对这个事情作了具体的说明。稻的种植在北方的发展是没有界线的，无论在西北和东北，从前不种稻的地区现在却普遍种稻了，而且一直种植到黑龙江边的漠河，那里是我国最北的地方。党和政府领导人民不断向前迈进，北方种稻面积与日俱增，广大的北方土地是会和江南的鱼米之乡相媲美的。

中国的古都和大古都①

我国历史悠久。在这悠长的历史时期里，先后建立了许多王朝或政权，有的雄居宇内，有的是分散割据。不论其统治的范围大小和形式，都各自有其都城，有的还多至几个。据统计，这样大大小小的都城，分布在全国各地共有两百多处。这在当前并世各国是难以比拟的。当时的都城是各个王朝或政权统治区域的政治中心，也是文化中心，甚至有的还可能是经济中心。虽然这些王朝和政权都已先后崩逝，烟消云散，但这些都城在当时作为政治、文化，甚至经济中心，还是值得重视的。有的都城，由于它的地位重要、文化悠久，直到现在仍是具有重要地位的大城市。看到今日许多这样大城市突飞猛进地发展，再想到过去，它的形成与发展，还是值得研究与探索的。中国古都学会的成立，就是为了探索这些古都的兴起、发展、繁荣、萧条的过程，保护其遗迹并进而探索它成为现代都市的因素和可能。

中国古都学会成立于1982年，是在当时所谓六大古都的基础上成立起来的。所谓六大古都是指西安、洛阳、南京、开封、北京和杭州。由于这几年的发展，许多关心古都的人士都相继参加，一些原来古都的所在地都成立了各自的古都学会，到现在已有十几个了。在这几年中，中国古都学会考虑到过去传说的六大古都并不能包括

---

① 此文写在"陕西师范大学历史地理研究所"稿纸上，文中提到1989年，当作于1989年后。文章旨在讨论"古都"与"大古都"的标准。整理者注。

历史上所有的大古都，比如河南安阳，这个过去很少提及的古都，是有它的悠久历史渊源的，安阳作为古都的历史，可以远溯到商代的中叶，从盘庚迁殷开始，一直到它的灭亡，先后共有四百多年。殷墟的名称至少在战国秦汉时已有了，经过清末的考古发掘，才为世人所重视。应该说这是迄今经过考古发掘，了无疑义的我国最早的一座都城。殷朝灭亡后，这里不再作为都城，虽然暂时不作都城，但作为当时太行山东、漳水流域的重镇，还是有它的重要意义的。曹魏时把它列为五都之一，还只是陪都，不能作为正式都城。十六国时期后赵和前燕据此称雄太行山东西。南北朝时东魏和北齐也曾在这里建都。先后合起来也有五六百年。从任何方面来讲，这都应该作为大古都。所以1989年在安阳举行第六次中国古都学会年会时，与会同仁一致同意把安阳作为大古都之一。

原来所说的六大古都是怎样提起的？现在已经无从稽考，可能是在三十年代已经有了这样的说法，后来因而就为大家所通用了。提出这六大古都，是根据什么条件提出的，也不易知其究竟。不过还可大体指出它的轮廓。所谓六大古都的历史大都相当悠久，多则千年，少则也有几百年，只有杭州历史较短，只有一百多年。作为这些古都的王朝，它们的版图大致包括了当时中国的全部或大半部。比如说现在西安，古代称为长安。以长安作都城的有十七个王朝或政权。其中秦、西汉、新莽、隋、唐王朝，它们的版图都包括当时中国的全部。有这么多的统一全国王朝在这里建都，就可确定长安的大古都的位置，其他的政权就不必说了。当时也有一些都城，如南京，作为都城，是从三国时期孙吴才开始的，经历了东晋、宋、齐、梁、陈前后王朝，还可算上五代的南唐。它们都不是统一的政权，它们的版图也只是当时中国的一部分，其中以刘宋版图为最大，它越过了淮水，达到了渭水下游的关中和泰山附近的齐鲁，超过了当时中国的一半。应该够得上作为大古都了。其实南京作为大古都，仅仅明代初年一段时期已经具备了资格。明代初年，南京再次作都城，它是统治当时全国的都城，应该和秦汉隋唐的长安相提并论了。其他开封、洛阳、北京也是这样，因而都能列入大古都的行列之中。

在这六大古都中，最可能受人异议的，就只有杭州了。杭州作为都城，是从五代时的吴越国开始的。后来到了宋朝，为金人所压迫，偏安一隅，也就以杭州为都城。论年代，南宋也只是一百多年，把吴越国加起来算也不过两百多年，因此有人说，杭州作为都城，论年代的长短，论疆土的广狭，都不能和其他统一的古都相比较。不过，南宋的版图，虽说偏安一隅，它和金国长期以秦岭和淮水为界，按北宋和以前几个统一的王朝版图来说，秦岭、淮河一线，实际超过了当时中国的一半。南宋虽偏安了，但在我国的传统史籍中，还没有把它作为割据的政权看待，所以历年虽短，它还是具有大古都的条件。况且六大古都说法大致已有半世纪了，约定俗成，就用不着有什么改变了。问题是在今后，在我们两百多所古都中，到底有几个大古都，现在已有人议论了，据说国外有人说有十一个，具体情况不太清楚，不便在这里议论了。

作为大古都应该有一定条件，不必说有多少大古都，包括哪些古都，还是应先考虑一下具备条件。过去所说六大古都未能尽满人意，比如就没有包括安阳这个古都。但是作为古都还是有一定因素的。刚才只是稍稍涉及一下，这里不妨再从头说。

大古都和一般古都是应该有所区别的。最为明显的一点，就是历年的久暂。有些古都由于历年过于短促，即令在那建立过政权，在短促岁月中，是难于有所建树的，因而就不能和历年长久的古都相比拟。这就是说论年代的久远应该是作为大古都的最重要的条件。作为大古都都有的历年久远，像长安这个古都，在这里建立王朝、政权加起来，已超过一千年，这是任何大都都不可比拟的。但作为大古都来说，至少不应该在一百年以下。是否可以二百年为起点，能够历年两百才初步考虑它作为大古都？

年代的久远这只是其中一点，不能以此为唯一标准。古都是有关王朝或政权的，还应看有关王朝或政权统治时期，它所统治的版图是否能代表当时整个中国。比如秦、汉、隋、唐、明、清，它们版图的广狭虽间有不同处，但都应是代表当时的整个中国的。这是一最高条件。如不能统治当时的整个版图，至少它应该统治当时的中国一半以上的版图，不然只好说它是割据一方的政权。割据一方政权不能代表当时的整个中国。当然应作补充说明，有些大古都在历年久远上和它统治的版图说，作为大古都它是无可非议的。但就在这些古都中，也曾经有短促的王朝或政权在那里建都，比如开封，作为北宋王朝都城来说，在年代上，在王朝统治的版图上，都是可以称道的。但在开封建都的还有许多王朝或政权，比如五代时的后梁、后晋、后汉和后周，论年代这四个王朝合起来也还不到五十年，论版图它们只是统治黄河流域，秦岭、淮水以南的地方，有时顾到，有时也顾不到。但如果只就这几个王朝来说，开封是不能算作大古都的。不过它的年代可以和北宋一块计算。北宋在开封建都的年代不能说是很短，加上这几个小王朝当然就更长了。开封作为都城还远可溯到战国时魏国的大梁。魏都于大梁前后也有几百年，但魏国并非统一的王朝，只能算是割据的政权。作为魏国都城的大梁，它是一个普通的古都。但魏和五代时梁、晋、汉、周合起来再加上北宋一代，这显示出开封作为古都的历年悠久，作为大古都也是无可非议的。

在我国历史上统一的王朝诚然是不少的，但其间割据的时期也还是很多的。割据时期除了两方对立外，几个政权并立的也还是不少的。既然是几个政权并立，他们各自的疆土就都有一定局限性，很难说哪一个政权它的版图能达到当时中国一半以上。最早的割据时期应是战国时期，当时并立的各国论年代都是很长的。战国时期和春秋时期不同，春秋时虽是诸侯并立，但都是受封于周王朝，就是有一些诸侯和周王朝关系并不是十分密切，但还是受了周王朝的封号。这些诸侯虽强弱大小各不相同，但名义上受周王朝治理都是一样的，因而这个时期不能称为割据时期。战国时期几个大国论其渊源，都是从春秋时期演变下来，不过它们与周王朝关系就与春秋时期完全不同了。周威烈王二十三年，虽然承认了韩、赵、魏和其他诸国并列，但周王朝对它们竟毫无约束的能力，因而这个时期就称为诸侯称雄割据时期。由这时期到秦始皇统一全国，各国的历年都有好几百年，应该是很长久的。它们并立期间，各自疆域的广狭都是不相同的。按战国后期的楚国来说，它不仅占有吴越的旧土，东北上还灭掉了鲁国，至于陈蔡诸国早在春秋时就归入楚国的版图，可以说它在东方早已超过了淮水流域。但在西方却未能超过秦岭，不仅未越过秦岭，就是巴蜀两国也未能染指，实际上它的版图只不过比其他诸国稍大一些而已，如果把其他六国的疆土相加在一起，那就远比楚国为大了，这样说来它并未达到当时中国的一半以上。在这一时期以后较为久长的割据时期就是三国鼎立了。三国中魏国的版图算是最大了，在西部最南没有越过秦岭，在东部它只是稍稍越过淮水，它的版图并没有超过吴蜀两国合起来的规模，所以它也不能说占据当时中国一半以上。东晋南北朝时政权建立最多，是最为纷乱的时期，东晋偏处东南一隅，最大版图超过了淮水，达到当时的黄河岸边，而且还曾一度取得了关中。这样说来，它的都城建康还应和洛阳一样，大体上还是中国的大都城。到了南朝，疆土日在蹙缩，北魏的疆土在不断扩大中，北魏疆土扩大超过了秦岭淮水一线，离长江也不算很远了，应该说这时重要都城还不是建康而是洛阳了。而洛阳早在东周和东汉时就已够得上大古都了。

再一个较长的割据时期为唐末五代。这时除了中原五个更替王朝外，先后还有并立的十国。这些割据的政权，都难称为广土众民的大国。就是中原的五个王朝，它们的版图也只是比这些割据政权稍大一些而已。五代以后还应提到一重要时期，即北宋、南宋时期，北宋历来认为是统一王朝，可是它的北边还有契丹（辽）、西北还有西夏，实际上是三国并立时期。这时的三国并立与魏蜀吴三国时期不同，北宋的版图是很大的，辽、夏两国虽很强盛，论疆域的范围，它是不能和北宋相比拟，它们不仅说不上占据有当时中国一半以上的土地，应该还要更为狭小。辽后来为金所灭，宋人南渡，偏安江左一隅。夏人仍然独居西北一隅。这时又成为南宋、金、夏鼎立的局面。宋、金两国以秦岭、淮河一线为界，南宋疆域要稍大一些，西夏仍然和北宋时一样，不仅小于金，而且也小于宋。在蒙古灭金过程中，先灭了西夏，如从五代时算起，西夏的历年也算是相当长久，有好几百年，只是它的版图也过于狭小，远达不到当时的中国一半以上。因此它的都城兴庆府也就难于和杭州、开封相并列了。

当然在这几个较长的割据时期以外，还有一些较短的割据时期，比如秦汉之际、两汉之际、十六国、隋唐之际、元明之际都曾建立很多割据政权，不要说所割据土地的大小，仅时间来说，在历史的长河中都只能说是昙花一现而已。

上面所说的其实都是传统的历史说法。不管这些王朝或政权怎样建立，绝大部分出自汉族。我国是多民族的国家，这是自古以来就形成的，论古都的演变，是不能舍离他们的。在历史上北方曾经出现若干的大国，如匈奴、柔然、突厥、回鹘，以至于蒙古。他们所建立政权，都还有相当大的版图，到现在这些版图都已成为域外之地，连都城所在地，单于庭或可汗庭都在域外，这里就不必重新提起。在现在版图之内还值称道的，那就是明代俺答统治的板升，也就是今呼和浩特市。虽也相当广大，但还是不能和明王朝相比拟的。

另外一大国，应该提到的是西方的吐蕃。吐蕃从唐初起就与唐朝相对立，一直到唐后期。它突然占据了唐朝的许多土地，其东疆直达到六盘水的弹筝峡和成都西边的西山，应该是很大了，但它的土宇仍然不能和唐朝相提并论。由于唐王朝疆土的广阔，吐蕃所据有的同样不能超过当时中国的一半。吐蕃在唐末衰落以后，它虽然失去了强国的地位，但是拉萨仍然是它的都城，元朝虽收吐蕃的故土入版图，到明朝时仍不多加过问，作都城的历史，拉萨确实长久。建都的历史虽然长久，吐蕃衰落后，它的土宇就更为狭小了。

西南的南诏，以大理为都城，南诏的建国，可以上溯到唐朝后期。中间确也经过若干变化，连国名都有几次改易。都城都还是在大理，直到蒙古人南下，这个政权才被灭掉。南诏的年代也是悠久的，但它统治范围不出现在的云南省境，所以大理也说不上是大古都。

至于东北方面的族类更是繁杂。鲜卑、契丹、女真，以至满族，都先后崛起于这一方面，也相继南下进入中原。鲜卑、女真统治区域都达到了秦岭和淮水，鲜卑人还超过秦岭和淮水。满族后来还统治了当时的整个中国。它们的都城洛阳、北京应都算是大古都了。洛阳、北京在它们作都城以前，早已都建立过都城，它们在那里建都，增加了当地作为古都的年代。不过这里还应该提到渤海国的都城。渤海立国于唐时，当时称为海东胜国，国力是强盛的，文化也相当发达，它的疆域自辽河以东一直到松花江。虽说是一隅之地，东京城还是受人称道的。

综上所述，在这许多古都之中，作为大古都是应有一定条件的。第一要有悠久的历年，至少在两百年以上。其次，当时所建立的王朝或政权，所统辖的地区应包括当时中国的全部或者一半以上的大部。而且还应在现在城市的附近，值得保护和发展。根据这几个简单条件来说，应只限于提出的七大古都，也就是北京、南京、西安、洛阳、开封、杭州，加上安阳。

上古时代的交通、道路和都会[①]

一、由新石器时期的遗址分布推测交通的起源和当时道路的雏形

1. 交通起源于生产和交换

我国交通的形成和发展，远古之时已肇其端倪。追溯其渊源所在，当始于原始社会。石器时期文化遗址的分布及其间相互的联系，就可以作为说明。

我国原始社会文化遗址，近年迭有发现。其分布的地区极为广泛，东起黑水白山之间，西迄塔里木河上源，北自阴山之北，南至海南岛的南端，莫不有其踪迹，而黄河流域和东海之滨，更显得稠密。其间新石器时期的文化遗址又远较旧石器时期为繁多，显示出人口的增加和社会的发展。

当前，原始社会文化遗址的探索工作正在方兴未艾之际，新的发现仍时有所闻。不过就现有的基础，尚可略事论述。旧石器时期

[①] 本文原载于白寿彝总主编《中国通史》第三卷《上古时代》（上）丙编。原题作"第三章：交通、道路、都会"，收入本书时，对题目进行了修改，删去了"章""节"字样。整理者注。

的人以采集为生，随遇而安，也可能有一定的居处，却难以说就不再在外彷徨游荡。新石器时期的人显然有所进步。虽不免还有赖于采集，实际上已经能够从事生产。既能从事生产，就可能形成定居生涯。这就对于居住地址有所选择。从现在已经发现的其时遗址分布情况看来，显示出当时的人对于地理环境的适应和善于利用的情况。人的生活是离不开水的。当时尚未知掘井，故居住地址就多近于水边泽畔。除了近水之外，尚有其他必备的条件和注意的事项。正是由于能够充分利用地理环境，故其居住地址的使用时期也比较长久。

新石器时期的人不仅能从事生产，而且也有了交换。甘肃洮河流域一些新石器时期遗址和墓葬中曾经发现过玉片和玉瑗[①]。洮河流域并非产玉的地方，这些玉片和玉瑗显然是从他处运来的。不论其来自何方，殆都是经过长途跋涉、辗转负贩才能运来。可见当时不仅有了交通，而且路程也许相当悬远。一些遗址的所在地就已经显示出当时的人对于交道的条件也有所注意。当时的人选择居住地址，如前所说，是离不开水的。这除了生活饮用之外，便利的交通也应是其中不能不加以考虑的因素。一苇之航远较翻山越岭为容易，河流沿岸遗址较为繁多，就是具体的说明。这里不妨先以渭水流域为证。渭水流经陇山东西，陇山以东，沿流平原广袤，尚无若何阻遏；陇山以西，由于地处高原，间杂有山岳，艰于往来，故遗址的分布多沿渭水。渭水发源于渭源县，渭源以东为陇西和武山两县[②]，丹东为甘谷和天水两县[③]，其间遗址络绎不绝。天水以东，即为陇山，越

---

① 安特生：《甘肃考古记》。
② 甘肃省文物管理委员会：《甘肃渭河上游渭源、陇西、武山三县考古调查》，《考古通讯》，1958年第七期。
③ 甘肃省文物管理委员会：《渭河上游天水、甘谷两县考古调查简报》，《考古通讯》，1958年第五期。

陇山而下，由宝鸡市直至渭水入黄河处，遗址陆续相望，未稍减色①。无庸多所解释，远在新石器时期，沿渭水上下的东西交通大道，已经初步形成。

正是由于了解到交通的重要性，新石器时期的人对于居住地址也往往迁就于交通的条件。如前所说，那时的人多喜居住于河流附近，就是这样的道理。还更有甚者，乃是居住于两条河流交会的地方。甘肃永靖县莲花台新石器时期的遗址，正在大夏河和黄河交会之处②，而河南南召县新石器时期的遗址也在黄鸭河和白河交会之处③。就是到现在，两河交汇的地方仍然是交通便利的所在。这其间的规律远在新石器时期已为人们所发现了。

然而，河谷水泽之畔，可资作为居住地址还是有一定的限度的。人口逐渐繁殖增多，河谷水泽之畔就容纳不下。河南浚县大赉店、枋头村等濒于淇水沿岸的地方，现在共有十五个村落，却已发现了十一处新石器时期遗址④，其稠密的程度几与现代相埒。而河南安阳洹河侧畔一个十五里长的地段里，竟已发现了十九处新石器时期遗址⑤。遗址与遗址之间的距离尚不足一里，就是在现在也不是所有的地方都能如此。那时已经有了农业，却还不知道施肥，无由克服地力渐减的自然规律，因而也难于在一地长期居住下去，必须选择新地另行迁居。因而，虽非河谷水泽之畔也就有了更多的居住地区。现在已经发现的新石器时期的遗址，遍布于全国各处，不仅平原地

---

① 石兴邦：《陕西渭水流域新石器时期的仰韶文化》附《陕西渭水流域仰韶文化遗址分布图》，《人文杂志》1957年第二期。

② 《文物工作报导·甘肃省临夏永靖文物普查情况》条，《文物参考资料》1956年第十期。

③ 《文物工作报导·河南南台县史庄乡发现古代遗址》条，《文物参考资料》1955年第三期。

④ 周到：《河南浚县的新石器时代遗址》，《考古通讯》1957年第一期。

⑤ 梁思永：《龙山文化——中国文明的史前期之一》，《考古学报》1954年第七期。

区遗址相当繁多，就是丘陵山地也不乏其踪迹，就是由于这样的缘故。

2. 沿渭水伸延的东西古道路

居住地区既已扩大，交换的范围就相应广泛，交通道路也就难免随之延长，而且逐渐趋于形成较为主要的交通道路。黄河流域以仰韶文化和龙山文化分布的地区最为广大。主要交通道路也较为明显可见。前面曾经说过，渭水沿流由于新石器时期遗址的络绎不绝，显示出其地交通的发达，这里所说的遗址主要就是仰韶文化的遗址。后来龙山文化向西发展，由渭水入黄河处直至陇山之下，皆有分布，几乎原来仰韶文化的旧地都成了龙山文化的新居。这就说明了这条东西大道并不因居人文化的不同而有所兴废。还应该指出，就在这段道路上，东部和西部却不相同。东段在渭水之南，西段在渭水之北。这显示出东段和西段地形的差异。直到现在陇海铁路也还因着这样的成规。可见远在新石器时期，人们已经掌握这里的自然演变的规律。

这条沿渭水的道路，并不仅以渭水为限。渭水入于黄河，黄河东流，这条道路也因之而向东发展，经过现在的洛阳而至于郑州附近。现在郑州以东，遗址少有发现。这不能说当时这里没有居人，而是后来黄河不断的泛滥，地面堆积日厚，遗址被埋愈深，尚未为人所发现。郑州以东本为济水流经的地区。济水是一条古水道，新石器时期当和黄河、渭水同时存在。济水下游直至东海之滨乃是龙山文化最为发达的地区，由今东阿、平阴等处，经济南、淄博各地，而至于东海之滨，可以显示出是曾经有过一条主要的交通道路①。也

---

① 这条道路所经过的各地遗址，皆据有关的考古刊物和文献，由于篇幅有限，恕不一一注明出处。下文有关的遗址亦同。

可以说，由东海之滨可以西至渭水源头。渭水发源于鸟鼠山，这条道路却并非就止于鸟鼠山。鸟鼠山西为洮河流域，再西为湟水流域。这里是齐家文化和马家窑文化发达的地区。马家窑文化和齐家文化不仅向西发展，就是渭水上游也时有其踪迹，特别是齐家文化更东至秦安天水等处。因而这样一条东西大道是会由渭水沿流向西通到湟水流域的。

3. 黄河中下游的三条南北古道路

根据这样的道理，在黄河中下游，还可能有三条主要的交通道路。而这三条道路既富有仰韶文化遗址，龙山文化遗址也非少数。遗址络绎不绝，宛然如线，不能谓非道路所经过。太行山东，今京广铁路沿线各地，如石家庄、邢台、邯郸、安阳、新乡诸市及永年、磁县、汤阴、淇县，就兼有仰韶和龙山文化遗址，而其北的曲阳亦有仰韶文化遗址，其南的汲县又有龙山文化遗址。若与今北京市西南其他古文化遗址相联系，谓非一条南北交通道路，恐难说得下去。

太行山西的汾水流域亦是如此。今太原市为山西省会，乃一方交通枢纽。其地就曾发现过仰韶文化和龙山文化的遗址。沿汾水而下，临汾市和洪洞、襄汾诸县也皆有发现。论其稠密程度似不如太行山东邢台、邯郸诸市间，然汾水并非细流，较之太行山东平原旷野，当更易利用从事交通运输。所可异者，汾水下游之南为涑水流域，涑水沿流的遗址似较汾水中下游为更多。以现在交通来说，这都是同蒲铁路南段经过的地方。若非当时也是一条主要交通道路，如何能这样古今巧合？

经过现在陕西延安、黄陵等县市，可能在当时也是一条南北通行的大道。因为在宜君、洛川、富县、甘泉，以及延安之北的安塞、子长、延川、清涧、绥德、米脂以至于榆林、府谷等县皆有遗址的发现。这和现在的道路也是吻合的。黄陵、宜君以南，山岭重叠，使由西安至延安的铁路也不得不改道由其东绕行，然铜川和耀县新石器时期遗址的发现，却可以证明当时的道路是曾经越过这样的山地的。

4. 淮水以南的古交通

这样的情况也见于长江和淮水，而淮水沿流较之长江更为明显。也许长江过于浩淼，不如淮水的较易于利用。就在黄河和长江之间，也并非没有交通可言。长江的支流以汉水为最大。汉水也和其他河流一样，新石器时期的人也不是不设法利用的。汉水支流的白河和黄河支流的伊水，相距最近，而这两条支流侧畔的遗址也都有相当的数目，只要越过其间的山地，两方面的交通也还是有可能的。

值得注意的乃是长江流域和珠江流域的交通。珠江虽不如长江的浩淼，却也源远流长。其西江远来的云贵高原，那里的山峦起伏，迄今犹感交通困难，何况数千年前的新石器时期？不过在南岭的两侧，尚可依稀略见其间的关系。长江支流的湘江和赣江皆自南岭流下，而西江支流的漓水和北江的一些支流也皆发源于南岭山下。这些河流的近旁都有相当数目的新石器时期的遗址。其上源有的相距并不很远，舍舟越岭还是有一定的条件的。

这里所说的只是由现在已发现的新石器时期的遗址推测当时的交通道路。主要的依据是其间络绎不绝的遗址。既然络绎不绝就易于扩大交换的关系，因而形成了交通道路。可能当时的交通道路不只就是这几条，只是都不是有相当远的距离，就不必一一论述了。

二、夏、商、周三代的都邑及其间的交通道路

1. 古文献所反映的传说时代的交通

在有关远古的文献中，也有若干交通道路的记载。《史记·五帝本纪》说黄帝，"披山通道，未常宁居。东至于海，登丸山，及岱宗。西至于空桐，登鸡头。南至于江，登熊、湘。北逐荤粥，合符釜山，而邑于涿鹿之阿"。据三家注的解释，则丸山当在今山东昌乐县西南。岱宗即泰山，在今山东泰安县北。空桐山，一说当在今甘肃肃州市东南，一说即鸡头山，当在今宁夏回族自治区固原县西。熊山当在今陕西商县西。湘山当在今湖南益阳市。釜山当在今河北怀来县。涿鹿当在今河北涿鹿县。根据这样的解释，黄帝的行踪殆将遍于全国。惟所至之地相距皆甚悬远，不审果遵何途而后能够到达。其后虞舜也曾远巡，据说"南巡狩，崩于苍梧之野，葬于江南九嶷山，是为零陵"。汉时于今广东、广西两省间置苍梧郡，于今湖南、广西两省间置零陵郡，而九嶷山即在零陵郡的东南。郡虽置于汉时，郡名当有所承受，当与虞舜所至之地有关。如果虞舜果曾出巡，而且到过这些地方，则其渡江之后，当出于湘水一途。这和传说中所说的湘山上娥皇、女英二妃故事相符合，或不至有若何参差。然取何道南渡长江？自来史家皆无所说，恐终难得其真相。后来到了夏禹，据《史记·夏本纪》所载，禹居外治水，十三年过家门不敢入，遂得"开九州，通九道，陂九泽，度九山"。其所取得的成就应该说是相当巨大的。所通的九道何在？《夏本纪》于此下辑录了《尚书·禹贡》篇的全文，可见九道就在其中。《禹贡》一篇诚备载各州的贡道，其详密程度，超迈前世。然这一篇文字实出于战国人

士之手，只是托名夏禹，其实并无若何关系。这种见解已为现代多数学者所公认，无烦在此多事赘述。然禹之治水确是得到世人称道，并非史家妄说。由于治水，禹也确实到过许多地方。《诗·大雅·文王有声》篇说："丰水东注，维禹之绩"，是禹之治水曾经到过丰水流域。《尚书》言禹娶涂山①，《左传》言禹会诸侯于涂山②，《夏本纪》言禹东巡狩至于会稽，皆可以说是一代盛事。但禹果由何途而至于这些地方，仍是难解之谜。旧说涂山在今安徽寿县，会稽在今浙江绍兴市，皆距中原绝远。近人或有对涂山和会稽所在，不以旧说为是③，其间的道路更是难说了。

交通道路也可由历来的战争过程中得知若干梗概。历史上曾经发生过无数次的战争，争战双方进军退军都需要有一定的道路，才不至于贻误战机。古史质朴，往往未能备载。即今有所记载，其确地亦难于实指。黄帝曾与炎帝战于阪泉之野，也与蚩尤战于涿鹿之野。黄帝曾邑于涿鹿，而阪泉乃在涿鹿的附近。是炎帝、蚩尤皆远来寻衅，致起干戈。据《帝王世纪》所说，"则炎帝初都于陈，后徙鲁"。《皇览》多记先代冢墓，据其所说，则蚩尤冢当在今山东东平县。古人冢墓多近于所居之地。如所言果确，则蚩尤亦当和炎帝相仿佛，其所居地皆距涿鹿、阪泉远甚，行军道路出自何途，似尚难于确定。

在远古许多战争中，汤之放桀应为一次大战。商汤与夏桀战于鸣条之野，夏师败绩，汤遂从之，又战于三朡，而后放之于南巢。这是见于《尚书·汤誓》和《仲虺之诰》的记载。在鸣条战前，汤军升自陑。据《伪孔传》的解释，陑在河曲之南，而桀都于安邑，是汤军渡河北征。鸣条在安邑之西，桀既都于安邑，故其战地得在

---

① 《尚书·皋陶谟下》。
② 《左传》哀公七年。
③ 钱穆：《周初地理考》，《燕京学报》，1931年第十期。

安邑附近。三朡在今山东定陶。南巢，《伪孔传》仅说是地名，而未有确处。后人以春秋地名解释，谓在今安徽巢县。如所说果确，则这次战争实为奇迹。汤时居亳。亳地所在说者不一，要以在今山东曹县南者为是。即令此说尚有未审，总是在大河之南，自安邑视之，更当在其东南。汤伐桀是由亳西北行，渡过黄河，战于安邑的鸣条。桀军既败，反向东逃，逃至距亳不远的三朡，由三朡再至南巢，又须经过亳的附近，这样的争战过程，殆有戾于常理。当时太行尚非通途，不审夏桀何能越此东逃？或谓鸣条在今河南长垣县西南。其地距亳与三朡皆非甚远，似较安邑之说为长，然由三朡至南巢的道路，却还有待于稽考。

2. 三代迁都与交通道路的关系

夏、商、周三代皆曾频繁迁都。迁都大计自非轻而易举，往来道路当在审议之中。这样的道路似较帝王游幸巡狩和战争进步易于探寻。这里就从夏都说起。夏的建立始于禹。据说，禹受禅，都平阳，或都安邑，或都晋阳①。也有说在阳城②和阳翟的③。平阳在今山西临汾市西。安邑在今山西夏县西北。晋阳可能就在今山西旧解虞县西北④；或以为在今山西太原市西，那是不可能的。因为直到春秋时，晋国才驱逐所谓戎狄等游牧部族，取得汾水中游的土地，夏禹之时如何能以其地为都？其后，启居于黄台之丘，在现在河南郑州市和密县之间⑤。此事见于《穆天子传》。《穆天子传》虽近于小

---

① 《毛诗正义》卷六《唐谱》疏。
② 《汉书》卷二八《地理志》注臣瓒引《世本》及《汲郡故》。
③ 《汉书》卷二八《地理志》："颍川郡，阳翟，夏禹国"。
④ 《史记》卷四十四《魏世家》正义引《括地志》："晋阳故城今名晋城，在蒲州虞乡县西三十五里。"
⑤ 丁山：《由三代都邑论其民族文化》，刊《历史语言研究所集刊》第五本第一分册。

说家言，然亦不能谓其毫无故实。春秋时人谓夏启有钧台之享。钧台在阳翟，阳翟本为禹都，亦黄台之丘的近郊，不能以出自《穆天子传》而见绌也。太康和最后的桀居于斟寻①，在今河南巩县西南。或谓桀曾都于安邑②，然西周时人谓"伊、洛竭而夏亡"③，安邑固与伊、洛二水无涉。战国时，吴起对魏武侯论夏桀之居，谓"羊肠在其北"④。羊肠在今山西晋城县，若桀居在安邑，就不能用羊肠说夏都。其后相居帝丘⑤，又居斟灌⑥。帝丘在今河南濮阳县西南⑦。又其后，帝杼居原，又迁居于老丘⑧。源在今河南济源县西北，老丘则在今河南旧陈留县。再后，胤甲则居于西河。当在今山西省西南部黄河侧畔。据说，崤山有帝皋的陵墓⑨。古人陵墓与居处相距不远，崤山正近于山西省西南部的黄河。胤甲后两传为帝皋。帝皋及其父孔甲未见迁都事，当因胤甲之旧，以西河为都。或以西河在今河南濮阳县西。古代黄河曾流经今濮阳县西，春秋战国时东土之人多称那里的黄河为西河。然战国时亦有人称今山西西南部的黄河为西河⑩。夏人以西河相称，仅见于胤甲的都城。如上所说，帝相居帝丘，帝丘即在今濮阳县。如帝相时说西河，当指当地的西河而言。胤甲迁都是在帝杼居原居老丘之后，这已远离今濮阳县西的西河，如何还能称那里的黄河为西河？夏人累次迁都，除帝相而外，皆在帝丘之西。以帝相一时的都城，即肯定夏代前后皆以相当今濮阳县

---

① 《水经注》卷二十六《巨洋水》；《汉书》卷二八《地理志》注引《竹书纪年》。
② 《尚书·汤誓》伪孔传。
③ 《国语·周语》伯阳父所说。
④ 《史记》卷六五《吴起传》。
⑤ 《左传》僖公三十一年。
⑥ 《水经注》卷二十六《巨洋水》引《竹书纪年》。
⑦ 《汉书》卷二八《地理志》。
⑧ 《太平御览》卷八二《皇王部》引《纪年》。
⑨ 《左传》僖公三十二年。
⑩ 《太平御览》卷八二《皇王部》引《纪年》。

西的黄河为西河，那是难以与当时的实际相符合的。

商代也曾频繁迁都。从商的先王契至汤就已经迁徙过八次。所迁的都城有蕃、砥石、商、商丘、相土的东都和邺，而汤的都城则在亳①。蕃在今山东滕县境。砥石据说在今河北宁晋、隆尧两县间②。商与商丘当是一地，前后不止一次迁此，故名称亦少有差异。其地当在今河南商丘县。相土的东都据说是在泰山之下，邺则在今河南汤阴县南。泰山之下相当广阔，相土的东都究在何处，殊不易确定。以砥石置于宁晋、隆尧之间，亦只是根据文献考证的结果，因而有人就不以为然。古史渺茫，也只能暂作悬案。

自汤之后，至于盘庚的迁殷，其间尚有五次迁徙。所迁之地为嚣、相、耿、庇、奄③。嚣或作隞，在今河南荥阳县东北。相在今河南内黄县南。庇在今山东旧鱼台县。奄则在今山东曲阜县。这四处所在今地，学者间尚无若何争论。耿之所在似略有歧义。旧说耿在汉时河东皮氏县耿乡，皮氏县为今山西河津县。此说不实，已成定论④。耿或作邢，因而别有两说：其一谓在晋广平郡襄国县，也就是现在河北邢台市。这是据《左传》僖公二十四年的邢、茅、胙、祭为说。其一谓在晋河内平皋县，也就是现在河南温县东北。这是据《左传》宣公六年的邢丘为说。邢丘距当时黄河甚近，故有"圮于耿"之说。至于邢国，则距黄河较远，黄河虽泛滥成灾，实不易使邢国的城池圮毁。祖乙所都当不能远在其地。

---

① 王国维：《观堂集林》卷十二《说自契至于成汤八迁》。
② 丁山《由三代都邑论其民族文化》。
③ 《尚书·盘庚》："不常厥邑，于今五邦。"《释文》引马融说："五邦，谓商丘、亳、嚣、相、耿也。"疏引郑玄说："汤自商徙亳，数商、亳、嚣、相、耿为五。"案：盘庚所迁，不当计入。《太平御览》卷八三《皇王部》引《纪年》："仲丁自亳迁于嚣。河亶甲自嚣迁于相。帝开甲居庇，南庚更自庇迁于奄。"其于祖乙，仅引《纪年》说："祖乙胜即位，是为中宗"，而未及其迁都事。按：《书序传》："祖乙圮于耿"。是祖乙亦曾迁都。合计为五。其说较诸家为胜。
④ 《观堂集林》卷十二《说耿》。

周人也曾一再迁都。周人的历史可以远溯到后稷。这也和商的远祖为契一样，是相当悠久的。后稷居于邰①。邰在今陕西武功县。其后周人辗转于所谓戎狄之间。至公刘始居于豳②。豳的故地约有数处，在今陕西旬邑和彬县。这显示其居地仍在动荡不安之中。接着又相继迁于周原③、程④和丰、镐。再后，又曾一度迁于犬丘⑤。幽王于骊山覆败之后，平王更东迁于雒邑，是为东周。周原在今陕西扶风、岐山两县间。程在今陕西咸阳市东北。丰在今陕西户县东。镐在今西安市西南。犬丘在今陕西兴平县东南。雒邑则在今河南洛阳市。

3. 夏、商的交通

关于夏、商、周三代都城的所在地，学者间尚有不同的意见。这里所提到的也只是一般的说法。就是这样一般的说法，也可以说明这一时期交通的轮廓。可以说，各王朝的都城之间都应有交通道路以相联系，不然所谓迁都也将是不可能的。

夏人在今山西西南部的都城，有平阳、晋阳和安邑三地。这是由涑水流域北至汾水中游的一条道路。前文论彩陶文化时就曾经提到过这条道路，可见它是有由来的。胤甲居西河，其后帝皋亦因故居，未曾迁徙。此西河如前所说，当在今山西西南部晋、陕两省间。再北为龙门山地，夏人都城不会舍平原而趋于丘陵之间。夏后皋之墓在崤山，则西河与崤山是有道路可以相通的。这样的道路不是由晋、陕两省间渡过黄河，并沿河东下，就是越中条山南行。尤其是

---

① 《史记》卷四《周本纪》。
② 《诗经·大雅·公刘》毛传。
③ 《诗经·大雅·绵》。
④ 《逸周书·大匡解》。
⑤ 《汉书》卷二八《地理志》。

越中条山一道，夏初当早已形成。如前所说，太康与桀皆曾都于斟寻，而斟寻就在洛水下游。周人亦称自洛汭延于伊汭，为有夏之居①。周人且称唐叔所封地②和虞仲所封地皆为夏虚③。唐叔所封在汾水下游，虞仲所封在今山西平陆县④。这几处夏人故虚迄至周初尚为人所称道，可知其当年的盛况。其间有交通道路是不容置疑的。

夏人的建国固以这几处夏虚为基础，然夏人却是向东发展的。帝相的东迁帝丘和斟灌，正是具体的表现。在此以前，帝启就曾居于黄台之丘。由伊洛二水间东行，经黄台之丘而达于帝丘和斟灌，正显示出当时黄河以南交通大道的所在。后来东进受挫，帝杼迁都于原，犹不忘情于东土。其再迁于老丘，而老丘正在由黄台之丘东去帝丘的途中。当时的形势是显而易见的。

商人的建都不离黄河下游，或在河南，或在河北。其间交通道路也是相当具体和清晰的。汤居于亳，亳在今山东曹县南，这是无可非议的。相土之东都在泰山之下，这是商人都城东迁最远之地。其实在相土以前，契就曾经迁都到蕃⑤。蕃在今山东滕县境，乃在泰山之南。由亳至泰山之下，如要经过蕃，是不免稍稍绕道的。然继其先王已创的基业总比新修道路为容易。汤以后，商人又在庇、奄两地相继建都，而这两地又皆在由亳经过蕃而至于泰山之下的大道上。可知这条道路不仅已经形成，而且沿用了相当长久的时期。

亳在济水之南，汤时夏人虽已不再东进，然在东土却仍有相当基础。所谓韦、顾、昆吾，就都是夏人的与国。《诗·商颂·长发》：

---

① 《史记》卷四《周本纪》。
② 《左传》定公四年。
③ 《史记》卷三一《吴太伯世家》。
④ 《汉书》卷二八《地理志》。
⑤ 《水经注》卷十九《渭水》："渭水又东径峦都城北。故蕃邑，殷契之所居。《世本》曰：'契居蕃'。阚骃曰：'蕃在郑西'。然则今峦城是矣。"按：商人建都无在崤山以西者，郑西之峦城，必非契都。王国维《说契自至于成汤八迁》以《汉志》鲁国蕃县当之，诚是。

"韦顾既伐，昆吾夏桀"，即指此而言。韦在今滑县东南，顾在今山东鄄城东北。昆吾也就是原来的帝丘。韦就在夏时由伊洛之间至帝丘的道路上。顾于斟灌偏于东南，盖由昆吾直东可以至顾。由亳至顾，越过济水即可达到。虽相距并非很远，却可使黄河以南的东西道和济水以南的东西道路相联系。

契之后，昭明曾迁于砥石①。如前所说，砥石在今河北宁晋、隆尧间。如所说果确，则其地应在大陆泽之北。昭明是由蕃迁往砥石的。蕃与砥石之间应有一条道路。道路何在？已难实指。然砥石之南，溯黄河而上，交通也不是不可能的。就在汤始居亳之前，相土曾居于邺。盘庚迁殷之前，河亶甲又居于相。邺、相两地分峙于黄河的两侧，距河滨又皆甚近，对于水上交通的利用并非不可能的。祖乙圯于耿，为商代的巨变。河患的剧烈使商人不能不为之迁都。可是商人的迁都却还未能远离黄河，黄河水上的交通应是其中的一个诱因。史称商纣之时，"厚赋税以实鹿台之钱，而盈巨桥之粟，益收狗马奇物，充仞宫室。益广沙丘苑台，多取野兽飞鸟置其中"②。又说："纣时稍大其邑，南距朝歌，北据邯郸及沙丘，皆为离宫别馆"③。鹿台在朝歌。朝歌在今河南淇县东北。沙丘在今河北平乡县东北。邯郸当即今河北邯郸市。这些地方都是黄河流经的地区。巨桥为仓名，在巨鹿水上，距沙丘当不甚远。据说当地有漕粟④。漕运是怎么来的？这无疑是要假道黄河了。

4. 西周交通的发展和道路的修整

周人的兴起及其向东发展，使当时的交通呈现系统化和网络化。

---

① 《尚书正义》引《世本》。
② 《史记》卷三《殷本纪》。
③ 《史记》卷三《殷本纪》正义引《竹书纪年》。
④ 《史记》卷三《殷本纪》集解引许慎说。

周人始建都于岐下，和殷人争衡，实施翦商大业。其都城也步步东进，由周原东至程，更至于丰镐。丰镐虽建为都城，周人并未忘情于周原。周原与丰镐间的大道，实为周人本土的主要道路。周武王东征，由盟津渡过黄河，直抵朝歌，与殷纣战于牧野。盟津即孟津，在今河南洛阳市北。武王灭殷归来，营周居于雒邑，纵马于华山之阳，放牛于桃林之虚①。雒邑即今洛阳市，华山在今陕西华阴县南，桃林在今河南灵宝县。这条道路从那时起，直到现在还继续沿用，其间也不免有若干变化，总的趋向仍然没有根本的改变。

作为周人统治地区的东西交通干线，由周原经丰镐至于雒邑的道路只是其间的一段。由雒邑往东，还继续伸延。周公于殷人既灭之后，东向残奄。奄为殷人与国，为周人东方次于殷人的大敌，不能不用兵征讨。奄既被残，周人因以其地建立鲁国。与鲁国并建的为齐国。齐、鲁两国拱卫东土，使殷人余孽不能再事反抗。当时的东西交通干线，最东就通到齐、鲁两国。这条道路和商人以亳为中心的东向交通路线不尽相同。春秋初年，周王使凡伯聘于鲁，戎伐凡伯于楚丘②。楚丘在今山东城武县西南。凡伯聘鲁，为戎所伐，正显示这条道路是要经过楚丘的。楚丘近汤所居之亳，是周时的道路仍有个别段落是因殷人之旧的。

由雒邑经盟津至朝歌是武王灭纣的旧路。纣灭之后，其故土为卫国的封地。卫国之北，尚有邢国。邢国和凡、蒋等国皆为周公之胤③，也是一个重要的封国。邢国故地在今河北邢台市。邢国在朝歌至邯郸这一地区之北，似已出于殷纣的京畿之外。如以砥石在今宁晋、隆尧之间，则邢国所封还未出于商人迁都的地区之外。何况殷纣的沙丘又在邢国故地的东北。这条道路似仍因殷人之旧。邢国以

---

① 《史记》卷四《周本纪》。
② 《左传》隐公七年。
③ 《左传》僖公二十四年。

北未闻有所建置，这条道路可能暂止于邢国。

对于夏人的故土，尤其是唐叔所封的夏虚也未少有疏忽。唐叔所封在汾水下游，汾、涑之间。与唐叔同封尚有其他封国，其最北的封国当为霍国。霍国与管、蔡、鲁、卫等国同为文王之子所封①。其地在今山西霍县，亦即在霍太山之南。周初循汾、涑北行的道路可能即止于此。或谓唐叔所封乃在今太原市。唐叔所封实不能远至今太原市，其证甚多，无须在此一一缕述。唐叔既封于夏虚，夏虚何能亦远在今太原市？这条道路的南端，如前所说，一由河曲渡河，东至于崞山；一越中条山，渡河南行。然自周人建制，则由丰镐东行，渡河之处已移至渭水入黄河处之北。春秋时，秦、晋两国曾经频繁战争，其渡河的地方就在这里。晋侯使吕相绝秦，所说的"入我河曲，伐我涑川，俘我王官，翦我羁马，我是以有河曲之战，东道之不通，则是康公绝我好也"②，就指这条道路而言。王官在今山西临猗县南，羁马在今山西永济县南，涑川即涑水，固皆在这条道路上。

殷商之时，曾经对于"居国南乡"的荆楚进行过征讨。《诗·商颂·殷武》所说的"挞彼殷武，奋伐荆楚，罙入其阻，裒荆之旅"，即指此而言。郑玄释殷人南征，乃是逾方城之陀。方城之陀在今河南方城县，曾长期为南北交通大道经行之地。殷人南征为高宗时事。其时殷人已久居于相当于今河南安阳之殷，由其都城南征可能要经过方城，惟不见史册记载，殆近于想当然之辞。周人克殷之后，对于各方皆大加经营。雒邑的营建为一时少有的重大设施，对于南方各地也具有一定的控制作用。不过这在文献记载上似尚未能见到具体的证明。直至东周初年才略显出一些端倪。骊山之役，幽

---

① 《左传》僖公二十四年。
② 《左传》成公十三年。

王为犬戎所诛杀，诸侯乃即申侯而共立故幽王太子宜臼，是为平王①。申侯应即宣王时受封的申伯。申伯所封在谢，并因谢人为之建城修庙。其地在今河南南阳。《诗·大雅·崧高》一篇，就是专咏申伯受封之诗。诗中一则说："亹亹申伯，王缵之事，于邑于谢，南国是式"；再则说："往近王舅，南土是保"；而且还说："申伯番番，既入于谢，徒御啴啴。周邦咸喜，戎有良翰"。这显然是要申伯担负控制南国的任务，所谓"南国是式""南土是保"，就是这样的意思。申国地位既是如此重要，当然就具有一定的国力，它可以为平王立国的支柱。申国位于雒邑的南方，相距又不很远，其间往来无须假借他途。只是途中崇山峻岭，互相隔绝，仅方城一途可以通过。这就可以证明这是当时由雒邑通往南服的道路。

其实远在申伯封谢以前，周人对江汉之间就已有所经营。《诗·国风》以周召二南开篇。《诗序》解释南的意义，谓"言化自北而南"。郑笺说："从北而南，谓其化从岐周被江汉之域。"按之《汉广》篇所说"汉之广矣，不可泳思；江之永矣，不可方思"；《汝坟》篇所说"遵彼汝坟，伐其条枚"，不仅提到江汉，而且涉及汝水。《江有汜》篇更说到江之有汜、有渚、有沱，就显示出对于江汉的情况有更多的了解，其间的交往也较为频繁。周人灭商之后，汉阳诸姬的受封，更是具体的设施。周人对于江汉地区也曾使用过兵力。昭王南征不复，直至春秋之时，齐桓公还以之作为对楚国问罪之辞②。宣王也曾丧南国之师③。昭王为何不复？楚人的答辞是"君其问诸水滨"！杜预解释说："昭王时，汉非楚境，故不受罪。"楚人虽不承担此事责任，昭王曾经达到过汉水之滨，却是可以肯定的。宣王时的南国，韦昭以"江汉之间"作解释，并引《诗》所说的

---

① 《史记》卷四《周本纪》。
② 《左传》僖公四年。
③ 《国语·周语上》。

"滔滔江汉，南国之纪"作证。这都是无可非议的。这里的问题乃是昭王和宣王究竟是取哪条道路南征的。周初封国，楚国也是其中之一。楚国封于丹阳。丹阳所在说者不一，然以在丹水之阳最具胜义。丹水发源于汉时上雒县①。上雒县即今陕西商县。越过秦岭就距丰镐不远。这应是周初由丰镐通往东南的道路所经过的地方。在西周一代，楚人并未离丹阳南迁。楚人答齐桓公的责难，诿昭王的丧亡非其力之能及，其实楚人徙都于郢，迟至楚文王元年，其时为鲁庄公五年，周庄王八年②。杜预欲为之摆脱，是不可能的。周昭王宣王时，楚都既尚在丹阳，则丹水一途还应是畅通的。前而曾举出《崧高》之诗，诗中说到申伯受封赴国的过程："申伯信迈，王饯于郿。"郿在今陕西眉县，距周原不远。当是其时宣王方有事于周原，故得在其附近为申伯饯行。申国固然与雒邑相近，然申伯赴国当不会舍丹水之途而绕道于雒邑方城也。以申国所在地而论，实可控制丹水和方城两条道路，有一定的重要意义，故申伯赴国之后，"周邦咸喜"。

　　就在西周初年，由于平定所谓淮夷，东南的交通也有所开发。淮夷居地当在淮水下游，因淮水上游周初已有若干诸侯封国，淮夷不能远至其地。周人之所以征讨淮夷，是由于淮夷助管、蔡、武庚反周。战事结束后，周人封康叔于卫，封微子于宋。微子封于宋，是为了奉殷祀③。卫本殷人故土，若为了奉殷祀，是无过于卫了。揆诸当时情势，周人是不会以卫归诸殷人的。宋在商丘。商丘固为商人旧都，然商人旧都甚多，又非汤所居邑，何以微子必封于此？可能除奉殷祀外，还以之控制东方。微子将征于武庚的覆灭，自必唯周人之命是从，不敢再有所反侧。而周人欲通往东南，宋国也是必

---

① 《汉书》卷二八《地理志》。
② 《史记》卷一四《十二诸侯年表》。
③ 《史记》卷三三《鲁周公世家》。

经之地。淮夷虽经用兵征讨，对于周人却不是就此恭顺下去。宣王时，还曾再次出师。《诗·大雅》的《江汉》和《常武》两篇都是歌颂宣王在这方面的武功。《江汉》篇中固然明确指出："既出我车，既设我旟，匪安匪舒，淮夷来铺"。可是以江汉名篇，篇中又屡提到江汉，似与淮夷的具体所在无关。《常武》篇中则显得更为明确。它一则说"率彼淮浦，省此徐土"；再则说"濯征徐国"，而后又说"王犹允塞，徐方既来"。这里所说的淮夷，实际就是徐国。徐为东方之国。后来战国时人托名大禹所撰的《禹贡》，犹以淮海之间为徐州，可见徐国是有相当力量和影响的。宣王时东征之师，就可能经过宋国，而与江汉无涉。这里还应该提到周人灭商以前，太伯和仲雍奔吴的往事。太伯为了让位于季历，与其弟仲雍相偕奔吴，为吴国的初祖①。吴更在淮夷的东南。后来吴国季札北使，还曾道经徐国，是徐国实为东南大道必经之地②。至于太伯仲雍东奔，是否道经徐国，则书阙有间，难以具知了。

这里所说的道路都是以丰镐为中心向外辐射的道路。这是当时主要的道路。此外，还有其他的道路，不过难于和这几条主要的道路相提并论了。《诗·周颂·般》篇就是歌颂周王的巡守和祀岳河海的诗篇。诗中说："於皇时周，陟其高山，嶞山乔岳，允犹翕河。"这是说，周王巡守四方时，登上高山，从事祭祀。就那些小山高岳，也按山川之图，循序祭之。又合九河为一，以大小次序为之祭祀。这样巡守所经的道路，在当时来说，也是相当重要的，不过似不易和那几条主要道路相提并论。因为那几条道路正是周王由中枢控制四方的大道。

夏、商两代对于交通道路的修整，由于史文简略，已不易稽考。周人在这方面却是相当重视的。《诗·小雅·大东》："周道如砥，

---

① 《史记》卷三一《吴太伯世家》。
② 《史记》卷三一《吴太伯世家》。

其直如矢。君子所履，小人所视。"这是说周道像砥石那样的平整，像箭那样的端直。这样的道路只供统治阶级所使用，一般平民只好在旁边看看而已。《诗·小雅·四牡》还说："周道倭迟。"周道当然是相当长远的。这都显示当时修治道路的功力。周人对于修治道路有种种规定。如"雨毕而除道，水涸而成梁"；又如："列树以表道，立鄙食以守路"，直到春秋时期，还为诸侯封国所遵循。陈国以道路为草茀所塞，艰于行走，还曾受到单襄公的批评[①]，即此可见一斑。

三、春秋时期纵贯南北和横通东西的交通道路

1. 南北交通诸道路

平王迁都雒邑，是为东周。不久即入于春秋时期。由于都城的迁徙，雒邑代替了丰镐。也就是说，以前是以丰镐为中心，向外辐射出若干交通道路。这时应以雒邑为中心，向外辐射交通道路。论东周的国力远不能和西周相比拟。不过雒邑在当时是居于"天下之中"[②]，地理条件使它在一定程度保存住这样的交通中心。由于有些诸侯封国的强大，地区间的交通有所发展，以雒邑为交通中心的旧规逐渐失去其优势，分散到各个地区，从而出现了若干地区中的一些较小的交通中心。不过诸侯封国往往以遵王为号召，使雒邑交通中心的地位还能够暂时得以保存。

雒邑在西周时本是东西交通大道经过的地方。丰镐倾覆，这条

---

① 《国语·周语中》。
② 《史记》卷四《周本纪》。

道路的西段不免失去其重要的作用。秦国继起，雍代替了丰镐，而雍还在周源之西，这是说这条道路的西段不仅得到恢复，而且还能有所发展。由于齐、鲁两国继续在诸侯封国中居有重要的地位，这条东西大道的东段，仍然具有一定的优越条件。

  以雒邑为中心的南北交通大道也有若干变化。黄河以北，西周之时本是可以通到太行山东的邢国的。自邢为狄人所攻，迁于相当于今山东聊城西南的夷仪之后①，这北道就不能不为之缩短。黄河以南，方城仍是南北大道上必经的地方。齐桓公召陵之盟前，就是设想由方城攻楚的。齐侯这次兴师本是侵蔡。蔡未被攻而先溃，故转而伐楚。师次于陉，遂与楚人有召陵之盟②。蔡国为今河南上蔡县。召陵在今河南漯河市东北，陉则在召陵之南。召陵和陉实皆在蔡国之北。齐师于蔡国既溃之后，若欲伐楚，自可挥鞭乘胜南驱，奈何又迫筛北行，次之于陉？盖蔡国于方城稍偏东南，距南行大道稍远，不能不稍稍回师。当楚国屈完面告齐桓公，谓楚国方城以为城，汉水以为池，齐国也就适可而止，不再南下。后来晋、楚湛阪之役，晋国本来是取方城一路向南进攻的③。湛阪在今河南叶县，正在方城之北。方城为楚国的阨塞，是难于攻取的。当时的军事行动因之也就不能不谋取他途。晋、楚绕角之战，晋军的目的也是就在方城。因绕角在今河南鲁山县东，正在方城之外。楚军既退之后，晋军却转而侵蔡，为楚军御于桑隧④。其时蔡尚未迁国，仍在今河南上蔡县。桑隧却在今河南确山县，已远在蔡国之南。当时晋军慑于楚军之强，虽中途退还，其本来企图还是显然可见的。因为接着又再次侵蔡，遂侵楚⑤，桑隧南距冥塞、直辕、大隧并非很远。冥塞、直

---

① 《左传》僖公元年。
② 《左传》僖公四年。
③ 《左传》襄公十六年。
④ 《左传》成公六年。
⑤ 《左传》成公八年。

辕、大隧皆在今河南信阳和湖北应山中间山上，为楚国北向通中原另一大道必经之地。楚国扩充土域于淮水上游，就是通过这条道路的。

西周时通过方城的道路，是由雒邑肇始的。春秋时，方城的道路仍未失其重要性，却不必再以雒邑为枢纽。齐桓公召陵之役，由何途出兵，史文简略，未有明确记载。乃其班师归去，陈国辕涛涂深恐诸侯之师路由陈、郑之间①。召陵在陈国之西，其北为许国，再北就是郑国的东鄙。这是近于现在京广铁路而且大致平行的道路，在当时也是另一条南北大道的一段。晋、楚绕角之战后，晋师改而侵蔡，为楚国御于桑隧。桑隧在蔡国之南，也在召陵之南。由桑隧往南就是冥塞、直辕、大隧。这都是在前面已经提到的。这是构成这条南北大道的另一段，仍然是和现在京广铁路大致平行的。

当时的南北大道可能还不仅如此而已。召陵盟后，陈国辕涛涂深恐齐国及诸侯之师出于陈、郑之间，他提出了另一条出于东方的道路，据说是可以观兵于东夷，循海而归。杜预以郯、莒、徐夷来解释这里所说的东夷。郯在今山东郯城县，莒在今山东莒县，徐夷如前所说，在淮水下游。汉时临淮郡有徐县，唐时泗州有徐城县，皆在今江苏泗洪县，可能是徐夷的中心地点。如果这是一条南北大道，则由莒国北行就可达到齐国都城临淄。临淄在今山东淄博市东。用现在地理来说，由临淄旧址过穆陵关即可达到莒县。不过这条道路距召陵是太远了，由召陵到这条道路，中间似乎还有其他各种的困难，故齐桓公未能采用，而辕涛涂也因此而获罪。话虽如此，这条道路在春秋时确是另一条南北交通大道，只是因为僻在东方，未能和上述两条道路相提并论。晋国为了削弱楚国力量，扶持吴国，曾派申公巫臣使吴。申公巫臣本为楚国的逃臣，为了扶持吴国以削弱楚，他就不能由中原前往，以免招致楚国的注意。因此之故，他

---

① 《左传》僖公四年。

假道于莒国①。莒国在鲁国正东。鲁、莒之间雄峙着蒙山，交通是有一定的困难的。申公巫臣假道于莒，就必须先假道于齐。申公巫臣所走的这条道路正是辕涛涂向齐桓公所建议的循海道路。齐桓公如果走这条道路，那是由南趋北，申公巫臣却是反其道而行之。等到申公巫臣走到徐时，就可再循吴季札出使中原的道路，一直走到吴国。

这样南北的道路还应该一提经过丹阳和上雒一途。周人东迁，丰镐成了废墟，对于这条道的通塞曾有过影响，及秦人继起，这条道路就成为秦、楚两国间往来的大道。吴师入郢之役，秦军救楚，就由这条道路东南行。秦师至楚，先军于稷，后败吴师于军祥，遂顺道灭唐②。稷在今河南桐柏县东，军祥在今湖北随州市，唐则在随州市西北。这些地方都在郢的东北。秦军出此途，当系采取抄吴师后路的策略，其后吴师虽取胜于雍澨，也不能不狼狈退走。稷于郢为东北，却在申国的东南。申国在今河南南阳市，其时已入楚为县。秦军能够到达此地，舍上雒一道，殆无由也。后来楚军也由这条道北上，以扩展土宇。其袭取蛮氏之役，即由丰析北出，以临上雒，左师军于菟和，右师军于仓野，还威胁晋国的阴地大夫，说是"将通于少习以听命"③。菟和、仓野皆在上雒。杜预释少习，谓在商县武关；并说，楚国将大开武关道以伐晋。由于晋国完全满足楚国的要求，楚国未必就在这里修筑道路，但这条道路早已能够行军，那是无可置疑的。

这几条南北道路都在黄河以南，黄河以北，由于有关诸侯封国版图的扩张，道路也因之向北伸延。溯汾水北行的道路，以前仅至于霍太山。自魏绛推行和戎的策略④。晋国的疆土逐渐向北推广，达

---

① 《左传》成公八年。
② 《左传》定公五年。
③ 《左传》哀公四年。
④ 《左传》襄公四年。

到了魏榆①、晋阳②，甚至达到霍人③。魏榆在今山西榆次市，晋阳在今山西太原市西南汾水西，霍人在今山西繁峙县。而晋阳实为晋卿赵氏极为重要的采地，它和晋国都城绛之间自有道路，以通往来。春秋末叶，赵鞅叛晋，后因韩、魏之请，归于晋阳，复由晋阳入于绛，与晋侯盟于公宫④，就是遵行这条道路。

这条道路的南段，一自河曲渡河，一越中条山，再南渡过黄河。这两条分歧道路，春秋时依然畅通。晋文公自秦返国，济河之后，围令狐入桑泉⑤。秦伯送公子雍入晋时，为晋人败于令狐，至于刳首⑥。令狐在今山西临猗县西，桑泉更在令狐之西。刳首亦在令狐的西南。这几处都离河曲较远，似渡河的地方已移至河曲之北。其后，秦、晋为成时，本来预定就在令狐会盟，可是临时有了变化，秦伯不肯渡河，于是使史颗盟晋侯于河东，晋郤犨盟秦伯于河西⑦。王城在今陕西大荔县东，这就明白显示累次令狐之役，仍然都是由河曲渡过黄河的。秦穆公为了报晋国殽之役，济河伐晋，取王官及郊，自茅津渡河，封殽尸而还⑧。王官在今山西旧虞乡县南，也是由河曲渡河的。茅津在今山西平陆县南，盖越过中条山，为黄河的津渡处。

在这两条歧路之外，还有另外两条分歧处。其一是由汾河入黄河以北龙门山南渡过黄河的。晋国的望山为梁山。梁山崩，晋君为之惴惴不安，举行大礼以祀禳⑨。梁山在今陕西韩城县北。晋人渡河

---

① 《左传》昭公八年。
② 《左传》定公十三年。
③ 《左传》襄公十年。
④ 《左传》定公十三年。
⑤ 《左传》僖公二十四年。
⑥ 《左传》文公七年。
⑦ 《左传》成公十一年。
⑧ 《左传》文公三年。
⑨ 《左传》成公五年。

祀梁山，自然要从龙门经过的。秦、晋曾有彭衙之役①。此役之后，晋人接着夺取彭衙及汪②，晋人这样累次西征，都是由龙门渡河的。彭衙在今陕西白水县，澄城在今陕西澄城外，行军道路是由龙门渡河后，再向南行的。

另外一条歧出之路，是由晋都绛东南行，而达于南阳。周襄王避太叔带之难，出居于郑国的氾。晋文公为了勤王，乃行赂于草中之戎和丽土之戎，以启东道③。草中之戎和丽土之戎在王屋山和析城山间。由绛东南行，经过这些山间，可以直到阳樊等地，也就是今河南济源县。这里位于太行山南，故谓之南阳。这条道路要较绕道于茅津，再往东行，是捷近得多了。

循汾、涑而行的南北大道之东的另一条南北大道，乃是在太行山之东。如前所说，远在殷商之世，这里是当时畿内之地，沙丘、巨桥皆在殷都之北。至迟到春秋末叶，这条道路已经向更北发展。春秋末叶，晋国荀、赵两家交恶，赵鞅率师伐荀寅所据的朝歌，荀寅奔邯郸，赵鞅因围邯郸，荀寅遂奔鲜虞。齐国国夏为了营救荀寅，率师伐晋，取邢、任、栾、鄗、逆畤、阴人、盂、壶口八邑，会鲜虞，纳荀寅于柏人④。朝歌在今河南淇县。邯郸今为河北邯郸市。鲜虞在今河北定县。邢在今河北邢台市，任在今河北邢台市东北。栾在今河北元氏县东，鄗在今元氏县东南。逆畤或谓在今河北保定市西南，疑其太远。盂的所在无考。壶口在今山西黎城县东北。这八邑本为荀氏采地，故国夏一并夺取。这些战地，除逆畤、盂、壶口外，都应在由朝歌经殷墟北行的大道上。可以说，这条大道已经伸延到鲜虞了。

---

① 《左传》文公二年。
② 《左传》文公二年。
③ 《国语·晋语四》。
④ 《左传》哀公四年。

在这条道路之东，应该还有一条南北大道。齐桓公曾北伐山戎①，葵丘会后，周宰孔说："齐侯不务德而勤远略，故北伐山戎，南伐楚。"② 可知山戎距齐较远。稍后，齐侯又与许男伐北戎，杜注谓北戎即山戎。据说这是因为山戎病燕的缘故。杜预以山戎即无终③。《管子》也曾经一再提到山戎，多与孤竹、令支并举④。西汉时，右北平郡有无终县，班固以为即故无终子国。辽西郡令支县，班固又谓其地有孤竹城⑤。汉无终县今为河北蓟县，汉令支县在今河北迁安县，皆在燕国之东，齐桓公如果举兵北伐，似嫌过远。杜预所注，以山戎即无终，盖因晋中行穆子败无终及群狄于太原之说。太原在汾水中游。如果无终之国在今河北蓟县，何能远至汾水中游为晋人所败北？这一族当系从事游牧生涯，故其所涉及的地区相当广泛，而燕国适当其东西的冲要，因而就为其所骚扰。《史记·燕召公世家》说："山戎来侵我，齐桓公救燕，遂北伐山戎而还。燕君送齐桓公出境，桓公因制燕所至地予燕。"《正义》引《括地志》，谓沧州长芦县东北十七里有燕留故城，即齐桓公分沟割燕君所至之地所筑之城。如果这样的说法确实无讹，则这条大道即是沟通燕、齐两国的，中间经过燕留故城。唐沧州长芦县在今河北沧州市，就是到现在，这里也是南北交通大道的枢纽。

2. 东西交通诸道路

这里论述春秋时期南北交通诸道路既竟，还须再略论当时东西交通诸道路。前文曾经论及通过周都雒邑的东西道路，这是当时东

---

① 《左传》庄公三十年。
② 《左传》僖公九年。
③ 《左传》昭公元年注。
④ 《管子》之《大匡》《小匡》《轻重甲》诸篇。
⑤ 《汉书》卷二八《地理志》。

西道路主干道。在这条主干道的南北两侧，也还有几条道路，这里就逐一作出说明。

由于太行山呈南北走向，隔绝了东西，因而这一地区的东西道路就难免横越太行山。太行山虽高耸峻陟，晋国经营东阳，并未过分受阻。当时晋、齐两国并为大国，亦不时以兵戎相见，可知其间越太行山的道路还是畅通的。《国语·齐语》说：齐桓公"西征攘白狄之地，至于西河；方舟设泭，乘桴济河，至于石枕；悬车束马，逾太行，与辟耳之溪拘夏，西服流沙西吴。"《史记·齐太公世家》也说：齐桓公"西伐大夏，涉流沙，束马悬车，登太行，至卑耳山而还。"郑公孙侨谓大夏为实沈所封国，晋国的封疆也在大夏的故地①，与晋国同封的虞国也在夏虚②，其地当在今山西西南部。《史记正义》以晋阳释之，殊为不辞。卑耳即辟耳，小司马谓在汉河东郡太阳县③，以今地来说，乃在山西平陆县。平陆为古虞国所在，也就是所谓的夏虚。封于虞国的虞仲为周章之弟，周章为太伯之后，已受封为吴侯。虞仲实因与吴国的关系而封于虞。故虞国得称为西吴。虞国和卑耳之山皆在今山西平陆，实属邻迩之间，且拘夏为卑耳之溪，卑耳西距西河亦非甚远。齐桓公若方舟设泭，乘桴济河，当在卑耳之西。白狄为从事游牧的族类，来往飘忽，靡有定所。晋文公曾与狄君田于渭滨④。此所谓狄君，即指白狄而言。文公与狄君所田的渭滨，近于西河，故齐桓公得以乘此行加以征攘。《国语》所说"西服流沙西吴"，似流沙距西吴不远。然《史记》说涉流沙，却在登太行之前。两说虽难遽定，总在太行山的东西。或以雍州的流沙释之⑤，似属过远。这些地方的今地所在辨明之后，齐桓公究竟

---

① 《左传》昭公元年。
② 《史记》卷三一《吴太伯世家》。
③ 《史记》卷二八《封禅书》。
④ 《左传》僖公二十四年。
⑤ 《国语·齐语》韦昭注。

从何处横越太行山，却还有待斟酌。桓公西伐以卫为主。卫本都朝歌，齐桓公时，卫为狄所逼，桓公为之徙于楚丘①。桓公西行，究在何年，未能确指。然楚丘与朝歌，东西相望，都在由齐国西行的道路上，宜桓公西伐以卫为主。其后齐庄公伐晋，就是由朝歌入孟门，登太行，封少水②。孟门在今河南辉县西，少水为今沁水，沁水之西就近于晋都新田。

越过太行山的道路，还有经过壶口一途。前面已经指出，壶口在今山西黎城县，入春秋以前，这是黎侯的疆土。赤狄潞氏强大，灭掉黎侯，壶口当为潞氏所控制。潞氏之国在今山西潞城县北。其后，晋荀林父灭潞氏。灭潞氏之时，曾相战于曲梁③。曲梁在今河北永年县。由潞氏之国至曲梁是要经过壶口的。潞氏被灭后，其故地即成为荀氏的采邑。前文曾提到，齐国国夏为了解救荀氏的危难，曾出兵伐晋，取邢、任、栾、鄗、逆畤、阴人、盂、壶口八邑。这八邑皆荀氏采邑，荀氏为赵鞅所逼，失去本封，故国夏为荀氏复取之。壶口为太行山的隘道，潞氏当年即借这条隘道，控制太行山东西其所统辖的地区，潞氏既灭，荀氏也未能轻易放弃。晋国经营东阳，当是利用这条隘道。因为由晋国都城东行，经过这条隘道还是比较便捷的。由壶口西行，再经过位于现在山西沁县东南的断道④，就可以达到晋都新田。登上太行山的两条道路，壶口一途似较易行，故往来经过的亦较多。郑成公如晋，为晋人执于铜鞮⑤，就是走的这条道路。铜鞮在今山西沁县南，距断道很近。

由壶口东行，就是邯郸。邯郸在曲梁的西南。远在潞氏未灭之前，这里就已是交通的枢纽。邯郸东南有地名乾侯，在今河北成安

---

① 《左传》僖公二年。
② 《左传》襄公二十三年。
③ 《左传》宣公十五年。
④ 《左传》宣公十七年。
⑤ 《左传》成公九年。

县东南。鲁昭公朝晋，就曾到过乾侯①。乾侯东北为冠氏。冠氏在今河北馆陶县。齐国曾为卫国举兵伐晋，进攻过冠氏，反为晋国所败②，可见这里是晋国防齐的要地。晋国也曾经几次进攻过齐国，其中就有从这一路出兵的。鞌之战，晋师从齐师于莘，战于鞌，入于丘舆③。莘在今山东莘县北，而莘县就在馆陶的东南。鞌在今山东济南市西北。丘舆在今山东益都县界，距临淄已是很近了。其后晋中行偃伐齐之役，由于有鲁、卫两国参与，可能由濮阳一途出师。齐侯御之于平阴，晋军攻下郱及京兹，遂长驱至于临淄④。平阴在今山东平阴县东，郱在今山东东阿县东南。京兹在今平阴县东南。盖平阴既克，临淄之途再无可守的险阻了。这样的行军道路，其实就是循着当时的交通大道的。

  当时黄河之南也有两条东西大道。前面说过，齐桓公召陵盟后，陈国辕涛涂曾经建议桓公观兵于东夷，循海而归，就是其中的一条。辕涛涂这样的建议，是因为恐怕齐兵北归时，出于陈、郑之间，资粮难于负担。因而，这条道路可能在陈国之南。齐桓公这次南征，起因是为了伐蔡。蔡国自应负荷所需的军糈。陈国在今河南淮阳县。蔡国在今河南上蔡县，位于陈国的西南。这条道路可能是通过蔡国东行的。由于郑国申侯的建议，齐桓公还是由陈、蔡之间北归。申侯认为东行的道路可能有些敌人，齐师已老，难于取胜。沿途的资粮也可能感到不足⑤。尤其是这条道路愈向东行，更多大泽，艰于行军⑥。辕涛涂所谓东夷，据杜预的解释，是郯、莒、徐夷。何休则谓乃指吴国而言。徐夷虽经周初对之用兵，并未大杀其威风，春秋时

---

① 《左传》昭公二十八年。
② 《左传》哀公十五年。
③ 《左传》成公二年。
④ 《左传》襄公十八年。
⑤ 《左传》僖公四年。
⑥ 《公羊传》僖公四年。

尚时时见称于诸侯间。吴国于春秋后期始得跻于大国之列，齐桓公时似尚未多见齿及。桓公即使欲观兵东夷，恐亦不肯道及吴人。当时徐夷仍据有淮水下游，所谓东夷当如杜预所说，以徐夷为主，则这条东西道路当是由蔡国或其附近东行，至于淮水的下游。

另外一条东西的道路，乃在长江以北。当时南方的大国，楚国之外还数得上吴国。楚、吴两国虽分据长江的中游和下游，由于九江附近江水的浩淼，水上交通几乎难以利用。这两国的往来只好舍舟就陆，这就构成了又一条东西的道路。楚、吴两国间发生的战争及其行军路线，就是具体的说明。楚子重伐吴之役，曾克鸠山，至于衡山①。鸠山在今安徽芜湖市东南，衡山在今浙江湖州市，皆已深入吴国境内。鸠兹近江，楚师是否沿江而下，或取其他道路，史文简略，已难知其究竟。其后楚国邀秦国共同起兵侵吴，到达雩娄，听说吴国有备，半途折返②。雩娄在今河南商城县东。其地距长江已远，楚军不得乘舟沿江而下。再后又有鸡父之役。这次战役起因于吴国的伐州来。楚国为了救援州来，与吴国战于钟离，楚军败北，吴军追及于鸡父，遂大败楚师③。州来在今安徽凤台县，钟离在今安徽凤阳县东，皆近于淮水。鸡父在今河南固始县东南。几处地方皆距长江过远，楚军自是由陆路东行。后来柏举之役，楚师大败，吴军因得入郢④。柏举在今湖北麻城县东北，已是深入楚境了。就在柏举之战以前，楚、吴两国还有一次交兵，显示出其间行军的道路。这次争战是楚子以诸侯及东夷伐吴。楚师一部前进至夏汭，另一部为吴师败于鹊岸。夏汭在今安徽寿县附近淮水岸边，鹊岸在今安徽舒城县。这次战役由于吴师有备，楚国无功而还，留军待命于巢和

---

① 《左传》襄公三年。
② 《左传》襄公二十六年。
③ 《左传》昭公二十三年。
④ 《左传》定公四年。

零娄以备吴①。零娄已见前文，巢则在今安徽巢县。在这些战役中，有些战地由于争取有利形势，可能稍稍离开当时交通大道。如果除去这样一些因素，这条东西道路，可能由吴国的国都出发，经过鸠兹，渡过长江，再经过巢、零娄、柏举等地，而西至于楚国都城郢。

3. 水上交通和运河

像长江这样的水上交通，吴、楚两国都不易加以利用，说明尚有困难难以克服。长江是当时最大的河流，江水浩淼，舟行不易，也确实是事实。其他河流的水上交通，还是时有所闻的。秦、晋两国分据黄河的东西，两国之间的交通就曾经利用过黄河，不仅利用黄河，还曾利用过渭水和汾水。秦穆公时，晋国荐饥，乞籴于秦。秦国输粟，自雍及绛相继，称为"泛舟之役"②。雍为秦都，在今陕西凤翔县南。绛为晋都，在今山西翼城县南。雍在渭水之北。绛在汾水支流浍水旁。这次泛舟之役是由今陕西宝鸡县浮渭东行，至今潼关县，再溯黄河而上，入于汾水。浍水流量不大，可能不能行舟。然粮船得达今山西侯马市，距绛已经很近。今侯马市为晋国的新田，晋国的都城后来就由绛迁于新田。

就是黄河下游也有舟楫之利。《诗·邶风·新台》序说："新台，刺卫宣公也。纳伋之妻，作新台于河上而要之。"《正义》解释说："此诗伋妻盖自齐始来，未至于卫，而公闻其美，恐不从己，故使人于河上为新台，待其至于河，而因台所以要之耳。"这虽是一宗丑事，却由此可以看到卫、齐两国间的黄河在交通方面的作用。齐国西境至于河，这是齐人曾经自诩的盛事③。卫宣公时，卫国尚都于

---

① 《左传》昭公五年。
② 《左传》僖公十三年。
③ 《左传》僖公四年。

朝歌。则由朝歌乘舟起碇，就可以抵达齐境了。

　　由于水道交通的便利，春秋时人不仅利用自然河流，还进一步开凿运河，谋求交通有更多的发展。最早开凿运河的是楚国。楚庄王时，孙叔敖就已经在云梦泽畔激沮水作云梦大泽之池①。楚灵王也在郢都附近开渠通漕②。后来，伍子胥也在云梦泽畔开渠，就是所谓子胥渎③。伍子胥不仅在云梦泽畔开渠，还开渠于吴国的境内④。吴国地处三江五湖之间，和云梦泽畔相仿佛，都是便于开渠引水的。不过这些渠道都很短促，虽有一定的作用，却都不十分显著。吴王夫差所开凿的邗沟，其影响就不是那些小渠道所可比拟的。邗沟由邗城修起，沟通江淮之间⑤。邗城在今江苏扬州市。这条运河中间经过射阳湖，至末口入淮⑥。末口在今江苏淮安县北。邗沟的开凿使长江和淮水两大水系能够沟通，这是值得称道的大事。吴王夫差为了争霸中原，开凿邗沟之后，进而又开凿菏水，这是当时所谓商鲁之间的深沟⑦。所谓商鲁之间，其实就是宋国和鲁国之间。这条菏水是由陶引济水东流，合于沂水，沂水也就是泗水。济水本是和黄河有关的，可以说是从黄河分流出来的。泗水为淮水支流，下游入于淮水。由于邗沟的开凿，江淮二水有所联系。菏水的开凿，不仅联系了济水和淮水，实际上是使当时所谓四渎，即江、淮、河、济，都能够联系在一起，其意义自是十分重大的，也应该是交通道路的历史上的一个新纪元。

---

① 《史记》卷一一九《循吏·孙叔敖传》引《皇览》。
② 《水经注》卷二十八《沔水》。
③ 《水经注》卷二十八《沔水》。
④ 胡渭《禹贡锥指》引韩邦宪《广通坝考》。
⑤ 《左传》哀公九年。
⑥ 《左传》哀公九年杜注。
⑦ 《国语·吴语》。

四、战国时期以各国都城为中心向外辐射的交通道路

1. 以雒邑为中心向外辐射的道路

由前面的论述,可以约略看出:每一时期交通道路的布局虽皆不尽相同,但都城所在地总是重点的所在。一些主要的道路大都是由都城向外辐射,也可以说都城是一些道路交会的所在。雒邑就是如此。雒邑曾经被称为"天下之中"。以"天下之中"来称道雒邑,除去它本来所具有的自然环境之外,当然是因为它是周王朝的都会。战国时期,这样的情况有了明显的变化。由于周王朝的衰弱,雒邑已逐渐失去"天下之中"的地位。称雄的诸侯各有相当广大的土宇,因而各自的都城也都可以自成交通的中心,向外辐射道路。这就使交通有新的发展,道路也有了新的布局。这种情形在春秋后期就已经约略存在,到了战国时期就更为明显。战国时期,各国的经济都会先后兴起,与政治都会参差并立,也使有关的道路另成一种体系。正是由于这些原因,战国时期的交通道路就和以前不尽相同,甚至有了明显的变化。这里先行论述以各国都城为中心向外辐射的道路,至于与经济都会有关的道路,则请详诸后文。

雒邑虽已不成为"天下之中",然由于自然环境的因素没有显著的变化,仍可作为一些道路经过和交会的地方。尤其是在秦国既强之后,更是如此。雒邑位于函谷关外,崤山之东。秦国向东发展,崤函山地使它受到一定的阻遏。及其出了函谷关,越过崤山险阻,雒邑就在眉睫之间。秦国虽尚不能早日据有雒邑,这条东西的道路对它来说仍是有利的。由雒邑西行,这条大道有了两条分支,可以说是南北两道。北支经过渑池,南支经过宜阳。渑池在今河南渑池

县东，宜阳在今河南宜阳县西。秦、赵渑池之会①，显示北支的重要意义。宜阳直至战国后期，还仅仅是一个县，可是这个县竟然大得和郡一样②，若不是地居冲要，这样的发展实际上是不可能的。这两条分支再往西去，还是合成一条大道。函谷关的设置，显示出这条大道是一条极为重要的大道。函谷关应为秦国设置的关隘，是秦国东方的门户。秦惠文王后七年，韩、赵、魏和楚、燕五国攻秦③，秦昭襄王十一年，齐、韩、魏、赵、宋五国又攻秦④，皆逡巡于函谷关下，不能前进。可见这条道路是函谷关以东各地西行的主要道路，非其他道路所能轻易代替的。由函谷关西行，已入秦境，可至秦国的泾阳、栎阳和咸阳先后几个都城，当然还可以继续西行，通往秦国的旧都雍。

由雒邑东行，经过魏国都城大梁，折向东北行，再循济水而下，经过平阴，又可直达齐国都城临淄。大梁今为河南开封市。临淄在今山东淄博市东。平阴在今山东平阴县东，为入齐国的要道。前文曾经提到晋国中行偃邀鲁、卫两国伐齐，齐侯就御之于平阴。入战国后，赵成侯侵齐至长城⑤，齐长城西至济水，东至于海，其西端就在平阴⑥。赵国侵齐所至的长城，只能是在西端平阴。可知平阴实为当时入齐大道所经过的地方，长城肇始于其地，是有一定的意义的。关于这条道路所经过的地方，下文将再作说明。

这条东西大道中间也有分歧。分歧的地方就在大梁。由大梁至齐已稍稍偏向东北，如趋向东南，却另有道路。今河南商丘县为宋都睢阳，宋国后来见逼于魏，东徙彭城⑦。彭城为今江苏徐州市。宋

---

① 《史记》卷八一《蔺相如传》。
② 《战国策·秦策二》。
③ 《史记》卷十五《六国表》。
④ 《史记》卷五《秦本纪》。
⑤ 《史记》卷四三《赵世家》。
⑥ 《水经注》卷八《济水》引京相璠说。
⑦ 钱穆：《先秦诸子系年考辨》卷三《战国时宋都彭城证》。

国虽东徙，然大梁、睢阳、彭城三地实构成东西一线。宋灭之后，彭城隶于楚国，为东楚的要地①。彭城能够见重于当世，自与这条东西大道有关。

由雒邑东北行，可以到达太行山东各地。如前所说，太行山东的南北大道已经通到鲜虞，也就是现在河北定县。由于经济都会的到处兴起，这条大道也因之而得到发展。雒邑黄河之北，兴起了温、轵两地②。温在今河南温县西，轵则在今河南济源县南。自雒邑视之，温在其东北，轵则稍稍偏于西北。其间道路似略有分歧。这里应该顺便一提到野王。野王在今河南沁阳县，距温、轵两地皆稍嫌远。野王为世所称道，乃是在卫元君徙居之后，其时秦始皇已统一六国③，似失之过晚。然其地就在太行山下，扼羊肠道口，为北登太行、远趋上党必经之地，故不同于其他寻常县邑。由雒邑北行的道路，虽有温、轵的分歧，经过野王，还是合为一途。由此东北行，卫国旧都的朝歌和赵国新都的邯郸，皆是必经的要地。这里应该顺便略一提及赵国的南长城。这段长城始筑于赵肃侯时④，其经过的地方虽难以细征，大要在漳水之北。苏秦说赵肃侯，秦甲渡河逾漳，就可会于邯郸之下⑤。因邯郸之南，只有漳水可以据守。长城修于其地，也是为了能控制这条南北大道。战国时，鲜虞已改称中山，中山虽地薄人众，却也成为一个经济都会⑥，南北大道就不容不通过这个地方。中山东北为燕国。燕国都于蓟，即今北京市。春秋之时，燕国崎岖于边僻之地，不为当世诸侯所重视，迄于战国初年，尚未改观。稍后遂跻身于七雄之列，其都城亦成为勃碣之间的都会，与

---

① 《史记》卷一二九《货殖列传》。
② 《史记》卷一二九《货殖列传》。
③ 《史记》卷三七《卫康叔世家》。
④ 《史记》卷四三《赵世家》。
⑤ 《史记》卷六九《苏秦列传》。
⑥ 《史记》卷一二九《货殖列传》。

其西南的涿并称①。所以这条南北大道，并非止于中山，而是向北通到燕涿。这条道路在入燕境之时，亦须经过燕长城，即所谓易水长城②。这条长城濒于易水，故以易水长城相称。长城有门，谓之汾门，亦曰汾水门，又谓之梁门③，在今河北易县之南。当是这条道路所经过的地方，较今京广铁路略偏西矣。

这几条道路，或由雒邑经过，或发轫于雒邑，这虽是自然形势所决定的，也可以说是以雒邑为中心向外辐射的道路。前已言之，战国之时，周王室日趋衰弱，难与称雄的诸侯相提并论。称雄诸侯各以其都城为中心，向外辐射有关的道路。这在下文将逐一陈述。

2. 以咸阳为中心向外辐射的道路

兹请先言秦国。秦在春秋时久都于雍。入战国后，肃灵公始居泾阳④，泾阳在泾水之北，为今陕西泾阳县⑤。献公徙治栎阳⑥，栎阳在今陕西临潼县渭水之北。孝公时始都咸阳⑦，在今陕西咸阳市东。战国初年，秦国内有忧患，为诸侯所卑视，至献公时镇抚边境，孝公时益臻强大。故论秦都当以咸阳为主，稍及于栎阳，至于泾阳，大可委而不论。

以咸阳为中心向外辐射的道路，约有七条：

由咸阳渡渭水东行，出函谷关，过雒邑至于中原各处，这是秦国东向经略各国的主要道路。这是在前文已经陈述过的。由咸阳循渭水东行，经过栎阳和大荔王城。大荔王城在今陕西大荔县东，即

---

① 《史记》卷一二九《货殖列传》。
② 《史记》卷七〇《张仪传》。
③ 《水经注》卷十一《易水》。
④ 《史记》卷六《秦始皇本纪》。
⑤ 王国维：《观堂集林》卷十二《秦都邑考》。
⑥ 《史记》卷五《秦本纪》。
⑦ 《史记》卷五《秦本纪》。

旧朝邑县。其地近黄河。秦昭王末年曾在这里的黄河作河桥，就是后来的蒲津桥①。黄河以东，本为魏境。这时秦已取蒲坂，而魏国又献安邑②。蒲坂在今山西永济县西，安邑在今山西夏县西北，是这条道路已经伸入魏境。其后，北定太原，设太原郡，这条道路更溯汾水北上，抵达太原郡。这一路段不仅有魏国旧都安邑，韩国旧都平阳和赵国旧都晋阳，而且还有新兴起的经济都会。平阳就是一个经济都会，另外还有一个杨③。平阳在今山西临汾市西南，杨在今山西洪洞县东南。由咸阳东南行，经过商於和丹阳，可以达到宛、穰。宛在今河南南阳市，穰在今河南邓县。西周和春秋时的申、谢两国就在宛的附近。这条道路上战国时新修筑了一座武关，和函谷关一样，也控制着这条由秦国通向东南的道路。这座武关在今陕西商南县南，当陕、豫、鄂三省交界之处。这三条道路都是春秋时久已通行的道路，战国时由于秦国向外不断开拓，这三条道路都具有新的重要意义。

秦国于称雄诸侯中独僻居于西北，其外与匈奴接壤，由于长期受到匈奴的侵扰，多方经营，因而也形成几条道路。由咸阳北行，经上郡治所肤施，就是其中的一条。肤施在今陕西榆林县南，已在这条道路的北段。肤施本为赵国的土地，其入于秦国乃在秦昭襄王时。以肤施作为上郡治所，为秦昭襄王三年事④，则肤施的入秦当在郡治移置之前。在肤施入秦以前，这条道路的南段已经通行。然最初只在上郡塞之南。上郡塞在今陕西富县南⑤。自上郡治所北移，这条道路始随之向北伸延，而抵达于河上。赵武灵王⑥和秦昭襄王⑦都

---

① 《史记》卷五《秦本纪》及《正义》。
② 《史记》卷五《秦本纪》。
③ 《史记》卷一二九《货殖列传》。
④ 《水经注》卷三《河水》。
⑤ 史念海：《河山集二集·黄河中游战国及秦时诸长城遗迹的探索》。
⑥ 《史记》卷四十三《赵世家》。
⑦ 《史记》卷五《秦本纪》。

曾经走过这条道路的全程。和这条道路差相并行的，为通过萧关到达黄河岸旁的道路。萧关在今宁夏回族自治区固原县东南，秦昭襄王所修筑的长城就经过萧关，应该说，萧关为长城在这个地区的关口。秦惠文王游至北河，就是走这条道路的①。萧关和其北的北河，战国秦时都属于北地郡。按之《史记·匈奴传》所说的：秦昭王伐残义渠，于是秦有北地郡，遂筑长城以拒胡。昭王为惠文王之子，若昭王时始伐残义渠，设北地郡，惠文王何能经过义渠前往北河？其实《史记·秦本纪》已于惠文王十一年载有县义渠，义渠君为臣事。张守节《正义》引《地理志》说："北地郡义渠道，秦县也。"又引《括地志》说："宁、原、庆三州，秦北地郡，战国及春秋时为义渠戎国之地。"如两家所说，则北河仍非秦地。义渠本秦西北的强大部落，其辖地当不至如此的狭小。且疆场之事，一此一彼，并非了无变化。义渠之君曾乘韩、魏等五国击秦的机会，大破秦人于李帛之下②，为时未久，秦侵义渠，得二十五城③，就是具体的说明。虽然如此，自惠文王走过之后，这条道路终于成为秦国通向西北的大道。和北地郡同时设郡的还有陇西郡。陇西郡治所为狄道县，就是现在甘肃的临洮县。陇西郡和咸阳间的道路未见史籍记载。陇西郡西防羌人而北御匈奴，为边防要地，为此设置郡县，自是当世大事，何能和咸阳了无交通可言？秦之先世就曾处于陇山之西，其后辗转东徙，其间交通并未断绝。若循渭水再行西上，渭源距狄道仅是一山之隔，往来还是相当便利的。

秦国还有一条可资称道的道路，就是通往西南巴蜀的大道。

参与周武王伐纣的八种部落中就有蜀人，可知其地和中原早有

---

① 《史记》卷五《秦本纪》"北河"，《集解》引徐广说："戎地，在河上。"《正义》："王游观北河，至灵、夏州之黄河也。"按：唐夏州距黄河过远，当以灵州为是。夏州在今陕西靖边县北白城子。灵州在今宁夏回族自治区灵武县。

② 《战国策·秦策二》。

③ 《史记》卷十五《六国表》。

来往。其后，蜀王奄有褒汉之地①，与秦王相遇于褒谷②。褒谷与斜谷隔秦岭遥遥相望。秦王能与蜀王遇于褒谷，当是由斜谷南行。褒斜道为后来越秦岭的有名谷道，其创始之功当与秦人有关。褒谷南段也称为石牛道，据说是秦惠文王以石牛能粪金，诱蜀人开凿的道路。所开凿的地方就在褒水岸侧的石门。张仪、司马错的灭蜀就是从这条道路进军的③。今陕西勉县至四川剑门关的道路称为金牛道④。金牛道和石牛道的得名具有同样渊源。都是经过战国时蜀人开凿的。据说当时蜀人入秦使者曾经到过梓潼⑤。张仪、司马错伐蜀时，蜀王曾在葭萌抵抗过秦军，其后败奔，曾遁至武阳⑥。梓潼今为四川梓潼县。葭萌在今四川广元县南。武阳在今四川彭山县。梓潼和葭萌皆在今川陕公路上，可知这条道路使用的长久。由秦国至蜀的这条道路，当时就已在一些路段上修成栈道，蔡泽所谓"栈道千里于蜀汉"⑦，即指此而言。张仪灭蜀之后，接着又灭巴，司马错且自巴涪水取楚商於地，为黔中郡⑧。涪水今仍为涪水，流经绵阳、遂宁等市县，至合川合于嘉陵江，至重庆市东入于长江。重庆市即巴国所都的江州。黔中郡治所在今湖南沅陵县。这条本是由咸阳西南行至于蜀国的道路，又自成都东南至于湘西。

3. 以阳翟和郑为中心向外辐射的道路

秦国之东为韩国。韩国先后有三个都城，就是平阳、阳翟和郑。

---

① 《华阳国志》卷三《蜀志》。
② 《太平寰宇记》卷一三三《梁州》引《十三州志》。
③ 《水经注》卷二十七《沔水》；《舆地广记》卷三二《利州路》。
④ 《读史方舆纪要》卷五十六《汉中府》。
⑤ 《华阳国志》卷三《蜀志》。
⑥ 《华阳国志》卷三《蜀志》。
⑦ 《战国策·秦策三》。
⑧ 《华阳国志》卷一《巴志》。

平阳在今山西临汾市西南，阳翟在今河南禹县，郑在今河南新郑县。平阳远在黄河以北，阳翟和郑相距并非很远。这后两者都可视为韩国后期的交通中心，共同向其周围辐射道路。

韩国最初本是都于平阳的。如前所说，平阳是位于汾水沿岸，循汾水上下的南北道路正是通过平阳的。这是说，韩国以平阳为交通中心，向南可以通到晋国的旧都新田和魏国的都城安邑，向北可以通到赵国的晋阳。韩国的疆土，平阳以东有上党。春秋之世，由晋国都城新田通行太行山，就须经过位于今山西沁县之南的铜鞮县，和位于今山西黎城县的壶口。这是横穿上党的道路，中间就经过平阳，韩国正是利用晋国的旧绩来统治上党的。

韩国的疆土有原来晋国的南阳和上党，还有黄河以南汉时颍川郡的一部分；灭郑之后，更据有郑国的版图。晋国的南阳在太行山之南，战国时此地分属韩、赵、魏三国，韩国有少曲①、邢②、轵③等地。汉时颍川郡在今河南颍水上游。郑国原来的版图在今河南洧水上游。这样，韩国的疆土就兼有黄河南北的一些地方。

韩国的疆土既兼有黄河的南北，就是说它围绕着东周的土地。以雒邑为中心的交通道路就都须通过韩国的疆土，而为韩国所控制和利用。特别是通过雒邑的东西大道，也成为韩国的东西大道。这条道路的形成远在韩国建国以前。春秋之世，这条道路本是经过郑国的。战国时有些段落有所改变，魏国东长城的修筑就是具体的说明。魏国东长城由卷经阳武到密④。卷在今河南原阳县西。阳武在今原阳县东。密在今河南密县东。魏国东长城的修筑，是为了控制其西方的道路，阻止由这条道路来的进攻力量。这就具体说明，这条

---

① 《战国策·燕策二》，苏代约燕王时，曾说到"秦王告韩曰：'我起乎少曲，一日而断太行'"。
② 《战国策·秦策二》，或谓应侯说："秦尝攻韩邢，困上党。"
③ 《战国策·韩策二》，聂政为韩轵深井里人。
④ 《续汉书·郡国志》。

道路已经不再经过郑，而是由雒邑直东至于大梁。应该注意到，魏国修筑东长城是为了防御秦国。秦国攻魏是不必先绕道到郑的。虽然如此，韩国以郑为都后，仍和春秋时原来的郑国一样，依然就近控制这条道路，其作用和由郑辐射出来的道路具有同等的作用。这条道路的存在和发展，增加了韩国在当时诸侯封国中的地位。

然而韩国上下所重视的道路，却是如何联系黄河南北的疆土，特别是在韩国迁都到阳翟和郑以后。阳翟和郑相距很近，作为交通中心，向外辐射道路，正可视为一体。实际上也是如此。韩国的土地既围绕着东周，则沟通黄河南北的道路至少就有东西两条。这两条道路无论是阳翟还是郑都是便于应用的。这两条道路中在西的一条要通过宜阳，在东的一条要经过成皋。宜阳不仅是东西大道所经过的地方，也是通往上党、南阳道路的发轫之所[1]。如果宜阳有失，则韩国的上地就要断绝[2]。南阳在上党之南，宜阳隔着黄河更在南阳的西南。这渡河的地方就在武遂。武遂在今山西垣曲县东南黄河岸边。武遂曾为秦国所据有，韩国为了再得武遂，不断遣使入秦，后来还是归还武遂于韩[3]。韩国由武遂不仅可以去到上党，还可经由晋国旧都新田而至于平阳。在东的一条道路所经的成皋，在今河南荥阳汜水镇，成皋之北为邢。邢为韩国的土地，也曾受到秦国的攻击[4]。其地在今河南温县东。邢与成皋隔河对峙，成皋尤为重要。张仪说韩王，谓"塞成皋，绝上地，则王之国分矣"[5]。范雎说秦王，谓"举兵而攻荥阳，则成皋之路不通；北斩太行之道，则上党之兵不下，一举而攻荥阳，则其国断而为三"[6]。范雎此言大可以显示成

---

[1] 《战国策·秦策二》："宜阳，大县也，上党、南阳积之久矣。"
[2] 《战国策·韩策一》："秦下甲据宜阳，断绝韩之上地。"
[3] 《战国策·韩策一》。
[4] 《战国策·秦策三》。
[5] 《战国策·韩策一》。
[6] 《战国策·秦策三》。

皋的重要性。所谓太行之道，指的是羊肠之险。蔡泽所说的"决羊肠之道，塞太行之口"①，正说明其地位的重要。张仪说秦王，也称道秦兵之逾羊肠，降代、上党②。代在上党之北，用现在的地理来说，乃在山西的东北部，是由上党可以直通到代了。

韩国由平阳迁都于阳翟，阳翟正在方城之外。方城为由中原南通楚国的道路，也是楚国北上的途径。楚国北上，韩国就首当其冲。史惕所谓楚发兵临方城，则韩国就难免败北③，正说明其间的道路。韩国灭郑之后，迁居于郑的都城，也取得了郑国全部的土地。据苏秦所说，韩国的疆土南有陉山④。陉山在今河南漯河市东。其地距召陵不远，春秋时，齐桓公南征，曾兵临其地。齐桓公伐楚时，还着眼于方城一途。其实由陉山南行，可至楚国的冥阨，也应是当时南行的道路。

4. 以安邑和大梁为中心向外辐射的道路

和韩国相邻的是魏国。魏国和韩国相似，国土也分跨黄河南北。魏国的土地有河东、河内和河外。应该说还有西河。魏国称流经河东之西的黄河为西河。黄河以西的魏国土地也称西河。吴起就曾为魏国的西河守⑤。当时的西河也只是洛水下游和黄河之间的地方；越过黄河就是河东；再越过王屋、析城诸山，就是河内。河内在太行山之南，就是春秋时晋国南阳。东南行，渡过黄河，就是河外。魏国本都于安邑，在今山西夏县西北，当时属于河东。惠王迁都于大梁，在今河南开封市，当时属于河外。魏国的土地虽跨有黄河南北，

---

① 《战国策·秦策三》。
② 《战国策·秦策一》。
③ 《战国策·韩策二》。
④ 《战国策·韩策一》。
⑤ 《战国策·魏策一》；《史记·吴起传》。

却大致是东西成为一线，不过其间略有弯曲而已。

安邑和大梁都处在交通大道上。安邑位于由西河通往汾水中游的大道上，向北通到赵国的晋阳。晋阳在今山西太原市西南。大梁位于东周的雒邑和韩国的荥阳通往东方的大道上，再向东去就是宋国的睢阳和彭城，也就是现在的河南商丘县和徐州市。这两条大道可以上溯到春秋时期，甚至到西周初年。这诚然是两条重要的大道，但在魏国更为重要的却是新旧两都间的道路，也就是由河东经过河内通向河外的道路。尤其是河东和河内间的道路在较早的时期就更为重要。梁惠王就曾经说过："河内凶，则移其民于河东，移其粟于河内；河东凶亦然。"① 这条河东河内间的道路当是由安邑经过晋国旧都绛，再东南行达到河内。由河内东南行，前往大梁，是要渡过黄河的。渡河之处当在卷。卷在今河南原阳县西，当时正濒于黄河。魏国东长城，如前所说，正是起于卷，卷之西为荥阳，已非魏国土地。魏国北疆有酸枣②。酸枣在今河南延津县西南。当时黄河由卷流向东北，酸枣距黄河已远，这条道路是不会绕行其地的。

魏国既西有河西地，则河西与安邑之间亦应有道路。其实远在春秋之世，秦、晋两国交往和兵争已经频繁出入于其间，无容再事陈述。魏国迁都大梁之后，西与韩国往来，东与齐、宋通使，皆有旧日大道可资利用，惟和赵国的邯郸和卫国的濮阳之间的道路似属新辟。张仪说魏王，谓"秦下兵攻河外，拔卷、衍、燕、酸枣，劫卫取晋阳，则赵不南；赵不南，则魏不北；魏不北，则从道绝"③。这是说，魏、赵之间的交通是要经过卫国的。卫国都城濮阳北濒黄河，是黄河的有名渡口。春秋时，晋文公伐曹，最初就是想从濮阳

---

① 《孟子·梁惠王上》。
② 《战国策·魏策一》，苏秦说魏，谓魏国北有河外、卷、衍、燕、酸枣。衍在今郑州市北，位于魏东长城之外，非黄河渡口。燕在今延津县东北，距黄河更远。
③ 《战国策·魏策一》。

渡河的。魏、赵两国间的交通道路由濮阳渡河，这就显得卫国的重要。濮阳之西有白马津，亦称围津或垝津，在今河南滑县东北，这是赵国的河外①。由魏赴赵，若不稍稍绕道濮阳，从白马渡河，当更为捷近。

魏国与秦、韩两国不同，和赵国也有差异。秦、韩和赵国的交通，很少利用自然水道。春秋时，秦、晋泛舟之役，秦输晋粟，自雍至绛相继不绝。这是利用渭水、黄河和汾水的水道。入战国后，秦国不以雍为都，晋国亦为三家所分有，河上运输不通久矣，魏国有济水流贯国中，且距黄河亦非甚远，故能利用水道，从事交通运输。鸿沟的开凿更使水上交通大为发展。这将在后文再行论述。

5. 赵国的都城和交通

韩、魏及赵国皆承三晋余绪。赵国处韩、魏之北，虽无黄河贯穿国中，却伸延及太行山东西两侧。赵国都城先在晋阳，后迁中牟，最后定居邯郸。晋阳在今山西太原市西南，乃在太行山之西。中牟所在，旧说互有参差，大要以在今河南鹤壁市西为是。邯郸则在今河北邯郸市。中牟、邯郸皆在太行山东，与晋阳不同。晋阳在沿汾水南北行的道路上，中牟与邯郸皆在循太行山东麓的南北行道路上，各有其便利之处。中牟与邯郸之间仅隔着洹水、漳水，近在咫尺之间。邯郸与晋阳各居太行山一侧，其间交通堪值研讨。按之史籍，由晋阳至邯郸盖有两途：一出壶口，一出井陉。壶口在今山西黎城县东北。战国时属于上党。上党，一般论者皆以为上党为韩国辖境，其实并非完全如此。阏与②、羊肠③就皆为赵国所属。苏秦说赵，谓

---

① 《战国策·秦策一》，张仪说秦王，曾道及赵国的东阳河外；杨守敬《战国疆域图》以河外置于白马口之南。

② 《战国策·赵策三》载"秦令卫胡易伐赵，攻阏与，赵奢将救之"。

③ 《战国策·秦策一》，张仪说秦王时，曾道及秦军西攻赵修武，逾羊肠事。

"秦以三军攻王之上党而危其北,则句注之西,非王之有也"①。赵武灵王也说:"(吾国)自常山以至代、上党",又说:"昔者简主不塞晋阳以及上党。"② 是其地犬牙相错,各有所属,未可一概而论。前文论春秋晋国交通事,曾道及壶口。并谓晋国经营东阳就是这条隘道,由壶口东出太行山,就是邯郸,故晋国荀、赵两家相争时,荀寅于失去朝歌之后,就奔于邯郸③,盖欲控制这条道路,使之不轻易落于赵氏之手。战国时,晋阳、邯郸先后成为赵国的都城,这条道路当仍继续为人所利用。至于井陉道路之见于记载,当始于赵武灵王之时。武灵王自将攻中山时,使赵希并将胡、代、赵,与之陉。张守节释此陉为陉山,并谓在并州(井)陉县东南④。所说就是指井陉而言。其后秦国大兴兵攻赵时,王翦就将上地之军,下井陉⑤。可知这条道路已成通途。

赵国与韩、魏两国有不尽相同处,其北境与从事畜牧业的民族相毗邻,故得一再向北略土。赵襄子曾北登夏屋,邀请代王,遂击杀代王,兴兵平代地⑥。夏屋山在今山西代县东北,与句注山相连。代国当在夏屋、句注之北。是由晋阳北至代国,当越过夏屋、句注山。其后赵武灵王更攘地北至燕、代,西至云中、九原⑦。云中在今内蒙古自治区托克托县东北,九原则在今内蒙古自治区包头市西。这两地大致东西成为一线,由云中可以西至九原。赵武灵王西略地之前,还曾破原阳以为骑邑⑧。原阳之地在今内蒙古自治区呼和浩特

---

① 《战国策·赵策一》。
② 《战国策·赵策二》。
③ 《左传》哀公四年。
④ 《史记》卷四三《赵世家》。
⑤ 《史记》卷六《秦始皇本纪》。
⑥ 《史记》卷四三《赵世家》。
⑦ 《史记》卷四三《赵世家》。
⑧ 《战国策·赵策二》。

市东南①。则前往云中、九原的道路当是越句注山，经原阳而至其地。这里还应该提到的，乃是赵武灵王曾从云中、九原作为使者南下入秦，所行的道路后来就是秦国控制北疆的主要道路，是经过上郡治所肤施达到咸阳的道路。

赵国和齐国交往亦相当频繁，也曾经有过几次兵争。据《史记·赵世家》所载，成侯七年，侵齐，至长城。肃侯六年，攻齐，拔高唐。齐长城西端始自平阴。赵国侵齐所至的长城，当在平阴。平阴在今山东平阴县东北。高唐则在今山东高唐县东。长城固为险要处，高唐也是阨塞。齐以盼子守于高唐，赵人就不敢东渔于河②。按张仪说齐王时，曾经说过："秦……悉赵涉河关，指博关，临淄、即墨非王之有也"③，是这两个关当为赵、齐两国的要地，与高唐相若，当在高唐之西。或谓河关在今河北馆陶县，博关在今山东茌平县北④。似稍失之偏南。河关、博关、高唐一途，当为齐、赵两国间大道。平阴一途，战国后期似少见记载，恐其重要性亦当有所减低也。

6. 齐国的都城和交通

齐国是东海之国，它和秦国分居东西两方。当时通过雒邑的主要东西道路，向西通到秦国的咸阳，向东就通到齐国的临淄。关于这条道路，前面曾不止一次地提到，其实只说到魏国都城大梁。大梁以东，这条道路有了分歧，通到齐国的是其中的一支，另一支则通到宋国的睢阳和彭城。通到齐国的一支应该经过陶，这不仅是地势使然，也是陶已经发展成为具有天下之中地位的经济都会。陶位于由济水分出菏水的地方，有水道可以利用的。这在后文行将提到。

---

① 谭其骧《中国历史地图集》第二册。
② 《史记》卷四六《田敬仲完世家》。
③ 《战国策·齐策一》。
④ 杨守敬《战国疆域图》。

这里只说有关的陆道。由陶东北行，就是大野泽。这对道路的布局是有影响的。经过这里的道路，就不免再有分歧。正如苏秦所说的，秦军若要进攻齐国，就要过卫阳晋之道，经亢父之险①。阳晋在今山东郓城县西，正在大野泽之北。亢父在今山东金乡县东北，却在大野泽之南。亢父东北距鲁国都城不远，当然可以通到鲁国，但往齐国却不必绕道曲阜。亢父之险是车不得方轨，马不得并行。鲁国北部汶水两侧，山地较多，虽不能说是险阻，却是不如平原旷野的易于通行。因而经由亢父这一分支，当是绕过大野泽再与阳晋那一分支相混合，然后由平阴入齐长城，而至于临淄。这条道路乃是由魏国东北斜行趋向齐国的，和由邯郸东行至于临淄不完全相同。

齐之北与燕国为邻。两国亦间有兵争，可因以知当时的交通道路。田齐桓公时曾袭燕国，取其桑丘②。这是一次较大的战役，魏、赵两国并来救燕，与齐战于桑丘③。桑丘在唐遂城县。唐遂城县在今河北徐水县西。其地已近于燕下都。齐军进攻盖循燕、齐间的道路而行军的。燕、齐间再次较大的战争，为燕国与秦、楚、三晋共攻齐，入临淄，后田单破燕军，燕将犹保守聊城④。聊城在今山东聊城县西北。则聊城正当燕、齐两国间的道路上。

前文论春秋时最东的一条南北道路，是经过莒、郯等国的。战国初期，越王无强兴师伐齐，曾告齐王："愿齐之试兵南阳、莒地，以聚常、郯之境。"据说南阳在齐之南界，莒之西⑤。在此之前，勾践已平吴，与齐、晋诸侯会于徐州⑥。这都是发生在这条道路上的大事，可见这条道路在战国时仍然通行。

---

① 《战国策·齐策一》。
② 《史记》卷四六《田敬仲完世家》。
③ 《史记》卷四三《赵世家》；又卷四十四《魏世家》。
④ 《战国策·齐策六》。
⑤ 《史记》卷四一《越王勾践世家》。
⑥ 《史记》卷四一《越王勾践世家》。

7. 楚国的都城和水陆交通情况

南方的楚国，春秋时已为大国，与齐、晋抗衡。入战国后，更东灭越国，伸展其国力于东海。又东北灭鲁，疆土开拓至于泗上。苏秦所谓楚地北有汾陉①。汾陉在今河南临颍县，盖已深入于中原了。楚国的土地诚极扩张，和其北诸侯封国间的往来，仍不外以前旧有的几条道路。通过方城、黾塞的大道，依旧为南北的通途；西北与秦国的交往，还是以经过武关一路为便捷。楚国此时又以郇阳为塞，郇阳在今陕西旬阳县。盖西北一路在未入武关之前，即可溯汉水而上，以至秦岭以南各处。楚既灭越，其东地遂不时为齐所觊觎②。东地或称东国，其地当近于齐国③。虽近于齐国，却非指鲁国而言。因孟尝君之父田婴所受封的薛邑，固仍在鲁国之南。故所谓东地或东国，当为泗水中游及其以北沂、沭二水所流经之地。或以之置之泗水中游以南④，似稍失之。这里既为齐、楚两国争执的所在，则其间的南北道路尚不至有所断绝。至于彭城之南的道路，虽少见于记载，当亦不至断绝难通。尤其是春申君受封之后，江东与中原的联系，恐不会竟至漠漠无闻也。

不过也有两条东西道路难免于荒芜。其一是由原来陈国附近通向东方的道路。这本是辕涛涂向齐桓公推荐的道路，期望齐桓公召陵会盟后，由这条道路回齐国去。还在春秋时，楚已灭陈，夷为诸县。由于其地当楚夏之交，能通鱼盐之货⑤，已发展成为经济都会，不过既在楚夏之交，应是具有南北的作用，至于东西交往，似少见

---

① 《战国策·楚策一》。
② 《战国策·楚策二》。
③ 《战国策·西周策》。
④ 杨守敬《战国疆域图》。
⑤ 《史记》卷一二九《货殖列传》。

于记载。另外一条道路，是在江北淮南，就是春秋时吴、楚交兵经常往来的道路。楚、越亦尝交兵，似未遵循这条道路①。后来楚为秦所逼，自郢迁都于陈，又复迁于巨阳，最后迁于寿春。巨阳在今安徽阜阳市北。寿春在今安徽寿县。郢既不为都，则由故吴地西行，去郢者当不会很多。战国末叶，黄歇以楚相之尊，获封为春申君。春申君以吴国故墟为己封邑，稍后就封于吴而行相事②。这就使春申君封邑与楚国新都寿春之间的交通有了新的发展。不过所行的道路仍应是当年吴、楚间的道路的东段，而不是另外的新建。可是如《鄂君启节》所说的，鄂君之时，楚已迁都于寿春，这个新都仍以郢相称。鄂君赴郢，并非越过黾塞，而是溯汉水上行，出方城之外，然后东南行至郢③。若非鄂君还有他故，需要绕道，当是黾塞险峻，艰于跋涉。

楚国在这几条道路外，也曾经开辟过新路，庄蹻王滇池就是由新开辟的新路前往的。滇池在今云南昆明市南，为当时徼外地。庄蹻西南之行，《史记·西南夷传》说是"将兵循江上，略巴、蜀、黔中以西"。这里的"蜀"字是衍文④。《汉书·西南夷传》引用这句话，也只说是"略巴、黔中以西"。滇池城在巴的西南，庄蹻此行却并非就经过巴地。巴楚并立，虽历有年所，其间难免了无交恶。楚曾于江上设扞关，其地在今四川奉节县⑤。这座关隘的设置虽说是拒蜀，实则巴也在被拒之列。庄蹻何能越巴而远至于滇池？按黔中

---

① 《史记》卷四一《越王勾践世家》说：越王无强时，越兴师北伐齐，西伐楚。齐威王遣使说越王，请其专致力于楚。因说："复雠、庞、长沙，楚之粟也；竟陵泽，楚之材也。越窥兵通无假之关，此四邑者不上贡事于郢矣。"雠、庞所在无考。竟陵在郢东，长沙则在江南。《正义》谓无假之关当在江南长沙之西北。越若听从齐王之说，转而伐楚，其出兵之途当在江南而不在江北。
② 《史记》卷七八《春申君传》。
③ 谭其骧《长水集·鄂君启节铭文释地》。
④ 王念孙《读书杂志·史记第六·巴蜀》。
⑤ 《史记》卷四〇《楚世家》。

为楚国所设的新郡。《史记·楚世家》所谓"秦复拔我巫黔中郡"是也。秦因楚旧，仍置此郡①，秦郡治所在今湖南沅陵县西②，当系因楚国的旧制。不论庄𫏋西南行道出何途，皆不能既经巴而又经黔中。巴非楚土，若不能取道其国，则显然是由黔中前往的。黔中郡治所若在沅陵，乃是濒于沅水。是庄𫏋西南行并非循长江而上，而是循沅水而行。按《鄂君启节》所载，鄂君曾循水道到过资、沅、澧诸水，是今湘西诸水皆已通航，庄𫏋由沅水西南行，并不是不可能的。由于庄𫏋归途受阻，因复返而王滇国，这条道路所经过的地方就难以备知了。

根据《鄂君启节》所示，楚人对于江南北水道，多已利用通航。前文曾说到鄂君赴郢，是溯汉水而上，再出于方城之外。鄂君还远溯资、沅、澧诸水。按洞庭之南，以湘水最为大川，鄂君亦曾溯湘水而上，至于𨟚。𨟚阳据说在今广西全州东北，盖已近于湘水源头。然而最值得注意的，则是由鄂东下，对于长江水道交通的开发。吴头楚尾之间，江水浩瀚，自来是难于泛舟通航的。春秋时，吴、楚构兵多在淮水流域，正是这样的缘故。鄂君所居的鄂，正是现在湖北鄂城县。鄂君曾沿江而下，到过彭蠡和松阳。彭蠡据说在今安徽望江县，松阳在今安徽枞阳县，皆在长江的沿岸③。如所说果确，已可证明当时足以克服吴头楚尾艰于通行的水道。

关于水道交通的开发和利用，固不仅楚人得有成效，就是秦国也多所致力，尤其是对于楚国的用兵，更是费尽心机。自春秋以来，秦、楚交兵，率取武关一途。至于战国，诸侯封国间的情形时有变化，于是旧道之外，也增添了新途。其中就有对于两国水道交通的运用。苏秦说楚王，曾经指出："秦必起两军：一军出武关，一军下

---

① 《史记》卷五《秦本纪》。
② 《元和郡县图志》卷三十《黔州》："秦黔中郡治所即在今辰州西二十里黔中故城。"唐辰州在今湖南沅陵县。
③ 谭其骧《长水集·鄂君启节铭文释地》。

黔中。若此，则鄢郢动矣。"① 如前所说，黔中乃在沅江流域，为湖南西北部②。秦军如何下黔中？苏秦没有说清楚。张仪说楚王时，就说得十分具体。张仪说："秦西有巴蜀，方船积粟，起于汶山，循江而下，至郢三千里。舫船载卒，一舫载五十人，与三月之粮，下水而浮，一日行三百余里，里数虽多，不费马汗之劳，不至十日而距扞关。扞关惊，则从竟陵已东尽城守矣。黔中、巫郡非王之有已。秦举甲出之武关，南面而攻，则北地绝。"③ 出巴蜀一途虽较武关为悬远，但很易达到扞关，所以对楚国的威胁也最大。这是秦取巴蜀以后的新变化，也是战国初期秦、楚两国都所未能料想得到的。

8. 燕国的都城和交通

战国时，称雄的诸侯封国中，燕国僻处于东北一隅，初未为其他强国所重视，其后逐渐有声于世。其间道路亦为当时交通网所不可缺少的。燕国南邻齐、赵两国。它和齐、赵两国的道路，前文已有陈说，这里就不再赘述。另外还有两条道路，不容不略一涉及。苏秦说燕文侯，就已经指出："秦之攻燕也，逾云中、九原，过代、上谷，弥地踵道数千里，虽得燕城，秦计固不能守也。"④ 后来秦国攻燕，并未由这条道路出军。秦国虽未由这条道路出军，这条道路却是早已存在的。云中、九原本为赵国的疆土，赵武灵王就曾经在当地驰驱过。上谷、代郡为燕、赵边郡，两国皆须防御匈奴，其间就不能没有道路。这是燕国西北的一条道路。另一条却是趋向东北。

---

① 《战国策·楚策一》。
② 《元和郡县图志》卷三十《黔州》："今辰、锦、叙、奖、溪、澧、朗、施等州，实秦汉黔中之地。"这些州分布在今湖北西北部等处。
③ 《战国策·楚策一》。
④ 《战国策·燕策一》。

燕将秦开驱逐东胡,于边郡置渔阳、右北平、辽西、辽东诸郡①。这几郡依次趋向东北,其治所皆未见于记载。后来秦灭燕,仍因燕旧,置此四郡。秦时渔阳郡治渔阳,在今河北密云县西南;右北平郡治无终,在今河北蓟县;辽西郡治阳乐,在今辽宁义县西南;辽东郡治襄平,在今辽宁辽阳市。由燕国都城所在的蓟东北行,或经渔阳郡治所的阳乐,或经右北平郡治所的无终,都可由今大陵河河谷而至于辽西郡治所阳乐,再东渡辽水而至于辽东郡治所襄平。

五、经济都会的兴起及其有关的交通道路

1. 经济都会的兴起与交通道路的发展

上面所论述的,乃是以战国时称雄诸侯的都城为中心向外辐射形成的道路。称雄诸侯的都城都是政治都会。称雄的诸侯统治土宇和交往邻国都必须以其政治都会为中心,凭借有关的道路以达到其目的。由于社会经济的发达,在政治都会外,又形成了一些经济都会。这样的经济都会都成为一方的经济中心,甚至超出一方而成为较为广大地区的经济中心。如相当于现在山东定陶县的陶,竟成为"天下之中"。所谓"天下之中",是包括当时诸侯之国在内的经济中心。既然成为一方的、一个地区的,甚至兼包各诸侯之国的经济都会,自必有从各自的中心向外辐射的道路。由于各地情形不尽相同,有的政治都会就兼具经济都会的性质,因而也就利用原来旧有的道路。有的经济都会由于位于原来已有的道路上,促成了它的经济发达,因而能够能成为受人称道的经济都会。当然也有成为经济都会之后,原来的道路不敷应用,因而另开辟了新的道路。新辟的

---

① 《史记》卷一一〇《匈奴传》。

道路，便利了货物的运输，使经济都会更趋于繁荣。

这些经济都会都见于《史记·货殖列传》。据其所述，则秦国的经济都会有栎邑和雍。栎邑在今陕西临潼县北，雍在今陕西凤翔县南。栎邑"北却戎翟，东通三晋"。栎邑位于雍和咸阳之东，本来就是处于秦国通往三晋的道路上。同时也是在秦国通向北陲的道路上。秦国北陲居住着一些游牧民族，所谓"北却戎翟"，就是指和这些游牧民族的交往。雍可以通陇蜀的货物。也就是西连陇山以西，而南通巴蜀。越陇山西行，是秦国经营西陲的大路，而褒斜道更控制着南向与巴蜀交往的要道。

太行山西汾水流域的经济都会为杨和平阳。杨在今山西洪洞县东南，平阳在今山西临汾市西南。杨和平阳都在汾水侧畔的南北道路上。《货殖列传》说这两地"西贾秦翟，北贾种代"，就指出了这条南北道路的作用。这条道路不仅南向通到魏都安邑，还折而西行，通到栎邑和咸阳。栎邑和咸阳先后都作过秦国都城，而栎邑能够成为经济都会，就是因为东通三晋的缘故。平阳本来就是韩国的都城，而其北的晋阳也曾经作过赵国的都城。前面论述这条道路，就只是说到晋阳。司马迁说"北贾种代"，还作了解释说："种代，石北也。"张守节《正义》说："种在恒州石邑县北，盖蔚州也。代，今代州。"徐广也说："石邑，县也，在常山。"两家所说石邑，文字稍有差异，其实本是一地，在今河北石家庄市西南。唐时属恒州，汉时隶常山郡，故所说略有不同。唐蔚州治所在今河北蔚县，代州在今山西代县。代本为国，战国初年为赵所灭，改置代郡。其他即唐时蔚州。唐代州为隋肆州的改称[①]。似难上溯到战国时的代国。小司马以种代合为一地，谓在石邑之北，当与《货殖列传》本意相符。以石邑为汉唐的石邑县，显示出由晋阳东行经井陉关的道路，然由石邑县北行至相当于今河北蔚县的种代，又须再次翻越太行山，与

[①] 《元和郡县图志》卷十四《代州》。

一般道路的常规不尽相合。颇疑由杨、平阳北行，经过晋阳，越勾注、夏屋，就可至于代国旧地。当年赵国灭代，就是出于此途。商贾往来何须两越太行山？只是石邑确地未能多事考核，难以道出具体的路线。太史公在这里特别提到杨、平阳西贾所至的翟。三晋诚然西接翟土，翟人主要的活动地区这时当已转至黄河以西。这和栎邑北却戎翟的翟应是相同的。由杨、平阳西行，可能有两条道路。其南途当是西越黄河，而至于定阳。定阳在今陕西延安市东南，曾为魏国所围攻①，当为黄河以西的重要地方。魏军西出围攻定阳，不一定就要经过杨或平阳。但由杨、平阳西行，经过壶口附近，还是可以渡河西行的。战国时人对于壶口是不会陌生的。其偏北一途，乃是由蔺、离石西行，渡河至于河西。离石，今仍为山西离石县。蔺即在离石之西。秦、赵两国曾战于蔺、离石②，可知这里曾为军事通道。赵灭中山，迁其王于肤施③。肤施在今陕西榆林县南。赵国与肤施间的交通，当也是取诸蔺、离石一途。

太行山东的经济都会，有温、轵、邯郸、中山，还应该数上燕国的蓟和卫国的濮阳。温在今河南温县西。轵在今河南济源县南。邯郸为赵国的都城，即今河北邯郸市。中山曾以顾为都城，其地在今河北定县。蓟为今北京市。濮阳在今河南濮阳县南。这几个经济都会，除濮阳外，均在太行山东由雒邑北至燕国的道路上。温、轵北贾赵、中山，当是循这条大道北行的。这里应该注意到：温、轵还北贾上党。由温、轵北行到上党，是要越过太行山的。前面曾举出蔡泽所说的"决羊肠之险，塞太行之口"，正显示出温、轵北贾上党的道路。赵国的邯郸"北通燕、涿，南有郑、卫"。燕都于蓟，涿在蓟的西南，也就是现在河北涿县。和蓟一样，涿也在这条南北道

---

① 《战国策·齐策五》。
② 《战国策·西周策》；又《赵策三》；《史记》卷四三《赵世家》。
③ 《史记》卷四三《赵世家》。

路上。郑于战国时为韩国的都城。在今河南新郑县。卫国则都于濮阳。邯郸固可南通郑、卫,却是两条不同的道路。由邯郸去郑,是向南行的;去濮阳,是要略偏向东南。其南行一途,渡河之处当在荥口附近。荥口在今河南荥阳县东北。荥口已近于魏国的东长城,赵、韩两国间的交通道路,似不易越过这条长城而互相往来也。濮阳除北通邯郸外,更近于梁、鲁。梁即魏国都城大梁,于今为河南开封市。鲁都曲阜,即今山东曲阜县。既属邻迩,往来当甚便捷。燕国的蓟为渤海、碣石间的经济都会,它可以南通齐、赵。赵都邯郸已见前文。齐都临淄,则在今山东淄博市东。燕、齐之间,战国时亦数有兵争,前文也曾有所论述。商贾往来非同军旅,当求其最为便捷的途径。两国均濒渤海,又分在黄河南北。黄河下游津渡以平原津最为著名。平原津在今山东平原县南,当是其时燕、齐之间往来渡河处。渡河北行,其间路程当不能距离渤海更远。燕国由于地处北陲,由上谷以至辽东,确是相当悬远,诚如司马迁所说,它"东绾秽貉、朝鲜、真番之利"。这些地方在今朝鲜等处,由辽东郡治所的襄平前往是可以达到的。燕国还北邻乌桓、夫余。乌桓在今内蒙古东部;夫余则在今吉林省。由燕国都城前往乌桓,当取道于右北平和辽西郡。前往夫余,则当取道于辽东郡。正是由于能和这样一些边远的地区交通,蓟就易趋于繁荣。

地处中原的洛阳,本是周人的雒邑。雒邑的交通相当发达,道路也有多条,故可"东贾齐、鲁,南贾梁、楚"。所谓梁、楚,乃是指魏国的都城大梁和楚国的彭城,这都是位于由雒邑东南行的道路上的经济都会。这里还应该添上宋国都城睢阳。司马迁未着重提到大梁,这是因为秦灭魏时,曾引河水以灌大梁,使之成为废墟。大梁既成为废墟,睢阳就更趋于繁荣,取代了大梁的地位。再往东去的经济都会就要数到临淄了。临淄为齐国的都城所在,交通一直是发达的。

南方的楚国,地域最广,经济都会亦最多。楚国都城在郢,其后迁于陈，又迁于寿春。这几处既是楚国的都城，也是名著一时的经济都会。郢"西通巫、巴，东有云梦之饶"。巫，今四川巫山县；巴，今四川重庆市，皆循江而上可以达到。云梦为泽地，物产富饶，自可有助于郢的繁荣。"陈在楚夏之交"，也能繁荣起来。所谓"夏"，乃指夏都阳城而言[①]。陈为楚都，当有楚称。这里以楚与夏并称，分在陈的南北，这就应该指寿春了。阳城在今河南登封县东南。寿春在今安徽寿县。阳城位于颍水流域，寿春距颍水入淮处不远。其间的交通，特别是颍水下游，当是利用颍水的水道。至于寿春，司马迁仅谓其"亦一都会"，而未道及其获致繁荣的缘由。寿春濒淮水，水上交通是会使寿春得到方便的。司马迁于论述寿春之后，接着又说："合肥受南北潮，皮革、鲍、木输会也。"合肥近在寿春南辟，两者当能息息相关。张守节释南北潮，谓江淮之潮，南北俱至。合肥虽在江淮之间，仍各有相当距离，江淮之潮如何能到合肥？按合肥南北皆有湖泊，南为巢湖，北为芍陂，南北肥水各自分流入湖，合肥正处于南北肥水之间，是会有舟楫之利的。所谓南北之潮当指这些湖水而言。这个"潮"字似为"湖"字的讹误。

　　楚国尚有两个经济都会，不容不略一述及。这两个经济都会就是西方的宛和东方的吴。宛在今河南南阳市。吴在今江苏苏州市。宛"西通武关，郧关，东南受汉、江、淮"，故能成为经济都会。武关在丹江流域，正当今豫、鄂、陕三省之交。郧关当为郇关，盖因字形相似而致讹误。郇关在洵水之上，在今陕西旬阳县。这是利用汉水的交通。宛虽不紧濒汉、江、淮，然相距皆不甚远，因而均能有所利用。吴有三江五湖之利，江东水国，舟楫固无所不通。司马迁还曾提到番禺。番禺在今广东广州市。番禺之为经济都会，恐是秦汉时事。战国时楚国土宇虽广，似未一涉及五岭以南也。

---

① 《史记》卷一二九《货殖列传》。

2. 陶为"天下之中"的经济都会及其水陆交通

在这些经济都会中,最为繁荣的当推陶。陶在今山东定陶县。陶的繁荣远始于春秋战国之际。范蠡佐越破吴归来,治产居积,与时逐利,以陶为天下之中,诸侯四通,货物所交易也,因徙居于陶①。按当时的地理形势,这"天下之中"的称道,并非过誉之辞。陶的交通也确是四通八达,故能为诸侯封国间货物交易的场所。

由于陶为天下之中的经济都会,引起各国的重视,虽已有四通八达的交通道路,却还有人为它开辟新的道路。陶于春秋时为曹国都城,战国时灭于宋,其后入于秦,秦以之为穰侯魏冉封邑。由秦至陶,是由咸阳东行,过雒邑和大梁。这应是黄河以南,东西通行的大道。可是魏冉受封之后,就极力开辟黄河以北的大道,这条新道乃是取路于魏国的安邑,即所谓为陶开的两道②。由秦国至安邑,当时已有通行的道路。由安邑东行,可循晋文公始辟南阳时所行的道路。再东,当是由汲渡河东行,直至其地。汲在今河南卫辉市,当时正濒于黄河。春秋时,城濮之战前,晋侯将伐曹,曾假道于卫,卫人弗许,还自河南济。据杜预的解释,是从汲郡而东,出卫南而东。既然晋侯曾假道于卫,则说明由卫国也可抵达于陶。战国时,陶卫并称,相距也并非很远,且有濮渠水流经其间③,交通道路是无所阻隔的。这些道路,都是春秋时的旧道,只是分属各国,不全为秦国所能支配,故魏冉须再加开辟。

其实,促进陶的繁荣的交通道路,不仅有陆上的,更有水上的,尤其值得称道的,乃是人工所开凿的运河,也就是前文所说的菏水。

---

① 《史记》卷一二九《货殖列传》。
② 《史记》卷七二《穰侯传》。
③ 《水经·济水注》。

菏水的开凿使当时所称的四渎，即江、淮、河、济，得以互相联系起来，陶正处于菏水和济水会合的地方，故能很快繁荣起来，成为"天下之中"的经济都会。

春秋战国时期，运河的开凿蔚然成风，前后相继。司马迁撰《史记·河渠书》，对此曾有论述。他说："荥阳下引河，东南为鸿沟，以通宋、郑、陈、蔡、曹、卫，与济、汝、淮、泗会。于楚，西方则通渠汉水、云梦之野，东方则通沟江、淮之间。于吴，则通渠三江、五湖。于齐，则通菑、济之间。于蜀，蜀守冰凿离碓，辟沫水之害，穿二江成都之中。此渠皆可行舟，有余则用溉浸，百姓飨其利。"这么多的人工开凿的运河，对于当时的交通确实大有裨益。

所谓"通渠于云梦、汉水之野"，"通沟江、淮之间"，"通渠三江、五湖"，都是春秋时的往事，前文都已经有所涉及。这里就不再赘述。济水流经齐国的北境，淄水近在临淄城下。济水和淄水相距虽不很远，却是分流入海。由于相距不远，就容易开凿新的河道。据汉时记载，淄水至博昌入济，并不是入海①。既是至博昌入济，当是由于开凿了运河，改变了淄水的流向。博昌在今山东博兴县东南，于临淄为西北。这条运河当是由临淄城北，斜向西北，使淄水和济水相联系。济水本来是可通航的。齐国通过这条淄、济之间的运河，更可和济水流域的地方互相往来。

蜀守冰是指秦国蜀郡守李冰。李冰凿离碓，是疏通水道。他于成都所穿的二江，就是由大江引出的郫江和流江②，《水经·江水注》以之为郫江和捡江。这捡江当即流江。或以郫江和大江并列③，然大江所流经距成都尚远，似不能并为一谈。这两条江水流经成都，自有利于交通的发展。只是由于农田灌溉之利更大，行舟之事反而

---

① 《汉书》卷二八上《地理志》。
② 《史记》卷二九《河渠书》正义引。
③ 《史记》卷二九《河渠书》正义引。

不多受人重视。

在这些运河中，鸿沟的规模最大，其作用也最为显著。鸿沟主要流经魏国境内，也是魏国所开凿的①。鸿沟所沟通的诸侯封国，有宋、郑、陈、蔡、曹、卫，所会合的自然河道有济、汝、淮、泗诸水，这就是说鸿沟并不是单一的人工开凿的水道，而是由几条运河共同组成的。鸿沟应是这样一组运河的总名。不过其中的一条还可以作为鸿沟的主要水道，单独承受鸿沟的名称。鸿沟是由荥阳引河水东行的。荥阳在今河南荥阳县东北。东行的河水流经魏国都城大梁之北，再折而东南行，经陈国之东，南流入于颍水。陈国都城在今河南淮阳县。由大梁南流的水道，称为渠水，也称为狼汤渠。这是鸿沟的主要水道，由荥阳引河处起，直至渠水入于颍水，一般就以鸿沟相称。渠水虽不流经郑国的都城，却经过郑国的东部，这就使郑国也受到它的好处。渠水入于颍水，颍水下入淮水，蔡国所都的下蔡，也就是现在安徽凤台县，正濒于淮水。由大梁东南行，是可以乘舟直达于下蔡的。不过这里还有一个问题值得注意。《河渠书》说鸿沟所联系的诸水中有一条汝水。汝水在颍水之西，而狼汤渠则流经颍水之东，其下游也只是入于颍水，似与汝水无关。其实这还是有脉络可寻的。汝水中游有一座奇頟城，在今河南郾城县。汝水在奇頟城分流出一条濆水，也称大濦水。东流至今河南周口市入于颍水②。濆水入颍水处在浪荡渠入颍水处的上游，由狼汤渠转入汝水，还须利用一段颍水。虽然如此，已可证明鸿沟是能够和汝水相会合的。

鸿沟在大梁附近开始有了分支。最北的一条为汳水。汳水流到今河南兰考县和商丘县之间，称为留获渠③。再往东流，就改称获

---

① 史念海：《中国的运河》。
② 《水经注》卷二十一《汝水注》。
③ 《水经注》卷二十三《汳水注》。

水，再东至彭城北入于泗水①。彭城在今江苏徐州市。汳水和获水之南的一支为睢水。睢水与狼汤渠分水处在大梁的东南。东流经宋国都城睢阳之南，再东流至今江苏睢宁县东入于泗水②。睢阳在今河南商丘县。睢水今已大部断流，睢阳和睢宁却都是因睢水得名的。那时的泗水是由今江苏沛县、徐州市、宿迁县南流入于淮水的，所以获水和睢水都可以流入泗水。这是鸿沟会于泗水的两条支流。

鸿沟支流会于淮水的为涣水和阴沟水。涣水亦称浍水，分狼汤渠于大梁之南，东南流至今安徽五河县入于淮水③。阴沟水本是由黄河分出的另一条支流，它和鸿沟交错在一起，因而也成为鸿沟的支流。它分黄河之处在今河南原阳县西。那时的黄河是由今河南荥阳县东北经原阳县西而东北流的，所以阴沟水能在那里由黄河分流出来。阴沟水分河之后，至大梁合于狼汤渠，至今河南扶沟县又由狼汤渠分出，分出之后就别称为涡水，至安徽怀远县入于淮水④。这里还应该提到鲁沟水。这是在大梁之南由狼汤渠分流出来，东南流到今河南太康县西入于涡水⑤。

这几条鸿沟系统中的分支，通到宋、郑、陈、蔡诸地，也和汝、泗、淮诸水相会合。这里面没有说到曹、卫两地，也没有说到济水。这里所说的曹就是陶，陶本是曹的都城，曹国灭后，陶成了闻名的经济都会。卫都濮阳，是和陶并称的经济都会。鸿沟没有通到陶，但鸿沟和济水都是从一条水分流出来的，因而鸿沟也是和济水沟通的。鸿沟分支的获水和睢水都和泗水相会合。泗水上承菏水，菏水就在陶和济水相会合。这是说，鸿沟不仅和济水相会而且通到了曹。

① 《水经注》卷二十三《获水注》。
② 《水经注》卷二十四《睢水注》。
③ 《水经注》卷三十《淮水注》。
④ 《水经注》卷二十三《阴沟水注》。
⑤ 《水经注》卷二十三《阴沟水注》。

济水在今河南封丘县分出一条濮水①。濮水流经濮阳之南。濮阳之名正说明它和濮水的关系。濮水在今山东鄄城县和羊里水合。羊里水是在濮阳附近的瓠子由黄河分流出来的，也称为瓠子河。这条和濮水相会合的羊里水流到今山东郓城县入于大野泽中②。濮水已近于濮阳，瓠子河就近在濮阳城旁，对于濮阳的繁荣自有很大的助力。

如前所述，大梁附近交通已经相当发达，由于鸿沟的沟通，更使这一地区的交通如锦上添花，愈臻便利。前面说过，陶之所以能成为"天下之中"的经济都会，是由于吴王夫差掘沟于商鲁之间，也就是说开凿了沟通济水和泗水的菏水。鸿沟的开凿，其分支虽不包括菏水，但通过济水和泗水，就使陶更趋于繁荣。不仅陶的发达，就是和鸿沟有关的其他经济都会，也都程度不同地繁荣起来。

由于陶的繁荣成为天下之中，就不免引起称雄诸侯间的觊觎和争夺，这就使陶在经济都会之外，又成为军事要地，因而显示出交通方面独异的特色。苏秦以合纵说赵王，集六国之力以畔秦，谓秦国如果进攻齐国，"则楚绝其后，韩守成皋，魏塞午道，赵涉河、漳、博关，燕出锐师以佐之"③。张仪以连横恐吓赵王，谓"秦发三将军，一军塞午道，告齐，使兴师渡清河，军于邯郸之东；一军军于成皋，驱韩、魏而军于河外；一军军于渑池，约曰，四国为一以攻赵，破赵而四分其地"④。楚人有以弋射说顷襄王，谓"若王之于弋诚好而不厌，则出宝弓，碆新缴，射噣鸟于东海，还盖长城以为防，朝射东莒，夕发浿丘，夜加即墨，顾据午道，则长城以东收而太山之北举矣"⑤。这几位说士都提到午道，而且使赵、楚诸王都有动于心，这就不是一条普通的道路了。午道何在？值得考核。苏秦

---

① 《水经注》卷八《济水注》。
② 《水经注》卷二十四《瓠子河注》。
③ 《战国策·赵策二》。
④ 《战国策·赵策二》。
⑤ 《史记》卷四十《楚世家》。

所说的"魏塞午道",《史记·苏秦传》引作"魏塞其道"。小司马说:"其道即河内之道。"苏秦说赵时,魏国正当襄王在位,魏虽已迁都大梁,安邑尚未失守,魏国就是要援助齐国,固守安邑,即可阻秦军东出,何劳塞河内之道?司马贞之说未为慎审。可是《史记·张仪传》索隐又说:"此午道当在赵之东,齐之西。"若在赵国之东,则秦军攻赵何能即遣军先塞午道?《史记·楚世家》索隐却说:"午道当在齐西界。"如果和苏秦所说的相联系,则齐西界之说似具胜义。司马贞于释《张仪传》所说的午道时,曾引郑玄之说,谓"一纵一横为午,谓交道也"。以纵横交错的形势说午道,应得其间的真谛。

按之游士的说辞,午道乃在魏东、齐西和赵国之南,其具体所在当为陶。陶作为经济都会之后,交通益为发达,道路亦有所增多。它可以西至雒邑,东至曲阜,南至睢阳,北至濮阳,东北至临淄,东南至彭城,可以说是纵横交错,无所不至。

由于陶为天下之中的经济都会,寝假成为称雄的诸侯封国争夺的要地,能够控制这个地方,就会据有先声夺人的形势。当时的游士因而往往以此恫吓诸侯,以求得其所欲。正因为陶为午道的所在,各国对之争夺并未稍止。陶本为春秋时曹国的都城,其后入宋,宋灭之后,为魏所据①,最后竟为秦国所有②。此中曲折,史籍虽未详加记载,由其隶属的频繁更迭,亦可见其间争夺的激烈。

---

① 《史记》卷四四《魏世家》。
② 《史记》卷七二《穰侯传》。

六、《禹贡》建立水上交通道路网的思想

1.《禹贡》所说的"九州"地理形势

上面所说的都是当时较为重要的交通道路,也是由当时的政治都会或经济都会辐射出来的交通道路,而且都能见诸记载,有史可征。这样一些交通道路,在当时都可以各自成为系统,构成有关的交通网,分布到许多地区。

战国时,另有一个交通道路网,和上面所说的不完全相同。

这样的交通道路网具见于《尚书·禹贡》。这是战国时魏国的人士托名大禹的著作,因而就以《禹贡》名篇。这是撰著这篇《禹贡》的人士设想在当时诸侯称雄的局面统一之后所提出的治理国家的方案。这是一个宏伟周密的方案,不与寻常相等,故托名大禹,企望能够得到实际的施行。这篇《禹贡》以地理为径,分当时天下为九州,这是撰著者理想中的政治区划。此外兼载山脉、河流、土壤、田地、物产、道路,以及各地的部落,无不详加论列。

《禹贡》所说的九州,为冀、兖、青、徐、扬、荆、豫、梁、雍。当时的黄河上游和现在大致相同,到今河南荥阳县以下却流向东北,入于渤海。这样就在黄河中下游地区形成东西两条河流,一为南流,一则流向东北。这东西两河之间就是冀州。以现在的地理来说,冀州相当于今山西省和河北省的西部和北部,还有太行山南的河南省一部分土地。兖州是在济、河之间。就兖州来说,黄河以北就是冀州,它是以黄河与冀州分界的。这里所说的济为济水。这是一条久已堙塞的古河道。它是由今河南荥阳县东北从黄河分出,流经今河南封丘、山东定陶、济南等县市,东北流入渤海的河流。这济、河所维的兖州,相当于今河北省东南部、山东省西北部和河

南省的东北部。《禹贡》说:"海岱维青州。"这是说,青州是东至海而西至泰山。也就是现在山东的东部。徐州是在海岱和淮水之间,相当于今山东省东南部和江苏省的北部。扬州则在淮海之间,就是北起淮水,东南到海滨。用现在地理来说,是江苏和安徽两省淮水以南,兼有浙江、江西两省的土地。《禹贡》以荆及衡阳维荆州。荆山在今湖北南漳县。衡山在今湖南省。这是说,荆州包括今湖北、湖南两省,由荆山之下直到衡山之南。豫州在荆河之间,主要是今河南省的大部,兼有山东省的西部和安徽省的北部。梁州在华阳、黑水之间,这是说梁州是自华山之阳起,直到黑水。黑水何在? 自来都没有恰当的解释。《禹贡》梁州,曾说到"蔡蒙旅平"。这是两座山名: 蔡山,据说在汉蜀郡青衣县; 蒙山在唐雅州严道县。汉青衣县在今四川名山县北。唐严道县今为四川雅安县北。按照这样说法,梁州应包括今陕西南部和四川省,或者还包括四川省以南的一些地方。九州中还有一个雍州,雍州在西河、黑水之间。今陕西和山西两省的黄河,当时称为西河,则黑水当在雍州的西部。雍州西部的黑水不一定就是梁州南部的黑水,但确地也不易实指。雍州的山水有鸟鼠、三危,也有弱水、都野,皆在今甘肃省境内。雍州境内还有昆仑、析支等部落。据说,昆仑在汉临羌县西,析支在汉河关县西。汉临羌县在今青海省湟源县东南。汉河关县在今青海省同仁县。按照这些山水部落的分布,则雍州当在今陕西省的北部和中部,甘肃省的左部和青海省的东部。

2.《禹贡》以冀州为中心之水陆交通网的设想

《禹贡》所提出的交通道路网,就分布在这九州之中。明确了九州的具体区划和相当于今地的具体所在,就可以进一步探索其交通道路网的分布和作用。《禹贡》的撰述者既以这篇书作为统一之后治理全国设想的蓝图,按当时情形说,是先有一个拟议中的帝都,而这样的帝都是在冀州的西南部。战国时的交通道路是以各政治都会为中心向四方伸延的，可是《禹贡》的撰述者却一反常规，交通道路网的形成并不是以帝都为中心向外伸延，而是作为各州向帝都送交贡赋的道路汇集到帝都的。据《禹贡》所载，这样的交通道路是：

冀州：夹右碣石入于河；

兖州：浮于济、漯，达于河；

青州：浮于汶，达于济；

徐州：浮于淮、泗，达于河；

扬州：沿于江海，达于淮泗①；

荆州：浮于江、沱、潜、汉，逾于洛，至于南河；

豫州：浮于洛，达于河；

梁州：浮于潜，逾于沔，入于渭，乱于河；

雍州：浮于积石，至于龙门西河，会于渭、汭。

这样的交通道路网和前面所论述不完全相同。这是以水上交通为主的道路网，只有在没有河流的地方，才利用一段陆路。荆州的江、沱、潜、汉都是水道，可是这些水道竟然没有一条可以直达冀州西南的帝都，因而不能不利用陆路。所说的逾于洛，就是由汉到洛没有其他水道联系，只好改就陆路了。现在看来，汉洛之间正是隔着伏牛山，是难于直达的。梁州的贡道也是如此。在梁州境内，固然可以浮于潜，但潜、沔之间隔着巴山，就是沔、渭之间也还隔着秦岭，这就不能不一逾再逾了。

《禹贡》记载这些水道，除冀州的"夹右碣石入于河"和扬州的"沿于江海，达于淮泗"外，其余七州的贡道都用"浮"来显示其间的作用。"浮"字是什么意义？伪孔传说："顺流曰浮。"这七

---

① 《史记》卷二《夏本纪》作"均江海，通淮泗"。《汉书》卷二八《地理志》同。《夏本纪》正义引郑玄说："均，读曰沿。沿，顺水行也。"《汉书》注："均，平也。通淮泗而入江海，故云平。"

州的贡道并非都是顺流而下，这样的说法显然是不符合实际的。胡渭解释说："当时粟米取之于甸服，无仰给四方之事，所运者唯贡物，故轻舟可载，山溪可浮，逾于洛，逾于沔。"① 胡渭这样的解释是有一定的道理的。《禹贡》所说的贡道，包括当时全国的大川，兼有其他较小的水道，就无不可以通行舟楫了。甚至远至黄河上源的积石，也成了航行的起点，水上交通的发达，可谓是相当迅速和普遍的，也是少见于文字记载的。就以黄河来说，前文所举的秦、晋泛舟之役，可谓是当时一宗大事，这次所涉及的水道，黄河之外，兼有渭、汾两河，所使用的黄河水道，其实只有由汾水入河处至渭水入河处之间的一小段。所谓泛舟之役，主要是用来运输粟粮的。这和浮字的含义就不尽相同。前文还曾举出卫宣公所筑新台事。新台的修筑说明齐、卫两国间对于黄河水道的利用。战国时，赵武灵王也曾说过："今吾国东有河、薄洛之水，与齐、中山同之，而无舟楫之用。……故寡人且聚舟楫之用，求水居之民，以守河、薄洛之水。"② 薄洛之水指的是漳水。漳水出太行山后流向东北，由赵国下及中山。这是说所谓舟楫之用，乃是沿流上下的通航，并非隔岸摆渡。赵国与齐国分据黄河东西，和它与中山的关系不同。然以薄洛之水通行舟楫相例证，亦当不是隔岸的摆渡。因此可以说，黄河中下游由秦、晋之间至齐、赵之间，都应该是可以通行航运的。如果说，某些段落尚无舟楫之利，那只像赵武灵王所说，是没有尽到人为的力量的。积石远在黄河上游边辟之地，素未见诸记载。《禹贡》不仅说到导河积石，而且当地部落的贡赋，也可以浮河而下，至于帝都，这应是战国时新的发展，不尽属于子虚。

但是《禹贡》所说亦有未能使人尽信之处。《禹贡》两处提到潜水：一是荆州之潜，再一是梁州之潜。荆州之潜早已湮没，或谓

---

① 胡渭《禹贡锥指·略例》。
② 《战国策·赵策二》。

在今湖北钟祥、潜江两县境①。这两县皆濒汉水，唯津渠交错，未审潜的确实所在。这条潜水诚能通于江汉，只有汉水可以逾于洛，可以存而不论。梁州的潜水，关系綦大，不能不一追溯究竟。这条潜水的所在，学人间自来多有论证，以胡渭所说较为具体②。其实这条潜水就是现在的嘉陵江，由于流经今四川广元县南北，穿过一些冈穴，所以称为潜水。运输贡赋的船只势难从这些冈穴中穿过，所谓"舍舟从陆而北"，恐只是后来解说者的设想，当时未必就能如此的周到。战国末叶，秦国曾以栈道千里，通以蜀汉，蔡泽以此为应侯范雎佐秦的一大功③。若潜水能够恃以运输，秦国何必兴此大工，开凿千里的栈道？

话虽如此，《禹贡》的撰述者能够有这样宏伟的设计，对于当时的天下形势是相当了解的，对于当时的地理山川也是较为熟悉的。其中固然有些诋误失真之处，也是时代使然，未能苛责于撰述者。即如作为潜水的嘉陵江的上源，积学之士历来已多感难于探究。郦道元就曾经说过："川流隐述，卒难详照，地理潜阒，变通无方。"④亦可以见其不易措手了。由于《禹贡》的撰述者的了解形势和熟悉地理，其所设计的道路网，还可显示当时交通的规模。由于所设想的帝都在冀州，而冀州三面环河，各州以黄河的交通为主。黄河的水上交通，上起积石，下迄碣石，就是说整条黄河都可以利用。黄河的支流，以汾、渭、济三水为最大，汾在冀州之中，用不着再作说明。渭水和洛水分别贯穿于雍、豫二州，所以就成为这二州的贡

---

① 《禹贡锥指》卷七《荆及衡阳惟荆州》。
② 胡渭《禹贡锥指》卷九："郦元云：自西汉溯流而至晋寿，阻漾枝津，南枝津即郭璞所云，水从沔阳县南流至汉寿；《寰宇记》所谓，三泉故县南大寒水西流者也。历冈穴迤逦而接汉冈。穴即郭璞所谓峒山；《括地志》：所谓龙门山大石穴者也。以今舆地言之，浮嘉陵江至广元县北龙门第三洞口，舍舟从陆，越冈峦而北，至第一洞口，出谷乘舟至沔县南，经所谓浮潜而逾沔也。"
③ 《战国策·秦策三》。
④ 《水经注》卷二十《漾水注》。

道。黄河下游无支流，济水、漯水分别由黄河分出，都应是黄河的支津。以前人说，济水发源于王屋山下，东南流入于黄河，再由黄河分出，所以称之为济水。按诸自然规律，这是不可能的。济水只能是由黄河分出支津，其分河之处在今河南荥阳县北①。漯水分河于汉东武阳县，东北流至千乘县入海②。汉东武阳县在今山东莘县南。千乘县在今山东高青县东。这两条水都流贯兖州，所以就成为兖州的贡道。兖、豫、雍三州都和冀州接壤，又都是黄河流经的地区，利用黄河支流或支津作为贡道，也是很自然的。青、徐、荆、梁四州分别和兖、豫、雍三州相邻，就只能利用有关的水道，分别通过这三州，再入于黄河，而达于帝都。其实就四州也各有不同，可以分为两个不同的类型。青、徐两州位于东方，东方平原广袤，河流亦多，水道交通不必再假他途。荆、梁山多，水道有所不通，只好在一些地区借助陆路。青州的河流以汶水为大。汶水出汉莱芜县，至寿张县入于济③。汉莱芜县在今山东莱芜县东北。寿张县在今山东东平县西南。青州许多河流都是流入海中，只有汶水是入济的，所以汶水就成了青州的贡道。徐州的贡道是"浮于淮、泗，达于河"。淮、泗两水诚为徐州的大水，而且泗水流入淮水。两水相通，自然是会便于交通的。但是泗水南流，淮水东流，都不与黄河相联系，如何能够"达于河"？其实所谓"达于河"的"河"字，乃是错简，应为"菏"字的误文。菏水是连接泗水和济水之间的人工水道，淮、泗两水通过菏水和济水相连，由济水再通到黄河。菏水就是吴王夫差在商鲁之间所掘的沟，这是在前面已经提到过的。以前的学人都以为《禹贡》出于大禹之手。大禹之时何能有菏水？大禹如何能以菏水置于《禹贡》之中？其为误说是毫无疑问的。荆、梁二州的河

---

① 《水经注》卷七《济水注》。
② 《水经注》卷五《河水注》。
③ 《水经注》卷十四《汶水注》。

流本来也都是不少的，但以大江为主流，大江东去，其他支流也随之东去，因而就绝无北流之水和黄河的支流相联系。这样的自然形势使《禹贡》撰述者所主张的以水道构成的交通道路网，不易完密无间。在水尽途穷之时，只好假道于陆运了。荆州的"逾于洛"，梁州的"逾于沔"，都是因此而起的。这是自然形势的限制，也是无可奈何的事情。

九州中只有扬州和冀州之间相隔的州最多，它的贡道是要通过徐州和豫州才能达到冀州。它由淮、泗两水通到徐州，再通过菏水和济水才能进入黄河，抵达帝都。但如何把这一州的贡物都运到淮水和泗水，却还是问题。《禹贡》撰述者特别指出，沿于江海，才能达于淮泗。扬州濒海，且有大江流贯其间，由大江入海，沿海岸北上，是能够转入淮水的。这样运用海上运输，也是其他各州所未有的。这时越已灭吴，勾践且由海上迁都琅邪，海上运输已经不是什么难事。就在吴国未被灭亡之前，吴王夫差已经开凿邗沟，使淮水和大江可以互相联系。这事在开凿菏水之前。《禹贡》的撰述者把菏水列入他的交通道路网中，却没有把邗沟一并列入，倒是耐人寻味的。按说海上多风涛，总不如邗沟中易于行驶舟船。既然有了邗沟，自应胜过多风涛的海上。当然，邗沟是人工开凿的，航道狭窄，而且还要绕道到射阳湖中，是不如海上的便捷。但作为一个时期的交通道路网，邗沟终究是不能置之度外的。

这样的交通道路网有许多地方很少用史事来证明。但不能因此而说，没有史事证明，就不能成为交通道路。交通道路的形成有的固然是有计划的开辟和创建，有的就可能是经过一般行道者的实践而后受到注意修葺筑成的。水上交通就更易于利用，一苇之航只要不遭沉没，就会受到效法，逐渐伸延到更远的所在。这种利用自然的表现，是不必都有待于史事的证明的。《禹贡》所设想的交通道路网，不能说就没有这样的路程，不应因为没有史事的证明，而认为是不可能的。

综上所述，可见自夏、商、周三代以降，在原始社会的基础，继续有所建树，历经春秋、战国之世，交通逐渐趋于发达，道路也相应臻于稠密。战国时，政治都会随着称雄诸侯国势的扩张而有所增加，经济都会也由于贸易畅通而趋于繁荣。以政治都会为中心，再加上围绕经济都会的发展，交通道路的布局，就显得日新月异。这就为后来秦始皇扫灭六雄后，在全国各地大兴驰道，无所不臻的业绩，奠定了基础。

汾涑流域都会的盛衰演变[①]

汾河发源于山西宁武县西南管涔山，经太原、临汾、新绛等县市，至河津县西南入于黄河。涑水河发源于山西绛县东南中条山，经闻喜、临猗等县，至永济县入五姓湖，再由五姓湖西南入于黄河。汾河的宁武太原一段穿行于芦芽、云中、吕梁诸山间，河谷窄狭，太原以下始豁然开朗。中游至灵石、霍县，夹处于吕梁山和霍山之间，河谷又复窄狭，不过还要胜过宁武和太原那一段。涑水河流程短促，不似汾河那样复杂曲折。其间虽隔着稷山和峨嵋岭，稷山既不高峻，峨嵋岭又复较为狭长，尤其是峨嵋岭东北，侯马市与闻喜东镇之间，涑水河上游和汾河支流浍河相距不过数十公里，只隔一道高岗，因而这两条河流可以并称为汾涑流域。

现在汾涑流域的都会自以太原最为繁荣。其次以市称者则为榆次、临汾和侯马。涑水河以南的安邑（运城）目前虽尚未设市，却也有相当的繁荣。这几个都会南北一线相望，发展的过程却不尽相同，有的历史也并不是十分长久。如果从历史时期观察，还应该加上位于现在洪洞县东南杨县和位于现在永济县西南旧蒲州城的河中府。就是太原、临汾、安邑等处古今都会的所在位置也不尽相同，甚而名称还不免有所改变。探讨其间的演变过程，对于当前汾涑流

[①] 此文写在发黄的"陕西师范大学稿纸"上。这种稿纸是陕西师大使用较早的稿纸。文中有"前几年我到蒲州城旧址考察"之语。据史先生长婿王景阳先生回忆，史先生对蒲州城的考察是在 1972 年 4 月。文中还提到涑水之南的安邑。安邑在 1983 年 7 月设市。据此，则本文可能撰于 1975 年至 1983 年之间。整理者注。

域都会的发展也许不至于无所裨益。

一、汾涑流域最早的都会

太原现在诚然是汾涑流域最大的都会，却不是最早的都会。旧说今太原西南汾河西岸本为唐国，乃尧的旧都，而晋国初年唐叔始封也在其地。[①] 如果真的如此，则太原的历史渊源也够很早了。其实这样的说法却是没有什么根据的。因为直至晋悼公（前572—前558）以前，晋国的土地还未达到霍山以北，而那里还是非华族的部落所居住的地区，晋国如何能够始封于那样邈远的地区[②]？

唐国虽不是唐叔始封之地，然晋侯的国都却是汾涑流域最早的都会。晋国都城曾数次迁徙，实以居绛最为长久。绛有两处，一为翼，在今翼城县东，一为新田，在今侯马市。翼本来是称为绛的，后来曾经改名为翼。因为迁到新田，就以新田为绛，原来的绛就称故绛[③]。绛是晋都，自然是一个政治都会，可是城中有市，可能已兼有经济都会的性质，至少也应是有一定的繁荣景象的。

故绛在浍河流域，浍河发源于翼城县东南浍山下，西流至侯马市西入于汾河，是汾河的一条不很长的支流。新田之绛则在汾浍之间。应该说故绛、新田都和浍河有关，只是新田更接近于汾河。为什么汾涑流域最早的都会乃在汾河的一条较小支流浍河流域？后来虽更近于汾河，却还和浍河有关？这是一个值得思考的问题。要说明这个问题，应该和西周初年与晋国同封的一些诸侯封国说起。

---

① 《诗经·唐风》；洪亮吉《春秋左传诂》卷十九定公四年注；《汉书》卷二十八《地理志上》。

② 《日知录》卷三十一晋国、绵上、箕、唐、晋都各条。

③ 《左传》成公六年；《史记》卷三十九《晋世家》。

西周初年汾涑流域的诸侯封国，除过晋国，还有霍①、荀②、耿③、贾④、扬⑤诸国。霍国在今霍县，荀国在今新绛县，耿国在今河津县，贾国亦在今新绛县，扬在今洪洞县。霍国和扬国远在汾河中游霍山之南。耿、荀、贾三国皆在汾河下游，具体地说，和浍河流域的两个绛都东西恰在一条线上。至于涑水河流域的封国所可考见的却只有一个遗址，在今临猗县西南的郇国⑥。汾河中游霍山以南，汾河两侧实际上是受到吕梁山和霍山的限制，却还有少许的封国。涑水河流程虽短促，然其所流经的平原并不过分逊于汾河下游，封国数目竟有这样的悬殊，也不能不耐人寻味。当时这样的布局是与汾涑流域侧旁的非华族部落有关。汾河中游霍山以北固无论矣。汾河下游吕梁山以西乃是群狄所处，晋国的蒲（今隰县西北）与屈（今吉县北）就是控制狄人的地方⑦，而晋公子重耳的奔狄也是由蒲前往的⑧。汾涑流域以东，非华族部落更多。举其著者，如在今潞城县的潞氏⑨、在今长治市的铎⑩，在今屯留县的留吁⑪，以及在今长子和黎城的黎国⑫，还有由原居于今昔阳县而迁徙于今垣曲县的东山皋落氏。这样多的非华族部落，不能不使周王朝难于放心，不加闻问。这些封国的布局就是为了防御这些非华族的部落。汾河的东侧，尤其是浍河和涑水河上游以东非华族部落的繁多，更显得当时问题

---

① 《左传》闵公元年。
② 《左传》桓公九年；《水经注》卷六《汾水注》。
③ 《左传》闵公元年。
④ 《左传》桓公九年；《清一统志》，卷一百五十五《绛州》。
⑤ 《左传》襄公二十九年；《汉书》第二十八卷《地理志上》。
⑥ 《左传》僖公二十四年；《水经注》卷六《涑水注》。
⑦ 《左传》庄公二十八年。
⑧ 《左传》僖公五年。
⑨ 《左传》宣公十六年。
⑩ 《左传》宣公十六年。
⑪ 《左传》宣公十六年。
⑫ 《左传》昭公四年。

的严重。浍河和涑水河上游的河谷实际上就是通往其东山区的通道。这种自然形势一直到现在也没有多大改变。现在垣曲县附近有一个皋落镇，镇的名称就已经显示这里本是东山皋落氏曾经居住过的旧地。当时晋国如何控制住这两条通道，防止这些非华族部落进入汾涑流域的平原地区，实在是刻不容缓的要务。晋国的别都曲沃，也就是现在闻喜县，后来曲沃废不为都，别称新城①，也称为下国。下国的名称显示出当地虽已废为都，仍有其重要性。其所以能够重要，就是因为控制着涑水河河谷通道的入山口。就这两条通道来说，浍河上游当更为重要。晋武公以曲沃为基础，入继公室，以旁支为大宗，可是到了他的儿子献公时，就不能不复城绛而居之②，其道理就在于此。

晋国由故绛迁到新田，曾引起诸大夫一番争论。当时多数主张要迁到郇瑕氏的故地，说是那里"沃饶而近盐"。只有韩献子主张迁到新田，说是当地"土厚水深，居之不疾。有汾浍以流其恶"③。郇瑕氏的故地固然是"土薄水浅，其恶易觏"。但黄土高原上土厚水深的地方应该是很多的，可是韩献子却独举出新田，只加了一句"有汾浍以流其恶"，显然有些道理是没有讲出来的。晋国在献公时，先后灭掉耿霍、扬诸国④，荀、贾两国以后未见记载，当也为晋所灭。晋国灭掉这几个封国，当然要承担起这几个封国原来防御其附近非华族部落的任务。晋文公是五霸之一，战胜过楚国，但对于非华族部落却不能不用更多的心思。为了御狄，先作了三行⑤，后又作了五军⑥。晋襄公时还曾败狄于箕⑦。箕为近河之邑。这一战晋虽取胜，

---

① 《左传》僖公四年。
② 《左传》庄公二十六年。
③ 《左传》成公六年。
④ 《左传》闵公二年。
⑤ 《左传》僖公二十八年。
⑥ 《左传》僖公三十一年。
⑦ 《左传》僖公三十三年。

狄人的深入也是显然可见的。非华族的祸患是这样的严重，晋国是不能漠视的。都城迁到新田，应该是对付非华族的一个战略。新田并未离开浍河流域，它仍然可以控制由浍河河谷通往其以东山区的通道。它又在汾河河谷。溯汾河而上，它不仅可以控制汾河河谷，而且还可以控制霍山的陉塞。当然沿汾河而下，对于吕梁山西那条通道也可以加以控制。这样三面兼顾，晋国对于非华族就由防御而进为经略。悼公用魏绛和戎的策略，以货易土①，平公继之，使荀吴帅师败狄于卤。大卤就是晋阳②，也就是太原。这时太原才归入晋国的版图。因此不能说太原在西周初年就已经成为都会。正是由晋人的努力，打通了太原以下的汾河河谷，因而更增加绛的重要性。也由于汾河河谷通道的畅通，使绛的交通更为发达，对于这个都会的经济发展也必然会有相当的促进。虽然如此，绛始终是一个政治都会。

二、安邑和晋阳

绛既然是一个政治都会，自不能不受到当时政治的影响。晋国后来为韩赵魏三家所分，晋侯也被迁到端氏（今沁水县东）③，不久即亡。晋侯迁走，晋国灭亡，绛也就失去了政治都会的地位。

就在晋国灭亡的前后，韩赵魏三家的都城都在汾涑流域。韩都于平阳（今临汾县西南），魏都于安邑（今夏县西北），而赵都于晋阳（今太原市西南）。虽皆以汾涑流域为都，而时期长短都不尽相

---

① 《日知录》卷三十一《晋国》。
② 《左传》襄公四年。
③ 《史记》卷四十三《赵世家》。

同。韩都平阳，据《竹书纪年》由武子开始，其时在晋烈公元年①，当为周威烈王七年（前419）。而《史记·韩世家》则作韩贞子。贞子迁居年代不可知，大约早于武子之说五十年②。韩离平阳他迁，乃在景侯时③。景侯为武子子，在位只有九年，由周威烈王十八年至周安王二年（前408—前400）。即以周安王二年计，以平阳为都不过十有九年。如以韩贞子时计，亦只有七十年上下。赵国始居于晋阳在简子时，至献侯迁居于中牟④。简子始居于晋阳的具体年代不可知。简子在位六十年，向上逆推，其即位当在周敬王三年（前517）。至于献侯迁都事，史文固明白记载"献侯少即位，治中牟"⑤。献侯即位在周威烈王三年（前423）。为由简子即位之年算起，则在晋阳前后将及百年。魏国居于安邑，始自昭子魏绛。魏绛事晋悼公，以和戎翟受赐。史文记载其于受赐之后，徙治安邑⑥。魏绛受赐事在鲁襄公十年（前563），则昭子迁都不能早于这一年。魏国都城迁离安邑的具体年代有两种不同记载，一为梁惠王的六年⑦，一为梁惠王的九年⑧，亦即公元前365年或362年。由鲁襄公十年算起，至梁惠王六年，为一百九十七年；算至梁惠王九年，则为二百年。三国相较，魏国都于安邑为时最为长久，赵国次之，韩国最为

---

① 《水经注》卷六《汾水注》。

② 按《韩世家》，贞子父为宣子；其重孙为康子，即与赵魏共破知伯者。《六国表》于篇首即著韩宣子，其时为周元王元年，亦即公元前475年。韩康子与赵魏破知伯在周贞定王十六年，亦即公元前453年。贞子徙居平阳事虽不知确实年代，大致推断，两种不同记载，前后相差约五十年。

③ 《汉书》卷二十八《地理志》，河南郡新郑，韩自平阳徙都之。又颍川郡阳翟，周末，韩景侯自新郑徙此。然《史记》卷四十五《韩世家》，韩灭郑徙都，实为哀侯事，远在景侯之后，景侯不能由新郑迁往阳翟。

④ 《史记》卷四十三《赵世家》。

⑤ 《史记》卷四十三《赵世家》。

⑥ 《史记》卷四十四《魏世家》。

⑦ 《水经注》第二十二卷《渠水注》引《竹书纪年》。

⑧ 《史记》卷四十四《魏世家》集解引《汲冢纪年》。

短促。时间长短虽各有不同，其舍弃旧居，另营新都，其动机却是相似的。这是由于当时富庶地区在中原及其稍东处，太行山西汾涑流域就显得偏远一些，在诸侯相争的形势下难免见绌，故纷纷迁都以趋事功。

韩赵魏三国初年的建都群聚于汾涑流域，也是有其各自的历史渊源的。这是西周春秋时期采邑制度演变的一种现象。三国的都城自应各在其所得的采邑之中。当时先后所受的采邑并不都连在一块，他们在若干采邑之中选择汾涑流域当是由于残晋尚存，可以就近对于绛都动静有所干预。韩居于平阳之前，本是居于州的，州在今河南沁阳县东①。赵居于晋阳之前，本是居于原的，原在今河南济源县西北②。州与原都在太行山东南，距绛都是有一段艰辛的山路，不如平阳和晋阳所在的汾涑流域往来的捷径。魏本居于霍，霍在今山西霍县③。霍自然较州和原更近于绛，但比起安邑好像却还稍逊一筹。

三国都城说承受采邑旧制，在地理形势方面也就难免有所限制。从全晋说来，表里河山久已脍炙人口，晋平公就以国险多马，邻国多难，谓为三不殆④。就一些地区说，这险要的地形还是不少见的。魏武侯偕其群臣浮于西河就一再称道："河山之险岂不亦信固哉！"⑤当时魏仍都于安邑，这自然是就安邑立论的。赵以晋阳为都始自赵简子时，后来赵襄子为知伯所攻，就恃晋阳相拒守。据襄子之臣张孟谈所说，则晋阳的城郭完好，府库足用，仓廪充实，堪作拒守的基础，甚至"公宫之垣，皆以狄蒿苫楚廧之"，以之作箭，"其坚则箘簬之劲不能过也"⑥。这显然是要凭借河山之险，以图长治之安，

---

① 《史记》卷四十五《韩世家》。
② 《史记》卷四十三《赵世家》。
③ 《史记》卷四十四《魏世家》。
④ 《左传》昭公四年。
⑤ 《战国策·魏策一》。
⑥ 《战国策·赵策一》。

不虑外来的侵扰。就靠着这样的险阻，晋阳受围三年，竟然还能支持下去。当然，当时是没有想到知伯是会采用以水淹城的战略的。如果除去这一点而论，则赵以晋阳为都，在当时应该是无所非议的。

然而魏都安邑是还有它的优点的。安邑位于涑水河的中游，其地又恰是涑水河流域平原的中心。这是一个肥沃的农业地区。魏文侯用李悝尽地力之教①，自是一个高明的为政措施，这个肥沃地区正是促成这样措施的条件。安邑近于郇瑕氏的故地，附近有盐池，正是前面曾经提到的，晋人谋去故绛，诸大夫津津乐道的"沃饶而近盐"的地方。而韩献子也说过"山泽林盐，国之宝也"②。晋人为了控制汾浍交会的地区，舍弃了这一个有利于国的地方。魏国却享受了这些天然的富饶利薮，这和魏国后来的强盛不能没有关系的。

韩赵魏三国都向太行山东迁都，魏国独为殿后。这不是魏国君臣缓趋事功，而是他们还有所恃。这就是安邑交通的方便。由安邑向东经营中原，固然要翻越王屋太行间的山路，山路崎岖是不便于行动的。可是较之于晋阳和平阳还是稍胜一筹的。当时曾经有人说过，魏居岭阨之西，都安邑，而独擅山东之利，就是这样的意思。后来梁惠王迁都大梁之后，还时时留意于河东和河内之间的道路③，其意义就在于此。三家分晋后，韩国据有上党和汝颍之间，和河东、河内成垂直相交的形势。虽然战国时国与国之间的交通还不至于多所限制，究竟不能和本国完全相同。就是这样的情况下，河东和河内的道路始终未多受阻隔，直至魏国灭亡时还是如此。这固然是魏国迁都以后的情形，但对于理解安邑作为都城的意义是有所裨益的。

晋阳和安邑较，它是没有盐地这项利薮的。但是霍山以北汾河河谷的宽广平衍，也是使晋阳能够作为都城的应具有的基础。赵简

---

① 《汉书》卷二十四《食货志》（上）。
② 洪亮吉《春秋左传诂》卷十一成公六年。
③ 《孟子·梁惠王上》。

子经营晋阳能够获得府库足用和仓廪充实，不能和这样的基础无关。还应该指出，远在全晋之时，霍山以北的土地是采用了和戎翟的策略，以货易土取得的，就在赵国都于晋阳时，其西北各处还是散居着楼烦、林胡等非华族的部落。晋阳以北为汾河和滹沱河分水处，云中山和系舟山间的高地实有助于晋阳对北方的防守。当然，顺着汾河河谷而下，交通也相当方便，其东的陉山，也就是井陉①，为太行山上的陁台，也是晋阳和太行山东交通必经的要道，全晋时经略鲜虞（今河北正定、定县诸县）、肥（今河北藁城县）、鼓（河北晋县）诸非华族部落的道路②，也是后来中牟、邯郸和晋阳来往的道路。正由于这条道路的畅通，更显得晋阳的重要意义。

由于魏赵两国的经营，安邑和晋阳不仅成为这两国各自的都城，就是两国都城迁徙之后，这两个都会仍不失其重要的意义。后来魏赵两国相继灭亡，秦统一六国，新建的河东郡和太原郡就分别以安邑和晋阳为郡治。历经两汉魏晋都少有改易，晋阳且曾长期作为并州的治所。虽然早已不像魏赵两国时的都城，但仍不失为汾涑流域的地方性的政治都会。

三、杨和平阳

杨在今洪洞县东南，平阳在今临汾市西南汾河西岸。杨是西周及春秋初期的封国，平阳为韩国初年的都城。战国秦汉之间，这两处已发展成为全国闻名的经济都会。司马迁在《史记·货殖列传》中论述到当时全国二十余处的经济都会，汾涑流域就有两处，这已

---

① 《战国策·秦策二·经山之事》；《史记》卷四十三《赵世家》。
② 《左传》昭公四年。

够显得突出的。

　　政治都会由于人口众多，也会促进经济的一定发展。晋国的绛有市就是具体的证明，这在前面已经说过了。魏国的安邑位于涑水河流经的平原的中部，又靠近盐池，盐利是相当丰富的。安邑本是一个政治都会，既然具有这样的条件，可能会向经济都会发展的。可是司马迁在《货殖列传》中却没有明显地提到安邑，而只是泛泛地提到河东，并以之与河内、河南列于同样的位置。司马迁是这样说的："昔唐人都河东，殷人都河内，周人都河南。夫三河在天下之中，若鼎足，王者所更居也。建国各数百千岁，土地小狭，民人众，都国诸侯所聚会，故其俗纤俭习事。"所谓殷人都河内，指的是安阳殷墟；周人都河南，自然说的是洛阳。只有这唐人都河东，却比较含混。徐广解释，说是尧都晋阳。说者多谓晋阳乃在晋水之阳，那自然是太原西南晋水附近，不过那里不能说是河东。后来继以河东为都的，为前所说，有晋魏两国和相应的绛和安邑两地。所以司马迁这段话乃是一种泛论的说法，不能像殷墟和洛阳那样以绛或安邑来解释。而且杨和平阳就在河东，是不必再多所周折的。

　　司马迁所说的"地狭人众"正是一种经济发展的现象。当然人口集中不一定就是由于当地经济已经有所发展，但集中了人口也会促进当地经济的发展。前面已经说过，汾涑流域的土地是肥沃的，至少对于当时的农业技术还应该是合适的。仅就这一点说就足以养活着很多的人口，战国时商鞅佐秦孝公变法图强，曾大举设法招徕三晋的人口，可是河东的人口却没有显著的减少。由此可见河东地区富庶的程度。有这样富庶的基础必然会有经济都会的出现。可是出现的并不是绛和安邑，更谈不到晋阳，而是杨和平阳。其间的原因是值得探讨的。

　　司马迁对此曾作了解释。他说："杨、平阳西贾秦、翟，北贾种、代。"这是说杨、平阳的繁荣是由于商业的发达引起的，这本是经济都会形成的自然现象。这里所说的秦是指泾渭两河下游的关中平原。至于翟，据张守节《正义》的解释，是指隰、石等州的部落稽，还有延、绥、银三州的白翟。唐时的隰州、石州就是现在的隰县、离石县以及其附近的一些县。具体说来就是吕梁山西各地，而延、绥、银三州更远至现在陕北各处。张守节还解释了种和代，说是"种在恒州石邑县北，盖蔚州也。代，今代州"。唐时代州治所在今代县，辖有五台、崞县和繁畤。也就是滹沱河的上游各地，直到句注山等处。唐石邑县在今河北石家庄西南，而蔚州治所则在今灵丘县。也就是说兼有恒山的南北。司马迁在《货殖列传》曾经规定了当时全国四个经济区。其一是龙门碣石以北。龙门为今河津县的龙门山，碣石在渤海北岸。这是说由龙门至碣石引出一条界线，其北是另一个经济地区。这条线由龙门东北趋，经吕梁山南部，绕今太原和北京以北，再东北达到碣石山。杨、平阳贸易的地区大部就在这一条界线之北。这个地区当时是半农半牧地区，甚至可以说是以牧为主兼有农业的地区。所以司马迁说这一地区多马、牛、羊、旃裘、筋角。春秋时，晋平公所谓的晋国三不殆，马就是一种。而且"冀之北土，马之所生"，也是晋人所常称道的①。冀之北土指的是什么地方？这还可以从容讨论。晋国所重视的屈产之乘②，就是出自吕梁山西现在吉县等处。这都可以证明司马迁所说是确切的。杨、平阳既处于半农半牧地区，甚或是以牧为主兼有农业的地区和农业地区之间，而且凭借着汾涑流域的南北交通大道，发展成为经济都会，也是必然的趋势。

　　杨和平阳两地同在汾河河谷，相距不出百里，为什么这样邻近的地区同时竟然形成两个在当时国内居于同等重要地位的经济都会？这也有说。这两个经济都会皆在汾涑流域南北的大道上，不论由南由北运输的货物必然都要经过这里，由半农半牧地区，甚或是以牧

---

① 《左传》昭公四年。
② 《左传》僖公二年。

为主兼有农业的地区运输来牧业产品，在向南运输途中，杨是首先达到的一个都会。按之常理，平阳好像是多余的。不过应该指出，平阳乃是韩国初年的政治都会，虽然作为政治都会时间不是那么长久，但是都会的基础是存在的。平阳作为经济都会是从战国时期就已开始，当是在这样的基础上继续发展的。当然政治都会不能就这么一变而成为经济都会，成为经济都会还应有其另外的因素。平阳附近有平水，平水源出平阳县西的平山①。平山当是吕梁山的支阜。其西就是现在蒲县的蒲河。两河分流，其河谷就会成过往必经的道路。这里是吕梁山南部经过山区的重要通道。吕梁山西部分地区的货物可能是循着这条道路运输到平阳的。

既然杨、平阳都是由于在汾涑流域南北交通大道上发展起来的，而平阳还是由于有韩国初年都城的基础，那么，居于这条大道北端的晋阳为什么却漠然无闻，未能发展成为经济都会，更何况晋阳也是赵国初期的都城？这一点司马迁也曾经有过解释。他说："地边胡，数被寇。人民矜懻忮，好气任侠为奸，不事农商。"这里虽没有指出晋阳，然晋阳在当时确实是边胡的地方。因为边胡，剽悍尚武，不以农商为务，这就不免对经济都会的形成有所影响。正是由于这样的缘故，司马迁还接着指出："故杨、平阳陈掾其间，得所欲。"②陈掾，据小司马《索隐》的解释，"陈掾犹经营驰逐也"。具体说来，就是因为晋阳及北各地人民的不事农事，才促成杨、平阳经济的发展。

杨、平阳后来是否继续发展？又是为何萧条下去？史文未见详细记载。不过杨、平阳能够得到发展是由于北边有半农半牧地区，甚或是以牧为主兼有农业的地区，以及近边地区的人民不事农商的缘故，这些条件有了转化，杨、平阳的繁荣自然会难于继续下去，

---

① 《水经注》卷六《汾水注》。
② 《史记》卷一百二十九《货殖列传》。

最后不免趋于萧条。

四、太原和河中

太原一名起源很早,《诗·小雅·六月》就说过:"薄伐猃狁,至于太原。"

不过这个太原乃在今甘肃平凉、镇原间①,与山西无干。春秋时人说太原,与《诗》不同。郑子产曾因晋臣叔向的询问,说过这样一句段话:"昔金天氏有裔子曰昧,为玄冥师,生允格、台骀。台骀能业其官,宣汾、洮,障大泽,以处大原。帝用嘉之,封诸汾川。"②杜预解释这个太原,说是晋阳。可是台骀所宣的汾、洮的洮,实为涑水③。以汾河和涑水河并称,则太原所在不能远离涑水河,而独就汾河。这样说来,这里所说的太原还一定就是现在的太原。《春秋》载昭公元年,晋荀吴帅师败狄于大卤。杜预解释大卤,说是太原晋阳县。《左传》叙这一段史实,改成"晋中行穆子败无终及群狄于大原,崇卒也"④,则杜预解释可能是符合事实的。

太原之作为行政区划,始于秦庄襄王时⑤。中间虽稍有更动,大体一直沿用到唐开元年间,此后改称为太原府⑥,又大体沿用到清末。不论其为郡为府,都是一个地区的建置。虽然是一个地区的建置,一般习惯也用之于它的首府。以太原这个名称作为太原郡或太

---

① 《日知录》卷三《大原》。
② 《左传》昭公元年。
③ 《水经注》卷六《涑水注》。
④ 《左传》昭公元年。
⑤ 《史记》卷五《秦本纪》。
⑥ 《元和郡县志》卷十三《河东道·太原府》。

原郡首府的县名，是在隋代①。以后时有沿袭和废省，断断续续使用到民国时期。这个太原郡或太原府首府的太原县，并不是现在的太原市，而是在太原市西南汾河的西岸。现在那里有一个晋源镇。以前太原府的旧城遗址有些残迹还显露于地面。

作为政治都会，太原是有两段历史可以称道的，其一是曾经作为北齐的别都②，其二是曾经作为唐代的北都，而北都有时亦改称为北京③。五代时后唐继续承唐制，也曾改建为西京④，后来又改成北都⑤。虽说是继承唐制，实际上太原本是沙陀族入据中原前兴龙之地。不过后唐享祀短促，关系并非十分重要。

高齐以太原为别都。这是因为当时以晋阳有四塞之险。胡三省解释这四塞之险，说是其地东阻太行、常山，西有蒙山，南有霍太山、高壁岭，北陀东陉、西陉关⑥。《隋书·地理志》也说："太原山川重复，实一都之会。"《隋书·地理志》还特别指出，太原"人性劲悍，习于戎马"，这种风气还延及上党及北地各郡，成为一方兵力的来源。高欢之前，尔朱荣父子就是利用这里的兵力南趋洛阳，使拓跋魏的王朝几于不国。高欢独掌东魏权柄，却不东觐都城，而建大丞相府于晋阳，就是难于舍去这一劲兵所在的地区。高欢之时，东魏与西魏及萧梁鼎足而立，而东西魏之间的兵争为独多。由于太原是高欢创业之地，宇文泰的进攻也偏重在河东一面。就是高欢、宇文泰之后的北齐、北周间的兵争也多在武平（今新绛县西南）、玉壁（今稷山县西南）一线。也就是汾浍东西一线的地区。而晋州（治所在今临汾市）、洪洞等地就都为太原的前卫。尤其应该提到的

---

① 《隋书》卷三十《地理志》。
② 《隋书》卷三十《地理志》。
③ 《旧唐书》卷三十九《地理志二》；《新唐书》卷三十九《地理志三》。
④ 《新五代史》卷五《唐本纪》。
⑤ 《五代史记》卷六十《职方考》。
⑥ 《资治通鉴》卷一百五十五《梁纪》。

是北边塞外的变化。这时蠕蠕、突厥时常侵扰，边塞的安宁是东魏和北齐所不能忘怀的。以太原为别都就是加强边防的力量。

唐代的太原为北都，有一个原因是和高齐相仿佛的。就是李渊的反隋是由太原起兵的。正为高欢的收集尔朱荣父子的余部一样，李渊也是利用了隋时为根除汉王杨谅的余孽而布置在晋阳的兵力。可是李渊却没有如高欢那样，长期坐镇在晋阳。当然高欢只是一个大丞相，而李渊乃是一个王朝创始之君，根本不可同日而语。因此，唐代以太原为北都，如果要说是由于其先世在那里始奠帝基，还不过是一点象征性的意义。实际上以太原作为北都，无论对外对内都有一定的取意。

这里先从当时的对外关系说起。有唐一代，突厥和回纥先后崛起于大漠南北。它们与唐固然也曾有过和好时期，实际上对峙的时期还是多些。不论是突厥还是回纥，南下用兵大致多取灵武（今宁夏灵武县）和晋阳两路。唐代初设节度使时，周边十节度（包括岭南五府经略使），河东和朔方就各据其一。河东节度使治太原府，朔方节度使治灵州（治所在今灵武县）。朔方节度使的任务是"捍御北狄"，而河东节度使则是"掎角朔方，以御北狄"[1]。仿佛是朔方较之河东还有更多的重要性。虽然如此，北都还是设在太原。因为陪都的建立还是有一定的条件的，太原对于北边防御的重要只能是其中的一点。唐代于北都之外，别有南都[2]。南都在江陵府，也就是现在的湖北江陵县。南北两都设置的时间并不是恰恰就在同年，但南北的对称应有一定的取意的。不论其如何取意，太原的重要性是和它的山川分不开的。唐初，刘武周自朔州（治所在今朔县）南下，其党苑君璋就说过："并州以南，地形险阻，若孤军深入，恐后无所

---

[1] 《旧唐书》卷三十八《地理志》。
[2] 《旧唐书》卷三十九《地理志》。

继。"①。这话说得不错。其实太原以北，险阻还是不少的。句注山上的东西二陉就是有名的天险，而东陉尤为险固②。刘武周以据有朔州，朔州就在句注山北侧，故得乘虚直入，视句注山为后庭，其实就是这条句注山，曾经使突厥受过重创③。至于就对内关系来说，太原于当时全国中实为处于北陲，不能以此而对全国有若何更大的作用。然太行山西地势高昂，也自有其有利的形势。安禄山起兵反唐，曾经设想由大同南下夺取太原，以减轻侧翼的压力，然以不能越过陉关，未达到目的④。由于太原尚为唐守，在扫除安史之乱时，这一方面还曾经不时发挥过作用。

唐代的河东道大致略同于现在的山西省，只是北边伸入到现在内蒙古的丰镇、兴和等处，而东北兼有现在河北省的阳原、蔚县。当时以太原为北都，这是一个重要的政治都会。与太原相埒的，还有西南的河中府。河中府治所河东县的故地就是现在永济县西黄河岸边的蒲州城。河中府本来就是蒲州。蒲州的设置为北周时事，隋代曾经一度改称河东郡⑤。其称为河中府则在唐玄宗开元八年（720）⑥。以后蒲州和河中府这两名称仍有互相改易的时期，直到清代才又改称蒲州府，所以到现在它的故城还称为蒲州城。

河中府在唐代全国诸州府中居有重要的地位。唐代诸府州的等第，以上辅为最高。还在称蒲州的时候，就列为四辅之一，与华州、

---

① 《旧唐书》卷五十五《刘武周传》。
② 《通典》卷一百七十九《州郡九》；《新唐书》卷三十九《地理志三》。
③ 《旧唐书》卷八十四《裴行俭传》。
④ 《旧唐书》卷一百二《郭子仪传》。
⑤ 《隋书》卷三十《地理志》。
⑥ 《旧唐书》卷三十九《地理志》；《新唐书》卷三十九《地理志》同。惟《旧唐书》卷八《玄宗纪》则作"九年春正月丙辰，改蒲州为河中府，置中都；秋七月戊申，罢中都，依旧为蒲州。"《元和郡县志》第十二卷《河中府》又作"开元元年五月"。

同州、岐州的地位相当①。华州治所在今陕西华县，同州在今陕西大荔县，岐州在今陕西凤翔县，都在关中地区。华州和岐州都在渭河流域，分居于长安城的东西。同州在洛河流域，那时的洛河流入渭河，所以也应和华、岐两州一样属于渭河流域。只有蒲州隔着黄河，属于汾涑流域。仅这一点已可以说明河中府在当时的重要性。不过还有超于此地者。河中和太原相仿佛，在唐代也曾当过陪都，当时称为中都。中都的建置始于唐玄宗开元八年。这一年却又取消了中都的称号，依旧为蒲州。过了四十多年，到肃宗元年（761），又为中都②，其后可能有所废省复置事③。直至宪宗元和三年（808）才罢不为都，复为河中府。论设置陪都时间不能算是很长，已足以显示其重要意义。尤其是在肃宗去上元之号为时未久，即申明"停四京号"④。所谓四京就是长安、洛阳之外的凤翔、成都、太原、江陵⑤。四京甫罢，就又于河中设置中都，更显得并非寻常。

唐代陪都的建置不少，也时有罢省，开元八年（720）设置中都

---

① 《新唐书》卷三十九《地理志》。

② 《旧唐书》卷三十九《地理志》。"（肃宗）元年建卯月又为中都。"按《新唐书》卷六《肃宗纪》。上元二年九月，去上元号，称元年；以十一月为岁首；同以斗建辰为名。建辰月改元为宝应，复以正月为岁首。如按原来以正月为岁首计算，则建卯月应为次年二月，正在宝应元年，亦即公元七六二年。惟《新唐书》卷三十九《地理志》河中府条下，则作"乾元三年复为府"。《元和郡县志》卷十二《河中府》。也说乾元三年又改为河中府。皆未载设置陪都事。《旧唐书·地理志》于肃宗设置中都后，接着又说"元和三年复为河中府"。如当时河中未设置中都，如何还能说"复为河中府"？

③ 《旧唐书》卷一百一十八《元载传》及《新唐书》卷一百四十五《元载传》皆记载元载于大历时曾请建河中府为中都事，事未实行。两书皆记载此事于大历八年（773）以前。当是肃宗去上元之号未久设置中都后，曾有废省事。

④ 《新唐书》卷六《肃宗纪》。

⑤ 《旧唐书》卷三十八《地理志》："（至德二年）十二月，置凤翔府，号为西京，与成都、京兆、河南、太原为五京"；卷三十九《地理志》又说："上元元年九月，置南都，以荆州为江陵府，长史为尹，观察制置一准两京。"则肃宗元年废四京时，京兆、洛阳并不在内。故所谓四京实际上应为凤翔、成都、太原、江陵四处。

时，只有长安和洛阳两京①。肃宗元年（761）再罢置中都时，也只有长安和洛阳两京。所以中都的意义恰是由于它位于长安和洛阳的中间。开元八年（720）为什么在河中设置中都？为什么短促不到一年，又复废省？史文简略，已难知其究竟。肃宗时再置，各方记载间有疑义，更不易看到当时有关此事的议论。不过这里应该提到代宗大历时元载所建议于河中府设置中都一事。《新唐书·元载传》载有这事的经过。据说："（载）请以河中为中都，衰关辅河东十州税奉京师，选兵五万屯中都，镇御四方，秒秋行幸，上春还，可以避羌戎患。"②显然可见设置中都的目的，是为逃避吐蕃的侵扰。因为在代宗初年，吐蕃曾攻陷长安，代宗狼狈逃至陕州（治所在今河南陕县西），吐蕃未久退去，长安人心悯悯，常惧祸乱再临，元载的建议就是因此而发。所以他称道："河中之地，左右王都，黄河北来，太华南倚，总水陆之形胜，郁关河之气色"③，而且还"有羊肠底柱之险，浊河孟门之限，以轘辕为襟带，与关中为表里"④。从防御来自西方的兵力，这样的设想是不错的。不过从唐王朝总的局面来说，河中成为中都，其着眼点应在北方而不在西方。为了防御北方，拱卫都城长安，以河中为中都，据黄河防守，而且隔河与潼关遥相呼应，也可以说是形势天成，只待人力加以运用。唐代中都废置不常，有关议论也不尽相同。可是当时在河中却常驻有重兵，显示其地的重要性并不因中都的废置不常而有若何增损。就是这样的形势促成了河中的政治都会的地位。而且这种形势远在唐代以前就已经肇其端倪，就是唐朝灭亡之后，还历久而未能稍息。

看起来，汾涑流域南部的涑水河流域，由其山川环抱，平原广

---

① 《新唐书》卷三十九《地理志》："北都，天授元年置，神龙元年罢。开元十一年复置。"是开元八年置中都时，太原已废不为都。
② 《新唐书》卷一百四十五《元载列传》。
③ 《元和郡县图志》卷十二《河中府》。
④ 《元和郡县图志》卷十二《河中府》。

漠，是应该有其都会的。如前所说，这里最早的政治都会是绛，绛与涑水河流域虽还有一条峨嵋岭相隔，实际上相距并非很远。绛都萧条，安邑接踵而起。安邑之后，就应该数到河中了。河中虽不似安邑居于这个平原之中，但这一带的黄河对于这个都会还是有一定的作用的。

五、都会的复兴和转移

上文捋过了汾涑流域的几个都会，其间繁荣的时期各不相同。有的后来一直萧条下去，有的经过一段萧条甚至破坏之后，又复兴盛起来，有的则为其附近另一个都会所代替，当然还有一些都会新兴起来。

这里就由太原说起。太原旧地本在今太原市西南汾河西岸，当地现设有晋源镇。由晋源镇那个旧城移到今太原市乃在北宋初年。北宋结束五代十国分裂的局面，统一全国，只有割据于太原的北汉历年未下。直至太宗太平兴国四年（979）刘继元才降服，据《宋史·太宗本纪》的记载，这一年五月甲申，刘继元降，北汉平。戊子，榆次县为新并州。乙未，筑新城。丙申，幸城北，御沙河门楼，尽徙余民于新城，遣使督之，既出，即命纵火①。就是这样原来的太原城化作灰烬。为什么如此？顾炎武解释说："五代李氏、石氏、刘氏三主，皆兴于此。及刘继元之降，宋太宗以此地久为创霸之府，又宋主大火，有参、辰不两盛之说，于是一举而焚之矣。"② 旧太原城毁后，如《宋史·太宗本纪》所说，初徙于榆次，太平兴国七年

---

① 《宋史》卷四《太宗本纪》。
② 《日知录》卷三十一《太原》。

(982)又迁于唐明镇①。也就是现在的太原市。

这样的破坏乃是人为的破坏，并无损于自然的条件。太原最初能够形成一方的都会，是当地的自然合乎形成都会的条件，也是由于人对于自然的合理利用。太原故城受到破坏，并不能说明这里就无须这样都会的存在。宋初在焚毁太原古城时，以榆次县为新并州，就显示出像这样的都会并不是可有可无的。在榆次县作为并州之后，再经迁徙到现在这个地方，而现在太原市和太原故城只是一城之隔，上下相距不过几十里，自然条件应该还是一样的。如果是两者有什么差异的地方，那只能说太原市旁边少了一条晋水。但这对于太原作为一个都会，关系好像并不是很大的。

太原城的破坏是由于人为的原因，而蒲州城的破坏却是由于自然的原因。蒲州城就是前面所说的河中府。河中府自唐代后期废不为陪都之后，自然会减低它的繁荣程度。不过作为一个府治所在，也不至于就萧条下去。近年来蒲州城却彻底的破坏了，仅留下断续几段城墙，点缀于苍烟落照之中。为什么有些破坏，这是黄河河道在这里向东移流，流近蒲州城下所促成的。前几年我到蒲州城旧址考察时，黄河河道虽又逐渐西向摆动，离城稍远，城下为河水冲流的故道仍宛然在目，西门门洞半陷泥中，城墙两侧堆积泥沙甚厚，行人须由城墙顶上越过。在这样危急的情况下，迁城是不可避免的。蒲州府废后，这里一直是永济县治。现在永济县已移往其东北的赵伊镇了。那里离黄河稍远，却是同蒲铁路经过的一个站口。

平阳城也有过迁徙，却不是由于故城的破坏。平阳城本来是在今临汾县西南汾河西岸。北魏孝庄帝建义元年（528）移于其东北二十里白马城（时已改称临汾县），至唐太宗贞观十二年（638）复移

---

① 《宋史》卷八十六《地理志》、陆游《老学庵笔记》谓迁于三交城，而三交城即唐明镇。《清一统志》卷一百三十六《太原府》引《旧志》谓太平兴国四年迁于三交城，七年又迁于唐明镇。

于平阳故城①。唐以后又移治于白马城②。白马城就是现在临汾县治。

平阳城的迁徙并不是由于故城受到破坏，因为在建义元年迁徙之后，到贞观十二年又复回故城就是证明。前面曾经说过，平阳故城作为一个经济都会是与当地通往吕梁山西的道路有关。可是平阳故城乃是在汾河流域。汾河流域南北的交通大道是经由河东，而不在河西。平阳故城由于位于汾河以西，虽便于通往吕梁山西，但对于南北交通却究竟有不易适应的地方。这个都会由汾河之西改移到汾河之东。不仅是迁徙，而应该是为白马城所代替。虽然白马城还因用了由平阳改称临汾的这个名称，实际上两者已经有所不同了。这里还应该顺便说明：当这个都会反复迁徙时，不仅名称由平阳改成临汾，而且早已失去它本来经济都会的地位。虽已不是经济都会，却还不失为一方的政治都会。政治都会对于自然条件仍然是有一定的要求的。

作为一个都会被另一个都会所代替，还应该提到绛与故绛。如前所说，故绛在现在翼城县东，而绛在现在侯马市。故绛可以由浍水河谷通到东方的山区，而绛则可以由汾河河谷通向汾河中游各地。当时作为政治都会，是有意防御非华族的侵扰。故绛和绛这个都会交互代替时，当地的自然条件并没有显示出什么变化，只是非华族的活动能力前后有了不同。这应该是属于人为的因素。后来绛为安邑所代替，而安邑代替绛时，除过政治原因外，其附近的盐池也有若干吸引的作用。而河中代替安邑时，黄河作为易于防守的原因，就超过了盐池的利益。无论是绛，还是故绛，安邑和河中，都在汾涑流域南部的平原，或者是邻近这个平原。这几个都会的先后代替，说明了这个平原应该存一个都会，而且还仿佛显示出像这样范围有

---

① 《太平寰宇记》卷四十三《晋州》。自建义元年后。文章平阳城还曾小有迁徙：隋炀帝初年移于白马城南一里，唐武德四年又移于白马城。因为迁徙的很近，所以不一一提及。近人制图，置唐临汾县于汾河东，似未考及《寰宇记》的记载。

② 《清一统志》卷一百三十八《平阳府》。

限的平原，似乎不易并存着两个都会。至少在以前的历史时期是这样的。现在原在蒲州城的永济县迁到东北的赵伊镇。而安邑县也迁到它的西南的运城。这个运城的历史可以远溯到战国时的盐氏城①。后来还曾设过监盐县②。盐地就在城南。这就是春秋时所谓的盐，自然是一方的利薮。迁到赵伊镇尚未有所起色，大致将仍是一个普通县治。看来将来的发展，安邑大可继蒲州城之后，重新成为这个平原的都会。

在汾涑流域的几个都会中，位于今洪洞县东南的杨城，经过战国秦汉一段时期的繁荣，最后终于萧条下去了。杨和其南的平阳相距本不甚远，又都在汾河流域的南北交通大道上。平阳虽在杨之南，由于和吕梁山西的交易，所以能够和杨同时繁荣起来。曹魏时于汾河中游设平阳郡③，平阳和杨都在辖境之内。由于平阳成了郡治的所在，杨就不免相形见绌。杨县后来改为洪洞县，就在改洪洞县以前，还曾一度废省过④。虽说是再度复置，终究是无由和平阳相比拟了。

在古往今来的悠长过程中，人为的因素和自然的条件是经常有所改变的。有关的改变都会影响某一都会的盛衰。这在前面都已陈述过了。这种种改变仍会接踵而来，同蒲铁路的兴修就是一个明显的例证。同蒲铁路南段由太原直达风陵渡，纵贯汾涑流域。这是人为的设施，也改造了自然，使自然得到了较好的利用。原来为汾涑流域南北交通大道上的都会，大都重新有了发展的机会，太原是不必说了，临汾（即平阳）、侯马（即绛）、安邑都先后得到繁荣。甚至还有新兴的都会，位于石太和同蒲铁路会合处的榆次，就是其中的一处。

汾涑流域这几个都会盛衰的演变过程，说明人对于自然的利用

---

① 《史记》卷五《秦本纪》。
② 《水经注》卷六《涑水注》。
③ 《三国志》卷四《魏书·齐王纪》。
④ 《魏书》卷一〇六《地形志中》。

和改造的成就。这可以作为今后的借鉴。如何利用和改造自然，再加以人为作用配合，使汾涑流域的都会愈益繁荣兴盛，这是今后亟应注意的一个新课题。

中国历代对东北地区的经营[①]

一、东北的发达

（一）国都位置由西北到东北的变迁

要说明东北的发达，国都位置的变迁，就是一个很好的例证。秦汉隋唐几个统一局面朝代的国都，皆在关中，可是到元明以后，国都却由西北移向东北，而建立于河北平原的北端。这显示出国家的重心，已经由西北移到东北。也表现出西北的日趋于萧条和东北的逐渐发展。这种变迁，不仅有其内部的条件，并且也有其对外的因素。尤其是对外的因素要超过内部的条件。

就自然地理的环境来说，东北是农业区域、游牧区域和森林区域交互杂错的地方。正因为如此，也就表现着农业民族与游牧民族、狩猎民族的冲突。在东北，同一时代之中常住着各种不同的民族，自然有农业民族，也有游牧民族、狩猎民族，而汉人在这里并不算是唯一的农业民族。如东汉三国时的夫余与唐时的渤海，因为居住

[①] 此文为史先生在1949年前后所撰讲义或书稿的一部分，原稿写在竖排十栏朱印稿纸上。标题为"第四节：东北的发达""第 节：东北问题与国际影响"。收入本书时，整理者将二者合而为一，加上了这个题目。整理者注。

在松花江流域，也有相当的农业基础①。这些不同的民族相互制约，其力量是时起时伏，尤其是盘踞在北方沙漠南北的国家，更给予相当的影响。一旦当制约的力量和影响的因素消失之时，这里的若干民族也可以称雄一时，向其南部农业区域肆行侵略。契丹与女真的历史，就可以作为说明。而蒙古民族的崛起与女真民族的复盛，其情形仿佛以前在西北的突厥、回纥与吐蕃，这些对外的因素，促成了国都由西北向东北的转移。也帮助了东北的发达。

（二）汉人最初对东北的经营

东北的南部濒海，与燕齐各地隔水相对。海上的交通在远古之时当已有其踪迹。所以汉人对于东北实非过于生疏。而东北在国史也应当很早就有了相当的地位。传说殷商之亡，箕子曾避地至朝鲜半岛。但大规模的经营，似乎是迟至战国的晚年。并且所谓经营还是因为抵抗游牧民族的侵略而起的。当时立国于河北平原的北部者为燕国。燕国地处北陲，所以常受蛮貊的胁迫。尤其是受到东胡的侵凌。燕昭王时，燕将秦开大破东胡，拓地千里，于是现今大凌河流域及辽河的下游全入于燕人的掌握之中②。

秦开并袭取朝鲜至满番汗延袤二千里的土地③。其东界大抵达到今朝鲜的清川江边。这说明燕国已经控制渤海湾以北广大的适于农业的地带，于后来的经营东北树立下相当的基础。燕人在这新地区中，又建立了上谷、渔阳、右北平、辽东、辽西五郡，为后来秦汉时代所沿袭。自然五郡之中的上谷、渔阳二郡是偏西一点，不在这

---

① 《三国志》卷三十《魏书·东夷传·夫余》；《唐书·勃海传》。
② 《史记》卷一一〇《匈奴列传》。
③ 《三国志》卷三十《魏书·东夷传·高句丽》注。

一区域之中①。为了保护这新的农业地区，燕人更兴筑了由造阳至襄平的长城。其后秦人继续发展长城的东端，直至乐浪，也就是达到今朝鲜的大同江岸。燕人的长城不仅保护其南的农业地带，而且保护由右北平郡通往辽西、辽东以及朝鲜诸地的大道。即由卢龙②达于柳城③的大道。这是由大凌河谷通往东北各地的大道。远在战国末年秦汉的时候，由内地往东北者，多出此途，并非如今日的由山海关沿海滨的道路。这条道路能够控制与否，实与经营东北有莫大的关系。

在当时长城以外若干民族，有居于西喇木伦河外的鲜卑，有居于西喇木伦河与老哈河流域的乌桓，鲜卑与乌桓即最初侵凌燕国的东胡。由鲜卑更往东北，则有居于松花江上游的夫余。不过夫余在西汉时尚不与中国相通，至东汉初年始有信使往还。由夫余再往东北，由今松江宁古塔直东至东海之滨为肃慎，肃慎后称挹娄，肃慎南接沃沮，由沃沮西连高句丽。再南则为朝鲜。当秦汉盛时，这些民族尚不闻向长城以内骚扰的情事。即最初为燕国边患的东胡，也于汉初为匈奴冒顿单于所攻击而仅能自保，更不必说到侵略他国了。

燕秦所修筑的长城，对防御游牧民族的南向侵略曾起了相当作用，同时却也限制了农业区域的扩张。这一段长城和阴山山脉上的长城不同。阴山山脉以北不适于农业的发展。但辽河平原以北越过松辽分水岭却仍然相当的适于农业的发展（自然这只是就古代而言）。东汉初年始与中国通往来的夫余，即以此为根据而为农业的经营。据《三国志·魏志·东夷传》的记载，夫余人民已脱离游牧生涯而成定居，并且有宫室、仓库、牢狱等设备。这固然是得到松花

---

① 《汉书》卷二八下《地理志》。汉时，上谷郡治沮阳，今察哈尔怀来南，渔阳郡治渔阳，今河北密云西南，右北平郡治平冈，今热河朝阳东南，辽西郡治阳乐，今辽西抚宁西，辽东郡治辽阳襄平，今辽东辽阳北。
② 今河北喜峰口。
③ 今热河朝阳。

江上游平原的地利，却也是受到汉人文化的影响。可是燕秦的长城，最北只达到今辽西开原附近，尚在松辽分水岭以南。不知道燕秦长城所以止于此地的缘故，也许是当时版图的扩张仅能达到这里，再未向前推进。不过却为以后各朝画定了一条北进的界线。就是到了明代，其力量虽达到黑龙江口奴儿干都司，稍后的疆界仍限于开原附近，还未脱离燕秦长城的窠臼。

前面我们曾经说过，这些并居的许多民族彼此牵掣，彼此制约。战国末年，为燕国边患的东胡，一经秦开的驱逐，再经匈奴的打击，余众几难自保。但到了西汉中叶，汉人却徙之于上谷以东五郡塞外，使之侦伺匈奴。这无异与乌桓以新生的机会。两汉之际，更侵到塞内，于是由卢龙至柳城的道路发生了障碍。自这时起，一直到曹操的北攻塌顿，才稍稍复通。乌桓的侵入塞内，一方面表示大凌河这一区域又由农业的经营重返到游牧的地带，另一方面又使辽东辽西各郡与内地的联系，受到重大的影响。一般说来，东汉的对外政策是偏于保守，这种保守的政策，在东北尤其显明，这或者是受了大凌河河谷道路被阻的影响。其实不惟大凌河河谷的道路受阻，即是今山海关以东的区域也是满住着内迁的乌桓人。因为由今山海关直至辽河下游两岸，当时是称为辽东属国。属国是东汉时一种特别制度，是有蛮夷居住的区域。不用说，这里已遍住着乌桓人了。虽然当时乌桓相当恭顺，而属国以东的辽西辽东，和内地的联络又多了一层障碍。

（三）慕容氏与汉化的鲜卑

乌桓的力量，在东汉献帝建安十二年（207）因曹操的北征而告消沉。曹操并未在攻克乌桓后觅取善后的措施，而任其自然发展。于是乌桓之北的鲜卑族，正如后浪之逐前浪，入居于大凌河流域，慕容氏家族即为其主要人物①。慕容氏虽属于鲜卑族，但其汉化的程度却相当的深厚。比同时的刘渊、刘曜有过之无不及。值西晋乱离，中原人士相率前往归之。慕容氏一方面接收汉人的文化，一方面又积极提倡农业。于是辽西大凌河各地农事并未衰退。新来的鲜卑人俨然代替了汉人，不过这时的鲜卑人已经是汉化的鲜卑，与其居住于西喇木伦河以北时的情形迥然不同。盖已由游牧民族渐进于农业的民族。慕容氏以这里农业区域为基础，更西向而参加于黄河流域南北民族斗争的漩涡。慕容氏固曾出其余力，以东北用兵于夫余，东向用兵于高句丽。夫余因慕容氏的攻击国力益为不振。但高句丽的势力却日渐扩张，据箭内亘氏的考证，谓在西晋末年，高句丽的疆域东临日本海，北至长白山支脉摩天岭以与北沃沮接壤，又以松花江与鸭绿、佟佳两江的分水岭与夫余毗邻。而西达于辽河岸上的开原奉天等地。其南则至于朝鲜半岛旧带方郡之北。由其版图的轮廓来看，实已发展为辽东大国，而与慕容氏东西相对立。这种发展是汉人在东北方面退缩的结果，也是中国内部的不安而引起来边疆的变化。不过还应该说明的，汉人的退缩只是指的统治权的退缩，并非文化的退缩。因为内地的不安，促使若干人士避难兹土，在这里居住的汉人其数目并不因统治权的暂时退缩而告减少，反因人口的增加使中国的文化更有相当的传播。

（四）东晋南北朝时代的东北

自慕容氏占据辽西以后，随即参加了五胡乱华的斗争，这更给予高句丽以发展的机会。高句丽既乘慕容氏有事于中国，经营朝鲜

---

① 慕容氏所居的徒何在今辽西锦县，其大棘城在今义县，和龙城在今热河朝阳，皆在大凌河流域。

半岛，迁都于平壤①，复乘辽西乱离，其疆土西展至于辽河沿岸。质言之，即辽水以东各地，尽入其掌握之中。北魏孝文帝太和十八年（494）北降夫余②。于是高句丽遂成为东北方面的大国。松花江流域的平原，辽河以东的沃地，大同江的左右，以至于东海之滨，尽为其所有。不惟朝鲜半岛南部的百济、新罗恐为其吞噬，即统一北方的北魏也划辽水自守。这一时期的东北不仅有这样的变化，而且还有若干新的民族也登上了历史的舞台，而为国人所知悉。其重要者如居于松漠之间的契丹与库莫奚，居于黑龙江的室韦，以及由肃慎、挹娄一脉相传下来的居于长白山以东的勿吉。就中契丹与库莫奚尤为重要，盖亦与鲜卑民族相同，自西喇木伦河之北，逐渐向南侵略，而及于农业的区域。

（五）隋唐与高句丽

由汉魏以后，汉族在东北的退缩，其基本的原因，乃是中国内部未能臻于统一。北魏时曾一再用兵于契丹③及库莫奚④，而于高句丽则未有兵争之事。这还是维持着汉魏以后的保守态度。后来隋统一南北，国力强盛，高句丽也侵犯辽西的境界⑤，于是两国间的战祸因以爆发，而且战祸的拖延，一直到唐初。总计隋文帝用兵于高句丽一次⑥，炀帝继之，又先后用兵三次⑦，唐太宗用兵两次⑧，直至

---

① 其初本都于丸都。
② 此据稻叶岩吉《东北开发史》第二章。
③ 登国中，公元386年至396年。
④ 登国三年，公元388年，及太和二十二年，公元498年。
⑤ 在隋文帝开皇十八年，公元598年。
⑥ 开皇十八年。
⑦ 大业八年，公元612年，及大业九年、十年。
⑧ 贞观十年，公元636年，贞观二十一年，公元647年。

唐高宗总章元年（668）始破平壤，高句丽由西汉时建国至是始为夷灭①。

于此，当有一问题提出，即高句丽的版图不如匈奴与突厥，其国力也不如这两国的强盛，为什么历隋至唐始被夷灭？而且隋炀帝本身的灭亡，也是由于征高句丽而引起国内的乱源。这一方面是由于隋唐的国都偏于西北，距高句丽过远，往往难奏肤功。另一方面，则是受当时国际关系的影响，使隋唐政府皆不能不多所顾虑。关于前一方面，隋唐国都既远在关中，对于远处东北的高句丽实有鞭长莫及之感。东北早寒，远征之军势难在边塞度过隆冬，观隋唐诸次对于高句丽的用兵，必求在本年夏秋二季能够奏功，不然便须早日班师，这种地理上的缺陷，使隋唐两代在这方面多费精力，隋炀帝且以身殉此目的。即以当时的国际关系来说，隋与唐初的突厥与唐初的吐蕃，在西北方面已时有骚扰，所以当时不能以全力用于东北。高句丽的败亡，固由于唐军的骁勇，而高句丽自泉盖苏文死后（在唐高宗乾封元年，666），其子泉男生及男建的交恶，引起内乱，也给予唐人以无上的机会。然由隋开皇十八年（598）始用兵于高句丽时起，至此前后已七十年了。

如果说燕秦汉魏时候，汉人在东北建立经营的基础为初次的努力，则唐初平定高句丽，当为汉人再度对东北的经营。而获得此再度的经营，其所费的精力与艰苦，实远较初次为甚。唐人为珍重这种收获，因于克复高句丽都城平壤之后，即其地建立安东都护府，以为经营东北的总机构，为当时设于边地的六都护府之一。然其后的演变，竟为常理所难说明。因于平壤设置安东都护府之后七年，即武后高宗上元三年（即仪凤元年，676）已内徙于辽东故城。辽东故城为今辽东辽阳境。其明年又移于辽东新城。新城乃在今辽西的

---

① 稻叶岩吉《东北开发史》统计，高句丽开国以来传二十八王君七百零五年。

新民附近。玄宗开元二年（714）又徙于平州。平州在今河北卢龙。天宝二年（743）又徙于辽西故城。辽西故城当时亦称营州，在今辽西义县东。肃宗至德（756—758）以后，索性废去不设，由总章元年至天宝二年，先后仅七十六年，安东都护府已迁徙四次，由大同江滨一退于辽河东岸，再退于辽河西岸，三退于今山海关之内，而终没于大凌河河谷下游。不仅安东都护府的退却，即原来取之于高句丽若干城池，也都委之于新罗，而唐人的东界依然是以辽河为限。向日费力取得的地方，转眼间又复弃之，其中缘故实足发人深省。

要说明这个问题，当然要注意到整个的边疆。边疆的方向虽然不同，就全国说起来，都是息息相关的。唐初数度出兵东征，未能早奏肤功者也与这方面有关系。当高宗夷灭高句丽时，西陲已受到吐蕃的骚扰。总章元年（668）始设安东都护府于平壤，两年后（咸亨元年，670），治于龟兹的安西都护府即陷于吐蕃。吐蕃与唐人的冲突，不仅发生在西域，并且已发生在河湟一带。夷灭高句丽的大将薛仁贵，虽能收功于东隅，却失败于桑榆，这说明西方的压迫远较东北为烈。而西方近国都，边防尤为要图。所以宁肯牺牲东北而迁就于西方。另外一方面，在经营东方策略上，唐人是要比秦汉时候输一着。秦汉时候辽东辽西固然重要，但尤重要者则为掌握右北平郡中大凌河的河谷。这也是说要掌握由内地通往东北的道路，唐时这一道路却处于契丹人的威胁之下。契丹的地位正和乌桓、鲜卑情形一样，乌桓、鲜卑是受到匈奴的压迫，匈奴势力未消沉的时候，鲜卑乌桓不会有强大的机会。契丹也是受到突厥的压迫。唐初突厥破灭，大漠南北一时尚无强国出现，所以契丹得以稍露头角，因而侵扰其南方的农业区域。武后万岁通天元年（696）契丹的陷营州、围安东都护府，正是一叶知秋的警信。但唐代却疏忽了这一点，到天宝二年（743）移安东都护府于营州时，下距安禄山的乱事已仅仅十九年了。

（六）渤海与契丹

自唐代整个边防看来，东北自不如西北的重要。但当时人民所致力的并不因政府的政策而有影响。正因为如此，所以文化也随着向东北传播，这表示在渤海国的建国和后来契丹人的兴起。渤海属于靺鞨种族。靺鞨为古代的肃慎、挹娄，亦即是南北朝时的勿吉。其建国之始为武后圣历二年（699），迄于后唐明宗天成三年（928），前后共十二世，二百三十年。其疆土南达朝鲜半岛大同江岸，西至辽河北，至松花江北，而东濒于海，为高句丽以后东北的大国。渤海的兴起，正是利用唐代对于东北采取保守政策的机会。渤海的建国虽为靺鞨族人，若其文物制度而言，则不啻唐代的缩影。而地理的区分，且有五京十五府六十二州的规模①。其国所产的沃州之绵、显州之布、龙州之紬、位城之铁、卢城之稻，皆著名一时。由此可证明渤海国接受了中国的文化，已进入城郭农业的社会。以其本身的力量与中国文化相结合，故能成为海东的名邦。契丹的汉化虽不如渤海的彻底，也有相当的可观。《辽史》称耶律阿保机的祖父匀德喜稼穑、善畜牧；其仲父述澜始兴版筑，置城邑。教民种桑麻，习织纴。这可以证明契丹很早已经成为一种耕牧兼营的民族。自阿保机为诸部推为大人之后，更收罗汉人，利用其力以求发展，更南扩张其土地至滦河上流，这正是农业区域的边缘。所以契丹的兴起也是得到中国文化的帮助。如果由阿保机的政府组织与政府中人物看来，契丹到这时候已经不像匈奴、突厥等纯粹是一个游牧民族所组成的国家，而是成为汉化的国家，或者可以说是以契丹民族为主体的契丹与汉族共同组织成功的国家。

---

① 渤海国都在今松江宁古塔南牡丹江畔。

（七）历史上的外患由西北移向东北的机缘

就历史上的外患来说，唐末以前大都是偏于西北，唐末以后则逐渐偏于东北。即以唐代而论，与唐最常角逐者为突厥，为回纥，为吐蕃，凡此诸族，唐末已逐渐解体（其实可以说是两败俱伤）。而契丹、女真则在宋时最为强盛。女真之兴起也晚，唐时除契丹而外，靺鞨、室韦及库莫奚已相当有力，然对于唐的骚扰，究尚不如回纥、吐蕃的剧烈。其中强弱盛衰的关键，大致是在天宝乱离的时候。这一点，马端临即曾加以论述。他说自天宝乱离以后，藩镇跋扈擅地自雄，因为藩镇与中央易起冲突，而各藩镇之间也彼此戒备，所以对于边防，务求自安，对于障塞斥候的设置甚为注意，不轻与边外各族生衅，这样可以专力对内。边外诸族因此不易觅求内侵的机会。但是边外诸族却也乘着这个机会休养生息，日以繁滋强大，等到有机可乘之时。由是发展，其力遂不可侮。马端临的话是对的，似乎还应该加以补充。边外种族的发展，不惟与中国的国势有关，而且与其邻近各种族皆有关系。即以契丹的情形为例。契丹在隋唐之际，本是处在突厥与高句丽两大国之间。而突厥对于契丹尤为威胁。贞观时北破突厥，总章时东灭高句丽，既摧其西方的强敌，又弛其东顾之忧，而唐人方亟亟注意于西北边外，对于契丹又不断施行怀柔政策，故契丹得以日强，迄唐之末叶，益为强盛。其时回纥、吐蕃等国久历兵争，国力既削弱，国内乱事又迭起，已呈衰老的状态，不足再为边患。宋时东北的大敌为契丹，西北的大敌为西夏。西夏国小地瘠，终不若契丹的强大。于是东北转重而西北益轻，国家的重心亦相应地由西北而移于东北。这是国史上一个重大的变局，这种情形继续向前推演，国都就不能不由西北而移到东北来。

（八）东北的地利

如果专就地理的情况看来，契丹的强盛也有其道理的。最重要的关键，乃是五代时破灭渤海国取得辽河流域和由石晋得来的燕云十六州。这使契丹所据有的游牧区域和其南的农业区域有更多的联系。契丹本是一个从事游牧的国家，其马匹的繁殖，自在意中，尤其契丹人对于畜牧事业的重视，并不因其国土的扩大而减轻。燕云十六州农业地带的割与契丹，米粟的富饶正好与马匹的繁殖相映成趣。仅只这两项来说，契丹已具有富强的基础。尤其是当其文化发展到相当程度之时，矿产的开发更给予其富国强兵的帮助。东北本富于矿产，契丹国内亦多铁矿与金银矿，而铁矿尤多，如室韦及渤海的铁矿，皆其著例。这些矿产不仅帮助了契丹，而且帮助了契丹以后的各民族。而沿海产盐，更为极明显的事情。契丹能有这样的基础，所以其国家容易富庶强大。

（九）辽与金的更递

契丹人以草原地带的地利为基础，再加上其犷悍的民族气息，向南发展，进入了农业地带，建立其帝国。可是其游牧文化却难以战胜农业文化。虽然阿保机及其后人也曾竭力防止受农业文化的熏陶，恐由此流于文弱，而将其统治的机构分为南北二面，俾契丹人与汉人分别治理①，大势所趋，潮流竟难扭转。辽国末叶，契丹人的倾心汉化，已成不可避免的事实。然汉化所得，并非将游牧生涯完全改变为农业生涯，实为一种享乐与腐化。且以其一贯的向南发展，

---

① 阿保机曾言：吾能汉语，然绝口不道，盖恐部分效汉而怯弱也。见《五代史记》。

在东北方面自难照顾周密，于是新的民族逐渐酝酿其势力，女真人的显露头角，也正在这个时候。契丹人的继续追求享乐与腐化，也刺激了这新兴的民族。名鹰海东青的索求，与鹰路的存在正是其中的关键。此种危机已迫在眉睫，契丹人并不引为忧虑，仍在度其醉生梦死的生活。迨阿骨打挥臂一呼，与契丹人冲突于拉林河畔，于是如疾风之扫落叶，直欲驱逐契丹人而代之。向之东北所蕴藏的地利也由女真人代契丹人而加以利用。① 这时素为契丹人所压迫的宋人，复由海道前来，与女真人联盟，期共致力于灭辽的事业，更与女真人以更大的鼓励。其结果不惟契丹人被灭，即与女真人联盟的宋人也不能不受其影响，为时未几，女真人的南疆，即直达于淮水秦岭，其所据有的农业地带，竟远超于契丹人时代。女真人的崛起，诚然是步契丹人的后尘，但女真人的衰亡也与契丹人前后一贯。盖当女真人侵入农业区域之后，其种人亦陆续南迁，农业区域的富庶，自远过于其旧日的游牧区域，于是猛安谋克等率其部属骄奢淫逸，酒食游戏，专以剥削被统治的汉人为务。这一方面消失其本族的犷悍气息，另一方面又促进汉人对于他们的更大反感。而女真的国都，由其本来的会宁府（吉林阿城附近）迁于大兴府②，再迁于开封③，一步步走到了辽宋的故都，也一步步感受到汉化，更一步步鼓励其种人骄惰佚靡。当金世宗时，即曾懔于这种趋势，鼓吹返本复始，以期保存其民族的本来形态，但积重难返，究未能有所收获。

---

① 契丹人由起于草原地带向农业区域发展，而忽略了森林的狩猎民族，引起女真人的兴起，女真人起于森林地带向农业区域发展，而忽略草原地带的游牧民族，而引起蒙古人的兴起。
② 即辽人南京析津府，今北京，时在海陵王贞元元年，公元1153年，上距其开国时仅三十八年。
③ 即宋人故都，时在宣宗贞祐二年，公元1214年，上距迁燕之岁为六十一年。

（十）金人的北边防御及蒙古兴起

女真人也如契丹人一样，注意了农业区域而忽略了原来的草原地带。正因为忽略了草原的地带，所以草原地带的新民族就继续地兴起。蒙古的兴起，正是步了女真人的后尘。不过女真人对于蒙古，已不若契丹人对于女真人的完全放任。这由于蒙古的兴起，并非如女真的突然。远在金世宗（1161—1189）以前，即已在临潢府与泰州境内设有防御工事，惟相当简陋，不足以防止北方新兴的游牧民族的马足。世宗大定廿一年时（1181），更加修筑即所谓金源边堡①，以今地言之，乃由西喇木伦河上游支流察罕木伦河上游地方东北向鹤五河②过洮南之西，以达于齐齐哈尔的西方③。其遗址尚依稀见于坊间所刊印的现代地图中。然此种努力仍不能遏止蒙古人的南侵，因章宗明昌五年（1194）蒙古人已因金国内部叛王的招引④，越过西喇木伦河，而攻克兴中府（今热河朝阳）。寝假而南下灭金。

蒙古兴起以后，如我们所习知者，其势力固已弥漫于整个的中国版图，且更挥鞭西向，征服西方若干国家，而建立其亘古未有的大帝国。然蒙古人并未忘情于东北的经营。当金人行将灭亡之时，其叛将有蒲鲜万奴其人者独立于金之肇兴旧地，建立所谓东真国。⑤其名称宛如契丹灭渤海之后所建立的东丹国。此东真国前后支持几

---

① 最初建此边堡实为防止蒙古翁吉剌惕、塔塔儿等部，尚非成吉思汗的部落，见箭内亘《元代经略东北考》。
② 今洮安河支流贵勒尔河。
③ 《满洲历史地理》，松井等《满洲之金之疆域》。
④ 其时封于王国城（今松江依兰）的爱王大辨叛金。
⑤ 东真国的建立始于金宣宗贞祐三年、宋宁宗嘉定八年、成吉思汗十年，即公元1215年，至宋理宗绍定六年、金哀宗天兴二年、元太宗五年、公元1233年。东真《元史》纪传皆作东夏，日人箭内亘氏在其所著《成吉思汗经略满洲之研究》文中（见杨锦所译氏所著《元代经略东北考》中）谓东夏为东真之误。

二十年，而后为蒙古所灭。蒙古于东北建立辽阳行中书省，其辖地南达于朝鲜慈悲岭①，而北达于黑龙江入海处奴儿干地方，且曾渡海征服骨嵬②。随契丹、女真、蒙古三族的演变，而东北的范围亦一再扩展。

（十一）明初的经营东北

明初驱逐蒙古以后，对于东北更为积极地经营。洪武四年（1371）既受元辽阳行省平章刘益之降，即着手创建辽东卫所。然元之旧臣仍奉雄踞金山的纳哈出，以骚扰辽河流域。金山之地约在奉化怀德之东，长春农安之西，东辽河与伊通河的分水岭上。纳哈出不惟据此以威胁辽河流域，且更东抚女真余种，南凌高丽。而金山的所在更隔绝由辽河流域往北达于松花江流域的通路。在明人视之，固不能不加以铲除，于是而有冯胜的远征。时在洪武十九年（1386）③。纳哈出降附之后，明于西喇木伦河之北，笼络蒙古旧族，建立兀良哈三卫，即朵颜、福余、泰宁三卫，朵颜原处于嫩江一带，福余在今农安一带，而泰宁则在扶余以北。西喇木伦河形势既定，辽河流域因有辽东都司的建置，大凌河上固有大宁行都司的建置。④更以宁王封于大宁，就近镇压。⑤ 然有两点堪使我们注意，第一，辽东都司及大宁行都司及其所辖的卫所完全为军事的性质，内地府州性质的民政机构于此乃无闻。第二，大宁行都司在永乐之时即已内迁至保定，其初年情形不可得闻知。若辽东都司范围的民政，乃辖

---

① 在黄海道中部大同江之南。
② 今库页岛。
③ 此由于明初西北方面尚未能底定。
④ 据稻叶《清朝全史》谓元大宁治所即今察罕城。
⑤ 明太祖先封燕王于北京，又封韩王于开原，宁王于喀喇沁之新城，似以控驭辽河之首尾，更封辽王于广宁，扼东西辽河之孔道。

于山东布政使司，并非如山海关各州府的直隶于中央。即是辽东事务不采取山海关内外沿海之途以与内地联系，而乃越海与山东联系，这里面的缘故实足以发人深思。或者在其初年定制之时，殆恐濒海东出之途易受北边游牧民族的骚扰，而致受阻，不如越海与山东联系较为安全可靠也。

（十二）明初隔离鞑靼女真的计划及奴儿干都司的建立

明初对于东北不仅征服西喇木伦河以北土地，取得辽河下游各地，且有一种远大计划，可以觇见当时谋国的深远。这种计划实为隔断鞑靼与女真的联系。因为金国虽亡，其留居于故土的女真孑遗，仍然强悍有力，不过已重返其狩猎的部落生涯。明初既致力于征服与驱逐蒙古人在大漠南北的势力，诚恐这些强悍有力的女真余种为其所利用，所以必须伸张明人的势力于两者之间，以切断其间的关系。这种计划与汉武帝时经营河西之地的隔断羌胡前后颇相仿佛。当时女真余种有所谓海西、建州、野人三种，海西女真活动的区域乃在松花江曲折之处，亦即为金人初起时的根据地带。建州女真则居于长白山东宁安、依兰各处。后来建立清王朝的努尔哈赤即为建州女真的种人。至于野人女真则散处于黑龙江南北岸各地。

后来清人记载明初的东北疆域，谓仅止于开原、铁岭各地，并未再向以北发展。其实这是明中叶以后的情形，明初并不限于此一区域。清人所说，不过想埋没明时在这一方面的努力。明初因为招抚女真种人，遂越过东辽河与伊通江间的分水岭，循蒙古帝国经营的故迹，而向外发展。女真部落既分为海西、建州、野人三种，明廷皆一一加以招抚，各于其地分建卫所。卫所的首长，即以其种人为之，仿佛唐代的羁縻州。明代在这方面的发展实依据三种女真之地，直至黑龙江入海口的奴儿干地方，于其地建立奴儿干都司，此奴儿干即元代征东元帅府之一之所在地（其另一元帅府在朝鲜境）。永乐十一年（1413），行人邢枢于其地建立永宁寺碑以为纪念，其碑今仍然存于人世，堪为证明。

但是这种发展在永乐以后，并未能保持若干时期。这因为瓦剌在沙漠南北势力的扩张影响了明的国势。尤其是正统十四年（1449）土木之变①，英宗为也先所掳，更使明的国威顿灭，这时女真诸种所建的卫所虽仍存其名称，实际却无若何作用。明人的势力遂又退回至东辽河与伊通江间的分水岭以南，而以开原、铁岭为重要的据点②。因当时辽河水运尚可以直通至开原附近③，欲巩固辽河流域，自必先巩固开原与铁岭也。

（十三）兀良哈三卫的南移

始明初经营西喇木伦河南北之地，于河北设兀良哈三卫，河南建大宁行都司，封宁王权于大宁以巩固边防。及靖难兵起，成祖挟宁王归于北平。后徙封于南昌，徙大宁行都司于保定。西喇木伦河以南防务遂空，及永乐之后，三卫逐渐南移，于是自大宁前抵喜峰口，退宣府为朵颜，自锦义历广宁至辽河曰泰宁，自黄泥洼逾沈阳、铁岭至开原曰福余，而朵颜地险独强④。三卫既南移，又时时与瓦剌相呼应，于是蓟京及辽河流域受其威胁，而辽河流域尤甚。因有正

---

① 《明孝宗实录》弘治六年李善奏疏。
② 当时开原建有三万卫、辽海卫、安乐州，铁岭建有铁岭卫。
③ 弘治六年李善奏疏。
④ 见《明史·朵颜传》。《明史》谓朵颜三卫南移，由于成祖靖难兵曾得三卫之助，因以地赐之，此说最无稽，参考《蒙古游牧记》。

统七年（1442）时王翱命毕恭修筑辽河流域边墙之举。① 其所筑的边墙，大致是由锦州附近起，经义州、广宁之北而向东南抵于辽河，其在河东者则自牛庄附近经辽阳之西过开原附近而至于昌图。然辽河套则因边墙的修筑，而视同化外，嘉靖、隆庆之际遂为福余所侵占。辽河流域情势更为危急。

（十四）女真人的南迁及对明人的威胁

明人于辽河流域之上巩固开原、铁岭，以防御女真人的南下，然女真人却由他道以出于辽河流域之东。当永乐、宣德之际女真的建州部一部即已移住图们江岸的会宁，另一部则移住于吉林②。移住于吉林的一部，更南移于鸭绿江流域的佟家江附近。后为朝鲜人所阻，移于浑河上游的苏子河附近。以此为根据渐对明人威胁。观宪宗成化三年（1467）明人已修筑抚顺以东的边墙，可以见其一斑。然其时女真人尚利明廷的赏赐，与贪马市的利益，故其间的情形尚不至于恶化。然女真势力寝渐强大，明之边吏的腐败无能，并不能泯祸源于未发。及努尔哈赤起，东边警讯，遂日急一日。努尔哈赤初起曾努力于统一建州各部，于是其辖地西南与朝鲜明国相结，东至于海，西北达于黑龙江以外，万历四十四年（1616），努尔哈赤遂正式建立其后金汗国。

女真人在此时所处的地势，实在辽河流域以东的长白山附近，而明人则处于辽河流域之平原。平原容易受山地敌人的攻击，盖为

---

① 原稿眉注：弘治六年巡抚山东监察御史李善言：臣至辽阳、开原，询诸故老，皆谓宣德年间，辽东未设边墙，惟远置峰堡，严行瞭望，海运直通辽阳、铁岭以达开原。开原城西有考米湾，又旧行陆路从广宁直至开原，仅三百里。前年绕边外荒地，东西兵马会合于募盘山，由此而东北达于近开原之平顶山。中间有显州废城，肥地万顷，自毕恭筑边墙之后，遂以此等土地置诸境外。

② 指吉林市，为明人经营奴儿干时的船厂。

必然的情势。万历四十六年（清天命三年，1618）萨尔浒战役①，女真人遂大胜轻率躁进之明兵，而伸张其势力于辽河以西。这时女真人一方面与明人争辽西，一方面南向经营朝鲜，并且西向经营西喇木伦河南地，以求对辽人取包围的形势。宁远（今辽西锦西县）之战②，明人虽取得胜利，努尔哈赤又因伤致死，然女真人势力已成，更西取察哈尔地，完成对北京的半包围形势。崇祯九年（清崇德元年，1636），此后金汗国又改其国名为大清，表示出其势力再进一步的发展。这时候明人内乱已迫，及李自成入京师，防守山海关的吴三桂启关来降，清兵遂长驱入关。

自萨尔浒之战以后，女真人由长白山麓，西至辽河流域，其后与明人争战于此流域先后达二十余年。在此期间可以看到女真人对于农业区域的利用。这一步骤和契丹阿保机及女真人的祖先阿骨打的策略实相仿佛。当努尔哈赤建都于兴京（今辽东新宾县）之时，其八旗兵丁不过六万人，以此区区的六万人，经营辽河流域的土地殊感费力，且八旗兵丁仅用于战争，而非用于农作，女真人除利用辽河流域未能逃去的明人为彼从事耕作外，又广事掳掠，以求人丁的充实。③崇祯之时，清兵屡毁蓟东边墙，到处掳掠，其前锋直抵于济南，固为对于明人国内的骚扰，然其目的实亦在于俘虏。及得毛文龙部下所占领的皮岛（今大连东海中的海洋岛），更能部分地解决这个问题。皮岛位于朝鲜西海岸外，当辽阳陷落以后，辽东人民多逃难于其地。所以清人的取得皮岛，在人口方面得到很大的助力。

---

① 萨尔浒在浑河与苏子河合流处。
② 时在天启六年，即天命十一年，公元1626年。
③ 原稿眉注：崇祯八年，即天聪九年，公元1635年，清军在山西北部掠往辽东人口七万六千，其明年为崇德元年，清军在畿辅俘掠人口十八万。崇祯十二年，即崇德四年，公元1639年，清军在直隶、山东一带俘获人口四十六万。崇祯十六年，即崇德八年，公元1643年，清军又在山东俘获人口三十六万。此种材料再查《东华录》。谢国桢《清初流人开发东北史》（开明书店三十七年版）谓"此数目恐有夸辞，但是掳掠人口到东北去，是一个可靠的事实"。

其所得的汉人既多，对于文化的发展自然不能没有影响。当其未入关以前，八旗之中已有汉军，其文物制度亦有可观。不可谓非占据辽河流域二十多年的结果。

二、东北问题与国际影响

东北土地虽已入我国版图，为我国疆域的一部。然以清朝有意加以封禁的缘故，致人口稀少，州县建置不多，肥沃的土地未能完全开垦。富庶的物产未能尽量利用。其后帝俄势力东渐，日本亦崛起于海隅，遂皆以我东北为侵略的对象。在这种国际的压迫之下，东北的情势日趋危殆，九一八事变之后，伪满洲国竟在日本卵翼之下建立起来，东北的危机这时实达于极点。赖我全国人民的努力，日本帝国主义崩溃，金瓯得以无缺。追溯本初，对于演变成这种危机的经过，不能不加以检讨。

（一）清初东北农耕区域的荒芜

东北地方固多适于农耕的区域，但在明末以前，农耕的区域尚限于辽河流域，从事农耕者大部分自然皆是汉人。蒙古与女真人仍稽留于游牧狩猎的阶段，未能再向前发展。明清之际，女真人与汉人相争于辽河流域，前后达二十年之久。因戎马的蹂躏，致城堡为墟。向之在这里经营农业的汉人，相率逃回山海关以内，或者徙于朝鲜。女真人虽以征服者的身份占领辽河流域农耕区域，然女真实不擅长于耕耘操作。且当时尚在与明人血战之际，八旗兵丁在在需要补充，焉有余力从事于农亩。实际执耒耜者，仅若干锋镝之余的汉人孑遗与俘虏而已。① 在这种情形之下，广大的辽河平原已大半沦于荒芜。及清军攻破燕京，寖且征服全国，燕京的繁荣与长城以内各地的富庶，对于其种人实给予若干希望及享受的机会，以战胜者的地位去剥削被统治的人民。于是辽河流域的农耕区域不惟沦于荒芜，且人口亦愈形稀少，因满人以继汉人之后，相率内迁矣。

　　清初当丧乱之后，人民流离，农事凋零，各地皆有此现象，故当其政权稍事稳定之时，即积极劝导农业，以期恢复生产。辽河流域农业区域的荒芜情形，当然也在改进之列。顺治八年（1651）时，即有招垦之举，不过尚限于山海关外的土地。顺治十年（1653）时，又划定辽阳为府，并辖辽阳、海城二县，颁布招垦命令。并以官爵奖励招募赴东北开垦之人，然当时政局粗安，关内旷地尚多，内地人民固不必远赴他乡，始可获得耕地。所以虽下令招垦，其成绩并不甚佳。康熙即位之初，奉天府尹张尚贤即奏陈边情，就其所言，则辽河以东，仅奉天、辽阳、海城三处，稍具府县规模，盖州、凤凰城、金州等地，每处不过数百人，铁岭、抚顺只少数流道者居之。不能望以耕种与生聚。其他城堡虽多，皆归荒废。至于辽河以西，则城堡更多，人民更少，此稀少的人民又皆聚居于宁远、锦州、广宁诸处。于是张氏因慨叹："沃野千里，有土无人，惟几处荒城废堡，败瓦颓垣，点缀于茫茫原野之中而已。"据《盛京通志·户口志》二十三所载，顺治十八年（1661），奉天府属计有人丁三千九百五十二名，锦州府属计有一千六百零五名。茫茫原野，仅有五千余人丁，无怪乎张氏的慷慨陈词了②。

---

　　① 原稿眉注：按《东华录》载：天聪九年，清军在山西北部掠去人畜七万六千。崇德元年，在畿辅俘虏人口十八万。又崇德四年，在直隶山东一带俘获人口四十六万。崇德八年，在山东俘获人口州六万九千。

　　② 据《盛京通志》所载顺治十八年奉天府人丁共计三千九百五十二名，然《通志》又载其前一年即顺治十七年，巡阳海城新增人丁为三千七百二二名，若所言果确，则奉天府原来的人丁诚寥寥无几。

（二）汉人的出关与东北的封禁

清初汉人前往东北开垦者为数非多，致劳清廷下令招垦，其情形固如上述。然关内各地局势安定，人民生计日繁，向之可以在本土耕种者，随时间的推移，已感有迁于宽乡的必要。东北各地，尤其是沿海等处，遂成为人民迁移的目的地。① 在这样的情形之下，清廷固不必再从事招徕，旧日的招垦令因亦于康熙七年（1668）实际废除。不过废除招垦令并不能意味着不许汉人再行移往东北，因后来三藩平定时所获的俘虏及与三藩有关的罪人固多以统治者的力量强徙于东北。惟普通人民的出关，则须于山海关起票登记验行，不如以前的漫无阻隔，慢慢有了限制。虽然如此，由关内前往东北的汉人仍然是源源不绝。据《盛京通志·户口志》所载，则奉天府及锦州府属各地在康熙二十年（1681）时，人丁的增加已达二万八千七百二十四人。较之顺治之末，已增加五倍有奇。下至雍正十二年（1734）时，又达四万五千零八十九人，是五十余年之间，复增加一倍。然此不过登记于当时政府户口册籍而实际服役之人丁，其未列入此数者又不知凡几。由这种情形可以看出，关内的汉人迁移至东北盖与时俱增，当时政府虽有种种为难之处，也未能完全加以遏止。

这种人民迁徙实为顺乎自然的潮流，其逐渐演变竟引起清朝统治者的戒惧。这由于：第一，清王室本崛起于长白山下，及其入关定鼎，遂认为东北为其发祥之地，若一任汉人前往开垦，万一损伤风水重地，则所关非小，在这种理由之下，对于汉人的迁徙潮流，遂兴起阻碍的念头。第二，在清初的满人统治者看来，其所以能够

---

① 原稿眉注：清时多以沈阳、开原边门外的上阳堡、宁古塔、铁岭、抚顺、伯都讷、齐齐哈尔、船厂、三姓索伦、达呼尔拉林等处安置流人的处所。其中上阳堡、宁古塔为尤多。宁古塔的开发不能说不与此无关。吴振臣《宁古塔纪略》、杨宾《柳边纪略》所言皆可为证（参考谢国桢《清初流人开发东北史》）。

灭掉明代征服广大的中国土地，实由于其种人的强悍与骑射的精熟。这种强悍的风气固为汉人所不如，然汉人的文物制度实亦引起满人的羡慕，从而倾心效法。这种情形常使其初年诸帝忧虑。由皇太极（太宗）起，历玄烨（康熙）、胤禛（雍正），固无时不加以注意。其先后入关的满人耳闻目染，已无形中接受汉化，其所赖以保持其固有的气质者，仅恃居于东土未迁入关的种人。汉人源源迁往，自不能不发生影响。是以弘历（乾隆）即曾经说过："盛京、吉林为本朝龙兴之地，若听流民杂处，殊与满洲风俗攸关。"① 在这一种认识之下，固无怪乎其不欲汉人大量的移往关外。第一个原因固为清朝统治者始终关心的问题，第二个原因仅为若干所谓远虑者的独见，而非一般统治者所关心。然而最实际的问题，则为第三，经济特权的渐为汉人所侵蚀。内地汉人的远出关外，其目的固在于开垦耕耘，但此不过为其目的之一。东北地方之所以能引诱汉人前往者，尚有若干特产如人参、东珠与貂皮，其价值皆极为贵重。而采掘与采捕之权固一向为清王室与贵族所独占，不惟汉人不能染指，即满人亦不能任意采掘或采捕。可是重利所在，汉人终愿冒种种危险，以图一尝禁脔。这一点实为当时统治者所难于忍受。第四，即以开垦土地而言，清初人少，固需要内地人民为其耕耘，然前往其地的人民仍可开垦其官庄与旗地以外的隙地。为日既久，或者逐渐侵入官庄与旗地的界址以内，或者更由若干满人手中获得土地的耕种权或所有权，而影响到若干满人的生计。这在清朝的统治者视之，也是危害满人权益的一种。

在这样种种原因之下，清朝统治者为了防止汉人继续前往东北，遂逐渐实行对东北的封禁。这也就是说封禁专为对付汉人。乾隆以前，汉人的出关已多阻碍；乾隆五年（1740），更下令严加禁止。不惟山海关、喜峰口、九边门等处禁止私出，而奉天沿海各地亦多派

---

① 《清实录》第三册。

兵役稽查，不许汉人假海道前往。对于已迁往者，则令奉天府加以整理，寄寓人民欲入奉天籍者须立保证，其不愿者于十年之内各返原籍。这种命令当时曾严加执行，并曾对于执行不力的奉天府尹霍备加以议处，其用心良苦，可见一斑。然在这样严厉执行命令之期中，已经显露出对于汉人的前往东北有难于备防的痕迹。乾隆十一年（1746）议处奉天府尹霍备之时，弘历在其上谕中曾说明所以处分霍备者，谓"其不编寄寓奉天人民之过尚轻，其漫不查察，至出关人数超数万，其过实大"。这里已充分说明了乾隆五年所颁布命令的效力了。所以乾隆十五年（1750）又重申前令，且特令西南各省及沿海地方严密注意，不许由海道偷渡。其结果如何也可想而知。既不能普遍的禁绝，遂转而为局部的封禁，于是有乾隆二十七年（1762）禁止宁古塔等处流民条例的颁布；四十一年（1776）更全部封禁吉林，谓其原不与汉地相连，不便令流民居住，并永行禁止，不许入境。在此以后，这样的禁令仍然一再颁布，实际等于具文，其效力并非甚大，充其量不过是增加了关津渡口吏人的不正当收入而已。

汉人之所以能够在这种种阻挠之下依然继续不断地移植于东北各地者，固由于其毅力的坚强，然若干满人及官吏的援引，也不可谓毫无力量。这样的说法在表面上看来，仿佛是奇离，实则正是当时的情形。因为对于汉人的出关深怀戒惧者，仅为清朝的王室及若干贵族，而一般的满人及地方官吏却并不作这样的看法。满人本以射猎为生，对于农业的生涯自甚生疏。及征服了汉人之后，圈地占产以及用其他方式所取得之土地，为数甚夥，于是向以涉猎为生的种人，一变而为拥大田园的地主。然满人实不擅于农事操作，自希望招致汉人代耕，以剥削所得，安坐而食。地方官吏又常希望汉人迁来日多，以遂其敲诈和侵蚀的本心。在这一种矛盾的情形，虽政令日严，并不能断绝关内汉人徙入东北的途径。

（三）周围各种族对于东北的觊觎

自满人崛起，独占东北以后，东北地方的物资利用与经济发展，实未能有所进步，虽汉人由内地不断前往，然在这广大的区域中，仍然是显得寥寥无几。这样无论在人口与经济各方面，东北地方实仿佛是一张空白图，需人填补。汉人自是从事这种填补工作者，但汉人以外，蒙古人、朝鲜人以及远在北边以外的俄罗斯人也皆对于东北抱有若干企图。这样清政府的努力实不限于防止汉人的一方面，而其他方面的防止较之对于汉人尤为不易。即以蒙古人与朝鲜人而论，已使清政府感到困难。辽河、松花江西岸的广大平原与蒙古游牧区域之间并无显著的自然界限可以限制蒙古人向东发展其游牧事业；这种情形在明代早已是一难题，清朝继起，难题仍不易解决。鸭绿江的北岸却又是山岭重叠，正予朝鲜人的采掘人参者以无限方便。这种情形皆为清政府所不愿见者，尤其是汉人的前往东北为了避免在山海关及海岸受阻起见，常设法由蒙地或朝鲜方面偷行，更使清政府不能稍事放松。可是清政府对这种情形并无特殊的策略，只是重复着明代的边墙政策。清朝的边墙在辽河以西者，乃由山海关外修起，历绥中、兴城、锦西、锦州、义县诸地之西，即循现时辽西与热河的省界向北，再由义县经北镇、新民、法库之北而东北达于开原、昌图之间。其在辽河以东的部分，则由开原东南行，绕清源、新宾、凤城诸地之东，而至于安东以西的海岸。其在开原以北者，则由昌图、梨树、长春之东，东北达于永吉之北的松花江岸。边墙经过各重要交通地方也特置关门以便易于监视与稽查出入的行人。但是这些关门也如山海关一样，并不能实际完成阻止人民迁入的任务。时间稍久，辽西的边墙方面的漏洞，更予清政府以相当的苦恼。因蒙古王公的堕落与腐化，其所保持的牧地也极愿汉人前往开垦，新垦的农田较之原来的牧地更有利于他们的剥削。这样不仅是汉人自动前往蒙地开垦，蒙古王公更努力于招徕。汉人前往蒙地既多，当然可由蒙地越边墙关隘而转入辽河流域，清政府为了加以防止，当然限制蒙地的开垦，不过大势所趋，能有若何效力，大成问题。

不论汉人、蒙古人抑或是朝鲜人皆为清政府所征服的人氏，而汉人与蒙古人且直接受清政府的统治，就防止其迁入东北地区而言，问题实甚简单。较为不易解决者，则为北方俄罗斯人的东进势力。当满人向中国全土发展其势力时，俄罗斯人亦向东部西伯利亚寻求其殖民地。顺治九年（1652），俄人已在黑龙江上游石勒喀河与尼布楚河交会之口建立最东的根据地捏尔臣斯克，即所谓尼布楚城，更以这里为基础，向东伸张其势力。尼城的建立实予满人在北方以无比的威胁。当时满人在关内的统治力量尚未趋于安定，未能在这方面多所建树。直至康熙时始有适当的解决，即是在与俄人实际战争之后，订立《尼布楚条约》（时在康熙二十八年，即1689年）。清政府在这一条约内，并未获得若何权利，反将额尔古纳河左岸地方完全划属沙俄，自蹙国土。虽然如此，俄人亦由这一次争执中明白清朝势力还相当强大，不容易与之争雄，遂转而经营外兴安岭以北及鄂霍次克海一带。这样使清政府认为从此可以高枕无忧，继续其对内执行封闭东北的政策。

（四）关内旗人开垦东北的计划与实施

但是清政府与其种人间的矛盾，使这空白地带有了填补的机会。满人入关之时，大部种人随之内徙。清政府对于他们固然订有许多优待的办法，使其能享受种种利益，至低限度，可以不为生计问题而劳心。这些满人有这样的凭借，遂岸然高坐以度其征服者的岁月。其后人口日增，优待办法不能随其需要而时加修订，于是向之悠游无虑的满人，也渐感到度日的不易。其原初以不良的手段所获得的土地所有权，更无由保持。当康熙雍正之时，曾不断大发帑金，作为救济，但无底深渊，终难填补。乾隆初年，即有人主张解决旗人生计的问题，不应单从救济方面着手，而宜教以谋生的技术，因倡议移旗人于东北以从事垦殖。乾隆二年（1737）舒赫德、五年范咸及六年梁诗正诸人的意见实为其代表。乾隆九年（1744）实际计划移徙旗人，拟于相当时期内移徙旗丁三千人于拉林及阿勒楚哈两河流域。这种计划的实施并未能获得预期的效果，因移徙的旗人习于京畿的安逸生涯，殊不愿在荒凉边地从事劳作，及所得的立产银用完之后，多乘机归来，辜负了清政府的好意。

乾嘉之际，清朝国运已渐由盛极而衰，对于人民的剥削却有增无已，各地农民多有起义。清政府的威信已不如以前时候，所以内地人民前往东北者，日多一日。清政府一方面顾虑到旗人的生计，一方面又恐汉人在东北的力量过大，于是又计议重提旧事，再徙旗人于东北，于是拉林河、大凌河及松花江折屈之处禁地牧场相继为旗人的开垦而开放。其结果却依然如故，未能达到目的。其目的虽未达到，不能说是毫无影响，至少对于汉人的前往开垦发生了相当作用。因为旗人本不习于农作，既然分配到若干土地，就设法雇佣汉人为其耕耘，这样的援引更增加了汉人在东北的数目。

（五）外人势力的伸入东北

清政府有意重建旗人在东北的势力，却没有想到旗人的势力已经无法扶持；汉人愿意前往东北经营，清政府却百般的阻碍与禁止。汉人虽时时突破这种阻碍迁徙到东北，在整个东北地区说来，并不能说是已达到相当程度，就东北的府厅州县的设置看来，即可以了解。东北各省建置的府厅州县直至道光以前，仅奉天省的奉天府（本辽阳府，后改奉天府）、锦州府（本广宁府，后改锦州府）与新民府三府，辽阳、宁远、复州、义州四州，海城、开原、铁岭、盖平、锦县、广宁、宁海七县,其数目的稀少,可见一斑。由此可知,东北的空白地带,在道光以前并未能有若何的改善。但是国际情形的改变,不仅使老大的清帝国不能维持其闭关政策,也不能维持其兴王之地的封禁政策。道光二十二年(1842)的《南京条约》,英人势力的侵入尚偏在长江以南地区,及咸丰八年(1858)的中英《天津条约》,已要求开放牛庄为商埠。这是英国势力的侵入东北之始。由英国要求开放牛庄商埠一事看来,英国人的目的实不仅只以海滨一城市为限。牛庄固处于辽东湾头,却是在辽河入海之处。其意盖溯辽河而上,伸其支配之力于辽河整个流域。亦如其控制上海,即进而企图支配长江流域。由英人的立场看来,此种策略固为其得意之作,因当康熙时与沙俄订立《尼布楚条约》以前,备战的军需品尚由辽河运输,直上溯至于开原、铁岭之间,其后因淤沙渐多,通航路线即逐渐缩短,当英人初至牛庄开埠之时,即因牛庄的河身狭窄,遂将其商埠由牛庄下移,改设于辽河口头的营口。英人的目的虽未完全达到,然东北的富庶与英人的努力,营口的贸易遂趋于发达。开港十年后的输入额每年已超过五百三十万两。设非南满铁路(即今中国长春铁路由长春至大连之线)修成,英人的势力当更伸张无已。然南满铁路的修成却非中国人的力量,而为另一帝国主义者野心的表现。

当咸丰时,正值英法两国和清政府构衅之际,沙俄利用机会,迫胁清政府共订《瑷珲条约》。在这一条约中,清政府损失了黑龙江北岸广大的土地,并且约定乌苏里江以东作为共管的区域。及英法联军入北京,沙俄的使臣居间调停,得以结束战役。事后沙俄借口索偿,勒索清政府的报酬,于是乌苏里江以东共管的区域完全成了沙俄的土地。这样沙俄完成了对于东北地方的半包围形势,日后的予取予求的基础,已经在这时候建立起来了。

（六）日俄两国在东北的冲突

沙俄的势力侵入到东北，这与英人的势力是一个很大的打击。沙俄不仅要囊括东北，还要涉足到朝鲜，于是引起了新的国际争执。同光之间日本已在模仿欧美，变法维新，且收了相当效果，进一步也向外侵略。朝鲜的地位正是由日本到中国的桥梁，因而成了侵略的对象。这时候英国想要阻止沙俄势力的南下，美国也想开放朝鲜市场，所以都在援助和鼓励日本的侵略。自然首受其祸的还是清政府。这样的演变，由是有中日甲午之战的爆发（光绪二十年，1894）。战争的结果，清政府完全失败，当然日本得到了许多便宜。就中关于东北方面的是确认朝鲜为独立自主国，和割让辽东半岛。朝鲜在不久以后即为日本所吞并，从此日本即以朝鲜为桥梁不断地向中国侵略。至于割让辽东半岛一事，却引起沙俄的忌妒。沙俄很早就认定东北各地是它的囊中之物，日本竟然捷足先登，先尝禁脔，自非沙俄所愿意，遂联络法德两国共同干涉日本，要求将辽东半岛归还中国。[①] 三国各有企图，但在为日后侵略中国打下更好的基础一点上，却是一致的。当时日本羽毛未丰，自然遵从着三国意见，归还辽东半岛，另由清政府加付了三千万两的赔款。这样沙俄在东北的实力有增无已，日本也怀恨在心，等待时机以图发泄，吃亏的不用说还是清政府。

[①] 原稿眉注：俄国联合法德两国干涉日本还辽，俄国在东北取得了绝对的优势。这时的俄国不仅不放弃猎取不冻港的政策，而且把满洲变成俄国侵入中国及朝鲜内地的帝国主义进攻政策的内发点。俄国的财政大臣维特（Witte）即曾经说过：我们将循历史的道路走向南方，全中国及其全部财源大半在南方（见《帝俄侵略满洲史》）。这说明当时帝俄的希望。

（七）沙俄势力的继续膨胀

沙俄既以压倒的优势阻止日本势力的伸入东北，它自己对于东北的侵略更是节节前进，一步也不放松。光绪二十二年（1896）乘俄皇尼古拉二世加冕的机会，要求清政府派李鸿章前往祝贺，因订立《中俄密约》。在这次密约之中，沙俄取得了东清铁路的建筑权，东清铁路沿线各种权益包括经济权、警察权及驻兵权等也都附带的为沙俄取去。① 并且要求租借胶州湾以便伸其势力于中国内地。密约中更规定黑龙江、吉林及奉天长白山的矿产应准中俄人民自由开采。所说中国人民开采的条件自然是一些客套，实际是为了沙俄自己的方便。这些地方本是清政府认为龙兴之地，一向不许任何人涉足的，如今在外力的压迫之下，只好取消了封禁政策。正当沙俄踌躇满志之时，德国先以强力要挟清政府租借胶州湾，硬使沙俄将吃到嘴里的东西吐出来。沙俄于是转过头来要求清政府补偿。又获得旅顺、大连及其附近地区的租借权，和由哈尔滨至旅顺、大连及由牛庄沿海滨至鸭绿江的铁道建筑权。这样就是说在东北区域内由西到东，由南到北，都实际的受了沙俄的支配，成了沙俄的势力范围。

（八）清末的垦务与移民

局势一天比一天严重，使清政府受到很大的刺激。封禁的政策事实上不能再继续执行。而自清初一贯地执行封禁政策的结果，使东北长久留于人口稀少与土地未垦的地步。清末国际的复杂其原因

---

① 原稿眉注：在一八九七年时，帝俄正图获得南满铁路的修筑权以前，英国的莫尔甘公司（Morgan）即已经非法图取得东北的采矿权，派人赴东北实地调查。此事虽因为俄国的离间而中止，但可以看出英国人的企图。——见《帝俄侵略满洲史》第三章南满之侵夺。

固然很多，但东北的富源未开，慢藏诲盗，实不能不说是其原因的一端。这样使清朝有重新考虑其对于东北政策的必要。尤其是沙俄在修筑东清铁路之时，看到铁路沿线的地旷人稀，倡议每年移民六十万人到东北的计划。这对于清政府实是一个惊人的霹雳，朝野上下因主张亡羊补牢，移民实边，以图补救。而其目的地尤注意于沿边各地，如额尔古纳河、黑龙江、乌苏里江沿岸，及牡丹、绥芬、穆棱、鸭绿江诸水的上游，与洮儿河的流域。虽一再努力，然距充分利用荒地的程度尚远，犹待以后的努力。

（九）日俄之战与两国在东北的势力范围

帝俄的一再膨胀其在东北的势力，固与中国以极大的威胁，更使另一强国为之眼红。此强国即日本是也。当中日《马关条约》订立之后，帝俄曾联合德法两国强迫日本归还辽东半岛于中国，自为日本所痛恨。矧帝俄所招的嫉妒不仅为东方的日本，抑且有西方的英国。光绪二十八年（1902）英日同盟的订立，就是以共同防制帝俄势力为目的。① 庚子之役以后，各国皆撤退在华的军队，独帝俄尚迟迟不履行诺言，复得寸进尺，对中国多所要挟（如要求中国决不租借或割让满洲的土地与他国，俄国撤兵之区，中国不能开作自由通商港等），更进而要求租借韩国的港口（龙岩浦）。于是日俄间的战争终于爆发，而中国竟宣布可耻的中立。日俄战后，日本承受了帝俄在长春以南的利益，包括承筑旅大港口及接管长春至旅大的铁路，即日后的南满铁路。更进而要求中国设立遍布于东北各地的商埠，如盛京的凤凰城、辽阳、新民屯、铁岭、通江子、法库门；吉

---

① 原稿眉注：中日战后，日本取得台湾，是英国人看起来不能容忍的事情，这样英国就促成日本的北进，使日本在此以后，必长远地忙于北方的事务，而不至于南进。这可以解释在中日战争后以至日俄战时，英国对于日本帮忙的原因（见罗曼诺夫《帝俄侵略满洲史·绪论》，民耿译本）。

林的长春、吉林；哈尔滨宁古塔、珲春、三姓；黑龙江的齐齐哈尔、海拉尔、瑷珲、满洲里等地。于是日本的势力北上而侵入松花江流域及其以北的地区了。

日本的侵入东北，固以朝鲜为跳板，中日、日俄两次战役，日本皆借此跳板得奏肤功。日俄战后，由俄人手中转夺得旅大两港。于是日本至东北又可由海道直达。但是日本犹不以此满足，日俄战争期间，日人强筑安奉铁道（宣统元年改为宽轨，即今安沈铁路），并一再要求吉长铁路的展筑至朝鲜会宁①。是由朝鲜西海岸北进可直至沈阳，与南满铁路相接，由朝鲜东海岸北上，可直至长春，而入东北的中心区域②。

（十）列强在东北的角逐

日俄战后，日本既获东北南部的利益，暂时心满意足，俄人退守东北北部，亦稍戢其野心。日俄并曾三次订立密约，互相承认其已得的地位③。这种情形当然与美国所主张的门户开放政策不合，美国因倡满洲铁路中立的主张（在1909年），自然这种主张不为日俄

---

① 即所谓吉会铁路，此路于光绪三十三年（1907）日人始要求修筑，迭为国人反对，后于民国十五年（1926）修筑。

② 日人所谓的间岛，即在图们江以北延吉等县境，吉会铁路即通过这所谓间岛区域。

③ 第一次在宣统二年（1910），由俄国承认日本并吞朝鲜，日本承认俄国在伊犁、蒙古一带的行动。第二次在民国元年（1912），划长春以南之满洲及内蒙古一部分为日本所有，长春以北之北满洲及其余蒙古地域为俄国所有，并约互相援助，不相牵制。第三次在民国三年（1914），两国互不加入敌对另一国的团体，应协商防护其既得利益。

两国所欢迎。① 随后英人想修筑新法铁路（由新立屯到法库门），美人想修筑锦瑷铁路（由锦县经郑家屯、洮南、齐齐哈尔至瑷珲），日俄两国又说是和南满铁路、东清铁路平行，妨碍南满、东清的路政，英美的企图是没有达到目的。② 而英国在咸丰年间所请求开放的牛庄（后改为营口）也因为大连港口的开放，为之减色。英日同盟帮助了日本在东方得到相当的地位，日本却把英国挤出了列强在东北角逐的舞台。

（十一）日本在东北的独占势力

日本的侵略东北，利用朝鲜的跳板，旅大的港口，控制着南满铁路，更以此为基地，再向各地发展。南满铁路会社，就是采取英国东印度公司的故技。于是一方面攫取了抚顺、烟台的炭矿，另一方面又图侵入间岛地域（皆始于光绪三十三年，即1907年）。更以承认民国为条件（在民国二年，即1913年），取得满蒙五路的建筑权。这五路是：开原至海龙，吉林至海龙，四平街至洮南，长春至洮南，洮南至热河。这五路无异是南满铁路的五条触角，伸入了东北南部的各个地区。后来到民国七年（1918）更将这五路归并为吉开、长洮、洮热及热海（热河至一尚未确定的海口）四路。这无疑的是更扩大了一步。不过因人民的反对，迄未兴筑。旧五路是不包括四平街至洮南的铁路在内，这不是日本有意的忘却，乃是在一九一五年即民国四年已将四洮的首段四郑（郑家屯）铁路筑成，其后

---

① 原稿眉注：一九一一年即宣统三年，英美德日四国借款（总一千万镑）以东三省之生产、消费、烟草、烧酒各税以及各省新课之盐课作担保，借款使用目的之一是兴办东三省之工业及时使用，并规定异日东三省兴办事业，四国银行有优先应募权，日俄虽反对，亦未达到目的。

② 原稿眉注：美国所提出来的满洲铁道中立的主张最主要的目的，是在日本在日俄战后有飞快的扩张的危险性。但俄国却放纵了日本，而拒绝美国的要求。见《帝俄侵略满洲史》。

续筑郑洮段（民国十二年，即1923筑成），和它的支线郑家屯至通辽一段（民国十年，即1921年筑成）。更延长四洮至昂昂溪（民国十五年，即1926年筑成）。这不仅是占据了美国计划的锦瑷铁路的中段，而且将黑龙江中部东清铁路的西段运输物资改聚于大连，使帝俄的海参崴港为之冷落。

然而最为显著的侵略则为民国四年（1915）向袁世凯所提出的二十一条要求。这要求使中国全国都受到巨大的影响，尤其对于东北，日本无疑取得了南满与东蒙的独占地位，并将旅大的租借期限，南满、安奉两路的占据期间，吉长路的代管期间一律都规定为九十九年，则司马昭之心路人皆见了。"二十一条"为我全国人民誓死所反对者，但在强力之下，常强制执行，东北的权益，多因之而丧失。

为什么日本敢对中国作这样毫无忌惮的侵略？自然那时候北京政府是一个卖国政府，日人自然予取予求，人民力量也未壮大，不会起来反对。尤其是那时正是第一次欧战进行在激烈的阶段，西方的帝国主义者无力东顾，什么势力范围，什么门户开放，这时都顾不得提起。等到日本在东北的基础稳固以后，更进一步向西发展。伪满洲国的建立，可以说是日本在东北的独占势力达到了最高峰。

卢沟桥事变后，由于全国人民的抗战，故土重归。但美国的帝国主义者却走上日本的旧途，仍然想以朝鲜为跳板侵略东北，侵略全中国。美国由日本旧路而来，无疑的要循着日本失败的旧途而归于失败的。

秦汉至南北朝黄河流域人口的变迁[①]

一、秦汉魏晋时期关中的人口

班固《汉书·地理志》中据平帝元始二年（公元2年）的簿籍记载各地的户口，保存了当代的记录，为后世史书开创了先例。元始二年已在西汉末叶，这样的数字虽说可以显示出当时富庶的盛况，然自秦汉建国以来，已历二百多年，人口的增减是会有不少的变迁的。不必远举，自元始二年回溯五十多年，为汉宣帝之世，就与汉末有所不同。现在山东省西南部接近河南、江苏两省处于汉时为山阳郡（治昌邑，今成武县东北），宣帝时有户九万三千，有口五十万以上。[②] 元始时有户172847，口801288。两相比较，增加了将近一倍。五十多年并不算很长，人口增加却不算很少。如果再往前溯二百年，其间的变迁可能是更大的。

如前所说，战国末叶各地人口已较前有所增加。秦统一六国，混战局面暂告安谧，增加的趋势转形迅速。秦汉制度，县为行政的基层单位。县设令、长，治理地方庶政，万户以上的县设令，万户

[①] 此文封面上有"中国历史地理第三章第二节"字样。原稿写在20×20字绿印稿纸上，纸质疏脆泛黄。整理者注。

[②] 《汉书》卷七十六《张敞传》。

以下的设长，以万户来区别令、长的地位。则万户以上的县虽不能说就占有总县数的一半，也应该不是少数。就在秦时，数万户的县也还不是太少的。现在河北省保定市西南的旧完县，为秦时的曲逆县。论它的位置，距中原相当遥远，当地农业又不甚发达，徒以居于太行山东麓南北交通的大路上，竟有三万余户。其他地势优越的县，应该不在这样的数目以下。

秦统一六国后，曾进行过大规模徙民工作。其一是徙于关中，主要是实都和奉园陵；其二是充实边地，主要是河南地（今内蒙古伊克昭盟）和南越各处。当时徙于关中的有咸阳十二万户，丽邑（今陕西临潼县）三万户，云阳（今陕西淳化县西北）五万户。而参预兴修阿房宫及骊山之下的始皇陵者又皆不下七十万人。[1] 这一百四五十万作徒皆来自全国各地，与徙民并没有什么差异。秦自商鞅变法，关中居民也有徙往外处的，然只限于有罪之人以及逋亡、赘婿、贾人，为数当不甚多。[2] 所以关中人口在秦时实较前为稠密的。

秦汉之际，关中的人口是急剧地减少。由汉惠帝时的两次修筑长安城，可以看到一点消息。修城工徒先后皆由长安附近六百里内征发，包括男女工在内，每次都是十四万多人。[3] 所谓六百里以内，大概是三辅各县都受到波及。虽然如此，还不及秦时阿房宫规模的巨大，如果除去妇女，所差的更大。应该注意，当汉高帝初建都关中时，曾徙六国世族及各地豪杰名家十余万口于关中。[4] 虽有这次迁徙，关中人口还不算多，可知易代的前后，人庶流离是相当众多的。关中既成为都城，户口稀少是会受到统治阶级注意的。也是从汉初开始，就确立了强干弱枝的政策，而徙民奉陵寝也就成了一代的故

---

[1] 《史记》卷六《秦始皇本纪》。
[2] 《史记》卷六《秦始皇本纪》。
[3] 《汉书》卷二《惠帝纪》。
[4] 《史记》卷九十九《刘敬传》。

事了。奉陵寝的人们除过一两次是由三辅①和京师②中选拔的外，一般都是由各郡国迁徙的。《汉书》诸帝纪中，不载历次徙民的数目，只在《成帝纪》中，有徙民五千户于昌陵的记载。这应该不是最多的数目，也不是这一次最后确定的数目，因为昌陵后来报罢，徙民亦未成为事实。③ 据《地理志》，则汉高帝的长陵（今陕西咸阳县东北）有户50057，有口179469；汉武帝的茂陵（今陕西兴平县东北）有户61087，有口277277。而作为都城的长安，仅有户80800，有口246200。二陵的户数虽皆不及长安，茂陵的口数却超出长安之上。其他诸陵也不会太少。关中人口的增多，这应是一个主要原因。当然，都城所在地自然是"郡国辐辏""五方杂厝"④，容易为人们所集中。虽然如此，就全国说来，它还不是最稠密的地方。在汉朝中叶，司马迁就已经说过："关中之地，于天下三分之一，而人众不过什三。"⑤ 如果就西汉末年说，数目相差也就稍大一点。因在关中三辅共有户647180，有口2436360。而全国却有户12233062，有口59594978，还不到三分之一的数目。应该指出，它虽不算全国人口最稠密的所在，却也不是十分稀疏的地区。

  关中人口所以比较稠密，自是与当地的富庶有关。然在秦及西汉时，绝大程度是由于国都所在地的缘故。这是显然的道理。东汉的变迁就足以说明这样的问题。东汉初年，承王莽乱后，全国各处人口都有减少，据说"百姓虚耗，十有二存"⑥。关中残破更甚，当赤眉离长安东归时，"三辅大饥，人相食，城郭皆空，白骨蔽野"⑦。后来局势安定，也逐渐得到恢复。但由于东汉定都洛阳，关中失去

---

① 《汉书》卷七《昭帝纪》。
② 《汉书》卷八《宣帝纪》。
③ 《汉书》卷七十《陈汤传》。
④ 《汉书》卷二十八《地理志》。
⑤ 《史记》卷一二九《货殖列传》。
⑥ 《续汉书》志第十九《郡国一》。
⑦ 《后汉书》卷十一《刘盆子传》。

了畿辅的地位，不会再以政府的力量向这里迁徙人口，所以当地的居民数字比西汉差得很多。《续汉书·郡国志》依顺帝永和五年（140）的簿籍记载全国各地的人户。其中三辅共有户107651，有口523860。以户数论，居西汉的六分之一，以口数论，也只有五分之一的光景。其中在扶风减少的最多，以口数说，只有西汉的九分之一，京兆尹减得稍少，大致还保存了一少半。西汉关中共有五十七县，东汉仅剩三十八县，也是以京兆尹所辖存留的最多。长安于东汉虽失去国都的地位，仍是三辅的中心，为地方性的大城，就关中说，还是人口较多的所在。如果以全国来比较，关中地区也显然没有西汉末年那样好。因为西汉末年，关中在全国中还不失为中常的地区，到东汉，只能说比边地各郡稍好一些。

长安在东汉末年和西晋末年曾两次暂时地成为国都，但这两次都没有给当地带来若何繁荣，反而招致了更大的破坏。东汉末年，三辅户口尚有数十万，及董卓部将的倡乱，"长安城空四十余日，强者四散，羸者相食，二三年间，关中无复人迹"。① 后来到西晋末年，愍帝再以这里为都时，"长安城中，户不盈百。墙宇颓毁，蒿棘成林"。② 还不如东汉末年。这样乱离期间，地方元气必然受到严重的摧残。好在时过境迁，它还是可以得到一定程度的恢复的。东汉中叶以后，关中一般比较平静，所以永和五年仅有十万多户的地区，到献帝入关以前，就已经增加到数十万户。董卓倡乱自是激烈的巨变，后来魏蜀对峙时，关中又近于两国的疆场，也不能不受一些战乱的影响，然在西晋武帝太康元年（280）平吴之岁，关中的户口还是显得有些起色。《晋书·地理志》以这一年的簿籍为根据记载各地的户口，雍州京兆等六郡共有户94000。③ 这六郡为两汉三辅旧地，

---

① 《后汉书》卷七十二《董卓传》。
② 《晋书》卷五《愍帝纪》。
③ 《晋书》卷十四《地理志》；雍州领七郡，其中安定郡为今甘肃平凉、庆阳等处，不在关中范围之内。

九万多户的记录虽远逊于西汉末年，然较之东汉中叶已相差无几。如果西晋初年能够像东汉后期稍稍安定，则长安的情况或许不至于像愍帝时那样的窘迫。

关中从秦汉时起就是一个人口徙入的区域。东汉时长安废不为都，强干弱枝的政策自也不再需要在这里继续推行。东汉末年以迄魏晋虽已不是为了这样的目的，但仍然向这里徙民。所不同者是：前一时期的徙民主要是来自关东地区，后一时期则是迁来了不少的少数民族。这在当时的黄河流域是相当普遍的，并不是关中一个地区如此。迁徙少数民族的原因很多，这里不打算详细讨论这一问题。大致说来，有的是为了扩充兵额的来源，也有的是为了增加当地的生产劳动力，有的也还是想借此来解决民族间的若干矛盾，当然也还有些少数民族是自动迁徙的。当时迁到关中的也不在少数。① 汉末及魏时，夏侯渊②、杨阜③的徙武都（郡治下辨，在今甘肃成县西）氐人，郭淮的徙氐、羌及凉州休屠④，西晋初年还向这里迁徙了许多匈奴部落⑤。直到西晋末年，关中的氐、羌、杂胡的数目为数不少，引起人们的注意。⑥

这里有一个问题，究竟当时内徙的少数民族是不是登记在政府的簿籍之中？这也难得一概而论。东汉末，牵招为雁门（郡治在今山西代县西北）太守，曾复乌丸五百余家租调。⑦ 此五百余家既出租调，则是同于编户了。同样的情形，也见于梁习领并州刺史时，那时的并州承高干荒乱之余，正是"胡狄在界，张雄跋扈，吏民亡叛，

---

① 向关中迁徙少数民族，东汉初年马援已经开始。见《后汉书》卷八七《西羌传》，不过不如后来的频繁和为数之多。
② 《三国志》卷九《魏书·夏侯渊传》。
③ 《三国志》卷二十五《魏书·杨阜传》。
④ 《三国志》卷二十六《魏书·郭淮传》。
⑤ 《晋书》卷九十七《四夷·北狄·匈奴传》。
⑥ 《晋书》卷五十六《江统传》；卷九十七《四夷·北狄·匈奴传》。
⑦ 《晋书》卷五十六《江统传》。

入其部落，兵家拥众，作为寇害，更相扇动，往往棊跱"。由于梁习的用兵征讨，"单于恭顺，名王稽颡，部曲服事供职，同于编户"。①牵招、梁习的措施正说明当时一些在内地居住的少数民族的户口是登记于政府的户籍的。不过却也还有与此不同的。牵招在雁门固曾复乌丸五百家租调，也曾招附河西鲜卑附头等十余万家。可是西晋初年雁门郡的户数仅有 12600 户，即令此 12600 户全是鲜卑，也只占牵招所招时的十分之一，何况牵招所招附的还有乌丸部落？并州匈奴部落虽经梁习镇抚，同于编户，但后来曹操分并州匈奴为五部时，五部人众已有三万余落。既云是落，当比户为多。而晋初并州户数仅有 59200，与三万落的数目颇不相侔。晋初坚持《徙戎论》的江统对于这些匈奴的繁殖曾作过说明。他指出：曹魏末年因为匈奴强大，所以一部分成三率，西晋初年又增加到四率。到他撰著《徙戎论》的时候，五部之众，户至数万。②他所说的数万，想也是约略的估计。原来近三万落的人经过多年的繁殖，怎能还只是数万家？这样看来，并州匈奴的户口西晋政府是不会完全掌握的，这样，再回来论述关中。关中的情况也可能是两者都曾经有过。关中于西晋时为雍州。雍州有户近十万，于全国中不是稠密的，于黄河上游各州中，也不是稀少的，这应该是汉魏之际迁徙氐羌的结果。不过却不是西晋初年当地实际户口的人数，西晋开国之初，曾接受一批归附的匈奴两万余落，安置在河西雍州境内。③显然《晋书·地理志》所记雍州的户数中没有计算在内。看来，氐羌诸族的迁徙是没有保持他们原来的部落，既没有保持原来的部落，所以就由政府直接控制，他们的户口数目政府也就可以掌握。至于像匈奴族却还保持了他们原来的部落，在部落没有解散以前，政府并不能控制着每户的

---

① 《三国志》卷十五《魏书·梁习传》。
② 《晋书》卷五十六《江统传》。
③ 《晋书》卷九十七《四夷·北狄·匈奴传》。

人家，也许就没有掌握住他们的户口数目。因此，就政府的簿籍而论，好像关中人口是有限的，实际的居民还是不少的。关中如此，黄河流域杂有少数民族各地区应该都是一样的。

二、秦汉魏晋时期关东的人口

关中以东的黄河流域的大片土地和关中并不完全相同。关中是人口徙入的地区，关东各地却是人口徙出地区。上面所说的秦时徙往关中的人口分明都是从关东各地来的，就是西汉迁往诸帝陵寝的人口，除过仅有的两次是由三辅本地抽调的外，也都是从东方各地来的。秦汉时的徙民一来为了充实都城，再则还有充实边地的任务。秦时曾徙往河南地及南越，已见上文。西汉为此目的而采取的措施更为频繁，公元前127年（武帝元朔二年）徙民朔方（郡治朔方，在河套西北隅），公元前119年（武帝元狩四年）徙民陇西（郡治未详，当在今甘肃临洮县附近）、北地（郡治未详，可能在今甘肃庆阳县附近）、北地（郡治未详，可能在今甘肃庆阳附近）、西河（郡治平定，今内蒙古准格尔旗）、上郡（郡治肤施，今陕西绥德县东南）、会稽（郡治吴，今江苏苏州市）。前者徙民十万口，后者竟达七十二万五千口。① 数目都是很多的，徙往边地的人们当然不是来自关中。这些徙民可能还有来自长江流域的，大部分当是从黄河中下游各地来的，不过应该指出，北边各郡的人口都不是很多，不仅不是徙出的地区，而且也还应该属于徙入的地区。《汉书·武帝纪》曾经说过，元狩五年徙天下奸猾吏民于边。这个边不知是否包括北边诸郡在内。但同书《贡禹传》却已明说免官奴婢十余万人代关东戍

---

① 《汉书》卷六《武帝纪》。

卒乘北边亭塞候望。既言北边，当然是包括这一带的郡县。《贡禹传》所说的是戍卒，与徙民还略有区别。不过由上谷（郡治沮阳，今河北怀来县南）至辽东（郡治襄平，今辽宁辽阳市）自战国时已以"地踔远，人民希"为人们所提到。① 其实上谷以西各地也是相仿佛的。

就在黄河中下游有人口往外迁徙的地区，也不是没有变迁的。秦末乱离就是其中重要的一次。汉朝承秦之后，在它的初年，也是"大城名都散亡，户口可得而数者十二三"。② 不必说到中原各地楚汉战争所及之处，就是上面所提到的僻在北边的曲逆县，也损失了六分之五的人口，原来三万户的县竟然只有五千余家了。③ 经过一段时期的休养生息，人口是比较增加了，起码是增加了一倍，当然还有更多的。④ 到了中叶，在关东各地竟然一次出现了流民二百万口，和无名数者四十万。⑤ 造成流民的原因何在暂时不去管它，但这二百四十万口都被迁徙到边地去，也可以说明关东各地已经难于安置。虽然在武帝时，由于统治者"外攘四夷，内改法度"⑥，使人们的生活感到不安，可是人口数字还可以看出是不断上升的。固然也有人说，当时地方官吏虚伪地增加居民名额，以求得升赏。⑦ 这样事情不能说是没有，却不能以此而抹杀人口增加的事实。还以上面所说的曲逆县为例。西汉中叶以后直到末年，曲逆县究竟有多少人户，不可得知。曲逆县当时属中山国（国治卢奴，今河北定县），据《汉书·地理志》，中山国共辖十四县，有户160873。平均计算，每县应有一万二千户上下。中山国近山、山区人口较少，是曲逆县实有人

---

① 《史记》卷一二九《货殖列传》。
② 《史记》卷十八《高祖功臣侯者年表》。
③ 《史记》卷五十六《陈丞相世家》。
④ 《史记》卷十八《高祖功臣侯者年表》。
⑤ 《史记》卷一〇三《万石君传》。
⑥ 《汉书》卷八十九《循吏传·序》。
⑦ 《汉书》卷八十九《循吏·王成传》。

口应超过这样的数目的。它虽还没有达到秦末的规模，比起汉初来，所增加的已经是很多了。曲逆县地处太行山东，论地理条件是不能和中原一些地方相比拟，前面曾举出山阳郡在汉宣帝以后五十多年的增加，显然是较曲逆县的户数为多的。

除开北边几郡人口较少的地区外，关中以东迄至沿海各处，都应该算是人口徙出的地区了。这样的地区是十分广大的，其中各处也难得都是一样的。当然有十分稠密的所在，也难免还有较为稀少的地方，谈不上徙出人口的。大致说来，这一带人口比较稠密的所在，是汾水的下游、黄河中游和济水两岸以及太行山东南和位于今山东半岛的各处。现在河南中部和东南部汝、颍两水流域以及河南西南部湍水、白河流域的人口也都比较稠密。应该指出，济水中游，大野泽西南的地方于汉时为济阴郡（治定陶，今山东旧定陶县），颍水上游于汉时为颍川郡（治阳翟，今河南禹县），颍川郡以东，为淮阳国（治陈，今河南淮阳县），泗水上游为鲁国（治曲阜，今山东曲阜县），这四郡实为当时人口最稠密的地区。如果以人口数目说，在汝水下游的汝南郡（治上蔡，今河南上蔡），当时有461587户，2596148口。在汉朝诸郡中，算是最多的一郡了。汉汝南郡辖有三十七个县，论面积是要比颍川郡为大，因为颍川郡只有二十个县。这二十个县中却有432491户，2210973口。论平均每县人口，应该推颍川郡为最多了。在现在安徽北部的沛郡（治相，今安徽宿县西北），虽然有409079户，2030480口，却也有三十七个县，当然更不能和颍川郡相比了。济阴郡有290025户，1386278口，淮阳国有135544户，981423口，鲁国有118045户，607381口，论数目都不能和颍川郡相比，但济阴郡的幅员比较狭小，只辖有九个县，以每县平均计算，颍川郡只有十一万口，济阴郡却有十五万口，实际还是最多的。淮阳和鲁国有十万口，惟不如这两郡之多，比起其他郡国，仍是较高的数额。

为什么这四个郡人口最稠密？一个地区人口能够稠密，和它的地理位置、经济发展都有密切的关系。济阴郡当菏水由济水分出的地方，而菏水又是通到泗水，所以它成为南北交通的枢纽。它的治所定陶县，也因此而成为全国有名的经济都会，附近的地方又相当富庶。当地人口的稠密是可以理解的。颍川郡西北就是嵩山，山区土地比较瘠薄，它本是战国时韩国的旧壤，韩国的经济在各国中不算是太好的，就是因为这样的缘故。但山区在这个郡中所占的面积还不算是太广，以现代地图来看，禹县、郏县、宝丰等处皆在海拔二百米以下，颍水与汝水又斜贯其间。河流所经，两岸冲积平原是有一定的肥沃程度的。颍川的人们以好农著称①，可能与这样的自然条件有关。颍水不仅灌溉了颍川郡，而且也是东南各处和洛阳及其以西各地的一条交通孔道。地既富实，交通又较便利，人口是会稠密起来的。西汉时各地都会的人口数目保存下来的很少，颍川郡的二十个县中，却有两个城市可以稽考，其一为阳翟县，另一为鄢陵县。阳翟县为今河南禹县，而颍川郡的治所，有户41650，有口109000。鄢陵为今河南鄢陵县，有户49101，有口261418。两县数目相合，比较国都长安还要多些。所应该注意的，阳翟县有户四万余，而人口只有十万九千，平均每户也只有两个多人。如果不是误记，也许是这个商业城市从事行商的人居多数。②

淮阳国位于颍川郡之东，完全是平原之地，这一点是要比较颍川郡为优越。它又是鸿沟系统中狼汤渠经流的地区，狼汤渠就在淮阳国的南部与颍水合流。淮阳国治所在陈，就在这两水合流处不远的地方。陈的地位很重要，人们称它是"楚夏之交"③，就是说它为江淮下游各地与中原交通的枢纽。因此，它就应该是一个人口聚集的地区。

---

① 《史记》卷一二九《货殖列传》。
② 顾颉刚：《西汉都会户口》，载《浪口村随笔》。
③ 《史记》卷一二九《货殖列传》。

鲁国处于泗水上游，那里有些山区，但洙泗之间却是一个富庶所在，农业相当发达。前面说过战国时的薛，由于当南北冲要之地，人口有六万家之多。薛在汉时就属于鲁国。可见鲁国人口之多是有由来的。正是因为洙泗之间的河谷不广，《史记·货殖列传》就说这里"地小人众"，其稠密的程度已溢于言表。

黄河中游两岸的河南（郡治雒阳，今河南洛阳市东北）、河内（郡治怀，今河南武阳县西南）、河东（郡治安邑，今山西夏县北）三郡的人口虽不如济阴、颍川两郡的稠密，也要算人口较多的地区。河南郡有户276444，有口1740279；河内郡有户241246，有口1067097；河东郡有户236896，有口962912。论所辖地区的面积是河东郡最大，而河南郡较小。论每县平均人口，河南和河内两郡各有户一万三千，河南郡有口近乎八万，河内郡近乎六万，河东郡最少，每县有近一万的户和四万的口。从战国以来，这三个地区就以人口较多为人们所称道。秦汉时还依然如此。三郡的特点都是土地比较狭小，所以更显得人多。河东郡的汾涑流域地势虽高亢，而多平坦，河南郡的伊洛流域虽是肥沃的河谷，然夹处于嵩山和崤山之间，显得有些踏蹐。只有太行山东南的河内郡是一望无垠的平原。按道理应该是河内郡人口最多，而河东郡次之。可是实际却以河南郡最为稠密，当然这只应是伊洛两水的下游一带，与上游山地无预。还应该指出，这是因为它正当东西交通孔道的缘故。这一条大道虽在战国时代早已通行，但当时各国并峙，互相防守，自不如秦汉时代能够起着更多的作用。

由河内郡循太行山东麓往东北行，为汉时的魏郡（治邺，今河北临漳县西）、赵国（治邯郸，今河北邯郸县）和清河（治清阳，今河北清河县东）诸郡，人口也不算少。其中赵国平均每县八万口，密度占太行山东各郡的第一位，其余清河有六万多口，居于第二位，魏郡有五万多口，随之占到第三位。这里都是平原地区，土地还算肥沃，其中如魏郡更有一定的水利设施，所以人口都显得较多。尤其是赵国的邯郸本为战国时赵国的都城，附近既有铁冶业，又是太行山东麓南北大道必经之地，人口稠密也是理所当然的。

至于这几郡南边的济水上游，人口比较太行山东各地还要稠密些。上面所说的济阴郡就在济水流域，那是人口最稠密的地区，不必再提了。其余就是陈留（治陈留，今河南旧陈留县）、东平（国治无盐，今山东东平县东）和东郡（治濮阳，今河南濮阳县南）诸郡。陈留和东平，每县平均人口都在八万以上，东郡少些，也有七万多口。像陈留郡还稍稍超过了赵国。它们都在平原地区，这是不必说起的。它们位于济阴郡的周围，济阴郡人口稠密的原因，对于它们说来，也还是多少都有一点。当然促成济阴郡人口稠密的一个主要原因，济水和菏水分流所形成交通便利的条件，在这些郡国中是没有的。但它们都处于济水的沿岸，这一点对于它们人口的增多是有所帮助的。尤其像陈留郡更是位于鸿沟系统各水道分枝的地方，往来交通也是很便利的。

现在山东泰山东北，一直到东海，为战国时齐国的故地。那时人口就已经较为稠密。西汉初年仍未见减色。人们以齐国的故土和关中的三辅并称。三辅为秦国的旧地，齐国既能与三辅匹敌，所以有了东秦的称号。[①] 其实以齐国称为东秦，不免有点委屈。西汉初年齐国有七十余城，三辅直到西汉末年还只是六十个县。可是西汉末年的齐国故土早已不仅七十余城了。三辅为国都及汉帝诸陵所在，如前所说，人口是很多的。如果以国都、陵县和其附近一般县邑平均计算，京兆尹辖下各县是最多了，还不到六万人，其余就在三四万之间了。齐国故土平均也多在四万上下，好像是相仿佛的，可是像淄川国（治剧，今山东寿光县东南），平均每县竟到了七万五千人以上。城阳国（治莒，今山东莒县）也在五万人以上，显然是超过三辅很多了。

① 《史记》卷八《高祖本纪》。

这个地区人口超过四万而接近五万的郡，有济南（治东平陵，今济南市东）和齐郡（治临淄，今山东旧临淄县北）。胶东国（治即墨，今山东平度县东南）稍弱一些，也是超过了四万。齐郡的临淄本战国时齐国的故都，它的附近是相当富庶的。济南、齐郡人口的稠密当然与此有关。淄川国正在齐郡之东，也应该是一样的。齐郡南面还有山区，淄川国在这方面的条件要好些，所以它的人口也较多些。这里还有两个问题应该解决。第一，汉朝人动称齐地有琅邪（郡治琅邪，今山东诸城县东南）、即墨之饶。① 即墨为胶东国治所。胶东人口超过了四万，也不算是过少。琅邪郡每县平均才有两万多人，和胶东国相差约有一半，就在齐地诸郡国中也算是最少的。如果真的是这样，还怎能够称作富饶的地区？其实琅邪郡的人口总数是不少的，它共有228960户，1079100口，和河内郡是相仿佛的。所辖的地区，在齐地诸郡中比较稍大些，和河内郡相比较，也还差不多。为什么每县才有两万多人？这应该从辖县的数目去寻求解释。河内郡只有十八个县，琅邪郡却有五十一个县。它不仅比河内郡的县多，就在齐地诸郡中，也是最多的了。地方不大，设县不少，无怪乎每县平均人口看起来是显得少些。翻过来说，地区不大，设县很多，就是人口稠密的证据，也是地方富饶的证据。还应该指出，琅邪郡虽在东海之滨，山区却也不少，这一点和河内郡还是有区别的。第二，城阳国的人口达到平均每县五万以上，也使人有点怀疑。城阳国在今山东莒县附近，那里虽有沂水和沭水流过，然上游河谷并不宽广。所辖地区绝大部分属于山区。山区人口数目和一些平原地区相近似，甚或超过了某些平原地区，是值得注意的。其实城阳国只有四个县，所分布的地区由现在莒县之东起直到蒙阴县西北，面积是相当广大的，地区广大，设县不多，总的人口虽是不少，实际不应该是稠密的。

---

① 《史记》卷八《高祖本纪》。

在这以南的汝南、沛郡、楚国（治彭城，今江苏徐州市）也应该提及。这几郡邻近淮水，与濒于黄河的地方略有不同。《史记·货殖列传》以此三郡和上面所提到的淮阳国并列于西楚和东楚的区域，接着又指出："楚越之地，地广人稀。"为什么人稀？这可能和当地的"地薄"有关。也许是西汉中叶如此，到了它的末年显然有了改变。上面已经说过，汉朝汝南郡的户口总数于全国诸郡国中为最多的。每县平均达到了七万人，仅次于河南郡和赵国。楚国每县平均数较之汝南郡还要稍稍多一点。沛国算是少的，也在五万人以上。与濒黄河各郡相较也都不是过分稀少的。既然如此，司马迁为什么又那样说呢？一般说来，战国秦汉之间江淮以南的发展是比中原各处为缓慢，淮水以北各郡也有相同的趋势。可是淮水以北各地究竟离中原近些。这就难免受到中原的影响。在此稍后的史实显示出中原人口有向南迁徙的趋势。这应该不是从两汉之际才开始的。如果向南迁徙，这沿淮的几郡自是必经之路，也是辗转前进中途停足的处所，也许最初就是迁到这些地方。除此之外，还应该注意到这几郡和鸿沟的关系。这里是鸿沟经过的地方，或者离鸿沟不远。这一系列贯通中原和江淮以南交通水道的畅通，对于当地人口的逐渐增加是会起到一定作用的。

由淮水上游再往西去，就是湍水、白河流域的南阳郡（治宛，今河南南阳市）。南阳郡于汉时属荆州，荆州主要是现在的湖北、湖南两省。就是南阳郡也跨有今河南、湖北两省境，和黄河流域离得远些。不过南阳郡所在的宛及其附近各县还在淮河的西北，和黄河流域其他地区一并讨论，也是可以的。南阳郡平均每县五万多人，不能说是太稠密的。但郡境广大，山区不少，只有宛县附近的湍水、白河流域还是一片平原，而当地又是一个冶铁区域，实际人口当是不止五万的。

《汉书·地理志》所载的户口诚如班固所说不过59594978，而东汉户口数据《续汉书·郡国志》为49150220。相差依然是很多的。黄河中下游地区在秦汉时既是人口稠密的所在，则战乱时期的损失数字，也要比各地为多，何况两汉之际的兵荒马乱多数还发生在这个地区。

最明显的变迁是东汉国都洛阳所在的河南尹和西汉时人口最稠密的几个郡。东汉的河南尹共有 1100827 人。在黄河流域诸郡中，能有一百万以上的人口，当然不能算是稀疏了。可是与西汉一比，问题就显然了。西汉这里共有 1740279 人，东汉减少了三分之一。按说国都所在，人口应该是要比从前有所增加的，实际不仅没有增加，反而有所减少，这不能不说是两汉之际摧残严重和恢复的不易。西汉时，人口最稠密的地区是济阴、颍川、鲁国和淮阳四个郡国。东汉时，除淮阳外都有了减少。其中以济阴郡减得最多，剩下了 657554 人，还不到原来的一半。按所辖的县数平均计算，每县几乎不到六万人。当然六万人也不算很少，但已不是最稠密的地区了。为什么有这样大的变迁？两汉之际的兵荒马乱自是一个一般的原因。菏水的阻塞所起的影响应该是一个主要的原因。颍川和鲁国稍好一些，前者平均每县已减至八万多户，后者更不到七万户，都不算是最稠密的地区了。至于前面所提到的那几个较稠密的地区，如河南、河东、魏郡等也都在下降。靠近北边一些郡国减得更多，有若干地区甚至还剩不到一半。

说黄河流域的人口一般在减少是对的，但并不是说所有的地区都一律地减少。有些地区反而还显出有所增加。上面说，西汉末年四个人口最稠密的郡国中有三个是减少了，只有淮阳国不仅保持着原来的地位，而且比从前更为稠密。淮阳国，东汉时改称陈国。据《续汉书·郡国志》所载，陈国九县，共 1547572 口。平均每县达到十七万口。这不仅超过了原来淮阳国的数目，比起西汉的济阴郡还要多些。为什么会有所增加？一般说来，西汉末年的乱离固然破坏很严重，也有的地方受灾比较小些，原来基础还有若干存在，除过本地旧有的居民外，再加上其他迁来的新户，人口自然会较前增加。

就陈国而论，成为人口最稠密的地区，还应有它的特殊的原因。本来中原人口就有南迁的趋势，两汉之际，南迁的更不在少数。陈国虽不在江淮以南，但在人们要离开中原乱离的地区时，往往不会一下走得很远，陈国既稍偏南一些，也许会成为人们一个重要落脚点或者就是目的地。陈国而外，南阳、东海（治郯，今山东郯城县西）二郡和彭城国（即西汉时的楚国）都是如此。陈国所以独为特出，这与当地原来的人口就已不少不能没有关系。

在各郡人口数目中，陈国并不是最多的。陈国之南的汝南郡，有口2100788，已较陈国为多，汝南郡之西的南阳郡更达到了2439618人。① 论这两郡所管辖的范围，是远比陈国为广大，每郡中又各有三十七个县，南阳郡中平均每县为六万多人，汝南郡更少，只有五万多人，是不能和陈国相比拟的。

论各郡中的平均每县人口，则黄河下游的平原郡（治平原，今山东平原县东南）虽不如陈国之多，也应该继陈国之后，为次多的稠密地区，因为那里每县也有十一万多人，数目是不少的。其实一究个中原因，并不真的如此。据《续汉书·郡国志》所载，平原郡所辖九县，共有1002658人，平均每县人口应为上数。考西汉时这一郡共辖十九县，东汉并省了其中十县，全郡所辖的范围却并未缩小。如果以同一比例相比较，则每县平均数字，可以用原来十九县推求。这样，每县只能有五万多人，不仅不能继陈国之后，也难得和颍川、鲁国相比拟的。

像平原郡这样子，虽然算不得和陈国相仿佛的最稠密的地区，但总是增加了，而且显得相当稠密。也还有些地区，表面似乎有所增加，实际却增加不多，或者就无所增加。西汉时，在济水南岸的东平国也是一个人口稠密的地区。东汉时，由东平国中分出了一个任城国（治任城，今山东济宁市）。两国户口合起来是超过了西汉。

---

① 《续汉书》志第二十《郡国二》；《续汉书》志第二十二《郡国四》。

平均每县人口也在六万以上，不算是太稀少。由于调整了辖区，它的属县中就有由其他郡国改隶来的。如果除去这些因素，则东平国实际无所增加。

两汉之际的兵荒马乱促使一些地区人口的流离迁徙诚然是人口变迁的一个重要原因，不过不能说这是唯一的原因。就是以兵荒马乱来说，也不仅两汉之际那一次会促使人口迁徙的。太行山东的河间（国治乐成，今河北献县）、安平（国治信都，今河北冀县）、广阳（郡治蓟，今北京）诸郡国都有所增加，而且平均每县都在五万人以上，也成了比较稠密的地区。东汉初年，此地固然也多军事行动，是会造成人口的迁徙的。不过这几个郡国多在太行山东平原的中部，也就在当时军事行动所及的地区。不能说人们会向这样不安定的地区聚集和迁徙的。就在《续汉书·郡国志》据以记载人口的顺帝永和年间以前，太行山东麓曾受到羌人和乌桓的骚扰，而羌人的摧残尤为严重。原来太行山东麓的魏郡、赵国的人口算是稠密的，这时的人口稀少了，大致是为了逃避羌人的骚扰，而向中部平原迁徙了。

当然，若干地区的发展也会促使人口有所增加。南阳郡由西汉末年的1942051人增加到东汉中叶的2439618人，是一个很大的数目。其中的原因上面曾约略地提及。这里还应该再作补充。南阳郡治所在宛。宛在秦汉以来就是一个冶铁的城市，人口本来不会很少。东汉时，宛成为一个著名的都会，为其他城市所不及。人们以之与洛阳并称，实际繁荣程度当不在洛阳以下。《续汉书·郡国志》不载各地城池户口，不知其中确数。虽然如此，南阳郡的人口总数中，宛应该占到相当的比重。

《续汉书·郡国志》中的户口数字，只是东汉中叶的记录。以后可能还有所增加。《晋书·地理志》记东汉桓帝永寿三年（157）的户数为 10677960，口数为 56486856。① 较永和五年增加不少，不过这样数字是否属实，却还有问题。因为前后相距不到二十年，这样的速度是以前所没有的。当然，如果增加，则黄河中下游各地应该会得到一定的数目，因为这样的人口本来是比较其他地区为稠密的。

可是好景不长，汉魏之间的乱离，竟使黄河中下游人口稠密的地区重复归于残破。首先是东汉都城的洛阳，在董卓强行迁都徙人之后，遍地成为荆棘。② 关东诸将起兵讨卓，董卓还未破灭，河内、荥阳（今河南荥阳县）附近，民人死者且半。③ 因为都城残破，许多人流离转徙，羁旅在彭城附近的就不少。彭城为徐州治所，稍后不久，曹操与徐州牧陶谦构衅，曹军坑杀男女数万口，至令泗水为之不流。彭城以南各县也受到屠夷，鸡犬亦尽，墟邑无复行人④。由于不断的战争，人口损失惨重，"名都空而不居，百里绝而无民者，不可胜数"。⑤ 颍川郡邻近洛阳，也是战争经常发生的地区。这个人口稠密的地区，残破也最甚。所属的鄢陵县，西汉时人户多到近乎五万，东汉末年也有五六万家，经过长期的战乱，只剩下了数万户⑥。颍川为四战之地，还犹可说。涿郡（治涿，今河北涿县）僻在北陲，也并不比颍川郡好到什么地方。东汉中叶，涿郡共有十万多户，到了曹魏初年，却剩下了三千户。⑦ 洛阳西北的河东郡，经过战乱，尚余三万户。⑧ 比涿郡要好一些，然亦减少了三分之二。曹操平定冀州之后，检查户籍，可得三十万人众，就认为是一时的大

---

① 《晋书》卷十四《地理志上》。
② 《后汉书》卷九《献帝纪》。
③ 《三国志》卷十五《魏书·司马朗传》。
④ 《后汉书》卷七十三《陶谦传》。
⑤ 仲长统《昌言·理乱篇》。
⑥ 《晋书》卷五十《庾峻传》。
⑦ 《三国志》卷二十四《魏书·崔林传》注引《魏名臣奏》。
⑧ 《三国志》卷十六《魏书·杜畿传》。

州①，直至二十多年后，冀州还以户口最多见称。② 当时有些人对于曹魏人口作过推测，有的说，不如往昔一州之民③；有的说，不过汉时一郡④；有的说，三国共有的人口还抵不住东汉的南阳、汝南二郡⑤，就是说，魏国所有的也许还不到汉时的一个郡。以冀州人口相较量，这样的推测也许离实际情况并非甚远。

也有人对于这样的估计提出了疑问，说是根据《太康三年地记》，晋户有三百七十七万，其中吴蜀户不能居半。魏时虽然残破，和晋时也应该相仿佛。⑥ 然太康元年（280）晋平吴时，全国才有2459840户。当时夸耀功绩，所举的户口不能过少。二年之后即暴增一百多万户，殆无此理。《晋书·地理志》所记户数，即以太康元年为准。据其所记，则黄河中下游各处人口，晋时即令有所增加，为数也不会很多。晋时范阳郡（即涿郡改称）已经不是三千户，可是三千户上下的郡还是有的。济北国（治卢，今山东长清县南）和鲁国就是具体的例证。像谯郡（治谯，今安徽亳县）只有一千户，是最少的一个郡。曹操的故里在谯，他自己说："旧土人民，死伤略尽。"⑦ 看来是实际的叙述。

西晋承曹魏之后，都是以洛阳为都，洛阳所在的河南郡，太康初年有户114400，平均每县九千户，皆为全国最多的。洛阳在汉魏之际，摧残最甚。数十年来能有如此恢复，自是难得之事。这样的恢复实与人为的努力有莫大的关系。当魏文帝始以洛阳为都时，都畿树木成林⑧，人烟稀少可以概见。其时上距董卓迁都已二十余年。

---

① 《三国志》卷十二《魏书·崔琰传》。
② 《三国志》卷十六《魏书·杜畿传》。
③ 《三国志》卷十六《魏书·杜畿传》。
④ 《三国志》卷十四《魏书·蒋济传》。
⑤ 《续汉书》志第十九《郡国一》。
⑥ 《三国志》卷二十二《魏书·陈群传》注。
⑦ 《三国志》卷一《魏书·武帝纪》。
⑧ 《三国志》卷二十七《魏书·王昶传》。

二十余年之间竟没有改变了荒凉的面貌。曹魏建都于此，实为促进人口增长的一个重要因素。魏文帝又从冀州徙来五万户①，才初次使这个新都略具规模。如果除去这五万户不算，则洛阳的恢复也不是很迅速的。因为涿郡在魏初只有三千户，晋初的范阳国已达到一万一千户。范阳远在北僻还是这样，洛阳似不能就和它相提并论。

　　河南郡而外，各郡人户较多的，还有平阳（郡治平阳，今山西临汾县西）、河东、河内、阳平（治元城，今河北大名县东）、魏郡、赵国（治房子，今河北旧高邑县西）和渤海（治南皮，今河北南皮县北）诸郡。其中河内、阳平二郡各为五万户，余均为四万户。此外平均每县户数超过五千的，有汲郡（治汲，今河南汲县西南）、河内、阳平、魏郡、濮阳（治濮阳，今河南濮阳）、巨鹿、乐陵（治厌次，今山东旧阳信县东）诸郡。其中阳平、巨鹿两郡超过了七万人。可以看出，这些人口较多的地区是在汉魏时冀州的南部，并且以邺为中心，还向南伸出一点，河内、汲郡、濮阳诸郡都应当在这个范围之内。冀州在汉魏之际人口是比较多的，曹操以邺为根据地，显然是看重了这一点。曹操为了充实他的根据地，曾经徙置若干官吏及将士家属部曲于邺，这使邺及其附近各地人口有了增加。② 不过晋初魏郡只有四万多户，平均每县也只有五千人，似乎不算很多。这在魏文帝自邺徙人口于洛阳以后，邺地所剩的自然有限了。

　　这里应该注意，还有人口较多的三个郡不在邺的附近。这是平阳、河东和乐陵。乐陵地处海滨，平均每县人口达到了六万，确实是不小的数目。这个郡只辖五县，所涉及范围相当广远。看起来，这不是人口稠密，而是因为土地宽广了，表面上显得人口数目多一点罢了。平阳、河东两郡在汾水下游，平阳郡就是由河东郡分出来

---

① 《三国志》卷二十五《魏书·辛毗传》。
② 《三国志》卷十五《魏书·贾逵传》注引《魏略》，又卷十八《李典臧霸传》。

的。河东郡在秦汉时也算是人口较为稠密的所在。经过汉魏之际的严重摧残，这时得到了一些恢复，可是恢复却是另有一番原因的。这显然是北方的匈奴族不断南下，汾水上中游的人口受着压力，向南辗转迁徙的结果。

要明了这中间的曲折，话就不免说得远些。其实在前面论关中人口的变迁时，已经提到了这一点。就是说若干游牧民族的人口陆续徙入到农业经营的地区。这在北边各地尤其显著。西汉中叶以后，已经有了匈奴人这样内徙的趋势，不过还只是限于塞下，两汉之际，塞外塞内都有他们的足迹。原来居住在边地的人们，受到压力，也乘着中原的乱离，逐渐内迁。东汉初年又以政府力量将边地人民大量迁回，当然，匈奴族人就乘机填满了这样的空白点。① 到了光武帝中年，由于南匈奴内附，于是云中（治云中，今内蒙古托克托县西）、五原（治九原，今内蒙古乌拉特旗）、朔方（治临戎，今河套西北隅）、北地（治富平，今宁夏灵武县南）、定襄（治善无，今山西右玉县）、雁门（治阴馆，今山西代县北）、代郡（治高柳，今山西阳高县西南）、上谷（治沮阳，今河北怀来县南）八郡人民复归故土。② 可是这一次却和以前不同。以前塞内只有从事农业经济的汉人，这一次在许多地方却是和游牧部落的匈奴杂处的。不仅如此，汉朝且允许匈奴内徙。听南单于先后徙居云中、西河（治离石，今山西离石县）各处，其部落分居北边各郡。③《续汉书·郡国志》记沿边各郡户口，只有雁门郡还有二十四万多人，和西汉差相仿佛。其他都大有减少，像定襄郡只有一万多人，稀少实甚。汉献帝末年，更省去云中、定襄、五原、朔方诸郡，每郡改置一县，领其余民，合以为新兴郡。④ 以一郡改为一县，自然是人口少得太厉害了。这还

---

① 《后汉书》卷八十九《南匈奴传》。
② 《后汉书》卷一下《光武帝纪下》。
③ 《后汉书》卷八十九《南匈奴传》。
④ 《三国志》卷一《魏书·武帝纪》。

不算，到了曹魏初年，更徙新兴郡于陉岭以南，而弃句注山以北各地。其实这样的并省和徙置郡县，只是若干既成的事实的反映。因为匈奴部众不仅分布于句注山北，就是太行山西，汾水上中游各处的人数也是不少。总起来已有五万余落。① 西晋初年，这一地区各郡的每县平均人户，都没有超过两千，少者还有几百户的，就是因为这样的缘故。当然不是当地人口就已稀少，只是从事农业经营的汉人较前有所稀少而已。

接着匈奴族南徙的还有其他一些部落。东汉末年，北边的上谷、右北平（治土垠，今河北丰润县南）等郡都已有了乌桓的部落。② 当时的州郡割据者袁绍、刘虞、公孙瓒等又各征募乌桓、鲜卑为兵，称为一时的劲旅。③ 曹操北征乌桓蹋顿，尽徙其余众于内地。④ 而鲜卑种人亦多入居于并州。⑤ 所以到了西晋初年，不仅北边各郡和太行山西有了游牧部落，就是太行山东的魏郡和黄河以南的弘农郡（治弘农，今河南西旧灵宝县）也都有了他们的足迹了。从事游牧的部落和经营农业的民族的生产方式是不相同的，由于游牧部落的向南迁徙，许多农田难免是要改变成为牧场的。

三、黄河上游人口的增减

这里，应该接着论述黄河上游各地，也就是关中的西北诸郡。这个广大地区，与关中不同，与关东更有差异。它有几个特点值得

---

① 《晋书》卷九十七《四夷·北狄·匈奴传》。
② 《后汉书》卷九十《乌桓传》。
③ 《后汉书》卷七十三《刘虞公孙瓒传》；又卷七十四《袁绍传》。
④ 《三国志》卷三十《魏书·乌丸传》。
⑤ 《三国志》卷三十《魏书·鲜卑传》。

注意：第一，这是一个半农半牧的地区，后来农业逐渐得到发展，在某些郡中占到上风，但畜牧业并没有完全为农业所代替。畜牧地区的人口自难得和农业地区一样的稠密。第二，自秦汉以来，这里就是人口徙入的地区，本来就不如关中和关东的稠密，后来人口又不断东徙，所以更不易和其他两个地区相比拟。第三，在这个地区中有的郡县早就有若干少数民族杂居。秦汉制度，凡有少数民族杂居的地方设道。道的所在地不限于黄河上游。但黄河上游各地的道也不在少数。皆分布于今日甘肃的东部和南部。秦汉版图西至羌中，显然可见，当时所设的道与羌人的居地无关。

秦时在这个地区还有多少人口？不可具知。大体不会很多，因为汉朝初年为了备边就已经募民徙塞下。① 当时所徙的自不仅限于西北边地。后来到武帝时大举徙民，主要是在这一方面。向朔方郡徙民十万口就是开端。朔方是一个新郡，与秦时故地无关。接着又徙关东民七十二万五千口于陇西、北地、西河、上郡和会稽，规模算是最大。会稽为江南的郡，不在西北数内。其余四郡皆为秦的旧郡，这七十余万人不皆徙到这四郡之中，然西汉末年这四郡才有一百七十余万，可知这次徙民是起了很大作用的。到汉朝，朔方的问题更显得突出。据《汉书·地理志》所载的户口，这一郡共十三万多人。武帝时那一次徙了十万，后来还和上郡、西河、河西诸郡共徙了六十万。看来这一郡的人口都是由内地迁徙去的。祁连山北的河西四郡也是同样的道理。

就这一地区各郡互相比较。则西河、上郡的人口是最多的。两郡都超过了六十万。西河郡还多，近于七十万。其次是天水、陇西、武都和北地，都在二十万以上。除武都郡外，皆是秦时的旧郡。其中有的还是汉朝的重点徙民地区，人口较多是必然的。西河、上郡都在关中以北、黄河沿岸，都接近人口稠密的地区，自会受到一定

---

① 《汉书》卷四十九《晁错传》。

的影响。陇西、天水两郡在渭水上游，关中人民向西北发展，这里是一条主要途径，所以当地人口也就显得较多。这里就引出一个问题：如果按平均每县人口算起来，武都郡为二万六千人，仅仅略低于上郡，远在西河郡以上。西河郡面积虽是大于武都郡，大致不会超过一半的。可是西河郡有三十六个县，武郡才有九个县，自然平均每县人口是不相侔的。

两汉之间的乱离，这一地区也和关中、关东一样受到了影响。然而影响最大的还不是战乱的摧残，而是边地人口的自动迁回内地。东汉初年，曾经以政府的力量将北边各郡的人口暂时迁回，但这只是限于北边，无关于西北边地。在此以外，汉朝对于边地人口归还内地的限制是极端严格的。东汉桓帝时，敦煌张奂名著西州，为讨羌猛将，及功成之后，宁愿辞谢任何赏赐，只求允许内徙。① 可见限制的綦严。虽然如此，边地人口不断向内地逃归，却是事实。就在东汉初年，已很为显著。据说，当时边陲萧条，人民靡有孑遗。后来打算兴立郡县，就是光武帝也只好承认这项工作的艰辛，说是"难如春秋素王"。②

西汉末年，西北诸郡人口最少的是敦煌郡（治敦煌，今甘肃敦煌县东），还有38335口。到了东汉，人口最多的数到武威郡（治姑臧，今甘肃武威县），却只有34226口。其间的相差是十分悬殊的。至于最少的，当然要数到张掖居延属国，仅有四千余人。这个位于弱水下游、居延海上的边郡。只是一座居延城，人口当然不会多到什么地步。舍此不论，就应该数到朔方郡。它比张掖居延属国是多一点，也只有7843人。比起西汉末年来，只居二十分之一。河西四郡一般也都有减少，不过都还在一半以内，像敦煌郡平均每县人口达到了四千多人，在这一地区中算是最多的一郡，其他张掖郡（治

---

① 《后汉书》第六十五《段颎传》。
② 《续汉书》志第二十三《郡国五》注引应劭《汉官》。

觻得，今甘肃张掖县）三千多人，武威郡三千多人，都还是较多的。《续汉书·郡国志》未载酒泉郡（治禄福，今甘肃酒泉市）口数，然平均每县也有一千四百多户，如以五口之家推算，就有七千口，这些郡的人口是减少了，但减得还不算很多。为什么会如此？是不是汉朝那条法律还有一定的作用？作用也应该有的，可是也不完全在乎那一点。河西四郡土地肥美，自西汉中叶以来，不断经营已获得很大效果，而且通往西域的大路，仍未阻隔，河西首当其冲，是能得到一些好处的。再说匈奴族的骚扰也比其他边地稍轻一些，所以就显得充实。

其他诸郡就差得多了。同样是减少，比例却是很大的。最突出的三个郡是西河、上郡和天水。和西汉相较，前者仅剩下三十分之一，后两者好一点，也都只有二十分之一。其余金城、北地、五原，留下的都有十分之一。论自然条件，有些地方是不如河西四郡的，可是这时期的问题却不在这一方面。西河、上郡和五原三个郡上面已经提过，那里在东汉初年早就成为匈奴人来往畜牧的地方。西河郡还是单于设立牙帐之所，从事农业的人口离开那里，成了势所必然的趋势。五原郡在东汉中叶好像减少得有限，但在东汉末年，这郡一级的机构也因人少而撤销了。天水、金城、北地诸郡离开匈奴人较远，却和羌人有关。东汉政府和羌人进行了长期的战争，对于这一地区不能没有影响。东汉政府还曾为此迁徙过金城（治允吾，今甘肃兰州市西北）、陇西、安定（治临泾，今甘肃镇原县南）、北地、上郡。迁徙郡县就意味着也要迁徙人民。人民不肯离去，还受到逼迫。据《后汉书·西羌传》所说："百姓恋土，不乐去旧，遂乃刈其禾稼、发彻室屋，夷营壁，破积聚，时连旱蝗饥荒，而驱蹙劫略，流离分散，随道死亡，或捐弃老弱，或为人仆妾，丧其太半。"这些事情发生在顺帝永和以前，所以《续汉书·郡国志》记载这几郡的户口竟至如此的稀少，是有它的原因的。

但是问题并非就此而止。汉魏之间的乱离虽多在关中和中原诸地，然偏僻如陇山以西，竟也难免成为锋镝的场所。曹操既据有关中，为了改变当地荒芜的面貌，遂从凉州各郡徙民充实，这在前面已经说到。已在迁徙数中的不必说起，就是有关的地区如陇西、天水等郡的居民也为之惴惴不安。① 其实有些地方已经十分稀少，无待于再次的迁徙。金城郡的人户虽说东汉已不如西汉的众多，尚有三千八百多户。到了汉魏之际，竟然不满五百户。秦汉制度，以万户上下分别县令长地位的高低，也就是说一个县中的户数，不离万数左右。这个金城郡却不满五百户，名虽是郡，实际也许不如乡聚。曹魏初年，人口稍稍聚集，到了千有余户，当地的太守还因此而受到赏赐。② 可见附近各郡还有不如这里的。

经过一场乱离，到魏晋之间粗告稳定。人口逐渐得到恢复。魏晋在陇上各地增置了若干州郡。旧郡的名称虽还照样沿用，区划已经有所不同，不易前后相比较。大体说来，天水、略阳（治临渭，今甘肃清水县西南）、武威、敦煌、安定诸郡的人口还算较多，都在五千户以上。武威、敦煌为河西旧郡。汉魏之间乱离，西域交通多受阻塞。曹魏初年稍复旧观③，又以距中原过远，所受战乱影响较少，故人口能得以早日恢复。安定郡位于泾水上游，当地人口本不算过多，殆以其他各郡都有减少，所以显得较为充实，在此诸郡中较为突出。略阳郡位于渭水中游，邻迩关中，本是天水郡旧地。天水郡的人口自来还不算是很少，这一时期显得稍多，也许是有这样较好的基础的缘故。

不过这里应该注意，略阳郡的人口较多是不是与当地少数民族部落杂居有关？前面已经说过，自秦汉以来，陇山以西一些郡中是杂居着若干少数民族部落的，数目也许不是很多。东汉中叶以后，

---

① 《三国志》卷十五《魏书·张既传》。
② 《三国志》卷十六《魏书·苏则传》。
③ 《三国志》卷十六《魏书·仓慈传》。

匈奴和羌人不断向内地发展，尤其是羌人内迁的更多。就在那些时候，自云中、五原西至汉阳（即天水郡，东汉改称），二千余里，匈奴、种羌并擅其地。① 可见其杂居的普遍。西晋初年，郭钦、江统等人盛倡迁徙少数民族部落，他们都着眼于冯翊、北地等处和泾水流域，陇山以西就不再提起。② 大概认为陇山以西的少数民族久居其地，不烦迁徙了。

这里无须详细探求各少数民族部落分布的区域，只略举十六国时期一些霸主们本来的居地就可看到一斑。他们不皆是陇山以西的人，不过陇山以西还是不少的。如前秦苻氏为略阳临渭氐人。西秦乞伏氏为陇西鲜卑人。南凉秃发氏为河西鲜卑人。后秦姚氏为南安赤亭羌人，赤亭在今甘肃陇西县西。后凉吕氏为略阳氐人，略阳为今甘肃秦安县地。北凉沮渠氏为临松卢水胡人，其地在今甘肃张掖县东南。是陇上各地皆有分布，只是他们的部落大小、人口多少，不可详知，无由与当地经营农业的人口作比较，一觇其具体的情况。

四、西晋永嘉乱离后黄河流域人口的迁徙

西晋末年以及十六国时期，黄河流域长期混乱，人口到处迁徙，并使其他地区也受到影响。这样规模较大的迁徙是由若干在内地杂居的少数民族部落和西晋王朝的冲突所引起的。公元311年（晋怀帝永嘉五年）匈奴族刘聪的攻陷洛阳就是一个肇始的信号。

本来在这一年以前就已经有不少的人口在流动迁徙。西晋王朝的长期内讧和不断的战争，给人民带来了许多灾难，又遇到一些天

---

① 《后汉书》卷六十五《段颎传》。
② 《晋书》卷五十六《江统传》，又卷九十七《四夷·北狄·匈奴传》。

灾，使人们无法生活下去而到处流离。河东、平阳、上党、弘农诸郡的人们数万家迁到了南阳、汝南等地。① 在南阳也还有自雍州迁来的流民。② 而秦、雍一带的人口又分别流于汉中、巴蜀等地。③ 山雨欲来，满楼风声，颇有不可终日的景象。

刘聪既攻陷洛阳，晋愍帝保守长安，又为刘曜所攻陷。晋元帝遂渡江而南、偏安一隅。中原既已乱离，所以人口大量地向兵祸较少的区域流徙。江左偏居南服，又为东晋立国所在，中原遗黎自相率东徙。据当时估计，自洛阳陷后，中州士女避乱江左者十六七，④司、冀、雍、凉、青、并、兖、豫、幽、平诸州及徐州的淮北的人们都有迁徙去的。⑤ 这几州的土地西起陇上，东至海滨，也就是说整个黄河流域都在数中。然以河西张氏及辽东慕容氏尚属晋守，而辖境又较平静，所以中原的人们亡徙二方者亦众。其徙于河西的多属秦、雍之人⑥，而避地辽东的又多为豫、并、冀、幽、青、兖诸州的遗黎。⑦ 不仅如此，是时刘琨为晋守并州，见逼于鲜卑拓跋氏，乃徙陉岭以北的人口于岭南⑧，曹操设新兴郡后，岭北所遗留的人都扫数南归了。

当然，留于黄河流域的人口还应不在少数。他们并未能各在家园、安居乐业，也转辗流徙，到处波动。因为人口在当时实为国赋军力的所自出。故每为行军俘虏的对象。这在永嘉乱离肇始的前后，固已数见不鲜。当时割据的霸主们多以其俘虏所得，迁于他们的都

---

① 《晋书》卷一〇〇《王弥传》。
② 《晋书》卷一〇〇《王如传》。
③ 《晋书》卷一二〇《李特载记》。
④ 《晋书》卷六十五《王导传》。
⑤ 《宋书》卷三十五《州郡志·南徐州序》。
⑥ 《晋书》卷八十六《张轨传》。
⑦ 《晋书》卷一〇八《慕容廆载记》。
⑧ 《魏书》卷一《序纪》。

城及其附近的地方，于是他们的都城就成为人口聚集的中心，平阳①、长安皆是如此。②这表现着已不仅是单纯的俘略人口，而且还带有充实都邑的意义。

在晋元帝的初年，黄河流域又经历过一次显著的变迁。这一时期，后赵石勒及其从子石虎据有中原，兵力雄盛，一时无二，人口的迁徙也较前为频繁。石氏既以襄国（今河北邢台县）为都，故其徙人就多以那里为中心。其所控制地区中，如雍、青、并、冀、司、兖、豫诸州境内一些地方也经常成为徙民的目的地，其所徙虽非一地，然大要环绕着襄国，以期便于统治与剥削。然亦有例外者，如石虎曾谪其东宫卫士十余万人于凉州。盖自石氏看来，这些罪犯之人正应徙于边地，以示与普通人不同。③

在这时期中，石氏虽一再以武力徙人，但流人的南渡者依然不少。④且仍有继续东北至辽东、西北至河西的。因前燕及前凉是时表面仍内附于东晋，而二方亦竞招致人户，并时时以武力从事俘略。前凉都姑臧（今甘肃武威县），前燕都龙城（在今辽宁朝阳县），所以二方人户的迁徙皆以这两地为中心。慕容氏不仅由中原掠人，就是高句丽、扶余等部落也为他们所劫夺。⑤

当后赵石氏败亡时，旧日为石氏迁来的人户，都各还本土。这里面有来自青、雍、幽、荆诸州的徙户，也还有诸氐、羌、胡、蛮等少数民族的部落，大致约数在百余万上下。这样多的流民，故里又不一致，因而道路交错，互相杀掠。并且饥瘦死亡，能达到目的地的，也不过十分的二三。整个的黄河流域陷于极端混乱的境地。⑥

---

① 《晋书》卷一〇二《刘聪载记》。
② 《晋书》卷一〇三《刘曜载记》。
③ 《晋书》卷一〇七《石季龙载记下》。
④ 《晋书》卷一〇四《石勒载记上》。
⑤ 《晋书》卷一〇八《慕容廆载记》。
⑥ 《晋书》卷一〇七《石季龙载记》附《冉闵载记》。

而秦雍流民也有南出樊沔，或至于益州的。①

石氏破灭之后至于淝水战前，黄河流域又建立了几个政权，自然还有不少的战争，所以人口的迁徙仍是十分频繁的。前燕都城初迁于蓟（今北京市），后迁于邺，于是蓟、邺相继成为前燕徙民的中心，鲜卑种人也是随着都城的迁徙而步步南下。②鲜卑族另一部落拓跋氏也参加这种徙民的活动，当然是以他们所居的盛乐（今内蒙古和林格尔县）为中心。江左的东晋也北上而争夺人口。桓温北伐，曾先后徙关中与洛阳附近人口于江汉之间。③直到淝水战前，东晋还曾徙淮北人户于淮南，以免为前秦所掠夺。④

比较说来，这一时期，苻秦的迁徙人口实最为频繁。苻氏都于长安，所以迁徙的人口大多数都是以长安为中心。它先后灭前燕和前凉，于是太行山东及祁连山北的人口都纷纷被迫聚于关中，甚至由于迁徙略阳清水（今甘肃清水县）的氐人而空百顷王的故地（在今甘肃成县）。由于苻氏这样的举动，遂形成长安的繁荣。关中以外各处，他们也未放松，于是青州、邺、龙城、平城（今山西大同市）、蓟、枹罕（今甘肃临夏市）、晋阳（今山西太原市西南）以及西北的敦煌都先后成为一部分人口的集中地。⑤实都与实边的政策，苻坚都已在实行了。

淝水战后，黄河流域又复四分五裂。在这一时期中，各个政权还是竞相迁徙人口。他们或者是单纯的掠夺性质，或者尚有一点充实都城及边防的意义。或者是强制其他民族迁徙，或者对于本族人口也不愿放过。因为政权不一，所以情形就不尽相同。前秦崩溃之时，苻氏的孑遗还在迁徙他们的种人，如原为苻坚守邺的苻丕，即

---

① 《宋书》卷三十七《州郡志·雍州秦州》，又卷三十八《州郡志·益州》。
② 《晋书》卷一一〇《慕容儁载记》，卷一一一《慕容暐载记》。
③ 《晋书》卷八《穆帝纪》。
④ 《晋书》卷九《孝武帝纪》。
⑤ 《晋书》卷一一三、卷一一四《苻坚载记》。

率其人众于晋阳。① 割据黄河下游的后燕，迁徙人口次数不算甚多，不过慕容永率鲜卑种人四十余万自关中徙于河东②，应该是最重要的一次。其后魏师陷中山（今河北定县）、慕容德率其众数万奔于滑台（今河南滑县）、再由滑台奔于广固（今山东益都县北）③，流亡转徙，其本身也同于流民了。

后秦的迁徙人口大致也是集中于长安或关中，因为这里为其畿辅所在。不过它还曾迁徙到关中周围的秦州、成纪（今甘肃秦安县北）、蒲坂（今山西永济县）和安定，殆亦有拱卫它的首都的意义。由于后秦统治下的疆土较为安定，引得晋境的人口再向北流，虽为数不多，已是极不平常的事情。④

西秦的疆土不广，却是到处掠夺人口。后秦、吐谷浑以及它的附近部落都受到骚扰。它所掠夺的人口完全集中在它的国都附近，就是国内的豪强也未能避免。其间还有拓跋氏的鲜卑部落五千户来降的事情。魏与西秦相去绝远，而有此事的发生，殆因它们同为鲜卑种族的缘故。⑤

远处于河西的后凉、北凉、南凉与西凉亦常迁徙人口，也大部安置于它们的国都附近。如北凉的姑臧⑥，南凉的西平（在今青海西宁市）⑦，西凉的酒泉⑧，皆为一隅人口集中的所在。这和其他诸国的情况相仿佛。不过当后凉将亡时，其主吕隆亲率户一万迁于长

---

① 《晋书》卷一一五《苻丕载记》。
② 《资治通鉴》卷一〇六《晋纪》二十八烈宗太元十一年三月条。
③ 《晋书》卷一二七《慕容德载记》。
④ 《晋书》卷一一六《姚苌载记》；卷一一七、卷一一八《姚兴载记》；卷一一九《姚弘载记》。
⑤ 《晋书》卷一二五《乞伏国仁等载记》。
⑥ 《晋书》卷一二九《沮渠蒙逊载记》。
⑦ 《晋书》卷一二六《秃发利鹿孤载记·秃发傉檀载记》。
⑧ 《晋书》卷八十七《凉武昭王李玄盛传》。

安①，与上面所说的情况相异。这当然是为了另图恢复。恢复不成，这一万户人家徒受一番波折。

就是崛起于今鄂尔多斯南部的赫连勃勃，也未忘情于这样涂炭人民。鄂尔多斯草原因此遂忽然成人烟喧赫的所在。不过为时未几，这辗转迁来的人口随着夏国的灭亡，再次被迫又迁往他处。②赫连氏如此，跼蹐于一方的北燕，也当曾如法炮制，然国小力弱，所造成的罪孽还不算过多。③

东晋中叶以后，至于南北朝的初期，迁徙人口最为频繁的当数到拓跋氏的北魏。北魏也和其他各国一样，以平城及其附近各处为安置徙人的中心。因那里接近草原地区，故所迁徙的也不限于经营农业地区的人口。不过终究要以经营农业地区的人口为多。北魏灭国不少，它先后迁徙过陇西④、河西⑤、统万（在今陕西横山县北）、凉州⑥的人口，多者数万家，少者也有万家。规模最大的当是那一次迁徙山东六州民吏及徒何、高丽、杂夷三十六万，百工伎巧十余万口以充京师了。⑦这样的迁徙自然促成平城的日趋繁荣。到了南北朝时期，南北对峙的形势已经形成，人口的迁徙仍然不停地在进行着。不过已经不是在黄河流域当地作大规模的迁徙，或者由黄河流域向其他地区迁徙，而是由其他地区向黄河流域迁徙。如公元451年（宋文帝元嘉二十八年、魏太武帝太平真君十二年），太武帝自瓜步

---

① 《晋书》卷一二二《吕隆载记》。
② 《晋书》卷一三〇《赫连勃勃载记》；《十六国春秋辑补》卷六十六《夏纪》。
③ 《晋书》卷一二五《冯跋载记》；又《十六国春秋辑补》卷一〇〇《北燕录三》。
④ 《魏书》卷二《太祖纪》。
⑤ 《魏书》卷三《太宗纪》。
⑥ 《魏书》卷四《世祖纪》。
⑦ 《魏书》卷二《太祖纪》。《北史》卷一《魏帝纪》作"徙山东六州人吏及徒何、高丽、杂夷三十六署百工伎巧十余万口"。《资治通鉴》卷一一〇"晋安帝隆安二年正月"条，作"徙山东六州吏民、杂夷十余万口以实代"。

（今江苏仪征县西）退归时，俘去广陵（今江苏扬州市）居民万家①。公元554年（梁元帝承圣三年、西魏恭帝元年），西魏下江陵（今湖北江陵县），虏其百官士庶，没为奴婢者十余万口。②皆其著例，特不如永嘉乱后的频繁而已。

从永嘉以后，直到南北朝时，前后一百多年，黄河流域的人口慑于武力，迫于兵势，到处流徙。他们对于地理条件的选择，早已无此雅兴，也难得有此机会。只随着那些霸主们的意志为转移，为那些人们巩固若干军事据点，而这些据点却随着霸主们政权的起伏，时有兴废。岁月推移，向之人烟稠密的地方，转瞬已成为废墟。人民肝脑涂地，只换得若干频繁的变迁。

北魏结束了十六国混乱的局面，黄河流域究竟还剩余多少人口？这已经无从知悉。不过在长期混乱之后，一定不会多的。还在道武帝时，北魏就从事实都的工作。平城原是一片荒野，要建设成都城原非易事。从那时起，就已向平城集中人口，到太武帝灭北凉时，还在陆陆续续地进行。北魏京畿的范围不算很小，它东至代郡（今山西大同市东），西及善无（今山西左云县西），南极阴馆（今山西代县北），北尽参合（今山西阳高县东北）。③和平城一样，原来也是到处草原，要尽行开垦种植，实难崇朝见功。北魏不仅要充实平城，还要用徙人的办法，在它的北边建立一条东起濡源（今滦河上源），西至五原阴山，长三千余里的边塞防线。④当然这不至于是步步为营，但渺无人烟之地，要分布不少的新人，确是一番巨工。北魏人口本来不多，经过这么周折，其他地区当然更是稀少了。

因为人口稀少，有些地方农田已改为牧场。当然，迁入内地的少数民族部落都是从事游牧生涯的，包括鲜卑种人在内，一时难以

---

① 《南史》卷二《宋本纪中·文帝纪》。
② 《北史》卷九《周本纪·文帝纪》。
③ 《魏书》卷一一〇《食货志》。
④ 《魏书》卷四《世祖纪》。

改成经营农业。既然从事畜牧，农田自然荒芜，北魏还以政府的力量，扩大这种设施。如河阳的牧场就是东至石济（水名，在今河南延津县西），西至河内，而南抵于黄河，南北长达千里。① 像这样的牧场当不只一处。如果不是当时没有居民，则划为牧场后，也是再不会允许人们居住下去的，至于北魏均田制度的推行，更是人口稀少的例证。正是因为人口大量减少，政府才控制了无数的荒地，给均田制度创下了可以实行的基础。

不过也不能因此而说北魏控制下的黄河流域，人口是普遍的稀少。太行山东大致就不是这样的光景。北魏取得太行山东后，就从那里向外迁徙人口。上面已经说过，道武帝曾徙山东六州民吏及徒何、高丽、杂夷、百工伎巧以充京师。也就在那一年，还徙了六州二十二郡守宰豪杰吏民二千家于代都。② 后来到明元帝时，又徙冀（治信都，今河北冀县）、定（治卢奴，今河北定县）、幽（治蓟，今北京市）三州徒何于京师。③ 为什么要从这里徙出这么多的人口，原因不大明了。也许是因为他们久在后燕控制之下，难于统辖的缘故。但是为时不久，却又有不少的人口，向太行山东迁去，譬如明元帝时曾徙鲜卑种人尤贫者于冀、定、相（治邺县，今河北临漳县）三州就食，并在这里练习经营农业。④ 太武帝时，又徙北部民五千落于这三州。⑤ 后来到孝文帝时还两次徙敕勒部人于太行山东，一次仍是在冀、定、相三州，一次是在青、徐（治彭城，今江苏徐州市）、齐（治历城，今山东济南市）、兖（治瑕丘，今山东旧滋阳县）四州。⑥ 虽然这些部落迁到那里后，被贬为营户，不属守宰管辖，后来

---

① 《魏书》卷四十四《宇文福传》。
② 《魏书》卷二《太祖纪》。
③ 《魏书》卷三《太宗纪》。
④ 《魏书》卷三《太祖纪》。
⑤ 《魏书》卷四下《世祖纪》。
⑥ 《魏书》卷七上《高祖纪》。

恢复了身份，还是和齐民一样的。①

魏晋以来，世家大族的门阀势力已经有了根深蒂固的基础。在十六国混乱时期，他们固然有时也反抗过霸主们的压迫，实际是在和统治者合作，保持他们家族的地位。他们聚族而居，形成相当的势力，统治者也就不能不假以颜色，稍施青睐。他们又荫庇人口，往往五十、三十家方为一户。② 北魏政府中间推行三长制度，想加以控制，也只能去其太甚，并未能彻底改观。这些世家大族以太行山东为多。直到南北朝末年，宋孝王著《关东风俗传》，还说："瀛、冀诸刘，清河张、宋，并州王氏，濮阳侯族，诸如此辈，一宗近将万室，烟火连接，比屋而居。"③ 其繁衍程度可见一斑。宋孝王所举的自然只是其中的一部分。当时山东大姓，以赵郡（今赵县）之李、范阳（今涿县）之卢、博陵（今安平县）之崔，最为著名。自此而下，应该还是不少的。这些世家大族在混乱时期拥族自保，而且还荫庇了许多人户，所损失的或者不大，这样也就增加了这一地区的户口数目。

《通典·食货志》说：北魏在"明帝正光以前，时惟全盛，户口之数，比夫晋太康，倍而余矣"。原注又说："按晋武帝太康元年平吴后，大凡户二百四十五万九千八百，口千六百一十六万三千八百六十三。今云倍而余者，是其盛时，则户有至五百余万矣。"魏收撰《魏书》，其《地形志》中所载的户口乃以东魏孝静帝武定中的簿籍为准。魏收为齐人，自以东魏为正统。秦雍以西，本不在东魏版图之中，魏收目为沦陷诸州，仅据孝武帝永熙簿籍著录，然亦仅存三州户口，其余大半亡失，无由取证杜佑所说的确否。即以武定时而论，太行山东仍为人口最稠密的地区。因为东魏控制地区中诸

---

① 《魏书》卷九十四《阉宦·仇洛齐传》。
② 《魏书》卷五十三《李冲传》。
③ 《通典》卷三《食货典》。

州户数达到十万以上、口数达到四十万以上的只有司（即相州）、定、冀、并、瀛（今河北河间县）、殷（今河北隆尧县）五州。① 除并州为今山西太原市外，其余皆在太行山东。其中司州共有户371674，口1430335，为全国的最多的。定州平均每县七千三百多户，三万四千多口，也是全国的最多的。东魏都邺，就在司州境内。东魏由洛阳东迁时，挟带了很多人口。其地又于北魏初期，与定、冀二州同为人口徙入的地区，它们人口稠密，也是有原因的。此外瀛州紧邻定、冀二州，殷州也夹处于司、冀二州之间，土地都算是富庶，人口皆相仿佛。魏人每称："国之资储，唯藉河北。"② 河北的粮食、绢帛都较多于他处，故特为统治者所重视。粮食和绢帛的生产全靠人力，若不是人口众多，如何能有此种景况。

　　太行山西的并州为今山西太原市附近地，据《魏书·地形志》所载，则其人口与山东诸州差相仿佛。黄河以南的郑州（治颍阴，今河南许昌市）和西兖州（治定陶，今山东定陶县）平均每县的户口超过了五千，其中郑州的口数也超过了三万，都属于人口较为稠密的地区。并州于东魏初年，早已成为太行山西的重镇。高欢挟东魏政府迁居于邺，他本人却时时往来于并州。虽说西魏不时向东发展，晋阳成为筹边的要地。如果当地没有一定的基础，也难得获有这样的地位。郑州与西兖州地处黄河以南，十六国时期经常为兵争的地方。北魏后期的疆界已经南移，濒河各州都逐渐得到恢复。《隋书·地理志》说这二州和其邻近各地的人们都已好尚稼穑，是农业已有发展。这二州在从前本来就是人口稠密的地区，那时人口所以稠密是与土地肥沃有关。这时恢复的速度较快于邻近各州，也许这一点还是其中的重要原因。

---

　　① 《魏书·地形志》所载户口，州郡所有的数目间有不相符合处。这里据柳彭龄所作的《东魏户口统计表》，刊1935年《禹贡半月刊》第三卷第一期。
　　② 《北史》卷十五《魏常山王遵传》附《拓跋晖传》。

《魏书·地形志》记洛州共有户15679，口66521。平均每县才一千多户、五千多口。不惟不能与太行山东相比拟，较之郑州和西兖州还有些逊色，肯定为人口稀少的地区。洛州的洛阳曾经长期为北魏都城，人口何以如此之少，值得注意。十六国时期，洛阳的破坏最为惨重。若干割据称雄的霸主们争城夺地，在洛阳周围进行斗争，却无人肯再以这里为都。东晋桓温北伐，复取洛阳，打算迁回故都，孙绰即提出反对，说什么"自丧乱以来，六十余年，苍生殄灭，百不遗一。河洛丘墟。函夏萧条。井堙木刊，阡陌夷灭。生理茫茫，永无一归。"① 这样的荒残直到北魏孝文帝的迁都，才彻底改变了面貌。我们若一读杨衒之所撰的《洛阳伽蓝记》，当会惊奇这一废城恢复的迅速。不仅恢复，就是人口也一度激增到十万九千余户。② 《魏书·地形志》所载洛阳户口的稀少，这分明是北魏分裂时，高欢强迫迁都的结果。

至于函谷关以西各地，在北魏结束十六国混乱局面的过程中，就已经将原来各割据政权的都城的人口迁往平城，直到太武帝的后期还由长安向平城徙人。③ 当地人口是不能和关东比拟的。长安不必说起，长安以东的华州也是一个名城，由于地方荒乱，州治迁到李润堡。先不要说这个堡的大小，就是人们饮水都成了问题。据说当地"居岗饮涧，井谷秽杂，升降劬劳，往还数里"④。饮水这样艰难，人口怎么能够很多？这样的光景还遭遇到北魏行将分裂以前的一场乱离，竟使"崤潼以西，烟火断绝"。⑤ 前面说过，《魏书·地形志》于关西各处的记载是根据永熙年中的簿籍。该书中只保存了北华州（治杏城，今陕西黄陵县西南）、凉州（治林中，今甘肃武

---

① 《晋书》卷五十六《孙楚传》附《孙绰传》。
② 杨衒之《洛阳伽蓝记》卷五《城北》。
③ 《魏书》卷四下《世祖纪》下。
④ 《魏书》卷十九《安定王休次子燮传》。
⑤ 《魏书》卷一〇六上《地形志》。

威县)、东梁州（治安康，今陕西安康县）三州的户数。北华州算是最多的，平均每县有一千六百户，凉州最少，只有一百六十三户，现在一个普通村落也许比它还要多些。

西魏和北周就在这样的基础上建立了他们的政权。当地人口的稀少引起了他们的注意。他们也采取了一些办法使当地人口有所增加，当然这些办法中有些是很不正当的。它们在攻破江陵之后，俘虏后梁的居民。① 它们也从四川俘虏若干少数民族部落的人口。② 它们更设法引诱关东居民向西迁徙。③ 就在内部，它们也没有忘记清理人口，如采取灭佛的措施，使大量的僧侣返俗，充实了政府户籍簿上的数字。直到北周末年，关西的户口显然是比以前为多了。④

五、小结

秦汉至南北朝时期，黄河流域几经变迁，有承平的年月，也有混乱的时节，这对于人口数目的增减关系最大，就是人口的地域分布也受到一定的影响。

关中是秦汉王朝的都城。都城所在，人口可能增多。秦统一六国后，就已经向那里迁徙人口。汉朝初年，要推行强干弱枝的政策。长安城中，人口显得稠密，就是诸帝陵寝附近也都发展成为都邑。整个关中在全国虽不能算是人口最多的所在，却也不能说是十分稀

---

① 《北史》卷九《周本纪》文帝纪。
② 《周书》卷二十八《陆腾传》，又卷四十九《獠传》。
③ 《北齐书》卷二十四《杜弼传》。
④ 按《通典·食货典》，北齐为周所灭时，有户三百三万二千五百二十八，口二千万六千八百八十。这和《隋书·地理志》所说的三百三万户相符，《通典》又说，周大象中有户三百五十九万，口九百万九千六百四。

疏的地区。

关中既是都城的所在地，在改朝换代之际，经过一番战乱，人口是会有所减少的。东汉和西晋末年，景况更显得凄惨，也就在东汉魏晋之间，由于关中空虚，从他处徙来不少的少数民族部落，使一片荒残地区，增添了许多人烟。不过这些新迁来的人口，不一定都登载在政府的簿籍之中，所以从数字中看，仿佛显得不多。

秦汉时代向关中迁徙的人口大部分是来自关中以东的黄河中下游各地。这说明那里是一个人口稠密的地区。不过关东地域广大，并不都是一样的。大体说来，这一带人口比较稠密的所在，是汾水的下游、黄河中游和济水的两岸，以及太行山东南和位于今山东半岛的各处。现在河南中部和东南部的汝、颍两水流域以及河南西南部湍水、白河流域的人口也都比较稠密，而人口最稠密的地方则为济阴、颍川、淮阳和鲁国诸郡国。

由于两汉之间的乱离，黄河流域的人口普遍有所减少，黄河中下游更是明显，各地的变迁也就很大。西汉时四个人口稠密的郡国，到东汉时只剩下陈国没有减少。洛阳为东汉都城，也未能完全摆脱这种趋势。当然，这也并不是说，所有地区的人口数字都在下降，像太行山东和淮水以北的一些郡国就显得不完全一样。陈国人口不惟没有减少，反而有所增加，就是一个特殊的例子。离陈国不远的南阳郡的宛也成为人口聚集的中心。但是事情的发展并不是到此为止。东汉末年的乱离，黄河中下游人口损失又最为惨重。太行山东的冀州能有三十万人众，就已算是一个大州。豫皖之间的谯郡只有一千余户，不如西汉的一个小县。魏晋亦以洛阳为都，然当曹魏始建都时，还是由太行山东迁来几万人口，才撑持住场面。

值得注意的问题，是北边的变迁。东汉魏晋时期，从政府的簿籍看来，当地人口都是不多的，但由于若干少数民族的迁入，实际还不是过分的稀少。这情形不仅是北边为然，就是西北陇上各地也是相仿佛的。那里从秦汉时起，人口就是不多，当时虽不断向那里迁徙人口，也还没有完全改变面貌。可是后来受到几次战乱的影响，人口数目又在逐渐下降。也就在这些时期，少数民族就陆续迁入填补了下降的缺额。

西晋末年永嘉丧乱，是黄河流域人口变迁一个剧烈时期。大批人口向其他地区迁徙。其留在当地的，也为若干割据的霸主们所逼迫而频繁地迁徙，直至南北朝初年还没有完全停止下来。

南北朝时期，北魏控制了黄河流域，有些地区由于人口稀少竟成为牧场。在一片萧条声中，太行山东却显得别有一番气象。后来黄河以南也有一些地方较前有了增加，就是崤潼以西的关中，在南北朝后期也都得到恢复，这就为后来隋唐时期黄河流域经济再度发展奠定了一部分基础。

豆瓣酱和牂牁江[①]

虽然是微小的东西或琐碎的事情，在一般人看起来是不屑一顾的，但到了有心人的眼中，却常常会引起巨大的发现甚至于发明。因为几个成熟了的苹果落地，使得牛顿发明了他的最著名的万有引力；同样因为一盘豆瓣酱摆在异地的宴会的席上，使得唐蒙为中国发现了极广大的领土。人们对于牛顿的称颂早已无微不至，但是唐蒙呢，就连中国人也都慢慢地忘记掉了！

豆瓣酱这样食品，只要是到过四川的人们，恐怕不会不晓得的，红色的辣子汁掺杂若干粒的豆瓣，成了四川及其邻近的居民们日常佐餐的食品，就是若干外乡的人们也常常嗜好这种简单而可口的东西。说起来可真是平凡极了，但是有谁能想到因为它的诱引，使中国的版图凭空地向外伸张了几千方里。近世的人们常常艳称哥伦布的发现新大陆，这豆瓣酱的故事实在可以媲美哥伦布的发现而了无愧色。

这话说起来，已经是两千多年前的事情了。那时正值汉武帝在位的时候。说起这位汉武帝，真是我国历史上一位有数的英主，他南征北讨，东经西略，汉朝的疆土因之扩张了许多，汉朝的国威因之也震恸了当时东方人们所知道的世界。但是我们如果上溯到汉武帝即位以前，那时汉家的天下还不是十分的强大，就连当时的疆土也是着实小得可怜。西北方面，只有现在甘肃的东南部和陕西的中

---

① 原刊《文讯》月刊1946年新一号。整理者注。

部、南部，再往北去是匈奴单于所统治的地方了。南方的五岭之南的广东、广西则是赵佗所辖治的南越，汉朝只在五岭上面建置他的国防线。这赵佗本来是太行山东的人氏，但他到了南越之后，就称孤道寡而不肯向汉朝皇帝低头了。在东南方面，现在福建省的全部和浙江省的南部，那时由东越人所占据，表面上虽说听从汉朝的命令，实际上则是自成一个局面。西南方面，顶远的地方只到今日的岷江和长江的江边，再往南去，现在的云南、贵州这么大的一片土地，汉朝的人们在那时实在太茫然了，不要说这一片土地的详细情形不大知道，就是这一片土地上住的些什么人，汉朝当时的人们也都不十分明了。这些边外的人们不轻易来骚扰汉朝的地方，汉朝的人们也就不大过问他们的事情，只是一些商人们偶然间偷偷地出去和他们做点买卖而已。到边外去做买卖的事按汉朝当时的法律是不许可的，所以那些商人们对于所知道的事情也都隐匿起来而不大肯对别人讲起，于是这一片土地益发的神秘化了。

等到汉武帝建元六年（前135），这已是武帝即帝位的第六个年头，汉朝出兵征伐东越。这是汉武帝对外战争的开始，这一出马，就旗开得胜而显出汉朝的威风。当时主持出征东越的军事的是大行（官名）王恢。这位王将军看见汉朝的军队一出来就建立这样的大功，同时又看见东越人对于汉朝威力畏惧的样子，很想乘此机会去威胁南越一下，不战而可以取胜。恰巧正在王将军出兵征东越的前二年，南越的老王赵佗死了，他的一个孙子名胡的继承了他的王位，国力尚未充实，正是一个绝好的机会。王将军主意定妥之后，接着就物色使臣，而番阳令唐蒙于是应选前去。唐蒙凭借着汉朝的威力和王将军的后盾，去游说这位偏处一方、国力未充而又新立未久的南越王赵胡，他的使命自然圆满地完成了。

唐蒙以大国的使臣，又仗着王将军的兵力，南越王怎敢不竭诚地款待？南越的土地本在五岭之南，已是亚热带的气候，又兼之土地肥美，物产丰富，奇珍异果，品色繁多，这些都是中原人士所不大看得见的。如今汉朝的使臣远远地来了，南越王自然尽量地把这些奇珍异果拿出来款待。唐蒙是异乡人，对于这些奇珍异果有时竟然连名称都不大知道，免不得一边吃一边就不住地探听询问了。有一天，照样是一席丰盛的宴席，唐蒙忽然发现里边夹杂着一盘鲜红色的酱汁似的东西，自然这又是南越王款待汉朝使臣的奇珍了。但是这种奇珍到了唐蒙的眼中却不见得稀罕，这鲜红色的酱汁似的东西分明是巴蜀一带所出产的豆瓣酱，唐蒙如何不认得？南越王以为这是远方之物，自然比起本地所产的奇珍异果还要加上一等，要拿着这样稀罕的东西来表示出自己的诚心，可是这样的诚心竟被汉朝使臣忽略了。虽然如此，唐蒙并没有把这鲜红色的食品轻轻地放了过去，这时他的心里不是在稀罕而是在奇怪了。他奇怪这个汉朝土地上所出产的东西，如何能摆列在南越王的宴席之上？他详细询问的结果，才知道南越国都城番禺的城外有一条极宽阔的江水，这江水从老远的西北方面流过来，它的名字是牂牁江，这鲜红色的豆瓣酱就是从这老远的牂牁江的上流运来的。远路来的东西自然是稀罕，南越王就以这样稀罕的东西来款待上宾了。

唐蒙是位有心人，这一盘鲜红色的豆瓣酱在他的印象中真是太深刻了。他知道南越国的存在是汉朝所不能忍受的事情，所谓临榻之侧怎能让不相干的人来睡觉，这事情迟早有一天是要爆发的。尤其是在王恢将军刚刚平定东越之后，军队尚未撤回，很可能在不久的将来就要对南越用兵。假若汉朝要对南越用兵，应当从什么道路前去才能安全地得到胜利。因为南越和汉朝接界的五岭是相当的险要，南越所以不肯服从汉朝，其中凭借这条五岭的险要的成分居多。如果汉朝要对南越用兵，从五岭南下做正面的攻击，南越自然要据险固守，汉朝的军队难免受到更大的牺牲。是不是另外可能有一条捷径，突然的出兵，让南越措手不及，无从抵抗，而汉朝可以得到十分的胜利？这个问题老是起伏在他的心头，总想能找出一点头绪来，对于即将来临的局势有所贡献，才不至于辜负这一次迢迢的远行。他由豆瓣酱想到牂牁江，既然买卖的商人们能沿着牂牁江达到南越，难道别的人们就不可由这条道路前往？但是紧接着又有一个问题来了，牂牁江的下游固然流过南越都城番禺的城外，它的发源处却是在什么地方，流过些什么区域？这又使唐蒙惘然了。因为当时的地理知识有限，边远的地方更是不大清楚，何况这条牂牁江的名字又是唐蒙最先听到的，找寻不出牂牁江的来源，这个问题就无从得到答案。然而唐蒙到底不肯放下这个念头，他时时在探寻，总希望有一点眉目。

因为要向中央政府报告这一次出使的结果，唐蒙在离开南越之后，就回到了长安。长安是国都所在地，五方杂处，人物荟萃，他想或者在这里可以使他的心头的问题得到一个确实的答案。他原由豆瓣酱才知道牂牁江，牂牁江的来源找不着，不能不回头求之于豆瓣酱。他问来问去，知道这个豆瓣酱只出产在巴蜀地方，而巴蜀又恰在南越国的西北，或者牂牁江靠近巴蜀也未可知。有了这个线索，于是就专向巴蜀方面去寻求。有志者事竟成，他终于从巴蜀商人问到真实的情形。原来巴蜀以南当于现在贵州的地方，那时有一个夜郎国，这牂牁江就是流过夜郎国的，上游虽然不大，倒也可以行船。夜郎国在当时表面上是臣属于南越国，但因为道路太远，南越对于夜郎也只好马马虎虎，并不能得到多大的帮助。巴蜀的豆瓣酱就是由商人们偷偷地贩卖到夜郎国，又由夜郎国沿着牂牁江贩卖到南越去。这样，由巴蜀出发，是可以到南越的。

唐蒙得到了这个问题的结果，他就想把这个发现贡献给政府。他于是给汉武帝上书，建议开辟通到牂牁江上的道路，以为他日征伐南越的别军出发的地方。并且夜郎国地广人多，本身也有开发的价值。武帝是一个喜欢事功的君主，听得这个建议如何不喜，就把这件事情委托唐蒙去办理。唐蒙得到命令，于是带着一千多人马由当于今日四川合江县的符关出发，另外有一万多人替他运转粮草和汉朝出产的货物，前去游说夜郎国主，令他背叛南越臣属汉朝。因为交通的闭塞，汉朝以前不知道夜郎国，同样夜郎国也不知道汉朝。夜郎国主听说汉朝有使臣来到，还以为是一个邻近小国的使臣，并没有把唐蒙瞧在眼里。等到唐蒙来到，看见他所带来的人马，所运来的货物，又听见他所说的汉朝的国威，这才如梦初醒，知道汉朝是一个了不起的国家，相邻了这些年代，竟然懵然不知道尊敬，如今使臣前来问罪，这真是一宗非同小可的事情，除开竭诚归服以赎罪愆以外，实在再没有别的法子。唐蒙又送了许多他所带来的天朝货物，夜郎国主真是喜出望外，就死心塌地地臣属汉朝。汉朝于是在当于现在的宜宾县的僰道地方设立了一个犍为郡来管理这一带地方。

降服夜郎国，设立犍为郡，虽然已有相当伟大的成就，但这不过是唐蒙这一次出使的副产品。唐蒙主要的目的是要探寻到牂柯江上的道路，如今夜郎国既已臣属汉朝，犍为郡也已建立起来，那么，到牂柯江上的道路就完全在汉朝的疆土之内，一切自然比较容易。尤其这条道路是为日后征伐南越而预先开通的，所以也不能太简单了，使得将来的行军感受到困难。就在设立犍为郡之后，唐蒙又受命征发巴蜀的人民由现在宜宾地方起开辟一条道路，一直通到牂柯江上可以行船的地方，和水道衔接起来。这是一个伟大的工程，在丘陵起伏和森林密布的地带中施工，其中困难情形实难设想。但是为了巩固国防，为了开疆辟土，汉武帝不顾一切地立就开辟这一条道路，唐蒙也不避危险地执行着命令。这一条道路使汉朝的人们知道了牂柯江上的一切情形，认识了这一带的富庶的价值。

在唐蒙出使南越以后的第二十四年，这是汉武帝的元鼎五年，汉朝和南越的战事终于爆发了。汉武帝派了四路大军南征，其中的一路就是由牂柯江上前去的。这时汉朝的国力益发强大，而南越的国力却早已衰弱，所以这一场战事进行得很快，没有等到由牂柯江上出发的一支大军到达南越，战事已经结束，并且汉朝得到完全胜利，南越的土地也同时变成汉朝的郡县了。事情虽然如此，但由牂牂牁江上出发的这一支大军，不能毫无建树而就率尔的班师。这些率领大军的将军们于是顺手牵羊就把牂牁江上游各地统统地征服，而锦上添花地又替汉朝增加了一个牂牁郡。

我们由今日的地图看来，这条牂牁江就是贵州省的北盘江，它由贵州省的西北部发源，向东南流去，到了广西省和南盘江合在一块，改称红水河，红水河流到桂平县和郁江合在一块，再往下去，就是广东省城番禺城外的西江了。这番禺省城就是汉朝时候南越王的故都，今日的名字还是由那时候传留下来。今日的北盘江、红水河、郁江和西江静静地流着，和其他水流一样地流着，但由这条水道往来的人们是否想到从前为了找寻它的来源而遇到的种种困难？南越国王善意的款待使臣的一盘豆瓣酱联带使牂牁江上的一些部落都受到汉朝的统治，这恐怕是南越王当时所决不能想到的事情。

念海案：唐蒙的事情出于《史记》的《西南夷列传》，《汉书·西南夷列传》承《史记》的原文，没有什么增删。关于南越王款待唐蒙的食品，《西南夷传》中说是枸酱。这枸酱到底是什么东西，注释者甚多，所说也不一。《史记集解》曰："徐广曰，'枸，一作蒟，音窭'。骃案《汉书音义》曰：'枸木似榖树，其叶如桑叶，用其叶作酱酢，美，蜀人以为珍味。'"《史记索隐》曰："（枸）案晋灼音矩。刘德云，'蒟树如桑，其椹长二三寸，味酢，取其实以为酱，美'。小颜云，'蒟者，缘木而生，非树也。今蜀土家出蒟，实不长二三寸，味辛似姜，不酢。刘说非也'。《广志》云，'枸色黑，味辛，下气消谷'。"又钱大昭《汉书辨疑》引《南方草木状》云："蒟酱，荜茇也。生于蕃国者大而紫，谓之荜茇；生于番禺者小而青，谓之蒟焉。可以为食，故谓之酱焉。交趾、九真人家多种，蔓生。"关于这个问题，我曾函询郝景盛先生，郝先生是当今的森林学家和植物学家，但因为这个枸酱的名称现在已不通行，所以也未能确实指出它现在的名称。不过由《西南夷传》的本文及各家的注文来研究，这个枸酱在当时是巴蜀的特产，并且在巴蜀也是相当的普遍，为了叙述的方便起见，所以我假定它是现在的豆瓣酱。这自然是我杜撰的，好在我这篇小文并不是专门来考证这个枸酱的，现在我把郝先生的来函转录在下面，以作结束。郝先生的来函说："（上略）拜读十二月六日手示，所问各点颇难具体说明。与'蒟'字有关系者，有天南星科之蒟蒻，昆明人及峨眉山和尚用之制豆腐，味道极美，所食部分为地下茎。此外尚有蒟蒻薯科之蒟蒻薯，地下块茎含淀粉，供食用。二者皆产于我国西南各省。枸树恐即南洋（如槟榔类）华侨所食之红毛丹，红色，像桑椹，长二三寸，外果皮具肉刺，可食，味美，可制酱。南粤（如海南岛）之桄果（或曰枊果），果肉黄色，多汁，味美，未熟的可制蜜酱或果酱，种子亦供食用。现代植物学之研究，偏重实际采得之材料，古书中之问题太难解决了，刘德、颜师古、钱大昭等所见皆是，然事实非一物也。（下略）"

汉唐两朝的受降城[①]

我们说起我国的历史，总是汉唐两朝并称。这是因为汉唐两朝的国势特别强盛，是我国最光荣的时候。这两朝有许多事情都很相似，我们在这里所要说的受降城，也是其中相似的一宗。汉朝的受降城只有一个，唐朝的受降城却有三个，都在现在绥远境内，阴山之南，河套以北。唐朝的三个受降城，是称为东受降城、西受降城和中受降城，这东西中三个受降城相隔都不过三二百里，一字儿排在黄河北岸，彼此呼应，极为得力。

我们先不必说到别的事情，单就这受降城三个字说来，已经觉得特别神气。一座城池以受降为名，显示出当前的敌人已被打败而前来投降；或者不敢再来骚扰。这样大的口气在我国的历史上实在少有，我们对于这光荣而体面的事情，怎能不提出来纪念一下！

原来汉朝和唐朝在北边都有极为强大的敌人：在汉朝的时候是匈奴，在唐朝的时候是突厥。匈奴在汉朝特别强盛，有一次曾经把汉朝的高祖皇帝围困在平城（今山西大同县），足足围了七天。这位汉高祖是一位英雄盖世的人物，凭着两个赤手空拳，打下一座铁桶似的江山，但是被匈奴这样欺侮，却是一声不响，竟然忍了。在唐朝初年，突厥也是一样强盛。那时唐高祖想起兵争夺天下，深恐突厥来断绝他的后路，所以对于突厥特别要好，据说唐高祖为了这事还曾经向突厥称臣！这样地说来，真是有点不成话！一位赤手空拳

[①] 原稿用毛笔写于"国立编译馆"竖行稿纸上，当作于1940年代。整理者注。

打下江山的英雄，被匈奴平白地羞辱了一场，竟忍气吞声；一位拨乱反正平定全国的皇帝，如何竟向突厥称臣！按照我国历史上的旧习惯，只许别的国家向我们朝贡，我们的皇帝怎能反向别的国家称臣！这个耻辱比起平城的七日之围当然是更大了。

所幸汉朝和唐朝前几代的皇帝都是相当了不起，他们把国家治理得强盛而又太平。他们没有忘记这匈奴和突厥所给他们的难堪，他们时时准备去报复，全国上下都为他们所感召，一个个咬牙切齿，摩拳擦掌，恨不得立刻前去冲锋。正是俗话所说的，三十年河东，三十年河西。前些时候是匈奴和突厥称雄，到了这时，汉朝和唐朝的大兵一出，匈奴和突厥就无法抵抗，他们迫不得已，只好向汉朝和唐朝称臣投降。这时汉朝和唐朝自然要摆摆架子，一来雪去从前的耻辱，二来也可以显出大国的威风，就在北边境上，建筑起这些受降城来了，不管你匈奴的单于或者突厥的可汗，如要到中国称臣朝见，必须经过这受降城下，尝一尝称臣的滋味。

这些受降城在接受投降之外，还有别的用意。这些敌人所以要来投降，并不是心甘悦服，仅是没有力量来较量高低，所以出此下策。汉朝和唐朝倒也知道他们的底细，深恐他们乘间反叛起来，本来狼子野心，总是靠不住的。这些受降城所在的地方都是特别险要，常常驻扎重兵，好来监视这些投降的敌人。

说来也是惭愧，自从唐朝以后，再没有任何朝代还筑过受降城（明朝在安南北边也有一个受降城，但是并没有多大的意义）。这显示出自从唐朝以后，好久的时期，中华民族都是不争气。这一次的抗战，其局面的伟大在我国的历史上还是第一次。不过在所表现的意义上，倒也仿佛汉唐初年的时候。因为抗战以前，日本人对我们的侮辱也真到了极点，而抗战的必胜和国家的必强，也与汉唐初年一样。现在当胜利已经在望的时候，全国的同胞都应该考虑一下，看现在我们的受降城应该建筑在什么地方。

河套中的统万城[①]

黄河流到绥远省里，绕了一个大圈子，这就是有名的河套。河套一带，有的地方能得到黄河的灌溉，土地极为肥沃；有的地方却因为没有河流可以灌溉，而老天又经常的不下雨，所以一片黄沙，不能种植。尤其是伊克昭盟境内，黄沙更多，直到现在，只有蒙古人在那里游牧，很少有汉人在那里经营农业。说也奇怪，大约在一千五百年前，那里曾经建立过一个大城，在一片黄沙之中建立城池，真是一宗出人意表的事情。

一千五百年前，那时正是东晋末年，也是五胡十六国时代快要结尾的时候。那时河套附近有一个匈奴人，名叫赫连勃勃。他乘着天下不安，就在河套一带招兵买马，成立了一支队伍。这支队伍慢慢扩大，勃勃的势力也就一天一天地强盛起来，后来他居然打下一块地盘，就盘踞在河套的周围。五胡十六国时代本是特别纷乱，只要有一支兵力，占据一块土地，都公然地称孤道寡，作起皇帝，正是地老天荒，谁也管不下谁，所以大家都想尝一尝这个皇帝的味儿。单说这赫连勃勃打下了地盘，自然就野心"勃勃"也要作起皇帝来了。作皇帝的头一件事情，是要先选择都城。作皇帝而没有都城，那还不是和落草的贼寇一样，根本不成一个局面。可是勃勃所占的地盘没有许多城池，而这些城池若是驻扎个小小县官，倒还没有什么；勃勃好歹是一个皇帝，皇帝怎么能住到县官驻扎的地方？勃勃

[①] 原稿写于"国立编译馆"竖行稿纸上，当作于1940年代。整理者注。

想来想去，这个场面无论如何总得讲究一下，既是这样，只好另建新的都城了。

勃勃打定主意之后，就派他的大臣叱干阿利专管这建筑都城的事情。勃勃的老家是在河套，自然这新的都城不能离开他的老家太远。他们选来选去，就选定了现在伊克昭盟南边，陕西横山县北边长城以外的地方，作他的新都所在地。这个地方也是一片黄沙，黄沙之外再没有别的东西了。地址选定，勃勃就派了十万人民交给叱干阿利指挥，赶快动工。这位阿利生性极为残忍，他想在这黄沙之上怎能筑起一座都城，后来他想了一个法子，索性把土蒸过，然后再筑，他规定筑起一段之后，要拿铁锥来试一试，如果铁锥刺入城墙一寸，就把筑这一段城墙的人统统杀死。也不知因此杀了多少人，这个都城到底建筑成功。据说这个城墙特别坚固，坚固到可以作为磨刀的磨石。阿利固然残忍，但他能把这个都城筑起，并且筑得如此坚固，却也不是容易的事情。

这个新城周围究竟有多少里数，现在已经不大清楚，只知道城墙要高到八十尺，城根由内到外有三十步，城上也宽到十步。勃勃把他的都城筑好以后，照例得起一个名字，他说："普通的城池，或者因山起名，或者因水起名，都已成了俗套。我一定要给我的都城另起一个有意思的名字。现在我正要统一天下，君临万邦，何不就称之为统万城呢！"他起好了城名，又要起城门的名字。统万城一共有四个城门，他就把东门名为"招魏门"，南门名为"朝宋门"，西门名为"服凉门"，北门名为"平朔门"。因为那个时候，南边是宋国，东边是魏国，西边是凉国，所以勃勃就这样起下他的四个城门的名字。看他的口气，真是志不在小，很想建立下一宗大功业。

可是他所建的国家正和他所建的都城一样。他的都城固然筑得坚固，却是筑在沙上；勃勃自己固然英勇有为野心"勃勃"，无奈他的几个儿子，却都不大成器。不多几年，勃勃去世，东边的魏国派兵前来争战，勃勃的儿子保守不住，统万城就轻易地被魏国夺去，替赫连勃勃结束了他的心愿。勃勃当初称他的都城东门为招魏门，也许就真的成了一句谶语，把魏国的大兵招来了。

　　自从魏国灭掉赫连勃勃以后，这个统万城就被改了名字。因为赫连勃勃的国号是夏，所以这个地方就称为夏州。过了五百八十年，到了宋太宗的时候，才把这个城池毁去。究竟赫连勃勃原来建筑得极为坚固，五六百年之间，并没有改过什么样子。宋朝把这个城池毁了，也只是毁了一个大概，到现在还可以看见。城里什么地方是原来的宫城所在，什么地方是原来钟楼的位置，也都可以看出来。然而离开最初筑城的时候，已经有一千五百多年的光景了。

　　沙地筑城本来是一宗不容易的事情。赫连勃勃本来是一个草莽英雄，只因一念所动，竟然得告成功。虽然勃勃所建立的国家不久就亡了，他所筑的都城到后来也被拆毁了，但是总算是一宗奇迹，不能不令人追念的。

裴秀和魏晋时期的历史地理学[1]

历史地理学自经班固创始之后，下至魏晋，撰述日益丰富，名家亦相继辈出。在这诸多名家中，裴秀实堪作为代表。裴秀的成就是在制图方面。他曾撰著《禹贡地域图》十八篇和《方丈图》。我国之有舆图，其源甚早，可以远溯于西周初年。惟所绘制的皆为其当代的舆图，虽也有以古图书相称的，亦只有传世已久的舆图，并非追记前代或更早的舆图。到了西晋初年，裴秀提出了绘制历史地理图的主张和理论，使历史地理学的发展不再囿于文献记载之中。这是值得称道的，而且也足以作为魏晋时期诸家的代表。

裴秀，字季彦，西晋河东闻喜（今山西闻喜县）人。他生于魏文帝黄初五年（224），卒于晋武帝泰始七年（271）[2]。他在魏时已历高位，晋时官至司空。他能够在历史地理学方面取得显著的成就，除过他的"博学强记，无文不该"的修养外[3]，实与他的经历和居官有关。当司马昭讨诸葛诞时，裴秀曾参预其役，"豫参谋略"，这使他对于舆图的需要和正确性有了必要的认识和基础。他官居司徒，这虽是崇高的职位，却也有固定的执掌。司徒的官职始见著于《周礼》，"掌见邦之土地之图"，并"以天下土地之图，周知九州之地

---

[1] 史先生曾致力于舆图的研究，此文写在"陕西师范大学历史地理研究所"稿纸上，当撰于1986年之后。王景阳先生认为此文撰于1990年前后。整理者注。

[2] 《晋书》三十五《裴秀传》："泰始七年薨，时年四十八。"由泰始七年上推48年，为魏文帝黄初五年。

[3] 《晋书》卷三十五《裴秀传》毋丘俭荐秀语。

域广轮之数，辨其山、林、川、泽、丘、陵、坟、衍、原、隰之名物"。这样的职掌自来少有变更。裴秀任司徒时，当也仍因旧贯。这就对他从事舆图撰著有了更多的方便。历来居这样官职的，是难以计数的。他能有所成就，这应是他的卓识。由于他的重视和成就，也就促进了历史地理学的发展。

一、裴秀在绘制舆图方面的成就

裴秀的主要成就是更新绘制舆图的技术，提出绘制舆图的规矩方法。他的这方面的主张和创见，具见《晋书》卷三十五《裴秀传》。他指出："制图之体有六焉：一曰分率，所以辨广轮之度也。二曰准望，所以正彼此之体也。三曰道里，所以定所由之数也。四曰高下，五曰方邪，六曰迂直，此三者各因地而制宜，所以校夷险之异也。有图象而无分率，则无以审远近之差；有分率而无准望，虽得之于一隅，必失之于他方；有准望而无道里，则施于山海绝隔之地，不能以相通；有道里而无高下、方邪、迂直之校，则径路之数必与远近之实相违，失准望之正矣，故以此六者参而考之。然远近之实定于分率，彼此之实定于准望，径路之实定于道里，度数之实定于高下、方邪、迂直之算。故虽有峻山巨海之隔，绝域殊方之迥，登降诡曲之因，皆可得举而定者。准望之法既正，则曲直远近无所隐其形也。"清人胡渭撰《禹贡锥指》于篇首亦曾绘制《禹贡图》，深悉其中三昧，故于裴秀制图之法颇为倾心，称之为"三代之绝学"，并加以阐述。他说："准望者，辨方正位，某地在东西，某地在南北之谓也。道里者，人迹经由之路，自此至彼，里数若干之谓也。路有高下、方邪、迂直之不同，高则冈峦，下为原野，方如矩之钩，邪如弓之弦，迂如羊肠九折，直如鸟飞准绳，三者皆道路险夷之别也。人迹而出于高与方与迂也，则为登降屈曲之处，其路远，人迹而出于下与邪与直也，则为平行径度之地，其路近。然此道里之数，皆以著地人迹计，非准望远近之实也。准望远近之实，则必测虚空鸟道以定数，然后可以登诸图，而八方彼此之体皆正。否则得之于一隅，必失之于他方，而不可以为图矣。"裴秀所说的制图的六体，确实是远迈前哲，应是首创。用现在的话说，就是制图应按一定的比例尺，图上所标绘的地方以及有关事务的方位都应该准确无误。这在现在来说，也都是起码的要求，不能稍事含混的。

裴秀的制图六体虽系首创，却并非了无所因。前面曾以较多的篇幅论述班固以前以及班固以后迄与晋代的舆图，前后合计是相当繁多的。这些舆图的制作技术不是很高明的。诚如裴秀所说，他所见到的一些舆图，"各不设分率，又不考正准望，亦不备载名山大川。虽有粗形，皆不精审，不可依据。或荒外迂诞之言，不合事实，于义无取。"正是由于这些舆图的不设分率，不考正地望，才促使裴秀提出了新的创见，并用之于显示远古夏代的地理，确是以前少有的。

裴秀在制图方面的另一成就，为《方丈图》的制作。《北堂书钞》卷六九引《晋诸公赞》说："司空裴秀，以归天下大图，用缣八十匹，省视既难，事又不审，乃裁减为方丈图。以一分为十里，一寸为百里，备载名山都邑，王者可不下堂而知四方也。"由《晋诸公赞》可以略知，大幅的挂图，远在裴秀以前就曾已经有过。裴秀的制作只是改正以前旧图的不适用处。经过他的改作，缩小到只有方丈的大小，这就比较便于应用。原来的大图，只知用缣八十匹，未知确悉所绘制的舆图范围的大小。裴秀的《方丈图》以分寸定里数，一分十里，一寸百里，则一丈就是万里。《晋书》卷一十四《地理志》不载其时幅员广袤，不过它还列举了西汉版图的规模。西汉末年，其地东西九千余里，南北万三千余里。晋时疆域是不会超过这样的范围。至少原来的朔方、五原、云中、定襄诸郡都已不隶于职方之臣，具体说来，自陉岭以北，也都视为化外。陉岭为句注山，就是雁门关的所在地。用现在的地理来说，就是仅止于山西代县。这就可说，裴秀所绘制的《方丈图》正是显示晋朝所能统辖的土地的全貌。这幅《方丈图》的绘制，当然是按照他所创立的制图六体，这是用不着再作说明的。

二、裴秀所撰著《禹贡地域图》

裴秀撰著的《禹贡地域图》是他在历史地理学方面最大的成就。《禹贡地域图》早已失传，其说具见《晋书》卷三五《裴秀传》。《传》中说："（秀）以职在地官，以《禹贡》山川地名，从来久远，多有变易。后世说者，或强牵引，渐以暗昧。于是甄摘旧文，疑者则阙。古有名而今无者，皆随事注列，作《禹贡地域图》十八篇。"《传》还记载了这部舆图的《序》文："图书之设，由来尚矣。自古垂象立制，而赖其用。三代置其史，掌其职，暨汉祖屠咸阳，丞相萧何尽收秦图籍。今秘书既无古今地图，又无萧何所得秦图，唯有汉氏所画舆地及诸杂图。各不设分率，又不考正准望，不备载名山大川，其所载列，虽有粗形，皆不精审，不可依据。或称外荒迂诞之言，不合事实，于义无取……文皇帝乃命有司，撰访《吴蜀地图》。蜀土既定，六军所经，地域远近，山川险易，征路迂直，校验图记，罔或有差。今上考《禹贡》山海川流、原隰陂泽，古之九州，及今之十六州，郡国县邑，疆界乡陬，及古国盟会旧名，水陆径路。"

裴秀所制的舆图，以《禹贡地域》名篇，自以《禹贡》所载的各项地理现象以及人为设施为主。就是所说的山海川流、原隰陂泽及古之九州。可是还涉及到古国盟会旧名和水陆径路。水陆径路本是《禹贡》中旧有的，应与山海川流等居有同样的重要意义。至于古国盟会旧名，至少乃是春秋时事，和《禹贡》并无若何关系。图上还有裴秀当时的十六州郡国县邑疆界乡陬。具体来说，这包括了当时地方四级区划，州为一级，郡国为一级，县邑为一级，乡陬又为一级。这就不单纯是《禹贡》图了。当时是以《禹贡》为夏禹治水之后划土分州的著作，也就是夏时的制度，既是这样，《禹贡地域图》至少要显示三个不同时期，即夏代、春秋和晋初。三个不同时期的地理现象如何在图上显示出来，却无从揣测。所谓制图六体，只是作图的技术，与显示不同时期的地理现象无若何关系。好在当时所制的舆图共有十八篇，不同的篇幅显示不同时期的地理现象也是有可能的。不过以晋初和春秋时期的地理现象附在夏代之后，而并称为《禹贡地域图》，又似乎是不伦不类了。如果在一幅图上表示出不同时期的地理现象和有关事物，又恐怕难于为力。后世用赤墨两色套绘的办法，也只能在一幅图上显示出两个不同的时期，初未闻显示过三个时期的。裴秀所创的制图六体诚极精妙，似还说不上有如后世赤墨两色套绘的方法。原图久佚，只根据当时有关的简单史料是不易说清楚问题的。

宋王应麟撰《玉海》，在论述《晋禹贡地域图》时，引隋宇文恺之说，谓"裴秀舆地以二寸为千里"。其不仅论述谢庄的《方丈图》，而且涉及裴秀的《方丈图》。裴秀既主张制图要本于六体，而《方丈图》又以分寸定里数，以一寸为百里，则所制的《禹贡地域图》也应是作相应的布局。如宇文恺所言，《禹贡地域图》的长阔都应在二尺以上，规模是不小的。

为《禹贡》作图，并非肇始于裴秀。前面说过，东汉明帝曾以《禹贡图》赐王景，是汉代早已有之，可能带在初已经失传，因为不见于当时秘书所藏。即令当时此图尚在人间，当亦未能精审，不堪依据。准此而言，裴秀所作，仍在创始之列。如上所说，《禹贡地域图》中杂有显示春秋时期古国盟会旧名部分，似与其书名称不大相称。若稍加考核，也并非毫无来历。其时有京相璠者，曾撰有《春秋土地名》。这是在前面已经说过了的。京相璠为裴秀之客，既精于地理，而又长于春秋史事，则裴秀创始撰述《禹贡地域图》时，京相璠断无不参与其事之理。《禹贡地域图》中有关春秋部分，当与京相璠有关。《春秋土地名》一书的撰述，可能就是为制图提供资料。

裴秀《禹贡地域图》的撰述，确实使沿革地理学别开生面，进入新的时期，由囿于文献记载的阶段因而加以论评。他一则说"详《水经》所作，殊而诡诞，全无凭据"，再则说"景纯注解，又甚疏略，亦多迂怪"。《水经》所述并非全无凭据，君卿之言，殊嫌过甚，景纯注解，今已佚失。景纯还曾注《山海经》《尔雅》《穆天子传》，皆见称于世，皆不至多有迂怪，何以所注《水经》竟至于此？郦道元的《水经注》于郭璞所注诸书，备加征引，多至二十多处，独其所注《水经》竟未多所道及。所可以称道的，为《沔水注》中的"郭景纯曰：三江者，岷江、松江、浙江也"。杨守敬说："（郭景纯此言）不见《山海经》《尔雅》等注中。赵氏引《隋志》'《水经》三卷，郭璞撰'，似以为其《注》中语。而今不可考矣，余谓郭注《水经》是乌有之事，以郦书不见称引决之。至毕沅以《山海经》第十三篇，自岷江至漳水，谓即郭氏所撰《水经》，尤为臆说。"杨氏之说诚为至理。然杜佑早已说过，对于郭璞所注，"访求久之方得"。此言似非诳语。且《隋书·经籍志》亦已著录，更早在杜佑之前，其后两《唐志》亦皆有著录，不得谓此诸志的撰者均甚诬妄。似难以不见郦注征引，即可证其为虚幻。

唐长安城的设置及其对生态环境的适应[①]

唐都长安是我国最著名的都城。这座城市的设置与生态环境的变化密切相关。对此，前人很少关注。兹依据史实，略加分析。

一、唐长安城的设置和生态环境、人为作用

生态环境是现代的名词，唐时是没有的。可是唐长安城的设置却和现代所说的生态环境相适应。唐长安城肇建于隋时，朝代虽有改易，长安城的设置却没有若何变化，直至唐代末年被堕毁之时，其间三百余年，竟未稍有逊色，这是值得探索的问题。

当年隋文帝迁都之时，曾经称道过龙首山的川原秀丽、卉物滋阜。龙首山就是龙首原。龙首原高昂气爽，与汉长安城的蹐踬于渭水之滨迥然不同。龙首原不仅高昂，又复广阔，唐长安城的规模远较汉长安城为宏大，也是具有这样的基础。在这样高昂的原上建都，都城用水的取给，建设都城之时自在考虑之中。唐长安城和汉长安城皆位于终南山下，终南山高耸天际，横隔南北，山麓平地由高趋

[①] 此文写在"陕西师范大学历史地理研究所"稿纸上，当作于1986年或之后，因为这种稿纸是1986年才开始使用的。文中有"不佞在论述黄河中游的森林时……在修订《中国的运河》时"等语。案史先生论黄河中游森林是在1981年，修订《中国的运河》是在1983年。这些事实大体可以印证上述观点。整理者注。

低，直至于渭水之滨。唐长安城诚然高于汉长安城，然自山麓视之，皆较为低下。由终南山流下的浐、滈两水就分由汉唐两长安城东西，北流入于渭水。汉长安城的用水就是引自滈水，唐长安城的用水，除引用滈水外，还引用浐水，较汉长安城更为便捷。

龙首原虽以平坦见称，其中难免亦有高低不平处，唐长安城中就有六条高岗。可是这些高岗并未能阻遏引水渠道的设施。唐长安城中亦有井，却不是普遍的设施。既不多凿井，就能取之于水渠之中，显然可见。唐时街道上尚无排水设施，可是街巷却有沟渠，唐宪宗元和十年（815），裴度于宅外为盗所袭击，由马上跌下，坠入沟中。这样的沟应是主渠的支渠，支渠遍布各处，故可以省去凿井，就近取水。

由于水源不虞匮乏，早在隋时，即已重视都城中的栽培用水，使宫苑街道的景色更为幽雅壮丽。唐人继之，有官吏司其事。用水方便，固能促成其所致力；气候温暖，亦有以助之。唐代气候较现在温暖，近人多能言之。其中两种现象，至是显而易见。其一，唐代前期，特别是开元年间，君臣唱和诗多以梅柳并言，此应非过谀之辞，若不是当时长安确有梅树，何得如此妄言。其二，橘柑之类，现在自是南方产物，可是唐时宫苑曾经栽种橘柑之树，唐玄宗和武宗且以所结之果实颁赐臣下，显得独具特色。

还应该称道的是：唐长安城中人口固然不少，由于城郭宏大，里坊众多，居民房舍尚不感到过分拥挤。宋敏求《长安志》中就明确提出："自兴善寺以南四坊，东西尽郭，率无第宅。虽时有居者，烟火不接，播种耕耘，阡陌相连。"[1] 兴善寺在靖善坊。靖善坊为朱雀街东第一街由北向南第五坊。皇城之南每街只有九坊。其中四坊之地少居人或无居人，可见其疏旷的一斑。靖善坊之东是街东第二街的靖安坊，相距皇城皆非甚远，又在朱雀街侧畔，应为人口稠密

---

[1] （宋）宋敏求：《长安志》卷八《唐京城二》。

的地区。宪宗元和十三年（818）横海节度使程执恭入朝，因得赏赐靖安坊第宅，又以第宅侧狭，赐地二十亩，令广其第。在此人烟稠密的里坊，能有如许空地，则其他里坊房屋的疏密，可以知矣。

二、唐长安城的引水渠道及有关的池沼

唐长安城由城外引一些河水入城，引潏水的为永安渠和清明渠，引浐水的为龙首渠，引义谷水的为黄渠。这些渠道具见宋敏求《长安志》和徐松《唐两京城坊考》，两《唐书》亦间有记载，治唐史者和关心唐长安城的学人皆能得加称道，是用不着再多费笔墨的。唐长安城街道宽阔，能容许这些渠道畅流无阻。可是一些记载却说，这些渠道有相当多的段落流经有关街道侧畔的里坊之内，而永安渠和清明渠入城处又皆在大安坊内，清明渠更伸入到安乐坊内，这就不免使人滋疑。永安、清明、龙首三渠皆开凿于隋文帝开皇初年，其时长安城开始建筑，筑城设计出自宇文恺。宇文恺精于思虑，是否就许可如此开凿渠道？唐玄宗开元二十九年（741），久居于安乐坊的王銈，请求捐宅建寺，并说其祖上即居此坊，为坊门内第一家。如清明渠已通到安乐坊内，何不略一言之？唐人诗中，不乏描述一些坊门外的渠道，这显然都是说这些渠道并未流经坊内，何以流经坊内不见于记载之中？

漕渠的开凿，有前后两段，前一段在玄宗开元年间，后一段在代宗永泰元年（765）。其时唐长安城早已完型，如何能把漕渠开凿到其附近的里坊之内？所谓流经光福坊京兆府东、开化坊荐福寺东街、务本坊国子监东，只是指出其经过的方向，不能以漕渠就开到光福、开化、务本各坊之内。

永安渠由街西第三街之西北流，直北入于禁苑。清明渠由街西

第二街之西北流，入于皇城，也就是说皆在朱雀门街之西。龙首渠由通化门入城后，而流入宫城，所涉及的也只是春明门内街以北各坊。这也就是说朱雀门街以东，春明门内街之南，没有引水渠道。其实也不尽然。唐长安城东南隅为曲江，曲江的水源是由黄渠引来的，黄渠水由曲江引出，可以通到街东第三街晋昌坊大慈恩寺下。前面提到裴度为盗所刺坠入沟中事，并以所坠入之沟为引水渠道的支渠。裴度第宅在街东第二街永乐坊。永乐坊之东为永宁坊，永宁坊与晋昌坊相隔只有两坊，则裴度第宅前的沟可能就是引用黄渠水的支沟。

唐长安城外郭城的最高处为乐游原。在原上可以望见唐太宗的昭陵。乐游原有池沼，太平公主曾在此游赏，以后就成为都城人士登赏祓禊之地。池沼之水从何处引来？黄渠之水在行将入曲江之前曾分成两股，其中一股曾引到街东第五街升道坊。升道坊之西就是升平坊。可是乐游原于升平坊也是最高处，由升道坊引来的黄渠水，也只能引到乐游原下，还不易引至原上。乐游原上的池沼用水应该引自龙首渠，经新昌坊而至乐游原上。由龙首渠引水，并非自城内引来。东市的放生池水，就是由其东邻道政坊引来的浐水。其时已有龙首渠，引用的应是龙首渠水。龙首渠也流经新昌坊之东，故由龙首渠引水至乐游原，得经过新昌坊。以今地形图按之，新昌坊东浐水近岸处的地势犹高于乐游原，唐时亦当如是。唐人称主要渠道为御沟，新昌坊亦有以御沟相称的，应是当年引水至乐游原上的渠道。

唐长安城中既有这么多的引水渠道，渠道之旁又有许多支渠，即所谓沟者，水源自是富裕充足，都城人士自然乐于利用，最习见的就是开凿池沼，更在池沼周围广植花木，作为游赏的佳区。宋敏求撰《长安志》，对于这些池沼多所记载。其所记载的有：

街东第一街开化坊的大荐福寺放生池；

街东第二街大业坊驸马都尉杨师道山池；

街东第三街亲仁坊长宁公主山池，永宁坊安禄山永宁园，永崇坊放生池，晋昌坊楚国寺放生池；

街东第四街胜业坊宁王山池，东市放生池；

街东第五街兴庆坊龙池；

街西第一街安业坊程怀直别宅，永达坊华阳池；

街西第二街太平坊王銑宅，兴化坊裴度池亭，宣义坊安禄山池亭；

街西第三街修德坊万花池二所，延寿坊裴巽宅，延康坊马璘池亭，延福坊琼山县主宅山池；

街西第四街西市放生池。

其所记载的为十七坊中的十八处池沼，加上东西两市，共二十处池沼。其后徐松撰《唐两京城坊考》，有所辑补，所辑补的为如下的九坊和九池沼：

街东第一街兰陵坊萧氏池沼；

街东第三街崇仁坊岐阳公主池沼，永宁坊山阳公独孤公的通渠池，晋昌坊慈恩寺南池；

街东第五街永嘉坊申王扨山池，靖恭坊驸马都尉杨慎交山池。

街西第三街延康坊马镇西大池，永安坊水亭，大安坊郭驸马大安亭子。

徐松所补辑的多取材于唐人诗文，唐人诗文涉及当时长安城中的池沼，仍往往有之，今再为辑补如下：

街东第一街安仁坊元稹宅池，光福坊周皓宅池，靖善坊兴善寺后池，保宁坊昊天观池；

街东第二街务本坊韦令公宅池，长兴坊杨师道宅池；

街东第三街靖善坊高力士宅池，崇仁坊义阳公主山池，平康坊永穆公主山池，永宁坊杨凭宅池，昭国坊韦应物故宅池；

街东第四街安兴坊岐王宅池，升平坊乐游原上池；

街东第五街兴宁坊高力士宅池，永嘉坊窦希玠宅池，新昌坊青龙寺池，吕逸人宅池；

街西第一街崇业坊玄都观池；

街西第二街通义坊龙华观废月池，宣义坊王郎中宅池，丰安坊王相宅池；

街西第三街辅兴坊玉真公主庄池；

街西第四街休祥坊武三思宅池，金城坊安乐公主宅池，怀远坊尉迟敬德宅池，长寿坊长安县廨后池；

街西第五街群贤坊上官婉儿宅池。

还有些未知其具体所在的池沼，甚至池沼主人有的仅知其官爵，其名字亦不可确知，谨一并补辑如下：

少府林园中池，杨尚书林亭中池，刘驸马水亭，李宗闵宅中池，崔驸马林亭中池，李百药宅中池，卫家山池。

如上所说，宋敏求《长安志》所记载的十七坊和东西两市的池沼有二十处，徐松《唐两京城坊考》所补辑的九坊中九处池沼，再加上不佞所补辑的二十五坊中二十六处池沼，共计五十一坊中有池沼五十五处，去其重复的，实际上有池沼的坊为四十四处。不佞所补辑的未知确地的池沼计有七处，也许不完全在这四十四坊之内。就以这四十四坊而论，已居有当时外郭城中一百零八坊的少半。有少半的坊中都有池沼，这在历代都城中是少见的。就以现代来说，在各大城市中也是少有的。

这已知确地的五十五处池沼，分布于朱雀门街东西各街，而以街东第三街和街西第三街最为繁多，各有七处。其次是街东第一街，也有六处。再其次是街东第五街和街西第二、四两街，也各有五处。唐长安城外郭城的诸多街道和里坊，是以朱雀门街区分东西的，如再以东西两市之南为界线，也可以区分为南北两部。如果可以这样划分，则东南一隅的最为繁多，就有十八处。尤其是街东第三街由北向南第十坊永宁坊中就独有三处。有三处池沼的还另有一坊，也是在这条街上，为永宁坊北相隔三坊的崇仁坊。

永安渠和清明渠是由街西第三街东西两侧北流的，因为引水方便，所以街西第三街的池沼最为繁多，其东的街西第二街和其西的街西第四街的池沼也差相仿佛。就是街西第一街也得以略分余惠。可是永安渠和清明渠的渠水难以横过朱雀门街再向其东各街引流，这是地形的限制，是无可奈何的事情。

由相当于朱雀门街东西的现代地形来观察，相当于朱雀门街以东的地形，其高程高于相当于朱雀门街以西的地形。现代地形，早在唐代也应差相仿佛。因为自唐代迄今，这里没有显著的变化，其实也没有显著变化的缘由。既然是这样，则朱雀门街以东各里坊的池沼就不能以永安渠和清明渠水作水源，这里的池沼的水源就不能不仰仗于龙首渠和黄渠，而黄渠的作用就更为明显。以前学人论唐长安城的渠水，皆首推永安渠和清明渠，于黄渠是不甚了了。正是这被认为不甚了了的黄渠，为唐长安城的池沼提供相当多的水量，至少永宁、晋昌、修行三坊池沼的水源就不能不惟黄渠是赖了。黄渠在当时不仅供应曲江的蓄水，还有两条渠道向城内东南部流来。其一是由曲江向东北流入升道坊。其遗迹具见嘉庆《咸宁县志》的记载。嘉庆《咸宁县志》说："（这条渠道）其北至铁炉庙者为芙蓉园北出升道坊之遗迹。"[1] 芙蓉园就是曲江。其另一支则由曲江西北流至晋昌坊。宋敏求《长安志》就曾经说过"晋昌坊，半以东大慈恩寺，寺南临黄渠，水竹深邃，为京城之最"[2]。可见黄渠并不是流入曲江就算到头了。前面说过，唐长安城各里坊门侧是有沟的，这沟就是由各主要渠道引水分流的支渠。黄渠的水正是由这样的支渠流到有关的里坊之中。当然这样的支渠并非仅黄渠一渠有之，其他永安渠、清明渠和龙首渠的侧畔也都是一样的。

黄渠仅涉及唐长安城的东南一隅之地，龙首渠和永安渠则分别

---

[1] 董祐诚纂《咸宁县志》卷三《历代疆域水道城郭宫室名胜图中》。
[2] 《长安志》卷八《唐京城二》。

北流入于禁苑。龙首渠另有一支在流入禁苑之前，还流经皇城。清明渠北流经皇城入于宫城。后来开凿的漕渠则是由皇城东侧的景风门和延喜门北流的。

徐松《唐两京城坊考》谓龙首渠入宫城后北注为山水池，又北注为东海，清明渠入宫城后，注为南海，又北注为西海，又北注为北海。宫城北门有二，其西一门为玄武门，或作定武门。北海池在玄武门之西，东海池在玄武门之东。山水池更在东海池之东。玄武门内之东有延喜殿，殿南有金水河北流入苑。此金水河当即汇入东海池和山水池的龙首渠，为苑中诸池的水源。

宫城之东为大明宫。大明宫的太液池为当世有名的池沼。太液池亦称蓬莱池。大明宫东南为东内苑，苑内亦有池，称为龙首池。太液池和龙首池的水源当皆来自龙首渠。西内苑亦有池，称为瑶池。其水源可能来自清明渠。

唐时中书省有直宿制度，司事者按时入内直宿。直宿并非处理公事，故直宿者往往乘间赋诗，以消永夜。其所赋的诗中不免涉及其所见所闻，有关池沼也得时见于诗中，这里不妨略举数例，以见梗概。卢纶为酬和其同僚中书寓直对月所见，诗中有句说："虚晕入池波自泛，满轮当苑桂多香。"[①] 这是说中书省中有池。武元衡《秋日台中寄怀简诸僚》诗中亦说："池荷足幽气，烟竹又繁阴。"[②] 武元衡在另一首诗中描述其在集贤院所见："树古长杨接，池清太液连。"[③] 司空曙诗也涉及集贤院，诗中有句说："池接天泉碧，林交御果红。"[④] 唐初以太极宫为推行大政之所，故三司诸省皆设于太极

---

① 卢纶《奉太常王卿酬中书李舍人中书寓直春月对月见寄》，《全唐诗》卷二八〇。
② 武元衡《秋日台中寄怀简诸僚》，《全唐诗》卷三一七。
③ 武元衡《奉酬中书相公至日圜丘行事合于中书宿齐移止于集贤院叙情见寄之什》，《全唐诗》卷三一七。
④ 司空曙《奉和常舍人晚秋集贤即事寄徐薛二侍郎》，《全唐诗》卷二九三。

宫前，后推行大政之所移于大明宫，故三司诸省亦相应移于大明宫前。武元衡诗中所说的"池清太液连"，司空曙诗中所说的"池接天泉碧"，太液和天泉所指的应是大明宫北的太液池，则所直宿的官署，应在大明宫前，相距很近，水源当是来自龙首渠。

禁苑中池沼应该更为繁多，可以考见的就有凝碧池、九曲池、鱼藻池。九曲池亦称九曲山池，池中当有山高起。鱼藻池中也有山，并在山上建有鱼藻宫，当时还不是一次在池中举行竞渡，可以想见池沼的广阔。前面曾经提到海池，唐初玄武门之变发生时，唐高祖就在东海池上乘船游赏，池沼内可以行船，这和池沼内有山一样，都显示池沼的广阔和蓄水的量大。

三、唐长安城池沼的利用和林园的设置

早在隋时，开凿这几条引水渠道，主要是解决长安城中的用水问题，其中包括居民的饮食用水，而最主要的是宫廷花囿的用水，包括宫城禁苑开凿的池沼。唐时官宦人家也都相继开凿池沼，成为一时盛事。前面说到宫廷禁苑中的池沼相当广阔，池沼水可以行船，还可以堆积高地，成为山丘岛屿，其上还可以建筑宫殿。其实这样的设置，在官宦人家也并非都是称奇的。首先应该提到的是街东第五街由北向南第四坊兴庆坊。这里本是唐玄宗始为平王时的邸第。兴庆坊有池沼，就是后来的龙池，据说其所占地为一顷有余。唐中宗曾临幸其第，并结彩为楼船，优游池上。平王后为天子，更不时与臣下乘船游赏。其实当时一些名王贵主亦莫不如是。安乐公主曾经请求受赐昆明池，未得许可，则其街西第四街由北向南第三坊金城坊的池沼，其中设置应该不下于昆明池。稍后于安乐公主的贵主为太平公主，其山亭池沼中，不仅"朱楼画阁水中开"，而且"龙

舟下瞰鲛人室"①。等而下之，那些将相大臣也难免有类似的设置。郭子仪园在街西第三街由北向南第十二坊大通坊，由于林园的壮丽宏大，扩展到其南的大安坊中。大安坊旁为永安渠入城处，引水方便，故其园中的池沼也相当广阔，池中得以行船。此池后来称为郭驸马池。郭驸马为郭子仪之子郭暧。郭子仪去世后，即以郭驸马池相称。这里还应该提到兴化坊裴度的池亭。兴化坊为街西第二街由北向南第三坊，裴度池亭也相当广大，同样可以行船。其船只都不时为人所借用，在池内泛游。郭子仪和裴度在当时诸将相中，立身处世皆相当谨严，也不至于纵欲奢侈，其园中池沼还如此广阔，其他权臣宠将就不必说了，其池沼可能成为通例。

其实，开凿这些池沼，都是为了建置更好的林园。应该说，当时最受人称道的林园，也都是有池沼的。街西第三街由北向南第九坊延福坊琼山县主宅，就以其中山池院的溪，林木葱郁，为京城所称。而街东第四街由北向南第四坊胜业坊宁王山池院，更以"澄潭皎镜石崔巍，万壑千岩暗绿苔"为唐玄宗所称道。

唐时长安城人喜置林园或林亭。有池沼的只是其中的一部分，未能开凿池沼者亦多费力经营，有些宅第虽不以林园或林亭为名，然花木丛茂，实际上也应以之当作林园或林亭。街东第三街由北向南第十三坊晋昌坊中的若耶女子寓居，就以回绝尘嚣，花木丛集，与其东西二佛宫（大慈恩寺和楚国寺）皆为上国胜游之最。这样的林园或林亭，《长安志》中亦多有如下的记载：

街东第二街崇义坊苏勋宅，昌乐坊宫园；

街东第四街安邑坊马燧奉城园，升平坊东宫药园；

街东第五街新昌坊裴向宅；

街西第二街昌明坊家令寺园；

街西第三街延康坊静法寺，本隋时窦抗宅，中多梨树；

---

① 李峤《太平公主山亭侍宴应制》，《全唐诗》卷六十一。

街西第五街丰邑坊李晟林园，永阳坊大总持寺，岁贡梨花蜜，寺中定多梨树。

徐松照例亦有所补辑，其所补辑的为：

街东第三街永宁坊羊士谔宅林亭，晋昌坊若耶女子寓居的花木丛翠；

街东第四街安邑坊吴丹宅的竹苇，宣平坊顾况宅的嘉木疏篁，升平坊元行简宅的水竹，修行坊段成式宅的果园；

街东第五街常乐坊白居易宅的丛竹；

街西第一坊永达坊王龟宅的园林；

街西第二街兴化坊周谓宅的嘉树修竹，安化坊窦巩宅的碧松红叶，昌明坊的家令寺园，安乐坊王锃宅的从芘松树；

街西第三街延康坊、大安坊李晟林园；

街西第四街嘉会坊窦氏家庙中的榆树，永平坊寇郾宅的榆楮。

不佞亦有所补辑。其有里坊可考者，有如下文：

街东第二街长兴坊杜鸿渐宅的槐阴竹叶，靖安坊元稹宅的树满园；

街东第三街亲仁坊郭子仪宅的野鹳松树，驸马都尉郭万钧林亭的密林竹不尽；

街东第四街修行坊刑部员外马氏宅的远近高低树，尉迟胜宅的盛饰林亭；

街东第五街道政坊骆舍人南园的乔木初阴，常乐坊王维东园，新昆里苏颋小园；

街西第二街崇德里马戴旧居的园林；

街西第三街修德里兴福寺的果园。

还有如下一些未知确切所在里坊的林园：

李沆林园，鲜于秋林园，王尚书林园，窦氏名园，路恕林园，贺遂药园，窦明府后亭。

宋敏求《长安志》所记载的为八坊中八处林园，徐松《唐两京城坊考》所补辑的为十三坊十三处林园，不佞所补辑的为八坊十一处林园，合计为二十九坊三十二处林园。以这些林园和前面所说的所论述的池沼相加，应为八十里坊和九十三处池沼和林园。这八十里坊中有的兼有池沼和林园，甚至还不只是一处。在前面论述中都是各自计算，因而为数不免显得较多。实际上不论其坊中有多少池沼和林园，只能算是一坊，不能因其出处不同，而多所计算，自宜删去其重复。这样计算，确实有池沼和林园的有如下：

街东第一街为开化、安仁、光福、靖善、兰陵、保宁等六坊；

街东第二街为务本、崇义、长兴、靖安、大业、昌乐等六坊；

街东第三街为翊善、崇仁、平康、亲仁、永宁、永崇、昭国、晋昌等八坊；

街东第四街为大宁、安兴、胜业、安邑、宣平、升平、修行等七坊和东市；

街东第五街为兴宁、永嘉、兴庆、政道、常乐、靖恭、新昌等七坊；

街西第一街为安业、崇业、永达三坊；

街西第二街为太平、通义、兴化、崇德、宣义、半安、昌明、安乐等八坊；

街西第三街为修德、辅兴、延寿、延康、延福、永安、大安等七坊；

街西第四街为休祥、金城、怀远、长寿、嘉会、永平等六坊和西市；

街西第五街为群贤和丰邑两坊。

如上所列，街东五街为三十四坊加东市，街西五街为二十六坊加西市，全城共为六十坊加东西两市。其中池沼和林园最多的坊为新昌坊，共有五处。新昌坊为街东第五街由北向南第八坊，位于乐游原所在的升平坊东北，和升平坊一样，都是唐长安城外郭城的最高处。次多的为永宁坊和晋昌坊，还有修行坊，这三坊皆有四处池沼或林园。永宁和晋昌两坊皆属于街东第三街。永宁坊为由北向南第十坊，晋昌坊在永宁坊之南，中间只隔一个昭国坊和一个永崇坊。修行坊属于街东第四街，为由北向南第八坊。具有三处池沼或林园的坊为街东第三街由北向南第六坊崇仁坊和街西第三街由北向南第七坊延康坊。池沼和林园较为密集的区域是在朱雀门街东，尤其是东南一隅更为稠密。如前所说，东南一隅，池沼是比较多的，再加上一些林园或林亭，也就愈加稠密了。

唐时长安城对于这样的设置都以林园或林亭相称，当然园中所植以林木为主。由一些文献记载约略得知，这些林木，除竹林而外，还有梅柳松柏和槐树，更还有桃杏槿梨杨榆等，也会有一些其他树木和花草，争奇斗艳，杂然并陈，这里就难得细溯其品种名称，逐一论列，只好先由竹林谈起。

唐长安城位于渭水下游的中部。远在秦汉之时，这里就以竹林为当世所称道，所谓"渭川千亩竹"①皆已为人所熟知。这并不是说渭川只有千亩竹林，而是说一个人家如果能有千亩竹林，其收入就和千户侯相等，仅此一句农谚，已可略知当地竹林的繁多。隋唐之世，王朝所设的司竹园，涉及的土地就相当广大。当李渊初起兵晋阳时，其女即后来的平阳公主，就据司竹园起兵，因而略定邻近各县，威震关中。

这样栽种竹林风气必然影响到长安城里林园的设置。唐人诗卷咏竹的很多，从这些咏竹的诗卷中可以看出，长安城中林园栽种竹林几乎成了相当普遍的现象，所以人家中只要有隙地几乎都会增植几竿竹。这里不妨举白居易在新昌坊的种竹举动。白居易在长安城中的住宅，新昌坊应是最后一所住宅，新昌坊位于街东第五街由北向南第八坊，是相当高敞的。白居易在一首以《题新昌新居》为题的诗中说："宅小人烦闷，泥深马钝顽。街东闲住处，日午热时还。

---

① 《史记》卷一二九《货殖列传》。

院窄难种竹,墙高不见山。"诗题说是新居,自然是初迁来不久,因为宅小不能种竹,使他感到烦闷。就是这样的情况,他还是在种竹。他有一首《竹窗》诗说:"今年二月初,卜居在新昌……开窗不糊纸,种竹不依行。"因为种的竹不少,他在另一首《秋居书怀》诗中说:"门前少宾客,阶下多松竹。"由于竹子多了,后来离家远出,还又写了一首《忆竹园》的诗说:"惟忆新昌堂,萧萧北窗竹。"这里所说的虽是白居易一个人有关种竹的琐事,应该反映出当时长安城中人对于种竹的心仪和林园中的景色。其实不仅长安城林园内多种竹,就是官署和宫廷中也种了不少的竹。岑参诗中说到省中的竹,乃是"竹影遮窗暗"①,甚至大明宫北太液池畔也有数十处竹林,官署和宫廷中虽然也种竹,不过还不能算是主要的树种。

　　前面曾经提到唐长安城的气候较现在为温暖,所依据的证据之一是当时长安城中有梅树。唐玄宗就曾作出几首有关的诗,他在《春中兴庆宫酺宴》诗的序文曾经说过:"青门左右,轩庭映梅柳之春。"兴庆宫在春明门内,所以序文中说到青门。虽说"青门左右",实际上只是说到兴庆宫内。可能宫廷禁苑中多所栽种,唐玄宗为太子时,还曾经作过一首《春日出苑游瞩》诗,诗中有句说:"梅花百树障去路,垂柳千条暗回津。"崔日用诗中也说到"宫梅殿柳识无情",还又说:"上苑梅香雾里娇"②,可知唐玄宗所说是不错的。可是城中的林园所种植却并不普遍。街东第三街由北向南第七坊于志宁宅中有梅,诗人称道说:"冻柳合风落,寒梅照日鲜。"③街西第四街由北向南第三坊金城坊安乐公主山庄也有梅,诗人称道说:"梅花寒待雪,桂叶晚留烟。"④街东第二街由北向南第三坊长

---

① 《全唐诗》卷二百,岑参《省中即事》。
② 《全唐诗》卷四十六,崔日用《奉和立春游苑迎春应制》。
③ 《全唐诗》卷三十三,刘孝孙《冬日宴于庶子宅各赋一字得鲜》。
④ 沈佺期《同李舍人冬日集安乐公主池》。

兴坊杜鸿渐宅有梅，诗人称道说："院梅朝助鼎，池凤夕归林。"①街东第一街由北向南第四坊光福坊，权德舆宅亦有梅树，权德舆自己就曾说过："梅圻柳条鲜。"②甚至乐游原上亦有梅，裴度就曾经称道说："景暖仙梅动，风柔御柳倾。"③

这样看来，梅树的栽种仿佛只是官位较高人家的点缀。梅花虽属名贵，充其量也只是和桃李一样，只能作为观赏之用，难得成为林的。除过这样一些观赏花卉树木之外，作为林园栽培的树木，当时大多数是以乔木为主的。

说起乔木应该首推松柏。松树在长安城的林园中是受到重视的树木，许多林园中都有栽种，就是普通第宅也都有种植。白居易诗中就说过"长安多大宅，列在街西东"，其中"枭鸣松桂树，狐藏兰菊丛"④。其实白居易新昌坊宅中就有七株松树。白居易对此七株松极为重视，以之与洛阳依仁坊崔玄亮宅中万茎竹相比拟。白居易还称道街东第四街由北向南第八坊修行坊张氏住宅南亭的两株松树。段成式的住宅也在修行坊，其宅中大堂前也有两株五鬣松。韩愈的住宅在街东第二街由北向南第五坊靖安坊，宅中也有五株楸树。楸树与松树不同科，但高大伟岸与松树相似，故亦为人所重视。

松树不仅在林园中种植和受到重视，就是官署和宫廷也一样有很多的栽种。中书省中就栽种得不少。大明宫含元殿后的宣政殿为帝王经常听政之所，宣政殿前有门为宣政门，宣政门内就皆植有松树，入阁赐对、宦班退，就皆立于东阶松下。唐时制度，御史台内有礼祭厅，厅南有古松树，因而就称为松厅。当时宫廷和官署植松很多，不仅这几处。宫中所植的也就称为宫松，由于所植的松树很

---

① 《全唐诗》卷二三八，钱起《奉和杜相公移长兴宅奉呈元相公》。
② 《全唐诗》卷三二〇，权德舆《早春南亭即事》。
③ 《全唐诗》卷三三五，裴度《至日登乐游园》。
④ 白居易《讽谕一》。

多，不免露出于宫墙之外，因而王建诗中就有句说："宫松叶叶墙头出。"①

四、独具风格的林园

唐长安城中的林园，一般说来，都是以林木为主体。林木虽多，也都并非一种，其中偶有一些特殊之处，就会受人称道。前面说过，唐长安城所在地渭水下游宜于种竹，长安城中许多人家也都喜于种竹，形成一代的风气，可是也从未见到有的人家的林园竟然成为竹园的记载。唐代长安城由于气候较为温暖，能够有梅树生长，梅树也得到许多人的喜爱，尤其是唐玄宗更为称赏，赋诗赞美，当时朝臣也纷纷应制酬和，可是也从未见到成片成坊的梅树，就是兴庆坊中，就是后来的南内，也不是独植梅树的。当时城内栽种较多的树木，应该数到松树、槐树和柳树，宫廷苑囿所植尤多，故而有了宫松、宫槐和御柳的名称，可是宫廷苑囿中也不是单独栽种松树、槐树和柳树的。

这样的栽种树木，仿佛已成定例，可是也难免有些例外。说到例外，桃树是独居魁首，这里应该提到禁苑中的桃园亭。以桃园名亭，并非什么特殊事情。据说景龙四年（710），唐中宗曾经在桃花园举行过宴会，桃花园可能就是桃园亭。桃花园的得名应该是由于园内种有桃树。主要说桃花园是在禁苑之中。可是白居易有一首关于桃花园的诗，诗题是《夜惜禁中桃花因怀钱员外》，诗中说"前日归时花正红，今夜宿时枝半空"。这首诗是白居易在禁中宿值时写的，所说的桃花应是禁中的桃花，与禁苑中的桃花园并非一处。

---

① （清）徐松撰，张穆校补：《唐两京城坊考》卷四《西京》。

至于里坊中的桃花，应该提到华阳观。华阳观在街东第三街由北向南第十一坊永崇坊内，这是为华阳公主追福立的道观，后来改为宗道观。白居易曾在华阳观邀友人共饮，并且赋诗。诗中有句说："华阳观里仙桃发，把酒看花心自知。"华阳观里是否只种桃树，不杂其他树木，白居易诗中无说，就难得具知了。

这里应该特别提到玄都观的桃树。玄都观在街西第一街第五坊崇业坊内。玄都观的桃树最为有名，其所以能够获得当时后世的称道，是由于刘禹锡在观内题的两首诗。刘禹锡于唐顺宗永贞年间（805）以八司马事件被贬在外，元和十年（815）承召回京，曾至玄都观内游赏，并写一首《酬赠看花诸君子》诗。这首诗说："紫陌红尘拂面来，无人不道看花回。玄都观内桃千树，尽是刘郎去后栽。"赋诗之后又被贬在外，十余年后再回都城，又赋一诗，诗中说："百亩庭中半是苔，桃花净尽菜花开。种桃道士归何处？前度刘郎今独来。"① 这两首诗是显示其身世和有关政局的变化，都与本题无关，可以不必具论，所可以论述的是玄都观内曾经单独种植过桃树，而且种植之多，达到千株，占地竟达百亩。这显得有夸大之处。虽然夸大，可是当时玄都观内只种桃树，却也是事实。当时另有一位诗人章孝标，也有关于玄都观桃花的诗，诗中有句说："驱使鬼神功，攒载万树红"②，可以和刘禹锡的诗相对照。

这里还应该提到杏园。杏园在街东第三街由北向南第十四坊通济坊。通济坊一坊之内都是杏园。通济坊就在慈恩寺所在的晋昌坊之南，其东南就是曲江，相距并非很远。由于就在晋昌坊之南，因而有人说杏园就是慈恩寺的杏园，也由于距曲江很近，说曲江就连带说到杏花，园以杏为名，就是因为园内所植的皆是杏树。

说杏园的广大，应数到姚合的《杏园》诗。《杏园》诗说："江

---

① 《全唐诗》卷三六五，刘禹锡《再游玄都观》。
② 《全唐诗》卷五〇，章孝标《玄都观载桃十韵》。

头数顷杏花开，车马争先尽此来。"① 沈亚之《曲江亭望慈恩寺杏花发》诗也说："十亩开金地，千林发杏花。"② 正是由于杏园有千株杏花，也就成为都城人士游赏之所。杜牧有诗说："夜来微雨洗芳尘，公子骅骝步骤匀。莫怪杏园憔悴去，满城多少插花人。"③

由于杏园的秀丽，当时成为新进士宴游之所，成为学人论文赋诗的优雅地区。

这样独具风格的园林，在里坊中虽仅此数处，却为当时的林园增添许多生色。尤其是杏园成为学人汇集之所，就多为后世所留念。

前面说到桃花的栽种，首先提到的是禁苑中的桃花园。禁苑中这样的园还有樱桃园、葡萄园和梨园。这些林园的设置虽是为了赏花，也是为了结果。唐宣宗曾不止一次地命司事者在禁苑中栽种果树。所栽的当非仅此数处，禁苑中的梨园应该也属于这一类的果园，也许梨花的淡白不如桃花的红艳，因而以帝王之命，邀臣下宴饮就只有桃花园，梨园中未有这样的盛事。

唐时梨园应不只此一处。唐玄宗曾经在梨园中教歌舞，此梨园应在大明宫近旁或南内，有人乃以禁苑中的梨园，当作唐玄宗教歌舞的梨园，这应是匪夷所思了。梨园远在禁苑之中，不能望文生义，以为偌大皇室就只有一个林园。

五、遍布于唐长安城的槐街

长安城各林园中种植的各种乔木不少，槐树也有种植。隋唐时

---

① 《全唐诗》卷五〇二，姚合《杏园》。
② 《全唐诗》卷四六六，沈亚之《曲江亭望慈恩寺杏园花发》。
③ 《全唐诗》卷五二一，杜牧《杏园》。

期，长安城中的槐树实为相当重要的树种，街道上的种植尤为繁多。唐长安城始建于隋时，隋时朱雀门街两侧就都栽有槐树。这种传统风气到了唐代，依旧照样承袭不替。因为一街都是槐树，所以朱雀门街就称为槐街。其正北对着皇城的承天门。承天门街也栽有槐树，因而承天门街也有槐街之称。为什么以槐街相称，据说是街上的槐树都栽得相当整齐，像官吏的排班一样。承天门街为皇城内南北向的主要街道。皇城由南向北的街道是南北七街、东西五街，共为十二街。这十二街中都栽有槐树，固不仅承天门南北一条街道。韩愈诗中就曾经说过："绿槐十二街"[1]，显然可见皇城各街都植有槐树。

外郭城朱雀门街大致也都栽有槐树。《旧唐书·吴凑传》中有这么一条记载：唐德宗贞元年间（785—805），"官街缺树，所司植榆以补之，凑曰：'榆非九衢之玩，亟命易之以槐'"[2]。这里所说的官街和九衢当是泛指一般的街道，并不限于朱雀门街和承天门街。这条记载应该是可信的。白居易有一首《寄张十八》的诗，是寄给张籍的。诗中说："同病者张生，贫僻住延康……迢迢青槐街，相去八九坊。"这是说两家之间的街，都是栽着青槐。因为两家并不住在一条街，所以青槐街也不是泛指一条街而言。白居易在长安城中的住宅，先后迁移过几次，他曾住过街东第三街由北向南第十二坊昭国坊，还住过东四街安邑坊，更住过东五街常乐和新昌坊。既然说是相隔八九坊，那就应该是常乐坊和新昌坊了。这也就是说由延康坊往东直到常乐坊和新昌坊的街都栽有槐树。

白居易在另一首诗中说道"绿槐阴合沙堤平"[3]，朱雀门街和承天门街都应该铺有沙堤，说绿槐阴里沙堤平是可以的。唐朝制度，丞相自受命之日起，自其宅第至相府都铺上沙堤。也就是说沙堤不

---

[1] 《全唐诗》卷三四二，韩愈《南内朝贺归呈同官》。
[2] 《旧唐书》卷一八三《吴凑传》。
[3] 白居易《七言十二句赠驾部吴郎中七兄》。

限于朱雀门街和承天门街，铺上沙堤，栽上槐树，自然也就有槐阴了。白居易所居的各坊都有丞相的第宅，也都有沙堤和槐阴，所以他早朝入阁时，就即景赋诗说："夜色尚苍苍，槐阴夹路长。"①

至于里坊之内的街道是否也都植槐，那就很难说了。据说街东第四街由北向南第四坊胜业坊和街西第三街由北向南第八坊崇贤坊的北街，都有槐树，这样的槐树不知是街旁人家所植的临街树，还是和朱雀门街的槐树一样为行道树。根据当时的情形来推测，似与行道树无关。因为街道上所植的树是不能砍伐的。怎么一条街只剩下一株行道树？

还应该指出：槐树也是宫廷中可见的树木，因而也就有了宫槐的名称。薛逢《何满子》词中就说过："系马宫槐者。"②所系马的宫槐未必就在宫中。白居易诗中所说的"宫槐有秋意"，就是在翰林院中写的。

唐初，骆宾王写过一篇《帝京篇》，篇中有句说："钩陈肃兰厄，璧沼浮槐市。"③槐市之名始见于《三辅黄图》，据说："仓之北为槐市，列槐树数百行为队，无墙屋。诸生朔望集山市，各持其郡所出货物及经传书记、笙磬乐器，相与买卖，雍容揖让，或议论槐下。"④骆宾王这篇诗，书帝京的华贵壮丽，多举秦汉故事为言，秦汉故事至唐时多已茫然，似与唐长安城无若何具体相联系处。今《说郛》七四辑有李肇《秦中岁时记》，据说"进士下第，当年七月复献新文，求拔解，曰：槐花黄，举子忙"⑤，因以槐花黄指举子忙于准备科举考试的季节。槐花开谢，因与举子应考的时期有关，如

---

① 白居易《行简初授拾遗同早期入阁因示十二韵》。
② 《全唐诗》卷二十七，薛逢《何满子》。
③ 《骆宾王文集》卷九《帝京篇》。民国廿五年上海商务印书馆据明翻元刻本影印本。
④ 《三辅黄图》卷二《长安九市》。
⑤ （明）陶宗仪撰，张宗祥校：《说郛》第七十四辑《秦中岁时记》，涵芬楼据明钞本铅印。

何还有暇时群集于槐市，买卖经传书记、笙磬乐器？似槐市之名本为汉时旧事，唐长安城中恐难得复有这样的设置。

六、御沟的绿柳和柳市

唐时人一般称流经长安城的渠道为御沟。时人吟咏，御沟几乎成了通用的称谓。为什么以御沟相称，很可能是永安渠、清明渠和龙首渠都分别流到皇城、宫城，甚至还经过禁苑。可是街东第五街由北向南第八坊新昌坊也有御沟，就难得一概而论。如前所说，新昌坊是由还未入城的龙首渠引水流到其西南升平坊的乐游原上的渠道所经过的地方。这条渠道并不很长，也不大见于记载，前面提到这条渠道，还是费了一些考证功夫才能得到确定的。当是由还未入城的龙首渠引水的，另有一条经过与新昌坊之北隔着两坊的道政坊的渠道。这条水渠是流到东市的放生池的，可是没有见到有关称这条渠道为御沟的。同样流入西市放生池的水渠也未见之称为御沟的记载。这样不同的称谓可能是习惯称谓，难得说上有什么标准。

当时街道植槐，御沟侧畔却遍栽柳树，柳树和槐树一样，都是最为普遍可见的树木。可是在唐代却都受到重视。槐树栽种在宫苑里，就有宫槐的称号，宫苑里也栽种柳树，因而也被称为御柳或宫柳。王绰诗"御柳初含色"[1]，杨系诗"宫柳望春晴"[2]，张昔诗更说"遥分万条柳，回出九重城"[3]，其重要性并不亚于宫苑里的槐树。

御沟栽柳，自是长安城一重景色，这就引起诗人赋诗赞叹的兴

---

[1] 《全唐诗》卷二六二，王绰《迎春东郊》。
[2] 《全唐诗》卷二八八，杨系《小苑春望宫池柳色》。
[3] 《全唐诗》卷二八八，张昔《小苑春望宫池柳色》。

趣，张宿就有一篇以《御沟新柳》为题的诗，诗中有句说："夹道天渠远，垂绦御柳新。千条宜向日，万江共迎春。"① 刘遵古和刘禹锡诗更说得确切，刘遵古诗说："韶光先禁柳，几处覆沟新。"② 刘禹锡诗说："柳动御沟清，威迟堤上行。"③ 前面叙述宫苑里的松树时，曾经征引过王建诗中所说的"宫松叶叶墙头出"，王建诗中还说到"渠柳条长水面齐"④，其所称道都是合乎情理的。

　　这几条主要水渠都是由长安城中的街道流过的，特别是永安渠，从大安坊附近进城，一直北流，出了外郭城，流到禁苑中。就是清明渠，也是一直流入皇城里。如前所说，所流经的街道，都是栽种槐树的。水渠流经这样的街道，如何又能再培植柳树？其实这样的猜度也是多余的。朱庆馀有一首《都门晚望》诗，诗中说："绿槐花堕御沟边。"⑤ 当时街道相当宽绰，御沟由街中流过，只占一边之地，因而御沟堤上植柳，并不影响街上的种槐。柳叶可以飘拂水面，槐花也可以坠落水中，这是两无妨碍的。

　　当时王维有一首《春日与裴迪过新昌坊访吕逸人不遇》诗，诗中说："柳市南头访隐沦。"这样的称道是有来历的。前面曾经说过，新昌坊内是有御沟的，就是由城外龙首渠引水流到乐游原的。这条御沟也和其他的御沟一样，沟旁植有柳树。这里的柳市当是因此形成的。如王维诗中所言，这里的柳市应是设在新昌坊内靠北的地方，也许就在新昌坊的北街。通过新昌坊的御沟不是很长的，不是很长的御沟侧畔也都应该有柳市，只是书阙有间，不易稽考了。

---

① 《全唐诗》卷二七五，张宿《御沟新柳》。
② 《全唐诗》卷三四七，刘遵古《御沟新柳》。
③ 《全唐诗》卷三五八，刘禹锡《和令狐相公春早朝回盐铁使院中作》。
④ 《全唐诗》卷三〇〇，王建《春日五门西望》。
⑤ 《全唐诗》卷五一五，朱庆馀《都门晚望》。

七、漕渠的作用

唐长安城的引水渠道以龙首渠、永安渠、清明渠为主。这些渠道的开凿主要是为了供应长安城中的用水。东西两市皆有放生池，用水皆不能说是很多。唐玄宗天宝二年（743）始开漕渠，从事运输木材，这是对于生态环境另一种运用方式，是值得珍视的。

开凿漕渠的过程有些曲折，这是应该先说明的。漕渠入城后是先注入西市的放生池中。放生池为武则天长安（701—704）中，沙门法成引永安渠水所凿成的。玄宗天宝二年（743）韩朝宗始凿漕渠，注入此池，以贮运来的木材。此事见于《旧唐书·玄宗纪》《新唐书·地理志》和《韩朝宗传》，也见于宋敏求《长安志》。这几种记载都说是韩朝宗引渭水入长安城中，置潭于西市，以贮木材。所谓西市之潭就是沙门法成所开凿的放生池。徐松撰《唐两京城坊考》则谓韩朝宗所开的漕渠引用的是潏水而非渭水。以前不佞在论述黄河中游的森林时，也曾引用过韩朝宗这样的说法，后来在修改拙著《中国的运河》时，还认为这样说法是不错的。并且说："开元、天宝年间，（通往关东的）漕渠尚在畅通，漕渠引用的就是渭水，流过长安城北。韩朝宗引用漕渠中的水至于西市，并不是不可能的。"[①] 其实通往关东的漕渠远在龙首渠下，龙首渠较之原下高越十米。高差这样大，如何能引渭水上原？因而还应以徐松所说的与实际的情况相符合。韩朝宗所开凿的漕渠只是通到西市，直到唐代永泰元年（766），黎干才又引潏水入城，由皇城之东向北经禁苑东入浐水。

---

① 史念海：《中国的运河》，陕西人民出版社，1988年版，第205页。

黎干所开凿的漕渠能够行船，还是唐长安城少有的大事，甚至唐代宗还亲自登上皇城西面的安福门上观看。开凿这条漕渠主要是为了南山的木炭。当时石炭尚未发现，长安城中的取暖做饭，都是使用南山木炭作燃料。长安城中人口众多，木炭的耗费也是为数至多，如何运输，确实具有相当困难。漕渠的开凿显然是对于生态环境的善于利用。不过后来如何维护下去，并使其发挥更大的作用，文献记载语焉不详。白居易所撰写的诗篇中，有一首以《卖炭翁》为题的诗，具述卖炭翁的困苦情况，读后使人为之恻然，如果漕渠还能够发挥出更多的作用，可能就不会有这样越出常规的异事。

八、唐长安城的水灾和降土

如上所说，唐长安城的生态环境是适于作为一代都城的。当时有关长安城的设置也是能够适应生态环境，并且能够有这样良好生态环境的。可是长安城竟然也遭受到一些自然灾害。这固然显示出当时对于生态环境的认识和了解有所不足，也显示出当时还没有完全能够克服所发生的灾害的能力和条件。这样的灾害举其大者，就有水灾和降土。

唐长安城位于龙首原上，其规模和范围都已超迈前代，为当世所少有。虽说是原野之地，城内仍有六条高冈，显得有高低不平处。这六条高冈对于都城的建设并无若何妨碍，善于运用，还会感到其有利之处。大明宫就在最北一条高冈之上，显得更为高昂，也更为威严，在大明宫接见邻邦使节，也确实有万国衣冠拜冕旒的气概。乐游原也位于一条高冈之上，可能还能引水上原，凿成池沼，使之成为京城士女登赏祓禊之所。

唐长安城东南隅有一缺口，显得还有点洼下，当时善于运用，使之成为流水屈曲的曲江,再加以经营,花卉周环,烟火明媚,也成为都人游赏的胜地。用现在的话来说,确是一所国家设立的公园,是难能可贵的。

可是就在曲江之北的更东处,地势逐渐显得高起,虽然显不出明眼可见到的高坡,若是有较大的降水,坡地是难于存水的。长安城南至于明德门,可是明德门直到韦曲,其间也有几条高冈,起伏显得不平。其最北一条高冈,距明德门还显得较远些,因之明德门地势平坦,气度不凡,距高冈虽较远,降水稍大,高冈上的雨水也是会流下的,由明德门流入城内。

唐长安城的设施虽已尽善尽美,可是街道上还无排水装备。街道上的渠沟,乃是用于引水的,并不是用之排水。这样遇到大雨,是会感到困难的。唐代近乎三百年的时期,都城附近可以说是风调雨顺,没有很多的大雨大旱。可是也不能就没有大雨大旱。遇到较大的旱灾,五谷不收,皇帝还可以携带其后宫和近臣去东都就食,遇到大雨的岁月,就难免生祸成灾。城内有了大水,水都灌入这些引水沟渠之中,甚至沟渠之中生下了小鱼,淹死人的事也时有所闻。据说德宗贞元二年(786),京师通衢水深数尺,吏部侍郎崔纵自崇义里西门,为水漂浮行数十步,街上步卒救之,才得获免。崇义里为街东第二街由北向南第十坊,其西就是朱雀门街,去东城墙和其南的明德门都已很远,竟然还有这样的大水。当时就是有排水设施,街上流水也是不会很少的。

早在武则天执政时,还发生过这样一宗事情。当时以久雨不停,王朝命令闭坊门酿灾。宰相杨再思入朝,路上有车陷于泥中,牛拉不前,车上人就埋怨说:"痴宰相不能协和阴阳,而关闭坊门,使我艰于行走!"再思听到此话,就派随行的人告车上人说:"你的牛拉不动,不能只责备宰相。"其实当时人还不甚感到街上要有排水的设施,就是想到了,恐怕也难于做好这样的设施。杨再思事发生在洛阳。洛阳如此,长安城的司事者,恐怕也难得考虑到这样的周到。

《新唐书·五行志》载：自唐高祖武德二年（619）至唐昭宗天祐元年（904），其间将近三百年。长安"飞沙扬尘""雨黄土"，"大风雨土""雨土"，先后共有十七次[①]。这在前代也是少见的。长安城附近以至于关中各地，都是农业地区，阡陌纵横，还有不少地方，都有水利灌溉，就是遇有大风，也不易吹起这么多的黄土，使长安城发生这么多次的雨土。为什么能有这样的情况？历来都未能作出适当的解释和说明。

这样"雨土"的现象，近年也不时有所显现，不过不以"雨土"称之。今年最近一次雨土，就是北京城也未能幸免。几经各方探索，才了解这是宁夏回族自治区的一些地方胡乱挖掘土地所引起的。宁夏一些地方盛产甘草和肉苁蓉。这两种药材，销路很广，市价也高，引起邻近各省的人前往挖掘。挖掘之后又不平整土地，遇有大风，浮土便随风飘扬，飞扬到很远的地方，风势停止，浮土落下，就成了雨土现象。如果这样解释不至过于讹误，正可以对唐长安的"雨土"作出说明。

早在隋时起，对于边地的经营就已颇费斟酌。为了防边，就不能不在边地多驻军力。多驻军力，就须供应军糈粮草。路途遥远，转输也就感到困难。解决之道，是在驻军附近开垦屯田，而且能取

[①] "飞沙扬尘"出现一次，"武德二年十二月壬子，大风拔木。《易》巽为风，'重巽以申命'。其及物也，象人君诰命，其鼓动于天地间，有时飞沙扬尘。"见《新唐书》卷三十五《五行二》。"雨黄土"出现二次，"天宝十三载二月丁丑，雨黄土……咸通十四年三月癸巳，雨黄土。"见《新唐书》卷三十五《五行二》。"大风雨土"出现一次，"天祐元年闰四月乙未朔，大风，雨土"。见《新唐书》卷三十五《五行二》。雨土出现十三次，"乾符二年二月，宣武境内黑风，雨土……天祐元年闰四月乙未朔，大风，雨土……贞观七年三月丁卯，雨土……永徽三年三月辛巳，雨土……景龙元年六月庚午，陕州雨土……十二月丁丑，雨土……大历七年十二月丙寅，雨土……贞元二年四月甲戌，雨土……八年二月庚子，雨土……开成元年七月乙亥，雨土……中和二年五月辛酉，大风，雨土……天复三年二月，雨土，天地昏霾。天祐元年闰四月甲辰，大风，雨土。"见《新唐书》卷三十五《五行二》。共出现十七次。

得很好的效果。这样的策略自隋迄唐都积极推行。长安城西北高原深处,屯田的范围都相当广大。军士屯田不比之农家的种植,难得那样的细致。当然不能以之和现在在宁夏回族自治区的挖掘药材的人们相提并论。由于屯田的区域广大,其影响也就和挖掘药材的方式方法相似,也就难免浮土在空中飞扬,再在他处降落。

《新唐书·五行志》记载唐穆宗长庆二年(822),夏州(治所在今陕西靖边县北)大风,飞沙为堆,高及城堞。啥都能在大风中飞起,更何况地面上的浮土。夏州如此,原州(治所在今宁夏回族自治区固原县),泾州(治所在今甘肃泾川县)之间也差相仿佛。泾州也是唐时重要屯田地区,泾州与原州相毗邻,其屯田所在就由泾州向西北伸展,后来泾州至原州的道路也就相应荒废,有的地方也逐渐变成沙地。这条道路本来是泾州、原州通行的大路,其西一般是由原州通往宁州(治所在今甘肃宁县)的大路,如果再往前推溯,还是秦汉时期由咸阳或长安通往萧关的大路中最为重要的一段。秦汉时的萧关就在现在的固原。甚至大路的阻塞就是由于固原东南土地的荒废,甚至有的地方已经在沙化。致此之由,不能谓与屯田的粗放经营没有关系。如果追究唐长安城雨土的由来,以今例昔,其症结也就在此。当时屯田的范围并不以这几州为限,追究唐长安城雨土的来源,其西北各地的屯田地区都应该计算在内。

应该说,唐长安城的设置是相当充分的适应其周围的生态环境,并适当地加以运用,因而显示这个王朝都城有其独有的特色,为当时其他城市所不及。至于那些突发的灾害,当时是难于克服的。譬如累次的雨土,就是到现在也都难于阻止或克服,似不应以此责成千有余年以前的唐长安城人。

天可汗和参天可汗道①

从前中古的时候，西北的游牧民族称他们的酋长叫作可汗。可汗的意思和中国的皇帝相仿佛。可汗之上又加了一个天字，自然更尊贵一等，说得详细一点，就是可汗的可汗，也就是皇帝的皇帝，和万王之王差不多。

这个天可汗的名号在历史上只有唐朝的皇帝是曾经这样的称过。原来唐朝经过高祖创业以后，接着就是太宗继位。这位唐太宗在历史上也算一位数一数二的皇帝。到了他的手里，把唐朝的天下治理得真像锦绣一般，称他的时候为太平盛世，一点也不算过分。他对于国内的治理是这样的好，对于国外更是恩威并用，应付有方。一些邻近的国家一来是怕唐朝的兵力，二来是羡慕唐朝的文化，一个个都年年纳贡，岁岁来朝，一点也不敢疏忽，一点也不敢怠慢，深恐大唐天子万一怪罪下来，担当不起。

单说唐朝的西北边境以外，住的是突厥、回纥各族，这些游牧民族部落很多，散布很广。这些部落对于唐朝的羡慕是到了极点，同时害怕唐朝也是到了极点，因为唐朝的大兵曾经几次在那里征战，他们对于唐朝的威力早已是亲身领教过的。因为这些缘故，他们对于大唐天子简直视为神明，极端地佩服，极端地信仰。他们对于这位神明的天子，不知道该怎样的称呼才好。他们自己的酋长是称为可汗，比可汗再大的只有天可汗了。他们于是毕恭毕敬地来到唐朝，

---

① 原稿写在"国立编译馆"竖行稿纸上，当撰于1940年代。整理者注。

请求大唐天子来作他们的天可汗。这么一来，大唐天子就有了两个头衔，对国内臣民是皇帝，对国外的属邦则是天可汗了。

西北这些部落把大唐天子称之为天可汗，自然更要常常来到唐朝朝觐这位天可汗。他们为表示他们的赤诚，就把他们朝觐天可汗时所行的道路称之为参天可汗道。这参天可汗道大约就是现在的兰西公路、甘新公路，再往西去，分散到中亚细亚，因为那时候这些部落是散住在现在的新疆和中亚细亚一带的。这条参天可汗道究竟有多长，这个不容易知道了。不过我们可以推想出来，这条参天可汗道至少在一万里以上。唐朝长安的西门外，竖立了一通大碑，那碑上写着由此到西边国界共九千九百九十九里。唐朝的西边国界既然有这样的长，那么，这条参天可汗道也要该在一万里以上了。

这个天可汗的名号和这条参天可汗道虽仅是唐朝强盛时候的事情，实在是整个中华民族的光荣。唐朝的诗人曾说过一句"万国衣冠拜冕旒"①，这句诗初看起来仿佛是泛泛的称颂之辞，其实在唐朝的人们看起来，却是实在的情形。大唐天子既是万王之王，当然可以说是"万国衣冠拜冕旒"了。

现在这天可汗的名号早已不复存在，自然这参天可汗道也无从附丽了。不过名称虽改，故道依然，这条道路仍是通往西北国外的大路。走过这条道路的人们，不知道还能不能想起过去这一段光荣的事情？

---

① 王维《和贾舍人早朝大明宫之作》。

唐代交通研究[1]

一、京师长安通往各地的交通干线

唐代都于关中，以长安统帅全国各处。关中虽为四塞之地，其间道路都是畅通无阻。当时曾于交通要道险要之处，设置关隘，以限制中外。所设的关隘全国共有二十六座，分为上中下三等。京城四面关有驿道的为上关，全关有驿道及四面关无驿道的为中关，其余则为下关。京城周围的上关有六座，为京兆府（治所即在长安）的蓝田关、华州（治所在今陕西华县）的潼关、同州（治所在今陕西大荔县）的散关、陇州（治所在今陕西陇县）的大震关和原州（治所在今宁夏回族自治区固原县）的陇山关。这是都有驿道通过的关隘。在京城周围没有驿道的中关为京兆府的子午关、骆谷关、库谷关，同州的龙门关，原州的木峡关和会州（治所在今甘肃会宁县）的会宁关。这些关虽然没有驿道，但是一般的道路还是有的，不然就用不着在当地设关的。这样，由长安出发，通过这些上关、中关

---

[1] 原文分为三个部分，没有标题，注释比较简略。整理者将三部分整合在一起，拟定了题目。此文写在"陕西师范大学历史地理研究所"稿纸上，当作于20世纪90年代初。整理者注。

的道路共有十二条。这还未包括未设关的道路在内。可见，唐代以长安为中心的道路是相当繁多的，因而交通也很发达。

这里就先由经过潼关东行的大道说起。

唐时潼关曾经有过迁徙。迁徙的时期是在武后的天授二年（691）①，原来是在今老潼关的南原上，这时才迁到老潼关，而老潼关在今潼关县的东北。经过这样的迁徙，附近的道路相应也就有过迁徙。原来的道路自是绕道南原之上，其后就随着城池的迁徙以移到黄河之滨。唐末，黄巢攻潼关，就是绕道南原之上，转道潼关城西，东西夹攻城池的。②

由长安至潼关，自是经过灞上（今西安市东）、新丰（今为陕西临潼县新丰镇）、渭南（今渭南市）、华州诸州县。这本来就是前代的老路，唐代仍然踵行。现在的陇海铁路大致仍续以前的旧绩。

由潼关东行，越过崤山函谷关，就是洛阳。洛阳与长安为唐代的东西两京。其前期诸帝经常往来于两京之间，高宗和武后更长期居于东京。两京之间固有津梁，黄河和洛水以通航远，然乘舆往来，行人车马，仍多取于大道。这里的道路，自古即为通途。战国时始建于今河南旧灵宝县东的新函谷关，就已显示出这条道路的重要意义。旧新函谷关的建立也规定这条道路的路线。这条路线大致也还是现在的陇海铁路的一段。陇海铁路由今潼关县西北，改道上南原东行，至三门峡市复合于旧线，因而不复再过旧潼关和旧函谷关，不过当地山川并未有所改易，故迹还可稽征。唐初与王世充争战于新安、慈涧（今仍为新安县和慈涧镇）间③，其重要性并未稍有减弱。

唐代这条两京之间大道的东段，分为南北两道，是由崤坂分歧，

---

① （唐）杜佑：《通典》卷一七三《州郡三》。
② 史念海：《历史时期黄河在中游的侧蚀》，《河山集》二集。
③ 《旧唐书》卷二《太宗纪》。又卷五四《王世充传》。

北道仍遵循旧轨。南道则经永宁（今洛宁县北）、福昌（今宜阳县西）、寿安（今宜阳县东）三县而至洛阳。南道较北道为长，然以循洛水而行，则较北道循涧水为平夷。北道仅置新安一驿，南道所置则有鹿桥（今洛宁县东北）等九驿。① 当时帝王巡幸可能以出南道为多，一般求便捷的自仍多遵循北道。

由长安东北行的大道是通过蒲津关的。蒲津关在同州，逶迤朝邑县（今并入大荔县）西南，黄河岸边。渡过黄河就是蒲州的首邑河东县（今山西永济县西南蒲州城）。② 再东北行，过绛州（治所在今山西新绛县）和晋州（治所在今山西临汾市），而至于并州，也就是后来的太原府（治所在今山西太原市西南）。现在同蒲铁路南段的路线大致和这条大道相仿佛，不过其间也稍有差异处。其一是在绛州附近，其二则在祁县（今仍为县）之北。绛州作为州城，本来就是这条大道应该通过的。现在的同蒲铁路不过绛州故城，而是改道经过侯马市。唐时，侯马尚未见诸记载，最大可能只是一个居民点，现在已发展成为地方都会，因而前后道路就有了分歧。祁县以北，今旧徐沟县有唐时的洞涡驿，唐末朱温和李克用曾于其地进行过争战，当为当时大道经过的地方。洞涡驿北不远就是太原府，是可以直达的。而现在的同蒲铁路则须绕道榆次市，因而两者未能完全相同。这样的差异是由于沿途各地古今发展未能一致而引起的，也是难于避免的一种现象。

唐时由长安至太原还有另一条大道，就是东北出龙门关的道路。

---

① 严耕望：《唐代交通图考》卷一《京都关内道》，上海古籍出版社，1986年，第19页。
② 以蒲津关在同州，是本于《大唐六典》之说。《新唐书》卷三九《地理志》记载：蒲州河西县，"开元八年析河东置，寻省。乾元三年更同州之朝邑曰河西，来属。……有蒲津关，一名蒲坂。"《元和郡县图志》卷一二《河中府》记载："蒲坂关，一名蒲津关，在县西四里。"按：同州和蒲州间的黄河，东西不时摆动。黄河东摆，蒲津关就在河西；黄河西摆，蒲津关又移于河东，故前后记载有所不同。

龙门关的设置也在当时全国的二十六座关之中。龙门关设在韩城县（今仍为县）东北黄河之滨。①由龙门关渡河，就可直指绛州。在绛州和经过蒲津关北上的大道相合。相合之后，由绛、晋两州北上，在将近太原之前，于介休县（今仍为县）南的冷泉驿分出一条歧路，渡过汾水，经过汾州（治所在今汾阳县），溯汾水之西，东北行，亦可达到并州，唐时日僧圆仁，由五台山前往长安，走的就是这条道路。不仅有这样的行踪，而且在清源县（今为清徐县）之北，还有北齐所设的梗阳驿②，可以证明其为这条大道所分出的歧路。虽是并行的歧路，经过洞涡驿的一条，还应是主要的道路。

唐初李渊在太原起兵，进去长安，就是遵循这条大道而下的。在取得临汾郡和绛郡（即后来的晋州和绛州）之后，以河东郡（即后来的蒲州）尚为隋守，而未渡汾水，即改趋龙门。当李渊由龙门渡河时，任瑰曾进言："于梁山船济，直指韩城，进逼郃阳，分取朝邑。……然后鼓行整众，入据永丰。"③李渊渡河后的行军，大体是按照所说进行的。所说的梁山就在龙门关侧。韩城、郃阳，今皆仍为县，只是朝邑并入大荔。永丰仓在华阳县（今仍为县）。④李渊取得同州后，除取永丰仓外，并命其子世民自渭汭屯兵阿城，建成自新丰趋灞上，而他自己则自下邽西上。⑤下邽在今渭南县东北，渭水之北。由此前进，过栎阳（今临潼县渭水北）、高陵（今仍为县），再前就是东渭桥了。李世民由渭汭屯阿城，说的比较含糊。李世民此行曾经师次泾阳（今仍为县）⑥，当是由蒲城、三原（今皆为县）一道前进的。泾阳之南为中渭桥，过桥后再至于阿城（今西安市

---

① 《唐代交通图考》卷一《京都关内道》。
② 《唐代交通图考》卷一《京都关内道》。
③ 《旧唐书》卷五九《任瑰传》。
④ 《新唐书》卷三七《地理志》。
⑤ 《旧唐书》卷一《高祖纪》。
⑥ 《旧唐书》卷二《太宗纪》。

西)。新丰和灞上都在渭水之南，皆为由潼关西行的道路上所经过的地方。

　　长安南倚秦岭，秦岭设关最多，自东下迤西，为蓝田关、库谷关、子午关、骆谷关和散关。这些关都在全国二十六座数内。另外，还应数上凤翔府的斜谷关。① 和其他关一样，也都各有通过关的道路。蓝田关在今蓝田县南，其东南商洛尚有武关②，故这条大道可以称为武关道。库谷关在今长安县东南，通过的道路为库谷道。子午关在今长安县西南，通过的道路为子午道。骆谷关在今周至县西南，通过的道路为骆谷道，也就是傥骆道。斜谷关在今眉县西南，通过的道路为斜谷道，也就是褒斜道的斜谷一部分。散关在宝鸡市西南，通过的道路为陈仓道。

　　通过蓝田关的武关道，是由长安东南行，经商州（治所在今陕西商县），过武关而至南阳（今河南南阳市）和荆（治所在今湖北江陵县）襄（治所在今湖北襄樊市）。蓝田关就是秦时的峣关。峣关和武关都是雄关，历来是兵家争夺之地，至唐时犹然。天宝末年，安禄山已攻陷东京，虢王李巨奉命为河南节度使，潼关东去之途已经阻塞，就出蓝田关经内乡（今河南西峡县）而至南阳。③ 后来黄巢不能固守长安时，也是出蓝田，入商山，由这条道路东归徐州。④ 就在承平之时，也是仕官商旅常行的途径。唐德宗贞元年间，韩愈被贬为阳山（今仍为广东县）令，宪宗元和年间，又以谏迎佛骨，被逐于潮州（治所在今广东潮州市），其南行之途，就是出蓝田

---

① （唐）李吉甫：《元和郡县图志》卷二二《凤州》。
② 《新唐书》卷三七《地理志》。
③ 《旧唐书》卷一一二《李巨传》。
④ 《新唐书》卷二二五下《黄巢传》。

关①，逾商山②，经武关③，次邓州④，再经过荆襄南行。其后元稹和白居易也曾走过这条道路。元稹南行，曾路过武关⑤和襄阳⑥，而至于江陵（今仍为湖北县）。白居易则经过蓝溪⑦和五松驿⑧，再过商州⑨，越商山⑩，达到了邓州⑪，再南就是襄阳了。

武关道要经过秦岭和商山，山路崎岖，往往难于行走，显得美中不足。德宗贞元七年（791），商州刺史李西华自蓝田至内乡（今仍为河南县），"开新道七百余里，回山取途，人不病涉，谓之偏路，行旅便之。"⑫武关道以后得以畅通，修路之功显然有了很大的效益。

还应该指出，商州濒于丹水，丹水下游入于汉水。这是一条可通航运的水道。唐代前期，崔湜曾在商州西北，开山引水，期望能通到蓝田，功虽不成，丹水通漕应是无所疑义的。⑬肃宗末年，史朝义分兵出宋州，淮运阻绝，租庸盐铁溯江而上，江淮粟帛，由襄汉越商於以输京师⑭，当是航运到商州，再转陆运，越过商於，运到

---

① 韩愈《左迁至蓝关示侄湘》。

② 《韩昌黎诗集编年笺注》卷三《赴江陵途中寄赠王二十补阙李十一拾遗李二十六员外翰林三学士》："商山季冬月，冰冻绝行辀。"

③ 《韩昌黎诗集编年笺注》卷十《武关西逢配流吐蕃》。

④ 《韩昌黎诗集编年笺注》卷十《次邓州界》。按：邓州治所在今河南邓县，位于南阳西南。

⑤ 《全唐诗》卷四三八，白居易《武关南见元九题山石榴花见寄》。则元稹曾过武关。

⑥ 《全唐诗》卷四十二，白居易《渡汉江》："蟠冢去年导漾水，襄阳今日渡江濆。"

⑦ 《全唐诗》卷四三一，白居易《长庆二年七月自中书舍人出守杭州路次蓝溪作》。

⑧ 《全唐诗》卷四三一，白居易《自秦望赴五松驿，马上偶睡，睡觉成吟》。

⑨ 《全唐诗》卷四三八，白居易《发商州》。

⑩ 《全唐诗》卷四三一，白居易《登商山最高顶》。

⑪ 《全唐诗》卷四三一，白居易《邓州路中作》。

⑫ 《新唐书》卷三七《地理志》。

⑬ 《新唐书》卷九九《崔湜传》。

⑭ 《新唐书》卷五三《食货志》。

长安。

　　武关道的西侧，别有上津路，亦可下通襄州。上津为商州属县，今为湖北郧县属镇。地濒甲水，甲水今为金钱河，下游入江水。上津道是由商州南行，过丰阳而至上津，再达襄州。前秦苻健据有关中，即以山途为南北通道，吸引南金奇货。① 唐代后期，上津路曾见重于一时。上津路和武关道皆通至襄州，而上津路则显得过远。武关道濒丹水，丹水漕运可以达到商州，上津以下因可藉汉水运输，上津以上，尚须翻山越岭，始可达到商州。两者相较，上津路似稍逊一筹。唐代后期所以见重于时，盖以中原扰攘，江淮贡赋难于由汴渠西运，就是武关道也受到威胁，不能再假道于上津路。德宗建中年间，李希烈部下据有邓州，武关道受阻，诏治上津山路，置邮驿。② 所说的山路，当指上津县至商州之间的山路。在此以前，亦曾有假道于上津路事。肃宗至德二载（757）虽已收复两京，复通漕运道路，上元二年（761），史思明再陷河阳，东都漕运又复受阻，就是武关道也同样感到威胁，江淮贡赋就须再度假道上津路。据史籍记载，有李叔明者，于东都平后，擢商州刺史、上津转运使。③ 李叔明的升迁虽在东都平定以后，这样的职务应该是早已有之，不待此时始行设之。东都平定后才半月，刘晏即以户部侍郎兼河南道水陆转运都使。④ 这是说汴渠漕运已经复通，无须再假道上津路。李叔明虽为上津转运使，大致也只是办理上津路原来运输的未了事务。

　　再往前溯，当肃宗即位于灵武之时，即已有提到上津路。《资治通鉴》于至德元载曾有"江、淮奏请贡献之蜀、之灵武者，皆自襄阳取上津路抵扶风，道路无壅，皆薛景仙之功也"的记载。由上津路陆运至扶风（郡治在今陕西凤翔县），翻山越岭，显然是容易的。

---

① 《晋书》卷一一二《苻健载记》。
② 《资治通鉴》卷二二八，唐德宗建中四年正月条。
③ 《新唐书》卷一四七《李叔明传》。
④ 《资治通鉴》卷二二二，唐肃宗宝应元年十一月条。

《资治通鉴》记薛景仙于这一年八月。接着于同年十月又记载："第五琦见上于彭原（今甘肃西峰市北），请以江、淮租庸市轻货，溯江、汉而上至洋川（郡治在今陕西洋县），……（再）陆运至扶风以助军，上从之。"这两条记载显然是矛盾的，如薛景仙已因转输有功，何待第五琦再作请求。第五琦的请求，肃宗即时许可，正说明在此以前尚无这样的设施。《资治通鉴考异》于记第五琦事时说："《邺侯家传》云，'荐元载，今于陨乡县（今湖北郧县）置院以督运。'按《载传》，是时在苏州及洪州，未尝在陨乡，今不取。"陨乡与上津相邻，可能所记载薛景仙事与元载设院同一虚妄。此后江淮贡献西运至洋州、汉中，再运至凤翔事，仍有记载，皆未一提及上津路事。

武关道和上津路之西为库谷道。库谷道为由长安东南行，通往金州（治所在今陕西安康市）的道路，循库谷登上南山，再顺柞水而下。柞水今为乾佑河，下游入于旬水，旬水在洵阳（今陕西旬阳县）入于汉水。此道当溯汉水至金州。

库谷道之西为子午道。子午道为由长安通往汉中的道路。刘邦为汉王，就是由子午道南行的，只是当时别称为蚀中。李吉甫论述此路，谓子午关在长安县南百里；并说当时洋州东二十里的龙亭为入子午谷的路。[1] 唐洋州治所在今陕西洋县。李吉甫还说，黄金县西北的铁城为子午道经过的地方[2]，黄金县在今洋县东南。李吉甫以唐人论唐事，应无讹误。李吉甫还记载有关这条道路的往事。据说："梁将军王神念以旧道缘山避水，桥梁多坏，乃别开干路，更名子午道。"[3] 唐初颜师古也曾说过："旧子午道在金州安康县界。"唐安康县在今陕西石泉县东南池河西北汉水东岸。池河主要为南北流向，

---

[1] 《元和郡县图志》卷一《京兆府》。
[2] 《元和郡县图志》卷二二《洋州》。
[3] 《元和郡县图志》卷一《京兆府》。又卷二二《洋州》。

因而也称为直河。直河源出子午谷岩岭下。① 王神念前的子午道当循池河南行，至入汉水处再循汉水而上，既是在水旁开路，自必多筑桥梁。今池水发源处乃在宁陕西北旬阳坝和大地塘之间南行大道的侧畔。这里的南行大道当系唐时子午道的旧迹。秦岭山中老林遍地，在老林中别开新道亦非易事。旬阳坝和大地塘之间别无其他道路旧迹，谓非唐时子午道经过之地，也是不可能的。子午道经过旬阳坝和大地塘后更向西南行，距池河更远，王神念当日改道之处当在池河源头子午谷岩岭附近，不得远至其南各处。王神念为梁朝的将军，其行军应是由唐时金州西行，唐时金州于梁时为东梁州。可知这条道路当年是通到现在的安康市。

子午道之西为骆谷道。骆谷道以通过骆谷而得名。骆谷道亦称傥骆道，因其南口曰傥谷，北口曰骆谷。傥谷则在洋州治所兴道县北三十里处②，也就是在今洋县城北，今洋县城北有公路直通华阳镇。华阳镇为唐真符县，真符县本为华阳县。③ 今华阳镇当仍旧用华阳县的旧名。今洋县城北至华阳镇的公路，当是循骆谷道南段兴筑的。今周至县南亦有公路，溯骆谷水而上，中途直向南行，经佛坪县，再南抵汉水北岸，溯水西行，抵达洋县。这直向南行的公路距华阳甚远，无由经过华阳，当非骆谷故道。宋人记载，骆谷道上有樱桃、三交、林关诸驿，林关驿接真符县大望驿。④ 骆谷水发源于太白山南麓，已近于华阳，亦即真符县，则当时大道所行，当于骆谷水源近处折向西南，经过真符县，入于傥谷，再抵扬州，与今佛坪县无关。

骆谷道再西为褒斜道。褒斜道也和傥骆道一样，是由褒水和斜水的河谷中修筑的。因为两水同源而南北分流，较易兴功。而且早

---

① 《水经注》卷二十七《沔水》。
② 《元和郡县图志》卷二二《洋州》。
③ 《元和郡县图志》卷二一二《洋州》。
④ （宋）宋敏求：《长安志》卷一八《盩厔》。

在西汉中叶就已施过工。① 汉魏以后，曾长期成为南北通行的道路，其后至西魏时，始别开回车道。回车戍在凤州梁家县（梁泉即凤州所治县，在今陕西凤县东北凤州城）西南，为今凤县所在地。有的记载说，回车戍在梁家县西北②，有的则说在县南③，皆与当地形势不合。在今凤县附近，除现在通往汉中的公路外，未见再有其他东南行的道路遗迹，可知回车戍的故地应在今凤县治所，不得在凤州城的西北或其南方，今由陕西宝鸡市西南行的公路在凤县分叉，更向西南行的，是经过略阳前往四川，往东南行的则经留坝县、姜窝子、马道驿、旧褒城，至于汉中市。由凤县至汉中一路当时循回东路修筑的。姜窝子在马道驿北五十里处，为这条道路接近褒水之处，当是宋时所置武休关的故地。④ 这条道路至此始与由斜谷关前来的原褒斜路相会合。这里本来有甘亭关，在马道驿附近，唐时全国七座下关，甘亭关为其中之一。⑤ 褒城附近无关，甘亭关应具有控制这条道路南口的作用。不能稍远在凤县的东南。这条道路的南段与唐斜谷来的褒斜路相结合，自随褒水南下，至谷口出山。然有时却是另出白马道。⑥ 白马道口有白马栈，其西有沔水⑦，白马道当循沔水而下。沔水流程仅四十五里⑧，沔水源头再往上行，则崇山峻岭与褒谷相隔，未悉其在何处与褒斜道分途。

褒水之东别有文川道。⑨ 文川道是由褒谷东的文川河河谷向北修

---

① 《史记》卷二九《河渠书》。
② 《元和郡县图志》卷二二《凤州》。
③ （宋）乐史：《太平寰宇记》卷一三四《凤州》。
④ （清）穆彰阿：嘉庆重修《大清一统志》卷二三八《汉中府》，四部丛刊续编景旧钞本。
⑤ 《唐六典》作凉州甘亭关，凉州当为梁州的讹误。
⑥ 《元和郡县图志》卷二二《凤州》。
⑦ 《水经注》卷二七《沔水》。
⑧ 《太平寰宇记》卷一三三《山南西道·西县》。
⑨ 《全唐文》卷七九四，孙樵《兴元新路记》。

筑的，至青松驿（今留坝县江口镇）南某一处北循褒水河谷北上，舟转入斜水河谷而下，至于郿县（今眉县）。这条文川道是唐宣宗大中三年（849）兴修的①，修成后只过了一年，就为雨水所坏，因而又重修斜谷旧路。② 文川道所经行的地方实际上就是在斜水河谷中，如唐人孙樵所言，文川道自眉县南行，至临松驿，驿扼谷口③，则大中四年所修的斜谷旧路，当非经由斜谷中的道路。在修文川道之前，所修者仍为西魏时所修的回车戍至褒水谷口的道路，而这条道路就在修文川道前十年，亦即唐文宗开成四年（839）还曾重修过。开成四年重修的道路是由散关至褒城间一段。④ 散关在今陕西宝鸡市南秦岭上，其中就包括回车戍至褒城的道路，故代替文川道的斜谷旧道，就是回车戍至褒城的道路。应该说，唐时的褒斜道或斜谷道固然原曾因袭秦汉时期的褒斜道或斜谷道，但更多的则是指西魏时所修筑的由回车戍至褒城的道路，也就是由今宝鸡市经凤县、留坝等地以及秦汉时期的褒斜路南段的一条新线。新线虽已通行，但旧线却并未废除，所谓文川道只不过一年的光景，算不得常规。

通过散关的大道为陈仓道。陈仓道亦称故道。刘邦由汉中北归，就是由故道北出陈仓，定三秦。《史记·河渠书》也说："抵蜀从故道，故道多阪，回远。"故道为由关中南入蜀中的大道，中间经过汉中，故刘邦得以由之反攻关中。汉中，唐时为梁州，也称汉中郡，德宗兴元元年改称兴元府，其治所就在今汉中市。

现在嘉陵江的上源在唐时称为故道水。故道水出陈仓县大散岭，西南流入故道川，唐凤州的治所就在故道川中。⑤ 大散岭即散关所在

---

① 《旧唐书》卷一八下《宣宗纪》。
② 《旧唐书》卷一八下《宣宗纪》。
③ 《全唐文》卷七九四，孙樵《兴元新路记》。
④ 《全唐文》卷六〇六，刘禹锡《山南西道新修驿路记》。
⑤ 《元和郡县图志》卷二二《凤州》。

的山岭，今宝鸡市西南，大散关的附近。西汉时尚设有故道县①，可知其渊源是相当悠久的。故道水在今陕西略阳县西北与西汉水相汇合。今略阳县于唐时为兴州治所，可知这条大道在当时是由散关之下，循着故道水及其所汇合的西汉水通到兴州的。兴州和兴元府间的距离为二百五十里，中间经过西县（今陕西沔县西）。西县距兴元府一百里②，则距兴州仅一百五十里，相距不远，是可以直达的。西县城西的百牢关，为隋时的白马关③，也应是西魏时的白马城，和兴元府东西相望，皆在汉水北岸，往来是相当方便的。

子午道、骆谷道、斜谷道和陈仓道，这四条过秦岭的大道，都是由长安通往梁州亦即后来的兴元府的大道。子午道最东，就在长安之南，相距甚近，这是不必多说的。骆谷道北口的骆谷关，乃在周至县南，也是由长安西南行即可登上征途的，就是通过斜谷关的斜谷道，同样是由长安经户县、周至前往的。④ 由长安经渭水之北前往的就只有陈仓道一途。这四条大道，东西并列，皆能达到梁州及其以后的兴元府，来往行人取道于子午道的似较少，而出褒斜、陈仓两道的显得稍多。唐代多诗人，诗人所至，往往即景生情，留有篇什，这在《全唐诗》中是不少见的，然而最值得注意的则是一些帝王也由这里的道路向南巡幸。所谓巡幸实际上是逃避关中和长安的乱离，这首先是唐玄宗。当安禄山的叛军将及关中的时候，出幸蜀中，经马嵬坡（今陕西兴平县西北）、扶风（郡治今陕西凤翔县）、陈仓、散关、河池（郡治今陕西凤县凤州镇）、益昌（今四川广元县南）⑤，所行的就是陈仓道，盖由兴州直南，未及绕道梁州。

① 《汉书》卷二八下《地理志下》。
② 《元和郡县图志》卷二二《兴元府·兴州》。
③ 《元和郡县图志》卷二二《兴元府》。
④ 李之勤：《唐代的文川道》，《中国历史地理论丛》1990年第1期，第119—120页。
⑤ 《旧唐书》卷九《玄宗纪下》。

其后是唐德宗。德宗的南幸，是由奉天首途的，奉天为今陕西乾县。德宗去到奉天，是由于长安发生了泾原兵变，在奉天又遇到李怀光的反叛，才仓卒由骆谷南行①，过城固（今仍为县）②，达到梁州。其后僖宗为黄巢所逼，则是由骆谷、堰水（在今陕西洋县西）至于兴元。③僖宗再次南幸，乃为田令孜所逼，南行之途是由宝鸡到大散关。其时山南西道节度使石君涉不欲僖宗至兴元，因"栅绝险要，烧邮驿，上由它道以进。山谷崎岖，邠军迫其后，危殆者数四，仅得达山南"，山南西道监军迎之于西县，因得至于兴元。④所说的栅绝险要，烧邮驿，当是褒斜道。而所由进的他道，很可能是出自白马城的道路，故山南西道监军得在西县奉迎。如果当时僖宗由陈仓道南行，陈仓道南段是会经过兴州和西县的。就是陈仓道的险要被栅绝，邮驿被烧尽，所由经他道不会再是白马城，而山南西道监军也不会在西县奉迎的。

由长安向西行，经过岐州，即后来的扶风郡，就可达到陇州的大震关，由大震关西行的大道，可以达到陇右道治所的鄯州。鄯州的治所在今青海乐都县，濒于湟水，由鄯州再西北，又可以通到安西都护府（先治高昌，今新疆维吾尔自治区吐鲁番市；后移治龟兹，今新疆维吾尔自治区库车县）和北庭都护府（治所在今新疆维吾尔自治区吉木萨尔北）。隋炀帝西征吐谷浑就由这条道路进军，至于西平郡，还到过西平郡以西的一些地方。西平郡就是唐代的鄯州。炀帝此次西行，是由当时的东都洛阳首途，先到长安，再往长安西行，过武功（今仍为县），陇西（郡治在今甘肃陇西县）、狄道（今甘肃临洮县），出临津关（今青海循化撒拉族自治县东黄河南岸）西至

---

① 《资治通鉴》卷二三〇，"唐德宗兴元元年二月"条。
② 《旧唐书》卷一二《德宗纪上》。
③ 《资治通鉴》卷二五四，"唐僖宗广明元年十二月"条、"唐僖宗中和元年正月"条。
④ 《资治通鉴》卷二五六，"唐僖宗光启二年二月"条。

于西平郡。

自长安西行的大道，远在唐代以前，即以为西域各国与内地交通重要的途径，不仅使者、商贾往来不绝，佛教僧侣求法传经也都遵循此间的道路，沿途佛寺石窟络绎可寻。天水麦积崖、永靖炳灵寺、敦煌莫高窟，皆其著者，就是张掖、武威的南山也往往有之，盖行旅僧徒远道奔波，祈求神佛保护，而多事建庙塑像，世殊事异，亦可藉此以觇当时道路的伸张。由长安西行，过陇坂，再西就是秦州（治所在今天水市），麦积崖上雕塑佛像，不为无因。隋炀帝西征，既至狄道，不循洮河北行，却西北出临津关，由其间炳灵寺证明，这里已早成为通途，且设关防守，与他处不同，故隋室车骑也取此道。唐代全国七座下关中，河州（治所在今甘肃临夏县）的凤林关也居其一。设关的地方就在炳灵寺之南，其作用应该是和临津关相仿佛的。从而也可以证明，这条道路就在唐时仍然是畅通无阻的。

唐代初年，玄奘西行求法，这是佛教史上杰出的大事，由玄奘的行踪也可略觇道路的曲折。玄奘由长安西行，先至秦州，再至兰州（治所在今甘肃兰州市），又到凉州（治所在今甘肃武威市）。① 由秦州至兰州，可能还要经过陇西和狄道。唐初秦州仍治上邽，就是现在的天水市。开元二十二年（734）徙治成纪（在今甘肃秦安县西北），天宝元年（743）还治上邽，宣宗大中三年（849）复治成纪。② 玄奘西行，所经过的当然还是治于上邽的秦州。现在有公路由天水经过秦安及其西北的通渭、定西诸县过于兰州。通渭、定西诸县现在皆在华家岭山区，唐时未曾设县，可能尚无交通可言。秦州至渭州（治所在今甘肃陇西县，在唐陇西县西北）、渭州至临洮郡

---

① （唐）慧立、彦悰：《大慈恩寺三藏法师传》卷一"起载诞于缑氏终西届于高昌"。

② 《新唐书》卷四〇《地理志》。

（设于临州，治所即在狄道），临州至兰州，皆有具体的里数。① 玄奘所行的道路就是隋炀帝西征的道路，所不同的只是狄道以下，隋炀帝西北至西平，玄奘则北行至兰州。应该说由兰州至凉州自汉魏以来由长安西行的大道，唐时仍然畅通，不仅玄奘西行由之，后来者还是络绎不绝。

唐代通往西域各地还有一条道路，就是通过原州陇山关的道路。陇山关为唐代六座上关之一，和大震关的地位相当。陇山关在原州治所平高县南一百一十里的陇山上。② 唐太宗幸灵州（治所在今宁夏回族自治区灵武县）时，曾逾陇山至西瓦亭，观马牧。③ 这里说的陇山，就是现在宁夏回族自治区南部的六盘山。西瓦亭对六盘山东的瓦亭而言，当时有瓦亭关，在平高县南④，就是设在六盘山东的瓦亭。这个瓦亭到现在依然存在，其西稍偏处就是现在西兰公路上山处，则陇山关当设在东西瓦亭之间的六盘山上。

唐太宗此次出行，是先经过泾阳⑤，至汉甘泉宫，再至泾州。⑥ 泾阳，今仍为陕西泾阳，汉甘泉宫在今陕西淳化县，皆在泾水之北，这是唐太宗个人的游乐，并非就是前往陇山关和灵州的大道所必须经过的地方。泾州治所在今甘肃泾川县，其东的邠州（治所在今陕西彬县）为军事要地。当唐代初建之时，突厥就曾由原州入侵，屯兵于邠州，并奄至长安城下。⑦ 邠州有大佛寺，迄今犹存，以秦州的麦积崖和永靖的炳灵寺相较量，邠州自必是西行大道所经过的地方。则自长安西北行，乃是过邠州和泾州，而至于六盘山下。

唐时十三座中关中有会州的会宁关。会州治所在今甘肃靖远县，

---

① 《元和郡县图志》卷三九《秦州·渭州·兰州·临州》。
② 《太平寰宇记》卷三三《原州》。
③ 《资治通鉴》卷一九八，"唐太宗贞观二十年八月"条。
④ 《元和郡县图志》卷三《原州》。
⑤ 《旧唐书》卷三《太宗纪》。
⑥ 《资治通鉴》卷一九八，"唐太宗贞观二十年八月"条。
⑦ 《旧唐书》卷一九四上《突厥传上》。

会宁关则在会州西北，黄河在会州稍偏西北流，会宁关当设在黄河岸旁。会州又有乌兰关，设在黄河西岸乌兰县，当与会宁关隔河相对。① 吐蕃内侵，曾于黄河上架乌兰桥②，桥以乌兰为名，当在乌兰县乌兰关附近。明代曾在靖虏卫（今靖远县）北黄河上架索桥，按其方位，大致前后相差不多，当是当地黄河较为窄狭，易于架桥的缘故。明代索桥架成，即可西循边墙之内，通往凉州（治所在今甘肃武威县）。明代的凉州也就是唐代凉州旧地，则唐时由长安西北行的大道，也可经会宁和乌兰两关通到凉州。由陇山关通往会宁关，再由会宁关西北行，不过有关这两关间道路的记载多付阙如，难于稽考。中唐以后，此间陷于吐蕃，往来道路容或有所改变，不尽和唐代前期相同。虽说如此，蛛丝马迹还是难于尽泯的。在现代西兰公路未筑成前，由六盘山下瓦亭西行的大路是通到隆德、静宁、会宁诸县的，会宁濒祖厉河，祖厉河就在靖远县流入黄河。河谷中是有道路可以通行的。唐时陇山关和会宁关的道路也有可能处于此途，因既已为道路，若非受到有意的破坏，是不易完全泯灭无迹的。

与会宁关并列于十三座中关之中的为木峡关。木峡关在陇山关之北，原州之南③，其北又有石门关，在原州之北④，三关南北并列，惟石门关不列于唐时的二十六关之中。木峡关北魏时已见诸记载，宇文泰曾由原州出木峡关征讨侯莫陈悦于水路城（今甘肃庄浪县）。⑤ 隋初，突厥亦曾由木峡、石门两道入寇。由于突厥的抄掠，武威（郡治在今甘肃武威县）、天水（郡治在今甘肃天水市）、安定（郡治在今甘肃泾川县）、金城（郡治在今甘肃兰州市）、上郡（郡

---

① 《元和郡县图志》卷四《会州》。关于会宁关和乌兰关的旧址，唐以后的记载多有差异，论唐时事当据唐人记载，故这里从《元和郡县图志》之说。
② 《旧唐书》卷一三三《李晟传附王佖传》。
③ 《元和郡县图志》卷三《原州》。
④ 嘉庆重修《大清一统志》卷二五九《平凉府》。
⑤ 《周书》卷一《文帝纪》。

治在今陕西富县）、弘化（郡治在今甘肃庆阳县）、延安（郡治在今陕西延安市）的六畜皆尽。① 安定、上郡、弘化、延安诸郡皆在木峡、石门两道之东，天水郡则在其南，则突厥此次入寇，当是由武威、会宁（即唐时会州）东来。其时石门虽尚未见有设关的记载，既以道相称，则已成为通途，是可以断言的。三关之中，陇山关较为重要，故列为上关。石门设关较迟，也未跻入下关之列，时代前后稍异。不必以关的地位上下推度其间道路的通塞。

唐原州平高县东南有萧关故城。② 萧关为秦汉时期所置关，用以控制循着乌水（今清水河）河谷的道路。唐时以故城相称，则关已废去。关虽废去，道路固仍存在。前面提到唐太宗的北幸，就是于六盘山下出此关北行的。唐代废去萧关，却于原州之北仍置萧关县，依然在这条河谷中（乌水唐时改称为蔚如川)③，地方虽有改易，道路却未尝有所减色。

还应该指出，当时由庆州（治所在今甘肃庆阳县）、环州（治所在今甘肃环县）至灵州的道路已经畅通。这条道路是在泾州（治所在今甘肃泾川县）之东，和由长安经过邠州至陇山关的大道分行的。安禄山据有长安时，唐肃宗即由这条道路由灵武（即灵州）返至扶风（即凤翔）。此行由灵武至于顺化（即庆州）、彭原（郡治在今甘肃宁县）。彭原郡有彭原县，在今西峰市北。这条道路当由彭原县南行，至于泾州之东，再南过灵台县（今仍为县）西南的百里城，就可以达到扶风郡。通过百里城的道路，在唐时也多有军事行动。吐蕃就曾经由这条道南侵过，马璘还曾在这里击败吐蕃的入侵军队。④ 在原州为吐蕃侵占后，唐朝因在这里建置过行原州。⑤

---

① 《隋书》卷八四《突厥传》。
② 《元和郡县图志》卷三《原州》。
③ 《元和郡县图志》卷三《原州》。
④ 《资治通鉴》卷二二五，"唐代宗大历十年九月"条。
⑤ 《新唐书》卷三七《地理志》。

长安周围四百关中，独没有北面的关。北面并不是无关，延州（治所在今延安市北）北就有一座芦子关。① 杜甫的《塞芦子》诗，就是称道这座关的重要性的②，只是未列于全国二十六关中，故易为人所疏忽。延州之南，中隔鄜州（治所在今陕西富县）为坊州（治所在今陕西黄陵县），所属的宜君县（今仍为县）北有玉华宫，为唐太宗不时巡幸之所。③ 从长安北行，过泾阳，有路可以直至其地。唐初，梁师都据有夏州（治所在今陕西靖边县北白城子），经常劝诱突厥由这条道路南侵，其间野猪岭之战，就相遇于甘泉县（今仍为县）北。④ 其后柴绍灭梁师都，也应是由这条道路北上的。⑤ 唐时，夏州为北方重镇，丰州（治所在今内蒙古自治区五原县南）更在其西北。夏州丰州相距七百余里⑥，应是经过鄂尔多斯直达的。

《新唐书·地理志》延州丰林县（今延安市东北）东北有合岭关，绥州（治所在今陕西绥德县）城平县（在今清涧县西）西南有魏平关。这是通往绥州和银州（治所在今陕西横山县东）的道路，更东北行，通到胜州（治所在今内蒙古自治区雅格尔旗东北黄河岸边）。

就在这条通往延州、银州的道路之东的黄河两岸，还有建筑一些关隘。丹州（治所在今陕西宜川县）汾川县（今宜川县东北）有乌人关⑦，为由鄜州通往晋州（治所在今山西临汾市）的道路所经过。隰州（治所在今山西隰县）大宁县（今山西大宁县）有马斗关⑧，为由延州通往晋州灵石（今仍为县）的道路所经过。隰州永

---

① 《元和郡县图志》卷三《延州》。
② 《全唐诗》卷二一七，杜甫《塞芦子》。
③ 《元和郡县图志》卷三《坊州》。
④ 《旧唐书》卷五六《梁师都传》。
⑤ 《旧唐书》卷五八《柴绍传》。
⑥ 《元和郡县图志》卷四《丰州》。
⑦ 《新唐书》卷三七《地理志》。
⑧ 《新唐书》卷三九《地理志》。

和县（今仍为县）有永和关①，为延州通往灵石县的另一条道路所经过。石州（治所在今山西离石县）定胡县（今柳林县北）有孟门关，为绥州通往汾州（治所在今山西汾阳县）的道路所经过。其中孟门关列于全国十三座中关之中，永和关列于七座下关之中。

长安于唐时为帝都所，王朝以此为中枢，统治全国各地。由都城辐射出去的交通道路，实有助于王朝的统治。当时规定都城四面皆设关置守，其中上关六座，中关亦有六座，设关之地皆是有道路可以通行之处。这是说，以长安为中心，通到各处的道路就有十二条。其实这样设关的记载并未全备，斜谷关就未曾被列入其中。长安以北，也有道路，经过延州、夏州，更远至于阴山之下的丰州，沿途虽未设关，却是不可忽视的。这样算计起来，共有十四条道路。各条道路虽各有起源，和各地的道路衔接起来，可以说是无远弗届了。正是由于交通道路的便利，都城长安就更显得宏伟瑰丽，无所不包。唐朝前期，国力强盛，不能与此无关。至于后期渐次衰弱，那是另有其原因的，就未可一概而论了。

二、各陪都的道路系统

唐代建都于长安。高宗显庆年间以洛阳为东都，是为陪都之始，其后陆续增建或废省。洛阳之外，曾经作为陪都的还有太原、凤翔、蜀郡和江陵。② 陪都所在也是一方交通的中枢，这里就依次论到，以见其时交通道路的梗概。

---

① 《唐六典》表六《刑部尚书·司门郎中》。
② 史念海：《中国古都概说》，载《中国古都研究》第八辑，1990年，第133页。编者注。

洛阳位于长安之东。由长安东行，出潼关，逾崤函山地，就可达到洛阳。由洛阳往东，当远至青（州治在今山东益都县）、齐（州治在今山东济南市）各处，东至东海之滨，青齐广大，较为繁荣，道路当非一条。唐代前期，诸帝皆欲封禅，以示功成。然能亲至泰山，则仅为高宗和玄宗。高宗东行在麟德二年（665），玄宗得至泰山，则在开元十三年（725）。麟德二年，高宗东行，曾经经过原武①、濮阳和寿张，而至于齐州②。原武在今河南原阳县西，其西南就是河汴分流处的河阴县。当时黄河从河阴东北流，原武县仍在河南，高宗当日可能由河阴趋向原武，再东至于濮阳。濮阳在今河南濮阳县西南，本为上古颛顼所居的帝丘，故高宗即以此事征询于其臣下。濮阳当时隶属濮州，濮州治所在今山东鄄城县，其东北就是寿张县（今果山县北），寿张东北为郓州治所须昌县（今山东东平县）。高宗此行当是由濮阳东北过濮州治所，再经寿张、须昌，而至于齐州。齐州治所历城县就在泰山之北。高宗由历城南行，即可登山封禅。

高宗封禅之后，并未取道于原途归来，而是在泰山之南次曲阜（今山东曲阜县）和亳州（治所在今安徽亳县）瞻拜孔子和老子庙庭③。曲阜已在泰山之南，高宗西归自不必再越泰山北行。惟亳州稍偏南方，殆因老子而绕行远路。

玄宗东封泰山，亦如其乃祖旧规，沿途州县官吏，相率奔走供张。玄宗由泰山归来的途中，曾表扬过怀（治所在今河南沁阳县）、魏（治所在今河北大名县）、济（治所在今山东东阿县西北）三州的刺史，谓其俭朴，不事浮华，还特意指出这些都是所历诸州中的

---

① 《旧唐书》卷四《高宗纪上》。
② 《资治通鉴》卷二〇一，唐高宗麟德二年十一月条，唐高宗麟德二年十二月条。
③ 《旧唐书》卷五《高宗纪下》。

良吏①。仿佛玄宗东行道路是由洛阳渡河北行，历怀、魏二州，再由济州东行。其实并非如此。《新唐书》于《玄宗纪》的开元十三年记载："十月辛酉，如兖州。庚午，次濮州，赐河南、北五百里内父老帛。"这是说，十月辛酉这一天，玄宗起驾东巡，第十天就到了濮州。《资治通鉴》于《唐纪》一七记载高宗封泰山，于十月丙寅发东都，十一月戊子至濮阳，其间用了二十三天。《资治通鉴》还记载高宗到齐州是十二月丙午，连前共四十一天。玄宗离开濮州，又行了二十天，比高宗还少十一天。这样的行程如何还能绕到河北的怀、魏二州？由此可见，由洛阳东行，经郑、濮、郓三州，而至于齐州，这应是当时黄河以南东行的大道。齐州和青州之间只隔一淄州（治所在今山东淄博市南），相距并非很远。青州之东为莱州（治所在今山东莱州市），再东北为登州（治所在今山东蓬莱县）。这几州的道路可以上溯秦始皇时驰道，海滨交往，应该不会有很大的变化。

唐玄宗由泰山归来，虽也到过曲阜，祭奠过孔子，但却未到亳州，即由曲阜到宋州（治所在今河南商丘县）②，宋州西北隔汴州（治所在今河南开封市）就是郑州。郑、汴、宋皆濒倚汴河，然亦应是由潼关东出，经过洛阳，趋向东南的大道所经过的地方。宋州之东为徐州（治所在今江苏徐州市），这是东方的重镇，不仅是咽喉要地，还可控制江淮漕运道路③，自为这条大道经过的地方。徐州之东为海州（治所在今江苏连云港市海州），已在东海之滨了。

由洛阳向南的道路，则是由汝州（治所在今河南临汝县），南至南阳（今河南南阳市）和襄阳。这本是东汉时都城人士"游戏宛与洛"④的旧道。唐时，洛阳只是陪都，南阳已非帝乡，道路却还畅

---

① 《新唐书》卷一二七《裴耀卿传》。《资治通鉴》卷二一二，唐玄宗开元十三年十一月条。
② 《资治通鉴》卷二一二，唐玄宗开元十三年十一月条。
③ （唐）李吉甫：《元和郡县图志》卷九《徐州》。
④ 《文选》卷二九《古诗十九首》。

通。其间不仅经过汝州①，还可再向南去，通到江陵。②

洛阳东南，嵩山耸起。嵩山于唐为中岳，也受到唐帝的祀奉，山下所设的登封和告成两县的设置，就是和祀奉嵩山有关。由洛阳至嵩山下登封的道路，自是当时通行的大道。嵩山之南为颍水，大道还循颍水而下，至于其沿岸各处，经过颍州（治所在今安徽阜阳市），直达到淮南道西部的寿（治所在今安徽寿县）、庐（治所在今安徽合肥市）、舒（治所在今安徽潜山县）诸州③。秦汉时期，合肥以能受南北潮，为商贾往来的大道④，唐时合肥就是庐州的治所，可见合肥南北的大道是自古已经有之。

由洛阳北行的道路，则是北渡黄河，先至河阳（今河南孟县西），东北行经卫州（治所在今河南汲县），至于相州（今河南安阳市），再北至于磁州（治所在今河北磁县）和邢州（治所在今河北邢台市），又北至于赵州（治所在今河北赵县）、恒州（治所在今河北正定县）、定州（治所在今河北定州市）、易州（治所在今河北易县）、涿州（治所在今河北涿州市），而至于幽州（治所在今北京市）。当时卫州属县中有新乡县（今为新乡市），位于卫州治所的西南。县东北有临清关，为自河内入汲郡的大驿路⑤。汲郡即卫州。这条大道自新乡以北直至幽州，大抵仿佛现在京广铁路，只是中间偶有不尽相符之处。如内丘县（今县）之北，绕道柏乡（今县）；高邑县之北，绕道赵州。由赵州北行，固可直达恒州，然亦有不经恒州，由藁城（今县）北向定州者；又由望都县（今县）北行，经满城（今县）又由望都县（今县）北行，经满城（今县）以抵易州，

---

① 《全唐诗》卷一六〇，孟浩然《行至汝坟寄卢征君》："行乏憩予驾，依然见汝坟。洛川方罢雪，嵩嶂有残云。"
② 《全唐诗》卷四七，张九龄《南阳道中作》："登郼属岁阴，及宛憎所适"。《全唐诗》卷三〇一，王建《江陵使至汝州》。
③ 《旧唐书》卷一五二《张万福传》。
④ 《史记》卷一二九《货殖列传》。
⑤ （宋）乐史撰：《太平寰宇记》卷五六《卫州》。

再由易州转至涿州①。现在修筑铁路，时时须和实际的地形相联系。未必完全以旧路为基础，而当时的大道则须与沿途的州城相联系，也是不能尽取较直的捷径。应该说，这条大道本是秦汉以来的道路，自秦汉至于隋唐，都没有若何巨大的改动。紧倚太行山东麓的道路，受山川及有关地形的制约，也难得有显著的变化。

这条大道从唐初起就显出其重要意义。唐太宗远征高丽，就是遵循这条大道前行的。太宗当时由洛阳启程，随即渡过黄河，到达河阳，再车经武德（今河南沁阳县东南）而达到汲郡，又北次于安阳（今县）和邺，邺即曹操称王之地，故太宗至邺，曾自为文以祭魏太祖②。离邺之后，至于平棘，平棘为赵州所治的县。由赵州再至定州。太宗此次远行，即以其太子监国于定州。然后又由定州至于幽州，由幽州前往辽东。这里未提到易州，其实班师归来的行程中，还是由幽州经过易州才到定州的③。至于幽州以东见于记载的还有北平、安市和营州。北平，郡名，就是平州，其治所在今河北卢龙县。还在榆关之内。安市则在今辽宁海城县东南，已在辽水之东。营州治所在今辽宁朝阳市，濒于大凌河岸，当是由辽东归来时所经过的地方。

后来在安史叛乱中，这条大道也难免受到波及，而有军事行动。当安禄山陷常山（即恒州），执颜杲卿时，郭子仪和李光弼出井陉，曾先后收复过常山和赵郡（即赵州）④。在九节度围相州之前，郭子仪就是先攻下卫州，再进趋邺城的。及九节度兵溃，郭子仪即以朔方军保河阳，盖恐史思明循这条大道进而夺取东都⑤。安史之乱平

---

① 严耕望：《唐代交通图考》卷五《河东河北区》，上海古籍出版社，1986年，第1663页。
② 《资治通鉴》卷一九七，唐太宗贞观十九年正月条。
③ 《册府元龟》卷一一三《帝王部·巡幸》。
④ 《旧唐书》卷一一〇《李光弼传》。
⑤ 《旧唐书》卷一二〇《郭子仪传》。

后，河北卢龙（治幽州）、成德（治镇州，镇州即恒州）、魏博（治魏州，治所在今河北大名县），三镇相互勾结，与唐朝作对。这条大道就为其所利用，彼此联系。魏州虽不当这条大道，然由相州东出，仍有道路可以通行。德宗建中年间，田悦反于魏州，马燧率诸军屯于邺（今河北临漳县），遂傍洹水径趋魏州①。洹水流经相州城下，东入永济渠，而永济渠则流经魏州。

由洛阳北行，也可以登上太行山。曹操就曾行过这条大道。曹操为此作诗说："北上太行山，艰哉何巍巍。羊肠坂诘屈，车轮为之摧。"② 羊肠坂有数处③，此羊肠坂当在唐代怀州（治所在今河南沁阳县）和泽州（治所在今山西晋城市）之间④。曹操诗是说北上太行山，自不能远在他处。这条大道至隋时曾大事修整过。炀帝为了北巡，曾凿太行山，达于并州（治所在今山西太原市西南），以通驰道⑤。还在太行山上，开凿直道九十里⑥。史籍未记这条道路经过的地方。唐时泽州晋城县（今县）南有天井关，高平县（今县）有长平关⑦，今祁县东南有石会关⑧，今长治市西北有太平驿。太平驿西北又有梁侯驿。⑨ 今旧徐沟县东南又有洞涡驿⑩。这些关和驿的分布显示出这条道路经过所在。唐末，朱温和李克用的战争就曾在这条

---

① 《旧唐书》卷一三四《马燧传》。
② 《文选》卷二七《苦寒行》。
③ （清）顾祖禹：《读史方舆纪要》卷四六《河南一》。
④ （宋）王应麟：《通鉴地理通释》卷八《羊肠》。
⑤ 《隋书》卷三《炀帝纪》。
⑥ 《资治通鉴》卷一八〇，隋炀帝大业三年八月条。
⑦ 《新唐书》卷三九《地理志》。
⑧ 《旧五代史》卷二《梁书二太祖纪》："天复元年，遣大将贺德伦、氏叔琮领大军以伐太原，叔琮等自太行路入。……大军出石会关，营于洞涡驿。"
⑨ 《宋史》卷四八四《李筠传》。
⑩ 《旧唐书》卷二〇上《昭宗纪》。

道路上进行①。后周世宗攻北汉，也是由这条道路出兵的②。洞涡驿南有团柏谷，在今祁县东南③。团柏谷北口当今祁县和太谷两县间④。当时由蒲津关东北行的大道也是通过此处⑤。这条道路由此东南行。现在由这里经过长治市通往河南焦作市的公路，大致遵循当时的道路兴修的。现在由太原通往焦作的铁路，在过榆社、武乡两县后，也通到沁县，由沁县和公路并行，都遵循这条道路，通到焦作市西沁水岸旁。这条道路再由南行，达到当时的怀州治所，也就是现在的沁阳县，更西南至于河阳和洛阳。这和现在的焦枝铁路的经过济源县有所不同。炀帝当年由北塞越太行山归来，也曾到过济源，那是另外开辟了一条斜道⑥。

洛阳在当时为水陆要冲之地，不仅陆路繁多，水路也有数条。由洛阳溯黄河西上，至于潼关附近，再由漕渠前进，可以达到长安。这是在前面已经提到的。由洛阳顺黄河而下，至于河阴县（今河南荥阳县东北），这里是汴渠分黄河的地方。汴渠就是隋炀帝所开通济渠，通济渠还可以上溯到洛阳。当时是由洛阳引谷、洛水入河，再引河入于汴口。汴渠下游入于淮水。淮水和长江之间的邗沟故道，这时仍然畅通，可以由邗沟直达扬州（治所在今江苏扬州市）。"自扬、益、湘南至交、广、闽中等州，公家运漕，私行商旅"，就可"舳舻相继"了⑦。

隋炀帝当年开凿通济渠时，还开凿了永济渠。永济渠是在今河

---

① 《旧五代史》卷二《梁书二·太祖纪》。
② 《旧五代史》卷一一四《周书五·世宗纪》。
③ 《旧唐书》卷二〇上《昭宗纪》："氏叔琮长驱出团柏，营于洞涡驿。"
④ 《读史方舆纪要》卷四〇《太原府》："团柏谷在祁县东南。"《中国历史地图集·元明时期图》即标绘于太谷至祁县间公路和分往长治市的公路分歧处。
⑤ 《旧唐书》卷二〇上《昭宗纪》："（梁）氏叔琮长驱出团柏，营于洞涡驿。"
⑥ 《隋书》卷三《炀帝纪》。
⑦ 《元和郡县图志》卷五《河南府》。

南武陟县北引沁水入于淇水。淇水直至今天津入海，永济渠只到今河北静海县独流镇，折而西北行，于今永清县北会桑干水（今永定河），达到涿郡，即唐时的幽州①。

并州也就是稍后的太原府，位于长安的东北和洛阳的北方，通往长安和洛阳的大道是两条主要的道路。还有向东通往恒州，也就是后来的镇州的道路。向北通往云州（治所在今山西大同市）和单于都护府（治所在今内蒙古和林格尔县北）的道路。

并州至恒州，中间经过太行山。山上置有井陉、盘石、苇泽三关，井陉关在广阳县（今山西平定县东），盘石、苇泽两关则在广阳县东北②。而苇泽关即俗所称的娘子关③。据说盘石关在广阳县东北七十里，苇泽关在广阳县东北八十里④，则其两关同在一条隘道上。穆宗长庆年间，裴度讨伐成德叛将王庭凑，由承天军故关出兵，所谓"故关"就指的是娘子关⑤。在此之前，李光弼讨伐安禄山，就曾由井陉出兵⑥，或谓李光弼所出者为土门⑦，其实土门就是井陉⑧，这两次出兵，并非一途，显示当时两条道路皆可通行，惟唐人记载，井陉、苇泽、盘石三关皆以故关相称，殊未能得其深解。今石太铁路通过娘子关，其南有故关，当即井陉关的故地。

并州之北，忻州（治所在今山西忻州市）、代州（治所在今山西代县）一路，设关不少，其间自有大道。雁门关所在代州之北勾

---

① 史念海：《中国的运河》第五章《隋代运河的开凿及其影响》，陕西人民出版社出版，1988年，第172—175页。编者注。
② 《新唐书》卷三九《地理志》。
③ 《读史方舆纪要》卷四〇《平定州》。
④ 《元和郡县图志》卷一三《太原府》。
⑤ 《资治通鉴》卷二四二，唐穆宗长庆元年十月条。
⑥ 《旧唐书》卷一一〇《李光弼传》。
⑦ 《资治通鉴》卷二一七，唐肃宗至德元载二月条《考异》引《玄宗实录》。
⑧ 《元和郡县图志》卷一七《恒州》。

注山上。唐代后期始见雁门关的记载①，可能设关较迟，故其未能列于开元年间全国二十六关之中。不过南北通行的大道还是早已存在。前面曾经提到隋炀帝北巡，于太行山上通驰道达于并州。其实炀帝此次北巡，并非就止于晋阳，而是经过雁门（即唐代州）、马邑（今山西朔州市东北），而至于榆林郡（即唐胜州）。还曾溯金河（今黑河）而上，至于云中②。此云中据说就是唐代单于都护府，亦即汉代的成乐县③，在今内蒙古和林格尔县北。次年，炀帝还再次北行，至五原郡（即唐丰州），较前次更远，所行当由前次归路而更向前进。前次归来，虽有绕道涿郡（即唐幽州）的计议，实际上则是入于楼烦关（在今山西宁武县），循汾水河谷而至于晋阳④。这虽是隋炀帝一己的巡幸，也正是一方道路的所在。这北行的道路在雁门关下有所分歧，由雁门关东北行，渡桑干河，则可达到云州。唐代前期，突厥曾屡次为北边祸患，并州以北的两条大道，也经常成为突厥向南侵扰的途径。就是后来的回纥，也多由此与唐朝相往来，也多取这里的道路。当代宗即位之初，以史朝义尚在河洛，遣使征兵于回纥。回纥兵来，先至朔方三受降城之北，而唐人驰劳于忻州之北⑤，则其兵行之路，当循隋炀帝当年北巡之路，至于太原。

唐代全国十三座中关中列有岚州（治所在今山西岚县北）的合河关。合河为岚县属县，在今山西兴县西。合河关则在合河县北。合河县东还有蔚汾关⑥。由并州通往麟州（是所在今陕西神木县）的道路就是经这两座关前往的。

由并州通往幽州的道路，固可出井陉关或娘子关，然亦可取蔚

---

① 《资治通鉴》卷二四六，唐武宗会昌二年九月条。
② 《资治通鉴》卷一八〇，隋炀帝大业三年八月条。
③ 《资治通鉴》卷一八〇，隋炀帝大业三年八月条。
④ 《资治通鉴》卷一八一，隋炀帝大业四年四月条。
⑤ 《旧唐书》卷一九五《回纥传》。
⑥ 《新唐书》卷三九《地理志》。

州（治所在今山西灵丘县）的隘门山一途。隘门山亦称隘口，在蔚州治所灵丘县东南①，这是经由代州和易州至于幽州的道路。而由太原经代州去幽州，更是常行的途径②。现在由北京至原平的铁路大体就是循着这条道路而修筑的，惟铁路于离北京不远处，就溯拒马河畔至于紫荆关，不再经过易县。

唐代诸陪都中，凤翔与长安同位于关中，相距又并非过远。正因为距离较近，凤翔也就处于由长安向外辐射的一些大道中间。由长安西至大震关，更西至于鄯州，凤翔就在大震关东，为这条大道的经过。凤翔西南就是散关，由长安至散关，也要经过凤翔。可是由凤翔北行，经过百里城和环、庆等州直达灵州的道路，却还是以长安为中心的道路的一个组成部分。这应是凤翔周围的地理形势所规定的，因而也就和其他陪都不尽相同。

接着就应该叙述到蜀郡。蜀郡就是后来的成都府，治所在成都，为现在的成都市。成都府蜀郡为剑南道的治所。剑南道北邻山南西道。山南西道的治所为梁州兴元府。由长安至成都，中间经过梁州。如前所说，长安至梁州，其间有子午、骆谷、褒斜、陈仓四条谷道。梁州至成都，同样也有谷道，就是所谓金牛道。金牛道是由今勉县西南，直至今四川剑阁县剑门关。今勉县为唐代的西县。西县城西百牢关，为当时全国十座下关之一。再西南经过利州（治所在今四川广元市），而至剑门关。由成都东北行，经过汉州（治所在今四川广汉县）、绵州（治所在四川绵阳县），再北就可至剑门关，进入金牛道，再经过梁州达到长安。

由成都南行，可以远至南诏。南诏建都于阳苴咩城，在今云南大理县。由蜀郡通往阳苴咩城，有南北两道。南道由黎州（治所在今四川江源县北）清溪关出邛部（在今四川越西县），过会通（今

---

① 《元和郡县图志》卷一四《蔚州》。
② 《旧唐书》卷一四三《刘怦传》。

安宁河）而至云南。北道则从石门外出鲁望（在今云南鲁甸县）、昆州（今云南昆明市），而至云南①。由成都至黎州，当过邛州（治所在今四川邛崃县）和雅州（治所在今四川雅安市），唐代全国十三座中关中的邛崃关，就在雅州的西南。越过邛崃关就是黎州了。北路的石门关在戎州（治所在今四川宜宾市）开边县（今云南盐津县北），所谓出石门关当是由戎州起程，由成都至戎州，当循岷江而下，而眉州（治今四川眉山县）、嘉州（治所在今四川乐山市）皆濒岷江，则山路当过眉、嘉两州。

成都濒于岷江，岷江上游，唐时设州不少。沿江各地自当有交通道路。成都所在的蜀郡之西，紧邻彭州（治所在今四川彭县），彭州导江县（今灌县东）西有蚕崖关，为当时全国十三座中关之一。蚕崖关扼灌口，是一处险要的所在。蚕崖关之北还有一座故桃关，在茂州（治所在今四川茂汶羌族自治县）汶川县（今汶川县）南。关以"故"称，可能当时已不再在其地设关。虽不再设关，其地重要性却未有所减低，据唐时人士的记载，这座关"远通西域，公私经过，唯此一路"②。这样的记载不是没有根据的，因为南朝的记载就已经说过：益州"西通芮芮河南，亦如汉武威、张掖，为西域之道也"③。则这条道路当溯岷江而上，达于松州（治所在今四川松潘县），越过岷山，由今甘肃南部西入青海，再至于西域各地。唐时可能再无西域使人由此道东入建康，然成都至于松州的道路应该还是存在的。

---

① （唐）樊绰撰，向达校注：《蛮书校注》卷一《云南界内途径》，中华书局，1962年，第19页。案：《新唐书》卷四二《地理志》姚州下说："自巂州南至西泸，经阳蓬、鹿谷、菁口、会川四百五十里至泸州，乃南渡泸水，经褒州、微州三百五十里至姚州。州西距羊苴咩城三百里。"姚州治所在今云南姚安县。巂州治所在今四川西昌市。阳蓬等四地皆在今安宁河畔，泸水为今金沙江。所言历历，可以为《蛮书》所说的补正。

② 《元和郡县图志》卷三二《茂州》。

③ 《南齐书》卷十五《州郡志》。

唐代全国七座下关中，列有绵阳的松岭关和龙州的涪水关，还有利州的石门关。绵州治所在今四川绵阳县，松岭关则在今龙安县西北。龙州治所在今四川江油县，涪水关即在江油县境。这两座关皆在由成都东北至梁州和西北至松州的道路之间，通过这两关的道路应起着相互联系的作用。利州的石门关在景谷县西。景谷县在今青州县白水镇，濒白龙江。白龙江于唐时为羌水，武州（治所在今甘肃武都县）、宕州（治所在今甘肃舟曲县西）皆在羌水河畔。宕州之北可至岷州（治所在今甘肃岷县），已至洮水流域了。

成都和其东的梓州（治所在今四川三台县）最为邻近，中间只隔金堂（今仍为县）和玄武（今为中江县）。后来剑南道分为东西两区，成都和梓州就分别成为剑南西川和剑南东川节度使的治所。因而通过金堂和玄武两县的道路就成为东西两川间的大道。

由梓州东行，还可通到阆州（治所在今四川阆中县）和巴州（治所在今四川巴中县）。杜甫流寓成都时，不仅到达梓州[1]，而且还到过阆州[2]。由阆州归成都时，经过梓州所属的盐亭县（今仍为县）[3]。

应该指出，成都不仅陆路交通发达，水上交通所及的地区也很悬远。成都濒于岷江，在唐代也和其前代一样，以为岷江就是长江的上游，由成都浮江而下，可以达到沿江各处。杜甫诗"窗含西岭千秋雪，门泊东吴万里船"[4]，已写出江上运输的景色。其他内江、涪水和嘉陵江（亦即西汉水），也都有相同功效。内江不流经成都市郊，但由成都东南至简州（治所在今四川简阳县），即可浮水而下，经资州（治所在今四川资中县）至于泸州（治所在今四川泸州市）。

---

[1] 《全唐诗》卷二二七，杜甫《九日登梓州城》《春日梓州登楼二首》。
[2] 《全唐诗》卷二二八，杜甫《自阆州领妻子却赴蜀山行三首》。
[3] 《全唐诗》卷二二八，杜甫《行次盐亭县聊题四韵奉简严遂州蓬州两使君谘议诸昆季》。
[4] 《全唐诗》卷二二八，杜甫《绝句四首》。

涪水流经绵州，下游经合州（治所在今四川合川县）至于渝州。嘉陵江通航更远，可以达到成州（治所在今甘肃礼县南）。唐宪宗元和年间，还疏浚过长举县（今陕西略阳县西北）西的水道，更便于运输①。嘉陵江流经利州、阆州（治所在今四川阆中县）、果州（治所在今四川南充市），至合州合涪水，达于渝州。

唐代最晚设置的陪都为江陵。江陵位于蜀郡的下游，长江的水上交通，由江陵而上，可以达到成都，顺长江而下，可以达到扬州。江陵也是南北交通的枢纽，北上经过襄阳可以至长安和洛阳。南向可以溯湘水南行，过潭（治所在今湖南长沙市）、衡（治所在今湖南衡阳市）、永（治所在今湖南零陵县）诸州，由灵渠（在今广西壮族自治区兴安县）转入漓江，西至桂州（治所在今广西壮族自治区桂林市），并及于桂州以南各州县。由衡州南行，则可过郴州（治所在今湖南郴州市），越南岭，再过韶州（治所在今广东韶关市）而至于广州。前面曾经提到韩愈的被贬为阳山令和以谏迎佛骨见逐于潮州，其南行也，就是经过江陵。由江陵南行，溯湘水而上，越过南岭，至于韶州（治所在今广东韶关市）②。韩愈当时还经过韶州之南的宣溪③，当是由韶州乘舟南下，既已乘舟，就径直抵广州。潮州在韶州东南，南岭南麓山川起伏，是不如由广州东行的方便。而广州应是由江陵南行大道的终点。韩愈为令的阳山，隶属连州（治所在今广东连县），连州位于郴州西南、韶州之西，皆有路可通④，而距郴州较近，赴阳山当是由郴州分道前往的。

唐朝陪都当然和都城长安不尽相同，就在交通道路方面也是很

---

① 《新唐书》卷四〇《地理志》。
② 韩愈《将至韶州先寄张端公使君借图经》《过始兴江口感怀》。按：始兴郡即韶州，天宝元年曾改用此名。
③ 韩愈《晚次宣溪，辱韶州张端公使君惠书叙别酬以绝句二章》。《舆地纪胜》卷九〇《韶州》。
④ 《元和郡县图志》卷二九《连州》。

有所差异。在这些陪都中，洛阳的历史最为长久，仅次于西安。以洛阳为中心的道路虽也相当繁多，还不易与长安相比拟。这应是王朝有关设置的难得一致，也是受到当地形势的限制。而如凤翔作为陪都，实际上都是处于长安周围的交通网中，未能独居于一格。虽然如此，各陪都在其所在的地区中，都还显示其作为一方交通道路的中心，应探其应有的作用。还应该指出，作为陪都，都能和长安有密切的联系，其中洛阳更显得突出。由于东西两都相距不远，交通发达，所以唐代前期诸帝动辄驾幸东都，甚或久居不归，而分司东都也成为高官大吏喜于拥有较为清闲而又华贵的头衔。

三、诸道诸州及其交通

唐代地方区划以道为主，太宗贞观元年（627）始分全国为十道。玄宗开元二十一年（733）再加区分，为十五道。每道置采访使检察非法，如汉刺史之职。各道采访使皆有治所，这些治所是：

京畿道治京师城内；

都畿道治东都城内；

关内道不设治所，由京官遥领；

河南道治汴州，今河南开封市；

河东道治蒲州，今山西永济县西南蒲州城；

河北道治魏州，今河北大名县东；

陇右道治鄯州，今青海乐都县；

山南东道治襄州，今湖北襄樊市；

山南西道治梁州，今陕西汉中市；

剑南道治益州，今四川成都市；

淮南道治扬州，今江苏扬州市；

江南东道治苏州，今江苏苏州市；

江南西道治洪州，今江西南昌市；

黔中道治黔州，今四川彭水苗族土家族自治县；

岭南道治广州，今广东广州市。

十五道各自成为一个区域，采访使于其治所检察全道，则这些治所在各道之中应自成为交通中心，使采访使能据以尽其职能。十五道中的京畿、都畿、关中、益州（即后来的蜀郡，成都府）四道的治所，皆曾作为都城或陪都，前文皆已有所论列，兹不赘述，仅依据上表所列次序，论述其他各道的治所。

汴州治所为今河南开封市，和洛阳东西相望，迄今皆为陇海铁路所经过，前面曾经论述过唐高宗和玄宗的东封泰山，有关其行程的记载，皆未一涉及汴州。由泰山归来，曾过宋州，宋州和汴州相邻，既由宋州西归，殆无不过汴州之理。汴州与洛阳之间，只隔一个郑州。当年唐高宗东行，既明确记载过原武，原武在郑州西北，自不必绕道郑州，可能就由河阴改为东北行。及其归来，既已到过宋、汴两州，也就不能再舍郑州西取道他处，就连后来汴洛之间的路程还是取道郑州的。

唐高宗、玄宗东封泰山，不取道汴州。由汴州东至齐、青诸州，固可由封丘（今仍为县）、胙城（今河南延津县东北）至滑州（治所在今河南滑县东南），与东封泰山之路相合，然出曹州（治所在今山东定陶县），更为捷近。当李正己窃据郓州（治所在今山东东平县）时，闻唐朝将筑汴州，乃移兵屯济阴（即曹州治所），以为防备。① 五代初期，梁唐相争，后唐庄宗李存勖已攻占郓州，欲取汴州，即由曹州进军，汴州因而不复为梁军所守。② 郓州和齐州之间，唐初尚设有济州，玄宗天宝年间以其并入郓州，郓、齐两州相邻，

---

① 《旧唐书》卷一二四《李正己传》。
② 《旧五代史》卷三〇《唐书·庄宗纪》。

而平阴、长清（今皆仍为县）又为历代旧路，相互往来，就不烦更有何设置了。

前面提到由汴州北行，经封丘、胙城可至滑州。就在后唐庄宗取得汴州之时，后梁将段凝就由滑州引兵向南，至于封丘，解甲听命。① 滑州之北，隔河为黎阳县（今河南浚县），黎阳西北就是相州。相州为由洛阳循太行山东至于幽州的大道，滑州经黎阳可以通到相州，也就可以再向北通到幽州。由黎阳东北行，经内黄（今仍为县）、洹水（今河北魏县西南），西至魏州。五代时，后梁太祖朱温由洛阳至魏州，就是由卫州（治所在今河南卫辉市）经黎阳、洹水前往的。② 其实由开封至魏州，还可以就近由封丘东北趋巨城（今河南长垣县），巨城之北，黄河北岸为澶州（治所在今河南濮阳市），再北就是魏州。唐代宗大历年间，李灵耀反于汴州，魏博田承嗣遣军相助，败淄青、永平兵于巨城。③

汴州之南为陈州（治所在今河南淮阳县）、许州（治所在今河南许昌市）。陈、许二州之南为蔡州（治所在今河南汝南县）。凡此诸州，其间互有道路可以往来。在一道诸州中，这应是可见的城轨。安史乱后，李希烈、吴元济先后反于蔡州，汴州受到威胁，遂为当时人士所重视。诸州相距本不甚远，中间无须再过他处，惟蔡州西北的郾城（今仍为县）为裴度讨伐吴元济时的驻地④，其地处于许蔡之间，盖为由汴州至许州、由许州至蔡州的必经之地。由汴州往东，经宋州而至徐州，再至东海之滨的诸州，也是一条重要的道路。这是在前面已经提到过的。安禄山乱时，张巡固守睢阳（即宋州治所），固然屏蔽了江淮各地，就是徐州及其以东各地也未受过波及。

汴州固为四冲要地，又濒于汴渠，遂为水陆交通的枢纽。汴河

---

① 《旧五代史》卷七三《唐书·段凝传》。
② 《旧五代史》卷六《梁书·太祖纪》。
③ 《资治通鉴》卷二二五，唐代宗大历十一年十月条。
④ 《旧唐书》卷一四五《吴少诚传附吴元济传》。

为当时漕运通道，江淮粮食货物皆借以西运长安，汴州亦沾其余沥。由于汴州为藩镇所控制，运道也相当受到影响。代宗大历年间，李灵耀反叛，汴渠上游不通，为了应急，当时就疏浚了蔡河。蔡河就是古代鸿沟系统中的狼汤渠。经过疏浚，蔡河复通，对于漕运是能够有所帮助的①，蔡河以东的涡水也曾经作过漕运的水道。当时为了和藩镇争夺运道②，位于涡水入淮处的濠州也就成了要津③。还应该提到的是武后时所开凿的湛渠。湛渠是由汴渠引汴渠水东流，注于白沟，汇入巨野泽中，以通曹、兖诸州的漕运。④

河南道西北为河东道。河东道治所蒲州位于这个道的最西南部，蒲州西濒黄河，黄河之西就是关内道了。由蒲津关至并州的大道经过蒲州，又由并州向北延伸，还可通到云州，这样就贯穿了河东道的南北，南来北往都是很方便的。

这条大道由蒲州东北行，至于绛州，和由龙门关来的大道相会合。龙门关在黄河之西，黄河之东却也设了一个龙门县，当时属于绛州。应该指出，就在蒲州治所和龙门县之间还有一条濒河的道路。当年李渊由太原起兵，谋取长安，沿途征战，至于龙门，本来打算由龙门循着濒河的道路南下，由蒲州渡过黄河，由于蒲州尚为隋将屈突通所扼守，只好先入龙门关。李渊的改变出兵计划，却可证明这里濒河的道路是早已存在的。

蒲州之南，隔着黄河与河南道的虢州（治所在今河南灵宝县）相邻。正因为相邻，也就有过改隶。玄宗开元初，以巡按所便，属河东道。⑤ 是什么时候附属河南道的，未见记载，可能就在天宝初

---

① 《旧唐书》卷一三二《李芃传》。
② 《旧唐书》卷一五二《张万福传》。
③ （唐）李吉甫撰：《元和郡县图志》卷九《濠州》。
④ 《新唐书》卷三八《地理志》。史念海：《中国的运河》第五章《隋代运河的开凿及其影响》，陕西人民出版社，1988年，第192页。
⑤ 《旧唐书》卷三八《地理志》。

年。由于分处黄河两岸，其间应该是有津渡的。蒲州治所之南有风陵关，迄今犹称为风陵渡，风陵渡南为潼关。《新唐书·地理志》于华州华阴县（今仍为县）和虢州阌乡县（今灵宝县西北）皆有潼关，正显示出潼关乃在两州交界之处。因此由蒲州南行，过风陵渡后，经过潼关，就可达到虢州。

由蒲津关至并州的大道及其伸延的路程，固然可以贯穿河东道，却未能涉及泽、潞诸州。唐中叶以后，泽、潞诸州久为刘从谏父子窃据，有劳唐武宗的征讨，然由此亦可略知其间的道路。此次进军分路不少，主力实在绛州一路。就在此时，泽、潞刘稹亦曾焚掠晋、绛。晋、绛与潞州中隔乌岭山，山中是有道路的。唐军由绛州出翼城（今仍为县），过乌岭山，经过冀氏（今山西安泽县东南），就可直达潞州。当时有几路军力由太行山东进军，会于磁州（治所在今河北磁县），登上太行山，再经过壶口故关，以达潞州。①

河东道中的河流以汾水最大，汾水下游亦可以通水运。玄宗开元年间，裴耀卿主管漕事，就曾益漕晋、绛两州的租赋，由汾入渭，输至长安。② 隋时在河东盐池附近开凿姚暹渠，以运输盐池所产的盐。唐时又在姚暹渠旁开凿涑水渠，都有一定的功效。③

与河南道隔着黄河相对的为河北道。河北道治所的魏州，也和河东道的蒲州相仿佛，是偏在河北省的南部。魏州也濒黄河，其南就是河南道的濮州（治所在今山东鄄城县北），贯穿河东道的由蒲津关至并州的大道经过蒲州，而蜿蜒于太行山东麓的南北大道，却只经过魏州以西的相州，距魏州还非过近。这一点前面也曾提到过，并根据马燧的征讨田悦，说明相、魏两州之间是有道路可以相互往来沟通的。其实魏州和太行山东麓的南北大道的联系，并非只有相

---

① 《资治通鉴》卷二四七，唐武宗会昌三年八月条。
② 《新唐书》卷五三《食货志》。
③ 《新唐书》卷三九《地理志》。

州一地。前面还曾说过，当刘稹据泽、潞反抗唐朝时，太行山东从事讨伐的军队，曾会集于磁州，这中间主要是魏博的兵力。魏博的兵力显然是由魏州直趋磁州的。由磁州固然可以西去泽、潞，就是北去邢、赵以至更北的幽州，也是正当的途径，就是由魏州西南行去到洛阳，也可以由黎阳到卫州，登上去洛阳的大道。前面说过朱温由洛阳到魏州，就是取卫州和黎阳一途的。

太行山东麓纵贯南北的大道，为当时全国重要的交通道路，仅就河北一道来说，则显然偏西。论河北道的形势，魏州诚为一道的治所，幽州却为北方的大镇。魏州和幽州应有道路可以直接往来，不必绕行太行山东麓的南北大道。魏州至幽州的道路，中间经过贝州（治所在今河北清河县）和瀛洲（治所在今河北河间县）。德宗兴元年间，朱泚僭号于长安，朱滔在幽州纠合回纥杂虏，南攻贝、魏，以图西入关中。①

安史乱后，唐始置魏博节度使，即以魏州和博州（治所在今山东聊城市）为名。博州在魏州东北，却在郓州之北。博、郓两州之间为济州。济州治所卢县，即古时的碻磝关（在今山东茌平县西南），唐时犹为博州至郓州的重要渡口。② 宪宗元和年间，李师道反于淄青，魏博田弘正即帅师自杨刘渡河筑垒，去郓州四十里。③ 杨刘在今山东东阿县东北，位于碻磝津偏东处，可能其间津渡较多，不限于碻磝一处。

当田承嗣始掌魏博之时，即兼有沧州（治所在今河北沧州市）。由魏州至沧州，须由贝州经过德州（治所在今山东陵县）。五代时，晋王李存勖袭据德州，以此来扼沧贝之路。④ 虽其时魏州已入于晋

---

① 《旧唐书》卷一四三《朱滔传》。
② 《元和郡县图志》卷一〇《郓州》。
③ 《旧唐书》卷一四一《田弘正传》。《资治通鉴》卷二四〇，唐宪宗元和十三年十一月条。
④ 《旧五代史》卷二八《唐书·庄宗纪》。

人，然道路形势依旧未改。

隋炀帝所开的永济渠经过魏州。这使魏州有水道直通到幽州。由水道前往，中间自然要经过贝州。贝州于玄宗天宝年间称为清河郡。当时清河号称为天下北库，因为由江淮运来供应北边驻军的租布皆聚集其地的缘故。① 太行山东漠漠平原，河流纵横，当地也开了不少渠道，有的就直接和永济渠相沟通，共同发挥运输的力量。这有瀛州河间县（今仍为县）的长丰渠、沧州无棣县（今仍为县）的无棣沟。而赵州昭庆县（今河北隆尧县东）的沣水渠则与漳水相通，贝州经城县（今河北威县）的张甲河、冀州（治所在今河北冀县）南宫（今仍为县）的通利渠、堂阳（今河北新河县）的堂阳渠，皆与绛水故渎相通。绛水故渎下游入于漳水，漳水下游则和永济渠会合在一起。永济渠下游在沧州境内分出一条浮水，沧州有清池河、无棣河和阳通河，可能都是和浮水相联系的。在蓟州（治所在今河北蓟县）渔阳县还有一条平卢渠，虽不与永济渠相联系，对于河北道北部海边的交通还是有裨益的。②

在关内道之西的陇右道却是另一种局面。陇右道和其他各道不同，是由陇山以西，斜向西北延伸，远至沙州（治所在今甘肃敦煌县）玉门关外，就是玉门关外还有安西四镇，直达到葱岭以西的药杀水（今锡尔河）和乌浒河（今阿姆河）流域。这样幅员广大的道，其治所鄯州却在湟水侧畔，显然是僻居一隅。虽是僻居一隅，其交通道路仍然可以说是四通八达。以鄯州作为陇右道的治所，除过按察道内，还有防备吐蕃的作用，后来置于此地的陇右节度使，就明确规定是"以备羌戎"③，因而这里就是通往吐蕃道路的起点，

---

① 《新唐书》卷一五三《颜真卿传》。
② 《新唐书》卷三九《地理志》。史念海：《中国的运河》第五章《隋代运河的开凿及其影响》。
③ 《旧唐书》卷三八《地理志》。

由此过赤岭（今日月山）再向西南行去。① 由鄯州西北行，可至陇右道所属西北各地，惟须先越祁连山至于甘州（治所在今甘肃张掖县）。这本是晋时法显西行求经所走过的老路。后来隋炀帝西巡也曾到过这里。前面论述过炀帝西巡，仅说是到了西平郡。西平郡即唐时的鄯州。炀帝由西平郡西行，是入长宁谷，度星岭，宴金山，梁浩亹，经大斗拔谷，而至于张掖。金山在今大通县南②，则长宁谷就必为流经今大通县的北川河，而星岭亦当在北川河的河畔。浩亹水今为大通河，为当地的大川，故须于河上筑桥。大斗拔谷今为扁都口，已在祁连山上，出口后就是甘州治所了。

隋炀帝的西巡，由于出临津关，并未取道兰州。由兰州北行，可以直达凉州。其实由兰州西北行，溯湟水西上，也一样可以达到鄯州的。唐宪宗元和年间，刘元鼎出使吐蕃，就曾走过这条道路。刘元鼎西行，是逾成纪、武川，抵河广武梁，还经过兰州，至龙支城，再过石堡城和赤岭。③ 石堡城和赤岭皆在鄯州之西，兹不具论。广武梁是在其初到黄河处的近旁，不应远在兰州之西，则元鼎由兰州西北行，仅过龙支城一地。龙支城乃在今青海民和县东南湟水之南。刘元鼎殆由兰州濒黄河南岸而行，故得西至龙支城，再趋向鄯州。这和现在由兰州中经乐都至于西宁的道路微有差异。刘元鼎此行不仅说明由兰州至鄯州的道路，并且还显示出由鄯州至关中的另一条道路。本来由关中西行，过陇山后，先至秦州的上邽，仍再溯渭水西上，过临洮后，或出临津关至于鄯州，或由临洮北上，至兰州后，再转于鄯州。这都是在前面已经论述过了的。刘元鼎此行则是路出成纪。成纪固然曾经做过秦州治所，元鼎出使之时，成纪已复成为普通县邑。④ 而元鼎犹取此间出行，可知由此往西北的道路，

---

① 《新唐书》卷二一六下《吐蕃传下》。
② 李文实：《门源访古记》，《中国历史地理论丛》1990年第3期，第94页。
③ 《新唐书》卷二一六下《吐蕃传下》。
④ 《新唐书》卷四○《地理志》。

久已为通途。武川的所在不可知，然成纪故地所在的秦安，迄至陇海铁路筑成之前，犹为兰州至天水的公路所经过的地方。这条公路由秦安经通渭、定西、榆中诸县西至兰州。现在公路的选线，往往遵循旧路，虽然不尽是墨守成规，但大体的方向是不会太有差错的。元鼎所行，可能不会远离现行的道路。如所说的不甚妄语，就会在到达兰州之前，即已抵河西登上广武梁了。这样也就不必远在广武县（今甘肃永登县）南的黄河之南寻求广武梁的所在了。

鄯州之北为凉州。鄯州和凉州之间隔着浩亹水和姑臧山。凉州治所东南有昌松县①，昌松西南有张掖守捉。②而张掖守捉就在姑臧南山下，则两州之间的道路当经过张掖守捉和昌松县。现在这条道路似无残迹可寻，故疑早已废毁。

凉州早在唐初已"为河西都会，襟带西蕃，葱右诸国，商侣往来，无有停绝"③。由长安经会宁关西来的道路、经兰州和鄯州的道路，咸会于此。由凉州西北行，经甘州、肃州（治所在今甘肃酒泉县）、瓜州（治所在今甘肃安西县东南）、沙州（治所在今甘肃敦煌县）的道路，为自汉武帝开河西四郡后的旧路。历代与西域交通皆所遵行，唐时仍无若何违异。再西就是安西和北庭两都护府。安西都护府初治西州（今新疆维吾尔自治区吐鲁番县），后移至龟兹镇（今新疆维吾尔自治区吉木萨尔县北）。由瓜州西北行，经伊州（今新疆维吾尔自治区哈密市）至于西州。由西州西南行，经焉耆镇（今新疆维吾尔自治区焉耆县）就可到达设于龟兹镇的安西都护府。由西州西北行，则可到达北庭都护府。当年玄奘西行求法，就是由这条道路经龟兹镇（玄奘时为屈支国），再往西行去。

由敦煌出玉门故关直向西行，本为两汉时的西域南道。玄奘求

---

① 《元和郡县图志》卷四〇《凉州》。
② 《新唐书》卷四〇《地理志》。
③ （唐）慧立、彦悰著：《大慈恩寺三藏法师传》卷一《起载诞与缑氏，终西届于高昌》。

法归来，越葱岭至佉沙（即唐疏勒镇，今新疆维吾尔自治区喀什市），经瞿萨旦那（即唐于阗镇，今新疆维吾尔自治区和田市）、纳缚波故国（即汉代的楼兰，今新疆维吾尔自治区若羌县境），再东入阳关，至于敦煌。近敦煌数百里处虽"城郭岿然"，却"人烟断绝"，势难与西州、伊州等处相提并论。①

上面所论述的皆为设在黄河流域的诸道，接着当论述长江流域及其以南各道。这里就由山南东道的襄州说起。襄州当由长安东南行的武关道南，而又南接荆州的江陵。荆州和江陵虽为山南东道所属的州县，却曾一度作为陪都，由长安至江陵，道路通畅，襄州位于其间，自然相当便利。江陵正当襄州之南，紧濒长江，自便于航行，趋向东南者都往往须多绕路途，由长江下游西赴都城者亦有同感，因而就不免别有道路。和襄州东南相毗邻的为随州（治所在今湖北随州市）和郢州（治所在今湖北京山县），所谓别有道路当分别出自这两州。更东南则会于沔州（治所在今湖北武汉市汉阳）和鄂州（治所在今武汉市武昌）。白居易被贬于江州（治所在今江西九江市），就曾路过郢州。② 韩愈由袁州（治所在今江西宜春市）北归，是先到了江州③，由江州溯江而上，转至安陆（今仍为湖北县）④，又过随州⑤，再由随州至襄州。⑥

襄州西北行，固可以由汉水上溯，也可遵陆路而行。所谓陆路是由襄州西北的均州（治所在今湖北均县西北旧均县），向南通到房州（治所在今湖北房县），再经房州所属的竹山（今仍为县）、上庸

---

① 《大慈恩寺三藏法师传》卷五《起尼乾占归国，终至帝城之西漕》。（唐）玄奘、辩机著：《大唐西域记》卷十二《二十二国·瞿萨旦那国，大流沙以东行程》。

② 《全唐诗》卷四三八白居易《登郢州白雪楼》。

③ （唐）韩愈：《韩昌黎集》卷六《除官赴阙至江州寄鄂岳李大夫》。

④ 《韩昌黎集》卷十《自袁州还京次安陆寄周随州》。

⑤ 《韩昌黎集》卷十《题广昌馆》，原注："馆在随州枣阳县南。"

⑥ 《韩昌黎集》卷十《酒中留上襄阳李相公》。

（今竹山县西南），又西北至于金州（今陕西安康县）。东汉末年曾在这里分置房陵和上庸郡①，为魏蜀两国互争之地。蜀人自秭归（今湖北县）北攻房陵，并与由汉中乘汉水而下的蜀军相会于上庸。②这乘汉水而下的蜀军可能就是在西城（今陕西安康市）登岸的，稍后魏人就自上庸向西通道达七百里。③可知其时道路已相当修整。当时均州尚未置县，故自襄阳至房陵，中间所经之地未见记载。唐初，武后废中宗为庐陵王，所居即在均州和房州。有的记载说，迁于均州，徙居房州④；有的则说，迁于房州，又迁于均州。⑤其间虽有差异，往来道路当无讹误。后来到宋时，"均房七百里"，还曾被人称道过。⑥

上面说到三国时，蜀军自汉中赴上庸，是乘汉水而下，其实汉水侧畔的道路本来就是畅通的，乘汉水而下只是取其迅速而已。后来到了东晋南北朝时，南北相争，汉水上下也是用兵之所。刘宋时，氐帅杨难当寇汉中，萧思话受命前往征讨，进据磝头（今陕西石泉县东南汉水东岸），又克黄金（今陕西洋县东北）、铁城（与黄金相对，相隔一里），而至梁州。⑦其实，磝头以西也就是子午道，所趋相同，故两相重合。

梁州为山南西道的治所。梁州东北通到长安，西南通到成都，分别借秦岭巴山间的谷道以相往来。梁州至成都的谷道为金牛道，在梁州的西南。梁州之南的巴山上还有一条米仓山。米仓山就在梁州治所南部县（今陕西汉中市）的西南。米仓南至巴州（治所在今四川巴中县），中间经过集州（治所在今四川南江县）。东汉末年，

---

① 吴增仅、杨守敬：《三国郡县表附考证》。
② 《三国志》卷四〇《蜀书·刘封传》。
③ 《三国志》卷九《魏书·诸夏侯传》。
④ 《旧唐书》卷七《中宗纪》。
⑤ 《资治通鉴》卷二〇三，则天后光宅元年四月条。
⑥ 《舆地纪胜》卷一八九《金州》引王次翁《和大观曾太傅弼诗》。
⑦ 《宋书》卷七八《萧思话传》。

曹操南征汉中，张鲁曾由这条道路避往巴中。① 其后张郃也由这条道路进军宕渠（今四川渠县），并降巴西（治所在今四川阆中县）、巴东（治所在今四川奉节县）两郡。② 这条道路唐时仍然通行，贾耽就曾经说过："兴元之南，有道通于巴州，路皆险峻。"③

张郃所降的巴东郡距巴中过远，当时情况已不易了解，巴西郡就在巴中的西南，唐时为阆州，而宕渠为渠州。由阆州西南行，过梓州可到成都。由阆州南行，过果州（治所在今四川南充县）而至合州。由渠州西南行，亦可至合州，其南就是渝州。阆州濒嘉陵江，渠州濒巴水，都可以行船。米仓道险峻，行者往往别取他途。元稹被贬于通州（今四川达州市），其南也就是由利州过其东南的漫天岭④，再过阆州的苍溪县（今仍为县）⑤和新政县（今南部县东南）⑥，当东南经渠州，更溯巴水至通州。⑦

地处江淮之间淮南道治所的扬州，水道交通是相当发达的。扬州位于官河（即漕渠）和长江会合的口岸，由官河北上至楚州（治所在今江苏淮安县），溯淮至盱眙（今江苏县），转入汴渠，经汴州入黄河，再西行就可至洛阳和长安。由盱眙溯淮西行，还可至沿淮各州。扬州濒长江，溯汉而上，可至沿江各州，更上至于成都。韦庄有《秦妇吟》一诗，即记载黄巢据有长安之时，秦妇由长安东行，顺汴渠而下至于扬州，再溯江而上至于蜀中的故事。李翱前往广州，也由长安经扬州，再溯长江和湘水而上。⑧ 扬州隔江与润州（治所在今江苏镇江市）相对，隋炀帝所开凿的江南运河就是由润州城外引

---

① 《三国志》卷八《魏书·张鲁传》。
② 《三国志》卷一七《魏书·张郃传》。
③ （清）顾祖禹撰：《读史方舆纪要》卷五六《汉中府》。
④ 《元稹集》卷一九《题漫天岭智藏师兰若，僧云住此二十八年》。
⑤ 《元稹集》卷一九《苍溪县寄扬州兄弟》。
⑥ 《元稹集》卷二〇《新政县》。
⑦ 《元稹集》卷二〇《南昌滩》。
⑧ （唐）李翱：《李文公集》卷一八《来南录》。

向东南的。由扬州渡江，又可循江南运河至其沿河各地。

润州于唐代后期为浙西观察使治所，然其前期，江南东道采访使的治所都是在苏州而不在润州。苏州濒江南运河，江南运河南至杭州（治所在今浙江杭州市），苏州西北与润州、南与杭州一线相连，其间交通自是发达。杭州东邻越州（治所在今浙江绍兴市），为浙东观察使治所。穆宗长庆年间，白居易和元稹分刺杭州和越州，以两州相近，诗篇酬唱，极为频繁。① 若非交通方便，也难于得此雅兴。可以远至江南西道的洪州（治所在今江西南昌市）。唐末，韦庄避地越中，寄居婺州（治所在今浙江金华市）②，这条道路曾经往来过，诉其行踪，先后到过富阳、桐庐（今皆仍为县）③、衢州（治所在今浙江衢州市）、信州（治所在今江西上饶市）、抚州（治所在今江西抚州市）④，当然还到过洪州。⑤ 这些州县都是分布在这条道路之中。

江南东道所辖诸地，兼及福（治所在今福建福州市）、建（治所在今福建建瓯县）等州。唐中叶后，置福建观察使，福州遂为治所，建州位于福州西北，其北与衢州相邻，而距信州较距衢州为近。信州隶江南西道，则由江南东道治所苏州南行，自应取道于衢州。黄巢南攻宣州（治所在今安徽宣州市）不克，引兵入浙东，开山路七百里，攻福建诸州。⑥ 由宣州至浙东未悉出于何途，婺州及衢州皆浙东属县，至少是到过这两州的。所开的山道，据说就在衢州之南的仙霞岭上。⑦ 仙霞岭上的道路，后来一直通行，当是南北的大道。

江南西道治所的洪州，地处赣水下游，赣水入于彭蠡泽（今鄱阳湖）。彭蠡泽水至江州入于长江。赣水沿流及彭蠡湖畔有大道贯穿

---

① 元白两家《长庆集》，皆各载有关的篇什，这里就不逐一征引。
② 韦庄《婺州屏居蒙右省王拾遗车枉降访，病中延候不得，因成寄谢》。
③ 韦庄《南游富阳江中作》《桐庐县作》。
④ 韦庄《衢州江上别李秀才》《信州溪岸夜吟作》《抚州江口雨中作》。
⑤ 韦庄《洪州送僧游福建》。
⑥ 《资治通鉴》卷二五三，唐僖宗乾符五年八月条。
⑦ 《读史方舆纪要》卷八九《浙江》。

南北。前面提到韩愈北归，就是由洪州至江州，浮江而上，经过随州达到襄阳的。若是由江州渡江，由蕲州（治所在今湖北蕲春县）的黄梅县（今仍为县），东北至于舒州。舒州西北有天柱山，也就是霍山，为一方的名山，凡至天柱山的就须先至舒州①，且舒州之北就是庐州，也是北行的大道。由洪州溯赣江而上，可以至虔州（治所在今赣州市）。赣州西南大庾岭，为五岭之一。岭上早有赴岭南的大道，开元年间，张九龄都督洪州，又在岭上开凿新道。② 新道既已凿成，张九龄南归其故乡韶州，即由此路而行。③ 大庾岭南麓浈昌县（今广东英德县）有浈阳峡，正当南行道上，也是旅人必经的所在。④ 由韶州再南行，就是广州了。⑤

　　由洪州东行的大道，可经衢州、杭州以至苏州，已如前述。由洪州西行的大道，则须经袁州（治所在今江西宜春市）而至潭州（今湖南长沙市）和衡州（治所在今湖南衡州市）。由衡州溯湘水更西南行，就可达到桂州（今广西桂林市）。张九龄初为洪州都督，未久即转为桂州都督。由洪州至桂州，就可循着这条道路前往。⑥

---

① 《全唐诗》卷六一〇，皮日休《太湖诗并序》。
② 《新唐书》卷四三上《地理志》。
③ 《全唐诗》卷四八，张九龄《自豫章南还江上作》。
④ 《水经注》卷三八《溱水》。《全唐诗》卷四八，张九龄《浈阳峡》。
⑤ 《全唐诗》卷四八，张九龄《使至广州》。
⑥ 《旧唐书》卷九九《张九龄传》。

元明清三代的运河及国家的财富区域[①]

一、运河的开凿及其意义

元代所开凿而经明清两代所承继的运河，与隋唐宋时代的运河不同，这自然是国家政治中心转变的结果。

元代虽建立了大帝国，实际负担国家的财政开支的地区，仍然是岭（阴山山脉）南的农业区域。而岭南的农业区域，却又有南北之分。即汉人居住区域的金国旧疆与南人居住的宋国旧疆。这两个区域同样受元人的统治，但其所受的遭遇却不相同。蒙古用兵于金，由1211年至1234年，即成吉思汗六年至太宗窝阔台六年，前后共二十四年。元人用兵于宋，由1235年至1279年，窝阔台七年至至元十六年，前后共四十五年。由用兵于金至宋的灭亡，前后几七十年。在此一段时期，元人对于土地的观念发生了若干变化，决定了他们对于金人、宋人故土的态度。其初侵金国，其本身尚为草原游牧区域的奴隶社会，所以取得金人的土地，即想尽杀其人民，改其土地为牧场。一直到取得开封（1233），还想尽杀城中之人。其后再经过若干年的熏陶，其本身已进入封建社会，故用兵于宋，虽然仍

[①] 此文为1949年以前史先生所撰书稿或讲义内容。原稿标题前有"第四节"三字，收入本书时删去。整理者注。

是杀戮，但已比灭金时为较好。尤其是对于宋人图籍的珍视，更可看出其意识的转变。

其实北方在金人统治黄河流域以后，情形已渐恶化。金人屯田兵与人民杂处，耕稼之民与游牧之族生活习惯既不同，而种族之分又严，北方的农业自然受到极大的损害。在金元之交，民族间的报复，使女真人自食其果。接着元人南来，地方又经过二度摧残。

这样的情形之下，北方的农村生产力是受到极大的破坏而难于恢复，南方则未受到极大的破坏，得以继续发展。蒙古人色目人的多以南方为乐土，就可作为证明。但北方的破坏还一直继续下去，因元人的屯田制度的施行，是偏在北方，其情形与金时相同。

正因为如此，当时国家的财富之区仍在江南，而元人的运河开凿乃成为必不可缓之事。

二、海运、河运与运河

初期海运，继以河运，终则海运与河运并行。

宋元之际河由阳武南行，夺洛入淮，故河运由淮入河，经中滦（封丘县西南）、淇门（汲县东北）而入卫河。

至元二十年（1283）凿济州河①，至元二十六年（1289）凿会通河②，至元二十八年（1291）凿通惠河③，运河始告完成。④ 因为

---

① 原稿眉注：济宁至汶水（须城安民山），须城今为东平。
② 原稿眉注：济州河入清河，再入海。以海口沙淤改由临清，今长二五〇里。
③ 通惠河亦称阜通河或坝河。
④ 原稿眉注：白河——通州至直沽；御河——直沽至临清；扬州运河——会通河以南，至于大江（亦称盐河）；济州河、泗水、邗沟；镇江运河——镇江至常州吕城堰；以南的称为运河。

闸河运量有限,所以海运得以并行不废。

三、明初运河的再度需要及其开凿

元代北方残破并未恢复,元代末年激起了农民的起义,而北方受兵灾最烈,黄河两岸人口至为稀少。所以明初的军屯卫所,也以北方为多。明成祖的靖难兵起,淮河以北又遭受到一次兵燹。但南方的兵燹却无北方的严重。明初固然曾经大量的由南方徙民于北方,但明人在长城以北,却常受鞑靼、瓦剌的骚扰,全国的边防重心在北方①。永乐时因边防重心在北方,所以将政治中心也由南京迁到北京(永乐十九年),北方的萧条还未得到恢复,不能不再倚赖着南方。这样运河的需要,也是一样的迫切。

元代的运河,因黄河的泛滥,于元顺帝时在济州河与会通河之间发生阻塞。在洪武时,北边的给养是沿用元人海运的成规,稍后利用河运。洪武二十四年,黄河由原武东南夺颍入淮。于是运道也由淮入颍,再经阳武、新乡入卫。永乐九年,才重开会通河故道。

明人与元人不同,漕运全盘是在运河②,尤其是后来倭寇的频发,海运更在禁止之列。因此明人对于运河特别注意。由明入清,情形并未改变。

---

① 九边镇为辽东、蓟州、宣府、太原、大同、陕西、延绥、宁夏、甘肃。

② 原稿眉注:明初漕道:1. 洪武二十四年黄河由原武决口,东南至寿州入淮。漕运由淮入河,至新乡阳武八柳树等处入卫。2. 会通河的疏凿始于成祖永乐九年,由济宁直至临清入卫。3. 能惠河明初未疏浚成功,嘉靖六年舟楫复通。大通河(即通惠河);白河(通济河);北河(由天津到山东);中河(由丰沛到黄河);南河(江淮之间);白漕(白河);卫漕(卫河);闸漕(山东境内);河漕(徐州以南的黄河);湖漕(江淮之间);江漕(长江);浙漕(浙江诸处水道)。光绪二十七年(1901),李鸿章奏南北漕运南北改折,海运河运一齐停止。

四、黄运的关系及其对于北方的影响

元明清的运河与隋唐宋的运河不同。元明清的运河直贯南北，与中国的自然地理条件不合，因而不能不采取闸河办法，使运输不能起最大作用。

运河与黄河成直角的形势。河欲东行，运宜北往。此中间造成若干困难。因黄运的关系，而增加淮水的困难。当时既有意维护运河，不能不违背黄河的水性。遂使黄河泛滥永无宁止。黄河泛滥一方面将泛滥土壤变成沙田，一方面将若干湖泊（如大野泽）堙没。湖泊堙没，河无调剂，其旁支水道皆受影响，河患益烈。这样使黄河下游的三角洲，昔日沃壤，永难复原，对于北方的社会影响最大。

清代学者对于西北史地的研究及其著述①

一、清初学者对于西北史地之著述

清代学者注意西北史地之问题，进而研究讨论，蔚然成为一时之风气，当始于乾嘉时代。下至同光之际，此风益盛。其间名家辈出，撰述亦富。其人其书，皆多不朽之价值。流风余韵，至今犹可概见。

乾嘉以前之学者，虽亦间有关于此方面之著作，但其研究之动机与撰述之原因，仅属诸偶然之探讨，而非预有若何之计划，故未能引起学者间普遍之注意。其名著如康熙间万斯同（季野）之《昆仑河源考》、梁份（质人）之《西陲今略》及满洲人图理琛之《异域录》皆是。季野为清初史学大师，《昆仑河源考》一书并列入《四库全书》之中，其价值可以略知。按《四库全书总目提要·史部地理类·河渠之属》中论此书云：

> 是书以元笃什言河源昆仑，与《史记》《汉书》不合，《水经》所载亦有谬误，因历引《禹贡》《禹本纪》《尔雅》《淮南子》及各史之文以考证之。考张骞言河源出盐泽，司马迁又言河源出于阗，天子案古图书，名河所出山曰昆仑。后来诸书，

---

① 此文是史先生为撰写《中国疆域沿革史》而撰写的，原稿用毛笔书写在竖排十行朱栏萱笺上。整理者注。

都无异说。《唐书·吐谷浑传》，始有李靖望积石山览观河源之言，而亦未确有所指。迨笃什奉命行求，称得之朵甘思西鄙，潘昂霄等妄为附会经传，音译舛讹，遂以鄂敦塔拉之潜行复见者，指为河源，以阿木尼玛勒占木逊山即古积石山者，指为昆仑。《元史》因而采入《地理志》中。耳食相沿，混淆益甚。我国家德威遐播，天山两道，尽入版图，月窟以西，皆我户闼，案图考索，知河有重源，笃什所访，仅及其伏地再出者，而河水之出葱岭于阗，注盐泽，潜行至积石者，则笃什皆未之见。伏读《御批通鉴辑览》，考核精详，河源始确有定论。斯同此书，作于康熙之初，核以今所目验，亦尚不尽吻合。然时西域未通，尚未得其实据，而斯同穿穴古书，参稽同异，即能灼知张骞所说之不诬，而极论潘昂霄等之背驰鹜乱，凡所指陈，俱不甚相远，亦可谓工于考证，不汩没于旧说者矣。

河源所出，自张骞西使之后，言者颇不乏人，因而伏流重源之说，遂为学人所争论。季野身未亲至其地，仅恃旧籍稽证，姑不论其所考证之结果是否合于实际，即以是书本身而论，亦谨严之作品也。

质人所撰《西陲今略》，为其于役河西时所作。西陲山川险要，皆梁氏亲身经历，故所言皆不离于事实。大兴刘献廷（继庄）特推崇此书。其所著《广阳杂记》曾言：

> 梁质人留心边事已久，辽人王定山，为河西靖勇侯张勇中军①，与质老相与甚深，质人因之遍历河西地……故得悉其山川险要，部落游牧，暨其强弱多寡离合之情，皆洞如观火矣，著为一书，凡数十卷，曰《西陲今略》。历六年之久，寒暑无间，其书始成。……余见其稿，果有用之奇书也。

---

① 念海案，据《清史稿》张勇于顺治时曾督兵甘肃，康熙二年，复还镇，十四年封靖逆侯，二十三年卒。梁盼隶张氏麾下，当为康熙十年至二十三年间事也。

继庄复言，曾于旅邸中日夜抄录此书，凡二十有二日，始得尽其全稿。梁任公著《近三百年学术史》于梁氏亦称道备至，以之与徐霞客并称为西北、西南二大探险家。万氏与梁氏一为室中的考古，一为野外的探险，所得虽有不同，而其有不朽之价值，则仿佛相似。

图理琛，本叶赫人，姓阿颜觉罗氏。所著《异域录》一卷，述其于康熙五十一年五月至五十四年三月间奉命往使土尔扈特事。其时土尔扈特尚未内附，图理琛乃由喀尔喀经俄罗斯以至其地。是书收入《四库全书》中。按《四库提要·史部·地理类·外纪之属》中论其书云：

> 图理琛以原任内阁侍读，奉命出使土尔扈特，由喀尔喀越俄罗斯国至其地，五十四年三月回京复命，因述其道里山川民风物产，以及应对礼仪……冠以舆图，次随日纪载见闻，其体例则略如宋人行记。但宋人行记以日月为纲，而地理附见，此则以地理为纲，而日月附见。所历俄罗斯境，曰楚库柏兴，曰乌的柏兴，曰柏海尔湖，曰尼尔库城，曰昂噶拉河，曰伊聂谢柏兴，曰麻科斯科，曰揭的河，曰那里本柏兴，曰苏尔呼忒柏兴，曰萨玛尔斯科，曰狄木演斯科，曰托波尔，曰鸦班沁，曰费耶尔和土尔斯科城，曰费耶尔和土尔斯科佛落克岭，曰索里喀穆斯科，曰改果罗多，曰黑林诺付，曰喀山，曰西穆必尔斯科，曰萨拉托付，曰塔喇斯科，曰托穆斯科，曰伊里木城，皆其大聚落也。其地为自古舆记所不载，亦自古使节所未经。如《史记》述匈奴北海，颇作疑词，故儒者类言无北海。今据图理琛所记，知伊聂谢柏兴距北海大洋一月程。又《唐书》称薛延陀，夜不甚暗，犹可博弈，仅得之于传闻。图理琛以五月至其地，知夏至前后确有是事。

图理琛之书，为清初行人亲历西北边陲而记述成篇之最早者，其后修《一统志》《四裔考》诸书，皆资此录之记载。何秋涛《朔方备乘》亦称此书为"考北陲事浏览所必及"。按何氏云，金山钱氏及震泽杨氏咸刻入丛书中，其价值可以概见。

清初有长汀黎士宏（媿曾）者，著《西陲闻见录》一卷。书中所记凡二十一条，多甘州事。其甘山署度春堂隙地种菜一条言："闰五月初七夜，与两儿及吴人宋文玉食会堂中，命奴子引烛，摘而煮之。流匙甘滑，匕箸为空，因忆子瞻在黄州与子过种菜半亩，终年饱食。"又甘州枸杞一条云："近甘州王生迪简家蓄一株，曾摘生者百粒见贻，大如指顶，甘香之味，沁入心脾，七载穷边，得尝异味，苏子瞻云，日啖荔枝三百颗，不妨常作岭南民。此固不足自慰耶？"盖其人宦游甘州，为时甚久也。又哈密一条记："康熙十二年，贡使过甘来谒。"复于另条两记乙卯平凉兰州之变，并推其起因于甲寅之冬。甲寅、乙卯即康熙十三、十四两年。是其人至甘之时乃在康熙初年。惟所记多里巷琐事，殆不足以言著述。

乾隆初年，叶河常钧（和亭）以陕西潼关同知荐擢甘肃安西道。在任时曾先后撰辑《敦煌杂录》二卷及《敦煌随笔》二卷。《敦煌杂录》乃就近见闻所及参校《肃州新志》及各卫自辑之志稿，采撷类钞。于古今沿革、建置、官属、山川、城堡、田赋、井疆，皆详加载记。而《随笔》一书，则就其"巡历所至，辙迹所经，咨诹所及，按之图说，征之舆论"，随笔编录，其下卷所载户口、田亩、积粮、屯田、开渠、筑城与夫添设要站引墩，要多其任内之治绩。虽近于志书，而所载精密，非率尔操觚者可比。顾廷龙（起潜）跋此二书，谓"可补志乘之阙失"，非过誉也。

乾隆时又有归安陈克绳（衡北）者，以进士官四川保县、茂州，值金川乱起，即赞襄戎幕。著有《西域琐闻》一书（不分卷）。其书共分十一门，首西藏事迹，次疆域，次佛氏，次政教，次风俗，次物产，次属番，次与国，次邻番，次里巴二塘，次建昌道统辖土司。所言皆为西藏事，而题曰《西域遗闻》。殆以其服官于蜀中，而西藏正在四川之西欤？其舆国一目中多载西藏邻国事则杂及西北各国，有近在嘉峪关外之哈密、吐鲁番、巴里坤、于阗，亦有远至默德那米昔儿者。吴燕绍跋其书云："（书中）与国邻番，大抵采自明史各书，而大宛与火州二则述纪中丞、王游戎语。纪名斌，为四川巡抚及驻藏大臣。王游戎官阶较小，未详其名，无从考证。要一身仕边陲者。其言信而可征也。"然其中一条云："玉门关在哈密之外千里，界于准夷。"边境关隘，乃疏误若此。此书旧日世少传本，江安傅增祥氏得其钞本于武林坊肆。近年禹贡学会始排印行世。

又有钱塘冯一鹏（止园）者，著有《塞外杂识》一书。书中载其于康熙庚子五月，同将军宗查布出师西宁口外事，庚子为康熙五十九年；又载康熙六十一年夏，出皇甫川至归化城事；复下及雍正元年青海罗卜藏丹津犯边事，盖康雍间之作也。此书虽篇幅不多，而遍记塞外各处，如满洲，如蒙古，各有若干条，不仅限于西北一隅。惟其人似于各地史地之学不甚谙熟，故多耳食之谈。如书中首条云："日月山，在木尔乌苏东。乃唐公主远嫁乌孙王经此，刻日月于山前，以望父母，并以分中外之界也。"其荒谬实无与伦比。乌孙为汉时国，唐公主何能上嫁于汉时之乌孙国？又如以庄浪为古伊吾地，尤属不辞。又如另条记："玉门，即汉班定远屯兵处，汉兵至此而止。今大兵直驻巴里坤，且灭吐鲁番，已过两千余里。"更为匪夷所思矣。然究以亲历边地故，记当时目睹事，尚不无可取之处，言边事者聊备检查可耳。

清代初年，西陲仅限于河西诸地，蒙古亦初内附，故其时学者率多未注意之。且其时研经治史之风方盛，学人亦无暇涉猎域外诸事。季野之书，专究河源，特因河源而及其有关之问题。梁质人及图理琛，则皆亲历其地，述其见闻，虽皆为有心之士，然一鳞一爪，究不足以大有影响。学者之注意及西北史地各问题又从而研求之，则必待乾嘉之时，是当别有其原因也。

二、乾嘉以后学者研究西北史地之原因

自康熙历雍正而至乾隆，期间将及百年。由于政府的压迫和朴学诸大师的倡导，一时风气所趋，学者皆偏重于整理古籍。举凡经史子集之书，尽为学者研究的对象，因此可以避免涉及当前政治，减少若干无谓的是非。经过若干岁月的努力，旧日的载籍，多已经过一番的整理。当时的大师们，逐渐感觉无用武之地，而思冲破此故籍的樊篱，寻觅较新的研究范围。其时北陲的蒙古已久入版图，而西北隅的回疆也初告底定。此广大之区域，自其时学者视之，犹为一片白纸，其间可资研究的问题甚多，大可以从事探讨，一显身手，自不能等闲放过。故乾嘉时代的学者，多善于整理故籍之外，注意蒙古与回疆的问题。

吾人于此不能不提及元史的问题。乾嘉时代的学者之所以注意研究蒙古及回疆的史事，虽如上述，而直接引起其兴趣者，则不能不说是与元史有关。而且以后对西北史地的研究，也实在是着重于元史一方面。元人入主中国，为时虽甚短促，但元人的势力实不限于中国一隅的地方。明人修《元史》，先后曾两次致力，初次用力仅七阅月，再度修整亦仅半载毕工。以二百一十卷之皇皇巨制，费时不过一年有余。即抄胥迻录，尚有不易之感，何能以言著述？其中错误荒谬，层出不穷，为历代史籍之最芜秽者。况且元人的土宇，本不止中国一地，即令完全引用中土的材料，尚不易看见元人立国的规模，若再连中土所有的材料都不全备，如何能说是良史。清朝初年，仁和邵远平（戒三）即曾发愤再修，所著《元史类编》凡四十二卷。邵氏所致力的不过把明人所修的《元史》重编一过，删去许多重复的地方，虽然比较《元史》稍好一点，但他并没有增加许

多新的材料。使人仍难感觉满意。到乾隆时嘉定钱大昕（竹汀）复锐意重修。钱氏曾得《元朝秘史》及《皇元圣武亲征录》，为前人所未寓目者。钱氏所修《元史》，据传有稿本一百卷，然今传世者仅其《氏族表》三卷及《艺文志》四卷。钱氏又尝著《元史考异》十五卷及《宋辽金元四史朔闰考》二卷。其时萧山汪辉祖（龙庄）亦著有《元史本证》五十卷、《元史证误》廿三卷。虽尚未廓清元史的各种问题，而整理元史的巨业，遂为稍后研治元史的学者人人共有的抱负。蒙古、回疆既先后入版图，其地又皆为元人旧日的疆域，材料既多，研究自易，其间各种问题之关联，不复限于元史的范围，于是一般学者因由整理元史转而注意其地之史地问题。

清初绥服蒙古，征讨准噶尔厄鲁特，戡定回疆，其威德武功，赫然独著。其间经过情形，执笔为史者皆宜详为叙述。尤其蒙古诸王于清初盛业多所襄助，而建立大功者更不乏人。于是国史的撰修，亦因之扩大其范围，不复再囿于内部诸省。其时史臣以修史的关系，遂注意及此边远的部分，而引起其研究的兴趣。寿阳祁韵士（鹤皋）所著《蒙古王公表传》□□卷，即在史馆时纂修。其后邵阳魏源（默深）著《圣武记》十四卷，述有清勘定各处叛乱、开扩疆土，亦多得力于史馆中的材料。

清初刑法甚严，士大夫稍一不慎，即罹法网，重者捐生，轻者亦多被流于荒徼。其风至乾嘉时代尚未稍杀。其时流戍之地多在满洲及回疆，尤以戍守回疆者为众多。乾隆时献县纪昀（晓岚），嘉庆时阳湖洪亮吉（稚存）、寿阳祁韵士、大兴徐松（星伯）皆以微罪被流至乌鲁木齐、伊犁各地。然诸人虽在谪戍之地中，犹孜孜著述，讫无小休。自鸦片战争以后，清廷对于国际交涉，处处失败，国势日危，西北一隅，尤为列强所觊觎。是时有识之士，随时势转移，亦多注意西北问题。然以受朴学之影响甚深，一时难得摆脱，故研今之风反不如证古之学为发达，距应付当世之巨变似尚甚悬远。平定张穆（石洲）之《蒙古游牧记》十六卷，光泽何秋涛（愿船）之

《朔方备乘》八十五卷，及顺德李文田之《元秘史注》十五卷、耶律楚材《西游录》注一卷，虽皆为不朽之巨著，语其内容，实多偏重于考古。至如仁和龚自珍（定庵）之《北路安插议》及《西域置行省议》等篇之对于西陲形势洞如观火，而见解亦复中肯者，则殊不多见。此盖由于时代及学风之限制，非其时其人之力不足以达此也。然此期有一现象，堪资提及者，即若干学者已知用西人之材料以证中土之史籍。虽所成就仅限于若干方面，而其所致力之处亦足使人钦仰。吴县洪钧（文卿）之《元史译文证补》三十卷及武进屠寄（敬山）之《蒙兀儿史记》若干卷，皆此时期之佳构也。洪钧又撰《中俄交界图》（不分卷），即其任职驻俄使时之作。其后，许景澄又著《西北边界俄文译汉图例言》一卷、《帕米尔图说》一卷①，亦为其出使泰西时所成。此时学人不复囿于中土之史料，诚可喜也。

三、清代学者研究西北史地之成就

清代研治西北史地之学者虽多，而其研治之对象若加以归纳，则不外数大类。今分述之如下：

1. 旧籍之整理

清初朴学极为发达，而又受政治压力之限制，群趋于整理旧籍，盖此可以避免议论当世，不至于轻触刑网。乾嘉时代虽旧籍之整理

---

① 此传从《清史稿·艺文志·地理类·外志之属》所列，按《史稿·许景澄传》，谓其因著《帕米尔图说》《西北边界地名考证》。未知《例言》《考证》是一书否。

已略有眉目，转而致力于边陲各地，惟积习难返，仍沿旧日之方法，不出古代史地之范围。且其时研治西北史地之风气，实倡导于元史之重编与研究，故由此推衍，自乾嘉以迄同光，此方面之发展乃较其他方面为多，此自然之趋势也。其时学者之致力固亦有不限于元史，即元史亦不囿于西北一隅，然其关于西北者究非少数，实不能略而不论。元史之外，注意整理西夏之史事者亦多，虽其成就不如元史之大，然亦旷绝前代矣。至如《汉书·西域传》之注释及耶律楚材《西游录》之校注，其成就亦复不少，故一并论及。

前已言之，元史之整理，清初已有人注意及之。邵远平、钱大昕诸人所致力者实已开其端绪。惟其时西域之材料较少，尚多囿于旧《元史》本身之探讨。钱大昕的《皇元圣武亲征录》及《元秘史》用以整理明修《元史》，于当时已开风气之先，而为并世学者所诧异。惜钱氏所修元史并未成书，仅由其已成之《艺文志》及《氏族表》略得其梗概。其后张穆（石洲）进而校注《皇元圣武亲征录》，而李文田又注《元秘史》，于是此二书乃为学术界所共知，且共认为治元史之秘笈。《元史》之为人疵议者，固因其本身之芜杂凌乱，而西域各藩国之未能详加记载，更为后人所不满。《皇元圣武亲征录》及《元秘史》虽能补证其缺点，要未能对于旧史所遗漏者皆能有所补罅。钱、李二氏所致力者，固超绝既往，犹难厌学者间之要求。故元和陆润庠评之云：

> 嘉定钱竹汀宫詹见《元秘史》译本，以为论次太祖事迹，当于是书折衷，然犹未见《秘史》之蒙文也。顺德李仲约侍郎得《蒙古秘史》，又取他书加以参订，著《元秘史注》，然所据亦仅中土诸家记载[①]。

光绪间吴县洪钧（文卿）出使俄德和奥四国，驻外三载，得见

---

① （清）洪钧撰：《元史译文证补》序，上海：商务印书馆，1937年，第1—2页。

西土有关蒙古之史料，遂广为搜罗，而其使馆洋文参赞金开利更襄助其事，为之迻译。更参以中土之材料，成《元史译文证补》三十卷。据其自述是书征引西土材料无虑十余种，计大者拉施特儿哀丁之《蒙古全史》，阿拉哀丁阿塔蔑里克志费尼之书，瓦萨甫之书，讷萨怖之书，阿黎意本阿拉育勒体耳之《聚史》，戴美桑所译阿卜而嘎锡《突厥族谱》，多桑之《土耳其史》《蒙古史》，贝勒津所译拉施特书之《太祖本纪》《蒙古部族考》等书。其书中于所取之材料，皆详注出处，并悉心论证，期至于无误。洪氏因环境之便利，遂得见前贤所未见之材料，以钱竹汀先生之博雅，竟亦无此洪福。故元史之研究至于洪氏乃一新面目，而扩大其范围。近人对于元史研究，因西土材料日多，成绩日著，然肇始之功，固不能不推之于洪氏也。洪氏身后，其亲翁陆润庠为刊行其书并为之作序云：

> 光绪己丑岁，吾吴洪文卿侍郎奉命出使俄德和奥，驻其地者三年，周咨博访，衰然成书，而后元初西域用兵始末，乃犁然大备焉。侍郎之初至俄也，得拉施特书，随行舌人，苦无能译阿剌比文者，见之皆瞠目。侍郎以为既得此书，当使显于斯世，不可当吾身而失之。于是百方购求，遂得多桑书，则译成英文者。又得贝勒津、哀忒蛮诸人书，则译成俄文者，始有端绪可寻。而所译各从其音，人名、地名、部族名有繙改歧异者，有前后不一者，乃复询之俄国诸通人，及各国驻俄之使臣，若英，若法，若德，若土耳其，若波斯，习其声音，聆其议论，然后译以中土文字。稿经三易，时逾两年，而始成书。名之曰《元史译文证补》。证者，证史之误；补者，补史之阙也。①

即《清史稿》洪钧本传，亦称其书"取材域外，时论称之"②。今观其书所补者，多蒙古与西域之史事，皆元史所未备，其筚路蓝缕之

---

① 《元史译文补证》序，第2页。
② 《清史稿》卷四百四十六《洪钧传》。

功，实不能稍没。惜其中数卷如察合台诸王、旭烈兀不赛因、帖木耳、图克鲁帖木儿、速不台、曷思麦里、郭宝玉、郭德海诸传皆未及定稿，而洪氏即下世。诸人皆与西域关系极巨，其事不传，惜哉。洪氏书中尚有《克烈部补传》及《蒙古部族考》二目，亦皆有录无书，使后人难窥其全豹，亦斯学之不幸也。

纪氏于戍所成《乌鲁木齐杂记》一书，为戍人言边事之嚆矢。洪氏著有《伊犁日记》二卷、《天山客话》二卷①。祁氏在伊犁时著有《西陲总统事略》十二卷②、《西域释地》一卷、《万里行程记》四卷、《西陲行程记》一卷。由伊犁归来复著《藩部要略》十八卷，《西陲要略》四卷。其所谓西陲乃指回疆而言，而藩部则指蒙古而言。《西陲总统事略》一书，韵士所作似未完成。其后徐星伯复再为补苴，即后来之《新疆识略》也。③ 星伯于补撰《西陲总统事略》之外，复撰有《西域赋》二卷、《西域水道记》五卷及《汉书西域传补注》二卷。④ 自洪、祁、徐三家相继著述后，因相沿成风，其后林则徐（侯官少穆）西戍，亦著《荷戈纪程》二卷。⑤《清史稿·地理类·边防之属》著录七十一撰《西域闻见录》八卷；又《地理类·杂志之属》著录史善长撰《轮台杂记》二卷，虽其人不皆为流戍之罪人，但其撰述之时，想亦皆宦游于回疆也。

洪氏之外，复有邵阳魏源默深所撰之《元史新编》九十五卷。魏氏生世早于洪氏，惟其书刻成乃在洪书之后⑥，其书组织至为别致，不采旧史一人一传形式，而改为类传。然其类传亦与旧史之循吏、儒林等类传不同，乃以共同从事一役之诸人为一传。魏氏之撰

---

① 《清史稿》卷一百四十六《艺文志》。
② 《清史稿》卷一百四十六《艺文志》。以《西陲总统事略》一书别为松筠撰。《文苑传》韵士本传不载《西陲总统事略》及《西陲行程记》二书。
③ 徐世昌：《清儒学案》卷一百四十一《星伯学案》。
④ 《清儒学案》卷一百四十一《星伯学案》。
⑤ 《清史稿》卷一百四十六《艺文志》。
⑥ 梁启超《中国近三百年学术史》。

《进元史新编表》云：

> 人知《元史》成于明初诸臣潦草之手，不知其载籍掌故之荒陋疏舛讳莫如深者，皆元人自取之。兵籍之多寡，非勋戚与枢密之臣一二预知外，无一人能知其数者。拖布赤颜一书，译言《圣武开天记》，记开国武力，自当宣付史馆，乃中叶修《太祖实录》，请之而不肯出；天历修《经世大典》，再请之而不肯出，故元初三朝本纪，颠倒重复，仅据传闻。国初平定部落数万里，如堕云雾，而《经世大典》于西北藩封之疆域、录籍、兵马，皆仅虚列篇名，以金匮石室进呈已览之书，而视同阴谋，深闭固拒若是。《元一统志》亦仅载内地各行省，而藩封及漠北西域皆不详，又何怪文献无征之异代哉。是以疆域虽广，与无疆同；武功虽雄，与无功同。加以明史馆臣不谙翻译，遂至重纰叠缪，几同负涂，不有更新，曷征文献。①

魏氏之言虽如此，然其书中对于西域之事未能多所采撷，故其所致力者，仅为对于旧《元史》之重加审正而已。此则关于史料之探求，限于环境，宜其不如洪氏之为人所称道也。

洪、魏二氏之外，复有屠寄所著之《蒙兀儿史记》一百六十卷，亦斯学中之巨著。屠氏此书于光宣间随著随刊，直至屠氏身后，始刊印完竣。屠氏此书至为精审，本文之下复有注文，广征博引，聚荟众说，而详加考订，以明其材料之去取。不惟使人得读其书，且使人知其如何作此书。即如其书不用元或蒙古之名，而改为蒙兀儿之称，亦可见其不苟之处。盖"蒙古"之初见于国史，始于唐时。《旧唐书·室韦传》有蒙兀、室韦者即其先也。溯其本称，宜黜元及蒙古之名，而称蒙兀儿。屠氏于此书中，亦注意西域史事，且承洪氏之故业而扩大之。如洪氏所作术赤、拔都诸传，屠氏皆袭其故文，且新增材料不少。洪氏有意补撰察合台诸王传及帖木儿传，而未有

---

① 《右徵堂集》，外集卷三，清宣统元年国学扶轮社本，第107页。

成书，屠氏乃为之补作（唯改察合台为察阿歹）。屠氏复撰有《西北三藩地理通释》，于是《元史》中之西域方舆亦可以循之考见。

至若胶州柯劭忞（凤荪）之《新元史》二百五十七卷，于诸家元史中最为巨擘。其书虽经始于逊清末年，而杀青乃在入民国以后（民国十一年），即《清史稿·艺文志》亦不载及，兹不具论。

大兴徐松以治西北史地之专家，别著有《元史西北地理考》及《西夏地理考》，惜其书皆未付传刻[①]，不知其稿本犹在人间否？顺德李文田（仲约）亦著《元史地名考》一卷，殊有益于后学之研求。李氏又著《和林金石录》一卷、诗一卷、考一卷。皆就和林故地之碑碣文字而加以考释者。所录之材料以元代为多，亦研究元史者所不可或缺者也。

《元代秘史》一书，自钱竹汀氏以下虽皆知用之以证元史，而专董理其书者，要当推张穆（石洲）及李文田（仲约）二人。道光时，灵石杨尚文（墨林）刻《连筠簃丛书》，值石洲馆于其家，乃延之董理。石洲所校者，乃由《永乐大典》中所写出之本与元和韩氏影钞之本互校，使后学得有较好之版本（石洲同时尚校有《西游记》一书，亦代杨氏董理者）。而仲约则更进注释之。李氏注释至为精审，可与《秘史》并传。华亭沈维贤跋之云：

> 《秘史》有声音而无训诂，盖元史本取辉和尔字，以达国言，是书成，自至元年后，辗转翻译，虽条理秩然，而名称尚滋镠辖。顺德先生精于满蒙汉三合音之例，博综稗乘，旁摭金石，而一以声音通之，故知客列亦惕之为怯列耳，则克烈怯里之异闻析矣。知摄里黑崑之为撒麻耳干，则寻思虔、邪迷思干之转语明矣。至如不儿罕发祥之区，巴勒誓众之域，畏兀唐兀，字近而易歧，巴儿忽真，名同而实异。钩心针棘之中，县解希夷之表；辨方定位，确乎不易。以之订证《元史》，贯通邱长

[①] 《清儒学案》卷一百四十一《星伯学案》。

春、刘郁之《记》，无不迎刃以解矣。斯其不朽之盛业，大辂椎轮，津导来学，匪徒忙豁仓氏之功臣者已。①

沈氏之言，仲约真可当之而无愧矣。

西夏立国虽始于宋仁宗之时，然拓跋氏盘踞灵、夏诸地，实远肇于李唐末年。吴广成之书，上溯于唐僖宗中和元年宥州刺史拓跋思恭起兵讨黄巢，而不限于明道元年以来事。尚不失史家溯源追流之本色。然于宝庆三年蒙古灭夏之后，独书绍定五年夏故臣王立之隐于申州之文，反若赘瘤。不如附其事于宝庆三年夏国灭亡之文之下为愈。其书用纲目体，依唐宋正朔，而附夏、金暨蒙古年号于下，盖祖述朱子纲目尊中国大一统之理。惟西夏曾自造番书以记国事，国亡之后，文义莫辨。前人记夏事，已多简陋，吴氏生于数百年后，自不易有若何之新材料也。

与宋辽及宋金并峙之西夏，自宋仁宗明道元年立国至理宗宝庆三年始为蒙古所并，传世凡一百九十年。其事虽分见于宋、辽、金三史，而尚无专著问世。《清史稿·艺文志·史部·载记类》著录有洪亮吉《西夏国志》十六卷、周春《西夏书》十卷、陈昆《西夏事略》十六卷，皆不见其传本，疑其书或未成，或未付刻。别有吴庆成《西夏书事》四十二卷、张鉴《西夏纪事本末》三十六卷。

然其书似无若何新材料。惟表示清人曾于此方面致力而已。

历代与西陲有关者，元代而外，则为汉唐两代。清人于汉唐两代史书之有关西域者亦皆考证订补，不遗余力。徐松之《汉书西域传补注》二卷，当为此方面之绝作。所谓补者，乃补颜师古之旧注也。徐氏以微过谪戍伊犁，亲身访察，归而著为此书，宜其非等闲之作品。阳湖张琦为其书作序曰：

> 星伯前以翰林谪戍伊犁六年……即所经览，证引往说，而为此注。夫读《汉书》者，不必至西域；至西域者，不必能著

---

① （清）魏源《元武纪·叙》，清道光刻本。

书；而星伯非亲历新疆南北路，悉其山川道里风土，亦不能考证今古，卓然成一家言。

其书盖为读汉史者所不可或废者也。而李光廷（恢垣）亦著《汉西域图考》七卷。李氏虽未亲至其地，而其考证亦有多得事理之实者。至于唐代史迹则洪钧所著《旧唐书大食传考证》①，为之解决若干问题。而钱塘吴承志（祁甫）亦著有《唐贾耽记边州入四夷道里考实》五卷，亦为不可多得之作。

历代史书有关西域部分之考证订补，既已如上所述。史籍而外，亦有足称者。元太祖时，耶律楚材奉诏出塞，随军远征。直至中亚细亚。以其途中见闻，著为《西游录》一书。举凡山川疆域民情风俗皆随笔记述，为治元初西北史地必备之要籍，即研究元代以后西北问题，亦宜加以参考。其书虽简短，然不谙西域地理者，殆不易领略。顺德李文田（仲约）于校注《元秘史》之外，复著有《西游录注》一卷。其注文渊博详赡，为是书增光不少。② 李氏之前，有乌程沈垚（子惇）者别撰《西游记金山以东释》一卷。此则为整理长春真人丘处机《西游记》而作也。沈氏虽早年即逝，而其舆地之学，颇见赏于徐松星伯。《清史稿·文苑传三》之徐松附沈垚传云：

（垚）性沉默，足不越关塞，好指画绝域山川。……（徐）松称其地学之精。歙程恩泽尝读《西游记》，拟为文疏通其说，及见垚所撰《西游记金山以东释》，叹曰："遐荒万里在目前矣！"遂搁笔。

此外丁谦（益甫）所著《蓬莱轩舆地丛书》六十卷，亦值吾人道及。其书除考证各史之四夷传外，举凡如《穆天子传》，法显《佛国记》，唐释辨机《大唐西域记》，耶律楚材《西游录》，《长春真人西游记》，《马可波罗游记》，图理琛《异域录》诸书之地理有

---

① 附《元史译文证补》之后，列为第三十卷。
② 《清儒学案》卷一百八十八《南农学案》。

关于边事者，莫不加以考释。其中有关于西陲者，殆在大半。虽其所考释多有附会，然其辛苦经营之功亦不可或没者也。

嘉庆时，武威张澍（介侯）亦喜治舆地之学，以籍隶陇上之故，颇留意于关陇掌述，凡前贤著述之与此邦有关者，皆广为搜罗，虽片羽只字亦不稍遗，先后得三十六种，道光元年，刊其中之廿一种于二酉堂，因名《二酉堂丛书》。其中除《风俗通》《世本》《汉皇德传》等为孤本罕见之籍，与关陇关系尚少，至如辛氏《三秦记》《三辅旧事》《三辅故事》《三辅决录》，皆有关关中掌故。而所辑凉阚骃《十三州志》、晋喻归《西河记》、北凉段龟龙《凉州记》、宋段国《沙州记》及《西河旧事》《凉州异物志》等书，则专涉及河西一隅之地。是不惟可以稍窥旧籍之规模，而西北之文献亦可略存鳞爪矣。张氏又撰有《五凉旧闻》四十卷，盖其主讲兰州兰山书院之作也。

2. 清代经营西陲武功之记述

清代自起自满洲时，即对于蒙古诸部力事笼络，期为己用，后又累次用兵，多所征讨，而回疆诸部之戡定，尤大费周折。当时经过，虽曾敕令廷臣随时撰述，然学人之致力于此者，亦非少数，魏源（默深）《圣武记》即其中之巨制也。魏氏自言：

> 道光征回疆之岁，始筮仕京师。京师，掌故海也。得借观史馆秘阁官书及士大夫私家著述、故老传说，于是我生以后数大事，及我生以前上泝国初数十大事，磊落乎耳目，旁薄乎胸臆。因以溯洄于民力物力之盛衰，人材风俗进退消息之本末。晚侨江淮，海警沓至，忾然触其中之所积，乃尽发其椟藏，排比经纬，驰骋往复，先出其专涉兵事及尝所论议若干篇为十有

四卷，统四十余万言。①

其书卷三至卷六记外藩，而所记外藩之关于西北者：《国朝绥服蒙古记》一至三、《康熙亲征准噶尔记》《雍正西征厄鲁特记》《乾隆荡平准部记》《乾隆戡定回疆记》《乾隆绥服西属国记》《乾隆新疆后事记》《道光重定回疆记》《道光回疆善后记》《国朝俄罗斯盟聘记》《俄罗斯附记》《国朝甘肃再征叛回记》。

《清史稿·文苑传三》称其书乃"借观史馆官书，参以士大夫私著排比经纬"而成。梁启超亦言，"默深观察力颇锐敏，组织力颇精能，其书记载虽间有失实处，固不失为一杰作"②。今观其书条理次序井然不乱，诚良史也。

《清史稿·艺文志·史部·纪事本末类》著录有赵翼《皇朝武功纪盛》四卷，易孔昭、胡孚骏同撰之《平定关陇纪略》十三卷，杨毓秀撰之《平回志》八卷，魏光焘《勘定新疆记》八卷，王之春撰《国朝柔远记》八卷。所记皆多与西北有关。

至如何秋涛之《朔方备乘》等书，虽亦兼载清初武功，然其书包括至广，当于下文论之。

3. 西北史地之专著

清代学者对于西北史地之研究亦多不依傍旧日载籍，而以其心得与精力，特成专著者实非少数。其最初名家者，当推寿阳祁韵士（鹤皋）。鹤皋初以翰林充国史馆纂修，即独力成《蒙古王公表传》。《清史稿·文苑传二》韵士本传曰：

既入翰林，充国史馆纂修时，创立《蒙古王公表传》，计内札萨克四十九旗，外札萨克喀尔喀等二百余旗，以至西藏及回

---

① 魏源《圣武记叙》。
② 梁启超《中国近三百年学术史》。

部，纠纷杂乱，皆无文献可征据。乃悉发库贮红本，寻其端绪，每于灰尘垄积中，忽有所得，如获异闻。各按部落立传，要以见诸实录红本者为准。又取《皇舆全图》以定地界方向。其王公支派源流，则核以理藩院所存世谱。八年而后成书。

今按《清史稿·艺文志·史部·传记类》著录有乾隆四十四年敕撰之《蒙古王公功绩表传》十二卷，未知即此书否？① 韵士又撰《藩部要略》，其书对于蒙古部落封袭建置颇详原委。《清史稿·韵士传》云：

> 又别撰《藩部要略》，以年月编次，盖传（《蒙古王公表传》）仿《史记》，而《要略》则仿《通鉴》。李兆洛序之，谓如读邃皇之书，睹鸿濛开辟之规模矣。

韵士在伊犁时，奉将军松筠（湘浦）之命别撰《西域总统事略》十二卷。此书及韵士之身，杀青未竣，至徐松（星伯）继戍伊犁，复奉松筠命续修之。《清史稿·文苑传·祁韵士传》：

> 及戍伊犁，有所纂述，大兴徐松续修之，成《新疆事略》。

又《徐松传》亦言：

> 又以新疆入版图数十年，视同畿甸，而未有专书，乃纂述成编，于建置控扼钱粮兵籍言之尤详。将军松筠奏进其书，赐名《新疆事略》，特旨赦还。御制序付武英殿刊行。

因此书为祁、徐二氏先后奉松筠命修成，又由松筠奏进，故《清史稿·艺文志·地理类·边防之属》中直著录松筠撰《西陲总统事略》十二卷，盖以此也。

鹤皋在伊犁又别撰《西域释地》及《西陲要略》二书。《清史稿》本传称其"考证古今，简而能核"。《西域释地》分疆域及山川二部。张瀛暹序其书曰：

> 《西域释地》一书（于）……天山南北疆域山川，条分件

---

① 按韵士以乾隆四十三年成进士官编修，以时计之相去殊不远。

系，考古证今，简而能核矣。至喀什噶尔、乌什、库车之译名与钦定《新疆识略》不同者，先生成书在丁卯戊辰间，传闻异词，早登简札，非误也。巴彦喀喇山即古昆仑也，钦定《河源纪略》有定论矣，先生以非所亲历略之。而于葱岭之南北两支，星宿海之潜源重发，则缕挈焉。昔人为舆地之学者，每云目验得之，先生亦犹是义尔。

其所著《西陲要略》，都凡四卷，备述南北两路之疆域、山水、卡伦、军台、城堡、职官并及伊犁之驻兵、兴屯、训练、牧养各事，而后缀以土尔扈特、哈萨克、布鲁特三部之源流，兼载厄鲁特旧俗及回人风俗。据鹤皋自序所言，则此书实为《西陲总统事略》之节本。自序云：

> 记载地理之书，体裁近史，贵乎简要，倘不足以信今而证古，是无益之书，可以不作。赤奋若之岁，余奉谪濛池……既得亲履其地，多所周历，得自目睹，而昔年备员史职，……于新疆旧事，知之最详，颇堪自信。适松湘浦先生驻节边庭，以伊江为总统南北两路之地，亲事丹铅，创为《事略》十二卷。已又奉有续辑同文志之。命将汇送各城故实事迹。余获总司校核，参证见闻，益觉信而有据，爰就要者考而录之，备存其略。凡四卷。并掇《闻见录》诸书中之可信者，证以所见，纂为二篇，附载书后。

其篇幅虽少，非率尔操觚所可比拟也。

徐星伯既补祁氏之《西陲总统事略》一书为《新疆事略》，复撰《西域水道记》五卷。盖亦谪戍伊犁时所作也。《清史稿·文苑传三》松本传云：

> 坐事戍伊犁，松留心文献，既出关，置开方小册，随所至图其山川曲折，成《西域水道记》。拟《水经》，复自为释，以比道元之《注》。

梁启超推《西域水道记》一书为徐氏所著诸书中最精心结撰之作。① 今观其书，所叙历历如绘，虽未如郦氏之广博，然亦足为治西域地理者所不可或缺之参考文籍也。

徐氏《西域水道记》而外，吾人当论及张穆之《蒙古游牧记》。《游牧记》凡十六卷。其书备载内外蒙古、额鲁特蒙古、新旧土尔扈特部及新和硕特蒙古等部盟旗游牧所在地之山川地理与夫政治沿革，用史书之志体，详论朔漠之情形。书中复广征博引，自为注释。论者谓可与祁韵士之《藩部要略》相埒。盖其书实因校勘《藩部要略》而作也。韵士之子雋藻序其书曰：

> 海内博学异才之士，尝不乏矣。然其著述卓然不朽者，厥有二端：陈古义之书，则贵乎实事求是；论今事之书，则贵乎经世致用。二者不可得兼，而张子石州《蒙古游牧记》独能兼之。始余校刊先大夫《藩部要略》，延石州复加校勘。石州因言："自来郡国之志，与编年纪事之体，相为表里。昔司马子长作纪传，而班孟坚创修地理志，补龙门之缺，而相得益彰。今《要略》，编年书也；穆请为地志，以错综而发明之。"余极怂恿，俾就其事。杀青未竟，而石州疾卒，以其稿属何愿船比部整理。愿船为补其未备，又十年，始克成编。余详为披览，究其终始。见其结构，则详而有体也；征引，则赡而不秽也；考订，则精而不浮，确而有据也。拟诸古人地志，当与郦亭之笺《水经》，赞皇之志郡县，并驾齐驱；乐史、祝穆以下无论已。虽然，石州之成此编，岂第矜博奥、蒐隐僻、成舆地一家言哉？盖尝论之：蒙古舆地与中国边塞相接，其部族强弱，关系中国盛衰，非若海外荒远之区可以存而不论也。塞外漠南北之地，唐以前不入版图，史弗能纪。至辽金元皆尝郡县其地，乃三史地志，虚存其名，而山川形势都会扼塞，阙焉无考。是则欲知

---

① 梁启超：《中国近三百年学术史》。

古事，不外斯编矣。如科尔沁、土默特之拱卫边门，翁牛特、乌珠穆沁之密迩禁地，四子部落之环绕云中，鄂尔多斯奄有河套，至于喀尔喀、杜尔伯特、土尔扈特诸部，或跨大漠、杭海诸山，或据金山南北；或外接俄罗斯、哈萨克诸国，所居皆天下精兵处，与我西北科布多、塔尔巴哈台诸镇重兵相为首尾，是皆讲经制者所当尽心也。承学之士，得此书而研究之，其于中枢典属之政务，思过半矣。然则是书之成，读史者得实事求是之资，临政者收经世致用之益，岂非不朽之盛业哉！

其推崇甚盛。其书体例至为谨严，非邃于史学者不能为之。寯藻虽盛加称道，实亦非泛泛之谀辞。迄今治蒙古地理者，犹未能一越张氏之樊篱，非无故也。张氏未成之部分，由光泽何秋涛补成之。秋涛仍因石洲之体例，于石洲原文之上加一"原"字，补苴之处加一"补"字，以资区别。文中注文亦如之。秋涛盖能善承张氏之志者也。

何氏于补订《蒙古游牧记》之外，复撰有《朔方备乘》八十卷（卷首十二卷、正文六十八卷）。此书本名《北徼汇编》，《朔方备乘》者，文宗之赐名也。《清史稿·文苑传二·祁韵士传附秋涛传》云：

（秋涛）留心经世之务，以俄罗斯与中国壤地接连，宜有专书资考镜，始著《北徼汇编》六卷，后复详订图说，起汉晋迄道光，增为八十卷。文宗垂览其书，赐名《朔方备乘》。

秋涛身后，李鸿章为刻其书，并序之曰：

秋涛究心时务，博极群书，以为俄罗斯东环中土，西接泰西诸邦，自我圣祖仁皇帝整旅北徼，誓威定界，著录之家，虽事纂辑，未有专书。秋涛始为汇编，继加详订。本钦定之书及正史为据，旁采图理琛、陈伦炯、方式济、张鹏翮、赵翼、松筠以及近人俞正燮、张穆、魏源、姚莹之徒，与外国人艾儒略、南怀仁、雅裨理之所论述，并上海、广州洋人所刊诸书，订其舛讹，去其荒谬，上溯圣武之昭垂，下及窝集之要害，为考，为传，为纪事，为辨正，自汉晋隋唐迄于明季，又自国朝康熙、乾隆迄于道光，代为之图，各为之说，凡八十卷。①

今观其书，卷首十二卷载圣训及钦定书，正文则为：《圣武述略》六、《考》二十四、《传》六、《纪事本末》二、《记》二、《考订诸书》十五、《辨正诸书》五、《表》七，又《图说》一卷。其书网罗今古，旁及诸家，无不辨正详析，允为论朔漠史事之巨著。其书与张穆之《蒙古游牧记》，先后光辉，同为不朽之作。宜乎近世言北陲事者，犹不能不并重之也。

其后顺德李文田（仲约）读何氏之书，曾于书眉及旁注校语。李氏门生元和江标集录得一卷，名《朔方备乘札记》，刻入《灵鹣阁丛书》中。其书分条记述，盖原非专书，惟其中亦颇有精义。李氏本精朔方舆乘，故虽随手札记之作，亦为治北陲史地者所不可或略也。

道光时，仁和龚自珍（定庵）著《蒙古图志》一书，其书为图廿有八，为表十有八，为志十有二，凡五十八篇。梁启超称其为"深通史裁之作品"②。

道光时，蒙古松筠（湘浦）著《绥服纪略》一卷。松筠于乾隆五十年至五十七年间任库伦大臣③。又于乾隆五十九年至嘉庆四年间任驻藏大臣④。及嘉庆十八年至嘉庆二十年间两为伊犁将军。其人虽非学者，然其居边地久，见闻较切。故著为书，亦有可据处。其书为五言诗体，而自为笺注，实别开生面之作也。按其自序云：

余仰承知遇，既寄封圻之任，复膺专阃之司，八载库伦，两镇西域，又尝驻节藏地，周历徼外，爰采见闻，得一百八韵，

---

① 《陶楼文钞》卷八《朔方备乘序》，民国十二年刻本，第149页。
② 梁启超：《中国近三百年学术史》。
③ 《清史稿》卷三百四十二《松筠传》。
④ 《清史稿》卷二百六《疆臣年表》。

非事吟咏，特以注疏地方情形，名之曰《绥服纪略》。其身所未历者，不无缺略，姑俟知者辑补云。①

何秋涛亦称其书云：

> 于北徼外之俄罗斯，西徼外之哈萨克、布鲁特，西藏徼外之廓尔喀记述尤详。皆得之任所官牍，语有依据，较他家转述传闻者迥异。惟于北徼水道及远年之事，间有舛误。②

松筠于清代边疆大吏中为佼佼者，其书中所记述虽如何氏所云于"北徼水道及远年之事，间有舛误"，此盖不足为松筠病，盖其人非研治史籍之学者，不必苛责也。

松筠之为伊犁将军也，适徐松谪戍其地。徐松之补辑西域事以续祁韵士之《西陲总统事略》为《新疆事略》，即得松筠之助力。徐松得此而遍历回疆各部。其《西域水道记》及《汉书西域传补注》之能搜讨无遗者，亦以有此因缘。故松筠虽非学人，然其人其事，实与西北史地之研究有莫大之关系。徐松又撰《新疆赋》二卷，自为注记，词旨华赡，与其学相称，亦《绥服纪略》之俦也。洪亮吉由伊犁归后，补撰《伊犁记事诗》九十七首，盖其远戍时，嘉庆帝不许其作诗饮酒。故其所著《天山客话》云，至保定，甫知有廷寄与伊犁将军，有不许为诗、不许饮酒之谕。是以出国门及嘉峪关凡四匝月，不敢涉笔。及出关后，独行千里，不见一人。径天山，涉瀚海，闻见恢奇，为平生所未有。遂偶一举笔，然要皆描摹山水，绝不敢及余事也。

清末益阳萧雄皋谟亦著《听园西疆杂述诗》四卷。据其自序，是书盖成光绪十八年。其自序云：

> 自壮岁困于毛锥，会塞上多事，奋袖而起，请缨于贺兰山

---

① （清）盛昱：《八旗文经》卷十三《绥服纪略序》。
② 《朔方备乘》卷四十六《考订诸书六·考订绥服纪略叙》，清光绪刻本，第781页。

下，即从战而西焉。关内荡平，将出净塞氛，遂乃前驱是效。其时碛路久闭，初印一纵，人绝水乏，望风信指，兼旬而至伊吾天山，南北贼焰沸腾，干戈异域，不堪回首，然一感知遇，皆所殊顾。自此旁干于十余年之中，驰骤于二万里之内，足迹所至，穷于乌孙，亦愈矣哉。……曩者入关，抵兰州，友人竞问边陲，曾略以诗告，寥寥短楮，叙述不详，屡被催续，而车尘鲜暇。及还耶，缘无力入都，山居数载。究因蜎尔，败兴久之。项以道出长沙，旅馆蓬窗，兀坐无聊，回思往迹，神游目想，搜索而成篇，共得百四十余首，句虽粗疏，颇及全图。①

盖亦久居于边陲者也。其书各诗皆自为注释。上穷往古，迄于目睹，虽篇幅有限，而记载所及，遍于全疆。既属亲历其地，故尚能征实。惟其卷三《妇女四首》之四云：

> 百转歌喉骤马骄，娇娃夜带雁翎刀。当年八百朱颜妇，想见分防抗汉朝。

其自注云：

> 按古之八百媳妇城，亦在西域。《方舆类纂》：八百大甸军民宣慰使司，东至老挝宣慰使司界，南至波勒蛮界，西至木邦宣慰使司界，北至孟良府界。自司治北至云南省，三十八程，古蛮夷地。世传其酋有妻八百，各领一寨，因名八百媳妇。元大德初，遣兵击之，道路不通而还。后遣使招附。元统初，置八百等处宣慰使司。明洪武二十四年，其酋来贡，乃立八百大甸军民宣慰使司。土司刁姓。

亦殊昧于舆地者矣。

《四库全书总目提要·史部·地理类·存目·边防之属》中复著录有不著撰人名氏之《秦边纪略》四卷。其言曰：

> 书中首卷河州条注，内有"西夷部落三十有奇，康熙十四

---

① （清）萧雄：《听园西疆杂述诗四卷·序》，清光绪江标校刊本，第351页。

年围卫城一月,康熙二十二年又犯卫地"之语。又四卷《近疆西夷传》内载康熙二十四年祝囊同科尔坤十八部由古北口入觐事。则此书为康熙间人所作。首载河州及西宁、庄浪、凉州、甘州、肃州、靖远、宁夏、延绥等卫形势要害,次载西宁等卫南北边堡,次载西宁等卫近疆及河套,次载《外疆近疆西夷传》《河套部落蒙古四十八部落考略》《西域土地人物略》。其论边鄙疆域及防守攻剿情形,一一详悉。盖国家初定西陲,中间遘王辅臣之叛与滇黔相煽,方用兵于内地,故近边诸部,往往窃窥,后乃以次削平,驯为臣仆。此书所述,皆是此时之形势。方今圣武远扬,天山南北二万余里。皆置郡开屯,归我疆宇。昔之所谓险要者,今皆在户闼之间;昔之所谓强梁者,今皆隶赋役之籍。此书所述,皆无所用之。然在当时,则可谓留心边政者矣。至北边四十八部源委弗详,且非秦地。其西域道里以驿程考之,亦皆在茫昧之间。盖一时得之传闻,附录卷末,均不足为典要,存而不论可矣。

清代初年,西陲尚仅限于河西诸地,蒙古亦初内附,故(下缺)

4. 中俄界务之记载

西北边陲与俄人接界,边衅时起,而失地亦复不少。首以界务制图立说者为洪钧。其所著书为《中俄交界图》不分卷。洪氏此图由俄文移译,其用心至苦,然几以此图肇祸。《清史稿·洪钧本传》记其事云:

(钧为)出使俄德奥比四国大臣,晋兵部左侍郎。初,喀什噶尔续勘西边界约,中国图学未精,乏善本。钧莅俄,以俄人所订《中俄界图》红线均与界约符,私虑英先发,乃译成汉字备不虞。(光绪)十六年,使成,携之归,命直总理各国事务衙门。值帕米尔争界事起,大理寺少卿延茂谓钧所译地图画苏满诸卡置界外，致边事日棘，乃痛劾其贻误状，事下总署察覆。总署同列诸臣以钧所译图，本以备考覈，非以为左证，且非专为中俄交涉而设，安得归咎于此图？事白，而言者犹未息。右庶子准良建议，帕地图说纷纭，宜求精确。于是钧等具疏论列，谓："《内府舆图》《一统志图》记载漏略。总署历办此案，证以李鸿章译寄英图，与许景澄集成英俄德法全图，无大纰缪，而覈诸准良所奏，则歧异甚多。《钦定西域图志》叙霍尔干诸地，则总结之曰属喀什噶尔；叙喇楚勒、叶什勒库勒诸地，则总结之曰属喀什噶尔西境外，文义明显。原奏乃谓：'其曰境外者，大小和卓木旧境外也。曰属者，属今喀什噶尔，为国家自辟之壤地也。'语近穿凿。喀地正北、东北毗俄七河，正西倚俄费尔干，其西南错居者帕也。后藏极西曰阿里，西北循雪山径挪格尔、坎巨提，讫印度克什米尔，无待北涉帕地。设俄欲蹙喀，英欲偪阿里，不患无路。原奏乃谓：'二国侵夺拔达克山、安集延而终莫得通。'斯于边情，不亦闇乎！中俄分界起科布多、塔尔巴哈台、伊犁，讫喀西南乌仔别里山口止，并自东北以达西南。原奏乃谓：'当日勘界，自俄属萨马干而东，实以乌仔别里西口为界，今断以东口，大乖情势。'案各城约无萨马干地名，惟浩罕、安集延极西有萨马尔干，《明史》作撒马儿罕，久隶俄，与我疆无涉。当日勘界，并非自西而东，亦无东西二口之说，不知原奏何以传讹若此？谨绘许景澄所寄地图以进。"并陈扼守葱岭及争苏满有碍约章状。先是坎巨提之役，彼此争恭其间，我是以有退兵撤卡之举。英乘隙而使阿富汗据苏满。至是，俄西队出与阿战，东队且骎骎偪边境。总署复具筹办西南边外本末以上。钧附言："自译《中俄界图》，知乌仔别里以南，东西横亘，皆是帕地。《喀约》所谓中国界线，应介乎其间。今日俄人争帕，早种因喀城定约之年。刘锦棠添设苏卡，意在拓边。无如《喀约》具在，成事难说，唯依界图南北经度斜线，自乌仔别里径南，尚可得帕地少半。寻按故址，已稍廓张。俄阿交閧，揣阿必溃。俟俄退兵，可与议界。当更与疆臣合力经营，争得一分即获一分之益。"上皆嘉纳。

按洪钧奏文中所称"李鸿章译寄英图，与许景澄集成英俄德法全图"，当是《清史稿·艺文志·史部·地理类·外志之属》中所著录、许景澄所撰《西北边界俄文译汉图例言》一卷及《帕米尔图说》一卷。检《清史稿·许景澄传》，景澄别撰《西北边界地名考证》，未悉即是《艺文志》所云之《西北边界俄文译汉图例言》否？《景澄传》云：

（光绪）十六年，充出使俄德奥和四国大臣。……先是，俄兵游猎常越界，侵及帕米尔地，景澄争之，俄援旧议定界起乌什别里山，自此而南属中国，其西南属俄。俄人则欲以萨雷阔勒为界。相持三载，俄始允改议，其帕界未定以前，各不进兵，以保和好。因著《帕米尔图说》《西北边界地名考证》，为他日界约备。

幸有许景澄此图，不然洪钧氏且获罪矣。

清末南清河王锡祺（寿萱）著有《中俄交界记》及《中俄交界续记》二种，见王氏所辑《小方壶舆地丛钞》（第三帙）中。记清代先后与俄人所定界约，其书备记中俄疆界变迁，不以西北边界为限。按其中所记：康熙二十八年《尼布楚界约》；雍正五年《恰克图界约》；咸丰八年《瑷珲界约》；咸丰十年《京师界约》及咸丰十一年《黑龙江界约》；同治三年《塔城界约》，八年、九年《续定界约》；光绪七年《伊犁界约》。

《续记》则载光绪七年以后事，为：光绪八年《伊犁界约》；光绪九年《科布多界约》《塔尔巴哈台界约》；光绪十年《喀什噶尔西北界约》；光绪十二年《珲春界约》。

由王氏所记，知有清一代，中俄西北交界之纠纷实较东北为频繁也。

5. 行记

清代自蒙古、回疆并入版图以后，宦游其地者，日有所闻，间有以其见闻所得载诸楮墨；亦有谪客戍人，记其经历，虽不皆尽有史地学上之价值，然一鳞一爪，尚可以供参考。

是类书籍，当以献县纪昀所著为最早。纪氏于乾隆时以罪戍乌鲁木齐，因就所见闻撰为《乌鲁木齐杂记》。其书随笔记录，逐条排列，各条自成首尾，不相衔接，举凡其地之风俗、饮食、山泽、庙宇，皆有所记述，凡百五十余条云。又有满人七十一（椿园）者，亦撰有《西域闻见录》八卷。其书亦名《异域琐谈》①，皆记回部诸事，据其自序云，则"髫年之时，即西出阳关，逾河源三千余里，而居于殊异之乡"。耳闻目见，故能备知其"里巷琐屑之事，殊方猥鄙之情"②，因撰为是书。其中所记如哈萨克、布鲁特、土尔扈特、和硕特等地，其时已内属，故所记亦详备。至如绝域之国，则多得之传闻之辞，不乏讹误之处，甚且有荒诞不经者。稍后之治西北史地者，如松筠、俞正燮、姚莹、何秋涛等皆多有所辩正。至如阳湖洪亮吉（稚存）之《伊犁日记》二卷（《年谱》作《纪程》二卷），则记其遣戍伊犁沿途之情形；《天山客话》二卷凡二十一条，则记回疆之风物，仿佛纪昀之《乌鲁木齐杂记》。洪氏以嘉庆四年上书言事获罪遣戍，次年赦归，在伊犁约百日云。

此外则有寿阳祁韵士之《西域行程记》《万里行程记》。按祁氏记其作《万里行程记》之缘起云：

> 西戍之役，余以乙丑（乾隆十年）二月十八日自京师启行，

---

① 点石斋石印本七十一所撰《新疆舆图风土考》四卷，即《西域闻见录》之节本。
② （清）盛昱：《八旗文经》卷十三《西域闻见录序》。

阅两六月，至七月十七日始抵伊江，时经一百七十余日。路经一万七百余里。所见山川城堡，名胜古迹，人物风俗，及塞外烟墩沙碛，一切可异可怖之状，无不周览遍历，系于心目，每憩息旅舍，随手疏记，投行箧中，时日既久，积累遂多，亦自不复记忆矣。抵戍后，暇日无事，或愁风苦雨，独坐无聊，偶检零缣碎片，集而省阅，以寄情怀。略加编缀，遂尔成篇。

其书所记，起寿阳之太安驿，历经平阳、潼关、西安、兰州、安西、哈密、迪化而至伊犁惠远城。沿途各地，所记虽皆甚简略，而山川形势已历历如在目中矣。

道光时，定远方士淦自伊犁东归，综沿途经历撰有《东归日记》。其书起道光戊子（八年）三月十五日，至六月三十日止（止于西安），途中计三月有半云。

侯官林则徐（少穆）于道光时鸦片战争后，遣戍伊犁。少穆虽戍于伊犁，而足迹遍于南八城。《清史稿》则徐本传云：

（道光二十一年）五月，诏斥则徐在粤不能德威并用，褫卿衔，遣戍伊犁。会河决开封，中途奉命襄办塞决。二十二年，工竣，仍赴戍。……二十四年，新疆兴治屯田，将军布彦泰请以则徐综其事，周历南八城，浚水源，辟沟渠，垦田三万七千余顷。请给回民耕种，改屯兵为操防，如议行。二十五年，召还。

其所撰《荷戈纪程》一卷，即记其西戍时沿途之见闻也。是书所记起西安而终于伊犁。其时则道光壬寅（二十二年）七月初六日至十一月初十日也。

咸丰元年，蒙古倭仁（艮峰）以副都统衔充叶尔羌帮办大臣。叶尔羌为汉之莎车故地，仁记其西行经历，因名其书曰《莎车行记》。倭仁以咸丰元年正月二十日自北京出发，至七月初三日至叶尔羌。惟倭仁书后犹泛载新疆各地杂事，与他家稍异。

鸦片战后半封建半殖民地国家的地理与疆域[①]

一、鸦片战后列强的压迫与国土的丧失

（一）鸦片战争以前的国势及疆土的规模

1. 清政府自经乾嘉盛世以后，统治阶级日趋于腐化，国力也日趋于衰弱，不过空架子犹存，依然是老大帝国的模样。

2. 乾嘉盛时的国土，据《清史稿》的记载，谓东极三姓所属的库页岛，西极新疆疏勒至于葱岭，北极外兴安岭，南极广东琼州之琼山。

3. 在这样的正式版图以外，尚有若干藩属。在西方的有哈萨克、布鲁特、浩罕、布哈耳、博洛尔、巴达克山、爱乌罕、坎车提等；在西南则有廓尔喀（尼泊尔）、布鲁克巴（不丹）、锡金、阿撒密；其在南方者，则有缅甸、暹罗、安南、苏禄；其在东方者，则有朝

[①] 此文为1949年前史先生所撰书稿或讲义中的内容。原题目前有"第七章"三字，文中有"节"的划分。收入本书时，删去了章、节字样。整理者注。

鲜与琉球。①

（二）英人的东向侵略及其势力在我国境内的扩展

1. 正当清帝国的统治者心满意足而逐渐趋于腐化之时，欧西若干国家已经经过了产业革命，因为生产力的发展，而向外寻求侵略的对象。中国既然是一个老大的经济落后的国家，有的是丰富的物产、众多的人口和广大的地面，正好成为帝国主义者侵略的对象。

2. 如众所周知，英国与我国最初的冲突，是由于鸦片战争，英国就是一个可耻的向中国输入鸦片的国家。鸦片生产于印度，英人以其殖民地的出产运销于我国，毒化我国，于是引起鸦片战争。战败的中国割给英国以香港，又开广州、厦门、福州、宁波、上海五口为通商口岸。

3. 香港一地，自当时中国统治者视之，不过海边一小岛，毫不足惜。但在英人视之，却不如此。香港是有其军略的价值。② 这样的地方，是英国经略殖民地时所必须争取的地方。由英国往东方的路程直布罗陀、马耳他、苏彝士、亚丁（以及好望角）、锡兰、新加坡的地位，都是和香港一样的。另外，当时中国对外的口岸，广州还是居第一位，而香港正是绾毂着珠江的口岸，这无疑是要取得广州的地位而代之，并以此为基地，再向内地扩展。事实上，英人已伸其触角于长江以南沿海各处。五口通商的口岸一步步向北，正表示英人的势力一步步向北发展。当时英人采取海路发展而未采取陆路者，其本身是一个海洋国家以外，当时中国内地实在对于英人还是一个未知数。

---

① 原稿眉注：葡萄牙之来华为时最早，远在明万历时，当时即已取得澳门，但并未引起若何大的影响。

② 原稿眉注：香港在西南太平洋上为一重要岛屿，英国取得此地，不惟是东进的前进点，而且是可以进一步的取南中国海。

（三）法国势力随着东侵

1. 英法二国都是帝国主义的国家，英人在东方的得手当然眼红，（拿破仑第三）遂借小故（因广西杀法传教士）东侵，英人也还未满足，所以有咸丰时英法联军第二次鸦片战争之役。战争结果订定了咸丰八年的《天津条约》和十年的《北京条约》。

2. 在这两次条约中，英人取得了九龙司的地方作为香港的屏蔽（《北京条约》）。

3. 英法要求开放牛庄、登州、汉口、九江、镇江、台湾、淡水、汕头、琼州（后来《北京条约》中增了天津一埠，另外改登州为烟台），由这些商埠的开放可以看出：

①帝国主义者的势力已由长江口以北沿海岸北上，不惟进入渤海湾中，抑且进到辽河口，设法进入东北。

②侵略的另一箭头，由长江西指，沿江水而进入内地。

③大陆以外的两个大岛台湾与海南岛，也不会被帝国主义放过。

（四）帝俄势力的东侵

1. 英国在沿海打开了海上的大门，帝俄也在陆上敲着这老大帝国的后门。清朝同样的难以抵御。

2. 帝俄与中国间的接触，远在一六八九年即康熙二十八年的《尼布楚条约》，额尔古纳河以西的土地即因此而失去，不过俄人势力东向发展受到阻碍。

3. 咸丰八年（1858）帝俄乘着清政府与太平天国间的战事和英法联军之役的机会，胁迫中国订立《瑷珲条约》，于是取去黑龙江北岸地，而乌苏里江以东至于海滨成为两国共管。

4. 到咸丰八年，俄使伊格那替叶夫（Ignatiev）因居间调停英法侵略战事之功，又索去乌苏里江以东的地方。

5. 这时帝俄东侵的箭头，一路指着东北地方，一路指着库伦、张家口，一路则在西北的回疆。早在咸丰元年帝俄已要求开放伊犁与塔尔巴哈台，这时又添上一处喀什噶尔。

6. 西北国界，更与帝俄以侵略的机会，西北的藩属先后为帝俄取去，这且不说。雍正六年以来的斋桑湖及特穆尔图淖尔以西的界线，这时也保不住了。

7. 咸丰十年，《北京条约》规定西北疆界依着雍正六年的界线从新勘定，但同治三年勘界之时，却顺着塔尔巴哈台山顶霍尔果斯河特穆尔里克山顶为界，于是阿尔泰淖尔、乌梁海部及斋桑泊、特穆尔图淖尔附近的地方都完全丢失。

8. 但是帝俄的企图并不因此而满足，同治时，帝俄以维持边境治安名义，公然派兵占领伊犁。光绪四年（1878）清廷派崇厚与俄交涉，仅收回伊犁之名，转将伊犁南部特克斯河谷地割为俄领。光绪七年清廷再派曾纪泽前往交涉，仅得收回特克斯河谷地伊犁西部，霍尔果河以西地迄未归还。然明年勘界，使臣昏庸，竟为俄人所愚，以特克斯谷地复界于俄人。

9. 这样帝俄的压迫中国是采取向东北进展，向西北进展，及向库伦方向进展的三个方向（1860年即咸丰十年许帝俄在库伦设领事，又张家口允许俄人贸易，1881年即光绪七年嘉峪关开为商埠）。

（五）日本势力的兴起及日俄最初的冲突

1. 日本自明治变法以后，跃跃欲试，顿思侵凌大国。同治十二年借口台湾生番杀死琉球人民，出兵台湾。明年，与清政府签订条约，清政府承认其出兵为保民义举，这样无异承认琉球是日本的属土了。

2. 光绪二十年即1894年的中日战争，中国完全失败，其明年，两国所订立的《马关条约》，中国割让了辽东半岛及台湾、澎湖予日本，辽东半岛经俄德法三国干涉，始得出相当（三千万两）的代价归还我国。

3. 日人在这一次不仅表示向北侵入（朝鲜自此脱离中国，后来而为日并）我国东北大陆，并且南向有伸入福建之势。并且通商口岸沿长江向西移到重庆与沙市，这样侵入的方向，又向西进了一步。

4. 三国的干涉还辽，自然不是对于中国有好感。这一次主要是帝俄的力量，因为帝俄本想支配整个我国的东北，如辽东半岛为日人所夺去，自为帝俄所不愿意，尤其是旅顺大连的不冻海港，在帝俄视之，远较海参崴为良好。这一下注定后来日俄的冲突。

（六）帝国主义在侵略中国方面的矛盾与所谓势力范围

1. 日本战胜中国，要求割让辽东半岛，更促进了帝俄对于东北的侵略。所谓三国干涉还辽，正是帝俄不愿日本插足东北的表现。《马关条约》的第二年，帝俄与李鸿章订立所谓中俄密约，取得在黑龙江、吉林地方建筑铁路接续西伯利亚干线，以达于海参崴，于是帝俄势力进入了东北。又明年，帝俄与德国相呼应，德国强租胶州湾（以九十九年为期），帝俄也强租了旅顺大连（以三十五年为期）。同时俄人又取得由哈尔滨至旅大的铁路建筑权。这样帝俄的势力波及于整个的东北。①

2. 这样不仅刺激了日本，且刺激了英国。因英法联军之役以后，即要求中国开牛庄为商埠，表示出北进的企图，但帝俄并不因此而

---

① 原稿眉注：当德国强租胶州湾时，俄国又强租了旅大，他们本想成立一种协定，把直隶、辽东与朝鲜三海湾完全交与俄国支配，把德国势力投在山东，这样就把英国完全排挤出黄海之外了。但是这个协定并未成功，并且英国拿去了直隶湾入口处南岸之威海卫，与旅顺口遥遥相对。——见罗曼诺夫书第四章《退回长城以北之失策》。

敛迹，又取得京汉铁路的建筑权，（通过比国公司）复藉借款于正太铁路，扩展其势力（后日俄战起，俄将此路权利让与法国），这当然更使英国忍受不住，因为英人认为长江流域及其以南区域是他的势力范围。① 在1898年即光绪二十四年，以书面要求清政府不得租借或割让扬子江沿岸各省土地与他国。这样抵制着帝俄势力由陆路南下，同时又强租旅大对面的威海卫，更防止帝俄势力沿海岸的南下。② 因为英俄势力的矛盾。于是在一八九八年英俄订立协定，规定扬子江流域为英国之铁道建设范围，长城以北为俄国之铁路建筑范围，互相承认，不相侵害，这样就各自霸占一方。③

3. 因为英国想阻止帝俄在东方的势力，所以扶持日本，于是在1902年（光绪二十八年）订立英日同盟，这样使英俄的矛盾转成日俄的矛盾，但俄国在东北的发展并不因此而敛迹，于是发生了日俄战争（1904年，光绪卅年）。日俄战后，日本承继了帝俄在东北南部的权利。

4. 英俄的矛盾不仅表现在东北与中部，同时也表现在西部。帝俄在新疆方面一再的进展，固然取得了若干中国的领土，但也威胁着英国的印度，于是英人的势力也就由印度向北扩张而进入了西藏。1890年（即光绪十六年），中国承认哲孟雄为英国的保护国，而哲孟雄乃是藏印间的门户。至1904年（光绪卅年）英人更乘机侵入西藏，此后英国就积极进行对藏侵略。在民国初年（民三、四年），英国并要求中国承认西藏有自治权，并强分为外藏与内藏，但其区域又未划清，显示出英国有更进一步由西藏东侵的企图（英俄两国并

---

① 原稿眉注：牛庄铁路的建筑，还说明英俄协定并没有把英国势力规定在长城以南，在俄国人看起来，自然是俄国的失败。——罗曼诺夫《帝俄侵略满洲史》第四章《退回长城以北之失策》。

② 原稿眉注：同时英国更取得由山海关至新民屯与牛庄铁路建筑权（即后来北宁关外段），这样可以截断俄人势力下东北铁路与京汉铁路的联系。

③ 原稿眉注：英俄铁路的冲突处：1. 京汉铁路直达江岸，2. 俄国（下缺）。

在光绪廿二年时私分我帕米尔的地方）。

5. 英国在侵略中国方面不仅与帝俄发生矛盾，而且与法国发生矛盾。法国本是英国东侵的伙伴，两国共同兴起英法联军之役。光绪十一年（1885），法国进一步夺取了中国的安南（1895年清廷与法国缔约，规定法国领土扩张至湄公河上流东岸之地，江洪河畔确认是属于法国）。这一下刺激了英国，它也于1886年中侵占了缅甸。法国既和我国粤桂滇三省接壤，其势力自然就随之而入到三省。这情形是英人所不愿的，于是在1896年（光绪廿二年）英法协商在四川、云南两省的权利两国分享。法国眼看既得的利益为英人分去，于是又向清廷要求海南岛（1897年，光绪廿三年）及广东、广西、云南三省（1898）不割让给他国。同时要求由安南至广西及云南境内的铁路由法国承筑，又更进一步强租广州湾（为期九十九年）。广州湾的租借，自法国视之，一方面巩固了安南方面的防卫，一方面确保两广方面所获得的利益，再一方面还可与香港成对峙，以与英人势力成均衡的局面。法国这种情形自予英人以相当的威胁，于是要求租借九龙半岛，且公然说中国租借广州湾与法国是威胁香港，所以英国也应当租借九龙以为抵制。这一年又借口俄人攫取了京汉铁路的建筑权，于是又向清廷要求承筑天津浦口间、山西河南湖北间、广州九龙间、上海南京间、浦口信阳间、苏州杭州宁波间的铁路。就中由天津至浦口间的铁路又与德国势力发生了冲突。

6. 德国在1898年（光绪廿四年）获得胶州湾的租借权，同时又获得自胶州湾建筑至济南或山东边界铁路与由胶州湾至沂州再经莱芜至济南铁道之权，并规定以后山东省开办任何事项，德国有优先承办之权。这样山东省是在德国的势力范围之内了。英国既要求京浦路的修筑权，自必与德人利益冲突，折冲的结果，英人承修了峄县以南的一段，德人承修了峄县以北的一段，德人的势力范围遂不限于山东一省。

7. 在英俄法德四国竞划定势力范围的时候，日本也于1898年

（光绪廿四年）划定福建省及其沿海一带为其势力范围。

8. 正当英俄法德日各帝国主义者在中国划定势力范围时，美国也向太平洋上发展。于1898年合并了檀香山，并得了斐律宾群岛，随即想参加列强对中国的侵略，但各列强势力范围多已划定，势难插足，于是倡导门户开放的政策（1900年，为有关各国所赞同）。这样将从前单独侵略的势力范围变为各列强协调的侵略，势力范围的发展，其结果是瓜分中国；门户开放的政策，使中国将为列强所共管，花样是不同，中国的被侵略却是一样。

（七）庚子以后的局面

1. 1900年，即光绪廿六年，八国联军侵入北京一役，使清政府受到重大的损失，从此北京城内各国使馆区域有了外国的军事设备，开各国未有的先例。而由北京经天津至山海关等处，准许各国驻兵，尤使首都永无屏蔽。

2. 在这一次战役以后，中国人心理有了很大的改变，由轻视外人一变而为畏惧外人，从此，外人的要求就可予取予求了，并且《辛丑条约》对于中国的束缚也是无微不至。

3. 在这以后，因为俄日两国在东北利权的矛盾，引起了日俄战役（1904年，光绪卅年），结果日本承继了帝俄在南满方面的利益，又进而扩大。日本又在民国三年，乘欧战的机会出兵占据山东，承继了德国在山东的权益。民国四年的"廿一条"，更对中国为进一步的侵略。其中关于国土方面，则不仅要求山东省内及沿海一带土地岛屿，不得割让租借予他国，且要求所有沿海港湾及岛屿不得割让与他国。这样不啻认为中国整个国土都在它的势力之内。

4. 而俄国的策动外蒙独立，英国的策动西藏独立，更节节进行，直欲使中国的藩篱尽撤。

5. 至于各地租界，则天津一地有英法日意俄比奥德（1861）八国租界，汉口有俄德法英日（1862）五国租界，上海有公共租界（1869）及法租界（1843），其他则英国于厦门（1861）、九江、镇江（1861）、广州（沙面1859）、营口、芜湖（1879）、苏州（1896）、杭州（1896）等地有租界，日本于苏州（1896）、杭州（1896）、福州（1861）、沙市（1896）、重庆（1891，未设）、厦门（1861）、沈阳、营口（1861）、安东（1903）等处有租界。法国在广州（1857）有租界，烟台、芜湖、鼓浪屿（1902）又有公共租界。

6. 澳门于明嘉靖时开为葡萄牙通商口岸，光绪十三年，葡人遂永久管辖澳门。

二、沿海经济都会的兴起及内地经济的凋枯

（一）鸦片战争以前的情势

1. 鸦片战争以前国内富庶区域是东南江浙一带，其他各处皆较江浙为贫瘠与萧条。江浙是国家经济的命脉，国家财富之所出。

2. 国内的交通，除运河一途外，则为驿站。此种驿站以北京为中心，分往各省，仅司邮递，于经济的发展乃无大的补益。清承明后，比较重要的都市，除北京外，大部分萃聚于运河沿线，如淮安、济宁、东昌、临清、德州、东直（《明史·食货志》）、杭州、镇江、扬州、徐州等处皆是。运河以外，如朱仙镇、天津、荆州、武昌、江夏等处，皆有相当的发展，但当时对外是闭关时代，所以这些都市，其经济情形发展自然也限于国内，而难如以前扬州等地的繁荣。

3. 对外贸易，在台湾为清廷收复之后，固然开了海禁，许江南浙江、福建、广东等省人民出外贸易（康熙二十三年），但却未积极鼓励。而外人之来华者，亦以天朝物产丰盈，无所不有，原不藉外

夷货物以通有无（乾隆五十八年给英王乔治第三上谕）的缘故，而加以拒绝。英使马加特尼（Macartney）在乾隆时来华，未能有所获得，就是这种缘故。这是中国的自给自足的经济基础在作崇。

4. 鸦片战争以前海上对外贸易的口岸为广州①，陆上对外贸易的处所是恰克图（雍正五年在恰克图所订条约规定）。但恰克图仅是帝俄的贸易，而广州的贸易却不限于一国，所以东南海上的贸易要比西北陆上的贸易为重要。不过过去沿海设市舶司的地方，多因闭关政策而萧条下去。明代在广州而外，还有泉州与宁波。

（二）鸦片战争以后所开的沿海商埠与铁路交通

1. 道光二十二年所开的有广州、厦门、福州、宁波、上海。咸丰八年所开的有汕头、烟台（登州）、营口（牛庄）。咸丰十年所开的有天津。光绪二年所开的有北海（合浦）、温州，十三年所开的有拱北、九龙，十六年所开的有福宁，二十二年所开的有吴淞，二十四年所开的有三都澳、秦皇岛，二十五年所开的有青岛，三十一年所开的有海州，三十二年所开的有大东沟、大连，三十四年所开的有连山湾。宣统元年所开的有番洲。总计鸦片战争以后所开的沿海商埠有二十三个。② 其中或者因为腹地过小，或者交通不便，其可以称道的仅广州、厦门、福州、宁波、上海、青岛、烟台、天津、大连几处。尤其是广州、上海、青岛、天津、大连最为重要，其与帝

---

① 原稿眉注：康熙开放海禁以后，对外贸易的口岸有宁波、厦门、广州、澳门等处，而广州独为重要。

② 原稿眉注：帝国主义者所要求开的商埠大都在海滨江岸或沿海附近的平原。因为此等区域交通较便，容易被侵入，且在土地肥沃或易于灌溉区域，容易生产帝国主义者需要的货物。上海与天津港口的改善工程，载在辛丑和约之中，这是帝国主义者想化中国为一新式市场，便于国际的经济侵略。因为这个缘故，也助长了上海与天津的繁荣与发展。天津位于白河口，这个港口冬天是要冰冻的，但其东北的秦皇岛却补足了这个缺陷。

国主义间的关系和发展，程序是由南而北的。

2. 帝国主义者以通商口岸为据点，以压榨我国的利益，自为注重交通的发展。其中除上海与广州，一是位于长江的入海口，一是位于珠江的入海口，所以帝国主义向我国进一步即要求内河航行权，因为长江流行很远，所以在长江沿岸若干商埠也随着帝国主义的侵入而开放起来，如镇江、南京、芜湖、安庆、九江、武昌、岳州（及洞庭湖与湘水流域的长沙、湘潭、常德）、沙市、万县与重庆，其在珠江流域者，则有三水、梧州等处。除此而外，则必须利用铁路以相联系。铁路为近代交通的利器，然因为便利帝国主义经济侵略的目的而修建，故充分表现出半殖民地的特色。

3. 中国铁路的半殖民地的特色的一端是由海口的商埠向内地发展，是联络内地物产富饶的区域与商埠之间的交通，这自然更加便利帝国主义者的经济侵略。而且这些铁路建筑权常是落于在有关海口商埠握有相当势力的帝国主义者之手。如粤汉、广九、沪宁、沪杭甬等路，多与英人有关，而胶宁铁路与德、日两国先后有关系。

4. 中国铁路的半殖民地的特色的另一端，是帝国主义为了便利向中国的侵略而建筑的①，是由某些帝国主义的国境或属地伸入到中国的境内。（光绪廿八年）东清铁路及其支线（今中国长春铁路），（光绪卅年）安奉铁路（今安沈铁路），（民四始定约）吉会铁路、（宣统二年）滇越铁路皆属于这种性质。

5. 中国铁路的半殖民地的特色的又一端是由于帝俄的势力因此由东北发展至长江流域，因攫取关外铁路的建筑权，又因与京汉铁路取得平衡的缘故，又攫取津浦、沪宁等铁路的建筑权。

6. 中国铁路不仅有半殖民地的特色，而且又有半封建的特色。中国铁路固多由海口商埠向内发展，还有以京师为中心向外辐射。

---

① 原稿眉注：在半殖民地的铁路，是各帝国主义为获得自己的利益，侵入中国吸取中国的原料并把商品输入。

京汉、京绥、京奉、津浦等铁路的兴筑，因有帝国主义侵略的成分在内，然清政府的初意，未尝不是利用这几条铁路巩固其统治权，维护其半封建的统治。①

7. 虽然中国铁路本身的特点不一，但直接间接地有助于沿海经济都会（即商埠）的发达，则是不可否认的事实。

（三）鸦片的输入与国际贸易的入超

1. 鸦片战争是由于鸦片输入而引起的。鸦片贸易自乾隆后半期即已开始发达，至道光初年输入已达到当时国家所不能忍受的程度。固然人民吸食、毒根甚深，尤其是银货的流出，情形更形严重。② 由道光三年至十一年，每岁因鸦片输入而银两外流即达一千七百万两，自十一年至十四年，岁漏银二千余万两，自十四年至十八年，岁漏银三千余万两。这还是由广州方面流出的，其余经福建、浙江、山东、天津等处流出者还不在数内（道光十八年黄滋爵奏疏）。当时每年各货输入的情形，我们不知道，但朝臣腾于奏疏，其情形自甚严重，所以鸦片战争是难于避免的。

鸦片战争的结果，英人获胜，鸦片的输入自然较前更甚了。直至光绪十四年以前，鸦片仍为输入的大宗。③ 据海关的记载，在光绪四年时，鸦片的输入，占总输入数的百分之四五。至光绪十四年时，鸦片输入还占百分之二五点九。再过十年为光绪廿四年，鸦片还占

---

① 因为是这样，所以各铁路的车辆轨距皆有差异，因其工程师及机器的来源都不相同，这是半殖民地铁路的特色。

② 嘉庆二十三年，1818 年，英国对华输入额为 16.004 千元，其中鸦片值 4.745 千元，占输入总数的十分之三点五。
道光五年，1825 年，英国对华输入额为 15.932 千元，其中鸦片值 7.608 千元，占输入总数的二分之一。

③ 原稿眉注：鸦片输入（百万两）：同治九年 26；光绪六年 32；光绪十六年 29；光绪十八年 27。

总输入额百分之十四。直至光绪三十三年，中英两国始规定限制鸦片入口。民六年，政府禁止输入。但这种形式禁止，并不是说没有鸦片的输入，只是以后的输入不是公开的了。

鸦片输入减少的原因，是由于中国自行种植及印度开始种茶的缘故。中国的种烟在鸦片战争以前已经有了（广东、福建、浙江、云南、山西），到光绪初年，陕甘、云贵、四川，而江南及浙江并有出产。① 更往后去，鸦片产地日以加多。据英人 J. B. Bartholomew 著 A Literary and Historal Atlas of Asia 中的材料，则甘肃、陕西、河南、山西、河北、云南、贵州、四川以及辽河及松花江流域。吾人固不知中国鸦片产量到如何的数目，由鸦片输入的逐年减少，当可知是在逐年增加。

2. 至于国际贸易，则中国的海关始有记录为同治七年即1868年。自此以后，入超常多于出超。由同治七年至民二十三年（1934）六十七年的记录，其中入超占六十二年，出超只占五年。在这期间，总共五年出超，合24827766关两，六十二年的入超，合7218389491关两，出入相抵净入超7193561725关两。这些入超，自然要由全国的人民、全国的土地来负担。

3. 第一个受影响的当然为农产品的食粮。中国本是一个农业国家，粮食的生产，本该不应发生问题的，但结果竟然发生问题。② 据海关的记录，以小麦及米为主的五谷类，在光绪十四年（1888）时已占入口货物的第三位，此后一直到1931年（民二十）为止，五谷类在我国入口货中的地位大抵涨落于第二位至第六位之间。而1932年至1934年，更跃居到第一位，为什么如此？①鸦片的种植，②自清末一直到民国二十年前后的天灾人祸。

---

① 道光二十二年浙抚刘韵珂致伊里布的书谓浙江台州出产土烟，黄岩一县尤甚。

② 原稿眉注：鸦片的种植需要很多的肥料，非常耗费土地的精华。

4. 其次受到影响的乃是食粮以外的棉花与棉纱棉货。英国在鸦片战争以前资本主义的发展已达到相当高的地步，而曼彻斯特的纺织业，不仅是英国纺织业的中心，也是世界的中心。再加上其他的帝国主义者，这样中国的棉花、棉纱、棉货的输入，是逐年的高涨。① 自同治七年至民国十九年，输入品以棉织品为最多，其中棉货常占第一位，棉纱也经常占到第二位。第一次世界大战以后，棉货及棉纱的输入已逐渐减少，而棉花的输入常在第五位以上，民二十年更跃进第一位。这说明棉货棉纱输入的减少，只是外人在我国设厂纺织的结果。

5. 在入口的货物中，尚有一个重要的项目乃是烟草。尤其是第一次世界大战之后，烟草输入更为激增，1918年时，竟在入口的货物中占到第四位（3039百万关两）。

6. 最可注意的这些入口的货品中，钢铁与机械竟然占到无足轻重的地位。② 第一次世界大战以前，钢铁的地位，始终在第六位以下，大战以后始稍稍好转，钢铁只有1934年的第四位，机械也只在同年达到第五位。这说明了帝国主义者在输入方面剥蚀了广大的农村，却也未曾帮助发展了都市的工业。

（四）国际贸易中的出口货物

1. 在国际贸易出口之中，是为迎合帝国主义者的需要而生产的享受品与原料品。③ 在这些输出的物品中，最重要的是茶，由同治七

---

① 原稿眉注：此处应将各国棉纱棉货输入中国列成一表。
② 原稿眉注：重要的入口货：棉货、五谷、呢绒、棉纱、糖、液体燃料、棉花、棉纱、鱼介、烟草、钢铁、固体燃料、机械、铁路器材、染料、颜料、粉料、纸类、木材等十几类。
③ 原稿眉注：重要的出口货：茶、生丝、杂粮、油类、棉纱、丝货、棉花、蛋产品、粮、纸、烟草、种子、兽皮、五谷、窑器、栗子类、固体燃料、皮货及皮草、毛类、丝绸、猪鬃等廿余类。

年（1868）至光绪二十四年（1898）的三十年间，茶的输出都占出口的第一位。光绪二十四年以后，茶的地位是让于生丝了，不过还可维持着第二位的地位。第一次世界大战以后，因英国在印度、锡兰已大量培种茶树，日本茶叶也参加到世界市场之中，茶叶地位就降落下去了。

2. 说到生丝，这是与茶同为出口的大宗，丝货也是和生丝相仿佛。在1898年以前，生丝与丝货居茶之次为第二、第三位，1898年生丝已代替了茶而居第一位。1931年以后，生丝则退居第二位或更次要的位置。大战以后，丝货已居到不重要的地位。

3. 以大豆为主的杂粮。在日俄之战以后，东北完全开放，大豆的输出大为增多，在1931年、1932年占到出口货物中的第一位（此后日本占领东北，海关即无此项材料）。

（五）沿海经济的都市与农村

1. 鸦片战后对外贸易频繁，助长了沿海经济都市的发展。由输出的物品看来，生丝与茶的产地在南方，其输出地当然在南方的海港，大豆杂粮出产地在东北，所以大连港口得以益加繁荣。

2. 粮食的输入可以看到农村的萧条，而西北与西南尤其受到影响，因为那里曾经是鸦片种植的区域，东南各地因为本来富庶，是产粮之区，所受到的影响还比较的为少。①

3. 茶与丝是南方农村生产的副业，其输出固为满足帝国主义者的需要，但究竟还因为有这一点收入而稍保持产地农村的元气，等到帝国主义者自己培养茶树与发展养蚕业，南方的农村一样的受到

---

① 原稿眉注：农村，尤其是沿海附近及平原的农村、河川之地，铁路附近的地区，帝国主义者需要这些地区生产他们所需要的棉花、丝、大豆、茶、油料、烟草和鸡蛋，同时也希望这些地区消费他们所剩余的食粮。他们的食粮税率低价值贱，使得他们可以稳操胜利的左券。

影响。

4. 帝国主义者最初是需要中国供给他们的原料，同时为其成品的销售地。后来在中国获得了设厂制造的权益，益发方便了他们的经济侵略。① 设厂地方，主要是几个经济都会②，自然助长了他们的繁荣。但是农村却更增加了负担，譬如烟草，因为帝国主义的烟厂（如大英烟草公司）设在中国，于是河南许昌、襄城③一带和胶济铁路的潍县一带都成了产烟的区域。这在最初时，当然为帝国主义解决原料的需要，也减少了农村粮食的生产。不过等到中国制烟事业发展以后，倒成为补充漏卮的因素。又如中国棉花种植的发展，在抗战以前也是如此方式。本来，自同治七年以后，中国就是一个棉花及棉织品的输入国，而其来源大致以美国、印度为主。这种情形当然促成中国农村对于棉花的种植。这自然帮助了农村的经济情形。但有一个特殊的情形，中国一方面是棉花输入国，一方面又是棉花输出国，而输出的对象，大部分是日本。据海关的数字，由1905年（光绪三十一年）以后，输入日本的数量占最大的比例，最多者为1905年的百分之九十六（占全国棉花输出的总价值），即最低者也占到百分之七十五。（1933年全国棉花输入是63.12百万关两，棉货是41.45百万关两，而输出的棉花是21.75百万关两，棉纱是25.67百万关两。）中国棉产本不十分够中国的需要，但还要为帝国主义服务。因日人在中国设纱厂甚多，可以在棉花价值低的地方买去棉花，而价值高的地方要向外国补购。这样农村是受到一层剥蚀，而日人设厂的都市表面显出了繁荣。

5. 农村的萧条不仅是受到帝国主义经济的剥蚀，同时也是受到

---

① 原稿眉注：帝国主义者粮食的输入税率很低，在中国市场上可以低价售出，这样更打击到中国粮食的生产。东南各地的农业，无疑受到这种打击。
② 原稿眉注：年代？
③ 原稿眉注：帝国主义在中国设厂所在地。

帝国主义所卵翼封建残余的统治者及军阀互相间斗争的影响。① 帝国主义既然在中国各有其势力范围，他们为了巩固其势力就扶持这些封建残余，例如民国初年的直系为英美所扶持，皖系及奉系为日本所扶持。他们间的斗争，更直接破坏了农村生产的机构。

6. 帝国主义及其所扶持的封建残余（自然地主们也有责任），不仅破坏了农村中农业的生产，而且破坏了与农村有关的手工业和家庭业②，于是在农村中无以生存的人民，纷纷集中到若干都会去，尤其是沿海的经济都会。上海人口增加到三四百万，就是一个明显的例子。但这种繁荣的经济都会是表面的繁荣。因为中国铁矿煤矿冶铁业主要是操在帝国主义者的手里，如鞍山、本溪湖、大冶、安徽南部当涂与繁昌的铁矿是掌握在日人手中，抚顺、萍乡、淄川的煤矿也是掌握在日人手里，开滦与焦作的煤矿是掌握在英人手里，他们自然是不希望中国能有重工业的发展。于是一些民族资本家们只能是经营些轻工业，如棉织业、烟草制造业、面粉业，而这些部门的工业有些却是利用输入的原料来生产，只就这一些来说，已可以表现农村经济的衰颓。但是若干生产品即令制造成功却也难于获得市场（日人在中国所办的纺织厂也有同样的遭遇）。这说明中国农村的衰颓的另一面（这些输出品中有棉纱、电器用具、留声机、帽子、编织物、火柴、肥皂、水泥）。

7. 就这些轻工业的分布说，充分表现出半殖民地的性质，因为它们只集中在几个大的通商口岸，也就是只在帝国主义卵翼之下讨生活。它们为了避免半封建残余势力的迫害，它们为了乞求帝国主

---

① 原稿眉注：农村中农产品的价值也是受到帝国主义的支配，他们操纵市场，他们利用教会和一农业（外人的）机构来调查农村的产量，从而使农产品的价值趋于波动，这样农村在不知不觉中受到摧毁。前些时在广东梅县为人民检举的美国传教士就是一个例子。

② 原稿眉注：中国旧式的工业，本是不能与外国竞争，但是军阀的混战隔断了各区域间的联系，以及中国过去的商路，于是地方工业因之衰退与锐减。

义者的保护，所以都集中在几个大的经济都会。它们与本国原料产地脱节，造成了经济发展的不平衡。

8. 这是近百年来中国的经济都会与农村发展的过程，这种畸形的病态当然要因帝国主义在中国势力的崩溃与其所卵翼的封建残余势力的崩溃以及人民政权的建立而另外换成新的面目。

将来的历史就是这样新的面目。

保卫大西北的外围的地理形势[①]

在第一期抗战结束而第二期抗战正在进行的时候，很分明地我们已经暂时放弃了沿海各地，而来固守西北和西南两个重大的地点。在这里我们要加紧培植我们的雄力来作为反攻的准备，同时还要竭力巩固这两条国际交通的大道，以取得国外的物质的供给。无疑地，这两个据点要成为复兴民族的策源地，实际已成为我们的堪察加！如何来保卫这两个重大的据点，真是今日最应注意的严重的问题！

我们觉得在这个重大据点之中，西南虽作了我们暂时的国都，而实际的比较起来，反是西北重于西南。西南因为一向称为"天府之国"，地理的环境上却漏出两个重大的空隙，在东边有长江通过的三峡，在北边又有秦岭以南的几个峡谷，而历来中原方面和川中有军事行动的时候，多半都取了北面的道路，所以要巩固川中，势必要把最前面的防线放在汉中或者关中。蜀汉时，诸葛亮苦苦地要六出祁山，姜维竭力地挣扎要九伐中原，原故也就是在这一点。在今日而要言保卫西南，那必须先打算保卫西北，尤其是西北的内在的重要性，实际也不下于西南的。

西北历来在中国的历史上是占有重大的地位，我们在这里不妨很简单地举出几个例子。当汉高帝平定天下之后，本来打算建都在洛阳的，后来听见娄敬的"秦地被山带河，四塞以为固，卒然有急，

[①] 原刊《西北论衡》第7卷第8期，1939年。整理者注。

百万之众可具也"① 的谏语，立刻西入关中，来取这个高屋建瓴的形势。清初大地理学家顾祖禹先生在他的《读史方舆纪要》中论陕西的形势，也曾经说过"陕西据天下之上游，制天下之命者也；是故以陕西而发难，虽小必大，虽弱必强，虽不能为天下雄，亦必浸淫横决，酿成天下之大祸"和"陕西之在天下，犹人之有头项然"的话。② 可见关中形势的佳良，实际上已为一般人所公认了。由陕西东出以定中国旧事，在历史上已是举不胜举，这里因为篇幅的关系，只好从略了。在北边河套的左道，历代久已把它划为抵抗侵略者的重镇，嬴秦赶走匈奴，很快建起九原郡城；汉武帝扬威塞上，也曾在那儿建置朔方和五原的郡县；明代的北边九镇中的延绥也是离此不远。就是远处在边疆的新疆省，也有相当的重要，汉代的对付匈奴，唐朝的驭胁突厥，都是先经营西域，西域既通，就如人身之使臂，对于正北面是具有很大的压力。清末新疆建省的时候，左文襄公的计划中，这些也占了重要的根据。我们不管论今道古，西北的重要性是一样的，尤其对于我们首都所居地的川中，有绝对的屏障地位，所以我们要保卫西南，要准备在二期抗战中的反攻，必须要保卫这具有高屋建瓴形势的大西北。

我们为了阐明这些道理，不惮烦地对于西北的外围的地势叙述一下。在古时，陕西中部的地方，一向都称为关中的，因为他东边有函谷关，西边有散关，南边有武关，北边有萧关的缘故。不过这四关多半已成为历史上的陈迹，已经不足我们的应用了。可是因建筑的地方的雄胜，有些还可以凭借。函谷关建筑在豫西黄河南岸的山谷中，虽然这里已修有陇海铁路，但在战时我们很可以破坏铁路，那么自洛阳以西，一直到潼关，只要敌人的泥脚往前进一步，也就是离鬼门关近一步，我们很喜欢他们都进入这个伟大的山谷中，好

---

① 《史记》卷九十九《刘敬传》。
② （清）顾祖禹：《读史方舆纪要·陕西方舆纪要·序》。

来让我们作一个大大的京观！春秋时晋国曾经在崤山下毁灭了秦人的大军；楚汉之际，项羽也曾经在新安夜坑秦人降卒几十万。崤山和新安，都在这伟大的山谷近旁。只要敌人敢来，历史上的事情不妨再另演一次！

　　武关在现在陕西华山西南商县左近，这是向东南出南阳、襄阳的一条大道。这条大道是曲折于伏牛和武当两个山脉之间的，论起险要，虽然和函谷关所在的山谷差一点，但也不能因为少差一点而小觑了它。我们不妨再拿历史的旧事来看一下，战国末年，秦人灭楚就取的是这条大道。我们更直截地说，千百年的历史告诉我们，只要由武关或南阳进入关中，就可以在军事上占据很大的优势，但是由襄阳而西北图关中洛阳的，他的成功可以说是很少，或者进一步说，简直是没有。我们不妨以友谊的态度来警告我们的敌人，若是有从武关大道来侵略西北，那只是自来送死！由历史的情形来推测，由地理环境来判断，这一个冒险是没有甜头的；不顾一切的作法，到底是有死无生，真说不到九死一生了！

　　在东面，在陕西的东面，那儿有天堑的黄河，敌人是很难越过雷池一步！我们在这儿很不必来自夸我们黄河的重要，因为敌人连黄河东岸都是不容易到的呵！我们不妨把这话来说明白一点。我们知道黄河东岸的山西，久已被称为"表里山河"，群山峻岭的起伏，羊肠小道的曲折，这一些情形都要使敌人的泥脚折伤！尤其在山西我们早已安排下百十万的大兵，加上历来居在山西的千万人民，在在都要成为敌人致命的创伤。日本人近来在战场上伤亡的士兵不是都要举行大葬？而山西恰正好是一座修罗道场，眼看着一个个的日本鬼子都要在这儿"无言凯旋"了！

　　最近敌人不是积极地进行所谓"扫荡"吕梁山脉和中条山脉的工作么，这两条敌人的盲肠已经致敌人的死命，何况这条山脉的另一面还环绕着天堑的黄河，就是真的占据了两条山脉，又有什么用处！中条山脉之南黄河对岸，就是我们刚才说过的函谷关的山谷，我们的敌人，请你们不要忘记，我们大中华民族的战士在那儿预备要建筑伟大的京观，正等待你们去送你们的尸骨！在那儿，就是"无首的凯旋"，也希望不到了！

再说吕梁山西之黄河对岸，那里躺着比吕梁山脉还要雄峻的崂山山脉和横山山脉。这些山脉曲曲折折满布在陕北的地方，在那儿作成一个个天然的陷阱，正等待敌人的入陷！还有一桩事情，我们务须提明，秦人的猛勇是自古就著名的，汉朝横行域外的精英，都是六郡的良家子弟，这六郡是西河、北地、上郡、安定、天水、陇西，适如今日的陕西北部和甘肃东部；并且唐朝的大诗人杜子美先生老早就颂扬着"自古秦兵酣征战"了。我们的敌人，假若你们要这些良家子弟来护送你们进地狱，就不妨来吧！中华民族的儿女是不会惮烦的！

在北边，蜿蜒的阴山山脉，作成我们的天然防线的堡垒，在这阴山山脉下面，已经躺满了无数的古时侵略者的白骨！中华民族曾经在那儿用黑铁和红血，写成了不少的史诗，伟大的著作自来是越多越好！在河套的北面，那里是汉武帝的五原、朔方二郡的旧城，这二郡的建立，曾经使匈奴单于胆战心惊，河套的南面是明朝的延绥故镇，而镇城北面的边墙的建成，也曾使俺答愁眉不展！日本的侵略者！你们是不是也曾自己问过，你们的能力到底比匈奴单于和俺答高明多少？我们在这儿不妨顺便说一声，我们汉唐两代的受降城，都是建筑在这一块儿，假若你们要投降的话，这里正是一个名副其实的好地方！

有一个时期，敌人是打算从宁夏西进，来截断我们西北的国际交通大道。可巧这块地方正斜横着贺兰山脉，贺兰山脉也是我们先民耀武扬威的地方，汉朝的霍去病和卫青不是常常打从这儿来征讨匈奴的？我们对于这条贺兰山脉上旧事，真不知怎样列举出来才好，因为唐代的突厥、回纥也曾在这儿吃过莫大的亏呵！我们的爱国英雄岳武穆慷慨悲歌的《满江红》词中不是曾唱过"驾长车，踏破贺兰山缺"么！可惜在这一次神圣的战争中贺兰山没有显出它的威名来！

阿拉善和额济纳两旗的人烟稀少，阻碍不多，也曾经引起敌人无有止境的贪心，想从这儿偷袭我们的河西，我们对于他们这些企图，只可称作幻想。因为在两旗境内固然是人烟稀少，但是稀少得太厉害了，常常是千里无人的地方，又加上遍地沙漠，实在说，走起路来也有相当困难，在这些地方行军，前无荒村，后无野店，虽然有几个蒙古包儿，但是听见消息恶劣，他们自然会早些时候连篷帐拆下，撂在骆驼身上，一溜烟似的走得无影无踪，剩下的只有带不走的牛粪或者还可以帮助点日本军人炊饭的燃料。除此以外连一点水草都不容易找到，战马都要饿死渴死，人呢，恐怕只有宰马肉吃，因为不吃马肉，只有喝沙漠中的黄风了。

就是过了沙漠，这剩下的二三成人马走到焉支山和祁连山下，很不费力地都可以被中华民族的战士收拾得干干净净，因为这里也是我们抵抗侵略者的老战场！我们不必再举其他的故事，就以前面举过的霍去病来说吧，这儿就是这老英雄大显身手的好地方，在霍去病死后，汉武帝为了纪念他的功绩，把他的坟墓建筑得和祁连山一样！所以这一方面我们是用不着顾虑的。

我们看看西北的外围的地理形势，我们很可以自信这里真是我们中华民族反攻的根据地！我们放开这些事情不谈，只就西北内部来说，山脉的纵横，丘陵的起伏，处处都是天然的堡垒，处处是自然的陷阱，只要敌人进来，很可以完全消灭。所以为了屏障首都所在地的西南计，为抗战的最后胜利计，我们要坚固地把握这最大的据点！

下 编

历史文化述论

清代以前政治制度演变之回顾[1]

自秦始皇帝削平六国建立亘古未有之大帝国时起，对于政治制度即有一完整的调整与建立。自此而后，历代的政治制度皆由之演变而出，虽前后之面貌多有不同之处，然其演变之痕迹则历历可以覆案。历代之政府，大要者可以分为三部分，第一为王室，第二为中央政府，第三为地方政府。中央政府与地方政府之区别至为明显，可以置而不论。至于王室之官吏，历代不乏有以政府中官吏别加一官衔即可兼为王室中之一部分，然二者之间分别有时亦至分明。如两汉之外朝与内朝，外朝为政府而内朝则为王室。西汉时，霍光谓车千秋曰："今光治内，君侯治外。"[2] 盖时光为大将军，而千秋为丞相也。其后霍光废昌邑王时，而丞相杨敞事前不预知，光谓："此内朝事，无关外朝也。"又如季汉之时之宫中府中，见于诸葛亮《表》中，宫中者王室也，而府中则为政府。而唐太宗所谓南衙宰相所居之地，亦可以见两者间之区别。

此三者间的关系与其消长的演变，吾人可就之而得一法则。若就其与君主远近而言，则中央政府近，而地方政府远。若就其与君主的亲疏言，则王室诸臣亲，而中央政府诸臣疏。亲者权重，而疏者权轻。近者位尊，而远者位卑。凌驾王室诸臣之权最重者，渐出

---

[1] 此文用毛笔写在竖排朱印稿纸上，当作于1949年前。原题《清代以前政治制度之演变的回顾》。收入本书时对题目进行了改动。整理者注。

[2] 《汉书》卷六十六《车千秋传》。

而居于中央政府诸臣之上，及其已成为中央政府之大员，别有王室诸臣之权最重者，复出而居于其上。而中央政府之大臣遂渐退为闲员，其所执掌亦渐为闲曹，至若地方政府亦复如此，盖地方政府之大员其位高，其所辖广，为君主者恐其万一有跋扈擅权之处，故每使中央政府中诸臣出而监督地方政府。此监督地方政府之人，其初行时，名位或较低于地方政府之大员，其后遂代为地方政府中之大员，或其初出而监督地方政府之时，其名位亦非当时地方政府之大员所可比拟。及其已成为地方政府中之大员时，君主且别使人监督之。由此屡屡推演，地方政府中之阶层因之日渐加多，时代屡趋晚近，其情形亦为显明。吾人若欲明了清代政治制度的形成经过，此种演变之过程亦不可稍为忽视也。

吾人试就历代的事实举例说明，以明此种法则之非虚。秦汉时代之丞相与九卿虽皆为政府中之大员，然一究其本质与原始，则莫非君主之私人。宰者，古代封建社会中，宗庙祭祀事前主宰牲之任，此非亲贵莫当。临祭主宰牲，平时则总理家务，是为家宰，及化家为国，则家宰成国宰矣。至于相，则为封建贵族祭祀相祀之人，亦以亲贵为之。临祭为相，朝聘、宴享、盟会之礼亦为相，化家为国，则家相为国相矣。故宰相之原本系宗法社会中天子之宗属祀人。御史之官，早见于《战国策》中，《张仪为秦连横说赵王》谓"献书于大王御史"①，又曰"执法在傍，御史在后"②，是其先属宫职，非府职，是家臣，而非朝臣也。秦末及汉初有太尉，与丞相、御史大夫并为三公。太尉主武，实为武官长。至武帝，废太尉而改立大司马，为内朝之领袖，正见其为皇帝之私属。所谓九卿，则为掌宗庙礼仪之太常、掌宫殿门户之光禄、掌宫门屯卫兵之卫尉、掌舆马之太仆、掌刑辟之廷尉、掌诸四夷九宾之大鸿胪、掌宗属之宗正、掌

---

① 《战国策·赵策二》。
② 《史记》卷一二六《滑稽列传》。

谷货之大司农、掌山海池泽之税以给天子之私养之少府，论此九卿的性质，皆近乎王室的事务官，而为皇帝的私人。其初并非政府中的正式官吏，然而秦汉之时，此辈正是中央政府中的最高官吏，足证明秦汉的政府本由王室推演而来。但此三公九卿渐至与王室分离，此其故，一由于三公九卿既为政府中的最高官吏，故而多以士人为之，其地位浸至尊严，非昔日家臣之可比拟；二由于三公九卿既与王室关系渐疏，则君主必恐大权旁落、太阿倒持。① 政府中最高官吏与王室的关系既日形疏远，王室仍不能不有其私人，秦以赵高为中丞相，汉则自武帝时以侍中、左右曹、诸吏散骑、中常侍、尚书等名称加于若干朝臣官衔之上，与大司马、大将军等皆为内朝，于是参与谋议朝政之人遂由丞相、三公而落于此辈侍从之臣。至于汉哀帝时，正三公官分职，而大司马乃以内朝之领袖而高居于大司徒、大司空之上而为外朝之首揆矣。

至大司马由内朝之领袖一变而为外朝的首揆之时，自其性质而言，已表示其与王室之关系由亲而趋于疏，由近而趋于远，于是王室之中另有一班人出现，而执参预国计之大事。东汉时之台阁中的尚书辈即是也。尚书本秦时及两汉时的少府官属，在殿中主文书，汉初尚书犹与尚衣、尚冠、尚食、尚浴、尚席等兼称六尚，可见其职位之卑下。武帝渐重用尚书，其权日重，其末年霍光以大司马为内朝之领袖，而其官衔中尤须系领尚书事字样，其后宣帝欲诛光子山，而令封事不关尚书，霍氏竟败。至光武即位，不任三公，事归台阁，于是三公皆据虚器，凡天下之事尽入于尚书，事无巨细，皆是尚书行下三公，或不经由三公而径下至九卿。由是三公者不能不坐而论道矣，三公之欲求知国事者，亦必系录尚书事之衔，然后得知国政，赵熹、牟融、邓彪、徐防、张禹、李固等人所以得与闻国

---

① 汉武帝诸相皆用平庸而无若何建树之人，唐代初年而后，中书令、侍中、尚书令等较高的职位皆不以除人即由于此。

事者以此。按《续汉书·百官志》，则台阁所置为尚书令一人、尚书仆射一人、左右丞各一人，而尚书仆射于令不在职时，得兼代其任，已开后世之规模。举仆射一名其来亦古，本为周时侍御之臣。《礼记》称："仆人师扶右、射人师扶左。"①秦时加于谒者、博士之流，取其领事。又按《晋书·职官志》则汉成帝时始置尚书四曹，各有其任，"其一曰常侍曹（后改吏曹），主丞相、御史、公卿事；其二曰二千石曹，主刺史、郡国事……后成帝又置三公曹，主断狱，是为五曹（按：《唐六典》别有'民曹、客曹'）。后汉光武以三公曹主岁尽考课诸州郡事，改常侍曹为吏部曹，主选举祠祀事……尚书虽有曹名，不以为号。"灵帝以侍中梁鹄为选部尚书，于此始见曹名，后世诸部尚书之名虽各有不同，而自曹分部之名则远始于此。

曹魏之时尚书又见疏远，而中书之名以起。中书之名，汉武之世即已有之，武帝晚年宴游内庭，不复多与士大夫接触，遂用宦者主中书以典尚书章奏，而司马迁实为之长。由是中书之名以起。魏武帝为魏王之时，置秘书令以典尚书之奏事。文帝黄初初，改秘书为中书，置监令，以秘书左丞刘放为中书监、右丞孙资为中书令，兼掌机密，自是中书每为枢机之任，而尚书转疏矣。

自东汉、魏时尚书、中书秉机密之实权先后起，历两晋南北朝，皆陈陈相因。如晋初虽太宰（安平王孚）、太傅（郑冲）、太保（王祥）、太尉（义阳王望）、司徒（何曾）、司空（荀𫖯）、大司马（石苞）、大将军（陈骞）八公并置，同为台司之职，然特授之名号，不必尽知国政。其后此诸官废置无常，亦必录尚书事及兼中书令监者始能参预机密。然是时侍中一职又由王室而移之政府。据《初学记》所引《齐职仪》及《五代史志》，则晋宋齐梁陈侍中并与三公参国政②，《唐六典》云南齐已置门下省，《通典》亦云魏时重门下

---

① 《礼记·檀弓上》。
② 《初学记》卷十二《职官部下》。

官，每以侍中辅政，故王应麟《玉海》言："政归尚书，汉事也；归中书，魏事也；元魏时，归门下。"① 世谓侍中黄门为小宰相，由南北朝之演变而有隋唐三省分立的制度。

隋时三省的制度为尚书省、门下省、内史省。内史省即中书省，以隋室讳忠，故改中书为内史。其尚书省置令、左右仆射各一人，其下又置吏部、礼部、兵部、都官（后改为刑部）、度支（后改为民部，至唐又改为户部）、工部等六曹，各设尚书及侍郎。门下省设纳言及黄门侍郎。内史省置监、令各一人。尚书省于国事无不总领，门下则掌献纳，内史则掌纳命。换言之，则中书面受机宜，门下掌封驳，而尚书执行之。此三者皆汉以后王室的侍从之臣，因得参预谋议，故渐由王室之官吏演变为政府中的首长。

至于唐时，承隋之旧而略异其名称，其时之三省为尚书、门下、中书，即内史改为中书，而纳言又改为侍中。② 然以太宗尝为尚书令，臣下避不敢居其位，故左右仆射与中书令、门下侍中号为宰相。然此诸官名高位尊，其后往往不以除人，因有同品平章之名，而同中书门下三品之名最为普通。同三品之名起于太宗时之李勣，盖以侍中、中书令本皆三品之官，名位既定，为宰相者必加此而后始为真相，虽品高亦然。③

唐时宰相如侍中、中书令等职位既以爵高权重，不以除人，以品卑者加同品平章之名，以绾其符，然其后犹以权重而加以剥夺。开元以后，翰林院的设置则为剥夺宰相职权的目的，翰林学士不仅

---

① 《玉海》卷一二一《官制》。
② 按唐人制度于初年名目多有改正，高宗龙翔二年改尚书省为中台，仆射为匡正，左右丞为肃机，中书、门下为东西台，侍中为左相，黄门侍郎为东台侍郎，中书令为右相，侍郎为西台侍郎，废尚书省，咸淳元年如故。至光宅元年，又改尚书省为文昌台，左右仆射为文昌左右相，门下省为鸾台，中书省为凤阁，侍中为纳言，中书令为内史。垂拱元年又复故。开元初，又改中书为紫微，门下为黄门，侍中为监，左右仆射为左右丞相。五年又复故。
③ 故中宗神龙时豆卢钦望为仆射，不带此衔，即不敢参议政事也。

代草制诰以拜免将相，而且宣布号令征伐，若遇朝廷疑义表疏，亦皆密使参议，即使诏从中出，宸翰所挥，亦资其检讨，谓之视草。是又不仅分宰相之权矣。及至德以后，天下乱离，军国务殷，其入直者，皆以文辞，其掌诏敕，选用益重，而礼数益亲，至有内相之目。故代宗大历时，张涉在翰林为学士，帝遇事无大小皆咨之，其亲重无比。而顺宗时，王叔文以学士权倾天下，至是宰相韦执谊不得不承而行之。其后宦官俱文珍欲夺其权，至不得不先削其学士之职，盖学士职削，即不得复入禁中承恩命也。翰林之初设，本以文词之臣为待诏，侍帝王为文翰之事，是以王室之私人，乃以其渐秉机枢，遂得侵及宰相之权（玄宗时宰相已加学士之字）。降至宋时，三省之名虽依然存在，但实际为宰相者必系同中书门下平章事之衔始得为真宰相之任，并且必加昭文馆大学士、监修国史及集贤殿大学士等馆阁职衔，以分别其为首相与次相，此馆阁之职衔之加于宰相，正如尚书中书等名称同，皆为王室的官吏演变为政府的官吏的结果。

唐代另一批王室的官吏因其权力日渐扩大，亦演变而为政府的官吏，则为枢密使。唐代枢密使之置官，为代宗永泰时事，其最初之职掌不过为承受表奏于内中进呈，若人主有所处分，则宣付中书门下施行而已，本等于供奔走之徒隶，原非能掌大权也。至于僖昭之时，杨复恭、西门季玄等于堂状后贴黄指挥公事，于是遂大夺宰相之权。昭宗季年，朱温既大诛唐室宦官，遂以其心腹蒋玄晖为枢密使，由是枢密使由宦官移于朝士，然其权力益大，至后唐时郭崇韬、安重诲等，皆以枢密使而权侔于宰相，而宰相亦自此失其职。下至宋代，枢密院遂与宰相兼称文武二府。

然此二种王室的私人，由王室而跻于政府，其间仍少有区别。翰林学士的被称为内相，以至于宋代之为宰相官衔上所必须系有之名号，其演变之迹犹与以前之尚书中书同，亦以文事渐承恩遇而臻于高位，其本源则仍为社会上之知识阶级，与政府中其他官吏来源相同，特以其先入王室，而再由王室转至政府。至于枢密使的最初设置，原为以处宦官，而宦官则为王室的厮养徒隶，然唐代中叶而后的宦官则又多典禁兵，以兵力擅权，遂渐主国事，与学士辈的以才艺进者又自不同。①

宋辽金时，中央政府的制度虽不断有所变更，但无显明的王室的私人荐升至政府中而为政府中高级的首要。② 宋与金两国对于中央政府最高官吏的制度的最后改革之时为金海陵王亮正隆元年（1156）及宋孝宗乾道八年（1172）事，此次改革仅为事实上对于自隋唐以来三省分建的制度的取消。金于是时罢中书门下省，止置尚书省，尚书省仅置尚书令、左右丞相、平章政事诸官。宋于是时亦削去侍中、中书、尚书令，以左右丞相充阁揆，左右丞相即旧日的左右仆射也。此种改革仅为使政府中的首揆求其名实相副而已。

元人的中书省制度即由此宋金末期的制度演变而来，虽其间仍有若干时期仍用尚书省名称，然仅为暂时的改变，非永久的制度。③辽金元三国本起于游牧部族，封建制度意味尚浓，故自表面上观之，无由王室之私人凌驾于政府之上而为其首领，实则王室与政府固相合而不分。前既言，辽之南北二府宰相皆皇族、国舅世预其选，惟亦间有例外，如韩德让、张少杰辈皆曾为北府宰相，且赐姓名为耶律隆运及耶律仁杰，然此等人不惟不能以汉人视之，且亦不能以普通契丹人视之矣。又如金太宗之韩企先及章宗时之张万公虽亦能据高位，而唯唯诺诺，并无实权之可言，特其时以此为羁縻汉人之工

---

① 唐代的宦官至中叶以后，多擅废人主，自穆宗以后八世，为宦官废立者七世。僖昭时，宦官杨复恭遂有"门生天子、定策国老"之语。

② 契丹以北南面官分治汉人、契丹事，而其北面的北府宰相与南府宰相，即为原始的封建制度，皇祖、国舅世预其选，与其南面三省制度因为唐宋旧规仅为应付其部下的汉人而虚应故事者不同，并非以王室的私人而跻于政府中的首要。

③ 元太宗三年始立中书省，宪宗初改尚书省，世祖中统初改中书省，七年又改尚书省，八年再改中书省，廿四年复立尚书省，廿九年尚书省再罢，武宗至大二年复立，四年又罢，自此以后不复改立。

具而已。至于元时，因其初年大功臣博尔忽、博尔术、赤老温及木华黎四人之后所形成的怯薛之子孙，其情形更特殊矣，而中书令一职又多以皇太子领之，其权力所在益为明显。

中央政府的制度，至明代而为剧烈的改变。明初，尚因元制而设左右二丞相。然明太祖为一雄猜的君主，对于臣下终难放心，故于洪武十三年（1380）胡惟庸谋反伏诛之后，遂下诏不得再立丞相，且诏以后嗣君毋得议置丞相，臣下有奏请设立者论以极刑。于是以六部尚书任天下之事，而天子独揽其成。此种君主独裁之制度，非为君主者之权力过人，其势必不可以久长，故其结果必别有另一种制度代之而起。此种新制度还是走秦汉以后王室的私人跻入于政府的旧路。明时此种制度为大学士制，亦为内阁制。盖于废相之后，特设四殿（中极、建极、文华、武英）两阁（文渊、东阁）大学士，为天子襄理文墨，更进而特侍左右，备天子的顾问，而奏章批答皆御前侍旨秉笔。其所以称为内阁者，盖以授餐大内，常侍于天子殿阁之下故也。此种制度实远承于唐时之弘文馆大学士、集贤殿大学士，而其尊严、其权力则又过之。此辈殿阁大学士本出自翰苑春坊，仅入阁办事、入阁预机务而已，故不置官属，不过五品，究其实亦不过皇帝之私人秘书。且其与帝王更有一重关系，盖多系东宫旧臣、师傅之尊，为日既久，遂为实际上之宰相①，由王室之私人而跻于政府之高位矣。

此辈内阁学士宜为与帝王最亲近者，实则亦非尽然。盖由时间的递嬗，渐与王室疏远，而另有一部分王室亲近者处于其与王室之间，即宦官是也，特宦官无由自王室转至政府。因君主生长于深宫，一两传之后，精力知识皆不如前，遂渐渐不视政事，懒于接见大臣，愈懒愈疏，愈不明白外面事理，遂渐渐不敢与大臣直接对面办事。于是此辈学士遂将见其对于某一事意见，用小墨票墨书，贴于其所阅

---

① 仁宗时，杨溥、杨士奇及杨荣始以东宫师傅旧臣领部事兼学士之职。

的公文之上，见是此种形式，即为票拟，为代帝王所拟批答公文的字句。帝王即照所拟者另易红批而出。其后帝王与阁臣晤面的机会益少，而中间增加一层宦官的转递。但后世帝王仅此照墨票另易红批之工作亦懒于为之，因由太监代为，于是此辈宦官（司礼监）的职权又凌驾于内阁之上，而内阁且仰其鼻息，所异者，其不至于竟由王室仆隶变为公卿大臣而已。

中央政府的演变如此，地方政府的演变亦复有一定的法则。当先秦之时，原始的封建制度中，所谓地方政府乃是中央的王室以一定的采地分封给有关系的部属。此有关系的部属，或与王室的血统极为亲近，或与曾为王室建立有不世的功阀，其用意乃用以夹辅王室，共传于久远。然此种封建的国家传世渐久，逐渐与其原初封建之意相违，盖其初封建之时，所唯一藉以联系王室与封建国家者厥为血统或王室与受封的关系。及传世稍久，此种关系乃日趋于淡薄，向之为王室所能控制的封建国家，王室不惟不能加以控制，且进而形成为敌对的状态，于是乃不得不改弦更张。

战国中叶以后，即已行于各国的郡县制度正是此一改变的结果。此种郡县制度中的郡县长官，论其性质固非如原始封建制度时的世代相传，然就其最初建立时的性质观之，疑亦为一种封建制度的产物，且较原始的封建制度更为谨严。盖此种郡县长官之受命于王室也，论其与王室的关系，固不在于血统，却属于有功阀的方面。王室对于彼等所加的控制力量，实不亚于原始封建时代的对于各诸侯国家。各诸侯国家于年世久远时与王室关系渐疏，近则不待其疏远之时即已另外更易其长官，而另建其亲密的关系。故就王室的控制力量而言，此种修正对于王室更为有利，吾人所日常艳称的秦始皇帝废封建、立郡县，若就其表面论之，固是两个制度的一废一兴，若就其本质言之，实为一个制度的继续，一个制度的严密加强。吾人若以为西周是一个标准封建制度时代，则其时的封建仅是经一次封建即已成为定型，除非其受封国家自己灭亡，而另外换一国家。

秦始皇帝承战国以来的制度，乃是时时在变更封建关系，使王室与地方永远保持一定亲密关系。即王室经常可由中央政府中派人至地方政府，以统治其所规定的范围。

此种制度的形势自秦以后虽大体维持，而仍在不断的演变与修正之中。此盖由于：第一，地方区划积久而愈趋于狭小（特别是在县级以上的一级或二级），区划既狭小，其行政长官为数自必增多，此辈与王室及中央政府不能经常保持一定的亲密。第二，地方政府长官与王室及中央政府关系不亲密的结果是王室不能有效地加以控制，而难免有跋扈与反叛的事情发生。于是第三，王室及中央政府即不能不另外派人至地方监督与控制，期能在一种新的亲密关系之中保持其间的联系。每一阶段演变的结果为：①中央政府的派出监督与控制地方的人员渐渐变为地方政府中最高的人员；②与此相偕而至的，即地方政府一次增加最高的人员，地方区划即可能有一度新的厘订。

秦始皇帝以后最初一个演变的阶段乃是在汉武帝的时候（武帝元封五年，前106），其时地方区划的郡一再地增加，较秦时增至两倍有余，于是地方政府的制度就不能不加以调整，而有州刺史的出现。刺史者，据《汉书·百官公卿表》上的解释，乃是丞相遣史分刺州。是刺史本中央政府丞相府中之史，其对于地方政府本为监察的性质，尚未变成实际的长官。其成为地方政府正式的最高官吏之时，第一次在成帝绥和元年（前8），是年以刺史位低权轻，不足以收控制地方之效，于是改刺史为州牧。但三年以后为哀帝的建平二年（前5），又以州牧的权过重，复改为刺史。其后州牧与刺史的名称时有改变，但最能表现出以中央政府的官吏而为地方政府的最高长官要算东汉末年的一次改革。《后汉书·刘焉传》云："焉迁太常，时四方兵寇，焉以为刺史威轻，既不能禁，建议改置牧伯，镇安方夏，清选重臣以居其任"，"焉议得用，出为监军使者，领益州牧，太仆黄琬为豫州牧，宗正刘虞为幽州牧，皆以本秩居职，州任之重，自此而始"。"以本秩居职"正可说明其时的州牧实有两重资格，一方面犹为中央政府的官吏，而一方面已为地方政府的最高长官了。以后各代有许多的制度，虽名称不同，而其精神是与此仿佛的。

当刺史改为州牧之时，仍有若干地方保留刺史的制度。但此时刺史以与王室及中央政府关系已疏，权位已轻，于是王室与中央政府又重新赋予其一部分权力，使其重建其与王室及中央政府的亲密关系。于是都督之名称因以建立。魏晋之世，州牧隆重，其刺史任重者，因加使持节都督或持节都督，而仍领刺史之任。其正式成为地方行政长官之名之时，为魏文帝黄初三年（222）。① 至于晋初，而分别其等级，于是都督诸军为上，监诸军次之，督诸军为下。使持节为上，持节次之，假节为下。其不得节者称为单车刺史，单车刺史权位最轻，为人所耻。此可见虽刺史一级，此时已分两等，即不带将军之衔、不开府治军者，与王室及中央政府的关系较疏远，而带将军、开府者，其关系乃较密切也。所谓持节即以之代表帝王，故其一方面为地方之长官，而一方面则又为帝王派驻于地方的使者。由都督开府的演变，而有后周及隋唐的总管及大总管（大都督、都督皆兼领刺史之号），皆为寄方面之任者。唐太宗时，行军征讨曰大总管，在其本道者曰大都督。

更可以见中央政府的官吏成为地方政府的长官者为行台的制度。行台制度的肇始远在魏末，其时晋文帝讨诸葛诞，散骑常侍裴秀、尚书仆射陈泰、黄门侍郎钟会以行台从。此种行台，其权力又远超过于都督持节等之上，其行台中之人员，多假尚书省的官职名号，甚或即调尚书省中的人员前往。然魏晋时此种制度尚为纯粹的军事制度。至后魏时的尚书大行台，则开府置属，于一路府州无所不统，渐非一时的性质，惟尚不兼理民事。至北齐时则兼理民事。隋则置官尤众，有尚书令、仆射，以至各部侍郎，一切兵农刑政尽归统辖，宛然一另外设立的中央政府，其位至尊，其权至重，至唐初而废，

---

① 《通典》云："光武建武初，征伐四方，始权置督军御史，事竟罢。"

其后元时的行省制度盖与此相仿佛。

唐时另有两种新的制度发生，一为观察使，一为节度使。观察使的职务专在治理民事，而节度使的最初设立意义则完全在军事。观察使所司在察举州县，故与汉代的刺史最初设置的意义完全相似。节度使既为军事，其权力又远在观察使以上，故与汉末的州牧最初设置的意义相似。所不同者，刺史演变而为州牧，而观察与节度两使最初乃彼此互不相关，而后来始合为一。盖唐自中叶以后，节度使于边地之外，内地亦多设立，于是节度使多兼观察，于兵甲、财赋、民俗之事无所不领，谓之都府，又各道又有度支、营田、招讨、经略等使，其名称虽多，实际上皆为节度使的兼衔。

地方政府的形成，不论其出于何种方式，要皆有其所辖属的地域。秦汉以来的太守与州刺史、州牧皆有其一定的郡与州。即都督、总管、行台、节度、观察等亦莫不有其统辖的范围，郡与州为纯民政的区划，故其所形成的区划较为永久，至都督、总管、行台等且偏重于军事方面，其所形成的区划比较起来是临时的，甚或是因人因时因地而设置，故变动特大。唐代的观察使与节度使两种制度，其设置的时期较长，故其所形成的区划亦较为人所注意。观察使与节度使所辖的区域皆称为道，观察使偏于民事，故其道的区划比较固定，通常为人所称的为贞观时的十道及开元时的十五道。节度使所辖的道，以偏于军事的，故变动性较大，即元和之时已有四十七镇，此可知矣。《旧唐书·地理志》所谓："乾符（僖宗时）之后，天下乱离，礼乐征伐不自朝廷，禹迹九州，瓜分脔剖，或并或析，不可备书。"即指此而言。

唐代的节度使，其最初的设置仅是限于边地，论其性质亦仅为中央政府派驻于地方的使人（节度使者，乃都督带使持节者之谓）。然其初本为中央政府期能对于军事要地的控制，而此辈最初设置的节度使又皆为王室或中央政府所信任，故能不负其所托。然其演变的结果则有出于其被派遣时的本意，节度使的设置既由边地而普遍于内地，又兼观察、度支、经略、营田、招讨等使，于兵甲、财赋、民俗之事无所不统，于是其权力日大，有非中央政府所能控制者，浸且进为一种对立的状态，若干地区的节度使（为唐中叶以后或五代时各国）甚且成为世袭（有子孙世袭与部属世袭两种）。其情形宛如先秦原始封建制度的末期。而此等世袭的节度使就其本身而论，亦充分表现其封建的性质。① 如果我们说秦代的普设郡县是调整自春秋末叶以后历战国时代的封建国家不遵中央王室的命令的情形，而加强王室或中央政府的权力，则我们亦应承认宋代初年的削藩镇权柄大事改革地方政府制度乃是结束自唐代中叶以来节度使的权柄过于庞大的应有设置。宋初因鉴于唐代中叶以来节度使的跋扈，遂厉行中央集权的制度。在以前地方政府虽隶属于中央政府而受其辖管，然无论在名义上或行政的权柄上，地方政府自有其活动的范围。宋代既行中央集权制，一切权力悉归于中央，地方政府诸阶级虽仍旧保持，如县、如州（自隋时起郡县两级即合为一）、如府等，皆如唐、五代之旧，而县州府不设县令长、州刺史、府尹，而以京朝官带本职出而权知地方政府事，于是乃有权知县事、权知府事诸名。此权知县事、权知州事、权知府事与县令长、州刺史、府尹自其性质上言之乃绝对不同。县令长、州刺史、府尹为地方政府的正式长官，而权知县事、权知州事、权知府事为中央政府临时的派遣，特此种临时派遣竟延长至有宋一代莫不如此，竟成一代的定制，故宋代对于地方政府制度的调整，乃以中央政府的派遣员代替地方政府。以前各代尚有中央政府所派遣的人员仅由监察而渐跻为地方政府的最高长官，此则一变而为整个职位易置，不可谓非一极大的变化。宋时虽仍保存节度使、防御使、团练使、刺史等名称，然仅为诸官转换阶品的称谓，已非实际的地方长官矣。

---

① 其与先秦原始封建制度异者，乃其世袭非由于中央政府的同意，即被同意亦属事后的追认。

宋代尚有一特殊的制度，即地方政府中各州皆置通判，通判为诸州佐贰之官。宋以前，州县佐贰之官例由其长官自行辟举，不由中央政府特命。宋则不惟知州为京朝官，且此佐贰之官亦由中枢任命。① 通判事得专达，与长史钧礼。此在其初设置之时，不谓为地方政府的监察官，且为地方政府的副长官。藩镇未完全废除以前，固是如此。及藩镇实际废去以后，通判仍未随之废去，而与知州等并为其一代一种永久的制度，然其权力并未因藩镇的废除而有所削减。于是遂演变而成为知州等为中央派驻地方的官吏，而通判又为中央再派一监察其所派驻地方官吏的人员。由是层层钳制，而地方政府的本来面目完全不同矣。然宋代的中央官吏演变为地方官吏，其情形并非如此而告一段落。当秦汉之际，郡为地方的最大区划，故太守为地方的最高长官。其后郡的区划日以缩小，其上又有州，于是州刺史与州牧又为地方的最高长官。及州的区划又日以缩小，其上又临之以道，于是观察使、节度使为地方长官。宋既废藩镇，道之名称亦实际废去，而改为路。路之含义虽与道同，然其置官则异。宋时各路皆设监司官，监司官大率有四种（有缺一二不并置者，亦有兼他使事务者），即帅、漕、宪、仓。帅为安抚使，掌一路的兵民；漕为转运使，掌一路的财赋；宪为提刑按察使，掌一路的司法；仓为提举常平使，以掌一路的常平义仓救恤之事。自其名义上观之，此诸部使亦为中央派驻地方的官吏，然四使并出，转使州务更难承奉展布。似此层层牵制，地方政府皆成为中央政府的一部门。此四司中，尤为重要者为转运使，务令地方金谷财货完全集中于中央。宋代概深知其前代中央政府之仅控制地方行政的权力，实际不足以遏止乱源。地方政府之所以跋扈难制，不仅在于其行政权力的庞大，

---

① 按通判之置尚在知州一名称设立以前。本为限制藩镇的权力而设，故中央所赋予的权力特大，凡其辖区之兵民钱谷、户口赋役、狱讼听断之事皆能过问，且一切军民政务均须通判签议连署方许行下。

而且在于其能支配一方的兵马钱谷财货。故宋时可彻底地改革，是以有宋一代，内无权相，外无跋扈的地方官吏，正以此故。

至于辽金两国，其地方政府的制度，大要上承唐旧，兼采宋制。如辽五京，每京皆设都总管府，其内设都总管、知府事、同知府事。其诸州亦设节度、观察、团练、防御等使及刺史。而金亦于各路置都总管府，都总管（其转运使、按察使、府尹、节度、防御、刺史皆为前朝之旧），其总管所掌，则民事而外，兼及城隍兵马甲仗，此地方政府的最高长官实于军民诸政无所不总。其由来盖上承唐初的总管制度，而其权力则又过之。论其性质，不惟为中央派遣监临地方的官吏，且多非其本部族人不能为之，故其封建的意义亦特重。辽金本为初由部族转为封建的国家，此种情形实无足怪。

然辽时更有一种封建意义特重之制度，不能不述。辽制，诸王、大臣、外戚等皆得自行建筑城郭，以置其从征俘掠人户，政府从而赐以军州之额，谓之头下军州，其官吏一皆以其本部之人为之，仅节度使一职须听中央政府加一头衔。至于各种税收，亦皆归其本部所有，仅酒税归于中央政府。此种制度金时不见记载，然元时又复有之。此不能以秦汉以下的中央地方关系论之，而与先秦的卿大夫采邑相似，完全为原始的封建制度，特其时已在唐宋之时或以后，故其名称亦有时代性。①

元代所行的行省制度，较之宋代的中央派驻地方人员的方法为更进一步。宋代虽层层派遣人员，层层钳制，然究竟未大改变其前代相传的名称。元于各地分区设行中书省（或行尚书省），与魏晋的行台、后魏的尚书大行台相仿佛，而其规模特为广大。元时中央政府的最要部分为中书省、枢密院、御史台三者，而此三者各行省亦皆有之。中书省设中书令、右左丞相、平章政事、右左丞、参政诸官。其中中书

---

① 清代王公有圈地之制，有带地投充之人，就所投充之丁户，而加以编制，是为王公之包衣奴仆，与辽元之王公外戚以所俘掠生口而部驱以团集之制相似。

令一职，世祖以皇太子兼之，故非其他行中书省所应俱有。行中书省于中书令以外亦设丞相、平章、右左丞、参知政事诸官。中央有御史台，各行省亦有行御史台。御史台置御史大夫、御史中丞、侍御史、治书侍御史，行御史台亦一例置之。中央有枢密院，而各行省则改为宣慰使司，而其所掌则与枢密院固完全相同。就其范围而言，远比以前的行台、尚书大行台为庞大；就其性质言，实无异一驻外的中央政府。是其时中央政府所赋予地方政府的权力实远较以前各代为重大，而地方政府与中央政府甚至与王室的关系亦远较其前代为密切也。

元代何以如此剧烈地更改其时的地方制度，最大的原因厥为恐汉人的反抗，故必须扩大地方政府的权力，而以重臣镇压地方，其丞相皆以宰执行某处省事系衔。其后即其中央政府亦嫌地方权力过大，改为某处行中书省，然钱粮、兵甲、屯种、漕运以及军国重事无不领之，此实为一种变相的封建。虽其名义上可以远绍于魏晋的行台，究其实际当为其部落的原始的封建制度所演变而成。且其性质与先秦的封建国家亦不尽相同，先秦的封建国家乃是由中央政府或王室分出一部分土地，在此土地上，其权力实与王室相仿佛，而元代此种制度实际即一常驻于地方，在整个的行政上，皆只有中央而无地方，故较之宋代的中央集权又进一步。明清两代的地方制度，就名称上而言，与元代略有不同，而其性质上，则是承袭元人的遗规，少有改变。①

---

① 即就省之一字而言亦是如此。秦汉时，王室所居之地为禁中，禁中与政府不同，故非内朝的官吏不得通籍入内。及元帝时，避外戚王禁的名讳，始改禁中为省中，然省中尚非政府。自魏晋而后，尚书、中书、侍中三者均由王室之官吏跻于政府之中，于是省之名亦由王室之专称改为政府之衙署。及元时分驻中央政府于各地，而立行省之名，于是省之名称又由中央之官署改为地方之官署，元时行省名称，如河南江北等处行中书省、江浙等处行中书省，亦只是以官署之名称称地方的区划。及明代内废丞相，外废行中书省，一时仍沿因元时旧名称各地为行省。至清代，行省一名又正式采用。然清代的地方政府的最高长官署已不是行省制度，且中央承明之后以大学士为宰相，亦无省之名称，故再用旧名实不辞之甚。

元时别有一种地方政府的官吏，充分带有封建的性质，即所谓达鲁花赤是也。达鲁花赤，蒙古语，今意为仓库的长官之意。元时于诸行省以下的各级地方政府皆置达鲁花赤一人，其外则总管（路）、知府、府尹（府）、知州、州尹（州）、县尹（县），如前代之制。达鲁花赤皆蒙古人为之，汉人无得与其位。此犹金人于诸路置总管，皆以女真人为之之意相同。不惟用以监视汉人，使不敢稍存反抗之心，亦其封建部落的旧制也。

明代的地方政府制度，虽亦因于元人，而所改者亦多。明太祖乃一雄猜之主，自不愿其大权的旁落。元人过分扩大地方政府的权力，自明太祖视之，此为使地方官吏日趋于跋扈的权舆，实不能不加以改革。故当其初因元制而设行中书省之时，即废其丞相，而仅设平章政事、左右丞及参知政事，既而复罢行省。为彻底地改革，于元人旧行省的区划改设承宣布政使司，尽废平章政事诸官吏，而改其参知政事为左右承宣布政使。又师元人于行省分设行御史台及宣慰使司之意，而设提刑按察使及都指挥使司（行都指挥使司），谓为三司（提刑按察使由元人的肃政廉访使而来）。按其性质，亦中央派遣驻于地方的官吏。行都指挥使司由中央都指挥使司分出，固不必再论。即承宣布政使司，就其名称而论，亦为中央分驻于地方的官吏。布政使虽掌一省之政，司钱谷的出纳，但其本质则为承流宣布王室及中央的德泽禁令以达于各有司。且明时南北二京皆直隶若干府州，所谓直隶者即直隶于中央政府的方部，不再派三司分驻，直以中央兼办地方政府之事务，亦元人的中书省腹里的遗意。①

由上所述，吾人当可知承宣布政使之设立本为中央派驻于各省宣布王室德音的官吏，及行之稍久，遂成为地方政府的正式长官，

---

① 清人于明人的南直隶改为江南，使之咸与其他省份相同。北直隶尚曰直隶，而别设藩臬二台，既设藩臬二台，则庶务即不必直隶于六部，是虽存旧名，已失其本意矣。

于是又有新的中央派驻于地方的官吏，即巡抚与总督。巡抚之设早于总督，故总督的地位与权力尤大于巡抚。明洪武二十四年（1391），遣皇太子巡抚陕西，是为巡抚一名称的肇始，然其时尚未成为定制也。至永乐十九年（1421），右都御史王彰奉命巡抚河南以治官府的乱事，是为明代巡抚置设之始。然其时的巡抚所司的职务，并无一定，或仅巡抚地方，或兼理军务，或管理粮饷，或整饬边关，或抚治流民，或总督河道，皆因事设立，其辖多事重者则称总督。总督之设，远始于英宗正统六年（1441）三征麓川，其时兵部尚书王骥奉命总督军务，已有总督的名称。景泰三年（1452）又命左都御史王翱总督两广军务。其后至成化元年（1465），又命韩雍总督两广，遂定设总督。不论巡抚与总督，皆为中央派外的官吏，故犹带其本职。如巡抚必为都御史或副都御史派出者。总督必为都御史派出者，兵部尚书及侍郎亦多奉派为之，然侍郎为巡抚必带副都御史衔，尚书为总督必带都御史衔。且明时的总督与巡抚多因时因地设立，故一省不必限于一员，亦见其本非地方官也。

秦汉时代关西人民的尚武精神[1]

《汉书·赵充国辛庆忌传》："赞曰：秦汉已来，山东出相，山西出将。秦将军白起，郿人；王翦，频阳人。汉兴，郁郅王围、甘延寿，义渠公孙贺、傅介子，成纪李广、李蔡，杜陵苏建、苏武，上邽上官桀、赵充国，襄武廉褒，狄道辛武贤、庆忌，皆以勇武显闻。苏、辛父子著节，此其可称列者也，其余不可胜数。何则？山西天水、陇西、安定、北地处势迫近羌胡，民俗修习战备，高上勇力鞍马骑射。故《秦诗》曰：'王于兴师，修我甲兵，与子皆行。'其风声气俗，自古而然。今之歌谣慷慨，风流犹存耳。"班固这段话很可以看出当时人物的分野。因为地理环境影响的差异，所以各地人民的风俗习尚也就自然不同。关西人民的勇武有力和邹鲁人士的爱好文学，正是一个显明的对照。这种区别不惟秦汉时候是如此，就是到了汉末三国之间也还没有什么大的变迁。《后汉书·虞诩传》谓："谚曰：'关西出将，关东出相。'观其习兵壮勇，实过余州。"由虞诩此言，也可看出其流风余韵历久不泯的盛况。

我们若由旧史的记载中实际考覈，当可知班氏此言并非过分的夸张。在战国时，诸雄并争，辩士纵横，嬴秦也尝罗致客卿，招纳贤才，所以张仪、甘茂、范雎、李斯一般人皆以白衣干策而取卿相。但是嬴秦所罗致的人物，不过是这班游说之士，用来折冲于樽俎之间，于其立国的精神并没有多大的影响。实在说来，嬴秦之所以威

---

[1] 原刊《东方杂志》第41卷第22号，1945年。整理者注。

凌六国，六国之所以畏秦者，并不是这班軿轩的使节，而是其无敌的雄师。这些无敌的雄师，都是选自嬴秦本国的人民，和其所罗致的一般客卿倒没有多大的关系。

到了楚汉之际，刘邦、项羽都是由东楚起兵，不用说他们的将士自然也以楚人居多。不过高帝的根据地是在关中，所以得力于秦人的帮助着实不少。《史记·萧相国世家》说："汉王数失军遁去，何尝兴关中卒，辄补缺。"这正是说明高帝的部队实际已变了本质，和他初起兵的时候大不相同了。垓下之战，项王夜闻汉军四面皆楚歌，即以为汉已得楚。由这里也可以看出这时汉军的成分，已经没有多少楚人了。后来高帝大封功臣，以曹参攻城野战的功为多，列置第一，而鄂千秋就以萧何由关中运粮遣兵为功最大，应该在曹参之上，高帝接受他的建议，因以萧何居第一，而抑曹参居第二。这个固然由于萧何的调度得宜，但是关中的粮秣和兵卒在楚汉战中占着极重要的地位，则是无可怀疑的事情。

因为高帝起于丰沛，所以一班佐命的功臣，自然以丰沛的人为多，而执兵柄的韩信、曹参、樊哙、夏侯婴等也都是丰沛附近的人物。但是时间稍久，这种趋势也就慢慢消灭。西汉中叶而后，丰沛因为帝乡的关系，容易攀龙附凤，所出的人物仍是很多，而素质的变异，却是不可否认的事实。这时丰沛的人物除了一些与帝室有姻娅关系以外，大半竟然是宽衣博带的经生儒者，而攻城野战叱咤风云的勇士不能不称数关西诸郡了。

关西人民虽然在材力上压倒关东各地，但在文事方面却不能不低首于关东儒者之前。自嬴秦至于汉初，政府都未积极注意于文事，固不必说了。武帝时董仲舒、公孙弘进用，崇文学，讲儒术，博士弟子为一般人的进身之阶，而关西的人民在这方面却不大听说。《史》《汉》二书俱有《儒林传》，专记一代经术文学之士，但是关西人民在其中并没有占重要的位置。这很可以看出秦汉之世关西一般人的习尚。关西人在西汉时虽也曾登庸卿相，如武帝时的公孙贺、李蔡等，然而其所恃以进身的却是汗马的功劳，而不是尊前的对策。

东汉时这种差别慢慢减少，最著名的凉州三明（安定皇甫规字威明，敦煌张奂字然明，武威段颎字纪明），皆为一时名将，边庭重镇，但于材力之外，也都兼崇儒术。虽然仍是赳赳武夫，而勇武之中也还彬彬有礼。《后汉书·皇甫规传》言："（规）以《诗》《易》教授，门徒三百余人，积十四年。……所著赋、铭、碑、赞、祷文、吊、章表、教令、书、檄、笺记，凡二十七篇。"又《张奂传》言："奂少游三辅，师事太尉朱宠，学《欧阳尚书》。初，《牟氏章句》浮辞繁多，有四十五万余言，奂减为九万言。……闭门不出，养徒千人，著《尚书记难》三十余万言。"《段颎传》亦言："颎少便习弓马，尚游侠，轻财贿；长乃折节好古学，初举孝廉。"我们若不读其全传，究其身世，仅就这几段记载来看，谁能说明他们不像邹鲁的儒士，又谁能想象他们是曾经威震边庭、羌胡畏服的名将？

经过武帝和董仲舒、公孙弘一班人对于儒术的提倡，东汉一代明章二帝也都注意这方面，所以儒学大昌，关西受其影响，风气也有点转变。上面所说的凉州三明皆以一时名将，而授徒著作，堪为这时期的代表。然风流未泯，尚武的精神固仍保存而不失。譬如扶风马融，亦为一代鸿儒，名重关西，卢植、郑玄皆出其门下，但其请缨征羌的勇气，虽千百年后，仍能令人景慕不置。《后汉书》融本传载其请缨的端末说："（融）转武都太守。时西羌反叛，征西将军马贤与护羌校尉胡畴征之，而稽久不进。融知其将败，上疏乞自效，曰：'今杂种诸羌转相钞盗，宜及其未并，亟遣深入，破其支党，而马贤等处处留滞。羌胡百里望尘，千里听声，今逃匿避回，漏出其后，则必侵寇三辅，为民大害。臣愿请贤所不可用关东兵五千，裁假部队之号，尽力率厉，埋根行首，以先吏士，三旬之中，必克破之。'"虽然当时政府没有允许他的请求，而这种武勇的精神不能不令人佩服，这绝不是普通人所想象的手无缚鸡之力的儒生所可比拟的。

上面所举的不过是几个特殊的例子，由这几个特殊的例子很可看出一般的情形。实在地说来，秦汉时代关西关东的人民在素质上多少有点差异，尤其是边郡的人民更为显著。两汉对徙民实边的政策看得特别重要，实边的事实更是史不绝书。实边的人民虽然也和边地人民一样，染到尚武的风气，但初至边地，往往会受到边民的欺凌，这其中自然免不了主客不和的关系，而实边的人民体质荏弱，恐怕要占最大的原因。《后汉书·贾复传》载："建初中（贾宗）为朔方太守，旧内郡徙人在边者，率多贫弱，为居人所仆役，不得为吏。"这正是关西人民和关东人民差别的地方。

　　至于关西人民所以崇尚武勇力的原故，班固在《赵充国辛庆忌传》中已经指出一点。在《汉书·地理志》中，班氏更作详细的说明。他说："天水陇西……及安定、北地、上郡、西河皆迫近戎狄，修习战备，高上气力，以射猎为先。故《秦诗》曰'在其板屋'；又曰'王于兴师，修我甲兵，与子皆行'。及《车辚》《四载》《小戎》之篇，皆言车马田狩之事。汉兴，六郡良家子选给羽林、期门，以材力为官，名将多出焉。孔子曰：'君子有勇而亡谊则为乱，小人有勇而亡谊则为盗。'故此数郡，民俗质木，不耻寇盗。自武威以西，本匈奴昆邪王、休屠王地，武帝时攘之，初置四郡，以通西域，鬲绝南羌、匈奴。其民或以关东下贫，或以报怨过当，或以悖逆无道，家属徙焉。习俗颇殊。……二千石治之，咸以兵马为务；酒礼之会，上下通焉。"班氏此言乃就地理环境的影响，说明关西人民之所以崇尚勇力是由于地邻边庭、接近羌胡的原故。固然，羌胡的骚扰使关西人民不能不请求防御的方略，因而养成崇尚勇力的习俗。但是，当时政府的提倡和社会的鼓励，却也相当重要，而不容轻易忽略的。

　　说到政府对于尚武精神的提倡，最早当然要数及秦孝公。本来嬴秦的立国，原是僻居西陲一隅，其初因为国小地僻，而为中原诸侯所轻视。缪公虽尝称霸，然其威力仅及于西戎，东则为晋所阻，不能一出函谷关。及孝公即位，颇思振作，乃任商鞅为相，风俗因之大变。秦人的勇武好战，孝公和商鞅的力量最多。《史记·秦本纪》言："秦僻在雍州，不与中国诸侯之会盟，夷翟遇之。孝公于是布惠，振孤寡，招战士，明功赏。下令国中曰：'昔我缪公自岐、雍之间，修德行武，东平晋乱，以河为界，西霸戎翟，广地千里，天子致伯，诸侯毕贺，为后世开业，甚光美。……献公即位，镇抚边境，徙治栎阳，且欲东伐，复缪公之故地，修缪公之政令。寡人思念先君之意，常痛于心。宾客群臣有能出奇计强秦者，吾且尊官，与之分土。'……卫鞅闻是令下，西入秦，……说孝公变法修刑，内务耕稼，外劝战死之赏罚，孝公善之。"《商君传》亦言："定变法之令……有军功者，各以率受上爵；为私斗者，各以轻重被刑大小。……宗室非有军功论，不得为属籍。……有功者显荣，无功者虽富无所芬华。"秦国本来远处西陲，与戎狄相邻，其习俗素喜勇武，更加上孝公商鞅的一再提倡，"上有好者，下必有甚焉"，所以风俗的变化，是当然的事情。商鞅在鼓励秦人尚武之外，还有更重要的设施，他设法招徕三晋之民使代秦人耕作，好让秦人专心出去作战。《商君书·徕民篇》中言："秦之所患者，兴兵而伐，则国家贫，安居而农，则敌得休息……故三世战胜而天下不服。今以故秦事敌，而使新民事本，兵虽百宿于外，竟内不失须臾之时，此富强两成之效也。……今以草茅之地，徕三晋之民，而使之事本，此其损敌也与战胜同实，而秦得之以为粟，此反行两登之计也。"秦国得到这样的调整根本没有后顾之忧，秦人也得一心一意去从事战争，诚如商鞅所说"春围其农，夏食其食，秋取其刈，冬陈其宝，以大武摇其本，以广文安其嗣"，秦兵愈战愈精，而六国应敌不暇，无由再从容去耕作了。自此以后，一般人对于秦军的勇武，都另眼相看，尤其是那些纵横辩士，更是称道不置。《战国策·秦策三》载范雎说秦昭王之言曰："大王之国，……战车千乘，奋击百万，以秦卒之勇，车骑之多，以当诸侯，譬若驰韩卢而逐蹇兔。"《韩策一》又载张仪说韩王之言曰："秦带甲百余万，车千乘，骑万匹，虎挚（《史记·张仪传》作虎贲）之士，跿跔科头，贯颐奋戟者，至不可胜计也。……山东之卒，被甲冒胄以会战，秦人捐甲徒裎以趋敌，左挈人头，右挟生虏。夫秦卒之与山东之卒也，犹孟贲之与怯夫也；以重力相压，犹乌获之与婴儿也。"辩士的言辞虽然免不了夸大的成分和恭维的气息，但他们所称道秦卒的壮勇，却有几分的真实性，因为秦兵历次东征的结果，证明这些话并非完全靠不住的。

嬴秦的兵制我们已经不大知道。汉代的士卒则多用关西的人民，这对于关西人民尚武的精神，实予以莫大的鼓励。汉初兵制，大约有轻车、骑士、材官、楼船几类，皆选郡国人民有材力者充之。楼船士多在江淮之南，为汉代的水军。水军在汉代效用极少，仅在对南粤朝鲜等处用兵时征发过，其他几乎不再听闻。轻车骑士大抵都是关西人民，而材官则多半是选自中原人民。《汉书·高帝纪》："（十一年）秋七月，淮南王布反，……上乃发上郡、北地陇西车骑，巴蜀材官，及中尉卒三万人，为皇太子卫，军霸上。"《武帝纪》："（元鼎）六年冬，十月，发陇西、天水、安定骑士及中尉，河南、河内卒十万人，遣将军李息、郎中令（徐）自为征西羌，平之。"《宣帝纪》："（神爵元年）西羌反，发三辅、中都官徒弛刑，及应募佽飞射士、羽林孤儿，胡、越骑，三河、颍川、沛郡、淮阳、汝南材官，金城、陇西、天水、安定、北地、上郡骑士、羌骑，诣金城。"由这几篇帝纪中可以看出骑士与材官在征发地域上的分别。西汉时，骑士颇为一般人所重视，社会地位也相当之高，虽封疆大吏对于他们也不得轻易奈何。《汉书·赵广汉传》："坐贼杀不辜，鞠狱故不以实，擅斥除骑士乏军兴数罪。……竟坐要斩。"广汉在当时身为京兆尹，京兆尹的位置非常重要，而广汉在西汉一代中也算有数的能吏，为人又是极精明强干，在地方官吏中曾经大露头角，但竟因为斥除骑士的罪名，而受到腰斩的重刑。这虽是广汉本人的不幸，由此也可看出骑士在当时受到的待遇是如何的优渥。至于材官，则没有这样大的福分，得不到这样的青睐。其原因所在，想必是与关西士卒的勇武有关，或者因为材官是步兵，彼此之间遂有轩轾。武帝以后，兵卒的种类增多，有选募的勇敢、犇命、伉健、豪吏、应募、私徒，又有征自罪徒的谪民、恶少、亡命、徒、弛刑、罪人、应募罪人等名称，但是骑士的地位，并没有因之而减低。

骑士固是关西人民的进身之阶，而拱卫宫廷的羽林、期门，更是关西壮士发迹之始。羽林、期门的选拔，率由六郡良家子。这里所谓六郡是指陇西、天水、安定、北地、上郡、西河而言。至于良家子的限制，据如淳的注解，谓医士商贾百工之人不得参预其间，其中的分子可说是相当纯粹。若不是这六郡人民特别的勇武，何以会有这样特殊的选拔？在当时由这羽林、期门两部分出来的人才是相当的众多，《汉书·赵充国传》："充国……陇西上邽人也，后徙金城令居。始为骑士，以六郡良家子善骑射，补羽林。为人沉勇有大略，少好将帅之节，而学兵法，通知四夷事。"《甘延寿传》："延寿……北地郁郅人也。少以良家子善骑射为羽林，投石拔距，绝于等伦，尝超逾羽林亭楼，由是迁为郎，试弁，为期门。以材力爱幸。"《公孙贺传》："引拜为丞相，不受印绶，顿首涕泣，曰：'臣本边鄙，以鞍马骑射为官，材诚不任宰相。'"《后汉书·董卓传》亦言："卓膂力过人，双带两鞬，左右驰射，为羌胡所畏。桓帝末，以六郡良家子为羽林郎。"这不过几个显明的例子。两汉数百年间以羽林、期门出身而历高位的，正不知有多少，利禄之数，难怪要引起一般人的羡慕，因而都往这条路上想办法。武帝提倡儒术，广置博士，打动齐鲁间儒生的利欲之心，研究章句的人，竟成了普遍的风气，但是这种博士的头衔，却打不动关西人民的心理，因为他们另有进身之阶，出头之地，用不着摸索简册、寻章摘句。后来到东汉时，儒风虽然西被，而关西的人民仍然不愿意骤违旧俗，所以尚武的风气并没有因之稍杀。

关西为产马之区，也可以间接地助长关西人民的尚武精神。这话看起来很为奇突，实在当时的情形，正是如此。古代战争以车战为主，到了战国，车战已经不能应付敌人，于是骑兵占到重要的位置，尤其是秦汉时常和匈奴西羌战争，骑兵更是重要，没有骑兵简直不能和羌胡对垒。因为这种关系，骑兵在社会上的地位是要比步兵高过许多，上面所提到赵广汉以斥除骑士而获罪，就是一个证明。关西骑士无论在质与量上，皆为全国其他各地所不及，当然也可以归功于关西产马的优良。远在嬴秦之时，关西产马的优良，早已脍炙人口。《战国策·秦策一》载苏秦说秦惠王曰："大王之国，西有巴、蜀、汉中之利，北有胡貉、代马之用。"巴、蜀、汉中本是嬴秦的粮食仓库，今以胡貉、代马与此粮食仓库并举，可知其所占地位的重要了。又《韩策一》载张仪说韩王曰："秦马之良，戎兵之众，探前趹后，蹄间三寻者，不可称数也。"其所产的马，素质之佳，于此可见一斑。嬴秦之所以能扫平六国者，固然是仗着他的优越兵力，同时马种的精良，也不能没有关系。到了西汉，对于马的养育，曾经做到最大的努力，李广利的西征大宛，就是因为寻求天马而起。并且又在西边北边诸郡大举养马，一时视为国家的要政。《汉书·百官公卿表》师古注引《汉官仪》说："牧师诸苑三十六所，分置北边西边，分养马三十万头。"可知汉代对于养马的重视。武帝以后，关西各地盛植苜蓿，也是因为苜蓿为饲马的最好草料。关西诸郡本来是宜于牧畜的，政府养马之外，人民私马的养育也有相当的数目。《汉书·地理志》谓："自武威以西，……地广民稀，水草宜畜牧，故凉州之畜为天下饶。"《后汉书·邓禹传》亦言："上郡、北地、安定三郡，土广人稀，饶谷多畜。"这种自然宜于畜牧的环境之下，畜牧事业的发达，是可想象得到的事情。《史记·货殖列传》说："乌氏倮畜牧，……畜至用谷量马牛，秦始皇帝令倮比封君，以时与列臣朝请。"这正是北地郡一位养马的大家。而东汉马援也是以在边郡出牧而致富豪。《后汉书》援本传言："尝受《齐诗》，意不能守章句，乃辞（兄）况，欲就边郡田牧。……至有牛马羊数千头。"

关西养马如此之众多，其人民对于骑射的工夫，当然可以日趋精良，关西骑士的质与量为全国各地所不及，也当然得力于马的力量。我们再由历次征伐匈奴对于马的损失，因而影响到关西骑士的优越的地位，可知马的关系是如何的巨大。《史记·卫将军骠骑列传》："元狩四年春，上令大将军青、骠骑将军去病，将各五万骑，步兵转者踵军数十万，……出塞，塞阅官及私马凡十四万匹，而复入塞者，不满三万匹。……自大将军围单于之后，十四年而卒。竟不复击匈奴者，以汉马少。"其损失之大直可惊人，甚至对于整个的国策也发生影响，对于关西骑士的命运，自然也有重大的关系。大概关西的骑士受了这样的打击，其精神稍有降落，到了东汉初年，渔阳、上谷的突骑，竟也有名于时，而关西骑士反没人提起，故《后汉书·吴汉传》就说："渔阳上谷突骑天下所闻也。"话虽如此，关西人民尚武的精神究竟浓厚，虽因一时的挫折而有降落的情形，但休养生息，仍然可得到原来的状况，所以，凉州兵的英名，历久不衰，一直到三国初年，凉州兵还是被称为天下的劲旅。

诚如班固所言，关西诸郡因为迫近戎狄，所以其俗习修战备。自嬴秦以至汉末，匈奴与西羌始终为西北二大边患，侵扰边塞，抄掠人畜，一直没有止息的时候。在这样的情况之下，关西人民实在得不到休暇的机会。《汉书·贾谊传》所谓："今西边北边之郡虽有长爵不轻得复，五尺以上不轻得息，斥候望烽燧不得卧，将吏被介胄而睡。"恰是一幅绝妙的戍边图。关西人民为了自卫，也是不能不讲求尚武的精神。《李广传》谓广世世受射，这种相习成风的训练，并不是一朝一夕所能养成的。自秦汉迄今，历时数千年，虽然环境屡易，而西北人民仍然有以勇武闻于世者，这不能不说是受旧俗的影响。班氏所谓歌谣慷慨，风流犹存，其实把这两句话用在今日也未尝不可。

西汉帝国国力的巩固与扩张[1]

一、文景以后至武帝初年社会的富庶

自嬴秦灭亡，楚汉之争停止，汉廷君臣皆务为休养生息，以与天下更始[2]，文景维之，益踵励前修，未敢稍止。虽其间迭有匈奴的侵扰边境，文帝皆谨饬亭候，为之防御，不欲兴兵报怨。下至景帝，虽有吴楚七国之乱，其用兵之时，既属短暂，而兵祸之区域，又仅限于梁楚齐赵之境，于全国社会尚无若何的影响。加以文帝之时，岁以有年，百姓自易家给人足，富庶安乐，造成武帝初年的盛世。[3]

言其时的富庶情形者甚多。《汉书》倪宽、公孙弘等传赞有云，是时汉兴六十余载，海内艾安，府库充实，已大约说明社会的状况，惟其言尚非具体。《史记·律书》所载，孝文即位，将军陈武等议伐朝鲜、南越，文帝诫以毋轻言兵。因载其时的情形曰："百姓无内外之繇，得息肩于田亩，天下殷富，粟至十余钱，鸣鸡吠狗，烟火万里，可谓和乐者乎？太史公曰：文帝时，会天下新去汤火，人民乐业，因

---

[1] 此文为1949年前史先生书稿或讲义的内容。原稿题为："第七章 西汉帝国国力的巩固与扩张"，写在竖排朱印稿纸上。稿本装订成册，扉页为1950年2月13日《人民日报》。收入本书时，删去了"第×章""第×节"字样。整理者注。

[2] 原稿眉注：社会富庶的原因。

[3] 《汉书·张汤传》云，孝景时，吴楚七国反，天下寒心数月，吴楚已破，竟景帝不言兵，天下富贵。

其欲然，能不扰乱，故百姓遂安。自年六七十翁，亦未尝至市井，游敖嬉戏，如小儿状。孔子所称有德君子者邪！"其言历历，而农村父老安居乐业的情景，如绘于纸上，最能说明其时的富庶情形者，莫过于《史记·平准书》，《平准书》言："汉兴七十余年之间，国家无事，非遇水旱之灾，民则人给家足，都鄙廪庾皆满，而府库余货财。京师之钱累巨万，贯朽而不可校。太仓之粟，陈陈相因，充溢露积于外，至腐败不可食。众庶街巷有马，阡陌之间成群，而乘字牝者傧而不得聚会。守闾阎者食粱肉，为吏者长子孙，居官者以为姓号，故人人自爱而重犯法，先行义而后绌耻辱焉。"其富庶的情形可见一斑。

其时人民户口的增多，亦可表现社会的安艾与富实。《汉书·刑法志》言："（孝文）务在宽厚……吏安其官，民乐其业，畜积岁增，户口寝息。"而《史记·高祖功臣侯者年表·序》更具体地说明其增加的情形，序文云："汉兴，功臣受封者百有余人。天下初定，故大城名都散亡，户口可得而数者十二三，是以大侯不过万家，小者五六百户。后数世，民咸归乡里，户益息（《汉书》作'逮文、景四五世间，流民既归，户口亦息'），萧、曹、绛、灌之属，或至四万，小侯自倍。"大抵户口的增多不外数因：一、政府严书名数及罪舍匿之法，使人民不得任意逃亡。《汉书》淮南厉王刘长传载薄昭贻王书谓"亡之诸侯，游宦事人，及舍匿者，论皆有法"，即其例也[①]。其

[①] 按《汉书》卷四十四《淮南衡山济北王传》，师古曰："舍匿，谓容止而藏隐也。"《补注》，钱大昭曰："舍匿，即《季布传》'购求布千金，敢有舍匿罪三族'是也。时长收聚汉诸侯人及有罪亡者，匿与居，故有是言。"又《王子侯表》上，陆元侯何之后名延寿者，坐知妹夫亡命笞二百，首匿罪免。沈钦韩曰：谓其妹夫有笞二百罪亡命，延寿知而首匿，故免。即舍匿之法也。《史记·扁鹊仓公列传》记仓公之言曰："诚恐吏以除拘臣意也，故移名数，左右不修家生，出行游国中，问善为方数者事之久矣"，即亡之诸侯游宦事人之法。

一，人民日渐富庶，口赋钱不足使其甚陷于生计也①。其另一原因则不能不归功于六七十年以来天下无事，战争稀少，生殖力增加，而死亡率减少。

其时社会上富庶的情形又可于垦田的增多与水利的溥修见之。自高祖始定天下，即行重农抑商之政，文景二帝更亲耕耤田②，文帝更切切注意于田亩的增辟③。下至景帝之时，已有听民徙宽大地者的诏令④。夫民既欲徙宽大土地，则必有窄之乡。窄狭之乡，则土地必多开辟，已无所致其力矣。至于汉代水利的兴修，则始于高祖时羹颉侯刘信在舒城修七门三堰灌田二万余顷⑤。至文帝末年，蜀守文翁穿湔江口，灌繁田一千七百顷⑥。至武帝时而大事讲求。据《史记·河渠书》所载，则先后所成，建树者至多，如郑当时为大农时，所开凿的由长安引渭并南山下至河三百里的漕渠⑦，河东守番系所凿引汾溉皮氏、汾阴及引河溉汾阴、蒲坂的渠水⑧，庄熊羆所建议开凿的

---

① 《汉书》卷一《高帝纪》："汉四年，初为算赋。"注，如淳曰："《汉仪注》，民年十五以上至五十六，出赋钱，人百二十为一算，为治库兵车马。"又《昭帝纪》："元凤四年，诏毋收四年、五年口赋。"注，如淳曰："民年七岁至十四，出口赋钱，人二十三。二十钱以食天子，其三钱者，武帝加口钱，以补车骑马也。"

② 始于文帝前二年。

③ 《汉书》卷四《文帝纪》，前十二年诏曰："道民之路，在于务本，朕亲率天下农，十年于今，而野不加辟，岁一不登，民有饥色，是从事焉尚寡，而吏未加务也。岁劝民种树，而功未兴，是吏奉吾诏不勤，而劝民不明也。且吾农民甚苦，而吏莫之省，将何以劝焉？其赐农民今年租税之半。"又卷二十四《食货志》，晁错说文帝之辞曰："今海内为一，土地人民之众，不避汤、禹，加以亡天灾数年之水旱，而畜积未及者，何也？地有遗利，民有余力，生谷之土未尽垦，山泽之利未尽出也，游食之民未尽归农也。"按晁错虽其所言如此，然其劝文帝募民入谷于边，则明见其时内地土地开阔已日益增多矣。

④ 前元年。

⑤ 《文献通考》卷六《田赋考六·水利田》。

⑥ 《华阳国志》卷三《蜀志》。

⑦ 可溉民田万余顷。

⑧ 本拟可溉田五千顷，后未成。

龙首渠①，兒宽为左内史时所建议开凿郑国渠旁的六辅渠，赵中大夫白公所开凿的白渠②，别有在盩厔县的灵轵渠、湋渠，及陈仓县的成国渠，其所在地皆不出于关中一隅。《河渠书》又云："自是以后，用事者争言水利。朔方、西河、河西、酒泉皆引河及川谷以溉田……汝南、九江引淮，东海引巨定。③ 泰山下引汶水，皆穿渠为溉田，各万余顷。它小渠及陂山通道者不可胜言也。"则水利的普及，实已遍及全国。水利普及至少可以表现出农业的进步，且已超过于垦田的阶段矣。

而商业的发达与都市的繁华，亦可为当时社会富庶情况作一解释。汉自初兴以后，皆重农桑而限止末业，然事实上商业依然发达。《汉书·食货志》载有晁错说文帝之辞曰："商贾大者积贮倍息，小者坐列贩卖，操其奇赢，日游都市，乘上之急，所卖必倍，故其男不耕耘，女不蚕织，衣必文采，食必粱肉，亡农夫之苦，有仟伯之得。因其富厚，交通王侯，力过吏势，以利相倾；千里游敖，冠盖相望，乘坚策肥，履丝曳缟，此商人所以兼并农人，农人所以流亡者也。今法律贱商人，商人已富贵矣；尊农夫，农夫已贫贱矣。"此虽可以解释商人的赢利所由得来，然其时商业的发达尚有其他的原因在。商人在其时的社会得占有较好的地位，正为归功于社会的安艾与当时交通的便利。《史记·货殖列传》曾言："汉兴，海内为一，开关梁，弛山泽之禁，是以富商大贾周流天下，交易之物莫不通，得其所欲。"又《史记·淮南衡山列传》云："重装富贾，周流天下，道无不通，故交易之道行。南越宾服，羌僰入献，东瓯入降，广长榆，开朔方，匈奴折翅伤翼，失援不振。虽未及古太平之时，然犹为治也。"《盐铁论》亦言："自京师东西南北，历山川，经郡

---

① 自征引洛至商颜下，以溉重泉、临晋卤地万余顷。
② 起谷口至于口阳溉田四千五百余顷。
③ 在齐郡。

国，诸殷富大都，无非街衢五通，商贾之所臻，万物之所殖者。……宛、周、齐、鲁，商遍天下。故乃商贾之富，或累万金。"此可见交通便利，无关梁之阻，商业自然发达。商业发达而都市亦因之兴起①。据《史记·货殖列传》所载，其时社会富庶的情形，可以素封人家的众多来证明，《传》云："今有无秩禄之奉、爵邑之入，而乐与之比者，命曰素封。封者，食租税，岁率户二百，千户之君则二十万，朝觐聘享出其中。庶民农工商贾，率亦岁万息二千户，百万之家则二十万，而更徭租赋出其中。衣食之欲，恣所好美矣。故曰陆地牧马二百蹄，牛蹄角千②，千足羊；泽中千足彘；水居千石鱼陂；山居千章之材；安邑千树枣；燕、秦千树栗；蜀、汉、江陵千树橘；淮北、常山已南，河济之间千树萩；陈、夏千亩漆；齐、鲁千亩桑麻；渭川千亩竹；及名国万家之城，带郭千亩，亩钟之田；若千亩卮茜，千畦姜韭，此其人皆与千户侯等。"又曰："夫用贫求富，农不如工，工不如商，刺绣文不如倚市门。此言末业，贫者之资也。通邑大都，酤一岁千酿，醯酱千瓨，浆千甔，屠牛羊彘千皮，贩谷粜千钟。薪藁千车，船长千丈，木千章，竹竿万个，其轺车百乘，牛车千两，木器髹者千枚，铜器千钧，素木铁器若卮茜千石，马蹄躈千，牛千足，羊彘千双，僮手指千，筋角丹沙千斤，其帛絮细布千钧，文采千匹，榻布皮革千石，漆千斗，蘖麴盐豉千荅，鲐鮆千斤，鲰千石，鲍千钧，枣栗千石者三之，狐貂裘千皮，羔羊裘千石，旃席千具，佗果菜千种，子贷金钱千贯，节驵会，贪贾三之，廉贾五之，此亦比千乘之家，此其大率也。"太史公以当时的情形详为记载，当非虚伪。由此记载，吾人当可知其时社会的富庶，以此

---

① 当时都市名称备见于《史记·货殖列传》及《汉书·地理志》。又《盐铁论》亦云："燕之涿、蓟，赵之邯郸，魏之温轵，韩之荥阳，齐之临淄，楚之宛、陈，郑之阳翟，三川之二周，富冠海内，皆为天下名都……居五诸之冲，跨街衢之路也。故物丰者民衍，宅近市者家富。"

② 百六十七头。

与汉初的民无盖藏情形相较，则其间相差真不可以道里计矣。

再其次，吾人当就马匹的繁殖予以说明。汉初历大战之后，马匹的损失亦至巨大，故"自天子不能具醇驷，而将相或乘牛车。"[1] 其一种困苦的情形历历如绘，然至太史公时，则素封之家亦可以轺车一百乘，或牧马二百蹄。而众庶街巷有马，阡陌之间成群。则其间相差亦不可以道里计。然马匹的繁殖，向多赖政府的教励与提倡。《汉书·食货志》载晁错说文帝之辞有云，"令民有车骑马一匹者，复卒三人"。复卒三人者，据师古所释，则当为卒者，免其三人；不为卒者，复其（算）钱耳。其赏格所以如此高者，以车骑为天下的武备也。众庶街巷所以到处有马者，政府提倡实有以促成之。[2] 文帝时政府始于沿边为苑养马，据《景帝纪》注，如淳曰："《汉仪注》太仆牧师诸苑三十六所，分布北边、西边。以郎为苑监，官奴婢三万人，养马三十万匹。"其规模之大，可以想象知之。《平准书》又言："天子（武帝）为伐胡，盛养马，马之来食长安者数万匹，卒牵掌者关中不足，乃调旁近郡。"以国家之力，无怪其繁殖如此之速。

此富庶的社会遂能使武帝一意经略边地，无他顾之忧。汉代大帝国的巩固与扩张不能不谓实以此种社会为基础。

二、武帝以前的外患

西汉初年最大的外患，厥为匈奴。自高祖七年平城之战以后，

---

[1] 《汉书》卷二十四上《食货志》。
[2] 原稿眉注：《汉书·景纪》中元四年御史大夫（卫）绾奏，禁马高五尺九寸以上，齿未平不得出关。补注：苏舆曰：《史记·平准书》：（孝景时）益造苑马以广用，故绾有此奏。

汉之国力未能立时恢复，匈奴气焰方张，而汉之边将如韩王信、赵利王恭及陈豨（高十年）先后叛汉，外结匈奴，故匈奴常往来于燕代边地，以相骚扰。高帝因使娄敬奉宗室女为公主，往妻单于，结和亲，岁奉匈奴絮缯酒米食物各有数，约为昆弟以博暂时的安宁。及于吕后之时，匈奴冒顿益骄，其时遣使至汉，贻高后书曰："孤偾之君，生于沮泽之中，长于平野牛马之域，数至边境，愿游中国。陛下独立，孤偾独居。两主不乐，无以自虞，愿以所有，易其所无。"① 此书至为亵慢，吕后大怒，樊哙迎合吕后之意，请大举征匈奴。时季布与议，因言："哙可斩也！前陈豨反于代②，汉兵三十二万，哙为上将军，时匈奴围高帝于平城，哙不能解围。天下歌之曰：'平城之下亦诚苦！七日不食，不能彀弩。'今歌唫之声未绝，伤痍者甫起，而哙欲摇动天下，妄言以十万众横行，是面谩也。且夷狄譬如禽兽，得其善言不足喜，恶言不足怒也。"③ 两国国力的对比，使吕后不能不采用季布的建议而卑躬下礼。报匈奴书曰："单于不忘弊邑，赐之以书，弊邑恐惧，退日自图，年老气衰，发齿堕落，行步失度，单于过听，不足以自污。弊邑无罪，宜在见赦。窃有御车二乘，马二驷，以奉常驾。"④ 据汉史所载，则冒顿得书之后，深受中国礼义的感动，而上书献马，并请和亲。而此事遂暂告一段落。

汉与匈奴虽暂时和亲，然未久仍盗侵边地，历文景二世仍未休止。兹据旧史所载备录之于下：

1.《汉书·高后纪》，六年，匈奴寇狄道，攻阿阳（阿阳，今静宁南）。

2. 同上，七年冬，十二月，匈奴寇狄道，略二千余人。

3.《史记·匈奴传》，文帝三年五月，"匈奴右贤王入居河南地，

---

① 《汉书》卷九十四上《匈奴传》。
② 按此当是韩王信事。
③ 《汉书》卷九十四上《匈奴传》。
④ 《汉书》卷九十四上《匈奴传》。

侵盗上郡葆塞蛮夷，杀略人民"。（《汉书·文纪·匈奴传》略同。《史记·文纪》作匈奴入北地，居河南为寇。于是孝文帝诏丞相灌婴发车骑八万五千，诣高奴，击右贤王，右贤王走出塞。）

4. 《汉书·文帝纪》，十一年，匈奴寇狄道。

5. 《史记·匈奴传》，文帝十四年，"匈奴单于十四万骑入朝那（固原南）、萧关，杀北地都尉卬，虏人民畜产甚多，遂至彭阳（镇原东），使奇兵入烧回中宫。候骑至雍甘泉（淳化西）。于是文帝以中尉周舍、郎中令张武为将军，发车千乘、骑十万，军长安旁，以备胡寇。而拜昌侯卢卿为上郡将军，……大发车骑往击胡，单于留塞内月余乃去，汉逐出塞即还，不能有所杀"（《汉书·匈奴传》同，史汉《文纪》略同）。

6. 《史记·孝文本纪》："后六年冬，匈奴三万人入上郡，三万人入云中。以中大夫令勉为车骑将军，军飞狐；故楚相苏意为将军，军句注；将军张武屯北地；河内守周亚夫为将军，居细柳（在咸阳西南二十里渭河北岸）；宗正刘礼为将军，居霸上；祝兹侯①军棘门，以备胡。数月，胡人去，亦罢。"

7. 《史记·景纪》，中二年二月，匈奴入燕（《汉纪》同）。

8. 《汉书·景纪》，中六年六月，匈奴入雁门，至武泉（今右玉县西北，时属云中郡），入上郡，取苑马，吏卒战死者二千人（《史记》略同）。

9. 又后二年，春，匈奴入雁门，太守冯敬与战死。发车骑材官屯（《史记》仅言入雁门）。

然上所举者仅其规模较大的侵略，其余时时入边，故未易琐琐备述。如《史记·匈奴传》于载文帝十四年匈奴入朝那、萧关之役后，又云："匈奴日已骄，岁入边，杀掠人民畜产甚多，云中、辽东最甚，至代郡万余人。"又如《史记·孝文本纪》后二年，文帝所

---

① 徐厉也。

下的诏书中，即曾言"间者累年匈奴并暴边境，多杀吏民，边臣兵吏又不能谕吾内志，以重吾不德也"。皆可为之例证。

在此期间，正当文景二帝与民休息之时，国力未能充实，难与匈奴作激烈的战争，文帝虽曾数度遣兵派将，然虏去即止，未能有所杀伤，徒助长其骄傲之心，于边事实未能多所补益。其一贯所执行者，仅为自刘敬以来的和亲政策而已。和亲非止一次，今条列其间经过于下：

1. 惠帝三年，以宗室女为公主，嫁匈奴单于①。
2. 高后时，复与匈奴和亲②。
3. 文帝即位，复修和亲③。
4. 文帝四年，"单于遗汉书曰：'天所立匈奴大单于敬闻皇帝无恙。前时皇帝言和亲事，称书意，合欢。汉边吏侵侮右贤王，右贤王不请，听后义卢侯难氏等计，与汉吏相距，绝二主之约，离兄弟之亲。皇帝让书再至，发使以书报，不来，汉使不至，汉以其固不和，邻国不附。今以小吏之败约故，罚右贤王，使之西求月氏击之。以天之福，吏卒良，马强力，以夷灭月氏，尽斩杀降下之。定楼兰、乌孙、呼揭及其旁二十六国，皆以为匈奴。诸引弓之民，并为一家。北州已定，愿寝兵休士卒养马，除前事，复故约，以安边民，以应始古。……皇帝即不欲匈奴近塞，则且诏吏民远舍。使者至，即遣之。'……书至，汉议击与和亲孰便。公卿皆曰：'单于新破月氏，乘胜，不可击。且得匈奴地，泽卤，非可居也。和亲甚便。'汉许之。孝文皇帝前六年，汉遗匈奴书（许和亲）……"④
5. 文帝八年，冒顿单于死，子老上单于立。汉复遣宗室女公主

---

① 《汉书》卷二《惠帝纪》。
② 《史记》卷一百一十《匈奴列传》。
③ 《史记》卷一百一十《匈奴列传》。
④ 《史记》卷一百十《匈奴列传》。

为单于阏氏①。

6. 文帝后元二年，复与匈奴和亲②。

7. 文帝后四年，老上单于死，子军臣单于立，汉复与匈奴和亲③。

8. 景帝二年，与匈奴和亲④。

9. 景帝五年，汉遣公主嫁匈奴单于⑤。

在此陆续战争与和亲期间，汉实处于劣势。如文帝四年，冒顿单于遗汉的书简，其傲慢的态度，即汉廷亦难于忍受，故书至之后，汉廷乃议击与和亲孰便，其后老上稽粥单于立，汉复与匈奴和亲，而使宦者燕人中行说往傅公主，中行说不欲行，汉强使之⑥。中行说因降匈奴，教其侵略汉边，其对于汉廷的侮辱亦至其极，如汉遗单于书牍以尺一寸，中行说令单于遗汉书以尺二寸牍，及印封，皆令广大长。倨傲其辞，曰"天地所生，日月所置匈奴大单于"⑦云云。然最能道出汉人不堪忍受匈奴侵略之痛苦，则为中行说与汉使问答之辞，其言曰："汉使无多言！顾汉所输匈奴缯絮米蘖，令其量中，必善美而已矣，何以为言乎？且所给备善则已。不备，苦恶，则候秋孰，以骑驰蹂而稼穑耳。"⑧此言最能道出农业民族与游牧民族的冲突处。

文帝虽以休养生息为主，而忍受匈奴的侮辱与侵略，实已激起其人民的敌忾心，贾谊所上的《陈政事疏》，谓此为天下可流涕事之

---

① 按巴克尔《鞑靼千年史》谓老上即位之七年是为孝文帝十四年，以此推之，当在文帝八年。《史记》卷一百一十《匈奴列传》。
② 《史记》卷一百一十《匈奴列传》。
③ 《汉书》卷九十四上《匈奴传》。
④ 《汉书》卷五《景帝纪》。
⑤ 《汉书》卷五《景帝纪》。
⑥ 《汉书》卷九十四上《匈奴传》。
⑦ 《汉书》卷九十四上《匈奴传》。
⑧ 《史记》卷一百十《匈奴列传》。

一，按《汉书·贾谊传》载谊之言曰："天下之势方倒县。凡天子者，天下之首，何也？上也。蛮夷者，天下之足，何也？下也。今匈奴嫚侮侵掠，至不敬也，为天下患，至亡已也。而汉岁致金絮采缯以奉之。夷狄征令，是主上之操也。天子共贡，是臣……，非亶倒县而已，又类辟，且病痱，夫辟者一面病，痱者一方痛。今西边北边之郡，虽有长爵不轻得复，五尺以上不轻得息，斥候望烽燧不得卧，将吏被介胄而睡，……可为流涕者此也。"是后晁错复上书言兵事与战术的优劣，说明汉与匈奴两方的形势，其结论不主张对匈奴取保守的策略。按《汉书·晁错传》载其言曰：

> 臣闻汉兴以来，胡虏数入边地，小入则小利，大入则大利。高后时再入陇西，攻城屠邑，殴略畜产。其后复入陇西，杀吏卒，大寇盗。窃闻战胜之威，民气百倍，败兵之卒，没世不复。自高后以来，陇西三困于匈奴矣。民气破伤，亡有胜意。今兹陇西之吏，……和辑士卒，底厉其节，起破伤之民，以当乘胜之匈奴，用少击众，杀一王，败其众，而（法曰）大有利。非陇西之民有勇怯，乃将吏之制巧拙异也。故兵法曰："有必胜之将，无必胜之民。"繇此观之，安边境，立功名，在于良将，不可不择也。臣又闻用兵，临战合刃之急者三：一曰得地形，二曰卒服习，三曰器用利。……臣又闻小大异形，强弱异势，险易异备。夫卑身以事强，小国之形也；合小以攻大，敌国之形也。以蛮夷攻蛮夷，中国之形也。今匈奴地形技艺与中国异。上下山阪，出入溪涧，中国之马弗与也。险道倾仄，且驰且射，中国之骑弗与也。风雨罢劳，饥渴不困，中国之人弗与也。此匈奴之长技也。若夫平原易地，轻车突骑，则匈奴之众易挠乱也。劲弩长戟，射疏及远，则匈奴之弓弗能格也。坚甲利刃，长短相杂，游弩往来，什伍俱前，则匈奴之兵弗能当也。材官驺发，矢道同的，则匈奴之革笥木荐弗能支也。下马地斗，剑戟相接，去就相薄，则匈奴之足弗能给也。此中国之长技也。

以此观之，匈奴之长技三，中国之长技五。陛下又兴数十万之众，以诛数万之匈奴，众寡之计，以一击十之术也。……帝王之道，出于万全。今降胡义渠蛮夷之属来归谊者，其众数千，饮食长技与匈奴同，可赐之坚甲絮衣，劲弓利矢，益以边郡之良骑。令明将能知其习俗和辑其心者，以陛下之明约将之，即有险阻，以此当之。平地通道，则以轻车材官制之。两军相为表里，各用其长技，衡加之以众，此万全之术也。

错继此之后，又建议移民实边，以纠正以前专恃谪戍居边的弊病，又继之组织边地居民，教以战斗防守之术，使与吏卒共同防御。错更建议贵粟，募民输粟于塞下，使其地的军糈民食皆得以无缺，然后始可以进兵与匈奴较长短。晁错的建议大部分为汉廷所采纳，但是文景两帝仍然处于防守的地位，与匈奴继续和亲的政策，还是出于慎重一方面。

但是六十年来的被侵略，激起汉人同仇敌忾的心理，六十年来的休养生息，汉人已不是平城之战前后的情形，报复六十年来的新仇旧怨已大有其基础，这一切都待汉武帝来执行。

三、武帝时对于匈奴的征讨与西域的经营

武帝即位，承受了文景二帝以来所积累的富庶的社会，也承受了自平城战役以来因匈奴人的不断侵略而构成的新仇与旧恨。社会的富庶使他有力量能打击外族的侵略，而社会上的人士如贾谊、晁错等一班人所造成的舆论，使汉廷对外的一贯和亲与关市政策必须告一结束，而再作新的计划。

武帝对于匈奴的征讨始自元光二年马邑之役，是时武帝即位已

历八年。① 下至征和三年贰师将军的战役，前后凡四十四年。而下诏大举征胡，则在太初四年（前101）大宛既诛之后，是时上去马邑之役已三十三年。其诏书云："高皇帝遗朕平城之忧，高后时单于书绝悖逆。昔齐襄公复九世之雠，《春秋》大之。"吾人二千年后，读此诏书，犹可想象其声色俱厉，敌忾气盛。然武帝征伐匈奴的事业，泰半皆在太初四年以前的三十余年之间，至太初以后的十余年间，虽仍一再出兵，较之以前，不能不谓为减色，此则长期用兵之后，社会与政治皆已逐渐演变，不能副其初衷，遂使其末年北征之军，真如强弩之末，其间因素，吾人当于他章内再讨论之。

马邑之役盖出于诡计，此可见其时汉军尚不能有十分自信的能力，未敢即与匈奴真实一较短长。因武帝初年仍继续遵行以前的和亲关市的政策，故匈奴往往来往于长城附近。汉使马邑人聂翁壹出物与匈奴交，佯为卖马邑城，匈奴贪马邑城财物，因以十万骑入武州塞（今左云县地）。汉使御史大夫韩安国为护军将军，卫尉李广为骁骑将军，太仆公孙贺为轻车将军，大行王恢为将屯将军，大中大夫李息为材官将军，共将兵三十万伏马邑旁，待单于入而掩击之。单于未至马邑，觉其诈，遂遁去，汉兵亦罢归。汉将王恢本造此谋，未得掩击，遂下狱死。

自马邑之役以后，和亲断绝，匈奴复愈扰边地，惟其人仍嗜汉财物，利汉关市，故汉亦不闭关市以诱之。然元光六年（前129）②，复侵入上谷。③ 数掠渔阳。④ 其明年⑤，又侵扰辽西、汉阳、雁门诸

---

① 在此以前，对于匈奴，仍明和亲约束，厚遇通关市，饶给之。
② 马邑之后五年。
③ 《汉书》卷六《武帝纪》，是年春，"匈奴入上谷，杀掠吏民，遣车骑将军卫青出上谷，骑将军公孙敖出代，轻车将军公孙贺出云中，骁骑将军李广出雁门。青至龙城，获首虏七百级。广、敖失师而还。"
④ 《汉书》卷九四上《匈奴传》载："其冬，匈奴数千人盗边，渔阳尤甚。"
⑤ 元朔元年。

郡。^①汉军稍稍得利，于是而有元朔二年（前127）大举出征之事。是年，匈奴又入上谷、渔阳，杀掠吏民。武帝遂遣卫青、李息出云中至高阙，又西至于符离，更西至于陇西，得首虏数千，牛羊百余万。此役的最大收获，乃在于扩张土地。自秦末汉初，匈奴楼烦白羊王入居于河南地后，以去长安过近，时感威胁。卫青此次北征，遂逐楼烦白羊王，而取得河南地，武帝遂取《诗经》中赞美周宣王伐玁狁的"出车彭彭，城彼朔方"，因命名此新地为朔方郡及五原郡。新郡既立，随徙民十万口以实其地^②。兼修理秦时蒙恬所为边塞，因河以为固。汉仅注意于河南地，匈奴亦乘机取去上谷郡什辟县^③造阳地。因朔方二郡地形的优越，匈奴亦不甚甘心，故此后四五年间两国间战争皆为攻取与保守此二郡的土地。如元朔三年（前126）的匈奴入代郡雁门，其明年，又入代郡、定襄、上郡，而其右贤王怨汉夺朔方地最甚，故侵扰河南地亦最烈。故元朔五年（前124）与六年（前123），汉将卫青等凡三次北征与匈奴的打击亦最大。元朔五年之役，卫青将兵十余万人直出朔方高阙六七百里，右贤王以汉兵绝远必不能至，不意汉兵竟以夜至，右贤王大惊脱身逃去。其明年，卫青等又再出定襄绝漠远征。总此三次北征得首虏前后凡万九千余级，而虏获者且男女万五千人。^④当卫青再出定襄，其前将军翕侯赵信以兵不利，降匈奴。信，故胡人，因教匈奴"益北绝幕，以诱罢汉兵徼极而取之"^⑤。此可说明汉兵的威力，至是时已可以控制塞北漠南的土地，而以后两国间的战场，其重心将偏重在大漠以北了。汉既建立朔方、五原郡，减少正北的威胁，因再与匈

---

① 《汉书》卷六《武帝纪》。
② 《汉书》卷六《武帝纪》。
③ 《汉书》卷九十四《匈奴传》作斗辟。
④ 元狩元年匈奴又入上谷杀数百人。
⑤ 《汉书》卷九十四《匈奴传》。

奴争河西地。河西地当祁连山之北，黄河之西，匈奴休屠王①、昆邪王②分居其间，南联诸羌，西控西域，而内威胁陇西、北地诸郡。汉之用兵于其地，乃元狩二年（前121）事。其年春，遣骠骑将军霍去病出陇西至皋兰，又西过焉耆山千余里。捷首虏八千余人，及休屠王祭天金人。其夏，骠骑将军复与合骑侯数万骑出陇西、北地二千里，过居延，以攻祁连山。又得首虏三万余级。③匈奴闻汉兵西征告捷，欲斩昆邪王及休屠王。昆邪王畏诛，遂杀休屠王降汉。汉以其地置武威、酒泉郡。④自汉得昆邪、休屠二王地后，陇西、北地、河西益少胡寇，于是减北地以西戍卒之半。由此胡羌隔绝，而中国与西域得以畅通。

两国间最重要的战争，乃在元狩四年（前119）。汉之发动是役，因单于用翕侯赵信计，远居漠北以诱汉。汉乃粟马发十万骑，私负从马凡十四万匹，粮重尚不能计于其内，大将军卫青一路出定襄，骠骑将军霍去病出代郡，绝漠远征。匈奴支犂斜单于待于漠北，卫青值之，接战一日，单于夜遁走。汉兵北至寘颜山赵信城，当在今库伦之地。而骠骑出代之后，值其左王，左王战不胜亦遁去，骠骑封于狼居胥山，禅姑衍，临瀚海而还。此役之后，匈奴丧胆，不敢南向，于是漠南无王庭。但是汉军死伤亦綦重。⑤尤其汉马的损失，竟达十余万匹。两国间的战争，遂暂告一段落。汉利用此战后的间暇，整饬边防，自朔方以西至于令居，往往通渠，置田官，以蚕食边地。

元狩二年（前121）之役以后，匈奴益衰弱，而汉亦方从事于

---

① 东部。
② 西部。
③ 是年匈奴亦入代郡雁门，而李广及张骞等奉命出右北平，失利而归。
④ 十年后为元鼎六年，汉复分武威、酒泉郡置张掖、敦煌郡。
⑤ 汉军杀虏匈奴八九万，而汉士物故者亦万数。

诛南越、经营朝鲜、通西域，故两国间有一短期的休战状态。① 至元封六年（前105），匈奴乌维单于死，其子詹师庐立，年少，号儿单于。此时匈奴国势已显有变化。按汉初之时，匈奴分三大部，其左方诸王将居东方，直上谷，以往者东接秽貊、朝鲜，右方王将居西方，直上郡，以西接月氏、氐、羌，而单于之庭直代、云中。至是时，单于益西北，左方兵直云中，右方直酒泉、敦煌。此殆为匈奴已不复能再羁縻东胡。然亦可以解释为汉方于是时经营西域。② 两国争执的重心，已由东方而着重于西方。自元鼎六年（前111）之后，又七年，为太初二年（前103），汉遣浚稽将军赵破奴出朔方，军竟不还。③ 其明年儿单于死，呴犁湖单于继立，汉使光禄勋徐自为筑五原塞外列城，西北直至卢朐河上。而强弩将军路博德亦西筑居延。然同年之中，匈奴竟复入定襄、云中、酒泉、张掖，虽未能大得利，然光禄所亭障，遂为所破坏。

太初四年（前101），汉既诛大宛④，遂欲灭胡，因下复仇之诏。然国力已疲，不复能如以前诸役的威力矣。天汉二年之役，贰师将军李广利出酒泉与右贤王战于天山，虽得首虏，然归途为匈奴所围，几不得脱，士卒物故大半。又遣因杅将军公孙敖出西河，骑将都尉李陵出居延，而李陵竟败降于匈奴。后二年，为天汉四年（前97），

---

① 元鼎六年（时乌维单于之时）汉遣浮沮将军公孙贺出九原至浮苴井，匈奴将军赵破奴出令居，至匈奴河水皆二千余里，不见虏而还。其明年为元封元年，武帝巡边，至北河，遣郭吉使于匈奴，辱单于，单于亦不出。于是两国议和，而和约终未成立。

② 元封六年之明年为太初元年，贰师将军西征大宛。

③ 此次出兵，因儿单于凶暴，其左大都尉畏其暴，欲杀之，约汉兵出兵接应，而左大都尉为儿单于所杀。

④ 是年匈奴且鞮侯单于立。

李广利等又出，亦不利。① 征和三年，以匈奴入五原、酒泉②，复遣贰师将军李广利北征③，贰师北至郅居水上，闻其家以巫蛊灭，遂引军降于匈奴。后三年而武帝亦崩矣。

武帝时初期与匈奴的战争，已在地利上显示出西域各国的重要性，后期与匈奴的战争，更在物资上，尤其是马匹的供应上显示西域的重要性。元狩二年（前121）与匈奴经过暂时的休战状态以后的继续战争，汉兵已偏重于步卒。天汉二年（前99），李陵的北出居延，完全率领步卒，已与以前的战争异趣。天汉四年（前97）李广利等四将军的远征余吾水上，总计其骑兵仅七万，而步卒已十四万余人。此可说明汉军在后期的失利原因④，亦可说明武帝一再西征大宛的原因。

于此，吾人当一说明西域的形势，然后再进而探讨汉通西域的经过与其结果。据《汉书·西域传》所载："西域……本三十六国，其后稍分至五十余国。皆在匈奴之西，乌孙之南。南北有大山，中央有河，东西六千余里，南北千余里，东则接汉，阸以玉门、阳关，西则限以葱岭。其南山，东出金城，与汉南山属焉。其河有两原，一出葱岭山，一出于阗。于阗在南山下，其河北流，与葱岭河合，东注蒲昌海。"以今地按之，则新疆的天山南路。其后汉使所至之地日远，所闻之国日广，故西域的范围亦日益增加。其初仅限葱岭以东，其后，葱岭以西诸国莫不称为西域，其初仅限于天山南路，其后且扩张于天山北路。

---

① 是年贰师将军李广利将六万骑、步卒七万出朔方，因杅将军公孙敖万骑、步兵三万人出雁门。游击将军韩说步兵三万人出五原，强弩都尉路博德步兵万余人与贰师会，广利与单于战余吾水上连日，敖与左贤王战不利，皆引还。

② 是时匈奴单于为狐鹿姑，太始元年所立。

③ 时贰师以七万人出五原，御史大夫商丘成二万人出西河，重合侯马通四万骑出酒泉。成至浚稽山，通至天山，皆引还。

④ 汉法，将军出征损兵过甚者，辄有下于法司杀戮之祸，李陵、李广利辈之降，实与此有关。

西域诸国既多，而其人种亦极复杂。大要葱岭以东有塞种与氐羌种，而氐羌种又偏于东南部。葱岭以西，则其人皆深目多须髯。如《史记·大宛列传》所云："自大宛以西，至安息国，虽颇异言，然大同俗，相知言，其人皆深眼，多须髯。"盖白种人也。按其时在马其顿亚历山大大帝东征建国之后，则其人皆彼辈殖民的遗迹。① 汉之通西域，其起因乃欲牵掣匈奴。当文帝以前，汉之西北边外祁连敦煌之间有大月氏国及乌孙国。大月氏国在东而乌孙国在西。大月氏攻杀乌孙王难兜靡，其人民逃于匈奴。至文帝之时，匈奴又攻杀月氏王，以其头为饮器，其余种西徙，击走塞王而居其地，匈奴不惟击走月氏，亦且威服西域楼兰、呼揭及乌孙等国，置僮仆都尉，使领西域，常居于焉耆、危须、尉犁间，以收诸国的赋税，匈奴因此而益富饶。② 匈奴击走大月氏的消息，直至武帝建元中始由匈奴降人口中闻知③，以大月氏与匈奴有宿怨，因定计通使，时匈奴已据有祁连山之北，扼西域道路，故汉使必通过匈奴，而后可达其目的地。及募使绝域之命下，张骞遂以郎应命。此种通使，能否如汉廷君臣

---

① 按塞种之国如乌孙、休循、捐毒之属。《汉书》卷九十六《西域传·罽宾国传》云："昔匈奴破大月氏，大月氏西君大夏，而塞王南君罽宾，塞种分散，往往为数国。自疏勒以西北，休循、捐毒之属，皆故塞种也。"又《汉书》卷九十六《西域传·乌孙》颜注，乌孙，本塞地也。大月氏西破走塞王。塞王南越县度。大月氏居其地，后乌孙昆莫击破大月氏。大月氏徙西臣大夏，而乌孙昆莫居之，故乌孙民有塞种、大月氏种云。又《乌孙传》颜注，"乌孙于西域诸戎，其形最异，今之胡人青眼、赤须，状类猕猴者，本其种也"。又《汉书》卷九十六《西域传·西夜国》，西夜国王，号子合王，蒲犁及依耐无雷国，皆西夜类也。西夜与胡异，其种类羌氐行国，随畜逐水草往来。

② 《史记》卷一百一十《匈奴列传》云，老上单于遗文帝（当在文帝之四年）曰："今以小吏之败约故，罚右贤王，使之西求月氏击之。以天之福，吏卒良，马强力，以夷灭月氏，尽斩杀降下之。定楼兰、乌孙、呼揭及其旁二十六国，皆以为匈奴。"又《汉书》卷九十六《西域传》序云："西域诸国大率土著，有城郭田畜，与匈奴、乌孙异俗，故皆役属匈奴。匈奴西边日逐王置僮仆都尉，使领西域，常居焉耆、危须、尉黎间，赋税诸国，取富给焉。"

③ 前后大致已有四十年矣。

之意，实为不易，其时，只是远远下一着闲棋，而此闲棋竟为汉廷带来无限的事业。

张骞于建元中奉使西行，于元朔三年（前126）归来①，凡历十三年。其所以为此多费时日者，盖于西行途中为匈奴所留，凡十余岁，由西域东归途中，又为匈奴所留，居岁余，乃得归来。骞西行时，大月氏西徙已几四十年，又十余年而骞始至西域。前后五十年间，西域的变化已甚大。大月氏西徙时，本居于塞王地，而塞王徙于罽宾。其后乌孙难兜靡之子昆莫既长，以匈奴兵报父怨，西逐大月氏而居于塞王故地，大月氏又西臣大夏而君之。张骞由匈奴西行，历大宛、康居而至大月氏。时大月氏以大夏之"地肥饶，少寇，志安乐，又自以远汉，殊无报胡之心"②，骞居大月氏岁余，竟不得其要领而归。其初使虽未达目的，然汉人由是而知西域的情形。

张骞由西域归来之后，具为武帝陈述其所身至大宛、康居、大月氏及其旁大国的地形所有，武帝眩于西域的富有，以河西之道未通，乃试图由西南夷以达于身毒而通西域，其事亦未达目的，将于后文又论之。元狩二年，昆邪王降附，武威等四郡相继建置，河西之道益通，于是汉复经营西域，然是时汉所招致的对象，则为乌孙。骞在匈奴时，知乌孙于驱逐大月氏而居塞王故地之后，不复肯再朝事匈奴，匈奴击之，又不胜，因建议厚赂乌孙，招以居于故地，汉遣公主为夫人，结昆弟，即可断匈奴的右臂。既结乌孙，自可招来大夏之属以为外臣。武帝许可其议，因以骞为中郎将，赍金帛牛羊，又多偕副使，便道至其旁诸国。骞既至乌孙，乌孙远汉，未知其大小，又近匈奴，服属日久，其大臣皆不欲迁徙，因遣使偕张骞报聘，以觇汉的大小。后十六年，为元封六年，汉卒以江都王建之女细君为公主往嫁乌孙，结婚姻焉。

---

① 《史记·大宛列传》注引徐广说。
② 《史记》卷一二三《大宛列传》。

武帝之始用兵于西域为元封元年（前110）事。自张骞始通西域，其后使者益多，一岁中使多者十余，少者亦五六辈。楼兰、姑师当道，尤以为苦，攻劫汉使王恢等，又数为匈奴耳目，使其遮击汉使。于是武帝因移从票侯赵破奴击匈奴河水上方师以击姑师①，姑师既下②，又转破楼兰③，于是酒泉列亭障至玉门矣，考《西域传》，姑师、楼兰皆小国，胜兵不过千余人，汉兵猝至，自难拒敌，汉军亦藉之以小试其锋矣。

武帝的再度用兵于西域，为太初元年（前104）事④，初张骞自西域归，为武帝言多汗血善马，帝使使者持千金及金马，以请宛善马，宛王以去汉远，汉兵绝不能至，爱其宝马，不肯与。汉使妄言，宛遂杀汉使，取其财物。于是汉乃使李广利为贰师将军，率兵伐大宛，期至贰师城取其宝马。初至郁成，为郁成所败，军还至玉门，汉复发兵助之，前后四年，宛人杀其王毋寡，献马三千匹，汉军乃还。初乌孙与汉公主结婚，纳马为聘，汉既得乌孙马，因名之曰天马，及得大宛马，因更名乌孙马为西极马，而名大宛马为天马。汉人经略大宛之役，实可名为天马之战。

自贰师将军伐大宛之后，西域各国皆惧汉之威而怀汉之恩，多遣使贡献，于是汉使者使西域益能各得其所。自张骞始至西域，至是二十余年，汉人在西域完全战胜匈奴的势力，且往往由西域出兵以征伐匈奴的西部各地⑤，至于羌胡的隔绝，更其余事。汉人所谓

---

① 按《汉书》卷六《武帝纪》，元鼎六年，匈河将军赵破奴出令居。《汉书》卷九十六《西域传》，击胡之明年遂击姑师。

② 按《汉书》卷九十六《西域传》言，破奴破姑师还，又浞野侯，徐广曰元封三年。

③ 《汉书》卷九十六《西域传》言，天子发兵，令（王）恢佐破奴击破之（楼兰），封恢为浩侯，徐广曰元封四年封。

④ 在用兵于姑师后之六年。

⑤ 如征和四年重合侯马通由车师以击匈奴的西部，本始三年常惠发乌孙兵以击匈奴皆是。

"断匈奴右臂"①，实际已完全达到。不惟此也，汉人与葱岭东西各国往来频繁，遂使中西文化互相沟通，两俱得其利益，固不仅汉兵的耀武扬威而已也。

四、西羌、西南夷的开发与岭南、朝鲜各地的内附

汉武帝对外的经营，除匈奴与西域而外，西羌、西南夷、南越、闽越与朝鲜，亦皆积极经营，不遗余力。而西羌与西南夷，则更为因经营匈奴与西域所引起者。今依其事迹分述于下：

西羌自上世已与汉族杂居于西陲，秦既兼并天下，乃北却匈奴，而西逐众狄，当时所筑的长城，其用意固不仅防匈奴的南下，抑且阻西羌的东侵。秦长城西起于临洮，顺洮河而下，直趋于黄河之滨，长城之西皆羌人游牧之所，故知长城之修筑，其目的实不仅为对付匈奴也。②然此非谓西羌诸种尽皆逐于长城之外，其逐于长城之外者，殆皆属于难于统治诸种，其留塞内者，其数当亦非少，天水、陇西诸地，各县多有以道名者，秦汉制，有蛮夷之地曰道，天水、陇西诸地各县既多以道为名，足证其地羌人之留居者必甚多也。汉景帝时，研种羌酋名留何者率其种人款塞求内附，因得居于狄道、安故（今临洮）至临洮、氐道（今天水东南）及羌道（今西固）各地，复与汉人杂居。

---

① 《史记》卷一二三《大宛列传》："蛮夷俗贪汉财物，今诚以此时而厚币赂乌孙，招以益东，居故浑邪之地，与汉结昆弟，其势宜听，听则是断匈奴右臂也。"
② 按《后汉书》卷八十七《西羌传》："羌无弋爰剑者，秦厉公时……诸羌……推以为豪……子孙分别，各自为种，任随所之。或为牦牛种，越巂羌是也；或为白马种，广汉羌是也；或为参狼种，武都羌是也。"

河、洮之间，本汉人、匈奴、西羌三种人地界相交之处。及大月氏、乌孙西徙，匈奴入居河西，于是匈奴、西羌复越祁连山而相结，故汉时之取河西地，固不仅西通西域的道路，亦且以藉此遮断羌、胡也。然羌、胡的联结，初不因河西四郡的建立而终止。元鼎五年（前112），西羌先零羌与封养牢姐种解仇结盟，与匈奴通，攻安故（今临洮东），围枹罕。其明年，汉因发陇西、天水、安定骑士及中尉，河南、河内卒十万人，遣将军李息、郎中令徐自为征西羌，诸羌乃去湟中，依西海而居，汉遂移民以实于河、湟之间，耕田农作，且为置护羌校尉以统领诸羌，迄武帝季年，西羌不复反侧，至宣帝时始再有羌乱，其详俟述于下文。

至于西南夷，则其种类最为复杂，《史记·西南夷列传》首载其分布的情形，谓："西南夷君长以什数，夜郎（今贵州桐梓县）最大。其西，靡莫之属以什数，滇最大。自滇以北君长以什数，邛都最大。此皆魋结，耕田，有邑聚。其外，西自同师（今霑益北）以东，北至楪榆（今大理洱海旁），名为嶲、昆明（嶲在今西昌，昆明在今昆明县西），皆编发，随畜迁徙，毋常处，毋君长，地方可数千里。自嶲以东北，君长以什数，徙（今西康天全县）、筰都（今西康汉源县）最大。自筰以东北，君长以什数，冉駹最大。……在蜀之西。自冉駹以东北，君长以什数，白马最大，皆氐类也。此皆巴蜀西南外蛮夷也。"以今地按之，则甘肃南部，陕西西南略阳县一隅，四川涪、岷二江上游，及岷江以西与夫西康、云南、贵州诸省，皆汉人所谓西南夷的居地也。其地最为富庶，远在武帝以前，其筰马、僰僮、牦牛已驰名于国内。①

然武帝的经营西南夷，其目的乃不在此富庶的货物，而别有其

---

① 《史记》卷一百二十九《货殖列传》："巴蜀南御滇僰，僰僮。西近邛筰，筰马、旄牛。"又《史记》卷一百一十六《西南夷列传》："秦时常頞略通五尺道（在今庆符县），诸此国颇置吏焉。十余岁，秦灭。及汉兴，皆弃此国而开蜀故徼。巴、蜀民或窃出商贾，取其筰马、僰僮、牦牛，以此巴、蜀殷富。"

目的。武帝时经营西南夷凡三次，其一在建元六年（前135），唐蒙主之，本因制南越而起。唐蒙稍后，有司马相如，则夷人贪汉的赏赐，而汉期于增置郡县。最后则为元狩元年（前122），张骞自西域归，欲由西南夷以通于身毒，虽其目的皆未能完全达到，而西南夷遂因而开发，比于内地的郡县。

建元六年（前135），武帝使大行王恢击东越，东越已定，恢因使番阳令唐蒙风晓南粤。唐蒙在南粤，因食蜀枸酱，而知南粤与蜀可藉牂牁江以通往还。唐蒙归来后，为武帝陈述此事，欲经营牂牁江上的夜郎国，然后顺江而下，以征服南粤。武帝许可其计，遂以蒙为中郎将。蒙率人从巴符关入①，往见夜郎侯多同，厚赐谕意，其旁小国，亦皆贪汉财物，听命惟谨，因以其地置犍为郡。

夜郎诸部既与汉通，而邛、筰君长亦愿内属，为欲得汉人的赏赐。武帝乃以蜀人司马相如为中郎将，经营其地。相如因"略定西夷，邛、筰、冉、駹、斯榆之君，皆请为内臣。除边关，关益斥，西至沫、若水（沫水为今大渡河，若水为今雅砻江），南至牂牁为徼，通零关道（今汉源县东南），桥孙水（今安宁河），以通邛都（今西昌）。"②"为置一都尉，十余县，属蜀。"③虽其时其目的仅在广置郡县，而又未曾用兵，然开通道路，戍转相饷，其所费功力亦甚多，终至汉中、广汉、巴郡、蜀郡皆为之困苦，会汉方筑朔方，据河以逐胡，因罢西南夷，而专力于北方。④

---

① 《史》《汉》皆作巴笮关，依王念孙说。汉符县在今四川合江县。
② 《史记》卷一百一十七《司马相如列传》。
③ 《史记》卷一百一十六《西南夷列传》。
④ 按《史记》卷一百一十七《司马相如传》，"是时邛、筰之君长，闻南夷与汉通，得赏赐多，多欲愿为内臣妾，请吏比南夷。"此为司马相如再通西南夷之本。然《史记》卷一百一十六《西南夷列传》又言"是时巴蜀四郡通西南夷道，戍转相饷。数岁，道不通，士罢饿离湿，死者甚众，西南夷又数反，发兵兴击，耗费无功，上患之。"夫言数反，发兵兴击，则其地君长不欲内属也。可知，岂西南夷仅欲汉之财物，不欲汉为置吏，抑初兴功时，愿为内臣妾之语，乃边吏藉此欲立边功，故为此谰言耶？

至于元狩元年的又通西南夷者，张骞主之。《史记·大宛列传》言："骞曰：臣在大夏时，见邛竹杖、蜀布。问曰：安得此？大夏国人曰：吾贾人往市之身毒。身毒在大夏东南可数千里。其俗土著，大与大夏同。……以骞度之，大夏去汉万二千里，居汉西南。今身毒国又居大夏东南数千里，有蜀物，此其去蜀不远矣。今使大夏，从羌中，险，羌人恶之；少北，则为匈奴所得；从蜀宜径，又无寇。"① 武帝遂发使，往西南夷求通身毒道，然太半阻于且兰、昆明。道虽不通，汉于是知西南夷诸国的情形，而欲收归版图，建置郡县矣。

汉于西南夷之地定置郡县，为元鼎六年（前111）事。其前一年，汉已诛灭南越。方诛南越时，一军由牂柯江东下，会越已灭，因旋军定其地，于是以南夷为牂柯郡，邛都为越巂郡，筰都为沈黎郡②，冉駹为汶山郡③，白马为武都郡，而元封元年复以滇为益都郡。

东越居于今福建与浙江南部，而南越居于五岭以南，其地本于秦时即已为郡县，及秦之灭亡，东越酋长无诸及摇又据其地，而南海龙川令赵佗则尽五岭以南郡县，不与中国通往来，而自王其地。东越酋长无诸及摇，则率其种人从番君吴芮共灭秦。楚汉之际，二酋又率其种人佐汉破楚。高帝已定天下，因立无诸为闽越王，王闽中郡故地④，至惠帝时⑤，又立摇为东海王，因其都于东瓯⑥，通称为东瓯王。

汉于诸越的用兵，以东越为最早，而越人问题的解决，则又以东越为最迟。汉初既分东越为闽越与东瓯二国，而此二国实不能共

---

① 《史记》卷一二三《大宛列传》。
② 天汉四年并入蜀郡。
③ 地节三年并入蜀郡。
④ 都冶。
⑤ 三年。
⑥ 今永嘉。

处，而故吴王濞的太子亡居闽越，又常劝闽越击东瓯。① 建元三年（前138），两国复相斗，东瓯力小不能胜，求救于汉，汉遣中大夫庄助浮海往救，助至而闽越兵已去，东瓯惧闽越，求内徙，遂徙于江淮之间。东瓯既内徙，闽越复与南越发生争执，南越因汉廷有明约，固守不敢出兵，于是建元六年（前135），汉乃遣大行王恢出豫章，大农韩安国出会稽，其王郢弟余善及其国人因共杀郢，汉兵罢归，别为立无诸孙繇君丑为王，号越繇王。余善既杀王郢，威行国中，汉因又立之为闽越王，使与越繇王共治于闽中。后二十三年为元鼎五年，汉击南越，东越王余善请以兵从，兵至揭阳，阴持两端。及其明年，汉兵已定南越，大举发闽越，因遣横海将军韩说出句章（今浙江慈溪县西），浮海从东往，楼船将军杨仆出武林（今杭县西），中尉王温舒出梅岭（今江西宁都县东北），越侯为戈船、下濑将军出若邪、白沙（若邪，《汉书》作如邪，其在江西浮梁县西；白沙在鄱阳县西）。又明年为元封元年，东越杀其王余善降，汉以东越之地多险阻，其民强悍反覆，亦徙其民于江淮间，如东瓯故事。

南越王赵佗之王岭南各地，值汉初天下初定，不欲再用兵，因立之为王，以为外臣。吕后时，与汉小有兵争。会天气暑湿，士卒多疾病，以故汉兵不得逾岭而南，赵佗因役属闽粤、西瓯、骆，东西万余里，自称南越武帝。文帝使陆贾往使，佗因去其帝号，文帝既崩，佗复帝其国如故。至武帝时其王兴（属赵佗玄孙辈）在位，汉方使人说其归降，其相吕嘉不欲，遂杀汉使。元鼎五年（前118），汉发粤人及江淮以南楼船十万师分途往讨，于是卫尉路博德为伏波将军，出桂阳下湟水，主爵都尉杨仆为楼船将军，下横浦②，归义越侯严为戈船将军，出零陵，下离水，另一归义越侯甲为下濑

---

① 七国反，吴兵既败，吴王走亡东瓯，而东瓯受汉购，杀吴王，故吴太子怨之。

② 按《汉书》卷六《武帝纪》"下湟水"，其实一也。横浦关名今为梅岭关，在大庾之南，关下即湟水也。

将军，下苍梧，驰义越侯遗别将巴蜀罪人发夜郎兵下牂牁江，共会于番禺。其明年，伏波、楼船诸将军相继至，吕嘉战不胜，与其所立建德（王兴之长兄越之子）亡入海，汉捕之。① 南越地大定，以其地为南海、苍梧、郁林、合浦、交趾、九真、日南、珠崖、儋耳九郡。

汉的经略朝鲜为武帝元封三年（前108）事。朝鲜远在战国时，即已为燕国所略属。至汉兴，修辽东故塞，至浿水（今大同江）为界。汉初卢绾反入于匈奴，燕人卫满亦亡命于朝鲜而王其地，以王险为都，为汉外臣。至武帝时，卫满之孙右渠为王，对汉益不恭谨，既不肯入朝，又多招诱汉人，逃居其地，且复阻隔真番辰国及其旁众小国亦不令其入汉朝贡。汉使者涉何一再谯让，右渠终不肯听。涉何因于归途中乘间刺杀其裨王长还报，汉廷赏其功，即以为辽东东部都尉（都尉治武次县）。既而朝鲜王怨何，发兵侵入辽东攻杀何。衅端既起，汉因于元封二年（前109）遣楼船将军杨仆从齐泛海，左将军荀彘出辽东，共征朝鲜。其明年遂夷其地，以为乐浪、临屯、玄菟、真番四郡。

吾人上文所述，仅就武帝一朝对外的经营，依其地域，论其经过，若就其用兵时间而论，则武帝在位五十四年之间，约可分为四期。由建元初年（前140）至元光元年（前134）的六年间为第一期，由元光二年（前133）至元狩四年（前119）的十六年间为第二期，其后至太初四年（前101）的十八年间为第三期，太初四年以后以至于武帝的崩逝，为第四期。第一期中，武帝初即帝位，其祖母窦太皇太后犹执朝政，窦太皇太后为黄老思想的忠实执行者，自仍继续文、景二帝以来清静无为的政治，故对于外患，仍以关市和亲相羁縻，不肯大事挞伐。虽其间曾两次用兵于闽越及东瓯，其实亦仅有征无伐，然建元三年汉兵初出之时，武帝尚自谦让，谓初即

---

① 时戈船下濑及驰义侯所发夜郎兵尚未至。

位不欲出虎符发郡国兵，则其无意于大规模的用兵也可知。

自元光二年（前133）王恢始起马邑之谋，遂专意用兵于匈奴。下迄元狩四年（前119）卫青的北至寘颜山赵信城，霍去病的封狼居胥山，十五年凡九次出兵，克服强敌，大启土宇，以张国威，要在此十五年间。在此期间，匈奴的损失固甚綦重，然汉人方面所耗费亦为不少，他不必言，即马匹的耗费亦至有可观。元狩四年（前119）之役，汉两路出兵，"粟马发十万骑，私负从马凡十四万匹，粮重不与焉"①，及其归也，士卒物故者数万之外，汉马死者亦十余万。因耗费甚重，故久不能再为北伐的计划。

第三期对外的经营，其主力乃不在于匈奴，而为南越、东越、西南夷、朝鲜乃至西域的姑师、楼兰与大宛。此第三期与第二期异，第二期中与匈奴争，纯尚骑兵，而此期中则大要尚楼船与材官，而骑兵殆无所用之。此在汉马大量消耗于匈奴战役之后，实为实际的调剂，虽其后西征大宛，亦需骑兵，然大宛之役，乃在太初元年（前104），上距元狩四年（前119）已十五年，汉马当已复有繁殖，且征大宛，其目的正在于搜罗马匹也。太初四年（前101），大宛既破，虽下伐胡之诏，期对于匈奴作最后的征讨，然数十年的用兵，已至民穷财尽之际。强弩之末，已不似初年的易于制胜也。

五、帝国的最大版图及其区划

自汉武帝对外用兵经营，边地日有开拓。元朔元年（前129）取河南地，始置朔方、五原二郡，其后于元狩二年（前121）复开河西，始置武威、酒泉二郡，其后复析置张掖、敦煌二郡，由此而

---

① 《史记》卷一百一十《匈奴列传》。

后，驱逐西羌，开西南夷，灭两越，并朝鲜，于是汉之疆土，北起阴山，西起玉门阳关及河曲诸地，南至于日南，东达于朝鲜。其绩业不惟远迈于秦始皇帝，抑且下迄东汉亦无变更，以后各代且多未有出其藩篱者。

当秦始皇帝时，已分国内为四十二郡（内史在内）。汉初诸帝亦历有增置。及武帝开拓疆土，所置亦多。并旧疆与新土，至武帝之末，已达百零二郡国。治汉代地理者，每谓汉代有百三郡国，其所以如此者，以昭帝时，尚置金城一郡。然金城郡亦仅就土析置，非别有增益，与整个的疆土所关尚小。

汉时制度与秦时已稍有不同，秦仅有郡县，而汉则有与郡同等的王国，复有与县同等的侯国及邑道。汉世王国，于初年疆土广大，一国之中，多至数郡或数十城，其地位自不能与郡相当，其后迭经废置削夺，中更吴楚七国之乱，诸侯王国的土地渐渐减损，不惟与郡相当，且有小于一郡者，而其官吏减省，亦略同于一郡，故武帝之时及其以后，已郡国并言矣。至于侯国，则为列侯的食封之地。邑为皇太后、皇后及公主所食之地，道则为有蛮夷之地，皆与秦时不同。

汉世制度与秦时差异最大者，则为州的名称与区划的建立。秦时土域尚狭，诸郡皆可直隶于中央而无繁琐之处，汉则疆土广大，郡国并立，故别立州名，使其主者稍代中央分劳。其诸州的名称据《汉书·地理志·序》所云，则"武帝攘却胡越，开地斥境，南置交阯，北置朔方之州，兼徐、梁、幽、并，夏、周之制，改雍曰凉，改梁曰益，凡十三部"，所谓因夏周之制者，以传说中夏时曾建有九州，而周时的区划亦以九州为主。夏时的九州，见于《禹贡》，为冀、兖、青、徐、扬、荆、豫、梁、雍。而周时的九州，见于《周礼·职方》，为扬、荆、豫、青、兖、雍、幽、冀、并。二者有相异之处，亦有相同之点。武帝时取其相同及其相异之名，而改其《禹贡》中的雍州为凉州，梁州为益州，于是遂为冀、兖、青、徐、扬、荆、豫、益、凉、幽、并十一州。再增以新置的朔方与交趾，遂为十三州。然《地理志》之为书，矛盾冲突之处甚多，而志序与志文尤甚。志文言诸州，有司隶，而无朔方及凉州，且交趾亦改称交州，与志序颇有不合。案司隶校尉之置为征和四年事，而十三州的建置乃在元封五年，前后相差竟达十六年，明司隶校尉部不在十三州之中。两汉时，朔方确为一州，因成帝时平当及翟方进、元帝时萧育，皆尝为朔方刺史也。至于志文所言朔方郡属并州者，本东汉的制度，班固东汉时人，因以其当时的制度羼入。西汉交趾不称交州，其错误亦出于同样情形。志文无凉州，是班氏引文误遗，不能谓其时即无凉州的名称。

十三州及司隶校尉部所属的郡国名称略如下表：

1. 司隶校尉部所属七郡。京兆尹、左冯翊、右扶风（皆治于长安城中）、弘农（治弘农，今灵宝县）、河内（治怀，今武陟县西）、河南（治雒阳）、河东（治安邑，今夏县西）。有今陕西中部（北起中部，南及秦岭兼商县、洛南），甘肃东部一隅（华亭、崇信诸地），河南之中部、西部（东至阳武、开封，南至汝水上源兼有淅川其河北一部，则东及淇县、汤阴），及山西西南地。①

2. 豫州所辖凡三郡一国。凡三郡为颍川（治阳翟，今禹县）、汝南（治上蔡，今县）、沛郡（治相，今宿县北），其一国为梁国（治睢阳，今商丘）。当今河南的东南部②、安徽淮水以北③及江苏西北隅④。

3. 冀州所属四郡六国。魏郡（治邺，今临漳）、巨鹿郡（治巨鹿，今平乡）、常山郡（治所无考）、清河郡（治清阳，今清河）、

---

① 北起霍县，东尽沁水。
② 西至登封，南至淮水岸，水南又有潢川、罗山，北至长葛、禹县，别有考城以东商丘、永城、夏邑诸地。
③ 东至灵璧及泗县。
④ 萧、沛、丰、砀山其地。

赵国（治邯郸，今县）、广平国（治广平，今永年）、真定国（治真定，今正定）、中山国（治卢奴，今定县）、信都国（治信都，今冀县）、河间国（治乐成，今献县）。有今河北中部、西南部①，河南北部②及山东西北隅③。

4. 兖州所属五郡三国。陈留郡（治陈留，今县）、山阳郡（治昌邑，今金乡西）、济阴郡（治定陶，今县）、泰山郡（治奉高，今莱芜县西）、东郡（治濮阳，今濮阳南）、城阳国（治莒，今县）、淮阳国（治陈，今淮阳县）、东平国（治无盐，今东平东北）。有今河南东部④，山东西南部⑤及河北南部的濮阳、清丰、南乐。

5. 徐州所属三郡四国。琅邪郡（治琅邪，今诸城东南）、东海郡（治郯，今郯城）、临淮郡（治徐，今盱眙北）、泗水国（治凌，今沭阳南）、广陵国（治广陵，今江都）、楚国（治彭城，今铜山）、鲁国（治鲁，今曲阜）。有今山东的南部⑥，有江苏的江北地⑦及安徽东部一隅⑧。

6. 青州所属六郡三国。平原郡（治平原，今县）、千乘郡（治千乘，今高苑北）、济南郡（治东平陵，今济南东）、北海郡（治无考）、东莱郡（治掖，今县）、齐郡（治临淄，今县）、菑川国（治剧，今寿光县）、胶东国（治即墨，今县西）、高密国（治高密，今县）。有今山东东北部地⑨。

7. 荆州所属六郡一国。南阳郡（治宛）、江夏郡（治安陆，今

---

① 北至徐水、满城、蒌县、献县，南至大名之南，西至太行山。
② 漳水以北，兼有内黄、浚县。
③ 平原、清平、恩县以西北各地。
④ 西起延津、尉氏，南至淮阳、鹿邑，东至宁陵、考城，北至滑县。
⑤ 东至莱芜、滋阳，北至茌平、堂邑。
⑥ 其东北至即墨、胶西、临朐，其西北至曲阜、泗水。
⑦ 无萧、沭、丰。
⑧ 洪泽湖的周围及盱眙、天长。
⑨ 南与徐州，西南与兖州，西与冀州邻。

安陆北）、桂阳郡（治郴，今县）、武陵郡（治义陵，今溆浦）、零陵郡（治泉陵，今零陵）、南郡（治江陵）、长沙国（治临湘）。有今河南西南部①，湖北中部②，湖南及广东北部③，广西东北部④。

8. 扬州所属五郡一国。庐江郡（治舒，今舒城）、九江郡（治寿春邑，今寿县）、会稽郡（治吴）、丹阳郡（治宛陵，今宣城）、豫章郡（治南昌）、六安国（治六，今六安）。有今安徽淮水以南⑤，江苏长江以南、浙江、福建、江西暨湖北东部一隅⑥。

9. 益州所属八郡。汉中郡（治南郑）、广汉郡（治广汉，今射洪）、犍为郡（治僰道）、越嶲郡（治邛都，今西昌）、益州郡（治滇池，今晋宁）、牂柯郡（治故且兰，今镇宁西）、蜀郡（治成都）、巴郡（治江州）。有今陕西秦岭以南⑦，四川、云南、贵州、西康⑧，及湖北西部⑨。

10. 凉州所属十郡。陇西郡（治狄道）、金城郡（治允吾）、天水郡（治冀）、武威郡（治武威，今民勤）、张掖郡（治觻得）、酒泉郡（治禄福）、敦煌郡（治敦煌）、安定郡（治高平）、北地郡（无考）、武都郡（治武都，今成县）。有今甘肃、青海⑩、宁夏⑪，及陕西略阳等地。

11. 并州所属六郡。太原郡（治晋阳）、上党郡（治长子）、云中郡（治云中）、定襄郡（无考）、雁门郡（治善无，今右玉）、代

---

① 北起舞阳、鲁阳，东至泌阳、桐柏，西至内乡。
② 西无房、郧，东无黄梅、英山。
③ 英德以北曲江、连县。
④ 桂林、兴安、全县。
⑤ 东无盱眙、天长。
⑥ 黄梅、英山。
⑦ 东无商县、雒南，西无宁羌、略阳。
⑧ 康定以东。
⑨ 房县、竹山以西、北。
⑩ 青海以东，湟水下流。
⑪ 宁夏银川以南，贺兰以东，居延海一带

郡（治代，今蔚）。有今山西北部、中部①，绥远东南部②，察哈尔西南部③及河北省的涞源县。

12. 幽州所属九郡一国。渤海郡（治浮阳，今盐山）、上谷郡（治沮阳，今怀来）、渔阳郡（治渔阳，今密云）、右北平（治平刚，今凌源）、辽西郡（治阳乐，今锦州）、辽东郡（治襄平，今辽阳）、玄菟郡（治高句丽，今新宾北）、乐浪郡（朝鲜，今平壤）、涿郡（治涿）、广阳国（治蓟）。有今河北省北部、中部④，察哈尔南部，热河中部、南部⑤，辽宁南部⑥及朝鲜半岛的北部。

13. 朔方所属四郡。朔方郡（治朔方，今五原南黄河南）、五原郡（治九原，今安北南）、西河郡（治平定，今米脂东北）、上郡（治肤施，今绥德）。有今绥远西南部⑦，陕西北部⑧，及山西西部⑨。

14. 交州所属七郡，南海郡（治番禺）、郁林郡（治布山，今贵县）、苍梧郡（治广信，今苍梧）、合浦郡（治合浦，今县）、交趾郡（治赢陵，在河内）、日南郡（治今西捲）、九真郡（治胥浦，在清化）。有今广东、广西⑩，安南中部以北沿海诸地。

---

① 南至介休。
② 北有阴山，西至托克托。
③ 怀安、涿鹿、蔚县。
④ 南接青、冀二州。
⑤ 北至朝阳。
⑥ 开原以南。
⑦ 阴山以南托克托以西。
⑧ 南至鄜县、长武。
⑨ 石楼、中和、离石。
⑩ 上接荆州。

傅介子刺楼兰王事略①

"愿效傅介子，提剑斩楼兰！"这是唐朝一位诗人自述他的志愿时所作的诗句。想不到这位两千年前汉朝的勇士竟这样的为人羡慕。

傅介子是汉朝宣帝时候的人。汉朝为要制服匈奴的死命，很注意经营西域。西域约当现在的新疆和其西边的地方，那时是分为三十六国。汉朝的目的起码是要统治住这三十六国，好在征讨匈奴时候得到一些力量。汉朝是这样打算，匈奴自然也不会放松，这两个强国就在西域明争暗斗起来。只苦了西域这些小国，听了匈奴的话，汉朝当然不答应；听了汉朝的话，匈奴又要来麻烦，真是左右都是做人难。

其中有楼兰、龟兹二国最为狡猾，他们看见汉朝离得远些，匈奴比较邻近，就常常听从匈奴的指使杀害汉朝的使臣。这楼兰国正在玉门关外，是汉朝派人到西域去的咽喉要道，楼兰如果过不去，西域各国就要去不成了。可是汉朝的经营西域，是多少年来一定的国策，如何会因为楼兰的阻碍而中途停止，这个僵局不管怎样都得打开的。

这时傅介子还是一位下级军官，听见这些消息，心中就老大不服气！他说像楼兰这样的小国，出了这些小事情，还要烦劳满朝文武日夜操心，那真成了什么样子！他请求政府随便派他一个差使，让他亲

---

① 原稿书于"国立编译馆"竖行稿纸，当作于20世纪40年代，是为顾颉刚先生主编的《中国名人传》撰写的书稿。整理者注。

自前去看看究竟是怎样情形。政府于是派他到西域去买马，顺便看看虚实。他去了一趟，回来报告，楼兰这些国家并没有什么了不起，用不着派兵征讨，只要给一支宝剑，他就可以把这宗事办得妥妥当当。

　　傅介子得到政府的许可，第二次前往西域。他只带着很少的几个随从，并且拿着黄金和绸缎，说这是皇帝赏赐各国的礼物。介子到了楼兰，楼兰王还和对待以前的使臣一样，对他不大理会。介子看看找不着什么机会，他就起身西行，离间楼兰。他到了楼兰的西界，派人回来向楼兰王说："我这一次来的时候，皇帝交给了许多礼物，命我赏赐各国，如果你不前来接受，我就要走了。"① 楼兰王是一个贪得无厌的人，他听见介子带了许多礼物，他深悔介子来的时候，没有好好地招待一下，几乎失掉了这些好东西。他顾不得他的王位尊重，他连忙去到西界，和介子会面。介子看见楼兰王来了，就把他所带来的东西，一齐摆出来，让楼兰王仔细观看，这一下把楼兰王直喜得心花怒放，他把介子恭维个不得了。介子请他到里面谈话，他也深信不疑。当他进到房子的时候，两位预先埋伏好的壮士从他背后刺下一刀，这位贪得无厌、忘弃汉朝厚恩的楼兰王就倒在尘埃，永离人世了。

　　介子刺杀楼兰王以后，免不得割下首级，送回长安来，号令示众。西域各国本来还有几个国家和楼兰一样，现在听见楼兰王如此下场，个个心惊胆战，只怕汉朝再派像傅介子这样的勇士前来，就都诣阙请罪，不敢再有二心。这种杀一警众的办法着实得到实效。傅介子的一支宝剑足足可以抵住一支大兵！

　　"愿效傅介子，提剑斩楼兰！"现在楼兰国早已没有了，不过像楼兰这样的国家还是不少，傅介子这种勇气是应该效法的。

---

① 《汉书》卷七十《傅常郑甘陈段传》："至楼兰，楼兰王意不亲介子，介子阳引去，至其西界，使译谓曰：'汉使者持黄金锦绣行赐诸国，王不来受我，去之西国矣。'"

儒家学说的复兴及其影响[1]

一、黄老思想的余波与武帝初年的改弦更张

汉初黄老思想的盛行[2]，政府无为而治，与民休息，六十余年间社会日臻富庶，人民亦趋于安乐。既已安乐富庶，则休养生息自已无所必要。且当文帝正以黄老思想治天下，而主张慈俭，不为天下先。黄老思想已浸渐有难满人意之处。吴王诈病不朝，文帝赐以几杖，固可泯患于一时，而不能彻底根绝吴王的叛谋，甚且可说为养痈遗患。匈奴的入侵，仅令边地居守，不发兵深入，而坐视边地人民的死亡。景帝继立，仍维持一贯的政策，然吴王的反谋日亟，却不能再赐以几杖，而必须发兵去讨伐。以此而言，则景帝时已渐有变化矣。

至武帝的时候，黄老思想下的政治所孕育的若干困难与危机多已显露，而此种困难与危机的解决，已非黄老思想的政治所能胜任。第一，匈奴的侵略日益剧烈，已非边地严设守备所可防止。虽然和亲与关市尚可以暂时有羁縻的作用，但匈奴无厌之欲，究非此种羁縻方式所可满足，况且和亲的政策在当时人视之，终是一种屈辱。

---

[1] 此文原稿与《西汉帝国国力的巩固与扩张》一文同册，题目中有"第八章"，文中有"第一节""第二节"字样。收入本书时，有所删改。整理者注。

[2] 原稿眉注：《汉志》有《黄帝四经》《黄帝铭》《黄帝君臣》《杂黄帝》等四种。

第二，地主势力的兴起，武断乡曲和无情剥削，使社会有严重的贫富对立的情形。秦亡汉兴，虽然在政治上有显著的变化，在社会上却少有改革。汉初的无为而治更不愿对社会有所改革。尤其战国末年历秦至汉的若干地主依然存在，加之以汉初的重农政策，使地主势力益形增加。文帝前十三年以后，除田之租税，更与地主以极大的鼓励，即景帝初年所恢复的田租，亦仅半租，即三十而税一。可谓负担极轻。但此种极轻的负担，殆仅地主及富人所可享受，与一般人民可谓毫不相干。文帝时贾谊即已言："今背本而趋末，食者甚重，是天下之大残也。淫侈之俗，日日以长，是天下之大贼也。残贼公行，莫之或止，大命将泛，莫之振救。生之者甚少，而靡之者甚多。天下财产，何得不蹶？汉之为汉，几四十年矣，公私之积，犹可哀痛，失时不雨，民且狼顾，岁恶不入，请卖爵子。"① 晁错亦言："今农夫五口之家，其服役者，不下二人，其能耕者，不过百亩。百亩之收，不过百石。春耕夏耘，秋获冬藏，伐薪樵，治官府，给徭役……四时之间，亡日休息。又私自送往迎来，吊死问疾，养孤长幼在其中。勤苦如此，尚复被水旱之灾，急政暴虐，赋敛不时，朝令而暮改。当具有者，半贾而卖，亡者取倍称之息，于是有卖田宅、鬻子孙以偿责者矣。"② 然此犹可谓为所论者乃文帝中年的情形，不可以推武帝之时。然武帝之时，董仲舒亦谓："古者税民不过什一，其求易共；使民不过三日，其力易足。民财内足以养老尽孝，外足以事上共税，下足以畜妻子极爱，故民说从上。至秦则不然……除井田，民得卖买，富者田连仟伯，贫者亡立锥之地。又颛川泽之利，管山林之饶，荒淫越制，逾侈以相高。邑有人君之尊，里有公侯之富，小民安得不困？又加月为更卒，已复为正。一岁屯戍，一岁力役，三十倍于古；田租口赋，盐铁之利，二十倍于古。或耕

---

① 《汉书》卷二四《食货志》。
② 《汉书》卷二四《食货志》。

豪民之田，见税什五。故贫民常衣牛马之衣，而食犬彘之食。重以贪暴之吏，刑戮妄加，民愁亡聊，亡逃山林，转为盗贼，赭衣半道，断狱岁以千万数。汉兴，循而未改。"① 故政府虽或全免田租，或减半租，而非地主的农民，却为地主缴纳百分之五十的租税，其轻重悬殊，至为明显。然强夺横取，更使人民无以为生。②

贫富的悬殊，又可见于工商业者。吾人前已言之，自文帝景帝虽迭行重农抑商的政策，然实际的抑商，仅不使之衣丝乘马，不令其子弟为吏而已。然除开关梁、开山泽之禁，则实际地助长工商业的发达。工商业者既发达，财富的集中，更见分明，吾人前已举之，当时素封之家，已极形普遍，然如蜀卓氏、程郑、宛孔氏、曹邴氏以钱冶，宣曲任氏以囤积居奇，无盐氏以高利贷，皆富至累百巨万。"如此等之人，皆因其富厚，交通王侯，力过吏势，以利相倾；千里游敖，冠盖相望，乘坚策肥，履丝曳缟"（晁错语）。其人亦"皆非有爵邑奉禄弄法犯奸而富，尽椎埋去就，与时俯仰，获其赢利，以末致财，用本守之，以武一切，用文持之，变化有概，故足术也。若至力农畜，工虞商贾，为权利以成富，大者倾郡，中者倾县，下者倾乡里者，不可胜数。"③ 而此富有之家，其财富往往亦移转于土地，助长兼并的情形。所谓"罔疏而民富，役财骄溢，或至并兼，豪党之徒，以武断于乡曲"④，盖指此也。

因财富的集中，而产生豪强，游侠即其中之一。游侠远始于战国，至于汉初犹有余风。其初本为若干贵族豢养游士，期得其死力，其后波及于普通社会。游侠之人，尚意气，轻死生，往往报仇杀人，

---

① 《汉书》卷二十四《食货志》。
② 《淮南王安传》："王后荼、太子迁及女陵，得爱幸王，擅国权，侵夺民田宅，妄致系人。"又《衡山王赐传》："王又数侵夺人田，坏人冢以为田。"又《汉书·刘屈氂传》："制诏御史：'故丞相（公孙）贺倚旧故乘高势而为邪。兴美田以利子弟宾客，不顾元元……'"他如此类者，尤不可枚举。
③ 《史记》卷一百二十九《货殖列传》。
④ 《汉书》卷二十四《食货志》。

发冢掘墓，各自有其党徒，政府亦无由禁止。《汉书·游侠传·序》言："汉兴，禁网疏阔……是故代相陈豨从车千乘①，而吴濞、淮南皆招宾客以千数。外戚大臣魏其、武安之属，竞逐于京师，布衣游侠剧孟、郭解之徒驰骛于闾阎，权行州域，力折公侯。众庶荣其名迹，覬而慕之。虽其陷于刑辟，自与杀身成名……而不悔也。"此辈不畏刑辟，而其权足行于州域，力足折诸公侯，实非政府所愿见。

此等困难与危机，皆为黄老思想的政治所孕育而成，而无法予以克服，故欲加以纠正，必须改弦更张；欲改弦更张，首须适应此社会的情况，而停止黄老思想的传播。黄老思想本身亦当如"四时之运，功成者退"而销声匿迹矣。代之者则为儒家的思想。然在此转移更迭之际，犹有一段曲折，不可不述。

汉文帝喜黄老，其皇后窦氏尤甚。窦氏历景帝至武帝时，犹生存于世。武帝十六岁时即位，年尚幼冲，其祖母窦太皇太后实执朝政，事无巨细，皆得奏于东宫。东宫者，太皇太后所居之地也。故武帝初年的政治，实无异于文景之时，即以对匈奴继续推行和亲关市的政策，亦可见之。武帝即位之年，始易丞相。魏其侯窦婴为丞相，而田蚡为太尉。婴、蚡俱好儒术，于是推毂赵绾为御史大夫，王臧为郎中令，因赵、王二人皆儒术之士。二人既登朝，又有婴、蚡相提携，锐意兴革，首欲建明堂以朝诸侯，然明堂实古儒者理想中的制度，如何建立，亦是一大问题。赵、王二人深感棘手，于是推荐其师、鲁国治诗的申生。武帝因遣使安车蒲轮、束帛加璧往迎，以为大中大夫，与共议明堂事。此事本已为窦太皇太后所不喜，而赵、王二人尚欲继续有所兴作。其时列侯群居于京师，少有就国者。既居长安，自多有逾轨之处，加以外戚诸窦及宗室往往有无行者，

---

① 按《史记·韩信传附陈豨》，豨常告归过赵，赵相周昌见豨宾客随之者千余乘，邯郸官舍皆满。豨所以待宾客如布衣交，皆出客下。……于是上曰："陈豨将谁？"曰："王黄、曼丘臣，皆故贾人。"

赵、王等诸人皆思有以裁制之，因拟令列侯就国。诸窦宗室的无行者除其属籍，于是怨望日多。会赵绾请无奏事东宫①，窦太后大怒，乃罢逐赵绾、王臧，而免去窦婴、田蚡。又辕固生刺彘事，亦可见窦太后的不悦儒术。辕固生本为治《齐诗》的大家，而太后则以老子书问之，固曰，此家人言耳。太后大怒，谓曰，安得司空城旦书乎？因使固入圈刺彘以辱之。因窦太后的阻挠，儒家思想尚不能公然在政府中取得黄老的地位而代之。

儒家思想虽不能立刻在政府中取得适当的地位，然当时社会上经济的发展，却已快到时机，何以儒家的思想，能合当时社会的要求？这在后面我们将有专节的讨论，在这里，不妨提一点，儒家的思想，在当时主张制礼作乐，以纠正当时礼崩乐坏的情形。他们又主张压抑商人，以纠正商人藉末业而集中社会上的财富。他们又主张限制兼并，以纠正社会上贫富的悬殊。他们又主张藉教育的方法以提高人民的知识，甚至对皇太子亦是如此。他们又主张以适当的方法选拔人才，参加到政府之中，以纠正自汉初以来武人与贵族专政的局面。他们又主张报仇雪耻，以纠正当时对于外患仅限于防守的办法。他们的主张，当然是针对当时社会的需要，他们的积极作为，远非受黄老思想影响的人物任其自然的消极主张所可比拟。有需要改革的环境，而儒家思想的学者，也确实能提出一些改革的计划，所以儒家的代替黄老，乃是必然的事情。

儒家思想既可以取得政府中的适当地位，所以暂时迟延者，乃是因为武帝祖母窦太后尚生存于世。当建元六年（前134）五月窦太后崩逝，护法者已死，黄老思想自然功成身退而为儒家思想所代替了。吾人上文曾言及赵绾、王臧等于窦太后在世之时，曾因推崇儒术而丧命，辕固生因反对老子书，而反受到刺彘的侮辱，然其时儒家思想已由其方面向政府中发展。《汉书·武帝纪》所载建元元年

---

① 汉长乐宫在东，太后居之，谓之东宫，亦谓之东朝。

（前140）丞相卫绾陈奏之言，即为一著例。按是年冬十月，诏丞相、御史、列侯、中二千石、二千石、诸侯相举贤良方正直言极谏之士。丞相卫绾即奏，所举贤良或治申、商、韩非、苏秦、张仪之言，乱国政，请皆罢，奏可。此奏中不言黄老与儒术。不言黄老者，其时窦太后尚未崩逝，不敢公言之。其不言儒术者，则明见儒士已厕足于其间，而不在罢斥之列。实在汉时的一代大儒董仲舒即于是年而举贤良方正。

武帝以前，儒家并非完全脱离政府，特其时无说黄老者为有力耳。高帝时叔孙通制礼仪，张仓定律令，皆故秦时的博士。陆贾且著《新语》十一篇。文帝时，贾谊博学多艺，然见排灌、绛之辈。文景两朝儒家典籍为《诗》《春秋》《论语》《孟子》《尔雅》等，皆置有博士。其时诸侯王国亦多有推崇儒术者，如楚元王交即为荀卿的再传弟子，再延其同学申公等以教其子。而河间献王更酷爱儒术，兴修礼乐，广征遗籍，立《毛诗》及《左氏春秋》博士官，见称于一时，凡此皆可见儒术于汉初的一般情形。

二、董仲舒的天人三策及其影响

武帝即位之后，即诏丞相、御史、列侯、中二千石、二千石、诸侯相举贤良方正直言极谏之士，亲加策问，询以古今治道之所宜。当时对者以百数，而董仲舒极言天人之际，前后凡三对。其所陈述不惟结束武帝以前推崇黄老思想的风气，使儒家思想取得在政府中的地位，抑且奠定武帝以后立国施政的规模。其影响之大，一时实无其二。

董仲舒所陈的首策，为武帝详述古时受命之符所由起，灾异之变所由至，推论礼乐教化之本，而归结于改弦更张的更化，其言谓自古帝王所以能传世久远，以能得其道，而仁义礼乐实为其工具。故王者之兴，当制礼作乐，而制礼作乐，必先深入教化于人民。礼制乐作，则变风化俗，而后可以谋垂年久远。既谋制礼作乐，则必施以德教，而不可任刑杀。宜立大学以教于国，设庠序以化于邑，渐民以仁，摩民以义，节民以礼。此其所悬古帝王的标的。后王败坏，标的不存。欲求治道，必须更化。所谓更化者，亦即复古之谓也。

在其第二策之中，仲舒更为武帝言改定制度，制礼作乐；任长吏应以其功德称职为准，不以累日积久为凭；设学养士，令郡国岁贡贤才。其改定制度，制礼作乐之言曰：

> 臣闻制度文采玄黄之饰，所以明尊卑，异贵贱，而劝有德也。故《春秋》受命所先制者，改正朔，易服色，所以应天也。然则宫室旌旗之制，有法而然者也。故孔子曰："奢则不逊，俭则固。"俭非圣人之中制也。①

其于养士求贤诸事，又曰：

> 养士之大者，莫大乎太学；太学者，贤士之所关也，教化之本原也。今以一郡一国之众，对亡应书者，是王道往往而绝也。臣愿陛下兴太学，置明师，以养天下之士，数考问以尽其材，则英俊宜可得矣。……臣愚以为使诸列侯、郡守、二千石各择其吏民之贤者，岁贡各二人，以给宿卫，且以观大臣之能。所贡贤者有赏，所贡不肖者有罚。夫如是，诸侯、吏二千石皆尽心于求贤，天下之士可得而官使也。②

其于任长吏之道，则又曰：

> 长吏多出于郎中、中郎，吏二千石子弟选郎吏，又以富訾，未必贤也。且古所谓功者，以任官称职为差，非所谓积日累久

---

① 《汉书》卷五六《董仲舒传》。
② 《汉书》卷五六《董仲舒传》。

也。故小材虽累日，不离于小官；贤材虽未久，不害为辅佐。是以有司竭力尽知，务治其业而以赴功。今则不然。累日以取贵，积久以致官，是以廉耻贸乱，贤不肖浑淆，未得其真。臣愚以为……毋以日月为功，实试贤能为上，量材而授官，录德而定位，则廉耻殊路，贤不肖异处矣。①

其第三策于攻击当世的达官贵人居于高位，而与民争利之弊之外，复请诸不在六艺之科、孔子之术者，皆绝其道，勿使并进，其言曰：

《春秋》大一统者，天下之常经，古今之通谊也。今师异道，人异论，百家殊方，指意不同，是以上亡以持一统，法制数变，下不知所守。臣愚以为诸不在六艺之科，孔子之术者，皆绝其道，勿使并进。邪辟之说灭息，然后统纪可一，而法度可明，民知所从矣。②

董仲舒三策所陈，武帝大体完全采纳。《汉书·武帝纪》的赞语，即可见其一斑。其赞曰：

汉承百王之弊，高祖拨乱反正，文景务在养民，至于稽古礼文之事，犹多阙焉。孝武初立，卓然罢黜百家，表章六经。遂畴咨海内，举其俊茂，与之立功。兴太学，修郊祀，改正朔，定历数，协音律，作诗乐，建封禅，礼百神，绍周后，号令文章，焕焉可述。后嗣得遵洪业，而有三代之风。

吾人更总括其所建议与武帝所实行者，关乎当时后世极重要的数点。第一，要算改定制度、制礼作乐，此事为汉初以来一般儒家的学者所希求，改定制度之后，于是汉之为汉，在学理上才有所根据，而仲舒此次的鼓吹，竟然能使其实行，诚为汉初以来百年的大事，其详细曲折，容后文再为叙述。第二，则是罢黜百家，推崇儒

---

① 《汉书》卷五六《董仲舒传》。
② 《汉书》卷五六《董仲舒传》。

术，此则不仅关乎汉代一代，后世各代无不受其影响，儒家之所以政治上能取得绝大的势力，其本身自有其一套立国的原则，如儒家敬天法祖，合乎当时社会的需要，儒家所倡的典章制度与道德观念，皆有其胜人之处，而百家亦有其自趋没落之路，特因仲舒之言而始为人所非弃。百家之中，在先秦时的显学，申、韩、墨、道、纵横皆居其一，申、韩的法家为秦时所施行，而秦政的不良，早已在人们的诟詈之中。黄老的道家，则汉初六十年间，支配于社会之上，此时则时异境迁，自然功成身退。墨家自奉过刻，已出于人情之外，远在战国时，即已大受打击，渐臻于垂绝之境。至于纵横家，则仅可存于天下分崩之际，而不能昌行于大一统之时。故儒家独能迎合时流，为世所尊。董仲舒的请求，可谓见微知著。当时丞相卫绾即奏陈："所举贤良，或治申、商、韩非、苏秦、张仪之言，乱国政，请皆罢。"① 第三，乃是设立太学，置五经博士。武帝既独崇儒家，而儒家之所以牢据其已得的位置，则立太学与置五经博士实使儒家之学得以大行于世。博士远始于战国之时，而五经博士，武帝以前即已有之。自百家罢黜，五经博士遂独于太学讲授儒术。另有一事，亦关重要，即为博士立弟子员。其事虽非出于董仲舒，而出于公孙弘，然为董仲舒倡立太学、置五经博士以后必然的趋向。② 因博士弟子制度的建立，儒家的学说才真实的广被于全国。董仲舒所提倡的郡国长吏得以察补属吏的制度，即为此等博士弟子开一条入仕的道路。使儒学之士，实际有机会得以加入政府之中。且使向日以任子及算訾为郎之风得以稍杀。然董仲舒对于当时社会的另一贡献，乃

---

① 《汉书》卷六《武帝纪》。
② 《汉书·儒林传·序》，则公孙弘立博士，议其言曰："为博士官置弟子五十人，复其身。太常择民年十八以上仪状端正者，补博士弟子。郡国县官有好文学、敬长上、肃政教、顺乡里，出入不悖，所闻令、相、长、丞上属所二千石。二千石谨察可者，常与计偕。诣太常，得受业如弟子。一岁皆辄课，能通一艺以上，补文学掌故缺；其高第可以为郎中，太常籍奏。即有秀才异等，辄以名闻。其不事学若下材，及不能通一艺，辄罢之，而请诸能称者。"

为禁止官吏的经营商业，此在其第三策中已明白地陈述。除此以外，董仲舒更对于当时土地兼并的情形为沉痛的陈述。其说班氏另载于《食货志》中，或三策以外的文字，今录之于下，以见其学说的另一斑。其言曰：

> 古者税民不过什一，其求易共；使民不过三日，其力易足。民财内足以养老尽孝，外足以事上共税，下足以畜妻子极爱，故民说从上。至秦则不然，用商鞅之法，改帝王之制，除井田，民得卖买，富者田连阡伯，贫者亡立锥之地。又颛川泽之利，管山林之饶，荒淫越制，逾侈以相高，邑有人君之尊，里有公侯之富，小民安得不困？……汉兴，循而未改。古井田法虽难卒行，宜少近古，限民名田，以澹不足。塞并兼之路。盐铁皆归于民，去奴婢，除专杀之威，薄赋敛，省徭役，以宽民力，然后可善治也。

独此意见未被武帝接受，然武帝曾规定商人不得名田或即受仲舒思想的影响。实则仲舒此种意见，正可代表一般汉儒对于土地问题的解决的看法。哀帝时，师丹对于土地问题所提的办法，还仿佛承受董氏的思想。

按《董仲舒传》所载天人三策的策问，其第一策问：

> 盖闻五帝三王之道，改制作乐而天下洽和，百王同之。当虞氏之乐，莫盛于《韶》，于周，莫盛于《勺》。圣王已没，钟鼓管弦之声未衰，而大道微缺，陵夷至乎桀、纣之行，王道大坏矣。夫五百年之间，守文之君，当涂之士，欲则先王之法，以戴翼其世者甚众，然犹不能反，日以仆灭，至后王而后止，岂其所持操或诖缪而失其统与？固天降命，不可复反，必推之于大衰而后息与？乌摩！凡所为屑屑，夙兴夜寐，务法上古者，又将无补与？三代受命，其符安在？灾异之变，何缘而起？性命之情，或夭或寿，或仁或鄙，习闻其号，未烛厥理。伊欲风流而令行，刑轻而奸改，百姓和乐，政事宣昭，何修何饬，而

膏露降、百谷登，德润四海，泽臻草木。三光全、寒暑平，受天之祐，享鬼神之灵，德泽洋溢，施摩方外，延及群生？

其第二策问曰：

盖闻虞舜之时，游于岩郎之上，垂拱无为而天下太平。周文王日昃不暇食，而宇内亦治。夫帝王之道，岂不同条共贯与？何逸劳之殊也？盖俭者不造玄黄旌旗之饰。及至周室，设两观，乘大路，朱干玉戚，八佾陈于庭，而颂声兴。夫帝王之道，岂异指哉？或曰良玉不瑑，又曰非文无以辅德，二端异焉。殷人执五刑以督奸，伤肌肤以惩恶。成、康不式，四十余年，天下不犯，囹圄空虚。秦国用之，死者甚众，刑者相望，耗矣哀哉！……各悉封著于篇。

其第三策问曰：

盖闻善言天者，必有征于人；善言古者，必有验于今。故朕垂问乎天人之应，上嘉唐虞，下悼桀纣，寖微寖灭寖明寖昌之道，虚心以改。今子大夫明于阴阳所以造化，习于先圣之道业。然而文采未极，岂惑乎当世之务哉？条贯靡竟，统纪未终，意朕之不明与？听若眩与？夫三王之教所祖不同，而皆有失，或谓久而不易者道也，意岂异哉？今子大夫既已著大道之极，陈治乱之端矣，其悉之究之，孰之复之……朕将亲览焉。

其第一策所问是着重在复兴三代礼乐太平之事，其第二策则分为两大课题，究竟应效法虞舜的垂拱无为，或者应效法文王的日昃不暇食。前者固然得到太平，后者则于太平之外，再造玄黄旌旗之饰。亦即是良玉不瑑，与非文亡以辅德之问题，亦即是仍继续文景之后行黄老之学，抑应改弦更张，而采取儒家之说。其第三策则直问天人之应，所谓善言大者，必有征于人，善言古者，必有验于今。故不惟仲舒之策文为汉时仅有的文字，即武帝的策问，亦关乎一代政治的推移，而非泛泛之辞所可比拟。

三、儒家思想影响下的士人政府及与此种思想相矛盾的法治

自董仲舒对策以后，汉廷即实际的设立太学，置五经博士，更采用其所主张的郡国长吏得以察补属吏的制度，接着公孙弘又为博士置弟子员。由是不仅人才都趋向于儒术，实际上上自中央政府，下迄地方政府，皆一变而为士人所参加组成的政府。

欲明白此种变迁经过，吾人有一追溯汉初以来组成政府的本质的必要。于此，吾人当先就中央政府丞相一级加以研究。

当高帝初定天下之时，陆贾以太中大夫，时时为帝称道《诗》《书》。高帝骂之曰，乃公居马上得之，安事《诗》《书》？贾对曰，马上得之，宁可以马上治乎？① 高帝听其言，虽有惭色，然辅佐其治天下者，实仍为马上的武夫。且不惟高帝时如此，下至文景，以迄于武帝初年，固无不如此。即以丞相一级而论，自高帝以至武帝初年，实不外功臣、外戚、宗室三种人物，得居此位。亦惟此三种人物与帝室关系最亲，当不至有意外事情的发生，宜其最得帝室的信任。汉初，惟功臣乃得封侯，及吕后而后，外戚亦得以恩泽封侯，故汉初的任用丞相皆于列侯中择人。此虽未有明文规定，然实际殆已成为一条不成文法矣。② 吾人于此当由《汉书·百官公卿表》所载曾任丞相的人物一考其出身，即可知此言的非虚。

据《百官公卿表》所载，则高帝时的丞相为萧何，萧何虽非赵

---

① 《汉书》卷四三《郦陆朱刘叔孙传》。
② 《汉书·公孙弘传》，先是汉常以列侯为丞相，唯弘无爵，即此亦可见其一斑。

起武夫，然其初起，则"以文无害为沛主吏掾"①，进而为高帝的从龙功臣。惠帝时，萧何逝世，继其任者为曹参，参之后为王陵及陈平，亦皆功臣人物，高后时有审食其，其人为高后的幸臣。②

---

① 《汉书》卷三九《萧何曹参传》。
② 《汉书·功臣表》，辟阳侯审食其以舍人初起，待吕后孝惠二岁十月吕后入楚，食其侍从一岁矣。

汉帝国的再建[1]

一、东汉初年的社会及其小康的局面

经过王莽末年以至于东汉初年长期的战争（光武建武十二年，即公元三十六年，吴汉、臧宫灭公孙述，兵戈始稍获停止），社会上显示出若干变化，而最易见到的，乃是人口的减少。据《续汉书·郡国志》刘注引应劭《汉官》曰："世祖中兴，海内人民可得而数裁十二三。边陲萧条，靡有孑遗。鄣塞破坏，亭队绝灭。建武二十一年，始遣中郎将马援、谒者，分筑烽候，堡壁稍兴，立郡县十余万户。或空置太守、令、长，招还人民。上笑曰：'今边无人而设长吏治之，难如春秋素王矣。'乃建立三营，屯田殖谷，弛刑谪徒以充实之。"今按，刘注又载光武中元二年（57），全国户四百二十七万九千六百三十四，口二千一百万七千八百二十。以之与平帝元始二年（2）全国户口数相较（元始全国有户千二百二十三万三千六十二，口五千九百五十九万四千九百七十八）[2]，尚差户七百九十五万

---

[1] 此文原稿与《西汉帝国国力的巩固与扩张》同册。题为"第×章 汉帝国的再建"。文中有"第一节""第二节"之分。收入本书时删去了章节字样。整理者注。

[2] 《后汉书》卷四九《仲长统传》。

三千四百二十八，口三千八百五十九万四千一百九十六。自元始至于中元，相去才五十余年，即上去东汉初年兵戈休止之时亦二十余年，其人口数目仅当西汉末年之三分之一。可知应劭所谓十裁二三之语，实非虚妄。

东汉初年，对于此种局面的改善，盖有数端：其一，光武本人的谦虚不自满，节约俭朴，以为一般人士的倡率。《后汉书·循吏传》云："光武长于民间，颇达情伪，见稼穑艰难，百姓病害，至天下已定，务用安静。解王莽之繁密，还汉世之轻法。身衣大练，色无重绦，耳不听郑、卫之音，手不持珠玉之玩。宫房无私爱，左右无偏恩。建武十三年，异国有献名马者，日行千里，又进宝剑，贾兼百金，诏以马驾鼓车，剑赐骑士。损上林池籞之官，废骋望弋猎之事。其以手迹赐方国者，皆一札十行，细书成文。勤约之风，行于上下。数引公卿郎将，列于禁坐。广求民瘼，观纳风谣。故能内外匪懈，百姓宽息。"其所下诏书，皆有临渊履冰之思、勤恳儆诫之意，小心翼翼，以图与民休息。

其二，则偃武修文，不复再事兵革。《后汉书·光武本纪下》云："初，帝在兵间久，厌武事，且知天下疲耗，思乐息肩。自陇、蜀平后，非儆急，未尝复言军旅。皇太子尝问攻战之事，帝曰：'昔卫灵公问陈，孔子不对，此非尔所及。'每旦视朝，日仄乃罢。数引公卿、郎、将，讲论经理，夜分乃寐。皇太子见帝勤劳不怠，承间谏曰：'陛下有禹、汤之明，而失黄、老养性之福，愿颐爱精神，优游自宁。'帝曰：'我自乐此，不为疲也。'"是故建武中年之时，西域诸国，皆遣使请求内属，愿复请都护，亦以天下初定，未遑外事，竟不允许[1]。因不复注意军旅，遂转兴学校。据《后汉书·儒林传》所言，则光武既访寻儒雅，采求阙文，补缀漏遗，复修起太学，建立三雍，故向之逃于山林的儒士，亦皆抱负坟策，集会于京师。其

---

[1] 《后汉书》卷八八《西域传》。

时功臣如邓禹、寇恂、贾复等皆受其影响，敦励儒学。而邓禹更使其诸子各守一经，为时人所景仰。

其三，则为省并郡县，减去不急的官职，以息民力。《后汉书·光武本纪下》云，建武六年（30），"诏曰：'夫张官置吏，所以为人也。今百姓遭难，户口耗少，而县官吏职，所置尚繁，其令司隶、州牧各实所部，省减吏员。县国不足置长吏可并合者，上大司徒、大司空二府。'于是条奏并省四百余县，吏职减损，十置其一。"又《郡国志》言，是时所省并者，郡国十，县、邑、道、侯国四百余所，与《本纪》所言相符。按《汉书·地理志·后序》，西汉末年，计郡国一百三，县、邑、道、侯国一千五百八十七①。是省并郡国约当西汉十分之一，县邑以下已当四分之一。然此仅地方政府的官吏省并的情形，中央政府所省并者，当亦非少。故《光武本纪下》于建武十三年（37）即记载云："时兵革既息，天下少事，文书调移，务从宽寡，乃至十存一焉。"官省政减，费用自少。《百官志序》言："世祖中兴，务从省约，并官省职，费减亿计。"此在乱离之后，安定人民生计方面，自有若干效力。

然而最能使社会复原的，要算招徕逃亡的人口与开垦荒废的土地。此二事在建武时实为要政。《光武本纪下》，建武十五年（139）"诏下郡国检覈垦田顷亩及户口年纪，又考实二千石长吏阿枉不平者"，于是当时的地方官吏纷纷对这方面加以讲求，而有成绩者亦殊不少。如《李忠传》云，（建武时）为丹阳太守，垦田增多，三岁间，流民占者五万余口。如《郭伋传》，（建武时）为渔阳太守，在职五岁，户口倍增。经此等的倡导，当然收到若干效力，于是由"庐落丘墟，田畴芜秽"②，"千里无烟，无鸡鸣犬吠之声"③的情形，

---

① 县邑千三百一十四，道三十二，侯国二百四十一。
② 《后汉书》卷二八《冯衍传》。
③ 《续汉书·祭祀志上》。

由"野谷旅生，麻菽尤盛，野蚕成茧，被于山阜"①的情形，渐渐达到明帝永平中（十二年，即公元六十九年）的"天下安平，人无徭役，岁比登稔，百姓殷富，粟斛三十，牛羊被野"的"户口滋殖"②的情形。自然在这个过程中，一些地方官吏因未能执行这些任务而受到处分，如《光武本纪下》建武十六年（40）所载河南尹张伋及诸郡守十余人坐度田不实，皆下狱死③，即其一例。至如《刘隆传》所载："（建武）时，天下垦田多不以实，又户口年纪互有增减。十五年，诏下州郡检覈其事，而刺史、太守多不平均，或优饶豪右，侵刻羸弱，百姓嗟怨，夹道号呼。时诸郡各遣使奏事，帝见陈留奏牍上有书，视之，云：'颍川、弘农可问，河南、南阳不可问。'帝诘吏由趣，吏不肯服，抵言于长寿街上得之。帝怒。时显宗为东海公，年十二，在幄后言曰：'吏受郡敕，当欲以垦田相方耳。'帝曰：'即如此，何故言河南、南阳不可问？'对曰：'河南帝城，多近臣，南阳帝乡，多近亲，田宅逾制，不可为准。'帝令虎贲将诘问吏，吏乃实首服，如显宗对。于是遣谒者考实，具知奸状。明年，隆坐征下狱（隆时守南郡太守），其俦辈十余人皆死。帝以隆功臣，特免为庶人。"这事夹杂着豪强和地主对于土地的霸占，其详待后论述。（东汉时，对于招抚流亡，使自占户口一事，特为注意，《后书》诸帝纪中，皆不乏此种记载。）

当时因招抚流亡，充实户口，故对于农事亦最所注意。东汉诸帝亦如西汉文景故事，辄下诏劝民农桑。又常以公田④、苑囿⑤、未

---

① 《后汉书》卷一上《光武帝纪上》。
② 《后汉书》卷二《孝明帝纪》。
③ 李注引《东观汉记》曰："刺史、太守多为诈巧，不务实核，苟以度田为名，聚人田中，并度庐屋里落，众人遮道啼呼。"
④ 《后汉书》卷二《孝明帝纪》永平九年即公元六十六年。卷三《孝章帝纪》元和元年即公元八十四年。卷五《孝安帝纪》永初元年即公元一〇七年。
⑤ 《后汉书》卷三《孝章帝纪》建初元年即公元七十六年，卷四《孝和孝殇帝纪》永元五年即公元九十三年，卷五《孝安帝纪》永初三年，即公元一〇九年。

垦地①、山泽陂池②赐假于贫民。然较为重要者，则为水利的兴修。举其著者，如光武建武时，马援南征交阯（建武十八年即公元四十二年），"所过辄为郡县治城郭，穿渠灌溉，以利其民"③。杜诗为南阳太守，"修治陂池，广拓土田，郡内比室殷足"④。邓晨为汝南太守，"兴鸿郤陂数千顷田，汝土以殷，鱼稻之饶，流衍他郡"⑤。任延为武威太守，"河西旧少雨泽，（延）乃为置水官吏，修理沟渠，皆蒙其利"⑥。明帝时，鲍昱为汝南太守，"郡多陂池，岁岁决坏，年费常三千余万，昱乃上作方梁石洫，水常饶足，溉田倍多，人以殷富"⑦。王景为庐江太守，"郡界有孙叔敖所起芍陂稻田，景乃驱率吏民，修起芜废，教用犁耕，由是垦辟倍多，境内丰给"⑧。章帝时，马棱为广陵太守，"兴复陂湖，溉田二万余顷"⑨。何敞为汝南太守，"修理鮦阳（今安徽太和县西）旧渠，百姓赖其利，垦田增三万余顷"⑩。和帝时，鲁丕为东郡太守，"修通灌溉，百姓殷富"⑪。张禹迁下邳相，"徐县（今安徽五河县地）北界有蒲阳陂，傍多良田，而堙废莫修。禹为开水门，通引灌溉，遂成孰田数百顷。劝率吏民，假与种粮，亲自勉劳，遂大收谷实。邻郡贫者，归之千余户，室庐相属，其下成市。后岁至垦千余顷，民用温给"⑫。而安帝元初

---

① 《后汉书》卷二《孝明帝纪》永平十三年即公元七十年，卷三《孝章帝纪》元和三年即公元八十六年。
② 《后汉书》卷四《孝和孝殇帝纪》永元九年即公元九十七年，十一年、十二年、十五年。
③ 《后汉书》卷二四《马援传》。
④ 《后汉书》卷三一《杜诗传》。
⑤ 《后汉书》卷一五《邓晨传》。
⑥ 《后汉书》卷七六《循吏列传·任延传》。
⑦ 《后汉书》卷二九《鲍永传》附《鲍昱传》。
⑧ 《后汉书》卷七六《循吏列传·王景传》。
⑨ 《后汉书》卷二四《马援传》附《马棱传》。
⑩ 《后汉书》卷四三《何敞传》。
⑪ 《后汉书》卷二五《鲁恭传》附《鲁丕传》。
⑫ 《后汉书》卷四四《张禹传》。

二年（115），更修理西门豹所分漳水为支渠，以溉民田。又诏三辅、河内、河东、上党、赵国、太原，各修理旧渠，通利水道，以溉公私田畴。三年，复修理太原旧沟渠，溉灌官私田①。此等虽为零星记载，所施功不限一时，不限一地，然其时人士，对于水利兴修的努力，可见一斑。

在兴修水利事业之外，当时颇注意于生产工具的改良与推广，而牛耕与铁制农器的普遍化，亦为其时人士致力之一。如任延于建武时为九真太守，以九真俗"不知牛耕，每致困乏，延乃令铸作田器，教之垦辟田畴，岁岁开广，百姓充给"②。而明帝时，王景为庐江太守，"庐江民不知牛耕，致地力有余而食常不足。……景乃……教用犁耕，由是垦辟增多，境内丰给"③。至于建武时南阳太守杜诗的"省爱民力，造作水排，铸为农器，用力少，见功多，百姓便之"④，更可以见当时的情形。水排之法，据李贤注所言，"冶铸者为排以吹炭，今激水以鼓之也"⑤。当是改良旧传的冶铸方法。

然而最能使农业发展者，则为区田法的使用。据《后书·刘般传》，则"明帝时，郡国牛疫水旱，垦田多减，故诏敕区种，增进顷亩"。至区田的方法，则李贤注所引氾胜之的《农书》曾有详尽的说法。按《农书》所载，谓："上农区田法，区方深各六寸，间相去七寸，一亩三千七百区，丁男女种十亩，至秋收，区三升粟，亩得百斛。中农区田法，方七寸，深六寸，间相去二尺，一亩千二十七区，丁男女种十亩，秋收粟亩五十一石。下农区田法，方九寸，深六寸，间相去三尺，秋收亩得二十八石。旱即以水沃之。"又据北魏贾思勰《齐民要术》之说，则"区种，天旱常溉之，一亩常收百

---

① 《后汉书》卷五《孝安帝纪》。
② 《后汉书》卷七六《循吏列传·任延传》。
③ 《后汉书》卷七六《循吏列传·王景传》。
④ 《后汉书》卷三一《杜诗传》。
⑤ 《后汉书》卷三一《杜诗传》注。

斛"。所言与氾书相同。这种区田法，是一种进步的精耕，较之代田法，尤为进步。因代田法是年年换耕，而区田法则是分区栽培，灌溉施肥皆直达根株，既不浪费人力，复可以增加生产量，显然是较旧时为佳。但区田法的使用，固是由明帝时开始，而其发明，则远在东汉以前。据前引李注，区田法的记载，最早见于氾胜之的《农书》。考《汉书·艺文志》"农家"载有《氾胜之》十八篇，本注"成帝时为议郎"。师古注引刘向《别录》云："使教田三辅，有好田者师之，徙为御史。"是区田法的发明，至少在西汉末年成帝之时，并且在三辅曾经实际运用，大概当时推行范围不广，所以没有显出若何作用。

东汉初年，因为要发展农业的生产，所以也曾局部地解放了一些奴隶，以求增加社会上的劳动力。就《后汉书·光武本纪》所载，曾有如左（下）的诏命：

建武二年（26）五月，诏曰："民有嫁妻卖子，欲归父母者，恣听之，敢拘执，论如律。"

建武五年（29）五月，诏："见徒免为庶人。"

建武六年（30）十一月，诏："王莽时吏人没入为奴婢，不应旧法者，皆免为庶人。"

建武七年（31）五月，诏："吏人遭饥乱及为青、徐贼所略为奴婢下妻，欲去留者，恣听之。敢拘制不还，以卖人法从事。"

建武十一年（35）二月，诏："天地之性，人为贵。其杀奴婢，不得减罪。"八月，诏曰："敢灸灼奴婢，论如律，免所灸灼者为庶民。"十月，"诏除奴婢射伤人弃市律"。

建武十二年（36）三月，诏："陇、蜀民被略为奴婢，自讼者，及狱官未报，一切免为庶民。"

建武十三年（37）十二月，诏："益州民自八年以来被略为奴婢者，皆一切免为庶民；或依托为人下妻，欲去者，恣听之；敢拘留者，比青、徐二州，以略人法从事。"

建武十四年（38）十二月，诏："益、凉二州奴婢，自八年以来自讼在所官，一切免为庶民，卖者无还直。"

此后在明帝、殇帝、安帝时，亦曾不断有此种举措，据诸帝纪：

中元二年（57），明帝即位，诏："边人遭乱为内郡人妻，在赦前，一切遣还边，恣其所乐。"

延平元年（106）诏："诸官府、郡国、王侯家奴婢姓刘及疲癃羸老，皆上其名，务令实悉。"

永初四年（110）诏："其没入官为奴婢者，免为庶人。"

由上所引文，可知在东汉初年，解放奴隶的诏令是接二连三地颁下，其后则渐渐稀少，以至于无闻。这说明东汉初年户口耗少，国家需要劳动力是如何的孔急。其后人口逐渐增加，所以奴隶的解放就不被人所注意了。

且建武时对于奴隶的解放，只限于私家的奴隶，而官奴婢则不在限内，此由上所引文可知。是此种奴隶的解放并非全体，而奴隶在社会上的地位仍难与常人相等。彭宠的苍头子密事，即可见其一斑。彭宠于建武初年（25）为渔阳太守，与幽州牧朱浮构隙，遂发兵与朱浮相攻，其苍头子密等三人杀宠而降，光武虽录其功，然封子密为不义侯。其他亦可知矣。实际上，此若干条诏令所得的效果如何，是使人怀疑的。如窦融的奴婢以千数。光武子济南安王康的奴婢至千四百人。阴兴的舆马仆隶，比于人君。马防兄弟贵盛，奴婢各千人以上。折像家僮八百人。明帝子梁节王畅有罪见削，上书辞谢，尚欲自选择谨敕奴婢二百人，其总数当非少数。而帝王的赏赐，更是势家贵族奴隶的一大来源。如东平宪王苍曾受明帝赐宫人奴婢五百人，梁竦曾受和帝赐第宅、奴婢、车马、兵弩，什物以巨万计。可知在当时社会上，奴隶的存在，不惟毫不能置疑，而且其数目之多，直可以惊人了。

其时社会尚有与奴隶相当的宾客与门生。宾客与门生的地位，自当较奴隶为高，然仰食于主人，而为之从事生产工作，则固相似也。《后汉书·马援传》所言："援亡命北地，遇赦，因留牧畜，宾客多归附者，遂役属数百家。"又言："援以三辅地旷土沃，而所将宾客猥多，乃上书求屯田上林苑中。许之。"此可为宾客从事生产的证明。至于门生，则《袁绍传》曾有"门生故吏遍于天下"的记载，门生于魏晋南北朝最习见于社会，东汉之时，似尚不如宾客的众多。

西汉末年，因为社会上贫富差别过分悬殊，兼并的情形亦随之剧烈，引起当时社会的不安。师丹的缓和计划，受到贵族的反对，而未得实现。王莽的王田政策，使其自己以全国的最大地主身份而与其他各地主阶级发生冲突，而中途收回成命。由于东汉初年长期战争，人口的减少，使这个问题暂时的缓和起来。但东汉一开始即表现着新兴的贵族地主与官吏的勾结鱼肉小民的事情。前引《后汉书·刘隆传》及《光武本纪》，建武十六年（40）河南尹张伋的被杀，已可看出这种矛盾的存在。这种矛盾的存在，并不因刘隆的免职与张伋的被杀而告缓和，因光武帝及其所建立的皇朝，正是保护这批新兴的贵族地主的。《后汉书》记载当时的新兴贵族地主的情形，略举之如下：如《樊宏传》："父重，字君云，世善农稼，好货殖……其营理产业，物无所弃，课役童隶，各得其宜，故能上下勠力，财利岁倍，至乃开广田土三百余顷。其所起庐舍，皆有重堂高阁，陂渠灌注。又池鱼牧畜，有求必给。尝欲作器物，先种梓漆，时人嗤之，然积以岁月，皆得其用，向之笑者，咸求假焉。赀至巨万。"如光武子济南安王康有私田八百顷。阴兴有田七百余顷。马防兄弟资产巨亿，皆买京师膏腴美田。光武郭皇后之父郭昌曾让田宅财产数百万与异母弟。而光武的从龙功臣，多半就是地主富豪。尤其是后来与帝室有关系的功臣外戚与诸侯王，更是新兴的地主阶级的代表。既然有如此多的新兴的贵族地主阶级人物，对于小民的侵凌剥削，自然是势所必至，前引《刘隆传》所谓"颍川、弘农可问，河南、南阳不可问"，正可以作为说明这事的注脚。

东汉的社会，大体上与西汉相仿佛，所以商贾在社会上仍然有其地位。其时一般学人亦倡限制商贾之说，光武时的桓谭，即为此等人士的代表。据《桓谭传》所载，谭谓："夫理国之道，举本业而抑末利，是以先帝禁人二业，锢商贾不得宦为吏，此所以抑兼并长廉耻也。今富商大贾，多放钱货，中家子弟，为之保役，趋走与臣仆等勤，收税与封君比入。是以众人慕效，不耕而食。至乃多通侈靡，以淫耳目。今可令诸商贾自相纠告，若非身力所得，皆以臧界告者。如此，则专役一己，不敢以货与人，事寡力弱，必归功田亩。田亩修，则谷入多而地力尽矣。"然按之《桓谭传》，则谭所请求者，未为光武所采纳。事实上，东汉对于商贾的限制上并不十分綦严，故商业的发展亦比较为速。和、安之际，王符所作的《潜夫论》，其中《浮侈》一篇，即曾对于商贾的情形作简要的说明。其言曰："今举俗舍本农，趋商贾，牛马车舆，填塞道路，游手为巧，充盈都邑。务本者少，浮食者众，……今察洛阳，资末业者什于农夫，虚伪游手什于末业。……天下百郡千县，市邑万数，类皆如此。"王符的话乃是说明商贾的过分发展有害于农业，然我们正可以看作东汉初年以来，政府对于商业的态度。

因为东汉初年采取省官减政的方针，因为生产方法的进步，所以残破萧条的社会很快地恢复元气。这中间虽然也有地主豪富与小民的阶级对立，也有商业的逐渐发展而至繁盛的阶段，但其间的矛盾并未达于顶点，故呈现着一种小康的局面。前引《明帝纪》永平十二年（69）所载"天下安平，人无徭役，岁比登稔，百姓殷富，粟斛三十，牛羊被野"，及同篇所载"吏称其官，民安其业，远近肃服，户口滋殖"，正是这种情形的结果。而汉帝国再建之后，就在这种基础之上，表现若干的光辉。前文所云光武之时，因为国力的未充，所以西域诸国愿遣侍子而请都护，也未能答应，尤其匈奴的一再寇边，也只赂遗金币，以通旧好，而未能大张挞伐。但明帝永平十六年（73），即"命将帅北征匈奴，取伊吾庐地（今哈密），置宜禾都尉以屯田，遂通西域。于阗诸国皆遣子入侍。西域自绝六十五载，乃复通焉。明年，始置都护、戊己校尉"①。此事正好作为明帝时国力充沛的证明。章帝时虽暂采取保守的态度，迎还都护，以示不欲疲中国以事夷狄，但并不能因此而谓汉的国力已告削弱。故："和帝永元元年（89），大将军窦宪大破匈奴（按，是役勒铭于燕然山）。二年，宪因遣副校尉阎槃将二千余骑掩击伊吾，破之。三年，班超遂定西域，因以超为都护，居龟兹，复置戊己校尉。……六年，班超复击破焉者，于是五十余国，悉纳质内属。其条支、安息诸国至于海滨四万里外，皆重译贡献。九年，班超遣掾甘英穷临西海而还。"② 若由其时经济基础来说明，这样的发展自是必然的。（按，安帝时西域复不通，至安帝延光班勇复通之，然岭西不至矣。）

二、东汉初年对于制度的改革

东汉的建国，自其精神上言之，大要同于西汉，故一切制度，多循西汉旧规。其于田赋，则仍三十而税一③，其余算赋、口赋、更赋，亦皆如西汉之制。而钱币之制，亦因马援的建议而恢复五铢钱。其郡国区划、设官制度，立国之初虽略有减省并合以轻民力，其后又因事实所需，往往复置，渐与西汉相同。虽然，两汉的制度自有不同之处，今举其大者，分论于下：

第一，其不同处，在官制方面，西汉之时，国家的重任，实在三公，至于东汉，则由三公内移于尚书。西汉之三公，初因于王莽

---

① 《后汉书》卷八八《西域传》。
② 《后汉书》卷八八《西域传》。
③ 建武六年。

旧制，称大司马、大司徒、大司空（哀帝元寿时已如此）。① 至建武二十七年，因朱祐之议，令司徒、司空二府各去"大"字，而改大司马为太尉。故三公之职，实为太尉、司徒、司空②。以此三公分部九卿。太尉主天，部太常、卫尉、光禄勋。司徒主人，部太仆、鸿胪、廷尉。司空主地，部宗正、少府、司农。遇有灾异，则三公因情形而册免③。此盖因于西汉翟方进的故事。而殇帝延平元年（106）太尉徐防以灾异册免④，实为东汉的第一人。三公虽常以灾异册免，然三公实不任政事。《后汉书·仲长统传》载其献帝时所撰之《昌言·法戒篇》云："光武皇帝愠数世之失权，忿强臣之窃命，矫枉过直，政不任下，虽置三公，事归台阁。自此以来，三公之职，备员而已。"故事无具细，皆由尚书径下三公，或径下九卿。于是九卿之权亦重。按《后汉书·陈宠传》附子忠传，忠于安帝时，上书陈事，以其时三府任轻，机事专委尚书，而灾眚变咎，辄切免公台，乃言曰："汉典旧事，丞相所请，靡有不听。今之三公，虽当其名而无其实。选举诛赏，一由尚书。尚书见任，重于三公。陵迟以来，其渐久矣。"又《韦彪传》，章帝时，彪上书言及："天下枢要，在于尚书。"李注引《百官志》释此谓"尚书主知公卿、二千石、吏官上书，外国夷狄事，故曰枢要"（李注盖总括尚书六曹的执掌而言）。是尚书总绾一切机事，三公已无由过问。不惟此也，关于地方官吏的任命，旧日视为三公的专责者，至此亦被剥夺。《后汉书·朱浮传》："旧制，州牧奏二千石长吏不任位者，事皆先下三公，三公遣掾史按验，然后黜退。帝时用明察，不复委任三府，而权归刺举之吏。"朱浮曾为此而上书谏诤，然未能有所匡正。但此所云云，非谓三公真无事也。按《朱浮传·论》云，光武明章，躬好吏事，亦

---

① 《后汉书》卷一下《光武帝纪下》。
② 《后汉书》卷二十二《朱祐传》。
③ 《通典》卷二十《职官志》。
④ 《后汉书》卷四《孝和孝殇帝纪》。

以课覈三公。盖视三公如寻常吏员之职，而以吏事课覈之也。故在东汉初年，三公多以吏事获罪。如大司徒一职，其初为邓禹，禹以征伐在外，以伏湛为司徒司直，而行大司徒事。后湛竟以祭祀小事策免。湛既去位，侯霸继任，霸荐前梁令阎杨，而杨素有讥议，光武因疑霸与杨有私，至赐以玺书曰："崇山幽都何可偶，黄钺一下无处所。欲以身试法邪？将杀身以成仁邪？"① 按之《霸传》，霸固明察守正，奉公不回。及霸之后，韩歆复为司徒，竟以直言无隐讳，为帝所怒，自杀。其后千乘欧阳歙、清河戴涉相代为大司徒，坐事下狱死，自是大臣难居相位。其后河内蔡茂、京兆王况、魏郡冯勤皆得薨位。然考之《冯勤传》，则勤之免于罪戾，亦实为不易。《勤传》云："先是，三公多见罪退，帝贤勤，欲令以善自终，乃因谦见从容戒之曰：'朱浮上不忠于君，下陵轹同列，竟以中伤至今。死生吉凶未可知，岂不惜哉！'"盖既以琐务相责，自难于罪戾也。及桓帝之时，太尉杨秉因尚书召对，遂谓"汉世故事，三公之职，无所不统"②。此盖兼及于西京，非仅究东汉而言也。

东汉初年，何以如此改革，则上文所举仲长统之言，正可得其微意。光武盖愠数世之失权，忿强臣之窃命。然此亦有曲折，非一概如此也。西汉自武帝末年而后，政事即已归于宫省。尚书、中书实绾政事。昭宣之时，霍光以大司马受命辅政，然其结衔，犹加录尚书事。大司马本为中朝首领，复录尚书事，则宫省大权统于一手。昌邑王之废，大计已定，丞相杨敞仅拱手奉命而已。是其时政治大权，实已不在丞相，而在大司马。西汉末年的权臣固无有不为大司马者（不为大司马者，亦必为车骑将军）。及王莽改革政治制度，大司马与大司徒、大司空并列，且为三公之首辅。是其时已由中朝之首领转为外朝之台揆。此制为东汉所因循，则大司马（后更为太尉，

---

① 《后汉书》卷二六《冯勤传》。
② 《后汉书》卷五四《杨震传》附《杨秉传》。

事在建武廿七年亦即公元五十一年）当然不能再过问中朝之事，寻且降而与司徒、司空等共为一事务机关矣。论史者不明了此一种过程，故所论皆未能中肯。东汉的尚书省，既为行政的中枢所在，则其间组织与执掌，皆可得而言。考《续汉书·百官志》，则台阁之中，尚书令为主官，而尚书仆射为副贰。其下更有六曹。六曹者，则因成帝时的四曹——常侍曹、二千石曹、民曹、客曹，而有分增。据《百官志》，则："世祖承遵后，分二千石曹，又分客曹为南主客曹、北主客曹，凡六曹。"然此语殊为含混。分二千石曹为何曹，即未明言。据《汉旧仪》，则有三公曹，主断狱，当为由二千石曹分出者。又据蔡质《汉仪》，则东汉改常侍曹为吏曹。故东汉的六曹，为三公曹（主断狱）、吏曹（主公卿事）、民曹（吏上书事）、二千石曹（主二千石事）、南主客曹、北主客曹。六曹尚书合令、仆而为八座。[①] 八座而下，尚有左右丞各一人，又有侍郎三十六人，令史十八人。

东汉尚书虽为国家枢要所在，而其人选，则似未能尽拣贤能。章帝时大鸿胪韦彪即以此为言，按《彪传》，彪上书曰："天下枢要，在于尚书，尚书之选，岂可不重？而间者多从郎官超升此位。虽晓习文法，长于应对，然察察小慧，类无大能。宜简尝历州宰、素有名者。"顺帝时，李固亦以此为言，是东汉时于此端殆未加多注意。尚书人选，既未能妙择贤良，故其职寖假亦沦为事务之职，与

[①] 按《晋书·职官志》云："后汉光武以三公曹主岁尽考课诸州郡事，改常侍曹为吏部曹，主选举祠祀事，民曹主缮修功作、盐池园苑事，客曹主护驾羌胡朝贺事，二千石曹主辞讼事，中都官曹主水火盗贼事，合为六曹，并令仆二人，谓之八座。"其所言与司马彪等不同。

国家的大计无关。其后政理日衰，殆由于此。[①] 然东汉时，尚有五府录尚书事之制。按东汉故事，以三公为三府，三府增太傅为四府，四府增大将军为五府，五府诸公皆可录尚书事，如赵憙、邓彪、张禹、冯石、冯鲂、桓焉、赵浚、陈蕃、胡广等皆以太傅录尚书事。牟融、尹睦、徐防、赵憙、朱宠、刘光、庞参、李固、胡广、周忠、杨彪皆以太尉录尚书事。赵戒、胡广、王允、淳于嘉、赵温皆以司徒录尚书事。杨彪又以司空录尚书事。然此皆以优礼老臣，无关于实际的政事，故《续汉志》言，每帝初即位，辄置太傅录尚书事，薨辄省。亦以其本为外朝，不预于中朝庶务也。而大将军录尚书事，如梁冀、窦武、何进等，皆是外戚。外戚本与皇室有关，大将军则又为中朝重要角色，尚书本为天下枢要，故其权柄自易流于过重而有震主的嫌疑。当其时，外朝政府距皇室过远，所谓帝王者自不能不求助于宦官。而外戚宦官的冲突，遂无由避免。

与此相因者，则为中朝外朝的分别益趋明显。自御史大夫不副丞相而为三公的一员，于是御史中丞遂由殿中外移，为外台之长。光禄勋向为掌管殿掖门户，亦移至外朝，变为闲曹。向之在光禄勋属下的三署郎，亦因之不值事内廷，而变为孝廉入仕的阶段。[②] 更明显者则为西汉九卿中的少府，掌山海地泽之税，以给供养，而东汉的少府则掌中服御诸物衣服宝货珍席之属。此因东汉时，山海地泽之税已完全并于大司农，而大司农完全成为外朝的一员，故少府亦

---

① 东汉初年，在社会上稍有地位之人，即不肯为尚书郎。《续汉书·百官志》引《三辅决录》云："故事，尚书郎以令史久缺者补之。世祖始改用孝廉，以丁邯补焉。邯称疾不就，诏问实病，羞为郎乎？对曰：'臣实不病，耻以孝廉为令史职耳。'世祖怒，杖之数十。诏问：'欲为郎不？'邯曰：'能杀臣者陛下，不能为郎者臣。'中诏遣出，竟不为郎。"韦彪上书亦言："置令史以助郎职，而类多小人，好为奸利。今者务简，可皆停省。"皆可见其一斑。

② 明帝亦曾言"郎官上应列宿，出宰百里"。《后汉书》卷二《孝明帝纪》。

完全成为中朝的一员。①

其第二不同处，则在兵制方面。西汉之时，有所谓京师兵、地方兵。京师兵者，南军（主宫门宿卫，调诸郡国）、北军（主城门宿卫，调之三辅）。地方兵者，轻车、骑士、材官、楼船。京师兵仅司拱卫都城宫掖，不事远征。远征之军，皆调发地方之兵。武帝以后，虽间以京师兵远征，然非常制也。至于东汉之时，京师的南军、北军，仍如西汉故事。然郡国兵则寖假废去。按东汉之初，光武削平群雄，即多恃地方兵力，其经营河北也，自信都而北，击中山时，即发所过奔命兵。所谓奔命兵者，据《光武本纪》李贤注云："旧郡国皆有材官骑士，若有急难，权取骁勇者，闻命奔赴，故谓之奔命。"其时又有突骑者，亦地方兵的一种。《吴汉传》："汉受光武之命，持节北发幽州十郡突骑。"即其例也。而此突骑当时固已名闻天下，故《吴汉传》又载："汉说渔阳太守彭宠曰：'渔阳、上谷突骑，天下所闻也。'"《景丹传》："从击王郎将儿宏等于南䜌，郎兵迎战，汉军退却，丹等纵突骑击，大破之，追奔十余里，死伤者纵横。丹还，世祖谓曰：'吾闻突骑天下精兵，今乃见其战，乐可言邪？'"盖光武之能克敌制胜者，亦赖能用此突骑也。

地方的兵力，通常是属于都尉（或中尉）所管辖。常日从事农事活动，每岁九月都试讲武，由太守、都尉、令丞、长尉会都试，课其殿最。光武本人崇尚节俭，他曾减损不急之官。在建武六年时，他更罢郡国都尉官（当然中尉也罢省了）。其明年，为建武七年（30），更诏："今国有众军，并多精锐，宜且罢轻车、骑士、材官、楼船及军假吏（《汉官仪》：军假吏者，军中权置吏也），令还复民伍。"②地方郡国主管武事的都尉废了，地方兵员也罢退了，自然九

---

① 两汉尚书令皆属少府，而东汉的尚书令亦仅秩千石，尚书仆射及诸曹尚书皆六百石，真位卑而权重者。

② 《后汉书》卷一下《光武帝纪下》。

月中都试也取消了。郡太守虽因都尉的废去，而有郡将的称号，但实际是一个空的名号。在西汉时，地方有了乱事，或边地受到外国的骚扰，太守常能率领地方兵镇压或抵御，但在东汉，此种事情就很稀少了。

东汉初年，罢去地方兵以后，所恃以保国安民者，全赖中央的兵力。《通考·兵考》论此事曰："光武罢都试而外兵不练，虽疆场之间，广增屯戍，列营置坞，而国有征伐，终藉京师之兵以出。盖自建武迄于汉衰，匈奴之寇，鲜卑之寇，岁岁有之，或遣将出击，或岁岁留屯，连年暴露奔命四方，而禁旅无复镇卫之职矣。"是以京师兵代地方兵，而京师兵也难充分发挥它的效能。等到确实京师兵不足之时，便也征发地方人民去充当兵员，但其结果，常难如预期的良好。故《百官志》引《汉官仪》曰："自郡国罢材官、骑士之后，官无警备，实启寇心。一方有难，三面救之，发兴雷震，烟蒸电激，一切取办，黔首嚣然。不及讲其射御，用其戒誓，驱以即敌……是以每战常负，王旅不振……而乃远征三边殊俗之兵，非我族类，忿鸷纵横，多僵良善，以为己功。"地方兵如此，京师兵亦以不常操练，且又名额不足，至于安帝永初间，更募人入钱谷，得为虎贲、羽林、缇骑、营士，于是京师兵亦随之衰矣。

东汉自废地方兵后，于是发生募兵及用外族兵两种现象。募兵的现象发生，渐渐摇动了汉代旧日兵农为一的成规。为我国军制的一大变迁。《后汉书·马援传》，建武中，援以伏波将军率中郎将马武等将十二郡募士及弛刑四万余人征五溪蛮，盖募兵之早见于史籍者。其后募兵逐渐增多，盖征兵每有强民为兵贻误农事之处，募兵则因其喜悦而用之也。至于用外族为兵，其初起时盖已甚早。西汉时赵破奴击姑师之时，李广利破大宛之时，皆曾征发属国骑，在武帝时固已如此。其后昭帝时范明友击益州时，曾用羌兵，皆其著者。而西汉时北军之中固已有长水校尉、胡骑校尉以将外族兵，则外族兵的应用，固不仅限于边地。东汉初年，胡骑益多，吴汉与苏茂战于广乐（今河南虞城县西），曾用乌桓突骑。刘尚击益州时，曾发朱提夷人。其后至明帝永平时，窦固、耿忠等伐匈奴，亦用乌桓、鲜卑、羌胡之兵。训至东汉季年，方镇擅命，亦多每用胡骑，袁绍居于幽州，所用乌桓、鲜卑尤众。何以如此？盖内地兵力既不训练，每遇战阵，则自不能不思剽悍的边方民族。故光武初年的罢废地方兵力，当其初时，固可博得与民休息的佳名，但其影响所及，不仅东汉兵力的衰弱，即由于此，抑且召来外族，启后来魏晋乱离之机。应劭所谓"远征三边殊俗之兵，非我族类，忿鸷纵横，多僵良善"①者，犹其小焉也。（按东汉中叶以后，遇有乱事，地方无能为力，每遣重臣剿抚，遂起后来割据的局面。此亦为光武废去地方兵所得的影响。）

三、东汉国都的东迁与两汉立国精神的差异

东汉初年和西汉初年一样是长期战争以后，一样的经过更长期的休养生息的阶段，但东汉的国力终究不如西汉。即以人口一项而论，东汉一代人口最多的记载要算顺帝建康元年（144），其时人口数目如下：

户数　九百九十四万六千九百一十九（元始户一千二百二十三万三千〇六十二）。

口数　四千九百七十三万五百五十（元始口五千九百五十九万四千九百七十八）②。

与西汉相较尚差五分之一的样子。建康元年上距东汉初年已整

---

① 《续汉书·百官志五》。
② 《续汉书·郡国志五》。

整一百二十年，若说人口繁殖过慢，恐无此理。再以对外关系而论，则西汉武帝以前，边境固常受匈奴的骚扰，但武帝以后，国力的膨胀，实际的战争常在国境以外发生。但东汉初年，北边所受匈奴的侵扰，其情形仿佛西汉，其后由明帝以至于和帝，固然几次曾对匈奴用兵，远征塞外，但和帝以后竟常受到西羌的骚扰。至于顺帝时，情形极端严重，被骚扰的有并、凉、幽、冀诸州。虽然羌祸终得平灭，东汉的国力也着实疲敝不堪，不久也就亡国了。

这是因为什么？前文所说的东汉初年对于中央政制的改革、对于兵制的改革，皆不能说是毫无影响；最大的原因，当是贵族、地主、官吏、豪强对于人民过重的剥削和压迫。这一点，留到后面再说。东汉的国都由长安迁到洛阳，环绕迁都后所发生的一切措施，也有相当影响。现在就这一点提出讨论。

东汉何以舍去长安而迁都于洛阳？就表面看，自然是三辅经过西汉末年的战事，残破萧条，而实际上乃是长安距离当时的富庶区域过远，而此过远的情形又是人力不能做到的结果。本来西汉时，全国富庶的地方，是在齐、楚、吴各地。而当时的经济中心定陶及其附近的区域也是十分富庶。汉初关中的食米，许多是仰给于此等地方。河、渭漕运的遥远与艰难，已使当时政府感到十分痛苦。武帝时发动对外的战争，倾全国之力于战争方面，对于国内的庶政，就难完全顾到，尤其黄河水利的失修，所关更大。元光三年（132），黄河决口，淹没豫、兖、徐州，向日富庶肥沃的土地，尽为黄沙所掩，自然农业受到严重的影响，而定陶这个经济中心也因此而萧条下去。于是关中食粮的补给不能不再向更东方的沿海之地依靠了。这在武帝之后已感到困难，而平帝时河又决口，漂没旧日济水流域，所以东汉建国之后，针对这种情形，为减少他日国家仓廪补给的困难，而迁都于洛阳了。

然则西汉时为何没有迁都？这在西汉初年娄敬说高帝建都于关中时已说得明白。关中的形势，不惟对内可以控制着全国各地，并且对外照顾到当时边患最烈的西北各地。正因为如此，西汉对于关中以至西北各地就全力地加以经营。西汉对于关中以至于西北边地的经营，最大的表现，在移民与兴修水利。西汉自初年起，已经实行大规模的移民去防边实都，自景帝以后，各帝每建立陵寝时即徙民于陵邑。如此则一方面充实西北的人户，一方面使当时文化较高的东方与西方强悍的民风，能有一个协调融和的机会。同时，因为所移的人，都是各地的富豪大族，也可减少他们在各地对于人民的剥削和压迫，两方皆可兼顾。而水利的兴修，更使西北农业得以发展，使大量的人口得以永远居住下去。到东汉时，国都已经迁离关中，自然这些充实西北的措施也无形中取消了。同时因为东方州郡富庶的关系，关中的人户反多向东方州郡迁徙，造成关中人口过分稀少的现象。西汉元始时，三辅的户口共计为户六十四万七千一百八十四，口二百四十三万六千三百六十[1]。但至东汉顺帝永和五年之时，三辅仅有人户十万七千六百四十一，人口五十二万三千八百六十[2]。两相比较，东汉仅当西汉的六分之一。前文就全国而论，东汉全国的人口当西汉的五分之四，可知东汉时关中人口稀少的严重性了。再以西北的边郡来说，西北最远的郡为敦煌郡，西汉时共有一万一千二百户（三万八千三百三十五口）[3]，东汉时只有七百四十八户（二万九千一百七十口）[4]。北边最远的为朔方郡，西汉时共有户三万四千三百三十八（十三万六千六百二十八口）[5]，东汉时仅有一千九百八十七户（七千八百四十三口）[6]，其减少的情形直可骇人。

---

[1] 《汉书》卷二八上《地理志上》。
[2] 《续汉书·郡国志一》。
[3] 《汉书》卷二八下《地理志下》。
[4] 《续汉书·郡国志五》。
[5] 《汉书》卷二八下《地理志下》。
[6] 《续汉书·郡国志五》。

其他西北边郡也是一例的减少。① 幸亏当时尚有一条法令，限制边地人民内徙，若非这一条禁令，其减少的情形将更不知道如何的严重了。西北人户减少，这只说明了汉族在西北是减少了，并不是说西北实在的人口减少了。因为西北的汉人逐渐减少，外族的移民却逐渐增多。这些外族初居内地，还不能和汉人融合居住，并且时常发生争端，这不惟不能充实东汉时西北的国力，相反的却在减少西北的国力。东汉后半期的羌乱，多是从西北边郡内部起来的。

因为这种人谋的不臧，后来影响到国内的东西的对立。前文已经说过，东方因为地方富庶，所以文化也相当发达，西北因接近边塞，民俗也相当的强悍。西汉一代，《儒林传》中的人物完全是关东的人民。而一些武将们又多隶籍于西北。故当时曾有关东出相、关西出将的记载。正因为西汉一代不断从关东迁徙人民到关中和西北去，所以这两方面的风气得到相当的调和。东汉这种调和减少了，所以东西的风气也就显出了差别。东汉建都于洛阳，东方的文化不能经常地输入西方，而西方不断遭受羌胡的骚扰，民性更习于武勇，一种文弱和武勇的对立，一种富庶和萧条的对立，愈感到无法调和。东汉末年的郑泰对董卓的言辞，即可表现这种差别。按郑泰批评当时的东方，谓"自光武以来，中国无警，百姓优逸，忘战日久，仲尼有言'不教人战，是谓弃之'，其众虽多，不能为害"。其批评西方，则谓"关西诸郡，颇习兵事，自顷以来，数与羌战，妇女犹带戟操矛，挟弓负矢，况其壮勇之士，以当妄战之人"。又言"天下强勇，百姓所畏，有并、凉之人"②。而实际上，这种对立的不调和的状态，至董卓之时，一发而不可收拾了。

东汉未继续着西汉的徙民于关中与西北，固然使其地萧条，但

---

① 西汉的并州朔方二部共计人户七〇七三九四，人口三三二一五七二。东汉人户一一五〇一一，人口六九六七六五。少七分之六。
② 《后汉书》卷七十《郑泰传》。

东方亦未能得到好处。吾人前已言之，东汉全国的人口仅当西汉的五分之四，这说明了东汉的国力固是不如西汉，相反的，东汉关东某些州郡，人口反比西汉为多。如平原郡、北海国、东莱郡、南阳郡、南郡、江夏、零陵、桂阳、长沙、武陵、丹阳、会稽（与吴郡合计）、豫章、巴郡、蜀郡、犍为郡、牂牁、越巂、永昌皆是。人口的增多，固可表现地力的富庶，然因人口的增多也可以发生土地的问题。据崔寔《政论》云："古有移人通财，今青、徐、兖、冀，人稠土狭，不足相供。而三辅左右及凉、幽州内附近郡，皆土旷人稀，厥田宜稼，皆不垦发。小人之情安土重迁，宁就饥馁，……犹群羊聚畜，须主牧者牧养处置，置之茂草，则肥泽繁息，置之硗卤，则零丁耗减。"又仲长统《昌言》亦言："诸夏有十亩共桑之迫，远州有旷野不发之田。世俗安土，有死无去。君长不使，谁能自往？"由二氏的言辞中，可以看出在这几处人稠地狭的区域中，土地兼并的盛行，贫者无田可耕的苦况。

东汉的迁都于洛阳，在经济方面，尤其是在对于国都的经济消费一方面，减轻若干的负担，但因为停止了移民和经营西北，因而造成了全国畸形的发展和偏枯的现象，这不能不说是由于迁都于洛阳所造成的。

就对外关系说东汉的政策是保守的退缩的。

就对外的关系说，东汉与西汉的政策完全表示着不同的精神。西汉对外的政策是进取的、积极的，而东汉则是退缩的、保守的。这种精神的差异，也可说是建都的不同所造成的。西汉因建都于长安，距离西北边境过近，安危方面可以观察得很清楚明白，大敌距离国都不远，一切威胁都可以立刻感到而时时加以警戒，不敢稍为含忽。由西汉初年到文景之时，对于匈奴政策还是偏在保守的一方面，但到了武帝的时候，国力既然充沛，所以由保守一变而为积极的、进取的，当时所建立的五原、朔方郡和河西四郡，以至于对于匈奴的用兵和经营西域，都可以表示出这种进取的精神。但是在东汉，却显示出相反的表现。东汉建都于洛阳，减轻了经济方面的负担，而较为安逸，于是就影响到为政者的意志方面。光武帝的英明有为，在两汉的帝王中也算相当难得，可是他所施行的政策，就处处表现出保守的情形。即以经营西域的情形而论，西汉对于西域的经营，是何等的积极。汉人在西域所留下的恩德虽历王莽的摧残，还未完全消灭。一到东汉的王朝建立，西域各国还遣使者前来，愿仍受汉帝国的保护。光武帝反不愿继续前朝的功勋，而下令封闭玉门关，前后不及百年，期间的差别是如何之大。

吾人再以东西汉所遭遇到外患的侵略作为证明。西汉的外患是匈奴，当汉高帝初建都于关中时，何尝不知道当时匈奴距离关中的长安只有七百里远近。东汉的外患，最大者为西羌，东汉的首都却不求靠近西羌，而反靠近关东富庶之区。西汉时，匈奴猖獗最甚，其骚扰所及，竟至距离长安三百里地的雍县，当时朝野上下都无人倡议退避。文帝（后六年）末年，屯兵长安附近防胡，文帝还自出劳军，这是何等从容。东汉时，西羌的骚扰，也不过和西汉一样，而安帝（永初四年）时，大将军邓骘竟倡议弃掉凉州，真属骇人听闻的事。其后，凉州虽没有弃掉，若干郡县已相继内徙。如陇西（本治狄道，为今临洮）徙于襄武（襄武，今陇西），安定（本治临泾，今镇原）徙治美阳（今扶风北），北地（本治富平，今灵武南）徙于池阳（今三原），上郡（本治肤施，今绥德）徙于衙县（今白水），其蹙地之广，史无前例（永初五年）。《后汉书·西羌传》载其迁徙之情形曰："百姓恋土，不乐去旧，遂乃刈其禾稼，发彻室屋，夷营壁，破积聚。时连旱蝗饥荒，而驱蹙劫略，流离分散，随道死亡，或弃捐老弱，或为人仆妾，丧其大半。"后来西羌再反（灵帝中平四年事），而边章、韩遂等作乱陇右，司徒崔烈，竟又主张废弃凉州[①]。这种主张后来虽未施行，但其时执政大臣竟这样的慷慨，

---

① 《后汉书》卷五八《傅燮传》。

把万里的土地，一州的疆域，看得不值什么，实出人意表。其实东汉的西羌，其力量并无西汉的匈奴强大，东汉君臣竟如此畏惧，后来西羌到底还为东汉所灭。当初所以一再地退避者，一来那时候政府距离西羌过远，二来还有退避的地方，这样退缩的精神，是西汉所没有的。

东汉的士族在政治与社会上的地位[①]

东汉王朝是在豪强支持下建立起来的，对豪强士族采取优待政策，故东汉士族在政治与社会上的地位较高。这对后来门阀制度的形成有重要影响。

一、士族的形成与其发展的情形

1. 东汉的士族在政治与社会上的重要性

东汉时代的士族在社会上与政治上皆表现着相当的重要性，因为士大夫的数目众多，在政治上曾经起过决定的作用，在社会上对于一时风气的转移，也有相当的影响。

2. 士族的形成

自其阶级的性质说，士族无疑的是属于地主的阶级。它的形成时候，当然不能说始于东汉。如果要追溯得远一点，也可以到战国

---

① 此文原稿在《汉帝国的再建》之后。题为"第×章 东汉的士族在政治与社会上的地位"。文中有"节"的划分。收入本书时，删去了"章""节"字样。整理者注。

时代。那时正代表着新兴的地主阶级一部分。他们凭借着剥削的所得，而为知识的修养。在乱离的时候，他们固然不能多从事参预马上得天下的斗争，但承平之时，在政治上却极易显露头角。这不仅由于他们抱有相当的知识与政治技术，能帮助当世的帝王统治国家，而且也因为他们与帝王同样的代表着地主阶级，有相同的利益的缘故。

士族在政治上得以发展其力量，当以董仲舒、公孙弘时为一较为显著的分界时期。自董仲舒与公孙弘建议设立博士弟子员及郡国长吏察举属吏的制度，所谓地主阶级出身的士大夫，始有大量从政的机会。西汉武帝前后，政治中的人物的身份不同，即可说明这一点。武帝以前，政府中重要的位置，多为以鞍马得官的武夫，武帝以后，已多换为《儒林传》中的人物。虽然有此转变，但其盛况犹不如后来的东汉。

3. 东汉初年王室与贵族对于儒学的提倡

东汉一开始便与西汉不同。西汉王室的始建，其王室及贵族皆与士大夫相距甚远，必待数十年后，始趋于接近。东汉光武帝本身，即是王莽时代的太学生。其从龙功臣中，尤多儒学之士，如邓禹早岁即与光武同游学于长安。他如寇恂、冯异、贾复、耿弇、祭遵、李忠、朱祐、郭凉、窦融、王霸、耿纯、刘隆、景丹，或少曾游学，或为一时的通儒。而邓禹有子十三人，使各守一艺，尤为一时少有。光武更特别表扬当时不仕王莽、具有气节的士大夫，如卓茂、严光。明、章诸帝亦能尊师重道，如明帝之于其师桓荣，章帝之于其师张酺，皆能转移社会上的视听。

4. 东汉时京师、地方学校的增加与儒学的发达

东汉时，尤其东汉初年，无论京师、地方，皆重学校。东汉初年诸帝既好儒术，故数幸太学，亲加劝诱。章帝建初中（四年），更大会诸儒于白虎观，考校同异，命史臣著为《白虎通义》，以纪其事。其后生徒，累有增加。顺帝（永建六年，即131年）时，"更修黉宇，凡所造构二百四十房，千八百五十室"①，可以想见其规模之大。至于质帝（本初元年，即146年）时，游学于京师者，增至三万余人。而郡国的学校，尚不在数内。其时的地方长吏，如建武时的丹阳太守李忠、汝南太守寇恂、桂阳太守卫飒、武威太守任延，章帝时山阳太守秦彭，皆曾在所治郡中修筑学校，为一方的倡率。

5. 私家讲学风气的普遍与儒学的发达

因为统治阶级是这样的出身，与对于儒学的器重，所以儒学的发展成了一种普遍现象。东汉除了京师与郡国学校以外，私家的讲学的风气特别盛行。这一点是两汉书《儒林传》中的人物最大的不同处。西汉儒学的传布，多半是在京师与郡国的学校之中。到了东汉，已不仅限于学校之中。其中大师门人之多者，经常有数百人。至如张兴、牟长、魏应、丁恭、楼望、张玄等，其弟子著录之数，动至千、万人。故《后汉书·儒林传》谓："光武中年以后，干戈稍戢，专事经学，自是其风世笃焉。其服儒衣，称先王，游庠序，聚横塾者，盖布之于邦域矣。若乃经生所处，不远万里之路，精庐暂建，赢粮动有千百，其耆名高义开门受徒者，编牒不下万人。皆专相传祖，莫或讹杂。至有分争王庭，树朋私里，繁其章条，穿求

———
① 《后汉书》卷七九上《儒林外传》。

崖穴，以合一家之说。"

6. 东汉士大夫进身之阶之一——贡举

当时人士何以对于儒学如此的景慕与热诚？盖利禄所在，所以一般人趋之若鹜。所谓利禄的所在，即是由此可以实际参预政治上的活动，与在社会上抬高其地位。东汉政府选择人才的方法，大体虽与西汉相同，而其范围的广泛，与名额的增多，皆较优于西汉。东汉选举诸科之中，虽有贤良方正直言极谏、博士弟子甲乙科（甲科为郎中，乙科为太子舍人）、孝廉廉吏至孝有道、淳厚质直仁贤茂才四行[①]、明经等科。然最重要者，则为孝廉与茂才。按西汉旧制，郡国各举孝廉一人，而东汉初年便已增加名额，改为郡国人口廿万者，即举孝廉一人。《百官志》注又载建武十二年的诏书云："三公举茂才各一人，廉吏各二人，光禄岁举茂才四行各一人，察廉吏三人，中二千石岁察廉吏各一人，廷尉、大司农各二人，将兵将军岁察廉吏各二人，监察御史、司隶、州牧岁举茂才各一人。"此种朝中大臣贡举数目，虽如此规定，但以后随时增加，并未限于此数。至于郡国所举孝廉，虽有廿万人举一人的规定，但到了和帝初年，已改为每郡人口在二十万以上者，一律举二人。然至其永元五年（94），已因司徒丁鸿及司空刘芳的建议，改为郡国每二十万人即岁举孝廉一人，廿万以上依此类推。其不满二十万者二岁一人，不满十万者三岁一人。后至永元十三年（102）更诏边郡人口在十万以上者，岁举孝廉一人，不满十万者，二岁一人，五万以下者，三岁一

[①] 《百官志》注引《汉官仪》曰："一曰德行高妙、志节清白；二曰经明行修，能任博士；三曰明晓法律，足以决疑，能按章覆问，才任御史；四曰刚毅多略，遭事不惑，明足照奸，勇足决断，才任三辅令。"又按《吴祐传》："四行者，敦厚、质朴、谦让、节俭也。"

人。凡在举数者，到京之后，即任为三署郎，再由此转为他职。① 当时因为限额宽大，若干地主阶级的士大夫便纷纷参加到政府中去。到了后来，"荣路既广，觖望难裁，自是窃名伪服，浸以流竞。权门贵仕，请谒繁兴"②，政府中既有人满之患，而贡举之中作弊的花样又多，所以在顺帝阳嘉元年（即132年）因议郎左雄的请求，而有限年与考试之法了。（孝廉年未满四十不得察举，皆先诣公府，诸生试家法，文吏课笺奏。）

7. 东汉士大夫进身之阶之二——征辟

汉代士大夫参预政治的途径，除贡举之外，尚有征辟一途。汉制，内自公卿，外至牧守、县令，皆得征辟曹掾。自西汉之时，固已如此；而东汉一代，尤有甚焉。东汉公卿，每以辟士相高，故徐天麟曰："卓茂习《诗》《礼》为通儒，而辟丞相府史（按此事在西汉时，所谓丞相府者，乃孔光之府）；蔡邕少博学好词章，而辟司徒桥玄府（在灵帝时）；周举博学洽闻，为儒者宗，而辟司徒李郃府（在桓帝延熹时）。又有五府俱辟如黄琼者（当在顺帝永建前），四府并命如陈纪者（在党锢之后）。往往名公巨卿以能致贤才为高，而英才俊士以得所依秉为重。"③ 故其始虽位置甚卑，然其名位素重，升迁转速，浸假而习以成风。于是郡县之吏，虽名贤亦不耻为之。如"（安帝时）胡广之贤，而不免仕郡为散吏。（明帝时）袁安世传易学，而不免为县功曹。（桓帝时）应奉读书五行并下，而为郡决曹吏。王充之始进也，刺史辟为从事。（桓帝时）徐稚之初筮也，太守请补功曹。盖当时仕进之路如此，初不以为屈也。"（徐天麟语）④

---

① 原稿眉注：著五官左右中郎将者也。
② 《后汉书》左雄等传论。《后汉书》卷六一《左周黄列传》。
③ 《文献通考》卷三九《选举考十二》。
④ 《文献通考》卷三五《选举考八》。

浸至君主亦闻特辟，待以不次之位。若光武之时，"若薛方、逄萌，聘而不肯至，严光、周党、王霸，至而不能屈"①。其后顺帝时，征辟鲁阳樊英，初至之时，"朝廷设坛席，犹待神明"②。故士大夫多傍游山林以自养望，累辞辟召以退为进。而政府乃更因此而仰慕声名，如顺帝永建中的黄琼，桓帝延熹中的杨著，皆其著例也。

当时的士大夫如果能由贡举或辟召得以从政，自然可以与实际的政治发生关系，即令不能与实际的政治有关系，然其声名所至，在社会上亦自有其应得的地位。如王符之为度辽将军皇甫规所接待，"时人即为之语曰：徒见二千石，不如一缝掖，言书生道义之为贵"③。处士声名，于此可见一斑。

二、门阀与清议

东汉时，士大夫既成为一种特殊的人物，故对于当世的政治与社会不能毫无影响，举其最著者而言之，则为门阀与清议。门阀，乃士大夫在社会上的表现，清议则又为士大夫过问政事方式的一种，然两者又互有关系。今分论之如后。

1. 门第的形成

门第在魏晋南北朝时，为地主阶级在社会上表现的一种形式。但其形成之时，则不自魏晋南北朝时始，汉代即已有之，东汉时即

---

① 《后汉书》卷八三《逸民列传》。
② 《后汉书》卷六一《左周黄列传》。
③ 《后汉书》卷四九《王充王符仲长统列传》。

相当明显。在其时,门第实为王室与贵族之外另一种新兴的地主阶级,而士大夫实为其中的主要人物。形成门第的原因,盖有数种。汉儒讲学,原本家法,师徒相授,自成体系,而私家教授尤能子孙相传。既然社会上相与推崇,自然历久其风不泯,故隐然能成为一时大家,为社会所器重。最能表示其时的门第者,莫如孔氏。按《后汉书·儒林·孔僖传》,"僖为安国之后,自安国以下,世传《古文尚书》《毛诗》"。又《党锢·孔昱传》,昱,"七世祖霸,成帝时历九卿……自霸至昱,爵位相系,其卿相牧守五十三人,列侯七人。昱少习家学(《尚书》)"。而当世有名一时的孔融,亦为孔霸七世孙。然孔氏系出孔子,其门庭鼎盛,或非偶然。至如伏氏,则自伏生(胜)于文帝时以《尚书》教授之后,以迄于献帝时之伏完,几与两汉相共长久。故其(伏湛)《传》云:"初自伏生以后,湛又以《诗》名家,世传经学,清静无竞,故东州号为'伏无斗'。"又如郑兴,则以治《左传》于王莽时起家,传至其玄孙泰,亦与东汉共长久。再如张霸,以通五经起家于建武、永平之世,已有盛名,其裔孙(玄)直至东汉末年犹有声名。再如桓荣,曾以《尚书》授明帝,迄其玄孙彬,犹与蔡邕齐名。更如杨震(《尚书》),则其八世祖杨喜,高帝时以功封侯。其高祖杨敞,昭帝时为丞相。自震父宝已以经学著名于建武之时。迄至其玄孙修之时,已达于汉末,盖其家世,较东汉尤为长久。他如袁氏、荀氏(袁安之祖良自平帝时即以《孟氏易》教授,荀淑著名于安帝时),皆其著者。其二,当时既以经学为显学,故累代传经之家,贡举、征辟二途皆易获得出路,自易与政治相接近,而能张大其门庭。故东汉时累代公卿之家已非稀事。如杨氏,杨震曾为司徒、太尉(安帝时),震子秉曾为太尉(桓帝时),秉子赐又为司徒、司空(灵帝时),赐子彪又为司徒、司空、太尉(献帝时);如袁氏,袁安曾为司空、司徒(章帝、和帝时),安子敞(安帝时)、安孙汤为司空、司徒、太尉(桓帝时),汤子逢(灵帝时)、逢弟隗先其兄为三公,官至太傅。故臧洪谓袁氏四世五公，比杨氏更多一公云。其三，当时贡举、孝廉一途，最所注重。既重视孝弟，则已是实际上提倡大家族的存在。如应劭《风俗通义·过誉篇》所云，凡兄弟"同居，上也；通有无，次也；让，其下耳"。是以蔡邕与叔父、从弟同居，三世不分财，乡党高其义。此种大家族的存在，虽不同于豪强，然在社会上已有相当的力量。如袁氏为汉末名族，当乱离之世，袁绍兄弟颇为人心所归，即可见其一斑。

2. 清议

东汉士大夫赖贡举与辟召诸途，得以实际参与政治。如何能得政府的贡举与辟召，则必注意于名节。故凡能得名者，莫不全力以赴之。故竟成一时的风尚。故政府以孝廉为贡举的科目，故士大夫亦充分在孝与廉二字上做文章，父母在必以孝称，父母殁则以久丧为显名之术。如青州民赵宣父死，行服二十余年。由父母推之于君亲，故举主郡将之殁亦皆服丧。① 此为由孝字所演绎者。廉以励己，自为为政者必备的条件，然未从政以前，所以能显示廉者，莫不极力赴之，如让爵于兄弟②，析居推财③，一介不取于人等，皆为时人所标榜，以求其能得贡举与辟召。

士大夫既持此律己，自然可以持此律人，互相标榜，互相批评，隐然遂成为当世人士立身处世的标的。如《后汉书·许劭传》所载，劭与其兄靖俱有高名，好共覈论乡党人物，每月辄更其品题，故汝南俗有月旦评，为所评奖者多显于世。袁绍以公族豪侠，归里之时，车徒甚盛，然恐为许劭所褒贬，故抵郡界之时，即省约车骑，单车

---

① 原稿眉注：为举主服丧者，如荀爽之于袁逢；为郡将服丧者，如显宗时李恂之于其郡牧李鸿。
② 原稿眉注：让爵于弟者，如邓彪于明帝让爵于弟凤。
③ 原稿眉注：推财如明帝时许武弟晏普。

归里。又如郭泰、符融等，皆显名一时，其所品题，皆为名儒。此等事本为求售于贡举与辟召而起，然其后竟因之而影响及于贡举与辟召。故所谓名士每优游养望，以退为进（如避聘不就、却聘为高），期能以布衣而致位三公。①

清议的目标，其初本为社会士大夫一般的评价，其后渐转而至于议政。盖贡举与辟召的归宿，终将至于政治也。虽然此尚有二原因在，其一，东汉儒学的盛行，固为其初年光武、明、章所提倡，然当安帝之后，儒风转见陵替，所以然者，所谓儒术已落于章句之学，支离破碎，不足以厌贤俊的要求，使其不能潜心求益。其二，东汉中叶以后，政治日趋于腐败，尤其是宦官与外戚相互柄政，更使危难的局面不易挽回，于是士大夫尤其是一般太学生，遂转移其对于社会一般人的评价，而注目于实际的政治，其力量之大，亦往往可转移到实际政治的进展。

三、东汉士大夫与外戚宦官的冲突与党锢之狱

1. 士大夫与外戚

东汉中叶以后的政治是掌握在外戚与宦官的手中，外戚与宦官的势力互为消长，然自其综合的观察，固同为王室的不长进，是王室与贵族同趋于堕落衰亡的表示。然东汉自光武、明、章以后，对于新兴的地主阶级中士大夫的奖励与提倡，又无微不至。而社会上

---

① 如陈寔之官仅太丘长，家居后，每三公缺，议者多归之。太尉杨赐、司徒陈耽每以寔未登大位，而身先之，常以自愧。郑康成绩学著名，公车征为大司农。而荀爽为董卓所辟，自布衣至三公，凡九十五日。

的清议，又完全操在士大夫之手。士大夫既崇尚名节，以名节律己律人，自不满意于王室的堕落衰亡。既不满意，自必起而批评纠正，于是冲突不能避免。东汉从安帝时起迄于顺帝，外戚的专权者四族，即安帝时的窦宪，殇帝时的邓骘，安帝时的阎显，顺帝时的梁冀。每次外戚执政之时，即为士大夫所反对，于是外戚与士大夫之间发生冲突。士大夫仅恃清议，而外戚则掌握实权，故士大夫多得罪，或以致死。如和帝时的尚书仆射郅寿、乐恢，及司徒袁安、司空任隗、尚书韩棱、司徒丁鸿、尚书何敞、河南尹张酺，皆与窦宪发生冲突，或以致死。安帝时的郎中杜根与邓氏发生冲突，太尉杨震、尚书翟酺、尚书陈忠与阎氏发生冲突，顺帝时御史张纲、侍御史朱穆、郎中皇甫规又与梁氏发生冲突。冲突发生，士大夫每归于失败。等到外戚的跋扈面目完全暴露之时，王室欲排去外戚，而与外戚发生冲突的士大夫也或贬或死，不能得其助力。于是不能不求助于宦竖，故当时为王室驱逐外戚，即为宦竖。在若干场合之中，士大夫对于宦官尚抱同情之心。如顺帝时宦官孙程将被贬逐，赖司徒朱伥为之谏止。

但是宦官一辈终是寺竖小人，小人得权之后，其气焰之高，害民之甚，反比外戚更高一等。他们不仅本人出入于宫廷之中，钳制王室的政柄，他们的子弟宾客，又皆散布于州郡各地。此在以正议自命的士大夫视之，自亦不可忍受。故宦官与士大夫间的冲突，亦必然的发生。士大夫向之与外戚冲突，尚不可胜，因外戚之于王室，中间究有一段距离，外戚所恃者仅为宫闱中的助力。仅此一点，士大夫已不能与外戚争胜。而宦官之于王室，较之外戚，又更亲密一步，故士大夫与之相争，自亦难以取胜。士大夫既不易取胜于宦官，于是又联合外戚，共同排除宦官。桓帝时士大夫与窦武的联合，灵帝殁后，士大夫与何进的联合，皆是此种表现。但是外戚的腐化没落，在贵族的社会中，已成不可避免的趋势。窦、何二氏当然亦非例外。士大夫不思取得新兴势力的援助，而反与此等没落的势力相联合，结果只有同归于失败的一途。

当时士大夫与宦官最大的冲突，是所谓党锢之狱。党锢之狱起于桓帝的延熹八年（165）。其时司隶校尉李膺，因杀河内善风角、推占者张成之子，与宦官结怨，遂兴大狱①。但党人的名称，其起始则在此事以前。据《后汉书·党锢列传》所载，则党人之名起于桓帝时的甘陵周福（帝师，后为尚书郎）及房植（河南尹）两家宾客的互相标榜（所谓"天下规矩房伯武，因师获印周仲进"②），而实际则由于其时士大夫的清议。当时士大夫既对于政治不满，自然加以评论。而危言深论，不隐豪强，遂成为代表社会上一部分人士的力量。此种力量与宦官恶势力的冲突，已成不可避免之势，李膺的杀死张成之子与宦官结怨，不过是其冲突的表面化而已。

李膺与宦官的交恶，吾人可以看作此两种势力在中央政府中的冲突。在此以前，各地州郡的宦官党羽与士大夫的冲突，已随处可见。如杜密为太山太守、北海相时，即已收捕宦官子弟为令长而有奸恶者；刘祐为河东太守，收没中常侍管霸所侵占人民的财产；朱穆为冀州刺史，以宦官赵忠葬父僭用玉匣等物，因剖其棺陈尸，并收其家族；荀昱为沛相，荀昙为广陵太守，志除宦官其支党有在二郡者，纤罪必诛。甚至朱震为兖州从事，奏济阴太守单匡赃罪，并连匡兄中常侍单超，遂收匡下廷尉。同样，宦官对于士大夫亦积极报复，遇隙必入。如《侯览传》，小黄门段珪家在济阴，与览并立田业，近济北界，仆从宾客侵犯百姓，劫掠行旅，济北相滕延一切收捕，杀数十人，陈尸路衢。侯览诉诸桓帝，征延诣廷尉。而左悺兄滕为河东太守，皮氏长赵岐不愿为之属，于是弃官归去。其后唐衡兄珪为京兆尹，遂将岐家属宗亲陷以重法尽杀之。宦官及其亲属，

---

① 原稿眉注：《党锢传》，成弟子牢修，因上书诬告膺等养太学游士，交结诸郡生徒，更相驱驰，共为部党，诽讪朝廷，疑乱风俗。于是天子震怒，班下郡国逮捕党人，布告天下，使同忿疾。

② 《后汉书》卷六十七《党锢列传》。

既为民害，自非士大夫阶级所能容忍，故必欲诛灭，于是引起宦官的报复，迄无已期。此两种势力的冲突，更由在地方的冲突转为在中央政府的冲突。如桓帝时，杨秉为太尉，以宦官任人及子弟为官布满天下，竞为贪淫，朝野嗟怨。秉与司空周景劾奏牧守以下匈奴中郎将燕瑗、青州刺史羊亮、辽东太守孙谊等五十余人，或死或免，遂连及中常侍侯览、具瑗等皆坐黜，天下肃然。其后秉复奏侯览弟参为益州刺史而暴虐一州，乃征参诣廷尉，参畏罪自杀，秉因劾览，因并免览官。其时李膺为司隶校尉，中常侍张让弟朔为野王令，贪残无道，惧膺按验，逃还京师，匿于让家，藏于合柱之中。膺知之，率将吏破柱取朔，付狱杀之。而韩演为司隶校尉，奏中常侍左悺罪并及其兄（太仆）称，请托州郡，宾客放纵，侵犯吏民。悺、称皆自杀。而宦官方面自亦不放松，如东海相黄浮杀宦官徐璜之兄及其家属，为徐璜所奏，浮竟坐免。太原太守刘瓆及南阳太守成瑨亦以考杀宦官及其羽党（小黄门赵津及南阳大猾张汜）皆为宦官所奏，死于狱中。

2. 第一次党锢之狱

自李膺于桓帝延熹八年（165）杀死张成之子，成不惟沟通宦官，且以推占术为桓帝所信任。于是诬告"膺等养太学游士，交结诸郡生徒，更相驱驰，共为部党，诽讪朝廷，疑乱风俗"[①]，于是激怒了桓帝，下令逮捕党人李膺、陈寔等二百余人。到永康元年（167），才因尚书霍谞与城门校尉窦武的请求，乃赦归田里，禁锢终身。

---

① 《后汉书》卷六十七《党锢列传》。

3. 第一次党狱后的士大夫

虽然当时士大夫遭受到宦官的打击，而若干挂名党籍的人也遭禁锢，但这并不能阻止了士大夫的清议风气。加以宦官气焰更盛，士大夫之间也互相标榜，于是有三君、八俊、八顾、八及、八厨等的称号，以表示士大夫在社会上的地位。（据《后汉书·党锢列传序》，窦武、刘淑、陈蕃为三君，君者，言一世之所宗也。李膺、荀昱、杜密、王畅、刘祐、魏朗、赵典、朱㝢为八俊。俊者，人之英也。郭林宗、宗慈、巴肃、夏馥、范滂、尹勋、蔡衍、羊陟为八顾。顾者，言能以德行引人者也。张俭、岑晊、刘表、陈翔、孔昱、范康、檀敷、翟超为八及。及者，言其能导人追宗者也。度尚、张邈、王考、刘儒、胡毋班、秦周、蕃向、王章为八厨。厨者，言能以财救人者也。）一方面继续在各地对于宦官或其子弟、宾客的不法者予以打击，如山阳郡的东部都邮张俭因奏中常侍侯览残暴百姓，所为不轨，所上章为览所截，俭遂破览冢宅，籍没赀财。而灵帝即位之后（建宁元年，168），士大夫的领袖太傅陈蕃遂与外戚大将军窦武联合，想借外戚的力量清除宦官，然以事迹不密，转为曹节、王甫所杀。于是又有第二次的党锢。

第二次党锢之狱，为灵帝建宁二年（169）事，正是陈蕃、窦武合力诛灭宦官不成被害第二年。此次党祸，据《灵帝纪》言："中常侍侯览讽有司奏前司空虞放、太仆杜密、长乐少府李膺、司隶校尉朱㝢、颍川太守巴肃、沛相荀昱、河内太守魏朗、山阳太守翟超，皆为钩党下狱（按，钩谓相牵引也。）。死者百余人，妻子徙边，诸附从者锢及五属。诏制州郡，大举钩党，于是天下豪杰及儒学行义者，一切结为党人。"据《党锢传序》，则"自此诸为怨隙者，因相陷害，睚眦之怨，滥入党中，又州郡承旨，或有未尝交关，亦离毒祸。其死徙废弃者，六七百人"。但此事并未至此终止。因为熹平元年（172）（上距建宁二年仅三年），有人在朱雀门上书写不利于宦官的字句，于是宦官又命司隶校尉段颎捕系太学诸生千余人。至五年（176）时，又因永昌太守曹鸾的上书大讼党人，于是又命凡"党人门生故吏父兄子弟在位者皆免官禁锢"。一直到中平元年（184）黄巾兵起，才解除党禁。

经过了这两次摧残，三次禁锢，前后二十年间，不惟摧残了若干士大夫，并且禁锢了大批的太学生。使自东汉以来，由于王室及贵族所奖掖扶持的士族，受到了严重的打击。人之云亡，邦国之瘁。士大夫究竟还是当时的地主阶级中的优秀分子。如今这些优秀分子都被摧残殆尽，东汉所恃以立国的，此时已毫无所有了。虽然还有一些所谓士大夫，但已不是高风亮节之人，而是顽钝无耻之辈，这些顽钝无耻之辈，只能奔走于恶势力的门庭，于社会是毫无补益的。

4. 党狱之后的宦官

自党锢之役兴，而窦武、陈蕃又未能诛灭宦官，反为宦官所诛灭，于是宦官的气焰更形高涨。如《后汉书·宦者传》中的曹节、张让等，"父兄子弟皆为公卿、列校、牧守、令长，布满天下"，"父兄子弟，布列州郡，所在贪残，为人蠹害"[1]，较前益甚，这时正直敢言的人都已摧残完了，人民所受的压迫与痛苦再无人敢为之请命。于是在毫无希望之中，人民只好起义了。当时地主政权虽能将人民起义的军力削平了，但对于宦官的痛恨，延及到社会的每一个角落。于是而有中平六年（189）的大诛宦官之事。宦官的势力虽彻底由东汉王朝中剔除净尽，而东汉的王朝也为宦官侵蚀到垂死的阶段。所以在中平之后，东汉换了一种新的局面。这种新的局面，正是由统

---

[1] 按灵帝时张让、赵忠、夏恽、郭胜、孙璋、毕岚、栗嵩、段珪、高望、张恭、韩悝、宋典等十二人，皆为中常侍，所谓"十常侍"。

一的帝国过渡到分裂的割据时代的一个桥梁。

　　吾人尚应该提到的，前面所说的党锢之狱，固然宦官对于当时的士大夫予以惨酷的打击，但对于当时的整个的士族并未能摧毁。等到宦官与外戚先后从王室中剔除出去，士族却经过了相当时期的休息，而重新保持其在社会上的地位。这时东汉统一的王室，既已不能振作，于是再度兴起的士族，各随其环境的不同，而结成若干的集团。这些集团表现在东汉末年的诸侯互相攻击之中，表现在以后割据局面之下，在这战争与割据的过程中，士族更得到新的发展，而另有它的新的历史任务。

永嘉乱后江左人士之恢复事业①

永嘉乱后中原人士不堪胡骑蹂躏，相率渡江，新居粗安，而故国之思，骤难遗忘。新亭对泣②，正为当时名士之写照。然江东初创，实力未充，恢复之计似尚无由顾及，且过江之名士，承中朝清谈之余风，抑亦无力为此。王导虽有其志，而未能有所作为。是时抱恢复之大志，殆惟祖逖一人。据《晋书》逖本传所载，元帝虽嘉尚其志，而未有所资助，仅给千人，廪布三千匹，而不给铠仗，使自招募。逖所将者，仅本流徙部曲百余家，得士不过两千人。然犹为晋克复黄河以南之故土。及王敦与刘隗等构隙，竟发病而卒。及成帝时，庾亮等以国之懿亲，承石勒新死，锐意恢复，不意其将辅国将军豫州刺史毛宝为石季龙败于邾城，竟无功而还。穆帝永和时，石季龙死，晋朝欲荡平关河，以殷浩为中军将军，前锋已据仓垣（今河南开封县地），而姚襄反（襄，姚弋仲子，先降于晋），乃败归，为桓温奏免（时穆帝永和九年也）。殷浩去后，桓温（温于穆帝永和二年伐蜀灭李势）以征西大将军于永和十年伐秦（前秦苻健）③进至霸上，耆老皆曰，不意见图今日复见官军。苻健清野固

---

① 此文用钢笔写在竖排朱印稿纸上。当撰于20世纪40年代。整理者注。
② 《晋书》卷六十五《王导传》："过江人士，每至暇日，相要出新亭饮宴。周顗中坐而叹曰：'风景不殊，举目有江河之异。'皆相视流涕。惟导愀然变色曰：'当共勠力王室，克复神州，何至作楚囚相对泣耶！'众收泪而谢之。"
③ 《晋书》卷九十八《桓温传》："温欲率众北征，先上疏求朝廷议水陆之宜，久不报。时知朝廷杖殷浩等以抗己，温甚忿之，然素知浩，弗之惮也。（及浩败）……乃奏废浩，自此内外大权一归温矣。"

守，温粮尽乃归。至十二年，姚襄入许昌，温（时为太尉）复奉诏讨之，襄走，乃以河南太守戴施镇洛阳。其后，废帝太和时（四年），温复悉众北伐前燕，军至枋头，以军粮不济，焚舟而退，慕容垂由后追至，大败于襄邑。①

安帝时刘裕执政，复图北伐，义熙五年，灭南燕慕容超。八年，遣朱龄石（西陵太守）征谯纵，平之。十二年，复西伐后秦，擒姚泓。正欲经营赵魏，忽闻前将军刘穆之卒，仓促归来，留子义真镇长安，赫连勃勃因乘机取关中，北方复失。

东晋偏安之后颇有意于恢复，虽王导等力不从心，然中原流人实未忘情于故土。故各地遍设侨州郡县，以示本为暂居之处，非久经之图也。其后流亡日久，渐安新居，遂亦不复思故土矣。哀帝隆和元年，桓温上疏请还都洛阳，散骑常侍孙绰即上疏曰："今自丧乱以来，六十余年，河洛丘墟，函夏萧条，士民播流江表者已经数世。存者老子长孙，亡者丘陇成行，虽北风之思感其素心，目前之哀实为交切。"而桓温败于枋头，孙盛即于《晋阳秋》中大书特书，后盛子惧桓温势，将欲删改，盛乃以一本寄于慕容儁。其忘国家之大事而快意于一时，良可慨也。

流民虽以侨州郡县制而苟安于一时，然为日既久，流弊丛生，且流人生子长孙一同土著，故东晋时迭行土断，以为整饬流人生活，乃告一段落。东晋之土断时期如下：

成帝咸和中。

成帝咸康七年。

哀帝兴宁元年（是年为庚戌，称庚戌土断，乃桓温所主持）。

安帝义熙九年（刘裕所主持）。

---

① 太元八年淝水之战乃抵抗前秦之深入，算不得恢复也。

中古时期民族之迁徙与五胡乱华[1]

春秋以前及春秋初年，夷夏杂居，因其生活习惯、语言风俗之互不相同，而时起争执。春秋前期之霸主如齐桓晋文所倡导之尊王攘夷之号召，即针对此时代之要求。自兹厥后，中华民族不惟消灭或同化杂居于中原各地之夷人，且进而向外扩展，此种扩展至秦皇汉武之时而至臻于相当阶段。自秦皇以至汉武，不惟极力开拓土宇，抵抗外族之内侵，且不断地由内地徙民实边，为经久之计。秦时戍五岭、防北河及汉时之移民于河西及五原、朔方诸新郡，皆为其有力之设施。

此种有力之设施至汉宣帝乃逐渐逆转。宣帝时，匈奴内乱，五单于争立[2]，呼韩邪单于势强，遂并诸部。未几呼韩邪单于之兄左贤王呼屠吾斯亦自立为郅支骨都侯单于。呼韩邪单于与之战，大败，于甘露元年款五原塞内降。宣帝乃处之于塞下。是为秦皇汉武以后外族内徙之始。

及光武初立，复内徙匈奴于西河等地。《后汉书·南匈奴传》：

> 匈奴数与卢芳共侵北边。（建武）九年，遣大司马吴汉等击之，经岁无功，而匈奴转盛，钞暴日增。十三年，遂寇河东，州郡不能禁。于是渐徙幽并边人于常山关、居庸关已东。匈奴

---

[1] 此文原稿用钢笔写在竖排朱印稿纸上，与《永嘉乱后江左人士之恢复事业》一文同册。整理者注。

[2] 五单于为呼韩邪单于（左部稽侯）、屠耆单于（右部日逐王）、呼揭单于（西方呼揭王）、车犁单于（右奥鞬王）、乌籍单于（右部乌籍都尉）。

左部遂复转居塞内。……（二十六年）诏乃听南单于入居云中，……复诏单于徙居西河美稷。……南单于既居西河，亦列置诸部王，助为扞戍，使韩氏骨都侯屯北地，右贤王屯朔方，当于骨都侯屯五原，呼衍骨都侯屯云中，郎氏骨都侯屯定襄，左南将军屯雁门，粟籍骨都侯屯代郡，皆领部众为郡县侦罗耳目。

匈奴之入居内地固由政府对外族施行羁縻政策，然亦因北边居人过少之故（北边居人多以乱离时归来）。

东汉初年不惟徙匈奴于内地，且复徙羌徙蛮（徙羌始于西汉宣帝时赵充国处降羌于金城），东汉徙羌为：

建武十一年马援徙先零羌置天水、陇西、扶风三郡。

永平元年马武徙羌于三辅。

永元十三年，侯霸（金城太守）徙羌于汉阳、安定、陇西。

其徙蛮者为：

建武廿三年刘尚徙巫蛮于沅中。

永元十三年荆州兵徙蛮于沅中。

所以如此之迁徙者，盖以其既居内地，自可易于控制，且可以使之同化也（按光武时又有徙乌桓于内地事）。《后汉书·乌桓传》：

（建武）二十二年，匈奴国乱，乌桓乘弱击破之。匈奴转北徙数千里，漠南地空。帝乃以币帛赂乌桓。二十五年，辽西乌桓大人郝旦等九百二十二人率众向化，诣阙朝贡。……于是封其渠帅为侯王君长者八十一人，皆居塞内，布于缘边诸郡，令招来种人，给其衣食，遂为汉侦候，助击匈奴、鲜卑。……明、章、和三世，皆保塞无事。

然大举徙胡入居内地及撤废沿边郡县，乃东汉末年事。《三国志·魏志·武帝纪》：

（建安）廿年，省云中、定襄、五原、朔方郡，郡置一县领其民，合以为新兴郡。

《后汉书》王氏集解：

惠栋曰：《十三州志》，汉末大乱，匈奴扰边，自定襄已西尽云中雁门之间遂空，建安中，丞相曹公集荒郡之户以为县，聚之九原界，以立新兴郡，领九原等县，属并州。先谦曰：并州刺史部，三国魏得汉旧郡，……自朔方、五原、上郡、云中、定襄东至陉岭以北陷于狄。

《晋书·匈奴传》：

魏末，复改帅为都尉。其左部都尉所统可万余落，居于太原故兹氏县；右部都尉可六千余落，居祁县；南部都尉可三千余落，居蒲子县；北部都尉可四千余落，居新兴县；中部都尉可六千余落，居大陵县。

而乌丸种人亦散布于幽并诸州，辽西、上谷、右北平三郡、乌丸之精骑更驰名于天下。《魏志·乌丸传》：

建安十一年，太祖自征蹋顿……皆降，及幽州并州（阎）柔所统乌丸万余落，悉徙其族居中国，帅从其侯王大人种众与征伐，由是三郡乌丸为天下名骑。

其氐人之徙于内地者，则见之于《三国志·魏志·乌丸等传》注引《魏略》：

《西戎传》曰：氐人有王，所从来久矣。……建安中，兴国氐王阿贵、白项氐王千万各有部落万余，至十六年，从马超为乱。超破之后，阿贵为夏侯渊所攻灭，千万西南入蜀，其部落不能去，皆降。国家分徙其前后两端者，置扶风、美阳，今之安夷、抚夷二部护军所典是也。

及于西晋初年，诸族杂居中土之势已成，然犹有继来者。《晋书·匈奴传》：

武帝践阼后，塞外匈奴大水，塞泥、黑难等二万余落归化，帝复纳之，使居河西故宜阳城下，后复与晋人杂居，由是平阳、西河、太原、新兴、上党、乐平诸郡靡不有焉。……至太康五年，复有匈奴胡太阿厚率其部落二万九千三百人归化。七年，又有匈奴胡都大博及萎莎胡等各率种类大小凡十万余口，诣雍州刺史扶风王骏降附。明年，匈奴都督大豆得一育鞠等复率种落大小万一千五百口，牛二万二千头，羊十万五千口，车驴什物不可胜纪，来降，并贡其方物，帝并抚纳之。

吾人即就所谓五胡十六国之君长之居地观之，亦有可觇其时异族分布之情形。

刘　渊　　新兴匈奴人。
吕　氏　　略阳（今泰安东北）氐人。
石　勒　　上党武乡（今山西榆社县）羯人。
秃发氏　　河西鲜卑人。
慕容廆　　昌黎棘城鲜卑人。
沮渠氏　　临松（今张掖附近）卢水胡人。
李　特　　巴西宕渠（今渠县东北）氐人。
赫连氏　　匈奴人。
苻　氏　　略阳临渭氐人。
姚　氏　　南安（陇西东北）赤亭（今陇西县西）羌人。
乞伏氏　　陇西鲜卑人。

华戎杂居易致不安，晋武初年侍御史西河郭钦及山阴令江统皆倡徙戎之论，而执政者不能用。《晋书·匈奴传》云：

> 侍御史西河郭钦上疏曰："戎狄强犷，历古为患。魏初人寡，西北诸郡皆为戎居。今虽服从，若百年之后有风尘之警，胡骑自平阳上党不三日而至孟津，北地、西河、太原、冯翊、安定、上郡尽为狄庭矣。宜及平吴之威，谋臣猛将之略，出北地、西河、安定，复上郡，实冯翊，于平阳巳北诸县募取死罪，徙三河、三魏见士四万家以充之，裔不乱华，渐徙平阳、弘农、魏郡、京兆、上党杂胡，峻四夷出入之防，明先王荒服之制，万世之长策也。"（武）帝不纳。

又《江统传》云（统时为山阴令）：

时关陇屡为氐羌所扰，孟观西讨，自擒氐帅齐万年。① 统深惟四夷乱华，宜杜其萌，乃作《徙戎论》。其辞曰："……建武中，以马援领陇西太守，讨叛羌，徙其余种于关中，居冯翊、河东空地，而与华人杂处。……雍州之戎，常为国患，中世之寇，惟此为大。汉末之乱，关中残灭。魏兴之初，与蜀分隔。疆场之戎，一彼一此。魏武皇帝令将军夏侯妙才（渊）讨叛氐阿贵、千万等，后因拔弃汉中，遂徙武都之种于秦川。欲以弱寇强国，扞御蜀虏。此盖权宜之计，一时之势，非所以为万世之利也。……当今之宜，宜及兵威方盛，众事未罢，徙冯翊、北地、新平、安定界内诸羌，著先零、罕幵、析支之地，徙扶风始平京兆之氐，出还陇右，著阴平、武都之界。廪其道路之粮，令足自致，各附本种，反其旧土，使属国、抚夷就安集之，戎晋不杂，并得其所。……且关中之人百余万口，率其少多，戎狄居半。……并州之胡，本实匈奴，……汉宣之世，……不能自存，依阻塞下，委质柔服。建武中，南单于复来降附，遂令入塞，居于漠南。……中平中，以黄巾贼起，发调其兵，部众不从，而杀羌渠，由是于弥扶罗求助于汉，以讨其贼。仍值世丧乱，遂乘衅而作，卤掠赵魏，寇至河南。建安中，又使右贤王去卑诱质呼厨泉，听其部落散居六郡。（元帝陈留王奂）咸熙之际，以一部太强，分为三率。泰始之初，又增为四。……今五部之众，户至数万，人口之盛，过于西戎。……若有不虞风尘之虑，则并州之域可为寒心。荥阳句骊本居辽东塞外，（齐王芳）正始中，幽州刺史毋丘俭伐其叛者，徙其余种。始徙之时，户落百数，子孙孳息，今以千计，数世之后，必至殷炽

---

① 按《惠帝纪》元康六年五月，匈奴郝散弟度元帅冯翊、北地马兰羌、卢水胡反，攻北地。……八月，雍州刺史解系又为度元所破。秦雍氏、羌悉叛，推氐帅齐万年僭号称帝。……九年，春正月，左积弩将军孟观伐氐，战于中亭，大破之，获齐万年。

……"帝不能用。未及十年，而夷狄乱华。

西晋永嘉时五胡乱华，为中古时代民族迁徙之最剧烈者，其原因固由于自两汉之时异族入居内地，养虎贻患，然其时社会风尚之萎靡及王室之腐败，曷尝不为其主要之原因。兹请先言其时社会萎靡之情形。自东汉之末，经生讲习章句渐至琐碎，而忘其大意，已不足以厌识者之心。然诸经师及贤士大夫尚标榜忠孝之说，足以维系人心，及曹操建安三令求贤，而不忠不孝者反居高位，遂引起士大夫阶级之反动。而清谈之说以起。顾炎武《日知录》云：

> 魏明帝殂，少帝（即齐王）即位，改元正始，……一时名士风流，盛于雒下，乃共弃经典而尚老庄，蔑礼法而崇放达。……自此以后，竞相祖述。

世言清谈之风始于何晏、王弼（晏时为尚书）。然何晏、王弼尚有济世之志①，其后诸人率皆趋于颓废。西晋之何曾为武帝司徒，进位太傅，为一时大臣，及侍武帝宴，谓武帝无"经国远图，惟说平生常事"，而预料其后必遇乱亡，然曾亦曾无献替于国事者。又如王衍，惠帝时亦居高位②，了无建树，及国危急，委以大位，乃曰："吾少无宦情，随牒推移至此。"及为石勒所俘，勒问以晋之兴亡，乃云"计不在己"。直至将为石勒所杀，乃曰："呜呼，吾曹虽不如古人，向若不祖尚浮虚，勠力以匡天下，犹可不至今日。"如此辈居高位之人乃竟不勠力以匡天下，天下宁能不乱耶。

魏晋之时，曹氏及司马氏皆不以正道得天下，不惟不能提倡气节，又从而破坏之，防范之。至于此时，士大夫欲求如东汉末年之臧否人物、谈论政治，亦不可得。阮籍、嵇康皆一时卓著声名之士，然皆与俗浮沉以避祸患，然嵇康卒以此致死。故士大夫处此环境之

---

① 钱先生云，何晏诸人于当时朝政实欲有所更张，而何晏任选举，内外众职各得其才，而夏侯玄之论政，上进贾、董，尤非东汉所逮。是虽不脱清玄名士之习，究不至于过于颓废也。

② 惠帝时为司空、司徒，怀帝时以太尉为太傅。

下，不能不趋尚虚无，优游清谈，而致力于明哲保身之术。寖至举国无可用之人，能不悲哉！

此风至东晋南朝而又益盛。《晋书·王羲之传附子徽之传》云："为大司马桓温参军，蓬首散带，不综府事。又为车骑桓冲骑兵参军，冲问：'卿署何曹？'对曰：'似是马曹。'又问：'管几马？'曰：'不知马，何由知数！'又问：'马比死多少？'曰：'未知生，焉知死？'尝从冲行，值暴雨，徽之因下马排入车中，谓曰：'公岂得独擅一车！'冲尝谓徽之曰：'卿在府日久，比当相料理。'徽之初不酬答，直高视，以手版柱颊云：'西山朝来致有爽气耳。'"社会及政治场合中尽为此等人，社会如何不紊乱，政治如何不糟糕？

社会上风气既如此，又适逢西晋王室之不竞，遂共构成永嘉之乱之原因。晋武帝承其祖、父懿、师、昭之余荫，继魏称尊号，即位时仅二十九岁，在位二十六年①，为晋室最兴隆之时，然其荒怠之情形，殊不足为一代开国之君主。前举何曾之言，知武帝以开国之君主，平日即无经国之大计。又《晋书·胡贵嫔传》云：

> 时帝多内宠，平吴之后，复纳孙皓宫人数千，自此掖庭殆将万人。而并宠者甚众，帝莫知所适，常乘羊车，恣其所之，至便宴寝。宫人乃取竹叶插户，以盐汁洒地，而引帝车。

武帝子惠帝最为不慧，而其后贾氏又行为乖僻而干政事，遂招致八王之乱。八王者：

1. 汝南王亮，宣帝第四子；
2. 楚王玮，武帝第五子；
3. 赵王伦，宣帝第九子；
4. 齐王冏，景帝子齐王攸子；
5. 长沙王乂，武帝第六子；
6. 成都王颖，武帝第十六子；

---

① 泰始十年、咸宁五年、太康十年、太熙一年。

7. 河间王颙，宣帝弟安平王孚之孙；

8. 东海王越，宣帝弟东武城侯馗之孙。

《三国志·王粲传附阮籍传》：

　　（阮）瑀子籍，才藻艳逸而倜傥放荡，行己寡欲，以庄周为模则，官至步兵校尉。

《晋书·阮籍传》：

　　及曹爽辅政，召为参军。籍因以疾辞，屏于田里，岁余而爽诛，时人服其远识。宣帝为太傅，命籍为从事中郎。……籍本有济世志，属魏晋之际，天下多故，名士少有全者，籍由是不与世事，遂酣饮为常。文帝初欲为武帝求婚于籍，籍醉六十日，不得言而止。钟会数以时事问之，欲因其可否而致之罪，皆以酣醉获免。

《三国志·王粲传附嵇康传》：

　　谯郡嵇康，文辞壮丽，好言老庄，而尚奇任侠，至（魏元帝）景元中，坐事诛。

注引《魏氏春秋》曰：

　　康寓居河内之山阳县，与之游者，未尝见其喜愠之色。与陈留阮籍、河内山涛、河南向秀、籍兄子咸、琅邪王戎、沛人刘伶相与友善，游于竹林，号为七贤。钟会为大将军所昵，闻康名而造之。会，名公子，以才能贵幸，乘肥衣轻，宾从如云。康方箕踞而锻，会至，不为之礼。康问会曰："何所闻而来，何所见而去。"会曰："有所闻而来，有所见而去。"会深衔之。大将军尝欲辟康，康……避之河东，或云避世。及山涛为选曹郎，举康自代，康答书拒绝，因自说不堪流俗，而非薄汤、武。大将军闻而怒焉，……遂杀……康。

八王自相残杀，遂直接引起杂居内地诸胡之反叛。《晋书·刘聪载记》载聪问怀帝曰："卿家骨肉相残，何其甚也。"帝曰："此殆非人事，皇天之意也。大汉将应乾受历，故为陛下自相驱除。且臣家若能奉武皇之业，……陛下何由得之。"亦痛心之言也。

按八王之乱起自元康元年汝南王亮为太宰，楚王玮为卫将军，而至于光熙元年东海王越杀河间王颙，弑惠帝止。元康元年为惠帝即位之第二年，光熙元年为惠帝即位之第十七年。

五胡乱华始于永嘉五年，洛阳为刘曜所破，怀帝被掳。

按《晋书载记序》称其间为战国者一百三十六年。应始于惠帝永兴元年刘渊据离石称汉，而至于宋文帝元嘉十六年魏灭北凉止。①

怀帝以永嘉五年被掳，六年，愍帝以秦王即位于长安，改明年为建兴元年。及建兴四年，刘曜再犯长安，愍帝出降，晋室在北方势力，即告终绝。而元帝以琅邪王即位于建邺（因愍帝名改建康），是为东晋。

五胡者，匈奴、鲜卑、氐、羯、羌也。其时建国者凡十六国，亦有汉人在内，不尽为胡人也。② 其名称如下：

匈奴：1. 汉即前赵，刘渊刘聪称汉，刘曜称赵
　　　2. 北凉沮渠蒙逊
　　　3. 夏赫连勃勃
羯：　1. 后赵石勒
鲜卑：1. 前燕慕容廆
　　　2. 后燕慕容垂
　　　3. 南燕慕容德
　　　4. 西秦乞伏国仁
　　　5. 南凉秃发乌孤
氐：　1. 前蜀即成汉李特
　　　2. 前秦苻洪

---

① 按永兴元年前二年为太安元年，李特已于西蜀称建初元年。
② 史称十六国，不包括西燕慕容泓、辽西公段勿尘、代拓跋猗卢、宇文之宇文普回、仇池杨茂搜及蜀之谯纵也。

3. 后凉吕光

羌： 1. 后秦姚弋仲

汉： 1. 前凉张轨

2. 西凉李暠

3. 北燕冯跋

十六国之建国前后不齐，故可分为数期。

第一期，晋及赵、成汉鼎立时期。

此期可分为前后二期。前期为前赵、成汉、晋对立时期，至东晋成帝咸和四年石勒灭刘曜，乃入后期。此时期前凉张氏据凉州，而慕容氏据幽州，然尚称臣于晋。故晋人仅称赵及成汉为二寇。

第二期，晋及前秦、前燕鼎立时期。

东晋穆帝永和六年，魏冉闵杀石氏并及羯人，北方大乱。前秦苻氏据关中而前燕慕容氏据东夏。惟此时成汉已为晋灭，故仍为鼎足之势。①

第三期，晋及前秦对立之时期。

东晋废帝太初五年，前秦苻坚灭前燕，越五年，为孝武帝太元元年，复灭前凉及代，北方成一统之局，而南北对立。

第四期，晋及后燕、后秦鼎立之时期。

孝武帝太元八年，苻坚淝水战败后归来，势力崩毁，向日为其征服诸族皆纷纷独立。其时建国者为后燕慕容垂（太元九年立）、后秦姚苌（太元九年立）、西燕慕容泓（太元九年立）、西秦乞伏国仁（太元十年立）、后凉吕光（太元十一年立）、后魏拓跋珪（太元十一年立）。

孝武帝太元十九年，后秦姚兴（苌子）灭前秦苻崇，同年，后燕慕容垂灭西燕慕容永。然未几又增建数国：南凉秃发乌孤（安帝隆安元年立）、北凉段业（安帝隆安元年立。段业立四年，为沮渠蒙

---

① 张祚未久自称凉王，然其少弱，不足与秦、燕并比。代什翼犍据云中。

逊所攻杀）、南燕慕容德（安帝隆安二年立）、西凉李暠（安帝隆安四年立）。

安帝元兴二年，吕光降于西秦。然三年后（安帝义熙二年），夏建国。又二年（义熙四年），北燕灭后燕建国。又一年（义熙五年），而南燕为宋所灭。至义熙十年，西秦复灭南凉。

在此期间，北方诸国虽起伏不定，然究以后秦及后燕为强大，故能与东晋鼎足而立。

第五期，刘裕灭后秦后北方之六国。

刘裕于安帝义熙十三年北伐入关中灭后秦，北方尚余六国：

1. 后魏
2. 北凉（至宋文帝元嘉十六年为后魏所灭）
3. 西秦（至宋元嘉八年为夏所灭）
4. 夏（至宋元嘉八年为后魏所灭）
5. 西凉（至宋武帝永初二年为北凉所灭）
6. 北燕（至宋文帝元嘉十三年为后魏所灭）

南北朝时期的华化与胡化①

永嘉之乱为东汉以来杂居于内地诸胡与汉族间的斗争。晋室渡江东迁，中原之地五胡迭起，互相斫杀，人民流离转徙，殆无宁日。此种斗争断断续续，竟延长至一百三十六年。

在此悠长之岁月中，人民的迁徙，诚极惨苦，然诸胡亦因长期间接受到中华文化之故，而渐改其粗犷之态度，同化于中华汉民族。而汉族亦有于不知不觉之中，采取一部胡人的习惯。因有此种情形，遂形成文化之交流。

永嘉之乱以前，诸胡固已久居于内地，并已接受一部分中华文化。刘元海父子即其著者。

《晋书·刘元海载记》：七岁遭母忧，擗踊号叫，哀感旁邻。宗族部落，咸共叹赏。时司空太原王昶等闻而嘉之，并遣吊赗。幼好学，师事上党崔游，习《毛诗》《京氏易》《马氏尚书》，尤好《春秋左传》《孙吴兵法》，略皆诵之。《史》《汉》诸子，无不综览。

又《刘和（渊子）载记》：好学夙成，习《毛诗》《左氏春秋》《郑氏易》。又《刘宣（左贤王）载记》：好学修洁。师事乐安孙炎，沉精积思，不舍昼夜，好《毛诗》《左氏传》。炎每叹之曰："宣若遇汉武，当逾于金日䃅也。"学成而返，不出门

---

① 原题作《华化与胡化》，"南北朝时期的"六字系整理者根据文意所加。整理者注。

间盖数年。每读《汉书》，至萧何、邓禹传，未曾不反覆咏之，曰："大丈夫若遭二祖，终不令二公独擅美于前矣！"并州刺史王广言之于武帝。帝召见，嘉其占对，因曰："吾未见宣，谓广言虚耳。今见其进止风仪，真所谓如珪如璋。"

慕容氏虽为鲜卑族类，远在慕容廆时，即已由游牧生活进而至农耕社会。

《晋书·慕容廆载记》：父涉归，以全柳城之功进拜鲜卑单于，迁邑于辽东北，于是，渐慕诸夏之风矣。廆……教以农桑法，制同于上国。

其子孙亦多喜经书者。

《晋书·慕容皝载记》：尚经学，善天文。又《慕容翰（廆之庶长子）载记》：善抚接，爱儒学，自士大夫至于卒伍，莫不乐而从之。

又《慕容儁载记》：博观图书，有文武干略。

前秦苻氏，石赵时从流人转徙，而苻坚幼时，亦从师讲学，其父祖且认为异事，是知戎狄居华日久，自易染华风。

《晋书·苻坚载记》：八岁，请师就家学。（苻）洪曰："汝戎狄异类，世知饮酒，今乃求学邪！"欣而许之。

又《苻融（坚之季弟）载记》：融聪辩明慧，下笔成章，至于谈玄论道，虽道安无以出之。耳闻则诵，过目不忘，时人拟之王粲。尝著《浮图赋》，壮丽清赡，世咸珍之。未有升高不赋，临丧不诔，朱彤、赵整等推其妙速。膂力雄勇，骑射击刺，百夫之敌也。铨综内外，刑政修理，进才理滞，王景略之流也。尤善断狱，奸无所容，故为坚所委任。

又《苻朗（坚从兄子）载记》：及为方伯，有若素士，耽玩经籍，手不释卷，每谈虚语玄，不觉日之将夕；登涉山水，不知老之将至。……著《苻子》数十篇行于世，亦老庄之流也。

又《苻丕（坚之长庶子）载记》：少而聪慧好学，博综经史。

又《符登（坚之族孙也）载记》：少而雄勇，有壮气，粗险不修细行，故坚弗之奇也。长而折节谨厚，颇览书传。

至如氐人之李班、李期、李寿等及匈奴沮渠蒙逊亦皆崇尚儒术。

《晋书·李班（特第二子雄五子）载记》：班谦虚博纳，敬爱儒贤，自何点、李钊，班皆师之，又引名士王嘏及陇西董融、天水文夔等以为宾友。

又《李期（雄第四子）载记》：聪慧好学，弱冠善属文。

又《李寿载记》：敏而好学，雅量豁然，少尚礼容，异于李氏诸子。

《晋书·沮渠蒙逊传》：蒙逊博涉群史，颇晓天文。

即粗犷如石勒、李雄者，亦皆倾心书史，趋慕华风。

《晋书·石勒载记》下：勒雅好文学，虽在军旅，常令儒生读史书而听之，每以其意论古帝王善恶，朝贤儒士听者莫不归美焉。尝使人读《汉书》，闻郦食其劝立六国后，大惊曰："此法当失，何得遂成天下！"至留侯谏，乃曰："赖有此耳。"其天资英达如此。

又：勒因飨高句丽、宇文屋孤使，酒酣，谓徐光（中书令）曰："朕方自古开基何等主也？"对曰："陛下神武筹略迈于高皇，雄艺卓荦超绝魏祖，自三王已来，无可比也。其轩辕之亚乎？"勒笑曰："人岂不自知？卿言亦以太过。朕若逢高皇，当北面而事之，与韩彭竞鞭而争先耳。脱遇光武，当并驱于中原，未知鹿死谁手。大丈夫当礌礌落落，如日月皎然，终不能如曹孟德、司马仲达父子，欺他孤儿寡妇，狐媚以取天下也！朕当在二刘之间耳，轩辕岂所拟乎？"

大要其时各僭伪之国主，以居留内地日久，倾心华化，故能任用留居中原之汉人之有才俊者为之谋主，制置设施，多能遵仿前代制度。虽其间亦有暴虐之主如刘曜、石季龙者，亦不能稍掩其他英明者之治绩。此等佐治之汉人如张宾之于石勒，王猛之于苻坚，皆其著者。

《晋书·石勒载记》附《张宾传》：张宾，字孟孙，赵郡中丘人也。……（勒）引为谋主。机不虚发，算无遗策，成勒之基业者，皆宾之勋也。……勒甚重之，每朝，常为之正容貌，简辞令，呼曰右侯而不名之。①

《晋书·苻坚载记》附《王猛传》：猛字景略，北海剧人也。……苻坚将有大志，闻猛名，遣吕婆楼招之，一见便若平生，语及废兴大事，异符同契，若玄德之遇孔明也。……坚曰："卿昔螭蟠布衣，朕龙潜弱冠，属世事纷纭，厉士之际，颠覆厥德。朕奇卿于暂见，拟卿为卧龙，卿亦异朕于一言，回《考槃》之雅志，岂不精契神交，千载之会。虽傅岩入梦，姜公悟兆，今古一时，亦不殊也。自卿辅政，几将二纪，内厘百揆，外荡群凶，天下向定，彝伦始叙。朕且欲从容于上，望卿劳心于下。弘济之务，非卿而谁。"

而前后二秦固据中原之地，久受华风熏陶，故其时文化皆甚发达，于五胡之中最为著称。

《晋书·苻坚载记》上：坚广修学官，召郡国学生通一经以上充之，公卿已下子孙并遣受业。其有学为通儒、才堪干事、清修廉直、孝悌力田者，皆旌表之。于是人思劝励，号称多士。盗贼止息，请托路绝，田畴修辟，帑藏充盈，典章法物，靡不悉备。坚亲临太学，考学生经义优劣，品而第之。问难五经，博士多不能对。……坚自是每月一临太学，诸生竞劝焉。

又，坚以境内旱，课百姓区种。……复魏、晋士籍，使役

---

① 原稿眉注：《裴嶷传》：嶷字文冀，河东闻喜人也，为慕容廆长史。廆后谓群寮曰：裴长史名重中朝而降屈于此，岂非天以授孤也。按：裴嶷之事见于《晋书·慕容廆载记》附《裴嶷传》。

有常闻，诸非正道，典学一皆禁之。坚临太学，考学生经义，……自永嘉之乱，庠序无闻，及坚之僭，颇留心儒学。王猛整齐风俗，政理称举，学校渐兴。关陇清晏，百姓丰乐，自长安至于诸州，皆夹路树槐柳，廿里一亭，四十里一驿，旅行者取给于途，工商贸贩于道。百姓歌之曰："长安大街，夹树杨槐。下走朱轮，上有鸾栖。英彦云集，诲我萌黎。"

《晋书·姚兴载记》：兴留心政事，苞容广纳，一言之善，咸见礼异。京兆杜瑾、冯翊吉默、始平周宝等上陈时事，皆擢处美官。天水姜龛、东平淳于岐、冯翊郭高等皆耆儒硕德，经明行修，各门徒数百，教授长安，诸生自远而至者万数千人。兴每于听政之暇，引龛等于东堂，讲论道艺，错综名理。凉州胡辩，苻坚之末，东徙洛阳，讲授弟子千有余人，关中后进多赴之请业。兴敕关尉曰："诸生咨访道艺，修己厉身，往来出入，勿拘常限。"于是，学者咸劝，儒风盛焉。

又《姚泓载记》：博学善谈论，尤好诗咏。尚书王尚、黄门郎段章、尚书郎富允文以儒术侍讲，胡义周、夏侯稚以文章游集。……泓受经于博士淳于岐。岐病，泓亲诣省疾，拜于床下。自是，公侯见师傅皆拜焉。

其间文风彬彬，较之江南诸朝，诚未多让。辽东惟较中原僻远，然以中原乱离之故，中原人士多往归之，慕容氏自廆以下，皆倾心华化，而其初期又归服晋国，是以流人多为之赞助，华化之程度亦因之愈深。

《晋书·慕容廆载记》：时二京倾覆，幽冀沦陷，廆刑政修明，虚怀引纳，流亡士庶多襁负归之。廆乃立郡以统流人。冀州人为冀阳郡，豫州人为成周郡，青州人为营丘郡，并州人为唐国郡。于是推举贤才，委以庶政，以河东裴嶷、代郡鲁昌、北平阳耽为谋主；北海逢羡、广平游邃、北平西方虔、渤海封抽、西河宋奭、河东裴开为股肱；渤海封弈、平原宋该、安定皇甫岌、兰陵缪恺以文章才俊任居枢要；会稽朱左车、太山胡毋翼、鲁国孔篡以旧德清重引为宾友，平原刘赞儒学该通，引为东庠祭酒，其世子龁率国胄束脩受业焉。廆览政之暇，亲临听之。于是路有颂声，礼让兴矣。

至于汉人之胡化，在永嘉乱后之初期，似不甚显著。盖初期诸胡皆盛慕华风，力求华化。汉人自少胡化。然亦因其初期胡人华化之深，故汉人对于胡人，除一二有识者如郭钦、江统外，殆无显著之民族思想。如怀、愍二帝之被掳，当时在刘聪处之晋臣，只痛心着衣行酒等之不体面之事，而未计及其他事，可为一证。又如中原乱离，人士多流亡至辽东，亦不以慕容氏之为鲜卑族而多所顾虑。其后因诸胡之粗暴，多多少少发生出民族问题，而互相残杀，如冉闵之杀群羯即其一例。《晋书·石季龙载记》下，冉闵之将诛石鉴也：

> 胡人或斩关，或逾城而出者，不可胜数。……（闵乃）令城内曰："与官同心者住，不同心者各任所之。"敕城门不复相禁。于是，赵人百里内悉入城，胡羯去者填门。闵知胡之不为己用也，班令内外赵人，斩一胡首送凤阳门者，文官进位三等，武职悉拜牙门。一日之中，斩首数万。闵躬率赵人诛诸胡羯，无贵贱男女少长皆斩之，死者二十余万，尸诸城外，悉为野犬豺狼所食。屯据四方者，所在承闵书诛之，于时高鼻多须至有滥死者半。

而刘曜、王弥之入洛阳，百官士庶之死于难者三万余人。在此等民族互相屠杀之下，一部分之汉人自不能不胡化以求免于祸患，究以中华文化高，故胡化始终不如华化为甚耳。

当时各族人皆互相残杀，不仅胡汉之间也。如《晋书·刘曜载记》：

> （石勒掳曜之后，）季龙执其伪太子熙、南阳王刘胤并将相诸王等及其诸卿校公侯已下三千余人，皆杀之。徙其台省文武、

关东流人、秦雍大族九千余人于襄国，又坑其王公等及五郡屠各五千余人于洛阳。

十六国时代告终之后，续之为南北朝。北朝为鲜卑族种，与华夏异，故华化与胡化仍在继续进行之中，而未有终止。北朝华化之最显著者，莫如魏孝文帝时（孝文帝在位二十九年，当宋明帝末年及苍梧王、顺帝暨齐高帝、武帝、顺帝之时）。孝文帝由平城迁都于洛阳，大改鲜卑旧俗，其最重要者为断北语，禁胡服。

《魏书·孝文帝纪下》，太和十有九年（孝文帝即位之第二十四年）六月：诏不得以北俗之语言于朝廷，若有违者，免所居官。

又《咸阳王禧传》：高祖曰："……今欲断诸北语，一从正音。年三十以上，习性已久，容或不可卒革；三十以下，见在朝廷之人，语音不听仍旧。若有故为，当降爵黜官，各宜深戒。如此渐习，风化可新。"

《魏书·礼志四》：太祖天兴……六年，又诏有司制冠服，随品秩各有差，时事未暇，多失古礼。世祖经营四方，未能留意，仍世以武力为事，取于便习而已。至高祖太和中，始考旧典，以制冠服，百僚六宫，各有差次。

改姓氏，禁归葬于平城。

《魏书·官氏志》：太和十九年，诏曰："代人诸胄，先无姓族，……比欲制定姓族，事多未就，……令司空公穆亮、领军将军元俨、中护军广阳王嘉、尚书陆琇等详定北人姓，务令平均。随所了者，三月一列簿帐，送门下以闻。"

又《孝文纪》下，太和二十年正月：诏改姓元氏。

又提倡汉族与鲜卑族间互通婚姻。经孝文之改制，鲜卑华化甚为显著。惜孝文迁都后五年即死，不克竟其全功（孝文初即位，大权操之太后，二十五年始亲政）。

自孝文帝逝世之后，鲜卑华化之进度因之展缓。

按孝文迁洛改行华化，竟遇其下之反对。《魏书·废太子恂传》："恂不好书学，体貌肥大，深忌河洛暑热，意每追乐北方。……高祖幸嵩岳，恂留守金墉，于西掖门内与左右谋，欲召牧马轻骑奔代，……仍至汴口而还。引恂数罪，与咸阳王禧等亲杖恂，又令禧等更代，百余下，扶曳出外，不起者月余。"

然此犹非有意阻碍华化之进行也。尔朱荣之乱①，朝士多死，华化遂大见阻碍。

《魏书·尔朱荣传》：尔朱荣，字天宝，北秀容人也。……（武泰元年，孝明帝最后一年，梁武帝大通二年）荣惑武卫将军费穆之说，乃引迎驾百官于行宫西北，云欲祭天。朝士既集，列骑围绕，责天下丧乱，明帝卒崩之由，云皆缘此等贪虐，不相匡弼所致。因纵兵乱害，王公卿士皆敛手就戮，死者千三百余人。

自尔朱荣乱后未久，魏即分为东西。② 其后即分为北齐与北周。而北齐华化进度甚缓，其时人民且有胡化者。据《北齐书·神武纪上》云："勃海蓚人也。六世祖隐，晋玄菟太守。其后自隐而下，世次显然。"然高氏一家，胡化其烈，神武（高欢）字贺六浑，即胡名也。

按《神武纪》云，神武既累世北边，故其俗遂同鲜卑。

《神武纪下》云：（神武将死），侯景素轻世子（澄），尝谓司马子如曰："王在，吾不敢有异，王无，吾不能与鲜卑小儿共事。"

又《文宣纪》：天保十年，诏诸军民或有父祖改姓冒入元氏，或假托携认妄称姓元者，不问世数远近，悉听改复本姓。

---

① 原稿眉注：孝文死后，经宣武帝十六年，又经孝明帝十二年而有尔朱荣之乱。

② 自孝明帝崩后，尔朱荣立孝庄帝，孝庄帝三年，节闵帝之一年。

《北齐书·杜弼传》：显祖（文宣高洋）尝问弼云："治国当用何人?"对曰："鲜卑车马客，会须用中国人。"显祖以此言为讥我。……遂就胶州斩之（按杜弼为中山曲阳人）。

又《高德政传》：（勃海蓨人，仕为尚书右仆射迁侍中）德政死后，显祖谓群臣曰："高德政常言宜用汉人，除鲜卑，此即合死。"

又《高乾传附弟昂传》：于时鲜卑共轻中华朝士，唯惮服于昂。高祖每申令三军，常鲜卑语，昂若在列，则为华言。

此无怪《颜氏家训》云："汉儿学得胡儿语，偷向城头骂汉（君）人。"

《隋书·高祖纪》：弘农郡华阴人也。……皇考（忠）从周太祖起义关西，赐姓普六茹氏。

《旧唐书·高祖纪》：皇祖讳虎，后卫左仆射，封陇西郡公，与周文帝及太保李弼、大司马独孤信等以功参佐命，当时称为八柱国，家仍赐姓大野氏。

李白的诞生之地[1]

《旧唐书》卷一九〇下《文苑·李白传》谓李白为山东人。《新唐书》卷二〇二《文苑·李白传》则说："其先隋末以罪徙西域，神龙初遁还，客巴西。白之生，母梦长庚星，因以命之。"《全唐文》卷四三七李阳冰《唐李翰林草堂集序》："李白，陇西成纪人。凉武昭王九世孙。……中叶非罪，谪居条支，易姓与名。……神龙之始，逃归于蜀，复指李树而生伯阳。惊姜之夕，长庚入梦，故生而名白。"此序为李白垂老之时，属李阳冰所作。

所言当系实录，《新唐书》盖取此文入于传中。

序文所说的"逃归"，当指李白的祖若父而言。李白当时尚未诞生，这只是溯说他的家世。李白诞生于蜀中，序文对于这一点说得具体明白。序文说"复指李树而生伯阳"，这是说他的家世到这时才恢复了李姓，还生下了李白。如果说序文这句话只是说李白到这时恢复了李姓，那是与文意不相符合的。李白到这时都明确有姓氏，怎么还接着又说"生伯阳"呢？这和下文接着所说的"惊姜之夕"乃是引用《左传》郑庄公寤生致使其母武姜受惊的典故，这不仅显示李白的诞生之地，又复显示李白诞生的祥异。这都是"神龙之始，逃归于蜀"以后的事情，也都与西域无所牵扯，不应使之连系在一起，而谓李白诞生之地远在当时的西域。

---

[1] 此文为史先生读史札记，写于"陕西师范大学历史地理研究所"稿纸上，当作于1986年以后。整理者注。

李阳冰序文所说的是相当明确的。《新唐书》的撰者虽采其说，为李白作传，可是说得相当晦涩，仿佛李白本来诞生于西域，直至神龙之初始得逃归，与李阳冰序文的记载颇有违异。即使李白诞生之地在西域，孩童之年，如何就能说到"逃归"，显得并非真实。至于《旧唐书》所说的李白为山东人，殆因李白曾长期流寓于齐鲁之间，并曾隐居于徂徕山而致误，非信史也。

行省制度的成立与演变[1]

前面所说的宋代所推行的中央集权制已经是相当可观,可是比起元代来却还有点逊色。宋代只是以中央政府的官吏兼知地方政府的事务,这样是层层地派遣人员,以求层层地能够钳制,元代的行省制度,却是实际上分出一部分中央政府,直接驻到地方去。这样整个的国土都受到中央政府的直接统治,这其间的演变与发展是值得加以检讨的。

一、行省制度探源

按照元代的制度来说,是于中枢设中书省,于各地分设若干行中书省(或为尚书省与行尚书省)。中书省的设置是始于太宗窝阔台三年(1231),行省的设置始于宪宗蒙哥(1251—1259)初年。[2] 至英宗硕德八剌至治时,有一中书省(即腹里)及十一行中书省(岭北、辽阳、河南江北、陕西、四川、甘肃、云南、江浙、江西、湖广、征东)。由元代的中书省、行中书省的制度,再向前演变,因成

---

[1] 此文为史先生在1949年以前所撰讲义或书稿的组成部分。原题为"第×节　行省制度的成立与演变"。收入本书时,删去了"第×节"。整理者注。

[2] 宪宗初,初立燕京等处行尚书省,世祖忽必烈中统(1260—1263)初改置行中书省。

为明代的承宣布政使司的制度。① 不过明代一般人的习惯，还是沿用着行省的名称，因为就其地方区划来说，不仅是与元制一脉相承，而且是所差无几，实际上是换汤不换药的。后来到了清代，就干脆恢复了行省的名称，不过行省是对于省而言，既然没有省的名称存在，行省的称号就形成无处着落了②。这种情形一直演变到现在。现在只是保存着省的名称，行省的意义，无论就实质上或者形式上，都已不复存在，已另发展成新的规模了。

如果我们要追求行省制度的来源，无疑的要涉及封建社会中的整个政治制度。在封建社会中，其政府中大概可以分为三个部分，第一为王室，第二为中央政府，第三为地方政府。这三部分的重要性，因其与封建主即所谓皇帝的关系而有差异。大体上是以远近亲疏来分别的。就其与君主的远近的关系来说，则分明是中央政府近，而地方政府远。若是就其与君主的亲疏的关系来说，则分明是王室诸臣亲，而中央政府诸臣疏。亲者权重，疏者权轻；近者位尊，远者位卑。由这样演变，王室诸臣的权柄最重者，渐由王室外出而居于中央政府诸臣之上，成为中央政府中的要员。及其成为中央政府中的要员，则其和君主的关系必然的由亲而疏，甚至为君主所不信任，这时候别有王室诸臣中的握有权柄者，复由王室外出，又据于其前者之上，于是前者遂由要员渐退为闲员。其所职掌的衙司，也渐沦为闲曹。王室中人与中央政府中人之间的演变是如此，中央政府与地方政府之间的演变也是一样的。因为地方政府的大员，其所辖的地区相当广阔，容易引起君主的猜忌，君主也恐怕这些地方政

---

① 洪武九年（1376）定制，改行中书省为承宣布政使司，至仁宣而后，共有南北二直隶及山东、山西、河南、陕西、四川、江西、湖广、浙江、福建、广东、广西、云南、贵州等十三布政使司。

② 清康熙初调整明代的南北二直隶及十三布政使司的区划为十八行省，即直隶、江苏、安徽、山西、山东、河南、陕西、甘肃、浙江、江西、湖北、湖南、四川、福建、广东、广西、云南、贵州，清末光绪时又先后建新疆、台湾、奉天、吉林、黑龙江诸行省，除台湾不久即为日人夺去外，其余即通常所说的二十二行省。

府中的大员万一有跋扈擅权之处，所以常使中央政府中的人员，出去监督地方政府。这些监督地方政府中的人员，当其初抵地方之时，其名位或者尚较地方政府中的大员为低，及时间稍久，常能代为地方政府中的大员。等到实际上成为地方政府中的大员之时，君主且别使人监督。由这样层层的推演，地方政府中的阶层因之日渐加多，而至于五花八门的情形。

这种演变的程序，正合乎秦汉以后地方政府变迁的情形。汉时的州制、唐时的道制以及宋时的以中央政府中的人员兼知地方军州事，都可以做这样的看法。这还不过是上面所说的中央政府与地方政府间的演变。如果以元代的行省制度来说，则又可合王室与中央政府之间的演变以及中央政府与地方政府之间的演变为一事。本来省的名称，在两汉末年而后，是曾经用作王室所在的名称。① 当时，中央政府中以三公九卿的地位最为崇高。三公九卿的来源，自然也是由王室中出来的，但是既成了政府中的要员，实际的权柄，渐移于王室中的尚书，魏晋以后，尚书、中书、侍中三者均先后由王室的官吏跻于政府之中。于是省的名称，也渐由王室的专称，改用于政府的衙署。隋唐时三省制度的建立，其渊源可以说是如此。这种三省制度至宋金的末年又演变成为一省的制度。其时期在金国为海陵王亮的正隆元年（1156），在宋代则为孝宗的乾道八年（1172）。这次的改革是事实上对于隋唐以来三省分立制度的取消。金于是时罢中书门下省，只置尚书省，宋也删去侍中、中书、尚书令，以左右丞相充阁揆，左右丞相就是旧日的尚书省的左右仆射，也可以说是只剩下尚书省了。元人承金宋之后，有的时候称尚书省，有的时候称中书省，这只是名称的不同，不能看作隋唐时代三省制度的复活。因为当时称中书省的时期，比较长久，所以一般就以中书省为元代的代表制度。

---

① 秦汉时本称禁中，西汉元帝时避外家王禁的名讳，始改禁中为省中。

中书省的演变既明，我们当再推求行中书省的制度的来源。行中书省就其性质来说，是和中书省成为一套的。其实际上的起源也是相当早的。当曹魏末年高贵乡公髦正元二年（255），司马昭与诸葛诞战于寿春，散骑常侍裴秀、尚书仆射陈泰、黄门侍郎钟会等以行台①从，这可以说是行中书省制度的滥觞。其所以称为行台者，以魏晋时候，尚书省是被称为中台②或称为内台。到北魏时更称为尚书大行台。行台设置的目的，主要的是为了军事行动。军事行动是暂时的，所以行台的设置也是暂时的，军事行动终止，行台自然随着撤销。北齐时，行台始兼理民事，隋时则总辖一方的兵农刑政，其权力已在逐渐扩大之中。隋时并且开始用行省的名称。开皇八年（588）伐陈，置淮南行省于寿春，以晋王广为尚书令。不过还是军事的性质。金入主中国，南向攻宋，西向制夏，西北方防备蒙古，行省的建置一再地增多，不过还是临时的性质。到元时，才由临时的性质发展到正式的制度。

二、元代的行省制度

就实际方面来说，元代的行省制度，其规模的广大，远超过于前代各朝。前代各朝的行省，充其量不过和中央的尚书省相似。到元代，中央政府中最要部分，行省中也同样的设置。当时中央的重要机构是中书省、枢密院、御史台，而此三者同样也设于行省之中，只是名称小有差异罢了。中书省设中书令、左右丞相平章政事、左右丞参政诸官。其中中书令一职，世祖忽必烈时候，规定由皇太子

---

① 原稿眉注：魏晋时期所谓台阁。
② 《三国志》卷六十四《吴书·诸葛恪传》。

兼任，这自然不是其他行省所应有的。行省除这一职外，其他左右丞相平章政事、左右丞参政等名目，皆是应有尽有。中央既然有一个御史台作为监察的机构，各行省自然也有行御史台。中央的御史台设有御史大夫、御史中丞、侍御史、治书御史诸官，行御史台当然也一例设置了。中央的枢密院，各行省中则改称为宣慰使司，宣慰使司的职掌与枢密院完全相同。这样，行省制度就其范围而言，远较以前行台、尚书大行台或行省为庞大。就其性质而言，实无异若干驻外的中央政府。自中央集权制观察，元代的制度是较宋代更为严密，实际上是没有地方政府的存在了。元代的行省制度与其前代各朝所不同的，还不仅是这几方面，最显明一点，是中央政府兼办地方政府的职务。元代的省级而下，承宋人之旧，有路府州县诸等，行省既是地方政府，当然辖有若干路府州县。① 但是实际为中央政府的中书省也直接辖有路府州县，相当于地方政府。这样的说来，中书省与行中书省所差别的，只是其所在的地区。

三、元代省区的划分

元代省区除中书省以外，尚有岭北、辽阳、河南江北、陕西、四川、甘肃、云南、江浙、江西、湖广、征东等十一行省。岭北是蒙古的旧地，辽阳为辽金故壤，征东专为统治朝鲜及计划征讨日本而设，旧日的中国本土只有河南江北等九省。此九省的分划有一个特点，即北方省区十分广大，而南方已逐渐接近现在的状态。中书包括今河北、山西、山东、平原、绥远（除河套外）、察哈尔、热河

---

① 元制，行省直辖者为路及直隶府、直隶州。路辖府州县，府又辖州县，州亦辖县，路府州亦有不直接辖县者。

（老哈河以西）及内蒙古自治区的南部，河南江北则包括潼关三峡以东的长江北部，这样显示出两种不同的情形。第一，这些区域为元与金宋战争的区域。经过元人的屠杀，人口十分的稀少，现在的河北省在当时只有一百三十三万多人，现在的山西省当时只有五十五万多人，现在的平原省当时只有八十一万多人，现在的山东省当时只有七十九万多人（以上中书省），而现在的河南省，当时只有二十五万人（汝宁、归德两府无数字），现在的湖北省江以北部分当时只有一百二十三万多人，现在安徽省的江以北部分当时只有五十四万多人，现在的江苏省江以北部分，当时有二百零一万多人（无高邮州）。即是说黄河流域破坏得最厉害。① 渐往南去，情形渐好。大都是当时的都城，仅有四十万人②，而扬州一路却有一百四十七万人③，这样的情形之下，其省的范围不能不广大。第二点，中书省地既为中央直辖，而其范围相当广大，这更显出中央集权的特质。在北方另外一省也值得我们注意，当时的甘肃省只限于今甘肃省的河西地及宁夏省，这本是西夏的故土，这告诉我们甘肃省名的由起。

在南方，四川与云南大致与现在情形差不多，其余江浙、江西、湖广三省同在江南，却大致合乎自然局势。江浙是沿海区域，江西是赣江流域，湖广是入洞庭湖各水系流域。只是把现在的广东划入当时的江西，现在的广西及贵州划入当时的湖广。这至少显示出当时的统治者对南海附近的不重视。但是元人也何尝不知道省区的过大，是会影响到行政的效率的。当时有一种补救的办法，是分置若干宣慰使司的道。于是有山东东西道、河东山西道、淮东道、荆湖北道、四川南道、浙东道、湖南道、广东道、广西两江道、海北海南道、福建道。元人的行省和宣慰使司的道大致可说是明人布政使

---

① 原稿眉注：《日知录》卷十"开垦荒地"条应参考。
② 包括今蓟州以南霸州以北地。
③ 包括真、滁、泰、通、崇明五州地。

司区域的基础。

四、明代的布政使司制度及其区划

布政使司在其区划的范围大致与行省相同，故当时一般人仍以行省相称。但在性质上却较元人的制度更为中央集权。承宣布政之名即可充分表示出来。此种改革为洪武六年事，与洪武十三年的废丞相，在意义上更前后相符合。

明时有南北二京，所以有南北二直隶，此与中书省略异，因明时无丞相，初期大学士又无政治实权，故直隶于六部。

当时全国共分二直隶十三布政使司，大致同于今制，所不同者，今陕、甘二省当时合为陕西，两湖合为湖广，安徽、江苏合为南直隶。

明制与元制的比较，一是修改了元时太不合于自然地理的区划，如两广的重新划分，浙江与福建的分立。二是北方各区域范围的缩小，这原因可以人口的增加作为解释。洪武二十六年的户籍，山东省有人口五百二十五万，山西省有人口四百零七万，河南省有人口一百九十一万，一般的都比元时增多。三是元时甘肃与陕西的分开，而甘肃仅限于今宁夏及河西，分明是因于西夏，明时合陕、甘二省为一陕西省，也可以说明西北的仍然萧条。明时陕西人口为二百三十一万，较河南为多，但陕西的范围远较河南为广，实际上是人口最少的区域。

由明时的区划，可以看出统治者的用心，各省区间常有犬牙交错的状态，而此状态的形成，极不合理，如直隶与河南之间。

五、督抚制度的成立及其发展

承宣布政使之初立也，本为中央派遣驻于地方之官吏，后遂转为地方官吏。后遂有新的中央派驻地方官吏的形成，巡抚、总督即继布政使而起者。巡抚之设大于布政，故总督职权尤大于巡抚。巡抚之名起于洪武二十四年，其年以皇太子巡抚陕西。永乐十九年右都御史王彰奉命巡抚河南，始浸成定制。然职权尚无一定。或仅巡抚地方，或兼理军务，或管理粮饷，或整饬边关，或抚治流民，或总督河道，皆因事而设。其辖事多者，则称总督。总督之设，始于英宗正统六年之征麓川，其时兵部尚书王骥奉命总督军务。至成化元年又命韩雍总督两广，始成定制。

巡抚、总督皆为中央所派遣者，故犹带本职。如巡抚必为都御史或副都御史派出者，总督必为都御史派出者。兵部尚书及侍郎亦多奉派为之。然侍郎为巡抚必带副都御史衔，尚书派出者，必带都御史衔。且明时总督与巡抚多因时因地设置，故一省不限于一员。

清初不称布政使司而称行省者，由于督抚之设，布政使已然由一区域中的长官而为督抚的僚属。

清初督抚尚因明制，数目不定，乾隆时始定制每省一员。

清初总督亦未有定制，乾隆时仅设八总督，即直隶、两江、闽浙、两湖、陕甘、两广、云贵、四川。直隶、四川各兼其省巡抚，陕督亦兼甘抚。

清时省制的区划多因明旧，仅分析其过大者，如陕西之分为陕、甘二省，湖广之分为湖南、湖北，南直之分为江苏、安徽。

清末又析置新疆（光绪九年）、台湾（光绪十三年）、东三省（庚子后）。

清时督抚均单独上奏，仅咨知六部而已。

西南少数民族区域的地理及明清的土司制度[①]

一、西南少数民族居住的范围及其社会形态

以现在情形来说，西南少数民族居住的范围是云、贵、西康、广西及湘、粤两省的西部、四川的南部。如果由历史上来说，则甘肃的西南部、四川中部及湖北的西南部亦应当包括在内。

这些区域一般说来是丘陵或山岳地带，交通不发达，所以民族间的互相影响，尤其是文化方面的影响是不显著的。

因这些区域包括的地方很广，就面积来说，是由甘肃的西南部直至海南岛，也就是由北纬三十七度附近甘肃古浪直至十八度附近。地域既广，物产亦不同，所以在这些区域中的少数民族，有的是在游牧社会，有的是在农业社会，有的进入封建社会，有的还在奴隶社会。

自其社会发展程序来看，最初无疑的是存在着部落的形式，直至现在，若干种族中还是分为若干的部落，但土司制度的成立，无疑的是承认其封建制度的存在。

---

① 此文为史先生1949年前后所撰书稿或讲义之一部分。原题目前有"第五节"三字，收入本文时删去了这三个字。整理者注。

二、苗与氐羌

西南少数民族在今日说来，其种类甚为繁杂，无虑数十种。若自历史上看来，则更为众多。但最早见于史籍的则是苗与氐羌。

苗人的记载于古有之。三苗最初殆亦在黄河流域，其后逐渐南徙，西至于湘鄂西部以西，即汉人所谓的长沙武陵蛮。东汉时，时时以政府的力量徙于江汉之间，称为沔中蛮。其种人亦稍稍北上。永嘉之乱前后，以至南北朝时，有所谓荆雍州蛮及豫州蛮，其分布东达于安徽中部寿县一带，西至巴蜀，南及江汉，北至河南中部，骎骎恢复到古三苗的情形。但南北朝的末叶已渐与汉人混合，与其留居于湘鄂以西者分道扬镳矣。

氐羌种族自一般说来，皆视之为西方种族。《史记·西南夷传》即列白马氐于其中。即以现今情形而论，氐羌已与藏人分不开。而西康及云南西北部的藏人固居相当数目。在古时，氐羌曾居于渭水流域，奄及河南西部。其命运盖亦与苗人相同，即在中土者已与汉人混合，而在西方其本来区域者，仍保持其原来的状态。

三、汉人势力向西南少数民族区域的伸张

在古代华夏种族仅隅于中原，自与西南少数民族不大发生关系。[①] 随着华夏区域的扩张，和少数民族的关系亦渐复杂。到战国末年，现在的四川与湖南已大部成为华夏的局域。由战国到秦汉，汉

---

① 原稿眉注：周武王伐纣之时，参加军事的庸、蜀、羌、髳、微、纑、彭、濮，正是西南的少数民族。

人对于此一区域不断伸张其势力，但大体上是限于交通道路的附近及适于农业的区域，举其著者如下：

1. 楚威王时，楚将庄蹻经略巴、黔中以西，至于滇池。
2. 秦时常颇曾在巴蜀缴外通五尺道，据《括地志》的说法，在郎州，今遵义。
3. 汉武帝时因征南越始通夜郎。
4. 张骞自西域归，因于大夏见蜀布邛杖，乃通滇、昆明等地。
5. 汉明帝时于哀牢地建永昌郡，以通西南诸国的货物。
6. 蜀汉时诸葛亮因南中群蛮叛。曾五月渡泸，以征不庭。

从秦汉时起，表面上汉人的郡县已分布在今云贵两广等地，但实际上，当时政府对于各少数民族并未积极地加以干涉。秦汉时的賨布制度，道与属国的制度，和诸葛亮的任用各部落的渠帅的方式，很可以看出这一时期汉民族与各少数民族的关系。

这种关系至南朝宋、齐时，又有进一步的发展，即左郡、獠郡、俚郡的建立。这是道的制度的发展，也是区别统治汉族和各少数民族的方法。其实这种獠郡、俚郡更可说明汉人的统治权力的逐渐退出。因为若干獠郡、俚郡仅置于荒徼之地，刺史、县令皆用当地的人士为之，尚书所不能记载。① 承圣（梁元帝年号）以后，梁人势力不能及远，西魏、北周也未能继承梁人的余绪，仅空名也未能保存。

四、南诏、大理与罗施鬼国

隋唐帝国的建立在西南少数民族地区，是和前代不同。隋代虽

---

① 梁时朱异所论。

于今云南曲靖置南宁州，唐代虽于今云南姚安置姚州总管府，但还是羁縻州的性质。隋唐时代于沿边各地多设羁縻州。羁縻州是有州县的名称，刺史、县令皆以其酋长渠魁为之。这和南朝的獠、狸诸郡是差不多的。即以剑南道（共二四九州）、江南道（共五十一）、岭南道（共九十二），三道合计羁縻州已有三百九十二州。

隋唐帝国西南方向的国界大致是以大渡河、金沙江为界，贵州省贵筑以东北的乌江流域，广西邕宁以西西江的上游，此外都是少数民族的范围。

南诏本为汉哀牢夷种，唐时始建成大国。其初本有六诏，蒙舍诏最南，后遂统一其余五诏，都于大和（今云南大理），并受唐封为云南王，其时在唐玄宗之世。①

蛮语谓王曰诏，六诏者，蒙舍而外，又有蒙嶲、越析、浪穹、邆赕、施浪五诏。蒙舍在今云南蒙化县，蒙嶲在今云南祥云县，② 越析在今云南丽江县，浪穹在今云南洱源县，邆赕在今云南邓川县，施浪在今洱源之东。

因唐边吏的处理失当，南诏遂与吐蕃联合，大为唐的边患。

云南太守张虔陀私阁罗凤妻子且多所丐求，阁罗凤遂反，剑南节度使鲜于仲通遂用兵征讨，国力为疲。

其国土北距爨，东南属交趾，西摩伽陀③，西北与吐蕃接，南女王④，西南骠国⑤，北抵益州，东北际黔巫，其始号曰大蒙。德宗贞

---

① 原稿眉注：皮逻阁时始并五诏为一，在开元之际，开元廿七年（739）徙居大和城。

② 原稿眉注：蒙嶲诏地从日人铃木俊之说。见《东洋中世史》第八章《南诏区中心レの云南诸蛮族》。按《东洋学报》第十九卷第二号曾刊载铃木俊《南诏の意义及ひ六诏の住地江就しレ》。

③ 原稿眉注：摩伽陀在印度恒河下游。

④ 原稿眉注：按女国应在西藏北，当考。

⑤ 原稿眉注：骠国今缅甸。

元十一年（795）始号南诏，① 宣宗大中十二年（858），又改称大理。其后国名数更，至五代石晋时复称大理。

唐末僖宗乾符时（四年，877）其酋法改国号曰鹤拓。昭宗光化四年（901），蒙氏为其臣郑买嗣所夺，国号改称大长和，后唐明宗天成三年（928）其王位由郑氏转入赵氏（赵善政），国号改称大天兴，同年又转入杨氏之手（杨干贞），国号又称大义宁，石晋天福二年（937）时段思平自立，遂以大理为国号。宋初，太祖鉴于唐末南诏之患，以玉斧画大渡河曰"此外非吾所有"。于是大理不通中国。军民总管府以段氏父子世其职至明兴始绝。

至宋理宗淳祐十二年（1252）为蒙古所灭。元人虽于云南建立行省，然仍于大理设大理路。

罗施鬼国为宋时建于乌江流域的部落，大致在今贵州省境。在历史上始露头角为南北朝时事，即三国时代的罗甸国，唐时为罗罗鬼主，至宋时为罗施鬼国。至元时于其地置八番（八番者，程番、韦番、方番、洪番、龙番、金石番、罗番、卢番……）、顺元等处军民宣慰使司都元帅府。②

罗施鬼国在宋时尚未与中国发生若何冲突，其最扰乱南服者，则为宋仁宗时广源州蛮侬智高。广源州在邕州西南郁江上源，为今越南谅山以北地。智高当时建国号曰大历，后又改为南天国，且沿郁东下，围攻广州，为狄青所平定，侬智高走亡于大理。

---

① 原稿眉注：按《唐书》，天宝时即有南诏之名，当不始于贞元之时，当考。此依《纪要》。

② 唐宋时代这种情形说明了下面的事情。唐宋时代的汉人无疑的是文化最高的种族，他们所采取的羁縻政策固然是对于少数民族取一种放任的态度，任其自己发展，但这种消极的政策是不对的，他们没有以其最高的文化帮助少数民族的发展。如果少数民族的力量不继续增长而边疆官吏仍能维持着一贯的政策，自然没有什么问题，如果像阁罗凤和张虔陀、鲜于仲通的关系，其间的冲突是难以避免的。

五、土司制度的建立及明清两代改土归流的政策

土司名称始见于明时，其意为以土著之人世其官守。土司制度虽形成于明时，而其制度的肇始则上承于元代。进而论之，则秦汉以来，对于西南少数民族的态度与方式固相差无几。①

所依赖的奴隶社会和封建社会，仍是桎梏一般的少数民族的工具，并非能彻底地解决了少数民族的问题。不过当时整个的中国还是封建的社会，自然难以语此。

明初对于西南最重要的设施，除承元人之后，设云南布政使司之外，复设广西、贵州布政使司，广西布政使司的设置不过是对于元人行省区划加以修改，至于贵州，则为新置。② 贵州的设置，自统治贵州一区关系言之，尚不甚大。对于内地与云南的沟通，其关系实非甚小。

但是明代西南一带土司的骚扰与叛变，都未因贵州省的设置而乱源泯绝。此由于：一、明代土司的管辖区域多因元人之旧，境域过大，如播州杨氏即其一例，力强难制，为其一因。二、土司承袭之法未能严密，易起争端，而中叶以后，土司获得承袭之权往往须待至二三十年之间，致土官玩忽法令，引起乱源。三、若干土司区域如乌撒（今贵州咸宁）、东川（今会泽）、乌蒙（今昭通）、镇雄

---

① 明清两代为土司者并非纯粹的是土著之人，每省亦有汉人在此任官或受封或镇守护其地，遂得为土司，但这样的土司，也是少数民族化的土司。

② 原稿眉注：贵州省的建置为永乐十一年（1413）事。先是永乐八年（1410）思州、思南两宣慰使为乱，平定之后，乃改为思州、思南、镇远、铜仁、石阡、乌罗、新化、黎平八府，因设贵州省，其后万历播州杨应龙为乱，平之，以其地为遵义、平越二府。思州在今岑巩附近，乌罗在今印江东，新化在今锦屏附近。

（今镇雄）诸地，杂错于川滇黔楚之间，统辖既分，事权不一，遇有事故未能即早日处理。四、剿抚方略未能有一贯的政策。

明代虽行改土归流的政策，但效果不著①，其较有成绩者为贵州的播州，广西的下雷州、归德州（今广西果德）、果化州、那地州（今广西天峩附近）、南丹州等。

然明人并不十分主张厉行改土归流的办法，如王守仁即其代表，故若干土司改土归流后仍设土官治理，如四川的芒部即是。而王守仁平贵州、广西的乱事后，多主仍复其官。不过若干土司之下往往设流官吏目佐之，稍稍限制其枭张之气。

清代对于土司的政策大体是承明代的遗规，不过在施行时远较明代为周到。明代土司最易发生问题者，为土司的承袭，清代则于这一点有了明确的规定。在老土司未死以前，已将嗣位者确定，故不至再引起争执。至于改土归流的问题，在清初亦曾实行过，但至雍正时鄂尔泰为云贵总督始成为一定的政策。然鄂尔泰的主张亦非一味地强改，而为斟酌情形。内地土司如遇适当时机，殆皆在改流之列。其在边地，与内地较远可作为藩篱之用者，则仍保存其旧贯。这种改土归流的政策一直沿袭到清末。在这时期改土归流的以两湖为最多，如湖北的散毛（湖北来凤）、施南（宣恩）、容美（今湖北鹤峰）、湘南的永顺、保靖、桑植及永绥、乾州、凤凰诸地皆以改流而为郡县，四川的建昌、松潘、天全、打箭炉，广西的镇安旧城、归顺（靖西），云南的开化、昭通、丽江、镇沅、蒙化、威远，贵州的威宁、郎岱、归化、永丰，各地也都因时改流。至于清末，两湖土司完全取消，滇黔蜀广亦十存五六，仅甘肃省仍未废止。②

民国成立以后，仍断断续续执行此种政策，如青海之囊谦、玉

---

① 明代改流原因：因承袭问题而引起乱源；因土司违法经讨伐之后改流者；因土司后人已绝，无人承继者；土人思得流官；土司间彼此仇杀改流者。

② 原稿眉注：清代对于土司的另一种对策是建众而分其力，老土司死后常常分由诸子侄承继，故清代土司数目较前为尤多。

树，西康的瞻化，广西的绥渌、上林、忻城、南丹、思林、向都、凰山、万承、龙岩、镇结、思乐、上金、雷平、果德、白山、都安，贵州省溪沿河，四川宾兴，云南双江、车里、南峤、佛海、镇越、六顺、江城诸县，及四川金汤，云南金河、干崖、猛卯、叶达、芒遮板、泸水、临江、阿墩子诸设治局均为由土司改置者。

余贻泽《中国土司制度》书中曾有《清代土司表》，其言曰："清代土司统计，其中云南、四川、广西、甘肃、贵州五省，共计列名土司土官土吏四百九十一员，而不列等及无考证未列入者尚有二百九十六员（内云南四十八，四川一百九十六，青海五十二）。其他康雍之改土归流者尚未计入，总共清代土司约共七百六十员。就所列四百九十一员中，属云南省者一百二十三员，四川省者一百八十二员，广西省者四十六员，甘肃省者四十四员，贵州省者九十六员。"[1]

---

[1] 整理者按：可参看余贻泽：《中国土司制度》，正中书局，1944年，第251页。

清代的中央政府和地方行政体系①

清代起于长白山下，以游牧部落征服中国，本无文化之可言，然以在辽东之时与明对峙时久，故已熟稔中国的文化，入关以后更为全盘地接受，此在各方面莫不如此，而政治制度尤然。

一、清代的中央政府

自明祖废除丞相以后，君主大权独揽，形成绝对专制与独裁的局面，其时六部尚书、侍郎虽直接隶属于君主，然只能代替君主办理庶政，而无权参预军国的大政。永乐设大学士，为实际的丞相，而其权力亦殊不低，尤其明中叶以后君主多非令主，即普通的视朝亦等于具文（如嘉靖、万历时皆二十余年不视朝），遂予权臣揽权的机会，嘉靖时的严嵩便是如此。清因明制，亦设大学士，然清初因鉴于前朝末叶的积弊，处处在维持其君主独裁的权柄，更处处防备大权的旁落。明自太祖以后，以威权劫持臣下，使其不敢稍事反抗，洪武之时，鞭笞捶楚已为臣子经常所受的侮辱，而廷杖之事更史不绝书，其目的总在使臣下服服帖帖，一惟君主之意是承。清代君尊

---

① 此文用毛笔写在竖排朱印稿纸上。原分为两篇，即《清代的中央政府》和《清代地方政治制度》。收入本书时，将二者合并，加上了新的题目。整理者注。

臣卑，一切远较明代为甚，然清代于达此目的的技术则远较明代为高明。明时朝仪，臣僚四拜或五拜即已尽礼，清代则始有三跪九叩之制；明时大臣得侍坐，清则奏对无不跪；明六曹答诏皆称卿，清则率称为尔。而满蒙大吏折奏咸自称奴才，总使其平常礼仪之中即已养成一种奴颜婢膝、奉命惟谨的态度，更不敢稍怀逆贰之心。

清代诸帝中乾隆更时时得意于此。乾隆帝尝书程颐《进经筵札》之后，谓："为宰相者，居然以天下之治乱为己任，目无其君，此尤大不可者。"① 其对于当时诸大学士（尤其是汉人），更于微末细节时时在意。如张廷玉历事三朝，乾隆之初且与鄂尔泰同受顾命。及其年老致仕将归，以世宗遗诏许配享太庙，乞上一言以为券，谢恩未亲至，传旨诘责。时汪由敦在军机承旨，免冠叩首言："廷玉蒙恩体恤，乞终始矜全，若明旨诘责，则廷玉罪无可逭。"② 次日，廷玉当朝，上责由敦漏言，徇师生私恩，不顾公谊，解协办大学士，并罢其所任刑部尚书，仍令其在尚书任赎罪。其后乾隆五十一年，于敏中纳权招贿事发，更特下诏曰："朕几余咏物，有嘉靖年间器皿，念及严嵩专权炀蔽，以致国是日非，朝多秕政。……本朝家法相承，纪纲整肃，太阿从不下移，本无大臣专权之事。"③ 可见一斑。而于大臣稍失意旨，辄以严刑随之，然犹下外廷公议，以示至公极仁，而借此以伸君权，更属易见。雍正时，年羹尧以罪逮至京师，下议政大臣、三法司、九卿会鞫，具狱辞，当大辟，然得由雍正下诏谕宥其死，此则有感有恩，务使其下畏危怀德。

其时，君主大权又可于用人方面见之。自古用人行政皆属丞相与吏部职责，丞相举位高者，其余皆归吏部，奏可除，诏旨但画闻从之，而不可否。虽宰相职位之重，其择除时亦多听取廷臣意见而

---

① （清）王先谦：《东华续录（乾隆朝）》乾隆九十三，清光绪十年长沙王氏刻本。
② 《清史稿》卷三〇二《汪由敦传》。
③ 《清史稿》卷三一九《于敏中传》。

加抉择。自明废宰相，而吏部的权责益重，铨政皆主于文选司，自部院属官以及府县正佐皆听吏部择人注授，而大僚则仍由廷议会推，朝臣用舍悉在政府，而不在君主个人。至于清代，则首罢廷推之制，内外大员皆由于特简，即一命以上例由部案注阙者，亦必经引见，然后始给凭赴职。用人行政事事悉仰一人独断，务求权柄不能下放。此种情形实为历代所未见，而清代厉行君主独裁，悉心推求，固无所不用其极也。

清代君主独裁权力复可于不设谏官一事见之。谏官的设置远始于秦汉之时，其职权与御史不同。谏官与御史虽俱为言责之臣，然其职各异，谏官掌献替以正人主，御史掌纠察以绳百僚，而给事中一职尤为重要。盖其职属于门下，而门下掌封驳之任，君主的诏诰敕令须经其审核，认为可疑则有权封驳。及至清代，尤其在雍正以后，由大学士、内阁析置军机处，所有重要文告外廷皆无可预闻，故六科给事中实无职责可掌，于是由独立的官署而归并于都察院，为左都御史的属僚。而台谏竟合为一，其职掌乃仅以稽查六部百司的文卷，而定其应否注销，完全失却谏官的本意。当时汉臣方面对于此种改变尚有据前代的成例力争者，盖因彼等不知其中的曲折乃在更扩大君主的权力，并非一通常机关的改隶，自然难以获准。

吾人既知清代君主的独裁情形，当可推知其时宰相的权力与地位。清代宰相承明代之后，亦设内阁大学士，为实际的相任。然其间亦有更易之处。当太宗初年，始置文馆，命儒臣达海、库尔禅等十人分为两直，以翻译典籍、记注政事。至天聪十年，改为内三院，即内国史院、内秘书院与内弘文院，各设大学士一人，内国史院掌记注诏令、编纂史书及撰拟诸表章之属，内秘书院掌撰外国往来书状及敕谕祭文之属，内弘文院掌注释历代行事善恶、劝讲御前、侍讲皇子并教诸亲王德行制度之属。其时六部虽已设立，然实权则握于文馆诸臣之手，所以然者，因其所司之事务接近内廷，迥非外间部司所可比拟。及入关之后，于顺治十五年始遵明制，改称内阁，其大学士俱由特简，加内阁衔，仍兼尚书衔。其殿阁之名称凡六，为中和、保和、文华、武英四殿及文渊、东阁二阁。乾隆十三年，以四殿二阁未为尽一，其中和殿一名又甚少应用，乃罢去中和殿名而增体仁阁，于是三殿三阁的名称甚为整齐。

考清代内阁之制，惟因于明代，而与明代亦稍有不同处。明时内阁诸殿大学士，其初设时本皆为翰林院检讨、编修之流，故其品秩极低，初不越五品，其后以位近内廷，职权日重，于是兼摄尚书师保诸官，然师保尚书本一二品官，与五品的翰林院官本不相侔。既已兼衔，其署衔必曰某部尚书兼某殿阁大学士，于是本衔在下而兼衔反在其上。此盖由于明时的大学士本非原设的宰相，及一再演变，遂成实际的宰相，即官衔一项亦可见其演变的痕迹。至于清时，于早年即加厘正，大学士于初设之时即已为宰相之职，其初设之时即立为正二品，雍正之时又提升至正一品（各部尚书于初年为正二品，雍正时提升至从一品），故以正一品的大学士兼从一品的尚书，自是正理，初不必勉强章刻。又为明时大学士有首辅及次辅的区别，其间权力大小亦不同，其区别最为明显。及于清时，此种区别虽亦存在，但已不如明时的严格。正式的大学士之外，又有协办大学士的名称，协办大学士多以尚书兼摄，虽与大学士同厘阁务，然已是从一品的大员而非正一品的大员矣。其始设之时乃在雍正的九年，其年以礼部尚书陈元龙、左都御史尹泰特授额外大学士，置协官自此始。此协办大学士犹如宋时的参知政事，惟尚有不同之处。盖参知政事乃是政府的正员，而协办大学士不过如御史里行、学士里行之类，并非政府中的正式官员也。

清代的大学士因非正式的宰相，不过由王室的顾问集团演变而成，其所以如此者，盖仍沿明人之旧，期便于君主的大权独揽。然为时稍久，此种内阁又经一度演变，而渐成一种空壳，即此顾问的性质亦日以减少。此盖由军机处的设立夺去其大部分的权力也。军机处的设立为雍正八九年间事，其时用兵于西北两路，帝以内阁在太和门之外，虑事机万一泄漏，因设军机房于隆宗门内，选内阁中书的谨密者入内承直，缮写诰敕，其后改名为军机处，其地既近于宫廷，诸承直者自便于宣召。而总领于军机大臣，其次于军机大臣者为军机处行走，此辈军机大臣多为亲近重臣，于是本为缮写敕诏的处所一变而为承旨出诏的要地，因之内阁中职掌大半为军机处所侵夺，而内阁渐变为闲曹矣。然军机处与内阁的关系虽有职务上的重复，仍不能直视之为毫不相关的两个机关，因军机大臣多由内阁大学士兼之。其与内阁异者，即此辈军机大臣虽多由内阁大臣兼摄，然并非每个内阁大学士皆可兼任军机大臣，亦有非内阁大学士而兼为军机大臣，此军机大臣即为雍正而后的实际宰相。

然军机处仍为王室的一部分，而非正式的宰相，自亦非政府中的最高机关，因军机处并无特出的官长，亦并无权向各部及各督抚直接发布命令，实与东汉时的尚书相似，亦犹明永乐以后初设内阁的情形。盖仅参赞于内廷的谋议，然后再以君主的名义向外发布命令，实际仍为君主一智囊团。其时更有所廷寄上谕者，则直接由军机处办理，不必再发经政府，按一定的手续，照章办理，即直接发往应接受上谕的人员，不再交由内阁以次转发，于是外廷不惟不能参预谋议，且无由知其事之内容与经过也。①

与大学士最有关系者为翰林院。清代的翰林院承明代旧制，远绍唐宋遗规。唐初翰林院不限于儒士，虽儒道杂流亦得预其选。至高宗乾封之时，始有北门学士之称。其初虽止于应和诗赋文章，而演变乃至于专掌内命，礼遇隆重。由此而后，虽朝代时有更易，而此种制度不惟不能革除，且益见重要。侍从顾问为清华之任，故士人多以在馆阁为荣，盖此实政府一种储材养贤的清职，与他职迥异。任此职者，不责以吏事而优其廪禄，进修读书，砥砺名节，以至于

---

① 大致清时凡遇诰诫臣工、指授兵略、查核政事、责问刑罚等之关于军国大计者，皆因廷寄谕旨方式为之，故内阁变而为闲曹。

公卿名臣。明清两代大学士多由翰林院中选出，当可知其与王室与政府中的关系。翰林院与内阁表面为两个机关，实际的关联则至为密切。"正统七年，翰林院落成，学士钱习礼不设杨士奇、杨荣公座，曰：'此非三公府也。'二杨以闻，乃命工部具椅案，礼部定位次，以内阁固翰林职也。"[①] 清初文馆及内三院与翰林院数分数合，至康熙初始定设翰林院，然其掌院学士仍由大学士兼摄（乾隆以后始有尚书、侍郎摄掌院学士者）。

最能表示翰林院为储材养贤之地者，厥为庶吉士的制度。庶吉士之制起于明时，明时进士除一甲及第者得直入翰林院为编修等官外，其二甲、三甲则必改为庶吉士，始得铨注，俾使其优游学习、观摩政事，而后始授以职事。于是翰林院除应奉君主顾问侍从之外，又兼为教育进士使其再度深造的机关。然二甲、三甲的进士未必全可入翰林为庶吉士。清制大致每科殿试传胪之后，集诸进士于保和殿，试以论诏奏议诗赋，是为朝考。朝考后，掌院学士第其佳者，乃得改为庶吉士。庶吉士入馆肄业，掌院学士或尚书、侍郎为教习，侍讲、侍读以下官学优资深者为小教习，以时督导，使其得对古今典章沿革、制度得失，恣意探讨，以备一旦的大用。三年之后考试散馆，其优者留院为编修、检讨，其次者改给事中、御史、主事、中书、推官、知县、教职等，间有未散馆而授职编检者，或供奉内廷，或宣谕外省，或校书议叙，或召试词科，皆得完其考试。凡留馆者，迁调异于他官。清代的宰辅多由此出。清制宰辅诸人有满有汉，其满人或多由恩荫出身，不必由于科目，而汉人由科目出身者多经翰林院阶段，尤多须经庶吉士一阶段。即以乾隆一朝而论，宰辅先后共六十人，其中满人三十五，汉人二十五，殆皆历此一阶段。质言之，此辈宰辅虽其进身之先不必皆与王室有关系，然必须经过与王室发生一段关系以后，始得重用也。

---

① 《明史》卷七三《职官志二》。

清代承明之制，于内阁之下设六部尚书、侍郎。六部者，吏户礼兵刑工是也。尚书一职，于汉时本亦王室内臣，参预谋议，出纳诏令。自汉魏之际，由王室出居于政府，而中书侍中后起，驾于其上，于是魏晋以后仅为推行全国庶政之长官，然尚书令与仆射犹得并其他二省共为宰相职守。宋金末期，厘定政治制度，左右丞相仍本于尚书省中的左右仆射。元虽中书、尚书互改，然按其实际，其时的中书省与行中书省实兼为尚书省的性质。此明清两代尚书之名得以独存之故。惟其间亦历经变迁，明初废相，六部权力提高，实任天下的政事。自设大学士后，六部尚书、侍郎的权力得以减损。钱氏《史纲》[①]于此言之颇详，其言曰："清六部长官均无权对各省督抚直接发布命令，则不得谓是总辖全国之行政长官。又各部尚书、侍郎均有单独上奏之权，则各部尚书亦并不得谓是统率各该部之惟一长官。清制六部尚书、左右侍郎俱满汉各一人，则一部而长官六人。此等各无专事，甚或朝握铨衡，夕兼支计，甫主戎政，复领容台，一职数官，一官数职，曲存禀仰，遑论建树。明废宰相而提高六部实权，吏、兵诸部尚书在明代多卓著声绩。清则既无宰相，而六部亦下侪于具员。光绪三十一年，王大臣奏言政治积弊，谓：'名为吏部，但司掣签之事，并无铨衡之权；名为户部，但司出纳之事，并无统计之权；名为礼部，但司典礼之事，并无礼教之权；名为兵部，但司绿营兵籍、武职升转之事，并无统御之权。'此种情形盖自清初即尔。"所言为确实情形。

按清制六部，部各设尚书二人，满汉各一人，侍郎左右各一人，亦满汉各半，每部分设诸清吏司，以分董部务。考尚书本以掌内外文职铨叙、勋阶黜陟之政，然其时君主既握用人大权，故其初年之时即已"首罢廷推之制，内外大员皆由特简，即一命以上，由部案例注阙者，亦必经引见，然后给凭赴职。用人行政，事事悉仰君主

---

① 整理者按：即钱穆《国史大纲》。

一人之独断，务求柄不下移"。① 君主独揽之权既张，吏部遂等于闲曹矣。

吏部设四清吏司：文选清吏司，掌班秩迁除、均平铨法；考功清吏司，掌论劾考察，旌别功过；稽勋清吏司，掌更名改籍、终养服制，兼稽在京文武俸廪；验封清吏司，掌封赠袭荫、土司嗣职诸事。

户部尚书掌天下土田户口财谷之政，以平准出纳而均邦赋。其下置十四清吏司，以掌各省民赋收支奏册（直隶不设司，江南为一司，湖广为一司，又甘肃事务并于陕西司中）。按户部所掌仅限于民赋一款，而大要亦仅限于其稽核出纳之政，非前代度支之事。清代于户部尚书、侍郎之外，别有管理三库大臣及总督仓场侍郎，以分其权，而三库尤为重要。三库者，银库、缎库与颜料库也。银库掌银货解纳收支，凡直省田赋、关市、盐茶诸税课咸入焉。缎库掌币物解纳收支，凡岁用缣帛、钞、谷咸入焉。颜料库掌杂物解纳收支，凡器用所需百物之良，若铜锡铅铁、丹砂、青、赭、绿、香楮、茶、蜡之属咸入焉。而管理三库大臣则总稽财用出入之数，月有要，岁有会，而核实以闻。究其实，唐时的左藏、大盈诸库乃帝王的私财，非国家的公库。然以其银库所司而言，则直辖田赋皆解入于其中，是直化公库为私财矣。清代既别建三库以分户部之政，故视三库甚重，其中人员皆满人为之，汉人不得稍涉足其间，由此当可知其设库的意义矣。至其总督仓场侍郎则专稽漕运之事，盖自元明以来以北京为畿辅，而畿辅之军糈民食则多仰给于东南各省，故特重其责，其侍郎虽兼户部之衔，实不兼理部事。

清时的礼部本以掌吉凶嘉军宾诸礼及学校贡举之法。其下设有四清吏司：仪制清吏司，掌军礼、嘉礼以及学校贡举之名籍；祠祭清吏司，掌吉礼、凶礼；主客清吏司，掌宾礼；精膳清吏司，掌五

---

① 见《国史大纲》。

礼燕饗之仪。

其兵部本掌中职铨选、简核军实。其下亦设四清吏司：武选清吏司，掌武职除选、封荫及征伐、训诰、颁其政令；车驾清吏司，掌驿传邮符及中外牧马之政令；职方清吏司，掌天下舆图以周知险要、叙功核过以待赏罚黜陟；武库清吏司，掌兵籍、戎器、乡会武科及编发成军之事。按清时兵部其职责虽祖承于明时旧制，然其间因革实有大不同处。明时兵制，内统于五军都督府，而外统于都司及行都司，一旦有事，则命侯伯为总兵之官，以司征讨。自英宗以后，兵权归于兵部，亦即由君主归于政府。此固为极合理之事，然明制要亦有可议之处。兵部既掌兵权，每遇疆场有警，则调兵拨饷以及战守机宜皆惟兵部是听，武臣自专阃以下均受节制，黜陟迁退罔不由之。总兵官领敕至长跪部堂，而弁帅奔走犹如铃卒，其权甚重，故当时号为本兵。所可惜者本兵受任者多非其人。其中叶以后，迁徙数多偾事之处，此仅应责其任人不当，不能谓为兵部绾兵之非计也。清代以外族人入主中国，用兵大权自不愿再委之于政府，而总绾于王室或君主本人。其初年所置之议政大臣虽在大学士以上总谋国事，实则参承军事筹划，其制远承于其未入关之时，而未入关之时，一切以军事为重，故然。及军机处设立之后，凡当命将出师征剿情形，皆令以邮函直达，君主独裁，军机大臣承旨画宣，帅臣等则俯受机宜，故兵部之职不过稽核额籍、考察弁员而已，渐等于闲曹矣。

其刑部掌折狱审刑、简核法律，受天下奏谳，阅实其辞。其所属之清吏司计十八司（十八省中无湖南、湖北、甘肃，而有湖广、奉天督捕）各治其所属省区的刑名。其督捕清吏司则掌八旗及各省驻防逃人之事。

其工部尚书掌天下工虞器用、辨物庀材，其属有营缮、虞衡、都水、屯田四清吏司。营缮司掌缮治坛庙、宫府、城垣、仓库、廨宇、营房等事。虞衡司掌山泽采捕及陶冶、器用修造、权衡武备之事。都水司掌河防、海塘及直省河湖淀泊川泽陂池水利之事。屯田司掌修陵寝大工及王公坟茔之事。

　　按：尚书分部始于汉时。汉尚书诸曹有常侍曹、二千石曹，皆后世吏部事也。民曹，户部事也。客曹，吏部事也。三公曹，刑部事也。

　　又按：《历代职官表》五，侍郎、郎中本出秦汉三署（秦汉时置郎中令，其属官有三署，三署者五官中郎将、左中郎将、右中郎将，署中有郎中、侍郎无员。尚书郎初从三署郎选，诣尚书台试，故郎中、侍郎之名右三署本号也）。因以为尚书郎之通称，原无差别。故杜佑谓汉魏以来尚书属或有侍郎，或有郎中，或曰尚书郎，或曰某曹部，或则兼置，或则互名，虽称号不同，其职一也。自隋炀帝置六侍郎，增品第四，以贰尚书之职。改诸司侍郎，但曰郎，于是侍郎始为六部长官。唐初又于郎下复加中字，而郎中亦遂沿为曹属定名。然则隋以前侍郎乃今各部郎中之职，而今各部堂官之侍郎则前代所无，隋以后始置，名虽同而实则异矣。

　　又按：员外郎之置始于隋时，《隋书·百官志》："尚书省廿四司，（高祖）时置员外郎一人，以司其曹之籍帐。"

　　又按：《历代职官表》，主事之名本起于汉之光禄勋（《后汉书·范滂传》，滂迁光禄勋主事，时陈蕃为光禄勋，滂执公议诣蕃，蕃不止之，滂投版弃官去），自魏于尚书诸司各置主事令史，隋代又去令史字，遂为今各部主事之权舆。

　　六部以下其重要者为九卿，九卿之名肇始西汉之时，其制与后世略有不同，而汉时之九卿为掌宗庙仪礼之太常（秦奉常）、掌宫殿掖庭门户之光禄勋（郎中令）、掌宫门屯卫兵之卫尉、掌舆马之太仆、掌刑辟之廷尉、掌诸归化蛮夷之大鸿胪（秦典客）、掌宗属之宗正、掌谷货之大司农、掌山泽诸海之税之少府。此九卿究其所执掌而言，本亦帝王私人的隶属，故其所辖诸事不离于帝王的左右。自秦时帝国建立，此九卿亦与三公等由帝王之私臣出居于政府，而为国家之政务官。及尚书由王室转至政府，复由政府之政务官转而为事务官，则此九卿者以职责与尚书诸部多所雷同，遂渐成为闲曹。明清两代亦言九卿，然其名称与秦汉时不同，盖因其习俗而言也。明之九卿乃六部尚书加都察院都御史、大理寺卿及通政使，清之九卿则为六部尚书、都察院左都御史、大理寺卿及理藩院之尚书，六部尚书事见前，兹说明其余三者于后。

清时都察院设左右都御史及左右副都御史，盖承明制。然清制仅以左都御史及左副都御史为都察院正式长官，因右都御史已为总督之坐衔，而右副都御史亦已为巡抚之坐衔，故都察院中仅以左字系衔，其所掌为查核官常、整饬纲纪。推而上之，乃秦汉时之御史中丞。秦汉时之御史中丞，其初置之时，亦非完全为政府中的官吏，按《汉书·百官表》称，御史大夫有两丞，"一曰中丞，在殿中兰台，掌图籍秘书，外督部刺史"。故虽掌纠察而所居在殿中兰台，为宫掖近臣。成帝以后，中丞出居外台，遂为政府中的要员。

都察院中统六科给事中与十五道监察御史各若干人，给事中本为谏官，御史则掌纠察百官。清因谏官与君主独裁多所不便，因并置于都察院中，并司纠察，就其本名而言，则六科当为稽核六部，而十五道则为纠察各直省，然实际之分别乃不在是。举例言之，如吏科给事中分稽权衡，注销吏部、顺天府文卷；京畿道监察御史则分理院事及直隶、盛京刑名，稽察内阁、顺天府、大兴、宛平二县事。此京都地方亦互相参预，不得分晰甚清也。盖此诸事本皆监察御史所掌，与给事中无涉。今既强纳给事中于纠察之列，又不能不分以庶事，故因形成此种错综的情形也。（十五道监察御史者，京畿、河南、江南、浙江、山西、山东、陕西、湖广、江西、福建、四川、广东、广西、云南及贵州是也。）

清代之设通政使司通政使，上承明时之旧，即秦汉时之公车司马令（属卫尉）也。通政使掌天下章奏校阅、送阅，稽其程限，而按其违失，有不如式者劾论之，其职甚为重要，实等于帝王及内阁对外之耳目。四方章奏必先由司启视，而后奏闻，事关机密重大，亦必用本司印记，乃得入奏。若径自入奏，则参驳随之。故明初列于九卿，而清人亦因其制。然清代因鉴于明代中叶以后的积弊，于通政司的权责略为缩小，其时规定臣工封事，皆许诣宫门申奏事处递进，其题本则由各部院经过内阁，通政使司则仅负转达在外督抚题本之责。究其实际，等于帝王与内阁之外收信而已。

清代九卿之另一官员为大理寺卿，大理寺卿掌平反重辟，与刑部、都察院合称为三法司。其重狱则由刑部、都察院暨大理寺会听之，必三法司议合乃上奏请可。九卿于应议大政大狱时，组成九卿会议，共同商讨，以定其可否。

自秦汉九卿由王室而转入政府，遂为三公以下的要职。及尚书由王室至于政府，代三公而决国事大计，九卿仍绾庶政，其后中书、侍中相继由王室至于政府，尚书诸部代绾庶政，而九卿渐退为闲曹。因其所司之事每与尚书诸部相雷同，然以其名称沿自往古，故存其职而不废。南宋渡江，厘定官制，遂每有省损，于是大鸿胪并入礼部，卫尉并入工部，太仆并入工部。其他宗正、太常、大理、司农、太府（即少府，隋更名）五卿，除宗正掌帝王的亲属以外，太常所司实同于礼部，大理所司实同于刑部，司农所司实同于户部，太府所司乃供帝王私用，与宗正的性质相同，宜其大部分皆沦为闲曹。清承明制，亦立九卿名目，然实际承秦汉以来九卿的遗制者，仅大理（即廷尉）一寺而已。此或因刑法至重，多一机关审察，或可少误人民的性命。惟清代于秦汉以来九卿中之其他八卿，殆仍因而不废，特不视之为政府中的，而尽归王室的私属，尚合乎其本来的面目。如清代的宗人府，即古之宗正，内务府即古之少府，前锋护军统领（侍卫大臣）即古之卫尉，其他则太常寺、光禄寺、太仆寺、鸿胪寺仍因古名。① 其宗人府设宗令及左右宗正，内务府设管总大臣，前锋护军统领仍左右翼，各领四旗，以司侍卫。若大司农则并入户部，不另分寺矣。

按《历代职官表》云："汉代机构的名称，除丞相府、御史大夫府以外，一般只以其官署所在称为寺。"《说文》曰："寺，廷也，有法度者也。"《风俗通》曰："寺者，嗣也，理事之吏，嗣续于其中也。"《新唐书·杨收传》："汉制，总群官而听曰省，分务而专制曰寺。"其解不一，然要官台之通称。故汉时虽有九卿大寺之目，而所诏寺者，实不止九卿，诸官府皆得称之。如《后汉书·安帝纪》："皇太后幸洛阳寺。"此洛阳县治所也。《汉书·何并传》，并为长陵令，侍中王林卿令骑奴至寺门剥其建鼓，此长陵县治所也。《后汉书·张湛传》，告归平陵，望寺门而步，此平陵县治所也。又《元帝纪》，初元二年地震，败豲道县城郭官寺。《马援传》，归守寺舍。此类甚多，盖犹今之言衙署耳。自北齐以官寺连称，遂与省台府卫等俱为分职之名，至今沿为永例。

《历代职官表》十九：给事中在秦汉为加官，初无员数。《汉书》所载，曾膺此职者，如韦贤、匡衡、萧望之、刘向、魏相、孔霸、平当、张禹、龚腾、谷永、金敞、金钦、梁卯贺、杜延年、修军、东方朔、蔡义、夏侯腾、丙吉、师丹、辛庆忌、张猛、蔡千秋之类甚众，考其本职，或以博士，或以谒者，或以谏大夫，或以前将军，或以右将军，或以宗正，或以太中大夫，或以光禄大夫，或以御史大夫，或以关内侯，盖为之内廷行走，而非其官号，故自两府九卿中之二千石，二千石以至比六百石，皆得为之。与齐隋以降，设为缺额者不同。然所掌在

---

① 按：清时虽有光禄寺卿，然其职仅掌大内膳馐及祭祀、朝会燕飨、酒馔、饔饩之需，乃秦汉时太府所属之大官令，非光禄勋也。其改制之时始于北齐。

乎尚书奏事，则后来封驳之任，亦已权舆于此矣。

又云：宋初给事中皆以他官兼之。自元丰改制，始有专职，其后复置门下外省，以给事中为长官，则已别有一曹，故其官不随省废。又唐时中书舍人分署尚书六曹事，宋则以给事中分治六房，明之分给事中为六科，其源盖本于此也。

又云：唐宋台谏为两官，台则侍御史、殿中御史、监察御史，谏则谏议大夫、左右拾遗、补阙、左右思谏、正言，掌侍从归谏，宋世亦称为谏院。而台官则专事纠劾官邪，各分职守。宋真宗诏亦有令谏官奏论、宪臣弹举之文。洪容斋《随笔》谓台谏官例不往来相见，盖职掌各殊，故谏官、御史后以互有相纠驳也。至给事中虽与谏议同居门下，而其职但主封驳书牍，亦与谏议不同，自后其不置三省，而谏议、司谏、正言之在门下者随之俱废，谏院已久无员官。明初立制复以其职，并入科道，故邱濬有给事中实兼前代谏议、补阙、拾遗之语，而流俗相沿，遂称御史为台谏，给事中为给谏，亦殊未考设官之本制矣。

清时中央政府诸官之重要者除上所叙述之外，尚有理藩、太医二院及国子、钦天二监。今并述之。

清代之理藩院远绍秦汉之典客、大鸿胪、典属国诸职，而增损其职掌，所以设此院者，乃以其疆土之内，包含蒙古、回疆各部，而此各部设官置吏多因其故俗，由各部落选置，与内地由授者不同，难隶于六部，故别设此机构。其国初时，仅服属蒙古诸部，故设蒙古衙门，至太宗崇德三年，始定为理藩院，掌内外藩蒙古、回部及诸番部封授、朝觐、疆土、贡献、黜陟、征发之政令。其下设旗籍、王会、典属、柔远、徕远、理刑六清吏司。其旗籍清吏司掌漠南诸藩科尔沁、扎赖特至鄂尔多斯、归化城、土默特二十五部落五十一旗的礼籍、封爵、世系、会盟之事。其王会清吏司则掌科尔沁等诸部落每岁朝觐、贡献之事。其典属清吏司掌蒙古北部及青海诸部落礼籍、世系、会盟之事，以及喇嘛番僧名号的封授，乌鲁木齐、伊犁屯田，库伦、恰克图互市等事。其柔远清吏司掌喀尔喀等部落及喇嘛番僧朝贡、禄赐之事。其徕远清吏司掌嘉峪关外诸回部及四川诸土司的政令。其理刑司则掌蒙古及番回刑罚之事。（理藩院设尚书，以王公及大学士兼之。又左右侍郎各一人，皆满洲、蒙古人为之，汉人无与焉。）

其太医院设院使及左右院判各一人，以掌医之政令，率其属以供医事。

国子监置祭酒、司业以掌国子教育之事。按其职掌本于秦汉时之博士，而秦之博士品职尤重，既预朝廷大议，复备左右顾问。至隋时，始有监名。

钦天监设监正（满汉各一人）、监副（满汉各一人）、左右监副（各西洋人一人），以掌测候、推算之法。盖本于秦汉时之太史令，秦汉时太史令属于奉常，亦自隋时始设监。

二、清代地方行政制度

欲知清代的地方政治制度，必先知清代的疆域区划。清代的疆域区划有内地与边地之分。内地指旧日习俗所称之十八省而言，亦即清人所得明人的故土，边地指蒙古、回疆及西藏各处，而满洲之奉天（盛京）、吉林、黑龙江自清人视之，乃其祖宗创业之所基。吾人若自其制度方面视之，盖亦同于边地。清初设制，内地多沿明人旧制，而稍有增损，边地则本其各处的习俗，多因其旧规。然此亦有应为申明者。内地行省之制因于明人之旧，然西南诸省中者，湖广、四川、云南、贵州、广西及甘肃之土司，亦仍明人旧制而不改。土司者，为各地土人之酋长，给以官号，世代相传，与各直省流官之制迥异，此其一也。满洲的建置，固可视之为边省，然以清祖龙兴之地，故肇建京号，与北京相埒，置部设府，一同明代的南京，固不可同以边地内，此其二也。清代末年，边地诸部若回部，若满洲，因时代之需要亦改建行省，如内地之制。然此诸新省之中，仍保存若干原有部落之旧规，一若内地之土司制度，此其三也。有此三点，故清代地方政治制度似属简单，而实亦不甚简单也。

  吾人于此先言其内地的疆域区划。清初沿明制，凡有十五行省。十五行省者，直隶、江南、山东、山西、河南、陕西、四川、江西、湖广、浙江、福建、广东、广西、云南、贵州是也。直隶为明人之北直隶，而江南则为明人之南直隶。康熙初，此十五行省，其间区域不无过大之处，于是稍取其过大者析置之，于是江南分为江苏、安徽，陕西为陕西、甘肃，湖广为湖南、湖北，合为十八行省。此十八行省即吾人所习称之中国内部。然此吾人又有应申明者，行省之名固起于元时，而明人则不称行省，而称承宣布政使司，清初仍一度因明人旧制，称布政使司。至康熙初，遂改为行省，在名称上，同于元人。所以如此者，因明称承宣布政使司，以承宣布政使为此一区划之长官，故得以官署称此区划。清则布政使已降为地方政府次要长官，亦即降为巡抚之属僚，而巡抚之上复有总督。而总督、巡抚在其初制言之，本为暂时的，而非永久的，为治军的，而非治民的，不能以此官署称此区划，故惟有因元人之旧制，实则与元制亦不相同，以清本无中书省，更无论行中书省矣。此种行省的区划，至清末更渐增置。光绪九年，乘回疆乱事初定，即于其地建设行省，是为新疆省。十三年，又改为台湾省（光绪二十年中日甲午之后割于日本）。庚子以后，以东北情形日渐复杂，因于其地分设奉天、吉林、黑龙江三省。以边地而建立新省者，边地的政治制度多因部落旧俗，稍形散漫，即或已非部落而无大员莅驻其地控制与推行政令，两俱不便，质言之，即增加中央政府对于边地的控制权，视之同于内地也。

吾人但究各行省中的区划再详细推言之，每一省中又分设若干府厅州县。而厅与州又有直隶厅、散厅与直隶州、散州之分，直隶厅与直隶州者直隶于省也，散厅与散州则隶属于各府。直隶厅州皆有属县（直隶厅之属县如四川叙永厅所属之永宁县），而散厅州则无属县。直隶州之制度，因于明旧，惟明制散州亦有属县，与清制稍有不同。厅则为清代所创，其初本设于边省，其后浸且遍及于内地。属于省之府而外，又有京府。京府者，清为顺天府。顺天府直隶于中央，与省处于同级的地方，盖所以重帝都也。以表之于下：

$$
\text{皇帝}\begin{cases}\text{京府（顺天府）}\begin{cases}\text{州}\\\text{县}\end{cases}\\\text{省}\begin{cases}\text{府}\quad\text{厅、州、县}\\\text{直隶厅}\quad\text{县}\\\text{直隶州}\quad\text{县}\end{cases}\end{cases}
$$

诸行省中之土司区域，自甘肃、青海以南至四川、两湖、云贵、广西诸省莫不有之。此辈土司率西南诸省各小民族所形成，唐宋时代的羁縻州制度即为后来的土司制度。自元而至明代，土司制度渐以形成。诸土司或据一乡一寨，或辖一州一县，小者有地数里，大者乃至数百千里。总西南诸省土司无虑数百，皆就其酋长，假以名号，而因其所据有的区域以分设若干土府州县。

清代西南各省土司之制度，多沿明人的旧制而稍加增损。明代土司长官有宣慰使、宣抚使、安抚使、招讨使以及长官司的长官与千夫长、副千夫长等。清则分其文武各职，使各有隶属。其文职属于吏部，武职则属于兵部。武职有指挥使、指挥同知、宣慰使、指挥佥事、宣抚使、副宣抚使、安抚使、千户长、副千户、百户、长官司、副长官司、土游击、土守备、土都司、土千总、土把总之类。文职则有土知府、土同知、土通判、土经历、土知事、土知州、土判官、土吏目、土知县、土县丞、土县主簿、土典吏、土巡检之名。各因族类大小强弱而分授以相当之名称，其间彼此无隶属之关系，惟遇流官之时，则普遍均低一级。

至于蒙古诸部则有盟旗的制度。盟下有部，部下有旗，而旗则为地方上的最小区划。旗设札萨克，以管理一旗之事。札萨克者，蒙语旗长之意。各旗按时会盟于一定的地方，以决定一盟之事务。盟设盟长，盟长由中央任命，与札萨克之世袭任职者不同。按清代内蒙计分东四盟与西二盟。东四盟者，哲里木、卓索图、昭乌达与锡林郭勒；西二盟者，乌兰察布与伊克昭也。别有察哈尔八旗。外蒙四盟，土谢图汗部（汗阿林盟）、赛音诺颜部（齐齐尔里克盟）、车臣汗部（克鲁伦巴尔和屯盟）、札萨克图汗部（札克必拉色钦毕都哩雅诺尔盟）。其在宁夏者，则有阿拉善额鲁特部及额济那旧土尔扈特部各一旗。其在新疆者，则有阿尔泰乌梁海部诸旗、阿尔泰诺尔乌梁海部、旧土尔扈特部（分属于乌拉恩素珠克图盟）、和硕特部、科布多额鲁特部、札哈沁部、新土尔扈特部（属于青色特启勒图盟）及唐努乌梁海部。其在青海者，则为额鲁特蒙古五部。五部者，青海和硕特部、青海绰罗斯部、青海土尔扈特部、青海辉特部及青海喀尔喀部。

西藏则旧分为康、藏、卫、阿里四部。康则为四川边地，藏即前藏，卫即后藏，阿里则在其西陲，其政教则统由达赖、班禅二喇嘛掌之。达赖掌全藏的政教，而班禅则仅司后藏。达赖之下设噶布伦四人以掌行政，仔琫三人以司财政。班禅之下设札萨喇嘛罢门罕一人以掌行政，仔卡三人以司财政。各地则划为若干"宗"，宗如内地的县，宗设宗琫，亦等于内地的县长。

至于天山南北路的回部，则各因其城池设各级伯克以治理庶政。如阿奇木伯克总理回务，伊什罕伯克副之。噶匝纳齐伯克掌理田赋，商伯克掌征赋，哈子伯克掌词讼，都官伯克掌递送兵马、粮饷、文卷一切官物及分攒差务，密喇布伯克掌水利，明伯克掌千户之征输一切杂务，什和勒伯克掌驿馆、刍口等诸务，怕察沙布伯克掌巡缉牢狱诸务，玉资伯克掌伯户之征输一切杂务。此等大目之伯克仅就伊犁一区而言，其他各区大同小异，因其习俗而置之。清代全国的疆域区划虽有如此复杂之情形，但其重心之点则在其行省的区域，即其因于明人之十五行省，康熙初年以后之十八行省。光绪以后新设各行省，其制度皆因于内地而无所差异。清代地方政治制度惟因于其疆域的区划，其疆域区划，吾人上文已说明实有省府州县诸级，而普通级行政区则有省道府及厅州县四级，若论其官制则有知县、知州、知府、道员、藩臬二司及督抚五等。今就其官制论其职掌，缕述于后：

吾人由上章所言历代地方政治制度演变之情形得知清代地方政府之有如许等级，皆由于历代演变堆积而成。尤其明代的制度，更为清制所因袭。明制于每省设左右承宣布政使司以理行政，提刑按察使司以辖刑名。其后每遇重要地区复置督抚，赋以特别权力，俾易趋于事功。督抚既因时而设，事毕功竣，其额即停。明季督抚虽多，究非定制。清代增加其权力，使成为驾于布政使之上的大员，大抵总督所辖或一省或二三省，视其地之繁简而定。顺治初，置天津、宣大（驻大同，兼辖宣化）、福建、两江①、浙江、湖广（初为川湖总督）、陕西②、四川、广东、云贵（初兼辖广西）诸总督，历经康熙、雍正两朝，时有增损，至乾隆时定为八总督，八总督者，直隶、两江、闽浙、两湖、陕甘、四川、两广、云贵是也。八总督之中，直隶、四川两省之总督各兼其省之巡抚，而陕甘总督亦兼甘肃巡抚。至光绪时，东三省建省，因增设东三省总督，合为九总督，以讫于清代的灭亡。

清初巡抚因于明制，设置甚多，计有顺天、天津、正保、宣化、山东、登莱、山西、河南、江西、庐凤、安徽、陕西、延绥、甘肃、

---

① 辖江苏、安徽、江西，初尚辖河南。
② 初兼辖四川，后改辖山西，后定为陕甘总督。

宁夏、浙江、江西、郧阳、南赣、湖广、偏沅、广东、广西、云南、贵州、福建等巡抚。乾隆时除直隶、四川、甘肃三省不设巡抚，由总督兼摄外，裁各省不设于省会之巡抚，因定设每省一巡抚之制。光绪时，诸新省先后建立，亦仿内地制度设巡抚。其后罢奉天省之巡抚，由东三省总督兼理，如兼隶甘肃的制度。

总督、巡抚至清代表面上已成为省级的大员，要其实质，尚带有中央驻外监察的性质，甚至可说为君主驻于地方的代表。清制总督例兼都察院右都御史衔，或兼兵部尚书衔（兼否须由吏部请旨定夺）；其巡抚例兼都察院右副都御史衔（其兼否亦须由吏部请旨定夺），明见其为监察地方的机关。又总督巡抚，皆得单独上奏参劾。中央六部既不能对地方政府行文，而总督、巡抚上奏之时，亦仅咨会中央六部而已。即督抚与六部权力上有所争执之时，亦须君主勅令裁可。是督抚实等于君主驻外的代表，而总督、巡抚亦只对君主负责，不必对于政府负责。且督抚既分驻各省，总督皆称总督某某等处地方提督军务粮饷或兼巡抚事云云，其巡抚则云巡抚某某等处地方，提督军务粮饷。又其或兼兵部尚书、兵部侍郎衔。是其明为军职，不必过问地方行政的事务。而实际上督抚于地方行政权力乃无所不牵。督抚不仅有权监督各省的文武官吏，且有权黜陟通省的文武官吏。布政使率其属下，录其能否，考其等第，上于督抚以转于吏部。而吏部于督抚所转来的公文，实无由能加以修改。故一省官吏的升降，其权完全操于督抚，所谓布政使者仅代之整齐文卷而已。且清代知府以下实为其正亲民之官。按之通常程序，对于知府的甄别考核应待布政使为之，乃其时之督抚辄越布政使一级而亲行之，则布政使又同于闲员矣。

此种督抚的制度，如上所言则应为地方最高的长官，其实亦不尽然。督抚既兼兵部尚书、侍郎之衔，而提督军务，明其为军职，有统帅军队的权力。然及遇大征伐之时，则国家又往往特设经略大臣、参赞大臣、大将军、将军等以亲寄军要，为正式的统帅。而此辈经略大臣或大将军又皆为王、贝勒、贝子、公或都统、亲信大臣为之。其地位又较高于督抚，而督抚且须受其号令，借其策应，降为次要的人员。

康熙时期治理黄河及其对社会经济的影响[①]

黄河本是一条容易泛滥的河道，到了清朝也还是依然如故。清朝前期的几十年间，特别是康熙时期，曾经着重治理过黄河，而且取得了若干成就。清朝前期的黄河是由河南兰封县（今兰考县）东南行，过徐州城下，假道清河、淮河入海的。在这千里平原，最易决口成灾。那时的治理黄河，自然也和以前的王朝一样，是为了防止溃决泛滥；不过更重要的还是不使漕粮的运输受到阻碍。运输漕粮主要是凭借着运河。运河要越过黄河，这就不能不受到黄河的影响。何况其中一段还要假道于黄河，影响自然更大。黄河下游既是由淮河入海，黄淮交会之处也就显得重要，这里也是漕船过往的关键所在，当然更不能放松。所以名为治河，实际却是要兼顾淮运两河的。黄河能够得到治理，它的下游各处的人们就可减少痛苦，淮河和运河皆能够安澜，漕船就可往来无阻。这样，清朝政府治河的目的也就算是初步得到实现。应该指出，黄河下游各处，自明朝以来，还是经济比较发达的地区，而征收漕粮的一些主要省份，也就是长江中下游各省，更是富庶的所在。由于治河有了成就，这些地区的经济自然随着有所恢复和发展。就是对于当时整个社会来说，也会有不少的裨益的。本文的写作目的就是打算在这些方面作出论证和说明。

[①] 此文用钢笔写在松脆泛黄的400字绿印稿纸上，当作于"文化大革命"之前。整理者注。

一、黄河的治理及其所获得的成就

明朝末年，黄河的事故就已日渐增多，清朝继起，并没有立时得到改善，决口泛滥依然时有所闻。就在顺治元年，又决于河南温县。自后连年再决。总计顺治十八年间，先后共决口二十三次，往往是一年再决，其间粗告平安的，只有六年。在这二十三次的决口中，较大的险工是发生在河南的温县、阳武（今原阳）、封丘、祥符（今开封）、兰阳与考城（今兰考）、虞城，江苏的丰县、萧县、邳州（今邳县）、睢宁、山阳（今淮安）诸处，其泛滥所及的地区还达到山东省境。封丘县境内荆隆口和朱源寨两次的溃决，就由长垣、东昌（今聊城）冲过运河，东入于海。考城县境内流通集的决口，不仅曹（今菏泽）、单（今单县）等属成灾，余波还注入南阳湖，影响到运道。这一时期的河患显然是以河南境内最为严重。清朝政府虽也随决随塞，但河患的严重性仿佛还没有引起深刻的注意。只是决口的余波冲毁了运道①，才使他们警惕起来。

到了康熙初期，黄河的决口泛滥还是继续发生，而且问题愈趋于严重，几乎有增无减。由康熙元年起，至康熙二十一年止，先后决口共六十四次，其间粗告平安的，只有四年，仿佛成了每年必决的趋势。决口的地方从河南武陟县起，直到江苏安东县（今涟水），整个的下游都出了问题。在河南省境内的，武陟而外，还有开封、祥符、杞县、虞城、永城、夏邑诸县；山东省境内的曹县和单县，也是难于幸免于难的；江苏省境内的则有徐州、砀山、萧县、邳州、

---

① 《东华录》顺治朝各卷；《清史稿》卷一二六《河渠志》；《行水金鉴》卷四十六《河水篇》。

睢宁、宿迁、桃源（今泗阳）、清河（今淮阴）、山阳、安东诸州县①。泛滥所及的地区比顺治时更为广大。

值得注意的是，这时决口地方逐渐转向下游各处。如上所举的，江苏省境内的至少有九个州县都曾经发生过决口，这就比河南和山东境内为多。更为明显的，是这六十四次决口中，江苏省境内就有五十次。这不能不说是一种变异。本来，黄河之所以成灾，原因是有许多方面的，这时决口的地区逐渐下移，和顺治以来河南境内的频繁决口不能完全没有关系。因为决口泛滥之后，黄河本流的水量随着减低，水少流弱，泥水随处淤积，但遇水涨，势难避免新的溃决。黄河下游的问题不仅是来自黄河的本身。黄河既夺淮入海，则黄淮合流之处，也容易引起新的问题。而入海之口不能畅通，全河更难免受到影响。顺治以来治河的人员既然仅注意了运河，对于黄河充其量也只是做到了堵塞决口，既未统筹全局，所在皆可发生灾患，而下游各地就更显得突出。大抵决口的地方，往往漂游转移，所引起的问题就更为复杂：第一，淮河以北的运道所受的阻碍，日益繁多。顺治时，山东境内的运河虽然几次受到黄河泛滥的影响，只要黄河决口堵塞，运道是会立即畅通的。淮河以北就不一样，清初，这里的运道因明之旧，还利用一段黄河，直至宿迁西北的黄口才与黄河分离，这一段黄河是在睢宁、宿迁、桃源三县境内，正是决口最为频繁的地区，这一时期六十余次的决口，发生在这里的就居三分之一，二十一年之中，就有十二年发生了事故。甚至有些事故是连年发生的。清朝政府既着眼于漕粮转输，运道发生阻碍，会使他们为之焦心的。第二，清河的清口是黄、淮、运三河交会的所在，是运道的枢纽，也是黄河容易发生事故的地方，就在康熙初期的二十一年中，这里就决口七次，其中几次都灌了清河县，不用说，

---

① 《东华录》康熙朝各卷；《清史稿》卷一二六至一二九《河渠志》；《行水金鉴》卷四十七至四十九《河水篇》。

漕舟也难于通行了。第三，就是黄河不在清河县境决口，也不能就说是平安无事。因为黄河水势较强，淮河水势弱小，强弱不敌，黄水往往倒灌入于淮河，使之逆流，增加了洪泽湖中的水量，一样会肇致险工。就是清口的黄水不至倒灌，宿迁西南的归仁堤万一溃决，也会形成同样的结果。归仁堤横亘洪泽湖的西北、睢水的南岸，用以遏睢水入于黄河，且防黄河在睢宁、宿迁等县决口后，洪水流入洪泽湖中。话虽如此，归仁堤的溃决也是一再遇到的。不论黄河水是从哪里灌到洪泽湖中，都会使湖面扩大、湖水加深的。康熙时泗州（今泗县）城的陆沉，不能说与这些毫无关系[1]。泗州一个州城对于总的局面影响还不是十分巨大，如果洪泽湖东南的高家堰一旦崩溃，问题就会特别的严重。因为这样就会使高邮、宝应等州县完全沉沦，就是高邮、宝应以东的下河各地也同样遭受淹没，至于淮河以南的运河更会被冲毁的。在这些年代里，高家堰固然幸免于整个崩溃，但像康熙十五年那一年冲决了三十余处，灾情之大，也实在令人震惊[2]。按说，高家堰西的洪泽湖和高、宝一带的水位相差很多，是可以随时排除以减轻这条堰的压力的，当时人们的看法却不是这样。他们正是想用高家堰来抬高洪泽湖中的水位，使淮河可以在清口敌住黄水，并且进一步帮助黄水冲刷黄河中的淤沙。这样，高、宝等处的运河就难得始终安全了。因此，第四，这一段运河经常是千疮百孔，几乎是岁岁发生问题，不是堤岸溃决，就是淤浅难通舟楫。然而，第五，最成问题的还是下河地区。所谓下河地区，包括淮安府属的山阳、盐城及扬州府属的高邮、宝应、江都、兴化、泰州等七州县，西起运河，东至海滨。这里的地势本极洼下，兴化县境更为卑低，仿佛锅底一样。西边的运河遇到黄水倒灌，或者高家堰决口，河身难以尽容，势必四溢漫淹，以下河为壑。这里湖泊

---

[1] 《行水金鉴》卷六十五《淮水篇》。
[2] 《行水金鉴》卷六十五《淮水篇》。

本已不少，运河水如果东溢，自然就成了一片汪洋，居民生命都难保全，还说什么田园庐舍？第六，清口以下的黄河也是经常成为问题的。黄河行将入海的地区，与运道无关，当地居民也较稀少，仿佛和它的上游各地不同。但黄河挟沙很多，一有淤垫，水流不畅，是会影响到它的上游各地的。康熙四年，安东苑良口溃决，就发生了这样的情况，甚至云梯关东海口也都积沙成滩。苑良口的决口经过七年，直到康熙十年始行堵塞，这七年间的变迁应该是不小的。不必说别的，就是黄河入海的地方也因之有所改变了。

　　为什么会形成这个样子？原因当然是不少的。不过最主要的一点，应该是当时政府治理黄河的着眼点有问题。论起当时的河患，倒也是随决随修，有些决口虽然艰险，延长一点岁月，后来也还都堵塞合龙。不过总的看来，这种头疼医头、脚疼医脚的办法，实在难得彻底。所以年年塞旧口，岁岁报新灾，整个的问题依然存在。核实地说来，他们所关心的主要只是运道，黄河实际居于次要的地位。黄河决口，冲没人畜，淹没田园庐舍，减少了赋税的收入，固然会使统治者为之不安。如果运道不通，每年由南方运来四百万石漕粮①，就受到阻碍，这关系到北京城内统治阶级的安危，更是不能够忽视的。由于运道和黄河交错，必然受到影响，所以清朝政府不能不在整饬运道之际，兼顾黄河。只要运河不发生问题，也就得过且过。殊不知黄河不治，运河也是难得始终畅通的②。

　　清朝司治河之责的为河道总督。自顺治以至康熙初期，曾任此职者先后六人，依次为杨方兴、朱之锡、卢崇峻、杨茂勋、多罗、王光裕③。其中卢崇峻任职不到一年，想无若何树绩。其他杨方

---

① 《清史稿》卷一二二《食货志·漕运》。
② 《靳文襄公奏疏》卷一《河道敝坏已极疏》。
③ 《清史稿》卷一九七《疆臣年表》。

兴①、杨茂勋②、王光裕③皆以不职罢斥,只有朱之锡终于任所,当是有相当成就的。朱之锡在任时,正是河患方殷之日,论理他应该是注意到黄河的全流,实际他却是"南北交驰"、"奔驰东(昌)、临(清)、邳(州)、宿(迁)间"④。看来他的全力是在运河方面。总河尚且如此,其下各级人员自然也就等而下之了。当时置官重叠纷杂,遇事经常推诿掣肘,并且幸灾乐祸,暗中破坏工程,已属人所共知的事情⑤。欲求黄河永告安澜,却也是一宗难事。

就是治河的人员不十分阘茸,对于治河的工程如果不深谋远虑,同样不能消弭河患,或者还要使泛滥愈益频繁。黄河下游本是合淮河入海的,清口以下的淮河河道这时兼容了黄淮两河,如何能够顺利畅通,也是一个重要问题。这里不能宣泄,清口以上黄河决口和黄水倒灌入淮诸现象就会层出不穷。可是康熙中叶的河臣却在黄淮入海的地方兴筑了一条拦黄坝⑥,据说是要防止海潮内灌和促进黄水冲沙。但是偌大的黄河不能尽情入海,怎能不使它的上游水位经常抬高?康熙中叶,举国上下都在注意河工,还有这样怪事。顺康之际,阘茸成辟,河工难有起色,不能说这类现象就根本没有发生过。

应该指出,一些势家豪门也是治理河患的重要阻力。前面说过,江苏下河地区由于地势低下,容易发生水灾。这里洪水的主要来源是由于黄河水倒灌入淮,使洪泽湖无法容纳而溢出的。如果这些洪水完全东流入海,那也是未尝不可的。可是淮南海滨原为制盐的场所。洪水东流,就不免引起有关的势家豪门的担心,他们恐怕洪水大量入海,影响他们的盐场。还有一层,淮南盐场的盐一向是靠串

---

① 《清史稿》卷二七九《杨方兴传》。
② 《清史稿》卷一二六《河渠志·黄河》。
③ 《清史稿》卷一二六《河渠志·黄河》。
④ 《行水金鉴》卷四七。
⑤ 《靳文襄公奏疏》卷一《经理河工第八疏》。
⑥ 《清史稿》卷二七九《张鹏翮传》。

场河等河道运输出来的,如果下河地区的积水都要排出,串场河等河道淤塞起来,对这些人也是不利的。为了增加盐利的收入,他们就在各港口筑坝置闸,阻碍水流。盐课收入为清朝政府财务的重要来源,他们的行为是会得到政府的默许的。据说在四驹场等处还有所谓闭闸碑的设立,显然扩大了灾难,这样的局面竟无人扭转,最后由康熙帝亲自出头,才开启闸坝,毁去所谓闭闸碑[1],积潦始稍稍减退。像这样公然设碑闭闸的事情,其他各地不一定完全都发现过,但势家豪门为了他们个人的私利而左右河工,却不能说绝对没有。意外的干扰,河患也就无形中多延历些时日。

顺治初年,河患未能很好地治理,还可以说是各地尚未十分安定,一时难以大力从事艰巨的工程。后来大局逐渐较平,仍然一再因循,也还可以说是残破的社会还未完全复原。可是岁月不居,这种藉口的理由就会逐渐消失。况且全国大部分地区的经济既已有所好转,赋税所征收的银两和粮食数目逐年也都在上升[2],人们就有理由表示不耐,而要求改变旧规。一宗显明的变化可以作为例证:清朝政府中的臣子们一向是对于统治者的意旨持着唯唯诺诺的态度,河工诸事也难有若何主张;时间过得久了,发抒意见的也就逐渐多起来,这就反映出河患的日趋严重,已经不容再事因循,而各地人民的望治心切,也在其中显露出一点端倪来。

清朝统治者对于治理河患到底是行动起来了,康熙帝在这方面也起了相当的作用。康熙初年的河患虽和顺治时一样的频仍,甚且还有过之。也许因为这样的缘故,引起了康熙帝的注意。不论其原因何在,康熙帝对于河患确是十分重视的。他在位六十一年间,曾

---

[1] 嘉庆《扬州府志》卷一〇《河渠志》。
[2] 南开大学历史系主编:《清实录经济资料辑要》卷一《总类》,中华书局,1959年,第9—58页。

经先后六次南巡①，其中可能还有其他的目的，不过视察河工总是每次必办的要务。他也曾累次指授方略，事后的征验大致都还符合事机。他在初年时即提出以三藩、河务、漕运为三大政的看法，和朝中上下人等迥乎不同，可称为独具只眼。三藩问题曾引起整个清朝政府的不安，而且费时数年才得到平定。他把它摆在首要的地方，是有他自己的道理的。当时人们皆以运输漕粮为一时要务，康熙帝却能力辟众议，以河漕并举。他大概已了解到如果黄河治理不好，治运也是枉然。吴三桂举兵反清是在康熙十二年，接着十四、十五两年黄河泛滥可以说也达到了高潮。十四年决徐州、宿迁、睢宁、清河诸州县；十五年，不仅宿迁、清河诸地相继再决，黄水更倒灌入洪泽湖中，致使高家堰溃决多处，淮阳两属大困。在这样军需紧急、河患交发的时候，康熙帝犹能拨出巨款，显示出积极整治的决心。

　　由于康熙帝的决心治河，对于总河的人员也精心选择。康熙十六年，王光裕罢斥之后，顺序接着是靳辅、王新命、于成龙、董安国、张鹏翮、赵世显、陈鹏年②。这时期的总河有些和以前不同的地方：第一是久任，他们之中，除过董安国和最后的陈鹏年分别只任职三年和二年外，其余皆在任较久，最长如赵世显为十五年，靳辅两次任职共为十二年。而靳辅和于成龙且皆卒于任所。这样的久任当然是康熙帝的有意安排。靳辅曾一度为人攻击，康熙帝力排众议，令其留任，正是这样的意思③。正由于总河能够久任，故能悉心筹划，不至视官邸若传舍，于事实是能够有所裨益的。其次是这几位总河都还能作出若干成绩。其中最值得称道的当然是靳辅了。靳辅

---

　　① 这六次南巡分别在康熙二十三年、二十八年、三十八年、四十二年、四十四年和四十六年。

　　② 《清史稿》卷一九七《疆臣年表》。

　　③ 《东华录》卷十二。

受任于河工极端敝坏的时候，筹审全局，提出治运必先治河的道理①，反对以前头疼医头、脚疼医脚的办法，一日并上经理河工八疏②。这八疏确实指中了当时的弊病，也是当时最好的治河方案，故经反复廷议后，卒能获得批准施行③。在靳辅治河的过程中，也曾经出现了一些意外的事情，招致了一些反对的人们的攻讦，但总算把河道整理得有了起色。于成龙也是反对靳辅最力的人④，可是后来于成龙自己作了河道总督，一些设施却都是按照靳辅的成规办事⑤。靳辅于康熙十六年接任总河，这一年黄河还分别在淮安、宿迁、萧县决口。第二年，又先后在砀山、萧县和虞城⑥决口。再过三年，到康熙二十一年，又在宿迁决口两处⑦，由于悉心治理，所以此后终靳辅之世，再未发生若何巨大的险工。正因为靳辅打下了基础，后来的人们大体遵守遗法，以后的河患明显地有了减少。

这一时期的治河，堵塞决口自仍是一项重要工作。不堵塞决口，眼前的灾患就无法暂时中止。从靳辅受命时起就致力于这项工作，靳辅且于所上八疏论治河大计的同时，就从事补塞，大体还得到了成功⑧。按当时情况，这是必要的，但还解决不了问题。黄河挟沙过多，动有淤积，下游和入海口更是显著，水流不畅，河身抬高，自会漫流堤外，甚或冲决新口。靳辅正是看到这些地方的问题，他不仅积极堵塞决口，而且还进一步讲究筑堤岸疏下游，以畅水流，兼收束水刷沙的效果。他首先从徐州以下着手，再扩展到徐州以上各处。以后的人们也都以刷沙为一时要务，希望减轻一些水势。虽然

---

① 《靳文襄公奏疏》卷一《河道敝坏已极疏》。
② 《靳文襄公奏疏》卷二《再陈一疏未尽事宜疏》。
③ 《东华录》卷十三。
④ 《东华录》卷十四。
⑤ 《东华录》卷十四。
⑥ 《靳文襄公奏疏》卷二《再陈一疏未尽事宜疏》。
⑦ 《行水金鉴》卷四十九《河水》。
⑧ 《清史稿》卷一二六《河渠志·黄河》。

如此，在黄水猛涨的时期，河身容纳不下，或还会一样发生事故。当时的人们除对于治河各堤经常培修、加厚、加高外，又于河身较窄处建置减水石闸，以排泄洪水。自徐州属砀山县毛城铺石闸起，沿河所置已非一处。在靳辅为总河时，就曾一再请建这样的减水坝，而且也修建多所[1]，后来还不时建置，就是康熙帝也对此多所嘉许[2]。这样的减水坝闸是会减轻黄水的洪峰的。但如果不对于泄水的去路有合理的安排，也会引起灾害。尤其是黄水中泥沙过多，低洼地方被泥沙填平后，仍然对那里减水，就要形成新的问题。毛城铺的石闸按说还在徐州以上，当地旷野，尚可容纳若干洪流，然亦以余波泄入洪泽湖的缘故，后来也不能不堵塞绝流[3]。

以水刷沙，主要是利用黄河本身的水流。淮河在这方面却也有很大的助力。黄浊淮清，是淮河助黄刷沙的一个有利条件。不过黄强淮弱，也使它难得充分发挥作用。万一黄水倒灌，泥沙随水流入洪泽湖中，湖水漫溢，更会招致灾难。康熙初年，黄水就已经倒灌入湖，转而使下河地区为之陆沉。清口是黄淮合流的地方，也是运河与黄河交叉的处所。重点所在，当时负责治河诸人都是了然的，问题症结虽然明白，实际治理却还要费一番周折。为了抬高淮河的水位，只有高筑高家堰。这一点从靳辅到张鹏翮都没有放松过。靳辅还增添了高家堰上的水闸及减水坝，张鹏翮却将高家堰上的闸坝能封闭的尽量封闭，甚至南端的仁义等六坝也在封闭之列[4]，就是泗州等处也都筑堤，收束水势[5]。洪泽湖水位抬高了，清口附近若能及时治理，清水自可畅流东下。早在于成龙为总河时，康熙帝第三次南巡视河，就提出整顿的指示。他指出黄淮会流的地方，运口太直，

---

[1] 《靳文襄公奏疏》卷二《再陈一疏未尽事宜疏》。
[2] 《东华录》卷十三。
[3] 《东华录》卷十四。
[4] 《行水金鉴》卷一三六《运河水》。
[5] 《行水金鉴》卷六十九《淮水》。

黄水易于倒灌，湖口淤塞不利，清水也难得畅通①。本来，运口改建工程在靳辅初任总河时，即已着手，而且也已取得成就②。当时漕舟扬帆北上，如履坦途。靳辅于欣喜之余，也恐日后稍有淤塞，致弃前功③。这时康熙帝重提此事，是以前的设施尚有未尽的地方。根据他的指示，清河县境黄河南岸的运口再向西移，不仅远离黄淮交会的地方，而且上承由洪泽湖流下的清水，自可永免黄水冲入运口的弊病。同时洪泽湖口也并排开凿了三汊河、裴家场、张福口、张家庄几条引河④，以利水流。到六坝闭后，洪泽湖中清水由诸引河盛出，黄河大溜相与东去，倒灌淤塞诸问题一时都得到了初步的解决⑤。康熙帝也感到踌躇满志⑥。

不过高家堰诸闸也并非都能完全封闭，在淮河大涨的时候，仍不免要启闸泄水。⑦ 这当然对于保护高家堰和洪泽湖口的引河都是有利的，只是淮扬运河和下河诸州县的问题依旧难得解决。前面已经说过，治理下河地区的灾患曾受到当地势家豪门的多方阻碍，除此之外，政府中难得有恰当的决策，实是一个关键所在。靳辅以前是不必说了。靳辅受任总河，于黄河各处决口曾经尽量堵塞，就在洪泽湖东也曾经堵塞住盱眙县翟家坝至山阳县周桥闸之间的九道决口所成的洪流，这是自明朝以来从未举办过的工程⑧，他还堵塞住高家

---

① 《东华录》卷十八年。
② 《靳文襄公奏疏》卷二《酌改运口疏》、又卷三《恭报完工疏——改运口》。
③ （清）靳辅著：《治河方略》卷二《治河中·南运口》，清乾隆三十二年（1767）。
④ 《行水金鉴》卷六十八《淮水》。
⑤ 《东华录》卷二十。
⑥ 《河防志》卷八《恭报清水盛出情形疏》。
⑦ 《东华录》卷十四。
⑧ 《靳文襄公奏疏》卷三《恭报合龙疏——翟家坝九河》。

堰决口几十处①，以及高邮、宝应之间的清水潭决口②，功绩都是值得称道的。只是高家堰和淮扬运河的东岸不仅保存了不少的减水闸坝，而且还续有增建，这就难得希望下河地区能够彻底整理了。当时人们并没有在这方面多所考虑，仅着眼于排除下河地区的积水。如何排除积水？引起了一番争论③。靳辅主张筑堤束水，使东注于海；于成龙则主张疏浚海口。后来孙在丰又主张逐节疏导下河各水，然须改建运河沿岸各减水坝为闸工，以控制水流④。在争执激烈的时候，靳辅改变了原来的主张，打算修建高家堰等处重堤，俾洪泽湖水尽量由清口入于黄河。至于盱眙、天长诸山涧流下的水流，则可由串场河和芒稻河分别入海入江⑤。于成龙这时自又赞助孙在丰而反对靳辅⑥，河臣们的交互攻讦，使康熙帝为之震怒，然除过黜免他们以外⑦，亦别无长策。康熙三十五年，又遇大水，水从高家堰上漫过，高邮、宝庆诸城不没者三版，为历年所未有⑧。三十八年，康熙帝再次南巡，亲至高家堰及下河通海之口视察，知道问题十分严重，并了解到洪泽湖不治，下河水灾终无由免除⑨。这样就定下先治上河的方略：首先封闭了六坝，以阻洪泽湖水，接着又开人字、芒稻等河通于长江，浚虾须、海沟等河达于大海，下河积水始大量排出，多年的问题也得到解决⑩。

但是这样的治理也并非就算彻底，因为下河七州县免去了水灾，

---

① 《靳文襄公奏疏》卷二《治理三疏未尽事宜疏》。
② 《靳文襄公奏疏》卷三《恭报合龙疏——清水潭》。
③ 《清史稿》卷二七九《于成龙传》。
④ 《清史稿》卷二七《孙在丰传》。
⑤ 《靳文襄公奏议》卷六《钦奉上谕条陈下河》。
⑥ 《清史稿》卷二七九《于成龙传》。
⑦ 《清史稿》卷二七九《孙在丰传》。
⑧ 嘉庆《扬州府志》卷十一《河渠志》。
⑨ 《东华录》卷十八。
⑩ 《河防志》卷一《阅视高家堰毕历示大学士等河工情形》，及《淮安至高邮一路详阅河道应修堤岸及湖水入江》。

泗州、盱眙告灾的文书却接踵飞来。这显然是六坝封闭后的结果。虽然司治河的人们推诿说是泗州水灾自来就不少见，与封闭六坝无关①。但六坝封闭之后，立即发生水灾却也是事实。不论怎样，清朝政府这时所关心的，是蓄黄敌清，是运道的安全。对于泗州、盱眙等处的灾难，除过筑堤防水以外，再未见到其他措施，大致是听其自然了。

这里应该提到开凿中河的问题。中河起自宿迁县境，顺黄河的北岸，历桃源、清河、山阳、安东诸县境，与黄河相会。这虽是运河的一段，但它却与黄河极有关系。本来自明朝以来，漕舟由清河北上，是循着黄河前进的，到了董口之后，再折入骆马湖中。康熙十九年，靳辅为了避免骆马湖中易淤浅的水道，在湖西开凿了皂河②。接着他就倡议开凿中河，这是为了避免黄河中的风涛之险。中河于康熙二十七年竣工通航③。从此，漕舟出清口之后，行黄河中数里，即可转入中河，不再经历黄河一百八十里的险途。这样既保护了漕舟的安全，也使相应一带的黄河减少了决口泛滥的灾难。因为中河的河道实际是在黄河岸上遥缕二堤之中，与黄河只有一堤之隔。黄河稍有决溃，中河都是难以保全的。可是在中河凿成之后，直至康熙末年的三十多年间，这段黄河却再未见决口的记载。显然是为了维护运河，司河的员工就更不能不注意到附近黄河堤岸的修整。由这里也可以看出：黄河固然善决善溃，而人力之不臧也是一个重要原因。

在这一时期的治理黄河过程中虽然不免有疏忽和错误的地方，所取得的成就还是显而易见的，决口泛滥较之以前明显减少了。自康熙二十一年河决宿迁以后，一直继续安澜。由康熙三十五年起，

---

① 《河防志》卷八《察勘泗州、盱眙水灾疏》。
② 《靳文襄公奏疏》卷四《题明放水日期疏》。
③ 《治河方略》二《治纪中·中河》。

河患才又陆续发现，然亦不过是决张庄、安东、时家马头①、淮扬诸处。由康熙三十九年起，又再未发现险工。其后到康熙四十六年和四十八年，才分别决丰县、兰阳、仪封等处，六十年和六十一年，又两次在武陟县决口②，较之顺治和康熙前期，确实是少得多了。

　　能够取得这样的成就，是有它的道理的。首先应该指出的是，自清朝初年起，河患一直没有得到很好治理，灾区日渐扩大，引起了人民的普遍愤怒，这就使得清朝政府不能不改变它的只重视运道、忽视河患的积习。其次是康熙帝的支持，他把治河列为要政之一，使河工得以顺利进行，而免去许多无谓的掣肘影响。第三，由于河工负责得人，就能够统筹全局，扭转了历来头痛医头、脚痛医脚的弊端。第四，这时虽还不时有新的决口，却还能及时堵塞，不使灾情扩大。第五，当时治河的人们重视维护堤防，也注意到整理河道，并采取了若干措施，使河水能够就范。当然，限于工程技术水平，缺点还是有的。譬如减水闸坝的设置，对于减低洪峰是有一定的作用的，只是没有注意到导引所泄出的洪水，往往引起了新的灾害。我们今天的治理黄河既统筹全河，也安排了各有关地区的要务，既注意了维护堤防，也注意了河水的刷沙，更在适当的地方设置蓄洪区，保障了堤岸，也保障了人民的生命和社会的财富。这都是那时的人们所难以想象得到的。

二、清朝前期社会经济的恢复和发展与治河事业

　　如上所述，清朝前期，河南温县以下的沿河各县几乎都曾经发

---

① 《清史稿》卷一二六《河渠志·黄河》。
② 《清史稿》卷八《圣祖本纪》。

生过泛滥决口的事故。这些决口的县份受到冲淹，那是不必说起的了。黄河一经决口，洪水泛滥，到处横流，受灾的地区也就不仅是沿河若干县份了。根据当时的记载，灾情所及的地区，河南省黄河以南的就有通许、尉氏、扶沟和其以南的淮阳诸县。黄河以北也有修武、延津和滑县。黄水且由淇县灌入御河（即卫河），淹没沿流各处①。本来从明朝中叶起就在黄河以北修建一条长达三百六十里的太行堤，西起河南胙城（今延津县东北），经滑县、长垣、东明、单县，下至徐州②，工程也十分巨大。但山东省的西北部和北部，尤其是它的西南部曹、兖诸属，都还不免受到河水的冲淹③。江苏省内，自徐州至于海州，平原沃野，也是黄河容易溃决和冲流的地区。越淮西南的下河地区以及安徽境内洪泽湖西部黄淮之间各处更是经常告灾④。总起来说，黄河下游由于决口泛滥所造成的灾害，竟经常波及到五个省份的广大地区，受到的影响是更不易估计的了。

明清之际这些地区就已经是兵火燹余，创痛甚剧。清朝未入关时，累次毁塞而入，侵扰到黄河下游各处。后来明社倾覆，他们长驱南下，残酷杀戮，屠城洗劫是不鲜见的。出之于灾后遗黎之手的《扬州十日记》，所记的经过真是惨绝人寰。就是逃到山林中的人民也往往遭到搜山烧杀的浩劫。这种情形在当时既是普通的，黄河下游各地也就难得完全幸免。黄河的溃决主要是人事的不臧，而这样残酷的屠杀是会影响到黄河灾难的预防和治理的。

当时人口减少的现象是很显著的。明神宗万历六年全国共有人口60692856⑤，经过明清易代，到顺治八年，全国人丁户口却只有

---

① 《清史稿》卷一二六《河渠志·黄河》。
② 以上皆见雍正《河南通志》卷十五《河防》，清光绪二十八年刻本。
③ 《行水金鉴》卷二十。
④ 《行水金鉴》卷五十一《河水》。
⑤ 《明会典》卷五十《户口》。

10633326①。虽说两者的丁口计算不尽相似，其间的差别还是十分悬殊的。由万历六年到明朝末年还有六十多年的光景。这六十多年中人口数目本来已有减少的趋势，如熹宗天启三年就已降到51650459口②，但是减少到顺治初期，这样少的数目应该不是明朝后期的问题。全国为此，黄河下游各省更是严重。河南省于明万历时有人口5193602，到顺治十六年，却只剩下见活的人丁993017③。由顺治十六年又过十年，为康熙九年，这一年有人丁1159496④，十年中增加了十六万多丁，按这样的比例推算，顺治初年的人丁是更稀少了。河南的开封府在顺治十六年时有人丁261395，为本省各府州中的最高数目。开封府共辖有四州三十县，平均每州县只有7688丁。以平均数相比较，却不算是最多的。它远不若彰德和怀庆二府，只稍稍超过于南阳府而已。开封府平原广莫，农田一望无垠，又是省会的所在地，为什么人口却不见得很多？兵祸之后，加上水灾，生齿是难得繁庶的。和开封府同位于黄河沿岸的归德和卫辉二府也相仿佛。归德府还差强于开封府，平均每县有丁13806，居全省第三位，卫辉府却只有4631丁，还在南阳、汝宁二府之次，居全省的第七位，仅略多于山区的河南府⑤。受了河患的影响，人们自难都能够安居乐业的。人口增减的原因本是不少的，但当洪水经常泛滥的时候，其他的因素是难以一时提起的。

山东及其他诸省也好不了许多。山东省受黄河灾害最惨的首推兖州府⑥，其次是东昌府⑦。这两府都是平原广阔的地区，它的人口

---

① 朱伯康：《中国经济史》。
② 《明实录·熹宗实录》卷三十七，天启三年。
③ 雍正《河南通志》卷二十三《户口》。
④ 雍正《河南通志》卷二十三《户口》。
⑤ 以上数字统见于雍正《河南通志》卷二十三、二十四《户口》。
⑥ 当时兖州府兼辖有曹州和济宁州。
⑦ 当时东昌府兼辖有临清州。

在明朝却不算是全省最多的①，它虽远不能和济南府相比拟②，但至少要比山区的沂州为多③。清朝初年这里的人丁户口未见确切数字，好在康熙五十二年的记载可以略作较量。这一年，兖州府有人丁226232，东昌府有360245，以所属州县平均计算，前者平均每县为16159丁，后者为25731丁④。兖州府仅略超于沂州府⑤，这就不能不引起注意了。这显然和黄河所造成的灾害不是完全没有关系的。

河南、山东两省如此，东南的江苏、安徽两省近河的地区也应该是相仿佛的。

在以农业为主要生产的社会里，人口稀少意味着农田荒芜和农业产品的减少，社会经济也会逐渐凋敝下去。清朝初年正是这样。《东华录》于顺治八年始载全国田地亩数。这一年共有2908584顷余，然较二十五年前的明熹宗天启六年的7439319顷⑥，已经减少三分之二强。各地情况不同，自难得一概而论。就黄河下游各省说，这里的荒地也是较为普遍的。河南省的河北三府在顺治元年就已查出荒地近十万顷⑦，河南省的省会开封府及其附近各处迟至顺治十年也还有荒地一万余顷⑧，就是山东省也到处是十亩土地中只有一二亩为人耕种的现象⑨。安徽、江苏两省也并不比这样好的许多。江苏下河地区常年积水，形同陆沉，自然说不上还能有许多土地从事种植。

---

① 据宣统《山东通志》卷八十二《户口》，兖州府于明万历时有口996524，东昌府于明嘉靖时有口578804。

② 据宣统《山东通志》卷八十二《户口》，济南府于明嘉靖时有口2102935，万历时有人丁1038336。

③ 据宣统《山东通志》卷八十二《户口》，沂州于明万历有口56729。

④ 嘉庆《一统志》卷一六五《兖州府》；卷一六八《东昌府》。

⑤ 嘉庆《一统志》卷一七七《沂州府》，载沂州府于康熙五十二年有人丁107384，平均每县人丁为15340。

⑥ 《明实录》卷三十七《熹宗天启实录》。

⑦ 《清实录》卷十一《世祖实录》，顺治元年十一月。

⑧ 《清实录》卷七十八《世祖实录》，顺治十年九至十月。

⑨ 《东华录》卷五。

淮水下游从凤阳府属起荒地就已不少①，由凤阳直至淮、徐诸府，下讫康熙十六年，依然是蒿莱多而禾黍少②。

从顺治时起，清朝政府就积极注意开垦荒地，不仅迭下诏书，并以之作为地方官吏的考核成绩③。顺治十八年，全国熟地共有5493576顷余④，比起初年，几乎增加了一倍。不过这里面应当包括明朝末年若干未起赋的土地，并非所有增加的数字都是新开垦出来的。就是这样也还赶不上天启年间，可见迟至顺治末年，全国荒芜的土地仍是相当多的。虽然如此，清朝政府并未放松恢复社会经济的努力，诸如招徕人户、蠲租免税等措施皆次第推行，借以缓和民族矛盾，有利于生产的发展。加之社会逐渐安定，社会经济的恢复也就更有了条件。

可是黄河下游经济的恢复和发展却和其他地区不尽相同。虽然这里的民族矛盾也有所缓和，经济的恢复还显得落后。头一宗，从顺治时起，黄河下游一再决口泛滥，荒芜的土地还没有来得及开垦，就又遭到淹没。再一层，如前所说，这里的人丁户口本来就不很多，堵口护堤还感到不足，怎么能够谈到恢复经济呢？这里姑举一两例证以作说明。康熙十七年，靳辅初任总河，倡议大修河工，一日递上八疏。其第一疏是建议挑清江浦以下历云梯关至海口一带的河身，并以所挑之土修筑两岸的堤。这一项工程每日需用民夫123700名，共用民夫24744960名。第二疏建议挑浚高家堰以西至清口二十里间的淤塞地带，也要用民夫432000名。第五疏建议挑浚清口至清水潭二百三十里间的运河，每日需用民夫34776名，共用民夫10432800

---

① 《清实录》卷一一三《世祖实录》，顺治十四年十一月。
② 《靳文襄公奏疏》卷七《生财裕饷第一疏》。
③ 《皇朝（清）文献通考》卷一《田赋考》。
④ 《皇朝（清）文献通考》卷一《田赋考》。《东华录·世祖实录》顺治十八年作5194438顷余。《清实录·圣祖实录》五作5265028顷余。

名①。仅此三宗工程就共需用民工 35609760 名。而一、五两疏中每日需要的民工也多到 158476 名。第一疏的工程在淮安府境内。这一府在康熙五十二年时，仅有人丁 270106 名②，是有二分之一的人丁每日皆应在工地操作。如果加上挑浚高家堰至清口的水道工程，所需的当然更多，几乎大部分人皆要应征。第一疏的工程估计要二百天才能完成，是这些民夫都必须付出大半年的时间。靳辅此次建议下距康熙五十二年还有三十余年，当时的人丁尚少，问题当然也会更多。靳辅第五疏的工程兼在淮安、扬州二府境内。扬州府的人丁还不如淮安府为多③，问题依然不容易解决。这些难关靳辅何尝不知道，在上第一疏时就打算到邻近地区征募。征募的地区包括江苏的江宁、苏州、常州、镇江、太仓、徐州以及淮安府属的邳、海、睢、宿、赣、沭六州县，安徽的凤阳府及滁、和二州，山东的兖州、济南、东昌、青州，还有河南的开封、归德等处④。除去其中一部分是在长江下游两岸外，大部分还是在黄河下游经常泛滥的地区。靳辅这次建议大修，好像有些特殊。其时较大的决口堵塞工程也往往会牵动邻近地区的居民的。如顺治九年，封丘大王庙决口，就征发大名、东昌、兖州及河南丁夫数万人⑤。至于平时维修堤防，需用人力也不在少数。黄河自河南荥泽县（在今荥阳县境）以下，南北岸始皆有堤工，直至于海滨，而且往往不是一道，真可以说是步步设防了。沿河人民出了劳力已经不必说起，有的还要负担维修堤岸的经费。像太行堤和其他一些小堤的维修就是不动用帑金的⑥。困难重重，人们怎能都安心畎亩，从事东作呢？

---

① 《靳文襄公奏疏》卷一《经理河工第一疏》；《经理河工第二疏》；《经理河工第五疏》。
② 嘉庆《一统志》卷九十三《淮安府》。
③ 嘉庆《一统志》卷九十六《扬州府》。
④ 《靳文襄公奏议》卷一《经理河工第一疏》。
⑤ 雍正《河南通志》卷十五《河防考》。
⑥ 《行水金鉴》卷五十八《河水》；卷五十七引《河水》。

然而，治河的工程不断在进行着，而且在靳辅受任总河之后，显然有了卓著的成就。决口泛滥日渐减少，也就不再需要频繁地大量征用民工，更因为洪水减退，被淹没的农田能够重新耕种，这就使沿河的居民有了生机。当时新淤出的农田应该是很多的。康熙二十四年，据靳辅的查勘，黄河南岸的砀山、萧县、徐州、宿州、灵璧、睢宁、宿迁、虹县、泗州、桃源、清河等十一州县，黄河北岸的砀山、丰县、沛县、徐州、邳州、宿迁、桃源、清河、山阳、安东、沭阳、海州、赣榆等十三州县，皆有洪水漫淹的土地。这些州县如果都能筑堤束水，永加治理，则除过虽曾被水淹过而尚继续征收赋税的田亩外，还应有从未征收过赋税的土地四万顷[①]。这一年清朝政府重修《赋役全书》，其中江苏田土共675153顷余，安徽共354274顷余[②]。则这上面所说的四万顷可能为淤出的土地，实占江苏省已有田土数的十七分之一，也占安徽省的九分之一，不能说是小的数目。也就是在这一年，靳辅积极治理下河，估计水退之后，除去河湖、城郭、村镇、坟茔、盐场、柴荡外，可得田土十四五万顷[③]。下河七州县境，据《赋役全书》所载的额田，不过十一万顷。这样就可增加额外余田三四万顷。其中仅泰州一州，按估计应有田四五万顷，而《赋役全书》中所载这一州的额田还不及万顷，可见增加三四万顷额外余田的估计并不是过分的夸大。河南、山东两省地居徐州上游，农田积水自不如下游之多，然以频年泛滥，荒芜当亦不少。大致各省合计起来，也许要达到十五六万顷。如果估计得不错，几乎要有安徽省当时征收赋役的田土的一半了。

这些虽然都是估计，如果能够把河治好，淤出这样多的田土也并不是没有指望的，后来到了康熙四十一年，到底出现了所盼望的

---

① 《行水金鉴》卷五十《河水》。
② 《皇朝（清）文献通考》卷二《田赋考》。
③ 《行水金鉴》卷一三六《运河水》。

事迹。这一年，号称积水最多难以治理的下河地区，到处稻禾成熟①，洪泽湖旁，淮水以北各地也都是桑麻坡野②。这样的景况随着黄河的能够有较长时期的安澜而愈形显著。原来黄河的濒水堤岸之外，还有一些堤道，其中有所谓遥堤的。这道遥堤距河远近不等，有远到二三里的。堤内空地原来都是种植柳树，以备河工取用的。由于荒地大部都已开垦，这样种柳的地方也为人们尽行耕种。也就在康熙中叶时，盛枫已经指出："淮扬四达之郡，既无尺寸之荒芜，人不勤则不得食，故不待教而自务农桑。"③这一时期，全国其他各地垦荒也都有了成效。所以在康熙五十二年，湖南巡抚潘宗洛奏请开荒五百余顷时，康熙就指责说："今天下户口甚繁，地无弃土，湖南安得有如许未垦之田？"④由此推测，黄河下游开垦土地的成效也应该是巨大的。

上面说过，康熙四十一年河工逐渐告成，康熙帝就于次年又作第四次的南巡视河。这一次和以前不完全一样。以前都是为了河上险工难以修理，需要他前去指示方针，所以不免忧心忡忡。这一次则沿河工程大体就绪，他就显出踌躇满志的心情。南巡途中，他看出了民间经济已较为丰裕，他就归功于地方大吏的清廉⑤。当然，官吏清廉会使人民少受若干剥削。其实黄河治好之后，涸出大量的田土又都是肥沃的耕地，稍加耕耘，自会有很好的收成。凭空增加了几乎有半个安徽省那样多的能够征收赋税的田亩，社会经济怎么能够不显出欣欣向荣的景象？

不过应该指出，这些排出积水成为农田的土地大部都为豪强地主所攘夺，人民大众所获得的好处是不多的，甚至并没有什么好处。

---

① 《行水金鉴》卷五十五《河水》。
② 《行水金鉴》卷五十五《河水》。
③ 《皇朝（清）经世文编》卷三十《江北均丁说》。
④ 《东华录》，《康熙九十二》。
⑤ 《东华录》，《康熙七十一》。

所以这样欣欣向荣的景象只是显示着地主经济的发展。当靳辅受命治河行将见效的时候，曾经考虑到水涸四出时如何处理的问题。他为了经常维修河堤，主张扩充河兵名额，酌量分给田地，且耕且守，有事培堤，无事耕种。据他的计划，增河兵名额二万八千八百名，共分给土地四千三百余顷[1]。这样数目在整个涸出的土地中只占一小部分，并没有解决问题。对于下河地区所涸出的土地，他主张除《赋役全书》所载的额田应逐一清丈，各归原主，额余官田当广招穷民垦种，给为永业，政府则按土地的肥瘠，征取多少不等的佃价[2]。这样处理，既照顾了地主的财权，又增加了国库的收入，是符合封建统治阶级的利益的。不料却引起一番剧烈的争论，一些人们持着不同意见，说是靳辅妄兴屯田的议论，实系攘夺民田。靳辅竟因此被劾去职[3]。其实所谓屯田就是靳辅所主张的招民垦种，并不是什么民屯，当然也不是什么军屯，当时所以招致反对，分明是和地主阶级的利益相冲突。九卿会议此案时，徐乾学和张玉书等更公然主张屯田所占民田地，应归旧业[4]。下河地区有些州县积水自明朝以来就是如此，中经改朝易代，多历年所，怎么还能备悉数十年前的旧迹？康熙帝一向维护地主阶级的利益，他在许多治河工程方面都是支持靳辅的，只是这一点，他却说靳辅的罪诚不可逭[5]。

治理好黄河，下河地区的制盐业也随着不断增加产量。下河地区是有名的两淮盐区的所在地，产量最多，经销于江苏、安徽、江西、湖北、湖南、河南六省境内。这不仅于民食有关，而且更关系到统治者的税收。顺治元年，全国仅行盐719550引，征课银158973两。戎马频兴，行盐是会受到影响的。此后连年增长，顺治三年，

---

[1] 《行水金鉴》卷五十一《河水》。
[2] 《行水金鉴》卷五十一《河水》。
[3] 《清史稿》卷二七九《靳辅传》。
[4] 《清史稿》卷二七一《徐乾学传》。
[5] 《东华录》，《康熙四十一》。

行盐达到三百万引以上，课银也达到一百万两以上。顺治十五年，行盐4777069引，课银2516983两①，这一年两淮的盐课为一百四十万两②。居全国一半以上，其重要性可见一斑。再后来到了康熙二十四年，这里所产的盐为一百三四十万引③。这一年，全国行盐为4356150引，征课银2761308两④。由盐引来比较，则两淮地区的产量只居全国的三分之一。显然有所降低。如何能够增产，也是统治者所关心的事情。如前所述，下河地区的治水和制盐一向是有矛盾的。下河地区的治水以排除积水为主，如果这些积水大部流往长江，则盐场就不会受到影响，如果及时修理有关河堤和闸坝，则运输盐觔的水道就不会受到阻碍。前者是要治理好芒稻河，后者却又要治理好串场河，两者兼举，其间矛盾是会消失的。后来康熙帝亲自指示机宜，大致就是在这些方面着眼⑤。其实下河地区积水能够得到排除，海口通畅，对于扩大盐场也不是毫无裨益的。康熙帝自诩的河工告成，是在他的四十一二年之际。在这一时期，全国行盐还是徘徊在四百三十万引上下，盐课征收也只在二百五六十万两左右。到了康熙四十八年行盐达到四百八十万引以上，盐课征收也超过了三百万两。康熙五十年，行盐更达到了五百万引以上⑥。这一时期全国其他各盐区都没有突出的变迁，这样的增长应该说大部分是下河地区积水治理以后新获得的结果。

由于河患得到治理，农业有所恢复和发展，人民能够安居乐业，沿河各地的户口也有了显著的增加。即以河南怀庆、卫辉、开封、归德四府为例，也可略见一斑。顺治十六年时，这四府的人丁依次

---

① 以上《清实录经济资料辑要》第一辑，分别为第9、12页。
② 嘉庆《扬州府志》卷十《河渠志》。
③ 《行水金鉴》卷一三六《运河水》。
④ 《清实录经济资料辑要》，第21页。
⑤ 《行水金鉴》卷一三九《运河水》。
⑥ 《清实录经济资料辑要》，第28页。

是 89906、27786、261395 和 124259。经过了五十多年，到了康熙五十年，就分别增加到 104881、38087、618776 和 212406①。如果这样的数目不是虚妄，则开封、归德两府所增加的为最多，开封府还在一倍以上。开封为河南的省会，人口增多也是必然的。不过从康熙初年以后，迄至康熙四十八年，黄河再未在这里决口，长期稳定下去，是会引起人口增加的。开封为此，归德及其他二府也应该是相仿佛的。就是山东、江苏、安徽诸省在河患治理之后，一样会有相同的结果。至于详细的数字就不在这里赘述了。

前面已经说过，清朝的治理黄河，其着眼点与其说是在黄河本流，还不如说是为了治理运河。河工告成，运河也就能够畅通无阻。由于运河贯通南北，与黄河交叉而行，所涉及的范围当然更为广泛，所发生的影响也就相应的扩大起来。

清朝承元明旧制，运河主要是用来运输漕粮的。清初规定，每年漕粮定额为四百万石。由江南（即江苏、安徽）、浙江、江西、河南、山东、湖广（即湖南、湖北）六省征运。江南最多，为 1794400 石，其他各省依次减少，浙江为 630000 石，江西为 570000 石，河南为 380000 石，山东为 295600 石，湖广最少，为 250000 石②。这几个

---

① 雍正《河南通志》卷二十三《户口》。这四府的人丁，据嘉庆《一统志》卷二〇二、一九九、一八六、一九三各卷所载，分别为 118731、202827、333841 和 212398。这里面归德府的人丁数字是和《河南通志》一样的。怀庆府也相仿佛。只是卫辉、开封两府相差得很多。据《河南通志》，开封府的人丁数字，从顺治十六年起就逐年上升，康熙九年为 323037 丁，康熙三十年为 498122 丁，则康熙五十年增长为 618776 丁，亦属自然之理。《一统志》所载的数目似失之偏少。至于卫辉府的丁数，据《河南通志》所载，历年皆未超过十万的数目，《一统志》所载竟超过二十万，相差甚巨，俟再考。

② 《清史稿》卷一百二十二《食货志·漕运》。这些数字是分别就所载的正兑改兑合计起来的。这当然是一个总数。《大清会典事例》一九四《户部·漕运》分载各省属府的征发漕粮数目，当系实际缴纳的确数，与此略同。据其所载，则江苏为 1206950 石，安徽为 587450 石，浙江为 630000 石，江西为 570000 石，湖北为 122942 石，湖南为 127057 石，山东为 375600 石，河南为 380000 石。

省区所以能被规定为征集漕粮的地区，固然是由于临近运河或者和运河有关的水道，转输较为便利，却也是因为当地产粮较多，能够有余力外运的缘故。就是这几个省区，也并不是所有的府州都在征发之列①，江南省中就没有徽州府和滁、和二州，浙江省只有杭、嘉、明三府，江西省无袁州、赣州两府，湖广省中的湖北部分无襄阳、郧阳两府，湖南部分也只有长沙、岳州和衡州三府。同样的情况，山东、河南两省也都不是完全包括在内。至于一些府中还有若干州县不缴纳漕粮的，可以看出，规定征集漕粮的州县一般都还够得上较为富庶的地区。就是这样，其中也还有若干差别。江南的苏州府一府就有漕粮 697000 石，这个数目分别超过了江南以外的其他各省区，较次于苏州府，而超过十五万石的还有嘉兴、松江、湖州、常州、杭州各府。这几个府，除过杭州以外，另外还要负担白粮二十余万石。显然可见，在这一般较为富庶的地区之中，江浙两省毗邻的几个府州应该是最为富庶的地区了。应该指出，不论是漕粮还是白粮，都是统治阶级剥削人民劳动的成果，其中还不知有多少血泪交流，才聚集得如许成数。这是值得注意的事情。

漕粮征集的地区的农业本来是较其他地区有更多的基础的。明清之际它虽也饱受摧残和破坏。当地的人们凭借着有利的自然条件和历史渊源继续努力，却获得了相当的成就。漕粮的征集正说明它的发展的迅速。这些地区中有的就在黄河泛滥的范围之内，黄河能够治好，自然会使灾区得到恢复和发展。有的距离黄河较远，如江南、江西和湖广，也一样会因黄河和运河的治理而得到若干的好处。

运输这样多的漕粮是需要大批的船只的。清朝政府定额漕船一万四千五百零五号，各省自备的还没有计算在内。其中绝大部分分属于长江流域各省②。那里粮多路远，漕船配备较多也是必要的。清

---

① 此下所列《行水金鉴》卷一五四、卷一五五《运河水》。
② 《皇朝（清）文献通考》卷四十三《国用考·漕运》。

朝政府为了奖励运输漕粮，准许漕船携带若干土产，沿途变卖，且可免除关卡税收。康熙二年还正式作了规定，每船所携带的土产可以达到六十石①。船上的水手也还准另有所携带，后来到雍正七年，又把这样的惯例规定下来，每船一艘，水手二十名，每名可携带三石，则二十名水手也有六十石②。这样全船的土产就有一百二十石了。每船载米五百石，土产已居米数的四分之一了。如果把所有的漕船合计起来，其数目确实不是很少的。漕船回空也有惯例。乾隆元年，规定回空漕船携带食米烧煤斤两，随着路程的远近，多的达到米四十五石和煤四十石，少的也有米三十石和煤二十五石。过了两年，又准许水手携带梨枣六十石。又过了八年，再准许那些未能携带梨枣的漕船可以携带核桃、柿饼，相当于梨枣的数量③。这样来往携带，数量既多，就是北京城内市肆的商品，也需仰赖它的供应④，对于所涉及的地区的经济，更不能说是毫无裨益的。

　　像这样免费随船携带的土产不过是运河转输货物中的一小部分。运河的修浚固然是供运输漕粮之用的，实际它已成为南北交通的动脉，是货物转输的主要枢纽。据《大清会典》所载，全国户关之属共有二十六处，其中在运河沿岸的就有通州、天津、临清、淮安、扬州、浒墅、北新（在杭州）等七处。其中夹处黄河南北的为临清、淮安、扬州等三处⑤。各关税收皆有正额课税和铜斤水脚银等项目。以这两项作标准，则淮安关的收入实为最多，达到二十万两以上，其次则数浒墅关。扬州虽不敌这两处，然已近于十万两大关。只是临清略少一些。浒墅关在苏州北，正当江浙平原富庶地区的中心，

---

① 《皇朝（清）文献通考》卷二十六《征榷考》。
② 《皇朝（清）文献通考》卷四十三《国用考》。
③ 《皇朝（清）文献通考》卷四十三《国用考》。
④ 《皇朝（清）经世文编》卷四十七，王苇孙《转般私议》。
⑤ 《大清会典》卷十六《户部贵州清吏司》。这下面所引的数字，皆是从这里征引的。

税收最多是理所当然的。淮安关超过了扬州，也有一番原因。扬州虽居于运河入江之口，为绾毂南北的要地，然扬州左近北连运河，南入长江的水道还是很多的，商舟只要不是直达扬州，就可别由其他水道通行。淮安却不是这样，黄运交叉，一线水程，还须经由固定的闸坝，是无可选择的。由于征商收入甚巨，一直受到清朝政府的重视。康熙三十四年，漕船装带商人货物，为漕运总督王樑所干涉，王樑并将漕船所载货物尽行搜出，弃置沿河两岸。这一举措深受康熙帝的严厉申斥①。试一设想，如果黄河不治，运道受到阻碍，不要说漕船难以通行，就是商税的大量减少也会引起清朝政府的不安的。

由于运河的畅通无阻，货物能够顺利转输，这对于全国经济的发展是有很大的助力的。运河虽蜿蜒于海滨诸省，然以与黄河和长江交叉的缘故，所涉及的地区是很广泛的。边远如云南者，其所产的铜就是沿长江而下，再由运河运往北京的②。康熙时，对外贸易已有发展，粤、闽、江、浙诸海关一时相继设立起来③。而外国商船抵广州者为独多，其所载的货物往往越南岭而达于长江流域，再由运河往北运输。边远地区和海外贸易都是如此，漕粮所从征集的地区的商货自然也不会放却这样运输便利的条件的。

由于资本主义的萌芽，许多手工业都较前有了更多的发展。且不要说全国各地的情况。就以长江下游富庶的农业地区而论，值得称道的已经不少，苏、杭、江宁的绫罗绸缎，松江的棉布，景德镇的瓷器，徽州的墨，宣城的纸，皆一时脍炙人口，而长江南北的茶、濒海的盐，尤为许多地方人们生活所不可或缺的物品，所以销路都十分广远。就以江宁的丝织品来说，在其全盛的时期是"北趋京师，

---

① 《东华录》康熙五十五年。
② 严中平：《清代云南铜政考》。
③ 《清史稿》卷一二五《食货志·征榷》。

东北并高句丽、辽、沈；西北走晋、绛，逾大河，上秦、雍、甘、凉；西抵巴、蜀；西南之滇、黔；南越五岭、湖湘、豫章、两浙、七闽；溯淮、泗，道汝、洛"①。松江的绫、布二物，也是衣被天下，尤其是当地的棉布，更是俱走秦、晋、京边诸路②。其他大致也相仿佛。都是不仅销行到远地，甚至充斥到若干中小城市。明朝时，北直隶南端的大名府，由于距黄河不远，也常苦于河患。就是这样一座城市，竟然也是"江、淮、闽、蜀之货往往远者万里，近者数千里，各辐辏至"③。由明至清，这座城市没有显著的变迁，市肆的情况应该还是一样的，这些手工业品能运到黄河流域当然是凭借于运河的。这样南北货物的交流，对于两方的经济都会有所影响，而促使其发展。像大名这样的地方并没有什么奇特的出产，所有的只是梨、枣、黍、粟之类。它就是靠着这些梨、枣、黍、粟，换来了江、淮、闽、蜀的货物。看来梨、枣、黍、粟等经济价值并不很巨大的土产也是值得很好经营的。

应该引起人们的注意的是棉花的种植和运销。如前所说，松江的棉布自明朝以来即已成为一方著名的特产，各地的富商大贾皆麇集其地，相率转运。这样大的销路当然需要很多的原料，棉花的种植本是以松江为主，并逐渐扩大到它的临近的一些府县。苏、松、常、杭、嘉、湖诸府为漕粮主要供给地，可是其中有些县份却被视为例外，苏州的崇明、嘉定，常州的靖江，湖州的孝丰皆属不负担漕粮的县份④。崇明孤悬海中，嘉定地不产米，孝丰处于万山之中，不征漕粮也还有道理。靖江也无漕粮应该另有它的原因。据说当地农户多种棉花⑤，也许这就是其中的道理。后来甚至这个地区的若干

---

① 同治《上元江宁两县志》卷七《食货志》。
② 叶梦珠：《阅世编》卷七《食货五》。
③ （清）顾炎武：《天下郡国利病书》卷五引《大名府志》。
④ 《行水金鉴》卷一五四《运河水》。
⑤ 康熙《靖江县志》卷五《食货》。

乡村种棉的不过十分之二三，图利种花的却有十分之七八。乾隆时两江总督高晋感到这样发展下去是会影响到民食和漕粮的来源，因而向政府提出了如下的建议："凡土田在一顷以下者，应听其便。若在一顷以上者，只许种棉一半，其余一半改种稻田。"① 其实，松江织布业所需的棉花原料，远在明时已不能由本地区得到满足，而要远于黄河流域来供给②。到了清初，仍然是没有什么改变。河南③、山东④各省产棉的地区是少不了贩运棉花的商贾的足迹的，这样，棉花和棉布的转运是会促进松江织布手工业的繁荣，也会扩大黄河下游棉田的面积。当然，更会增加运河中风帆上下的运棉载布的船只。如果黄河不治，运道不通，曷克有此？

江浙两省富庶的农业地区固然有良好的自然条件，当地农民的擅长精耕细作，却也是收获量高的一个重要原因。大率一个农民种田，不过十亩。这在苏州、松江一带是如此的⑤，在嘉兴也不例外⑥，就在一些人稠地窄的郡邑都是这样。虽说有的可以多到二十亩⑦，究竟是不多见。由于力量集中，功夫细致，成效也就很大。可是北方却不是如此。北方人口较稀，土地辽阔，一个农民种田，自七八十亩至百亩不等，以为多种可以多收，结果粪土不足，力量分散，收获也难得很多⑧。由于经济的发展，有些地区已经逐渐改变这种粗放的经营，而注意到精耕细作。乾隆时方观承曾说过："三辅神皋……种棉之地，约居十之二三。"他更进一步指出："冀、赵、深、

---

① （清）仁和晴川居士编：《皇清名臣奏议》卷六一《请海疆禾棉兼种疏》，民国影印本，清光绪壬寅年。
② （明）徐光启撰：《农政全书》卷三十五《木棉》。
③ 《皇朝（清）经世文编》卷三十六尹会一《敬陈农桑四务疏》。
④ 嘉庆《一统志》卷一六九《东昌府》。
⑤ 陈方瀛、余樾：《川沙厅志》卷四《民赋》引汤斌奏疏语。
⑥ 《杨园先生全集》卷五十《补农书》下。
⑦ 《皇朝（清）经世文编》卷三十六尹会一《敬陈农桑四务疏》。
⑧ 《皇朝（清）经世文编》卷三十六，尹会一《敬陈农桑四务疏》。

定诸州属农之艺棉者什八九。"① 这样的普遍植棉为以前所未有，显然可见，这是棉花需要量增多的具体表现，也应该是江南松江织布地区的人们在黄河流域大量采购棉花的影响。棉花的种植对于耕作技术的要求是要比其他农作物为高，较之种麦当然更要费力。方观承还具体指出，河北平原的农民由于改种了棉花，因而"岁恒充羡"②。如果不是精耕细作，是不容易达到这步田地的。

就在这样经济不断发展的情况下，黄河下游的手工业不断受到长江下游各地的影响，也有所发展。黄河下游各地有些手工业是不如长江下游的。就以棉花来说，这项关系到一般人们衣着的材料，黄河下游就难得就地解决，而必须仰赖于江南的松江府。固然，运河的转输是相当方便的，究竟不如在当地纺织更为便捷。后来到乾隆时河南的棉花仍然按照往例，向南运输时，河北平原的人们就已从事纺织，而且织纴的技巧也已能和松江相匹敌。河北平原种棉的地区这时已超过了松江附近各地，再加上这样的技巧，纺织业显然有了长足的发展。除过留供当地的需要外，"更以其余输溉大河南北，凭山负海之区，外至朝鲜，亦仰资贾贩，以供褚布之用。"③ 松江的棉布中本有专输往秦、晋、京边诸路的标布，自明朝至清初，莫不如此。但到了康熙年间却发生了变化，松江标布的顾客显然不如从前多了。由河北平原事例来推测，当是原来标布畅销的地区，棉花的种植和棉布的纺织已经较前发达，不需要再千里往返，由江南运输了。这样的发展是可以称道的，但却不是普遍的。像淮水下游南北淮、徐、凤、扬各属就难得相比拟了，那里直到乾隆时期还是不种木棉，无纺织之利④，每年还要仰赖松江各地棉布，价值竟至数十百万两之多。棉花、棉布而外，其他手工业也是相仿佛的。

---

① 方观承《棉花图》，清乾隆石刻拓印本，第2—4页。
② 《棉花图》，第4页。
③ 《棉花图》，第2页。
④ 《清实录》卷四三七《高宗实录》乾隆十八年四月。

应该指出，一些都会的繁荣也是这一时期经济发展中应有的现象，同样是黄运两河得到治理后必然的结果。本来，自运河开凿成功以后，沿岸各处就陆续有若干城市繁荣起来。前面说过，从清朝初年起，就在通州、天津、临清、淮安、扬州、浒墅、北新等处设关抽税。不言而喻，这是针对着运河中过往船舶而设立的税关，也说明了这几处是运河岸上较为繁荣的城市。这几处城市本是在明朝已有的基础上继续向前发展的，由于黄河经常决口，运道时受阻塞，这几处城市的繁荣也不免有起伏不常的现象。康熙时黄河得到治理，运河继续畅通，它们的繁荣当然会保持下去，而且还不时得到发展。

值得注意的是淮安的发展，淮安南面是扬州，北面是临清，都是和黄河的关系比较密切的城市。黄河泛滥，淮安自是经常首当其冲。黄河北流，临清附近的运河也就受到冲决。黄河倒灌入于淮河和运河，扬州虽不至遭到冲淹，然高、宝等处及下河其他县邑常年积水，也会对扬州有很大的影响。不过临清为运河和卫河交会的地方，运河即会阻塞，临清仍然可以和卫河上游各处相联系，扬州处于长江和运河交会的地方，其联系所及又较临清为广远。运河如果不通，扬州的繁荣也不至立刻萧条下去。可是淮安就不是这样，黄河告警，运道断绝，都会使它立时受到影响。当然，黄运皆告安澜，淮安也会马上又繁荣起来的。

淮安繁荣的所在，实际是在淮安府城和其北不远的清江浦。其繁荣的情况，在《淮安府志》中曾有具体的记载。据说，自明季以至清朝，"自府城至北关厢，为淮北纲盐顿集之地。任鹾商者皆徽扬高赀巨户，役使千夫，商贩辐辏。秋夏之交，西南数省粮船衔尾入境，皆停泊城西运河以待盘验，牵輓往来，百货山列。河督开府清江浦，文武所营，星罗棋布，俨然一省会。帮助修埽，无事之劳，费輙数百万金，有事则动至千万。与郡治相望于三十里间。榷关居其中，搜刮留滞，所在舟车阗咽，利之所在，有族系焉。第宅服食，嬉游歌舞，视徐海特为侈靡。"① 显然可见，这一位居交通枢纽又是黄河交叉的城市，它的繁荣是很特殊的。它是淮盐顿集的场所，又是漕运的码头，这是促使它繁荣的重要条件，因而聚集着盐商、河工、税吏、漕吏各色人等，熙熙攘攘，为沿运河其他各地难于比拟的地方。

也正因为这样的缘故，淮安不仅是一个消费的城市，而且是显得十分侈靡的城市。河工的巨大开支是助长这样风气的一个重要原因，而盐商的奢侈，更是推波助澜。据说，一般盐商"衣服居宁，穷极华靡，饮食器具，备求工巧，俳优伎乐，恒舞酣歌，宴会嬉游，殆无虚日。金钱珠贝，视如泥沙，甚至悍仆豪奴，服食起居，同乎仕官，……各处盐商皆然，而淮扬尤甚。"② 淮安诚然繁荣，但这样的繁荣只能说是虚假的繁荣。

这样的繁荣既然与黄河有关，与淮盐有关，这些条件改变之后，情况也就随着变迁。首先是淮盐改票，盐商失去了牟利的凭借，后来河决铜瓦厢，改道北流，这里虽然不至于再变到淹没，但是河工的开支也由这里移往其他地方，仅仅一条运河固然还可以使淮安保持一定的繁荣。但这样就和运河沿岸其他城市相仿佛了。

正如前面说过的，由于清朝政府采取了若干对人民让步的措施，民族矛盾逐渐有了缓和，这就促进了各地的生产。黄河治理之后，黄河流域及其临近地区的经济，不仅得到恢复，而且获致显著的发展，就是对于其他地区也还有一定的影响。这样的成就是值得人们的称道的。

---

① 光绪《淮安府志》卷二《疆域·风俗》。
② 雍正《山东通志》卷一之三。

现阶段西北游资之形成及其利用[①]

一、绪论

什么是游资？这是我们讨论这一问题以前，所应该确定的。按照一般的说法，游资是指着具有很大的流动性，而无法找得适当的出路的社会游离资金而言。它和具有生产意义的产业资金迥乎不同。虽然这两种资金在社会上表现的方式都是离不开货币、证券、生金银、外汇，甚而至于银行的存款，但各具有其独特的意义。产业资金是富有积极性的；相反的，游离资金则是富于消极性的。当社会上的游资充斥而无法将它改变为产业资金的时候，便会充分地发挥其消极的作用，进一步且可以妨碍产业资金的积极性，这对于社会和国家的影响是相当的严重，因为它并不能致力于生产事业，为社会谋福利，为国家增富源，而是破坏社会上的经济机构。

游资的存在，并不是突然的。任何经济机构严密的社会中，都不难发现它的踪迹，不过数目如果太小，就没有决定的作用。遇到社会不安，和经济机构紊乱，游资就由渺小的数目发展而成巨大的力量，在这时一般人就都苦于金融滞塞，影响到各种事业的进步，持有游资的人们则利用其优越的资金来寻求获利的机会。这种机会当然不是在生产方面，而是对于一般人民作广大的剥削；同时因为

---

① 原刊《西北资源》第一卷第六期，1941年3月。整理者注。

一般人民的经济上的困难，反助长这种剥削的行为。

我国的经济机构，近年来虽已长足进展，日趋于严密，究竟因为过去所遇到的阻碍太多，所以在全国各地都可以发现彼此互不相同的情形。加之在这一次抗战的过程中，旧有的经济机构，受到种种的影响，难免有破坏之处，社会上就反映着离奇的现象。就拿建设一项来说，政府虽在艰难困苦之际，仍然不断地进行，但因军事的牵掣，资力受到相当的限制，而显出竭蹶的现象，无论扩充任何生产事业，都感到筹措资金的困难。同时社会上，也处处表现出资金不足、筹码不够、运转不灵的情形。这并不是说我国政府流动于社会上的资金太少，不敷应用。实际地说来，我国政府虽没有在财政上采取货币膨胀的政策，法币的发行额迄至现在已较抗战以前增发到两三倍（抗战发生之时，法币之发行额为十四万万元，二十九年六月为三十九万万元），按理不能说是不够用，而在政府和人民之间，竟有这样反常的情形，说来真是有点不当。可是在另一方面，金融市场上却有无数的游资，愁着没有出路，感到资金过剩的恐慌，在这些游资极力要求发展、寻找出路的时候，它很可能的以反常的方式出现于社会，并造成各方不安的情况。

在抗战的初期，政府为安定金融，防止资金的逃避，曾颁布过《非常时期安定金融办法》，限制银行中存款的提取。这种办法虽收到了很大的效果，而资金的逃避并不是因此就告绝迹。这种逃避的资金除一部逃往国外，大部即以游资的方式出现于社会，其中以上海一地最为显著。据崔敬伯先生所得的估计，战后国内资金经过外汇黑市而逃避于外国者达美金二万万元（见《时事新报·法币的韧力》），即逃往香港者亦不在少数。自敌寇决定加入三国同盟之后，香港地位日见危急，于是一部分游资又向上海逃亡，据上海《申报·经济专刊》所载，上海一地的游资已达二十万万元之巨额，诚属惊人。去年六月底，我国法币之发行额仅三十九万万元，而上海一地的游资竟当法币发行额的一半以上，不能不说是一个庞大的数目。

　　实际上，资金的逃避并不限于外国，也并不是限于上海一隅，即后方各地也有巨大的数目。据《陕行汇刊》四卷三期商隐先生之《战时银行资金之筹集与运用》一文所载，银行界传出消息，二十八年终调查沪市各银行汇往内地之游资不下十五亿元，其由商号及私人汇划者尚不在内。若此说果确，则内地的游资数目之大，也实在不容忽视！何况资金的内移，并不仅只限于上海一埠，据说在欧战爆发之后，从前逃往香港的游资五万万港币，又向内地逃亡。其中二万万元逃往上海，而其中所余的三万万元，则逃往西南各省，重庆占百分之三十，昆明占百分之二十，其他各地则其占百分之五十。我们若把战事爆发后所有各地逃往后方的资金，加以精密的估计，则其数目之大，真可以使人张目结舌！这些逃往后方的资金固然也有以产业资金的方式参加建设工作，但流动于社会上的游资，实在也不能说是少数，因为现在所进行大规模的建设或者大的企业，差不多都是由政府主办，私人所经营的则仅占其中的一小部分，所以移至内地的资金，还是大部分以游资的方式在社会上出现。

　　今日的西北已成抗战的根据地，陪都的前卫，所以活跃于这一地带的游资是有相当的数目。虽然确实的数字我们不能立刻地举出来，但我们可由社会上的经济动向看出一个大概，物价的高涨，投机风气的盛行，在在都可以说明游资的作祟。我们不能说西北的游资超过于西南，实际的相差或者本不甚远，如任其长久的在社会上游离而无所归宿，除过持有游资者可以发国难财以外，不管是社会的整体或是人民的生活，都要受到很大的影响。

　　现在抗战已到最后的阶段，正是全国上下以全副力量争取生死存亡的关头，多一分财力，即多一分效果，我们不能坐视这些游资寻不到正当的归宿，我们也不能坐视这些游资发展其在社会上的消极作用。持有游资者虽然在战争期间无厌的发财，但影响所及，说不到或者竟有无限的恶果，这是关心国运的人士所不可忽视，尤其关心于西北的人士更不可忽视的。

二、西北游资的形成

当抗战开始之时,政府为恐资金外流,曾公布过《非常时期安定金融办法》,我们在前面也曾略略提到。稍后,政府又陆陆续续地公布过《安定金融补充办法》《规定小额存款支取暨定期存款未到期之利息提取办法》《限制私运黄金出口及运往沦陷区域办法》《防止水陆空私运特种物品进出口办法》《限制携运钞票办法》。这一串法令的公布虽然各有它的必要和目的,但是对于防止资金的逃避,和减少社会上的游资,不能说没有很大的帮助。实际上,游资的形成,银行存款的兑付,只占其中的一部分,不能够说整个游资的形成,都是由这个方面来的。

在战争开始以前,我国的轻工业区域,仅限于沿海各地,所以一般金融业、银行及钱庄为了谋其本身业务的发展和投资放款的便利,多半是和轻工业配合起来,而设于沿海各大埠,内地虽也有分布的地方,那只是少数中的少数了。这些银行及钱庄除开投资于轻工业之外,大半都兼营公债投机、地皮买卖,和经营外汇各方面,甚且以普通的贷款和轻工业的投资为附带的业务,而以公债、地皮等的买卖为主要的业务。在过去此种情况以上海一地最为显著,其他通都大埠的金融业也何尝不是玩的这一套把戏?老早一般眼光远点的人士就主张开发内地,尤其是开发西北,呼吁东南沿海各地从事金融业的人们以其余力投资于内地,或者西北的建设事业上,结果除开几个国家银行本身负有建立国家金融政策的使命而于西北设分行或者办事处外,其他都畏难不前。战事开始以后,沿海各轻工业区域多半被敌人摧毁,即使稍有完整者,其主权也都非我所有,这些情形对于素日以投资轻工业的金融业者实在是一个当头的棒喝，不惟唤醒了他们过去认沿海为安全区的迷梦，并且使他们以往所投的资本遭遇到巨大的损失，而不得不放弃这一个道路。同时，因为沿海大埠的沦陷，地皮买卖的风气已较前稍杀，唯一的出路只有在上海租界里作公债的买卖、外汇的经营，或者从事于其他投机事业，这是上海游资充斥最大的原因。

在这孤岛中的生涯，已经不能满足一般资本家的要求，尤其是在欧洲大战再次爆发，甚而至于敌人加入三国同盟以后，托庇于外人势力下的资本家已经觉悟这样投机取巧不是久安之道，乃纷纷把他们的资本向内地迁移，当然西北也是一个大的尾闾了。这些内移的资本在未寻获出路以前，毫无疑问的是以游资的方式在社会上出现。

资本家是如此，过去在沿海各地的企业家也是以同样步骤回到后方，据闻截至二十七年底止，战区工厂迁至后方者共四百零四家。这些工厂的迁移，固然可以吸收后方流动的游资而使之归纳到产业资金之中，但由沦陷区域退回的企业家并不只限于这区区四百多家。因为环境的不允许，他们未能恢复过去所从事的企业，而其所剩余的资本当然也流入游资的部队中了。

因为战区的扩大，在战区里的小有资产的人们，受不住兵荒马乱的骚扰，忍不住敌人的欺凌，许多都携其所有，纷纷回到后方，这些小有资产者或是城市中从事商业的人们，或是农村中的地主，他们所携的资产，因为是离乡背井的缘故，一时与生产脱节，为维持其本身生活起见，也都以游资的方式，从事于投机事业，以谋意外的收获。

游资的增加，上述各种原因固然很为重要，但人民心理的变动，实在是一个最基本的因素，长期的战争，一切都好像和旧日脱了节一样，过去按部就班的工作，和依所投资本与人力的多少来获得一定数额的赢余，已经不能满足一般人民的欲望，加以物价指数天天的变化，引起一般人的侥幸的心理，觉着这千载难逢的机会中，不因时取巧，多捞几个，实在是一个天大的傻子，所以手中稍有积蓄，都可能的以之从事于冒险事业。结果，所赢余的利息往往超过原来的资本若干倍，这种利息大、费时少的经营法，在一般人看起来，当然比投资于生产事业来得快而有出息，所以宁任其资金以游资方式往来流动，不愿意再拿它变为产业资金从事于生产工作。

　　在这些私人的游资而外，政府在直接间接上也可助长游资的膨胀。因为战争不断继续之中，军需用项也一天一天的增多。政府的开支虽有增收租税、发行公债几种方式，但最直捷了当的要算多发行纸币。在我国法币的发行，固然不是采取通货膨胀政策，可是由抗战开始以至于今日，法币的发行额却月月都有增加。按理通货发行过多，政府可采适当吸收的方法，使它再回转到银行之中，这些方法政府已经多方的倡导，也曾收了相当的效果，而所吸收回去的通货，和原来发行的数额，仍未能作正比例增减。因之流散于社会上的大量通货也以游资的方式而存在着。军需的需要固然增加游资的数目，目前从事于后方建设工作，也何尝不是一笔偌大的用项，既有过量的支出，而没有适当的吸收，虽然是为建设而用的产业资金，在一转手之后，也变成游离资金了。

　　通货的运用，最佳良的情形，当然是使各地都能平衡，因为货币是和水流一样，经常的流通，就没有壅滞的现象，一旦有了壅滞，各处就不大均匀。抗战以后，内地各处的汇兑，难免有阻塞的地方，汇水的高低，手续的繁简，在在都可能发生故障，往往甲地显出畸形的充斥，而乙地反有筹码不足的情形，这样直接影响了物价的升降，而使法币的购买力发生差别，间接地使社会上的游资加多，人民的侥幸心理也就因此而增加了。

　　这些游资形成的原因，虽然不能说整个的西北都是如此，大体的说来，这样形成的是占着大多数的。

三、西北游资存在的形态

我们在前面已经说过，抗战发生以后，西北一隅也正如后方其他各地一样，充斥着大量的游资，在继续不断地破坏社会上的经济机构。西北的游资究竟以怎样的形态存在着，这是我们所急欲知道的。

依照现代资金自然聚集的条件，第一先求资金本身的安全，其次当然要求所投的资金能获到高额的利益。抗战发生以后，西北虽居于后方，但敌机不断地威胁，陆续地轰炸，工业上的投资，一般人都视为畏途，因为一旦遭遇到不幸的时候，不惟高额的利益不能获得，即所投下的资金也或者受到一部或全部的损失，所以一般人对于投资到工业的生产事业，都互相裹足不前。加之沿海轻工业区域的沦陷，更使一般从事于工业企业的人们，感觉到这方面的危险性，宁使资金游离于社会上，而不愿使它有适当的归宿。

因为战事不断的进行，社会上的经济机构未能早日复原，资金的持有者遂利用这个千载一时的良机，谋求更多的利益，他们靠着投机取巧的手段，经常的尝到暴利的滋味，一般的固定的利息已经不能满足他们的欲望。这时他们不愿意把可以获得厚利的资金轻易地投到生产事业上面，甚且还进一步鄙视这种事业，而不愿多所问闻。

所谓暴利的滋味，即是投机事业的经营。抗战以后，旧日许多的生产部门，或直接受到损害，而不能继续出品，或间接受到影响，而减低其出品的数量。按着商品供给需要的比例，一般人民日用所需要的物品，已不能和平时一样大量的供给，而国外运输路线又未能畅利地通行，这种种环境的变化，给予游资的持有者辟开谋利之门。他们恃着多财善贾、长袖善舞的本领，作囤积居奇的把戏。一转手之间即可以获利巨万，还用不着恐惧敌机的轰炸，用不着顾虑战事的破坏，说不定敌机的轰炸和战事的破坏，还可以给予他们一些意外投机取巧的机会。这样无怪乎他们蔑视生产事业的固定利润，而不愿对之投资。

跟着投机事业的盛行，高利贷也就猖獗起来。论起高利贷，这原是旧日经济机构里习见不鲜的事情，但自从新式金融机关像银行之类普遍的设立之后，都市中的高利贷慢慢地归于消灭，虽然它在广大的农村还是照样继续着。经过长期战事的孕育，已经在都市中逐渐归于消灭的高利贷又复死灰复燃重新地盛行起来。投机事业固然可以在一转手间获得巨额的利益，市场上的风波自然也较其他商业多些，说不定因为经营的不善，而遭遇到风波的危险，永远坠入深渊，年来西北一带从事于纸烟的囤积者，不知道有多少冒险家吃到苦头，就是一个鲜明的例子。所以要求一帆风顺，平安无事，高利贷当然要比投机事业来得把隐些，不过所获得的利息，较之投机事业却是小巫见大巫了。

据年来熟悉个中情形的人士所称，西北都市中的高利贷已经达到相当的高度，普通月利都在大加一以上，即最低的限度也不能少于五六分，这样高的程度在交通便利的大都市中真是不经见的，较之银行存款的周息才有八九厘，相差实在不可以道里计。虽然是这样高额利息，但借款的人还轻易借不到，必须有良好的人事关系，才可以如愿以偿。这显示出通货分配不均的情形，一方面游资的持有者感到资金的过剩，一方面普通人民则感到筹码的不足，这种情形是何等的严重。

都市中固然是如此，而农村尤其更甚。西北农村中的经济情形的恶劣，早为一般人所熟知。自从抗战发生一直到现在，西北农村虽然没有直接受到损害，间接得到的影响却也不在少数，物价的腾贵使得西北农民难以安生，虽然他们的农产品也可以提高价格，可是距离他们需要的程度还是相当的远。西北农村的基础本来不很稳固，经过这样打击，到处可以发现捉襟见肘的情形。政府方面体念民艰，设法补救，曾经举办农业贷款。论其数目，实际并不怎样大，在这历经打击的西北农村之中，实在是杯水车薪，管不了什么事情。在这样情况之下，农村金融的周转较之都市，更见困难。高利贷在农村本是根深蒂固的病态，并没有像都市一样，因新式金融机关的出现，而暂告敛迹，反乘着这个时机，加倍的猖獗起来，据说现在农民的借款，五六分的利息，是习见不鲜的事情，当然在有合作社的地方是要比较好一点。

都市因为经营投资事业的便利，所以游资的汇集多以都市为中心，但这并不是说都市以外并没有游资的存在。农村的游资多半是小额的成分，它照样可以在那里囤积米粮，与都市中的大量投机事业是异曲同工。不过数目小一点，往往达不到破坏经济机构的力量。若干地主仍然依照过去的方式，收买自耕农或半自耕农的土地。渭水流域有些地方的农田价值也和都市的货物一样，逐渐上涨，甚且涨到较战前的九倍或十倍的情形。这些兼并的情形在各处农村不断的进行，和政府所拟议的平均地权恰相背道而驰。

还有若干资金，它固然没有被用为产业资金，而从事生产的工作，却也没有被用到投机事业上面，甚而也没有被用为高利贷的母金，它是被保存或死藏起来。这些被保存或死藏的资金，虽然没有流动到市场上，没有被用来破坏社会的经济机构，也不能不算为一种游资，因为它照样不能找出适当的出路，而发挥资金的积极作用。这样情形在西北是不足奇怪的。就如我们自二十四年来，即已实行法币政策，收归白银为国有，直到现在，时间也不能说太短，可是西北所死藏的白银实在不能说是少数。这些白银是六七年来即根本没有发挥它的积极作用，基本连消极的作用也谈不到，它不过仿佛农田的熟荒一样，须要再度的繁殖。直到最近，因为敌人高利的引诱，也都慢慢地流入沦陷区域而为敌人所利用了。白银如此，其他货币的死藏想也有相当的数额，不过因为死藏是秘密的，确实的数目无由调查罢了。

四、游资过多的影响

现在游资的充斥，已经形成金融市场一种病态，尤其是西北各省游资的过多，更预伏着一种危机。星星之火，尚可以燎原，何况现在西北游资的过多，已经不是星星之火了。倘不设法引其归于正途，其所可能引起的弊害，简直不可以设想。

游资的充斥，第一受到影响的要算物价的变动。自从抗战迄今，后方各地的物价显示出异常的波动，而其指数多半日趋升高，与抗战前的情形完全不一样。我们在此姑举出后方几个重要城市批发物价指数的升降，作一个证明。据部国定税则委员会所调查重庆市十二种物价的指数（二十六年一月至六月物价为100，采简单几何平均法，下五处同），二十六年为102.1，二十七年为138.8，二十八年为240.0；陕西省政府统计委员会所调查西安一百零六种物价的指数，二十六年为109.2，二十七年为141.0，二十八年为238.6；广西省政府统计室所调查桂林一百五十种物价的指数，二十六年为238.6，二十七年为128.3，二十八年为206.8；该统计室又调查梧州一百二十一种物价的指数，二十六年为103.2，二十七年为116.3，二十八年为165.4；昆明市政府秘书处所调查一百五十六种物价的指数，二十六年为103.7，二十七年为158.0，二十八年为368.7；又西北经济研究所兰州办事处所调查兰州一百种物价指数，二十六年七月为103.37，二十七年一月为127.4，同年七月为155.57，二十八年一月为181.90，同年七月为216.45，二十九年一月为314.89，同年七月为385.80。固然物价的升高是有很多的原因，譬如外货来源发生问题，外汇高涨，外货成本加多，国内生产减少，供给不足需要；内地交通困难，货物运输不便；这些在在都可构成物价暴涨的原因。但是游资的充斥，却更增加了物价上升的速度。多数游资的持有者，他们料定战事长久继续下去，物价一定可以高涨，所以作大量的囤积，愈囤积，愈使物价上涨，形成一种自然循环的现象。同时游资的持有者还有一种心理上的毛病，他们诚恐怕法币的价值跌落，不敢罄其所有存入银行，也不敢把所有的游资长期放在自己的身边，以防万一法币价值跌落，受了无形的损失，这样更加紧他们的囤积。他们以为囤积下货物，好比得到保险一样，即令法币价值跌落到什么程度，他们也可以有恃无恐。货币的价值原是互相比较而得的，我国的通货只有法币一种，其价值自有一定，不能跌落与升高，不过经外国货币比较起来，就有了差异。抗战以来，外汇不断的高涨，更给这些持有游资的人们以一个显明的佐证，外汇每涨一次，他们即认为是法币跌落一次。为预防损失起见，宁愿多囤积些货物；即使不囤积货物，也要购买些外汇。法币在这时候已经成了不祥之物了。

  在这种囤积成为风气之时，投机事业已被一般人认为是致富的捷径，只要有资本，碰上机会，总可以多捞几个。就以商业来说，从前商业范围之内，也分成若干行类，经营杂货业者很少经营布匹，经营绸缎业者未闻经营药材。但是抗战以后，因为游资的充斥，已经打破了以往的成例，只求有利，倒不讲究什么一行不一行，好在当此百物价值日趋高涨之时，只要投资，绝无不赚钱之理。例如西安的钱庄业本来是经营贷款、放款、以及汇兑业务，现在则大部兼经营布匹、棉花、白糖、茶叶、卷烟、烟土等物，每年营业额往往超过其原有的资本额百倍或数百倍不等（见本刊第五期《陕西钱庄业之沿革及其现状》）。实际上并不是钱庄一行如此，各行各业也无不这样作去。年来因为政府举办过分利得税，而地方上也有种种的税收，一般作投机事业者为避免征税起见，经常避免营业名目，而作实际的勾当，无论大都小市，熙熙攘攘，都可以看见这种投机事业的经营者了。

最初的投机事业还只是些拥有厚资的人们所独占的事业，后来小有资产的人们也都不惮烦劳，而加入这些活动范围。不幸因为物价日趋高涨的关系，生活的枷锁已紧缚在每一个人的身上，大家都觉得劳苦终日，正当的收入反不足以维持一家人，甚或一个人的生活，因而对于正当的事业实不愿多费心力，对于正当的收入也不愿多所期望，大家明知道投机事业是和赌博一样的性质，可是因为利益丰厚关系，也不再顾虑它的害处了。于是互相效尤，不惟持有大量游资的人们成日价为此绞脑汁，而其他略有收入的人们也都乐此不疲了。甚至一般不打算作投机事业的人们也恐怕物价日贵，在购买日用品时也常超过预定的数量，作半年或数个月的打算。严格的说起来，这种虽不以经营投机为目的的行径，也不能不算是一种囤积，不过只是囤积，还没有居奇罢了。

战时的货物因为运输的不便和来源的缺乏，较之平时当然要差一点，如果大家各取所需，而不必顾虑日后的缺乏，作长久的打算，即令国外的来源断绝，仅后方的生产也可以暂维一时，不致有若何的恐慌。事实上，却不是这样的。作投机事业的人们以其大量的资本尽力囤积货物，一般人又恐市上一旦缺乏，不能足用，也预作过量的储藏，致使本来足用的货物也感到缺乏了。譬如四川的食米，即是一个明显的例证。四川古有天府之国的称呼，一年熟可足三年食，抗战以来，连年丰收，去年虽是差一点，仍然有过半的收获，即令战时户口增多，也不至感到食米的恐慌，结果反劳政府当局竭力的设法，而略告平稳。西北虽然还没有这样严重的情形，但人民日用品的煤炭与盐，也常常发生问题，不能不使人注意的。

游资的过多不惟养成战时人民的冒险心理，而且可以破坏社会上的经济机构和金融组织。因为现时游资占社会上资金总额的百分比率极高，造成尾大的现象。这些游资的持有者，或运用游资的人们，固然在游资的数目上有多少不同，但大量游资都是聚集于在社会上有特殊地位者之手，甚或聚集于收集存款的金融机关之中。这些收集存款的金融机关，虽然是吸收了社会上的小额游资，而所吸收来的存款未能作正当的投资贷放，却以巨额游资而再出现于社会上。这些巨额的游资往往可以左右市场，而对于地方性的金融更可发生直接的影响，尤其是在现在国内汇兑受有限制的时候，巨额游资的持有人，就可以利用地方金融上的缺陷，而任意加以操纵。这一方面不惟当地的商业受到损害，而方兴未艾的小工业也往往被其摧残。推根究底，实际的受害者，还是一般平民，因为羊毛是出在羊身上啊！

五、现阶段西北游资的利用

现在西北游资的充斥既已超过饱和的情形，而发生种种的影响和弊害，势不能不讲求利用的方法。游资在社会上好比无业的游民一样，在未加以适当管理以前，固然是社会的蠹虫，若是善为利用，未尝不是一批生产上的生力军。况且现在我国正在大规模建设的时候，一种事业的兴起常常会因资金问题，而影响到它的成功。如果普遍地吸收社会上的游资，则许多建设事业都可以咄嗟可办，这种一举两得的事情，正需要我们今后的努力。

抗战以后，政府为了要吸收社会上的游资，曾想出种种的方法来。本来吸收游资最有效力的方法是发行公债、劝储和加征特种税捐。政府年来在这几方面也曾做到相当的成绩。关于公债方面，政府先后于民国二十六年十月发行救国公债五万万元，二十七年四月发行金公债，计关金一万万两，英金一千万镑，美金五千万元，同月又发行国防公债五万万元，是年七月又发行赈济公债一万万元，二十八年四月发行建设公债六万万元，同月又发行军需公债六万万元，二十九年三月又发行军需公债十二万万元。其他为各省所发行的地方性金融公债尚不在数内。过去我国银行业经营的业务，多半着重于地皮和公债的买卖。政府连年所发行的公债，当然着重于银行方面，尤其是上海的银行方面，这对于上海游资的内流，有很大的鼓励的。西北在抗战以前，银行的开设本来不多，抗战发生以后，比较以前是增多了，可是大部分系国家银行，这些国家银行在战时都负有相当的使命，或者是救济工商业，或者是发展农村经济，自然不是在政府的以公债吸收游资范围之内的。

关于劝储一方面，政府连年公布的奖励储蓄条例，有《邮局开办救国储金规章》《节约建国储金条例》《节约建国储蓄券条例》《外埠定期储蓄存款办法》《特种储蓄券条约》，发动全国各地广为劝储。储蓄固然是一种美德，尤其响应政府这种建国的储蓄，更是一宗善举，诚如某机关宣传所说，既能储蓄，又可建国，宜应为举国上下所同赞助，而共起参加。但是我们社会上的储蓄力量非常薄弱，这种美德还需要多方面提倡。从报纸所载，去年年终时，节约储蓄总会综合全国各劝储分会，中、中、交、农四行，以及其他各方的报告，所收入的总数仅为一万万二千余万元，其中以云南一省占第一位，计一千七百八十万元。重庆占第二位，计一千五百五十万元。上海占第三位，计一千一百万元。西北各省以陕西为最多，计四百三十九万元，占全国的第九位；甘肃次之，计一百九十六万元，占全国的第十五位；绥远仅十万元，占全国的十七位。其他宁夏、青海、新疆三省则以为数甚微，没有单独计算。一万万多的数目固然不能说是太少，但是在政府及全国各机关努力倡导之下，仅仅只有这偌大的数目，不能不说是美中不足。尤其是西北各省在这些数字中，差不多居于比较后边的地位，似乎又差一筹。至于特种储蓄券，头奖定为二十万元，差不多和从前的航空公路建设奖券一样，是政府也以赌博的方式在劝励人民的储蓄，据闻该券在西北方面的销售，仍不见得十分的佳良。这样绝对不能完全吸尽西北方的游资，还需要进一步的努力。

自战事起后，各种投机事业纷纷而起，赢利之多，实开新纪录。政府为吸收游资、限制投机事业计，因于二十七年七月颁布《非常时期过分利得税条例》，规定在抗战期间，凡公司商号行栈工厂或个人资本在二千元以上之营利事业，官商合办之营利事业，及一时营利事业，其利得超过资本额百分之十五者；或财产租赁之利得，超过其财产价额百分之十二者，除依所得税暂行条例征税外，皆得加征非常时期过分利得税。这种过分利得税之实行对于抑制投机事业，尤其对于吸收游资，一定可以尽到最大的作用。其中最使人注意者，是税款之收取，只是从赢利者的本身，而赢利者再不能把这种税款转嫁到旁人身上。这种方法可以说是吸收游资最善的方法。不过因为这种税制属于新创，还不能普及到全国每一个角落里，并且若干从事于投机事业者多在秘密中进行，对于应分缴纳的税款往往作有意的逃避，似乎应该仿照外国经济警察的办法，严密地检举，必须使这种新税发挥其最大的作用。

银行办理存款，也是一种吸收游资的方法，尤其是小额游资方面更能显出特别效力。西北银行业因为发展较迟，并且各银行的分布，大都以营业为出发点，所以只是在着眼于大都市及交通便利或工商业发达的地方，未能启迪及于西北各地。譬如西安与兰州，是陕甘二省的省会，银行的设立较西北其他各地特多，计西安一处共有银行十一家，兰州一处共有银行四家。又如宝鸡一地，因为是陇海铁路的终点，又是川陕甘三省交通的枢纽，所以也形成一个银行聚会所，而其他应该设有银行的地方，反付诸阙如，这对于吸收游资上，分明不能完满地尽到应尽的义务。再有一点，也是减少银行吸收游资一个最重要的原因。现在西北各银行所付与存款者的利息还是和抗战以前差不多，或简直和以前一样，普通还是周息一分以下，但是社会上的高利贷已经不断地增高，最低的利息也在月利五分以上，两相比较起来，相差得真太悬殊了。这样而使一般游资由高利贷的放款而转变到银行的低利息的存款，是事实上所不许可的。银行方面，尤其是国家的银行应该为国家整个的金融政策着想，在可能的情形之下，提高存款的利息，使所有的游资都有归宿的途径，而不再在社会上作祟。

这里有一个重要的关键，须要加以注意。银行所吸收的游资，是应该转变成产业资本而参加到生产阵营中，或作工商业的正常投资与贷放，或票据贴现，即令存款人取用之时，也应该用于个人正常的费用，或者为工商业的正当开支。无论如何，应该防止再以游资的方式，在社会上出现。到那时，巨额的游资对于社会上的经济机构所发生的破坏情形是要较小额游资大得许多。

银行所吸收的游资如何才能使之转变而为产业资本，也需要加以注意。银行所吸收的小额游资再以游资的方式出现于社会上，固然是极端的不对，但若将资金死藏起来也是太不应该，与吸收游资的原意完全不同，应该大量地投资或贷给工业，尤其是方兴未艾的小手工业，而扶助其发展。存款的利息为对付社会下一般高利贷而应该加以提高，但是贷给工业，尤其是小手工业的款项，则应维持最低的利息，并且在手续方面，也应该予以极端的便利。这一层在私家银行或者有许多困难，但是国家银行则不应有此顾虑的。

游资固需要吸收，但预防其在社会上的作祟，当更较吸收为有意义。前面所述的政府已实行的征收非常时期过分利得税的办法，只是限制游资的持有者从事于投机事业，但在高利贷方面还应该加以制止。这一点，我们觉得连年所推行的农贷及工业合作运动是十分的有效。陕西关中有些县份因为农贷推行的普遍，高利贷借款几乎已经绝迹。但农贷的推行还应该作进一步的发展。据中央银行统计，自二十八年六月至二十九年二月，农本局、中国农民银行、中国银行、交通银行，及其他二十四家农贷机关所贷出的金额，全国共计五千余万元，其中陕西省占一千万元，甘肃占五百四十余万元，绥远仅六千余元，其他宁夏、青海、新疆各省，则没有统计，大概因为数目太少的原故。这样一两千万元的贷款实际是不大够用的。虽说这仅仅是自二十八年六月至二十九年二月一个很短的时期，已经可以举一反三。我们诚恳地希望，农贷的数目应该依次增多，并且真的贷给农民，使农村中的金融日趋于活跃，使高利贷完全绝迹，那么，游资在农村中便无用武余地了。

工合运动因为连年提倡的得力，已经普遍于西北各地，但应配合着目前的需要，努力增加生产，使后方人民之所需不因海口被封、交通不便而感到不足。这在增加生产的方法是直接打击从事于投机事业者的不二法门。因为生产越多，人民日用所需不感到缺乏，即令囤积，也不能居奇。久而久之，无利可图，自然可以减少其牟利之心。而一般人民也因为生产继续加多，不至于感到缺乏货物的恐慌，用不着预先多购，大家平心静气，自然没有不足的现象。游资在这方面找不到归宿，自然会另寻出路，然后政府再施以适当的吸收，一定可以化无用为有用，将破坏社会经济机构的恶魔，一变而为生产的动力。

国难中地理教材的商榷[1]

地理这种学问，在我国发达得很早，《尚书》中的《禹贡》就是一篇皇皇巨著，专门叙述全国地理的文字。传说是夏禹画野分州的记载，古史邈茫，是否有画地这回事，我们还不敢说定；但《禹贡》这篇文字，至迟不能在春秋战国以后，可以说这是我国第一部地理书。它的伟大视希腊的托莱美的著作实有过之而无不及。在《周礼》里，我们又可看到国家特设职方一官来掌全国的疆域，可见地理这种学问，不惟是一般知识分子独有物，就是政府也不漠视了。在古时地理的书和图是一起发达的。我们不能想象作《禹贡》的那位大地理家是不是也画过疆域图，但是至迟在战国时候已经有了地图。"风萧萧兮易水寒，壮士一去兮不复还"这两句名歌任何人都应当记得，这便是荆轲捧着督亢的地图去代燕太子丹刺杀秦王时送别的哀歌。这一张《督亢图》究竟是怎样画法，我们虽然无从稽考，总算我国最古的地图。后来萧何从汉王入关，先收秦丞相御史的图书，那时人们对于地理是怎样的注意呢！

东汉时，大史学家班孟坚著《汉书》的时候，特别作了一篇《地理志》，来记载汉代的疆土；虽然他这篇著作中给我们留下不少的疑窦，但他究竟继续《禹贡》，成了地理学界的权威者。后来作史的人们不管他称"州郡志"或"郡国志"，反正都是步着班氏的后尘，在这些地理志中，我们可以看出他们的内容照例都是记载一代

---

[1] 原刊《教与学》杂志《地理教育专号》，1936年。整理者注。

疆域建置的沿革，这方面比较《禹贡》复杂得多。另一方面《禹贡》上所载各州田地的等级和贡赋的多寡，后来的地理家也就不大注意了。

以后地理学的知识不断地发达，它的范围也不断地扩充。唐代的大地理学家李吉甫给我们留下的《元和郡县图志》，已经不像各史地理志只记沿革便算完事，他于各地沿革之外，又告诉我们许多山水的所在和古城的遗迹。到了宋朝乐史作《太平寰宇记》的时候，又于李氏所记之外，添上了风俗、物产、人物的项目。项目虽然不断地增多，却仍未能满足后来地理学者的欲望，南宋时王象之作成他的《舆地纪胜》，又添上官吏诗文和金石碑目，可以说增到不能再增了，它的范围几乎要包括旁的学问。

一方面记载全国疆域的地理书像《元和郡县图志》以及元明清各代的《一统志》等不断地作成，另一方面地方志却又积极地发展。初期的地方志并不是采取同一的形式，有的专记一地的人物，成了耆旧传、先贤传一类的书籍；有的着重一方的地形，像图经一类的著作。它们的形式虽然不一，它们的目的在叙明一地的情形的方面，可以说是一样的。最早的地方志，我们可以溯到汉朝；但要成了固定的体裁，却得迟到宋代。这时候的地方志已经不是纯粹的地理书，实在已成为地方的历史了。

地理学的发达虽然增大了它的范围，同时却孕育着新的学问。譬如需要知道建置沿革的人们，就分出沿革一部分单独地研究。要知道边疆的人们，就只讨论和边疆有关的部分。不惟是分开研究，并且慢慢由附庸而变成大国。近世地质学一天一天发达起来，地理学者又要将山脉河流等部分出让。实在地说，地理学的范围有点太大，问题有点太多，若不另外分出去一点或让渡一部，简直要使研究的人望洋兴叹无从下手了。

上面是就整个的地理学界来说，若谈到一般学生又要生出旁的问题，拿这么大范围的学科，让他们去学，那真不仅是望洋兴叹。

在短短的学生时代，如何能以经济的方法，得到地理的知识？是应该全部承受呢？还是选择有用的呢？要是选择的话，应该怎样选择？尤其在这国难严重的时候，应该立定什么目标，用什么方法，才能不致白学？这是现在教育家所急应解决的问题。

在我们未讨论这些问题之先，让我们看看过去地理的教学的成绩。以往的教学中差不多都注意到自然的地理，或者是自然地理的一部。他们以为学地理的时候，最要紧的是知道某一地有何大山，某一地有何大河等等事情；对于这些名山大河、巨都重镇的名字时常牢牢地记着，好像地理的范围就应该这样。于是教员教学生常常背熟这些名字，高级学校招考的时候，也常常离不开这一类题目，似乎这样就尽了学地理的能事，必须这样去作才是天经地义。所以作学生的在这样的环境之内，好一点的还连带地记着和这类地名有关系的事情，稍次一点的只注意到一些名字，其他种种就不去管了。这样的方法可以称为死方法，用死方法去学地理，我们不能不认为这是过去教学的失败！

可是我们不能尽管怨教员的教授法不好，学生学得不适用；我们得先看看教材的好坏。近来的教科书多半都是由书坊包办，由他们编辑，由他们出版。我们知道书坊的目的是以牟利为主，不一定都以国家整个教育为念，尽管你抄我，我抄你，结果你出一部，我印一本，都是换汤不换药，不过改头换面而已。这样在承平的时候尚且不应当，何况在这国难当头的当儿，越发不对了。教科书是这样，我们怎能尽管去说教员和学生的不对呢！

我们不一定反对死的记忆，我们要有活的运用，我们要用地理的知识，不愿只作机械的工夫。现在我国衰弱到这般地步，不是一天的事，国难也不是一日到得的。大家都知道在前清鸦片战争的时候，就开始丢掉疆土，以后就不断地失去，我们的强邻明来暗去着实抢去不少。自从鸦片战争以后，经过瑷珲、伊犁以及马关等条约，哪一次不是丢了大块地方？到现在疆土真是少得太可怜了，但是有几个人能完全清楚这笔账？有几个人能随口道出失地详细状况，而保没有遗漏？自己丢了东西，连自己都不能明明白白地知道，这是何等可惜，何等可耻的事！

近年来，我们的强邻为了想侵占我们的领土，不惮烦地来研究我们的地理；最厉害的是我们东邻的日本，他们普通画的我国地图，一个小小的村镇也可找到，一条小小的河流也可寻出，他们的研究何等精细，何等深刻！不是他们的地方尚能如此研究，那末，他们自己国内也就不问可知了。偏偏我国的人士就和人家不一样！我们一般人民固然有许多说不上百年来所失地名，就是最普通的教科书中也往往搁开不谈，好像已经失去的土地就用不着再研究了。自己疆域的情形还研究不好，怎能希望明了别国的状况？我国古时的军事家常常主张知己知彼，是胜利的秘诀；现在知己一方面尚未办到，知彼一层谈何容易！我们自从国难以来，天天希望收复失地，固然收复失地离不开武力，但失地上的情形是应该预先熟习，没有这些条件而轻易倡言收复失地，那真是缘木求鱼！

我们再往古时溯去，在从前无论国内起了内讧，或者和外国起了战争，常常注意到险要的地方，以为保守或进攻的根据地。秦汉的时候为了抵抗匈奴起见，筑起了很长的长城，以阻止胡马的南下；宋金相争，宋人就凭了长淮的天险，来防御北人的南侵；三国鼎立，蜀汉特别注重栈道；南北朝对峙，南朝不肯轻易放去义阳三关；差不多每个朝代都有他们认为险要的地方。又譬如在南宋时，长江是全国唯一的天险；但是到了明代，长江沿岸却失去重要性，而北方的九边却被人注意起来，可见险要的地方是随时变更的。清代的大地理学家顾祖禹先生在他所作的《读史方舆纪要》一书里，把形势一项看作经国立邦的要图，详详细细地叙述；在我们今日看来，他的见解是很可佩服的，但他所叙述的，今日却不一定都需要。就如栈道一段，在三国时是极重要的地方，但在今日却成了发展交通的障碍。再拿长江来说，从前南北分裂的时候，把长江作了天堑，但在今日我们却想尽方法，来谋往来的便利。我们今日并不是没有险要的地方，我们的险要的地方，不是什么栈道长江，而是燕山山脉了！在现在这样的情形之下，从前人们所认为重要的地方，我们把它送给历史家，让他们慢慢地去研究吧！

有些研究地理的人们大半注意到古时战争的遗迹，譬如讲到河南，他一定会提到鸿沟和函谷关；讲到陕西，却又不会忘了为什么叫做关中；说到山西却又想到表里山河一类的话；到了湖北却又拉上孙曹交兵的赤壁到底和东坡先生所游的是不是一个地方。这些地方虽然有名，但我们已经不需要再提起了！难道二十年来的内战还没有够数，想要他再来一个赤壁鏖兵，或者再有一次鸿沟画界！真的，这些事情已经不是现在地理家所应当注意的，让我们也把它送给历史家去考证吧！我们也不是抛开过去不谈，我们所要讲的是窦宪北征所到的是什么地方？隋炀帝出兵伐高丽，是由哪二十四路？我们要把对内的思想换作对外的计划，但是今日的地理教材所给我们的是不是这样？

就是说到险要和战争，也不能像从前的学者一样，因为从前学者所艳称的险要，是什么一夫当关万夫莫敌，但是在今日这些险要已经挡不住敌人大炮的轰击，对方飞机的腾越。我们要注意哪儿能掘成战壕，哪儿能避免敌机的轰炸。从前人一提到险要，以为只需少数将士，就可守得住，若再加上一些设备，敌人是轻易不能越过，所以三国时的孙皓用千寻铁锁挂在江中，就以为能阻止司马氏的袭击，而毫无顾虑地和他的宫人游乐，然而他的辛苦的计划却被勇猛的王濬轻轻地除去了。三国的时候尚且如此，我们怎能在今日苟安！所以我们一提起险要，就应当留心和险要有关的事情，处处要希望能利用；要不然，名义上虽称为险要，实际上等于无用。不幸对外起了争执，不也陷入孙皓的覆辙？

在旧的地理的教材中，古迹风景一类的事情常常也占重要的地位。固然这一类事情可以引起读者对于先民发生景仰的心思，或者引起对于山水的爱好，假若现在是承平的时候，我们也不妨讲讲；但是我们所处的环境是再危险不过；今日教学生还能把有用的时间费在这上面？我们觉得今日的人们，尤其是青年的学生们，所需要的是刺激，所不需要的是安慰。我们与其讲西湖的胜迹或白下的风光，何不剩出一点时间去说一说和林的所在？何不留些篇幅多写一点曼殊的情形？难道西湖、白下是地理中的材料，而和林、曼殊就应该抛开不顾么？

并且，自从西方的科学传到我国以来，一切事情立刻剧烈地变化起来，不是大批地毁去旧的老的，就是全盘地承受欧化，这是谁也不能否认的事实。在交通一方面显明的变化，就是旧式驿站的废除和改用电报和铁路。我国铁路的创建当然要数到南方的淞沪和北方的唐胥。自从这两路以后，国人也慢慢地知道它的重要，如同平汉、北宁、平绥等接二连三地建筑起来，尤其是近年以来像杭江淮南等也次第完成，就连湘黔、湘桂、粤桂、滇黔等路也积极地在筹划着。铁路不断地建筑，时时地增加，这是人为的发展，我们不能尽管责备地理教科书编辑者要样样的齐全，因为事实上已经编好的教科书不能预先记载未来的事情。但是我们稍一检查普通的教科书关于铁路的记载，多半都是只提到经过的地名，这是我们不能认为满足的。我们知道一条铁路的建筑，不是没有一点原故的，有的为国防打算，有的为经济计画；我们要探求它们的目的，要明了它们的意义；然而普通的教科书中大半连这一点都没有顾到，怎能教我们不失望？尤其是自清季以来，外人在我国夺取种种的权利，铁道自然也成了他的目的之一，不要说像中东南满一类完全外人建筑的，就是号称国有的路线也免不了种种的纠葛，这些事情我们能说不应该知道么？国难以前日人为什么总想在吉林省中建筑吉会路而和我国起了无数麻烦？九一八以前我们东北的当局也曾经努力从事铁路的建筑，在那时总算是不易有的成绩，为什么我们一在东北建筑铁路，日本人就要嚷出"平行线"的问题来？虽然这都是已往的事情，但国内还不断有这一类的事情发生！我们再看看通行的地理教科书中是不是设法替我们解答了这些问题？

从前，我国人老是闭关自守，不与外人交通，有时候对于人民的下海也要严厉地禁止；同时，对于沿海的海岛也不大注意。就像香港吧，在鸦片战争以前，能有几个人知道？就是在签订南京条约时也不过当作一个荒岛，自从英国把她整理成一个世界有名的商港，才觉得可惜，但是可惜又能有什么用？再像东沙群岛，以前谁曾留意过？自从一度被日人占据以后，才觉得领土被侵，可怜得很，当时在我们的载籍上几乎找不出一点根据！近来法国宣布占领南海中几个小岛，我国人听到这个消息，也曾引起不少愤恨，但是更可怜了，普通的地图竟找不出它们的踪迹！不是法国人说出，我们简直连梦都没作过！这仅仅是就海边来说，陆地上也是不能避免，间岛和江心坡就是两个显明的例子。

最后，我们还得提出地理沿革的问题。自从清代以来，除开一班朴学家以外，这个问题是没有人提起，或者大家都认为这是笨重而无用的，用不着来费心力；直到近一二年来，才有人显明地提倡。我们觉到这问题在地理学中是再重要不过。我们过去对外的历史不是向外发展，开拓土地；就是被人压迫，疆域日蹙；至于闭关自守不与其他民族发生关系的固然也不少，却不大重要。开拓土地是我民族光荣的历史，被人压迫是我国家悲痛的纪念。光荣的历史不应该忘记，悲痛的纪念更应当常常回忆。有两汉时西域的内附，就有五代时燕云十六州的割让；有唐代域外六都护府的设置，也有五胡十六国在黄河一带的蹂躏。我们固然应当知道在两汉时西域究竟有多少国家，都是现在什么地方，同时更应当知道燕云十六州的地理；我们一方面考覈唐代都护的治所和辖地，可也不应忘记十六国起伏的地方。这些问题都是要研究地理的沿革才能得出答案。这几个问题不过是最大最明显的，其他较小的太多了。我们要鼓励或刺激人民，应当从这方面着手。可惜近来的地理教科书中多半忽略了这一些，我们不能不认为是遗憾！真的，学地理而不知道以往的沿革，那成什么话？固然地理沿革近年已成了专门的学科，然而关于这方面的普通知识，只要是个中国人就不应该不知道！

  在今日国难这样严重的时候，我们一举一动都应当为国家的前途着想，所以今后的地理的教材不应该再蹈旧日的覆辙，我们应该讲究怎样的教学才能对国家有用，才能应付现在的环境；我们应该讨论怎样才能支配地理而不受地理的支配。环境天天在变化，我们也应该赶上前去；我们再不能流连片刻，更不能稍事迟疑，若再用旧日的眼光来看地理，用过去的方法来治地理，恐怕永远不能应付环境了。

敌寇套取法币之检讨[①]

一、抗战金融基础之建立

近年以来，我国政府对于财政之改革，当以战前之白银收归国有与厉行法币政策为一巨大之关键。盖我国本一用银之国家，白银之价格在国际市场上又未能固定，故我国对外之汇兑，率视金银之比价为转移，金银价格之升降，在在皆影响于我国一般之经济情形，尤以民国二十年前后，此种变化最为激烈，我国公私之损失，颇为不赀。顾其时，日本又着着破坏我华北金融之基础，盗运白银，不遗余力，当时之危机诚有不堪设想者。我政府当机立断，知非对财政上作空前之改革，实不足以应付目前之难关，遂以迅雷不及掩耳之手段，于民国二十四年十一月宣布白银国有之命令，同时并立法币之政策，使我国之货币不随国际金融之变化而升降。实开我国财政史上之新页，亦可大书而特书者也。

白银之收归国有与法币政策之确立，固不仅使我国在国际汇兑上能操纵自如，而少蒙外来之损害，即对于我国内部，亦发生莫大之影响。我国在国民政府成立之前，军阀割据，划土称雄，形成一支离破碎之局面，彼等在其所据有之区域内，不惟政治上各有其独特之设施，即在经济上亦彼此有显明之差异，甲地之货币不能适用

---

① 原刊《西北资源》第一卷第二期，1940年10月。整理者注。

于乙区，而乙区之钱钞，又见拒于丙民，其紊乱之情形诚非短言片语所可尽述。国府成立，虽于政治上有显著之进步，而经济财政之告厥成功，实必待至二十四年之后。盖自实行法币政策以来，不惟将全国紊乱之货币予以统一，即脆弱之经济体系亦藉以健全，而全国人民始得就经济上与中央政府发生密切之关系，较之旧日漠不相关之态度，大相径庭。政治与经济相因相长，非特中央政府本身之加强，即我国在国际间之地位，亦增高多多矣。

彼敌寇见我法币政策之将告成功，深恐我之经济基础于兹奠定，乃一本其破坏之阴谋，以阻止此政策之实施，其初指使在华之日本银行拒不交出所存之白银，继复阻挠华北之白银南运。而日人犹以此为未足，又竭力谋主使华北诸省脱离我中央之系统，组织地方自治政府，以实现其阴谋，虽其事未成，亦可见其毒辣之一斑矣。说者以中日间货币战争远在双方军事战争开始两年以前即已肇其端倪，盖谓此也。

此种法币政策固不仅在平时发挥其伟大之力量，即在战时，其影响之深刻，尤出于一般人士意料之外。抗战迄今，已三年有余，我国财政得以卓然独立，未有丝毫破绽，我国各种经济体系，未见丝毫紊乱，此不独实行法币政策之初，为我国一般同胞始料之所不及，彼敌寇亦瞠目结舌，惊讶不已，即抗战初起之时，若干国外人士之同情于我者，类皆代吾人忧虑，恐吾国之抗战，未至军事失败之时，经济之穷困亦必迫使吾国向敌人低头矣；然经三年来之实际经验与行动，已使此辈同情于我国之友人，皆自笑其向日之鳃鳃过虑也。

自二十四年十一月我国实行法币政策，以至于抗战开始之时，我国存于外国之现金与外汇已超过八万万元；抗战开始之后，又续有补充，未久即达于十万万元，其时之法币发行数额，仅在十四万万元左右，故实际之准备，约在八成上下，较之其他国家之现金准备均无逊色。实际维持法币之信用，无须此项高额之现金，故不妨拨其一部以购买军火，然我国政府尚不愿即依赖此种余存之现金也。

不惟此也，我国自实行法币政策以后，因政策之佳良，准备之巩固，对外之信用益著，故年来各友邦皆陆续有大批款项借给我国，而我国得以一面抗战，一面建国，前方虽有大量金钱消耗于炮火之中，而后方犹得出其余力，广为建设，此种伟大之精神，与充足之资力，不惟开世界各国之先例，即誉之为人类进化史上之奇迹，亦不为过。故法币政策之成功，亦即抗战金融基础之建立，彼敌寇一闻我实行法币政策，即千方百计苦思阻挠者，非无因也。

我法币政策在国际之声誉与夫对于外汇之调整，其影响之大，固已如上所述。然抗战开始以来，在国内各地所发生之效力，尤广大无比。吾人试略举数例，以觇其一事。我国初期抗战，因事变仓卒，遽尔应敌，一切自难免有不如人意之处，如沿海各地与各大城市之放弃过速，即其一端。今日所谓沦陷区域诚已超逾数省，而此数省中之父老兄弟处于暴敌淫威之下，多者三年有余，少者亦数阅月，敌人之威胁利诱，无所不尽其能事，然而我留居于沦陷区域中之父老兄弟，除一二之不肖者外，率皆不甘于敌人之香饵，而翘首内向，日日皆望故国旌旗之来临。此无他，吾民血统之关联，吾族文化之陶冶，彼辈自不甘，而亦不能诚心悦意低首于寇仇之前，而听其随意宰割与剥削也。血统与文化之潜在力之外，犹有一显明之事实，横亘于我政府与人民之间，亦即民族之意识与失所依护之父老兄弟之间，此事实云何，法币而已。我沦陷区域之父老兄弟，生长于是土，衣食于是地，其个人之经济范畴，不惟及于其邻里邻党，且亦及于远处之同族袍泽，凡此之辈，一举一动类皆影响于其一身，故为其本身之生活计，亦必维护此切身之经济范畴，不使之发生动摇或破坏。而此经济范畴之中心，则法币是也。沦陷区域之父老兄弟对于法币之爱护，惟恐不至，必至万不得已之时，始肯脱手而去，以视得一伪币，必亟亟使之用去者，迥乎不同。其对于法币爱护之心如此之热烈，无怪其虽处于敌寇淫威之下犹念念不忘我中央政府与执戈卫国之战士也。此种对于政府之向心力，不啻一无形之锁链，永缚于沦陷区域父老兄弟之心头，不能解脱，亦永无能脱之一日也。

敌人对于我沦陷区域，初非仅占据其土地，即可满其欲望，彼原思于各种财产，尽情掠夺，皆据为己有，观其侵入沪凇、苏、常以及首都、汉口各地，虽民间之桌椅板凳，亦皆视为至宝辇载而去，一地尽后，转而至他，然此犹为初期之情形，其后虽一缕一粟，亦皆争相背负，其贪婪之状况，亦复可哂。向使我政府未实行法币政策，白银遍布于各地，则敌寇对于此种现金之货币，又岂能轻轻放过？故白银之收归国有，与法币政策之确立，不惟裨益我国平时之财政，奠定抗战金融之基础，抑且使此有用之货币不再资助敌寇；彼敌寇以无物可以掠取，乃下及于桌椅板凳等土木器具，固无可怪也。

矧敌寇之贪惏，初非仅此而止，其鬼蜮狡诈且复层出不穷，一术无效，再施一术。现金既无可掠取，转而劫夺我沦陷区域之法币，以为套换我外汇之准备。后更进一步，以其剩余之货物，输入我国，既可使其渐趋破产之工业，得以稍苏，且可以直接间接破坏我法币政策，陷我于自毙，其计诚狡，其谋亦毒，近来我国受此损失，殊难详举，千里长堤，不免蚁蛭，要在吾人之对策若何耳。

二、中日经济战争之开展

近世之战争，不仅较利钝于疆场，且可觇胜负于物质；武器窳劣固能奔北，经济困难，亦可坐困，第一次大战之后，德人谓其失败之由，非为敌人所征服，实为国内之穷乏，即此故也。抗战初起，敌寇对我估计过于低下，谓我武器不如人，资源不如人，三数阅月之中，即可逼我作城下之盟，故敢悍然作战，以求一逞，及见我抵抗勇猛，恍然知其计之已左，乃设法断我接济，以图窘我困我，故战会衅肇后为日无多，其第三舰队司令长川谷清即不顾第三国之利益，竟图封锁我沿海各处，以断我友邦对我之援助，殊不知百足之虫，死犹不僵，况我方兴未艾之大国，岂能轻慑于强威，遽尔低首敛眉，拱手揖寇？且我国对外之交通，原不限于海岸一线，后方各处，可与外界往来者，正复不少，徒见其心劳力拙而已。

敌寇既迭施狡计，皆不见售，惊骇之余，细加分析，乃知我所依赖者非举世之友邦，而为中华民族之自身，我所着重者亦不在沿海平原之地带，而在内地广大之农村，乃复紧逼一层作第二步之妄图。既驱其军伍入于泥淖，又设法破坏我之经济体系，而我之法币政策，即首当其冲，中日间之货币战于焉正式开始。

敌寇破坏我法币政策，本为其一贯之伎俩，战前在华北之各种举动，上文已略述之矣。敌骑既蹂躏平、津、沪、汉，且进而及于河北平原，因谋赓续旧策，驱法币于此等地区之外，乃随军所至，尽量推行日钞。我之同胞虽为其淫威所逼迫，不得不曲予接受，然转而即以所得之敌钞，再购货物。是时仇货已随其兵力源源而至，充斥市面，廉价出售，我同胞即以所得敌钞，再购仇货，而法币之保存仍如故也。彼日商以其货物交易所得，即为其军队携来之敌钞，物归原主，此理之所宜然，彼敌人当亦自笑其徒劳也。

"恶币驱逐良币"，此经济学上货币流通之定则。敌寇见此策无效，乃思利用经济学上之定则，以排斥法币，因嗾使各地伪组织设立银行，发行伪币。其所成立之银行能发行纸币者计有伪"冀东银行"，伪"蒙疆银行"，伪"中国联合准备银行"，及伪"华兴商业银行"。伪"冀东银行"乃战前伪"冀东自治政府"所成立，吾人暂置之勿论。其伪"蒙疆银行"乃伪"蒙疆联合委员会"于二十六年十一月廿二日所成立，以伪"察南银行"为基础，合并旧绥远之平市官钱局及丰业银行，资本虽定为一千二百万元，实则仅收足三百万元。截至去年十一月底止，已发行伪钞五千四百万元，为其资本额之十四倍。伪"中国联合准备银行"为"伪中国临时政府"于二十七年二月七日所成立。资本额定为五千万，由伪政府及平津各银行分任。伪政府所应付之资本，乃由敌方正金、兴业、朝鲜各银行凑借而来，其余仅河北省银行及伪"冀东银行"交纳，故其资本亦属有限。然截至去年年底止，该行已发行伪钞三亿六千七百万元矣。伪"华兴商业银行"乃伪"维新政府"于二十八年五月一日所成立，为敌伪在华中京沪一带破坏我法币政策之大本营。其资本定为五千万元，由伪组织及日籍之三菱、三井、朝鲜、台湾、住友、兴业等银行分担，以成立日浅，截至去年年底，仅发行伪钞四百万元，较之伪"联合准备银行"及伪"蒙疆银行"大有逊色。此各伪银行所发行之伪钞数目，名义上虽如上述，实际当不止此数，特一时无法详计耳。然仅此名义上之数字，已达三四亿元，若再加伪"冀东银行"所发行之伪币，及其滥以河北省银行钞票底版所印行之纸币，与夫敌人以民国初年中国境内已倒闭之银行所存之废钞，改名发行者，合计其总数当甚可观。且敌人于侵入平津之初，即嗾使朝鲜银行竭力推行日钞，而敌军又到处使用军用票，故我沦陷区域中敌伪通货之数量，或不下五六亿元，其庞大之程度殆已至最高峰。我法币之流通于沦陷区域者，说者多谓犹不下三亿元，足征未为敌伪通货所驱逐，然此非出于经济学上之定则，实另有其原因也。

　　南京伪组织之"华兴商业银行"，以成立日浅，其所发行之伪币亦不多，自难与我法币竞争，敌人深知此种情形，故年来破坏我法币之狡计，多先由华北方面着手。当其发行伪币之初，本图以平值吸收法币，以便套换我之外汇，然其结果仅供若干投机者之牟利，与其实际所行之政策，殆无若何裨益，故敌伪于二十七年六月十日禁止法币之印有南方地名者，在华北通行。嗣又于同年八月八日起将法币贬价一成，即法币九折始可掉换伪联银券一元。二十八年二月二十日起，复将法币贬值为六折行使，而三月十日以后，更进一步禁止法币之流通。此等劣质之伪币，虽可通行于市面，然受排斥之法币，非自此即为敌所吸收，反之实为我沦陷区域之同胞所窖藏。原敌伪之用意，不在于排斥法币，使之不能流通于市面，而为搜罗法币，以为套换我外汇之引线，倘法币皆为我沦陷区域之同胞所窖藏，实际即为敌伪破坏法币政策之狡计，已宣告失败。敌伪为双管齐下之故，二十八年三月十日以后，对于法币之禁止，仅限于北平、天津、青岛、烟台、济南、太原、石家庄、唐山、山海关、临汾、新乡等十一城市。此十一城市，敌伪规定为"联合准备银行区"，换言之，仅即此十一城市之中，伪联银钞可以通行无阻也。此十一城市之外，统名之曰"匪区"，法币可以自由行使，此盖敌伪既不愿法币流通于市面，而为吸收法币之故，又不能不使之流通于市面。此种极端矛盾之心理，遂构成此类支离破碎之措施，然于我法币政策暨沦陷区域中我三亿元之法币，固不能稍损其毫末也。

当伪"联合准备银行"与伪"蒙疆银行"发行伪币之初，皆与日元联系，维持一元伪币合英镑一先令又二便士之价，至二十八年十月下旬，日元改与美元相联系，此类伪币亦随之而改易。盖其目的只在设法办理外汇，以遂其掠夺我之物资而已。但办理外汇非空口即可实现，国际之支付必以现金而后可，此诸伪银行基金之筹于我国内者，仅其中之一小部，实际多为日籍银行之资金。伪币既与日元相联系，而国际之支付实际即出于日籍之银行，仅交付之时，转由伪银行之手。此种日元集团之形成，颇不为日籍商人所欢迎，因日商以其货物运华，所得之货价，虽为伪联银币，而实际即日元之变形，于增加其本国之外汇，毫无裨益。去岁三月十日，敌伪限制法币之流通后，同时又实施外汇统制，限制蛋及蛋制品、胡桃、花生、花生油、杏仁、棉籽、烟草、干酪及通心粉、煤炭、毛织地毡、麦秆及草帽、食盐等十二种商品，输出之时，必须以所得之外汇，售与伪"准备银行"始可报关；此举对于英美商人之影响最大，曾引起激烈之反对，反不若设法吸收我之法币为便利。且日元集团成立之初，在我沦陷区域中所发行之各种伪币，本为破坏我法币政策而设，今既以办理外汇关系，不能不与日元取得联系，而此种伪币之盛行，遂对于敌国金融之扰乱亦有加无已，有时且牵动日币之价格，此殆为敌伪所未预计之恶果。故为破坏我法币计，为套换我外汇计，仍以吸收我法币为最适宜之途径。其初，敌伪本仅在我沦陷区域吸收我之法币，稍后，对我后方之法币亦加利诱，遂形成今日法币大量流入沦陷区域之现象，而增大吾人抗战之困难，与财政金融之危机，此实值吾人之注意，而不容稍为忽视者也。

三、敌寇套取法币之情形

我国法币之发行，向采取稳健之政策，发行数量之多寡，洵视社会之需要，及银行准备基金之增减而定。抗战开始之前，二十六年六月中，法币发行额仅为 1407202334 元。其年十二月为 1639097783 元。二十七年六月递增至 1726997835 元。二十八年六月至 2626929300 元。二十八年至 3081787295 元。今年六月则达 3962144205 元。一般人以为物价之高涨，其原因殆由于法币发行额之增高，而疑我政府采取通货膨胀之政策，实则我国之现金准备迄今尚在百分之五十以上，以视欧美各国只仅有二三成者，犹过之而无不及。

且通货之发行，不在其数量之多寡，而在乎社会之需要，我国法币发行数量虽较战前增加一倍有奇，距饱和点之距离尚远。吾人细察今日在社会上之法币流通情形，与其谓政府采取通货膨胀政策，毋宁谓法币之数量尚难满足社会之需要。抗战发生以前，仅遥远省份稍觉法币之缺乏，而今则虽通都大埠亦渐感筹码之不足。按法币之发行仅流通于国内，一出国门便需现金支付。今我国之土地犹斯也，人民犹斯也，而法币之发行额不惟未见短少，反较战前增加一倍有奇，既不输出于国外，奈何一般需要尚嫌不足？此中情形盖与敌寇破坏我法币政策有关，请一言其故。

吾人前已分析敌寇在我沦陷区域之伎俩，初思以日币驱逐我法币，继则以伪币排斥我法币，此等伎俩皆以我沦陷区域之父老兄弟深明大义，笃信政府，以及经济范畴之迥异，而告失败，最后也思以我之矛，攻我之盾，以陷我疲敝之境遇。我以维持法币政策为奠定战时金融基础之不二法门，敌寇乃百般吸收我之法币，复以之套换我外汇，如是既可破坏我之法币政策，以摧毁我之抗战金融基础，复可套换我之外汇，以辅助其战费之不足，其计谋之毒狠，宁有逾于此者！

敌寇吸收我法币之伎俩，首推走私。敌人本一工业国家，全恃国际交易为挹注。战前即以大批私货推销于华北各国，一方以出清存货，一方以破坏我社会经济基础，我国几为所困，此次战时又施故技，利用走私，大量推销货物，不幸我国人民又未能全具国家观念及民族意识，以一时之利诱，遂尔失身于寇仇，代人为恶，自戕其国。我国防线，南北之长，达数千里，设防布警，自难到处周密，因予此辈国家民族之罪人以犯法冒险之机会。开战以后，仇货理应绝迹，顾后方各大都市，与夫穷乡僻壤，类皆犹能发现仇货之踪迹。而由前方归来之人士，皆能历述其闻见之实迹，似此类走私之事实，近日渐由小额进为大批，渐由私贩进为公运，吾人虽未目击此类之情形，然由后方各大城市与乡间市廛街衢，仇货未能查除之状况观之，此类传闻，似为不诬。敌人既设法输入我后方许多仇货，则我必亦以同值之法币支付于敌寇，此种流入于敌手之法币，虽无真确之统计可资参考，然以后方仇货普遍之情形推之，其数量必亦相当可观。我国对外贸易，率以现金支付，故法币在国内之流通量，恒为常数。今日敌货之输入，反改以法币支付，试思年年月月如此大量之法币外流，我方之筹码何能不见其少！后方公私俱困，外汇又不断为敌寇所套换，而国富日损，竭全国公私上下之力以奉寇仇，如之何其不殆也！

自抗战开始以迄于今日，我国虽暂放弃沿海土地与中部数省，然此仅可谓我军退出若干之交通线而已，非谓整个土地之不顾也。在此广大之沦陷区域之中，我国正规军队仍可往来自如，一若畴昔承平之日，正规军队之外，游击部队又到处皆是，更予敌寇以致命之打击。沦陷区域中各处之地方政府亦复先后整理建立，不因敌寇之骚扰而放弃其本身之职权，此等沦陷区域中之正规军队游击部队与夫各级地方政府，虽可予敌人致命之打击，然实亦为敌寇套取法币之转手人！何以言之？盖我正规军队与游击部队之在沦陷区域中者，虽有大量之数目，然所处之地或当兵燹之余，或为烽火声里，同胞奔走流离，多失其所，屋宇倾圮，田园荒芜，一己之生活尚无法可以维持，焉有巨额之税款供养驻军一若承平之时代乎？顾当此与敌寇争生死之关头，我政府权衡利害，决不能令此等已为敌寇腹心之疾之部队，轻轻撤退，是必对此等部队之官兵薪饷、军需补充，皆在在须预为筹措，自当按时设法输送巨额之法币，以供给沦陷区域中之各种部队。而沦陷区域中之各级地方政府，所处之环境正复与部队情形相若，其能自筹给养者，固不待言矣，其他税收绝源，见阨于敌骑者，间必待中央之协助。我中央政府每年输至沦陷区域之法币，其数额几何，吾人未能予以估计，且事关军伍，亦不容吾人轻加估计，然吾人可断言者，此类法币之数额，实有相当之巨大也。

吾人既知我中央政府为补充驻于沦陷区域之各种部队，与协助其各级地方政府，每年输送大量之法币，再进一步，探讨此类法币之分散情形。夫我国乡村，向以农业为基础，虽有若干之小手工业，亦复不甚发达，自抗战军兴，敌骑纵横，若干地区之农业基础遂完全为所毁坏，旧日之小手工业，亦随农业基础之倾圮而臻于破产。以此种农村供给驻军与地方政府之给养，实甚困难。不幸我在沦陷区域之部队又太半散处于乡间，较大之城市类皆掌握于敌寇手中。

此等之驻军与各级地方政府为求其给养之补充，势必不能不仰赖于敌人所盘据城市中之商业与工业，而间接输送法币于敌寇势力范围之内。虽侥幸能获得其所必需之给养，无如巨额之法币已源源流入敌手何！

敌寇之吸收我法币除上述之方法而外，又复于各地广为套买，每年以此输入敌手，其数量亦大有可观。敌寇利用我同胞见小利而忘大义之心理，于接近我军防线之处，派人诱我不肖同胞，任意抬高或压低法币之价格，以为套买之手段，我同胞不慎，误入其彀中者，颇不乏人。近日我方法币多有五十元、百元之巨额者，此等巨额者之法币，在后方流通固无不可，惟奸人则乘此机会，以此等巨额法币输入敌区，为其便于携带，而不易为逻者所获也。

法币流入于敌寇手中之最大□□□□□外汇之黑市。敌人以我之法币套换我之外汇基金，吾人前已言之。设我加强外汇之统制，则敌人所套取我之法币，仅可利用大量吸收与大量抛出，以紊乱我之金融，则我受害犹可不大。今既可藉外汇之买卖以窃取我之基金，利之所在，适足助长敌人对我法币之加紧吸收，故外汇统制不严密，对于防止敌寇吸收我法币之伎俩，终无釜底抽薪之办法。按我国之统制外汇，自抗战以来，政府早经注意于此，而其方法亦数度改易，究其实质，泰半皆为针对敌寇之套换而发。抗战以前，我国外汇本为无限制供给制度，中、中、交三行尽量买卖，以维持外汇一先令二便士又四分之一之法价。抗战初起，我政府依旧按战前办法办理，此中实予敌人以可乘之机。迨二十七年三月，敌伪在北平成立伪"中国联合准备银行"，企图大量吸收法币，套换外汇，我政府乃知无限度供给之制度损害实多，因于其年三月十四日，颁布《外汇请核办法》，限制外汇之供给。然以外汇核准之额数，未能满足市场之需要，于是发生黑市情形，不惟牵动法定外汇之价格，且予敌人利用之机会。此后虽经改善，对于黑市之价格，或公开予以维持，或暗中予以支撑，即敌寇终藉此种复杂之情形，讨得不少便宜。以此相因相长，而敌人对于法币之吸收，亦复变本加厉，而后方之法币遂亦源源流入于敌寇之手中，造成后方各地筹码不足之现象，故今日法币之发行额虽日有增加，而市面不惟未见饱和之情形，反感缺乏之虞者，盖以此种漏巵之存在为其最大之原因也。

四、今后之对策

我国法币政策既经敌寇多方破坏，不惟影响各地人民之生活，且复危及我抗战之金融，设不急速加以补救，则将来之为害，正不知伊于胡底！故防止法币之资敌，实为今日最严重之问题，而为各方所不可轻视者也。

敌寇既以吸收我之法币为换取我外汇基金及捣乱我方金融之策略，自应正本清源，釜底抽薪，予以彻底之制止。关于外汇方面，经我政府竭力之防范，条例之严密，敌人实难有可乘之机，然黑市之存在，仍不免千虑之一失，故如何严加统制，在不损商不病民原则之上，根本打消敌寇之企图，是在当轴者之施行如何耳。

后方法币之输入敌沦陷区域，转向入于敌寇手中，其最大之路途，端在私货之输入。查禁私货固宜于接近前方之地域严设网罗，以使涓滴无由通过。然此仅为治标之方法，而非除根之道也。吾人不必论前方防线之邈长，查禁之不易，与夫各地之有力者包庇私运之难以完全禁止，即令此二者完全摒绝，而后方物质之需要，仍为鼓励仇货输入之最大原因。盖仇货之输入，虽为敌寇鬼计之一端，及我不肖同胞之利欲熏心，有以致之，然亦有其内在之原因在。我国多年来受帝国外资本主义之压迫，关于民生之轻工业，犹未完全建立，在昔战衅未开以前，内地人民一切生活上所需要货品，多半须仰给于国外或沿海之通都大埠，今国外之路既多被封锁，而沿海之通都大埠，复为敌寇所破坏或盘据，内地之轻工业复限于局势，未能完全建立，需要不减于昔，而供给则未增于前。供给与需要未能平衡相应，市上物价必趋高涨，利之所在，则私运仇货者，自难骤望其绝迹。故欲禁止法币之输入敌手，必禁止仇货之输入后方，而欲禁止仇货之输入后方，必须发展后方之工业，奖励以土货代替仇货，以求自力之更生。在后方工业未完全建立之前，人民生活上所必需之物品，应预为统盘之筹划，在必不得已之时，可设法由第三国输入。虽在国际之收支上一时须支付若干外汇。然较之以法币资敌，使之套换我外汇，破坏我金融者，则又上一乘矣。

我国政府对于金银钞票之运入沦陷区域，早经注意，业于二十七年六月及十月先后公布《限制运携钞票办法》及《限制私运黄金出口及运往沦陷区域办法》规定运输钞票往口岸者，须呈请财政部核发准运证护照，违者查获充公，并规定黄金及任何形状之金饰，除经由财政部给照特准者外，一律禁止携运出洋或往沦陷区域，至旅客随身携带金饰出洋或往沦陷区域者，以其所含纯量不超过关平一两为限。嗣为严密检查起见，复于二十八年八月公布《防止水陆空私运特种物品出口办法》，重申禁运黄金出口之决心。并规定车辆、船舶、邮航机、装运或旅客携带钞票，由边省各地运往边界，或由内地省份运往边地，及与边地毗连之内地者，旅客携带每人以五百元为限，如系外钞，应照中央银行规定行市折合法币五百元为限；商号运钞至不通汇地点数在五百元以上，三千元以下者，应向领钞银行取具证明书，其在三千元以上者，应向财政部请领护照，方准报运。此项规定至为严格，足证我政府对货币输出国外或流入沦陷区域之注意。且我前方与敌区接近之处，巡逻密布岗位林立，宜法币输出之弊早为绝迹，然奸人犹不畏法网，甘运资敌，殊觉痛恨。查我国自军兴以来，法币增加发行，初犹小额票面，继则渐有巨额票面，此种变迁，深予人民以不便，而奸人之运以资敌者，则莫不额手称庆，既携带之便，又可易避免巡逻者之耳目，允宜由金融机关，随时予以改善，不然者，一方在条例上严加限制，而一方又于事实上大开方便之门，可谓自相矛盾矣。

再有一事，殊与法币问题相关，其事为何，现金银之出口资敌是也。我国于二十四年十一月实行法币政策之后，白银即收为国有。其后收买白银之期限，虽经政府一再展延，而民间之白银仍未能罄尽。敌人于吸收我法币之余，对此散诸民间之白银与黄金，亦一例收买，牟利者以有隙可乘，纷出其藏镪，以资寇仇。我政府有见及此，乃于限制私运金类出口办法之外，复于二十八年二月及八月，先后颁布《取缔金融业典当业质押金类办法》及《取缔收售金类办法》，只准四行及其所委托之金银机关收买金银，其他私人机关概不得私相购买，然而金银私运资敌之事，犹未能完全根除，此种赍寇以粮之行为，殊为国法所不许，除前方司事者应加紧稽查之外，政府收金处所或应稍提高价格，使牟利者不再仰赖敌寇。且高价收买金银后，其付出之法币，仍可流通于社会，此与内库外府何异，未必不胜于入诸敌手也。

自抗战军兴以迄于今日，沦陷区域之父老兄弟多与后方隔绝。虽能顾念故国，不忍使法币流入敌手，而密加保存，然日用之所需，率须以金钱购买，而沦陷区域之商业又多直接间接操于敌人手中，积日累月，此仅存之法币遂不得不忍痛出手。故谋禁止仇货，不仅后方各地所宜行之，即在沦陷区域实亦刻不容缓。我军驻于敌后沦陷区域，迄今数目日有增加，而沦陷区域中之各级地方政府颇有建立，且多能臻于健全，最应督导民众，以自力求更生，以自力求自足，虽一县一乡，亦可脱离敌人经济之羁绊，而为我国家保存一部分之富力，此类事实，在沦陷区域中不少发见，允宜彼此仿效，遍及各处。前闻中国工业合作协会西北区办事处计划深入各沦陷区域，扶助各地之小手工业，使其加速发展，其深思远虑，不畏艰阻之毅力，诚足感人，甚盼其能广为发展，造成一支经济上之生力军，抵抗敌人之经济攻势于无形之中，若此计划得告成功，则各沦陷区域在经济上为保护后方法币之前卫,且进一步可为敌我经济战争之疆场。

吾人前已言之,驻于沦陷区域之各种部队及各级地方政府,每年须中央政府支付巨额之薪饷,惟以环境之关系,此项由中央政府得来之法币又多辗转入于敌手,苟在沦陷区域发展小工业之计划得告成功,则各级军政人员生活上所需要之物品,皆可赖各小工业供给,无形中即可省却一笔无谓之开销,其所需物品,如为各小工业之能力所不能供给者,可预为筹划,其可由后方运往者,虽运输多需时日,运费高昂,皆可不必顾及,因后方之人力皆为我所固有,较径以法币由敌寇势力下之商店购得货物,自为妥当也。

关于沦陷区域及战区之金融,时贤多主张由地方政府筹设地方银行,发行地方钞票,以避免法币之流入敌人手中,此种计划甚适合目前之需要,且有若干地域已试验得有成绩者;然或有以为此种设施殊足以破坏法币之统一性,疑将来之结果或使吾国之金融重返民国初年之情形。吾人窃以此为过虑也。夫币制之有信用与否,纯视其准备金之多寡而定,我政府所主持之法币政策,既有雄厚之准备金以为后盾,且有我中央政府全力为之支持,国人信之弥笃,以敌人二年来百般之破坏,犹不能稍损其毫发,足征其基础之稳且固矣。所谓沦陷区域及战区之地方银行,所发行之地方性钞票,其准备金除实物而外,自唯法币一种,战后若无需要之时,即可以其准备之法币收回其所发行之地方性钞票,实轻而易举之事,第须防范者,地方性钞票之恶性膨胀而已。地方银行既以法币为其准备金,则尽收贮其地之法币,而市面所流通者遂皆为地方银行之钞票,此种地方性之钞票仅可通行于地面,而无购买外汇之资格,即令敌人吸收而去,充其量仍必设法用之于本地面之上,因舍此以外,别无其他之用途,固同于一国之纸币一出国门,即成一张废纸,彼敌人亦非尽不智者,要此一张印花之废纸,果何用乎?

惟此尚有应注意者,即敌人不能持此类地方性之纸币以套换我之外钞，然可以破坏其信用。敌人每以大量吸收与大量抛出为破坏钞票信用之方法，苟准备不充足，发行不慎重，则每堕其计中，一至彼时，则此有意义之经济设施或一变而为病民病商之举，是在办理之初所宜注意者也。

　　今日之战争，经济与军事皆极重要，而经济战争有时或尤重于军事战争。经济战争以货币战为最要。现阶段敌我之货币战已至白刃相加之时，如何争取胜利，是在吾人好自为之。